George Stöckhardt

Die biblische Geschichte des Alten Testaments

George Stöckhardt

Die biblische Geschichte des Alten Testaments

ISBN/EAN: 9783743396852

Hergestellt in Europa, USA, Kanada, Australien, Japan

Cover: Foto ©Lupo / pixelio.de

Manufactured and distributed by brebook publishing software (www.brebook.com)

George Stöckhardt

Die biblische Geschichte des Alten Testaments

Inhaltsverzeichniß.

I. Die Anfänge des menſchlichen Geſchlechts.

1. Die Erſchaffung Himmels und der Erden. 1 Moſ. 1, 1—25.

Das iſt der Anfang der Offenbarung Gottes. Hier hat Gott dem Menſchen offenbart, was er von ſich aus nicht wiſſen kann, den Anfang und Urſprung aller Dinge. Aus Gottes Wort lernen wir, durch den Glauben merken wir, daß Alles, was man ſiehet, aus Nichts geworden iſt. Hebr. 11, 3. Gott hat Alles, Himmel und Erde, geſchaffen, das heißt, aus Nichts gemacht. Und zwar durch das Wort. Er ſprach, ſo geſchah es. Es iſt das ewige, perſönliche Wort, das da im Anfang bei Gott war, durch welches alle Dinge gemacht ſind. Joh. 1, 1—3. Durch den, der da iſt das Eben= bild des unſichtbaren Gottes, der Erſtgeborene vor allen Creaturen, durch den Sohn Gottes, iſt Alles geſchaffen, was im Himmel und auf Erden iſt. Col. 1, 15. 16. Und der Geiſt Gottes ſchwebte über der Tiefe und dem geſchaffenen Stoffe, der in der Tiefe verborgen war, um denſelben zu beleben und zu geſtalten. So offenbart ſich gleich im Anfang der Schrift der wahre, lebendige Gott: Gott, das Wort und der Geiſt. Die Schöpfung der Welt iſt ein Werk des dreieinigen Gottes.

Das Werk der Schöpfung hat ſeinen Anfang und Fortgang. Das Erſte war, daß Gott Himmel und Erde ſchuf, das heißt den Stoff aller Dinge aus dem Nichts hervorrief. Aber derſelbe war noch wüſte und leer. Das Zweite war, daß Gott den wüſten Stoff ſonderte und ordnete. Er ſchied Licht und Finſterniß. Er machte einen Unterſchied zwiſchen den Waſſern oben und unten, ſo daß die Feſte des Himmels hervortrat und das Trockene der Erde ſichtbar wurde. Das Dritte, was Gott that, war, daß er die leeren Räume ausfüllte. Den Himmel zierte er mit Sonne, Mond und Sternen, das Trockene ſchmückte er mit Gras, Kraut und Bäumen; Luft, Waſſer und Erde bevölkerte er mit lebendigen Creaturen.

Das Werk der Schöpfung iſt ein Spiegel der Ehre und Herrlichkeit Gottes. „Die Himmel erzählen die Ehre Gottes, und die Feſte verkündigt ſeiner Hände Werk." Pſ. 19, 2. Die Schöpfung predigt von der Allmacht Gottes. Der HErr, der ewige Gott, hat die Enden der Erde geſchaffen

durch sein Vermögen und seine starke Kraft. Jes. 40, 26—28. In der
Schöpfung der Welt spiegelt sich die Weisheit Gottes. „HErr, wie sind
deine Werke so groß und viel! Du hast sie alle weislich geordnet, und die
Erde ist voll deiner Güter." Ps. 104, 24. Und vor Allem ist die Schöpfung
ein Beweis der Liebe und Güte Gottes. Denn er hat Alles um der Men=
schen willen gemacht. Dieser Spiegel der Herrlichkeit Gottes ist jetzt wohl
verdunkelt. Um der Sünde des Menschen willen ist die ganze Creatur der
Eitelkeit unterworfen. Röm. 8, 20. Aber wir wissen ja, daß der Rath=
schluß der Erlösung dazwischen getreten ist. Aus Gnaden, um Christi willen
erhält Gott, was er geschaffen hat. Und so preisen auch wir, die wir durch
Christum Gott versöhnt sind, den allmächtigen Schöpfer Himmels und der
Erde, den Geber aller guten Gaben, und wissen, daß alle Creatur Gottes
gut ist und nichts verwerflich, wenn es geheiligt wird mit Gottes Wort und
Gebet. Dereinst aber „wird auch die Creatur frei werden von dem Dienst
des vergänglichen Wesens, zu der herrlichen Freiheit der Kinder Gottes".
Röm. 8, 21.

2. Die Erschaffung des Menschen. 1 Mos. 1, 26.—2, 7.

Der Abschluß und die Krone der Schöpfung ist der Mensch. Um des
Menschen willen ist ja alles Andere geschaffen. Wir finden hier einen
doppelten Bericht, einen kürzeren und einen ausführlicheren, über die Er=
schaffung des Menschen. Der Entstehung des Menschen ging ein besonderer
göttlicher Rathschluß voraus. Gott sprach bei sich selbst und rathschlagte
mit sich selbst: „Lasset uns Menschen machen." In Gott sind mehrere
Personen. Wir Menschen verdanken unser Dasein wahrlich nicht einem
blinden Zufall, sondern dem wohlbedachten Rath Gottes. Das war ein
Rath der Liebe und Güte Gottes. Gott wollte Genossen haben seiner Freude
und Seligkeit. Und so hat denn Gott auf die Erschaffung des Menschen,
menschlich zu reden, besondern Fleiß und Mühe verwendet. Es ging ein
Nebel auf, der feuchtete das Land, so daß die Pflanzenwelt aufsproßte.
Der heilige Erzähler greift hier auf das Werk des dritten Schöpfungstages
zurück. Aber er hat es hier auf die Entstehung des Menschen am sechsten
Tag abgesehen. Von der feuchten Erde formte Gott ein Gebilde und
bildete so, als mit eigner Hand, den Leib des Menschen und alle dessen
Gliedmaßen. Wir sind auch Creaturen Gottes, und so bekennen auch wir,
daß Gott künstlich und fein uns bereitet hat, daß Gottes Hände uns ge=
arbeitet haben (Hiob 10, 8.), daß wir wunderbarlich gemacht sind (Psalm
139, 14.), daß Gott uns den Leib, Augen, Ohren und alle Glieder gegeben
hat. Dem Gebilde seiner Hand blies Gott einen lebendigen Odem ein, eine
vernünftige Seele. Und so rühmen auch wir, daß der Odem des Allmäch=
tigen uns das Leben gegeben (Hiob 33, 4.), daß Gott uns die Seele, Ver=

nunft und alle Sinnen gegeben hat. Gott schuf sie, ein Männlein und Fräulein, und segnete sie, und kraft dieses Segens Gottes ist es geschehen, daß von Einem Blut aller Menschen Geschlechter auf dem ganzen Erdboden wohnen. Apost. 17, 26.

Der größte Schmuck des Menschen aber war, daß Gott den Menschen zu seinem Bilde schuf. Das Ebenbild Gottes bestand in der anerschaffenen Gerechtigkeit und Heiligkeit. Eph. 4, 24. Der Mensch war, wie Gott, gut, rein und heilig. Er fürchtete und liebte Gott von ganzem Herzen. Durch den Sündenfall hat der Mensch das Ebenbild Gottes verscherzt. Aber Christus hat dem Menschen wiedergewonnen, was verloren war. Der Geist Christi erneuert und heiligt den Menschen nach dem Bild deß, der ihn gemacht hat. Col. 3, 10. Und in der Vollendung, in der Verklärung wird das Ebenbild Gottes noch schöner und heller an uns leuchten, als im Anfang. Wir werden Gott gleich sein, wenn wir ihn sehen werden, wie er ist. 1 Joh. 3, 2. Zu der göttlichen Ehre und Würde des Menschen gehörte noch, daß ihm alle Creaturen untergeben wurden. Diese Herrschaft über die Creatur hat der Mensch verloren, seit er von Gott abgefallen ist. Aber wir wissen, daß den Menschen, denen, die an Christum glauben, die zukünftige Welt unterthan ist. Hebr. 2, 5.

So war in sechs Tagen Himmel und Erde mit ihrem ganzen Heer vollendet. Zu diesem Heer gehörten auch die himmlischen Heerschaaren, die Chöre der Engel. Und Gott freute sich des vollendeten Werkes und ruhte am siebenten Tag von allen seinen Werken. Das war der Schöpfungssabbath Gottes. Der Mensch sollte nun in Sabbathsruhe sein Werk auf Erden ausrichten. Die Sünde hat diesen Sabbath gestört. Doch es ist noch eine Ruhe vorhanden dem Volk Gottes, das durch Christum von Sünden erlöst und gereinigt ist. Hebr. 4, 9.

3. Das Paradies. 1 Mos. 2, 8—25.

Dieser Abschnitt beschreibt das Paradies, den seligen Urstand des Menschen. Gott, der HErr, setzte den Menschen in das Paradies, einen Garten, den er selbst gepflanzt hatte. Dort war dem Menschen eitel Lust und Wonne bereitet. Die köstlichsten Früchte waren ihm zum Genuß dargeboten. Ein Strom durchfloß und bewässerte den Garten und verschaffte dem Menschen Kühlung und Erquickung. Gold und Edelstein, die sich daselbst fanden, erfreuten Herz und Auge. Dem Menschen war der Beruf zugewiesen, diesen Garten zu bebauen und zu bewahren. Das wäre eine friedliche, mühelose Arbeit gewesen.

Zu dem Glück des Paradieses gehörte auch der Ehestand. Es wird uns hier über die Entstehung und Bestimmung des Weibes näher Aufschluß gegeben. Der Mensch besah und musterte die Thiere, welche Gott, der HErr, gemacht hatte, und gab ihnen allen Namen je nach ihrer Art und ihren Eigenschaften. Der Mensch war klug und weise und hatte einen tiefen Einblick in das Wesen der Creaturen Gottes. Aber er fand kein Geschöpf, das ihm ebenbürtig zur Seite stand. So nahm Gott, der HErr, eine Ribbe von dem Menschen, während er schlief, und baute aus der Ribbe das Weib und führte das Weib dem Manne zu. Der Mensch erkannte sofort, daß das Fleisch von seinem Fleisch sei. Und die beiden sollten nun auch Ein Fleisch sein. Der Mann sollte seinem Weibe anhangen, sie lieben, hegen und pflegen, als sein eigen Fleisch. Eph. 5, 29. Andrerseits ist der Mann des Weibes Haupt. Denn das Weib ist vom Mann und ist um des Mannes willen geschaffen. 1 Cor. 11, 8. 9. Der Beruf des Weibes wird dahin bestimmt, daß sie ihrem Mann eine Gehülfin sein sollte, ihm bei Erfüllung seines Berufs zu helfen und zu dienen. Es ist eine Gnade Gottes, daß er diese seine Ordnung und Schöpfung, den heiligen Ehestand, auch unter den sündigen Menschen noch unverrückt erhalten hat.

Die Herrlichkeit des Paradieses war aber noch nicht das höchste Glück, welches dem Menschen zugedacht war. Es war das Erste, der Anfang, noch nicht das Letzte, die Vollendung. Der Mensch befand sich noch in einem Zustand kindlicher Unschuld. So hatte er auch einen natürlichen Leib, war in das natürliche Leben geschaffen. 1 Cor. 15, 44. 45. Er freute sich der sichtbaren, schönen Creaturen Gottes, die ihn umgaben, allerdings in Gott, seinem Schöpfer. Es war ihm eine Probe verordnet. Gott hatte ihm ein Gebot gegeben. Von dem einen Baum, dem Baum der Erkenntniß des Guten und Bösen, sollte er nicht essen. Hätte er diese Probe bestanden, wäre er dem Gebot Gottes gehorsam gewesen, so wäre er bewährt worden, in einen Stand männlicher Reife eingetreten. Und durch den Genuß der Frucht vom Baum des Lebens wäre er nach und nach, ohne Schmerz und Tod, in das geistliche Leben, das Leben der Verklärung, hinübergeleitet worden. Der Mensch hat diese Probe nicht bestanden, und somit das Ziel seiner Bestimmung verfehlt und das Glück des Paradieses verloren. Indeß durch Christum ist das Verlorene wiedererstattet. Ja, wir haben durch Christum mehr gewonnen, als wir verloren haben. Darauf steht jetzt Sinnen, Begehren, Hoffen der Gläubigen: auf das himmlische Paradies und die himmlische Herrlichkeit. Und diese Hoffnung wird nicht zu Schanden.

4. Der Sündenfall. 1 Mos. 3, 1—13.

Das ist die traurige Geschichte von dem Fall Adams. Der Mensch hat gar bald seine Ehre, seine Unschuld von sich geworfen. Und diese Geschichte geht uns alle gar nahe an. Durch den einen Menschen ist die Sünde in die Welt gekommen. Röm. 5, 12. Wir alle, die wir von Adam und Eva Fleisch und Blut haben, haben auch von Adam und Eva die Sünde geerbt. Wir ersehen aus dem Fall Adams, welch leidig Ding es um die Sünde ist. Die alte Schlange, der Teufel, hat die Sünde in die Welt gebracht. Das war die List des Teufels, der durch die Schlange zum Weibe redete, daß er Gottes Wort in Frage stellte: „Ja, sollte Gott gesagt haben?" und dann das Gegentheil sagte von dem, was Gott gesagt: „Ihr werdet mit nichten des Todes sterben." Darauf hat es der Teufel auch jetzt noch abgesehen, daß er uns von dem Wort abwende. Und das war der Anfang der Sünde des Menschen, daß der Mensch Gottes Wort und Gebot aus den Augen setzte. Zweifel, Unglaube ist die Wurzel aller Sünde. Und wehe, wenn man Gottes Wort aus dem Auge, aus dem Herzen verloren hat. Dann hat man Gott verloren und ist von Gott los. Eva fürchtete sich jetzt nicht mehr vor Gott und seiner Drohung. Sie glaubte, was die Schlange ihr einredete, Gott habe aus Neid und Mißgunst, damit der Mensch nicht Gott gleich würde, jenes lästige Gebot gegeben, daß der Mensch von dem einen Baum nicht essen sollte. Sie hielt Gott für einen Tyrannen. Die Liebe zu Gott war erstorben. Das ist der Schaden Adams, den wir alle von Adam und Eva überkommen haben, das ist das Wesen der Erbsünde: es ist keine Furcht Gottes im Herzen, keine Liebe zu Gott, kein Vertrauen. Das Herz des Menschen ist Gott entfremdet. Der Sinn des natürlichen Menschen ist Feindschaft wider Gott. Nachdem das Weib sich von Gott und seinem Wort abgekehrt, erwachte in ihr die böse Lust. Sie schaute den Baum an, daß er lieblich anzusehen war, und gut zu essen, und daß er klug machte. So wuchert jetzt im Herzen des natürlichen Menschen allerlei böse Lust und Begierde: Augenlust, Fleischeslust, Hoffart. Und die böse Lust wird zur That. Die Lust, wenn sie empfangen hat, gebiert die Sünde. Eva aß von der verbotenen Frucht. Und gab dann ihrem Mann, und der aß auch. Wer gesündigt hat, geht nun darauf aus, auch Andere in Sünde und Verderben hineinzuziehen.

Es werden uns ferner in dieser Geschichte des Sündenfalls die nächsten, unmittelbaren Folgen der Sünde beschrieben. Adam und Eva wurden jetzt inne, daß sie nackend waren. Sie schämten sich vor einander. Die Sünde hat die ganze Natur des Menschen verderbt und verunreinigt. Und sie schämten und versteckten sich vor Gott, dem HErrn, als derselbe um die Abendkühlung in den Garten kam. Der Sünder hat kein gutes Gewissen vor Gott und scheut das Licht. Ja, Gott suchte die Sünder heim und zog sie zur Rechenschaft. Gott stellte die Sünder vor sein Gericht. Die Sünde ist schnell gethan, aber nicht so schnell wieder abgethan. Die Sünde und Uebertretung haftet im Gewissen als Schuld vor Gott. Adam und Eva versuchten sich vor Gott zu entschuldigen. Eins schob die Schuld auf das

Andere. Die Sünde ist fruchtbar, eine Sünde gebiert die andere. Wer gesündigt hat, erfindet dann allerlei Lügen und Entschuldigungen, um sich rein zu waschen. Aber solche Entschuldigungen halten nicht Stich vor Gott. Ach ja, die Sünde ist der Leute Verderben. Wir wären ewiglich verloren, dieweil wir alle gesündigt haben, wenn uns nicht durch Christum geholfen wäre.

5. Die erste Verheißung. 1 Mos. 3, 14—24.

Die ersten Sünder stehen vor Gottes Gericht, ohne Decke und Hülle, in ihrer Blöße und Schande. Und nun spricht Gott ihnen das Urtheil. Aber wie lautet das? Zunächst ganz anders, als man erwarten sollte, nicht auf Tod, sondern auf Leben. Das Erste, was die sündigen, schuldigen Menschen aus dem Mund ihres Richters vernahmen, war ein Wort tröstlicher Verheißung. Denn was für die Schlange ein Fluch war, das war Trost und Verheißung für die Menschen. Da sieht man recht, was Gnade ist. Die Gnade ist, wie Luther sagt, den Unverdienten vermeint. Die Verheißung Gottes lautete auf Christum. Der Teufel hatte die Menschen von Gott abgewendet und auf seine Seite gezogen. Nun setzt Gott Feindschaft, zieht eine Scheidewand zwischen dem Weib und ihrem Samen und der Schlange und ihrem Samen, das ist dem Teufel und seinem Reich, und entreißt damit die Sünder der Hand ihres Verführers. Von dem Weib, aus des Weibes Geschlecht soll ein Same erstehen, der wird der Schlange, dem Teufel den Kopf zertreten, das heißt, ihm seine Gewalt, Sünde und Tod, zerstören. Den Satan unter sich treten, das vermag kein Mensch; der das thut, muß Gott selber sein. So ist zugleich auf die Gottheit des Weibessamens gedeutet. Freilich wird derselbe in seinem Kampf mit dem Satan einen Fersenstich, eine schwere Wunde empfangen. Wir kennen die Erfüllung dieser Verheißung. Christus ist der Weibessame. Der ist vom Geschlecht Evas geboren, und ist doch zugleich der starke Gott. Und der Stärkere hat den Starken gebunden und hat die sündigen Menschen von der Gewalt des Teufels, von Sünde und Tod erlöst. Und zwar so, daß er selbst eine empfindliche Wunde davontrug, durch seinen Tod am Kreuz. Christus, wahrer Gott und wahrer Mensch, die Erlösung durch Christum, das war von Anfang an der Trost der armen Sünder. Adam und Eva schwiegen, nahmen das hin, was Gott ihnen sagte, sie glaubten der Verheißung und waren damit von ihrem Fall wieder aufgestanden. Das ist's, was Gott jetzt von dem sündigen Menschen fordert, daß er das hinnehme und glaube, was Gott ihm verheißt. Gott bestätigte seine Verheißung, indem er den ersten Sündern Röcke von Thierfellen machte. Damit zeigte er an, daß er ihre Blöße und Schande aus Gnaden zudecken wolle.

Nun hören wir allerdings auch noch von einem Strafurtheil Gottes. Adam und Eva werden aus dem Paradies vertrieben. Der Mann muß jetzt den Acker bauen, der um seinetwillen verflucht ist, der ihm Dornen und Disteln trägt, muß im Schweiß seines Angesichts sein Brod essen. Das Weib soll mit Schmerzen Kinder gebären, und das thut ihr auch wehe, daß ihr Wille schlechterdings dem Mann unterworfen ist. Die Todesdrohung geht in Erfüllung. Sobald der Mensch gesündigt hatte, war auch der Todeskeim in seine Natur eingepflanzt. Er hatte jetzt einen sterblichen Leib. Der Mensch muß wieder zur Erde werden, davon er genommen ist. Das ist der Sold und Fluch der Sünde. Doch zwischen Sünde und Strafe steht die Verheißung von Christo, dem Erlöser, mitten inne. Durch Christum ist Strafe und Fluch in Segen verwandelt. Das mannigfache Elend dieser Erde, Mühe, Plage und Jammer des Lebens erinnert den Menschen, daß er nicht hier auf dieser Erde sein Heim hat, mahnt ihn, das bessere Theil, das himmlische Erbe zu suchen. Und der Tod ist für die Gläubigen nur der Durchgang zum Leben, zum ewigen Leben.

6. Kain und Abel. 1 Mos. 4, 1—16.

Wir hören hier von den ersten Söhnen Adams und Evas. Eva nannte ihren Erstgeborenen Kain, das ist Erwerb, Gewinn. Sie sprach: „Ich habe den Mann, den HErrn." Sie hielt diesen ersten Sohn für den verheißenen Erlöser. Sie irrte sich in der Person, aber bewies doch hiermit ihren brünstigen Glauben. Ihr Sinn und Verlangen war auf den Mann, den HErrn gerichtet, der der Schlange den Kopf zertreten sollte. Adam und Eva sind die ersten Sünder, aber auch die ersten Gläubigen, der Anfang der Kirche Gottes auf Erden. Wir wandeln in den Fußstapfen auch des Glaubens unsers Vaters Adam.

Eva sah sich in ihren Erwartungen, die sie an Kain geknüpft hatte, bald bitter getäuscht. In der Familie Adams entstand ein Zwiespalt. Kain und Abel waren ungleiche Brüder. Kain war böse, vom Argen. 1 Joh. 3, 12. Sein Opfer war Heuchelei und Gott ein Greuel. An seinem Bruder ließ er seine Bosheit aus. Er neidete ihn, weil er fromm war und Gott angenehm. Er trug auch seinen Haß und Grimm zur Schau. Er verstellte seine Geberden. Gott warnte ihn vor der Sünde, der sündigen That, welche wie ein gieriges wildes Thier vor der Thür ruhe, wie er denn je und je Menschen, die mit einem Verbrechen schwanger gehen, zu warnen pflegt, etwa durch die Stimme ihres Gewissens. Aber Kain verachtete Gottes Warnung und schlug seinen Bruder todt. Wir sehen hier den schrecklichen Fortschritt der Sünde. Zwischen dem unscheinbaren Apfelbiß und dem Brudermord lag ein kurzer Weg. Seit den Tagen Kains regiert nun auf

Erden Mord und Todtschlag. Ja, die Kainssünde ist uns allen angeboren. Das natürliche Herz des Menschen ist voll Haß, Grimm, Neid, Bitterkeit. Und wer seinem Bruder zürnet, wer seinen Bruder hasset, der ist ein Todt= schläger. Matth. 5, 22. 1 Joh. 3, 15. Und wie oft bricht der Haß aus in Geberden, Worten und Werken!

Abel dagegen war fromm und gerecht. 1 Joh. 3, 12. Er glaubte der Verheißung. Sein Opfer kam aus dem Glauben. Hebr. 11, 4. Es war kindliche Anbetung Gottes im Geist und in der Wahrheit. Und gerade darum wurde er von seinem Bruder gehaßt und erwürgt. Abel ist der erste aus der langen Reihe der heiligen Märtyrer. Wir sehen, wie die gläubigen Kinder Gottes von Anfang an zu der gottlosen Welt gestanden haben. Wo der Apostel Johannes das Exempel Kains und Abels einführt, schreibt er: „Verwundert euch nicht, meine Brüder, ob euch die Welt hasset." 1 Joh. 3, 13. Die gottselig leben wollen in dieser Welt, müssen Verfolgung leiden.

Aber Gott ist Rächer und Richter über das alles. Er nahm sich des unschuldig vergossenen Blutes Abels an, das zu ihm aufschrie. Mord, Brudermord ist eben eine himmelschreiende Sünde. Abel redet noch, wie= wohl er gestorben ist. Hebr. 11, 4. Gott belegte Kain, der sich erst trotzig geberdete und dann verzweifelte, mit dem Fluch, und heftete ihm ein Zeichen, ein Brandmal an. Er sollte unstet und flüchtig sein auf Erden. So nimmt sich Gott der leidenden Gerechten an. Der Tod seiner Heiligen ist werth gehalten vor ihm. Er wird dereinst das Blut seiner Knechte rächen. Die halsstarrigen Sünder aber wird er von seinem Angesicht verbannen und ver= dammen. Den Gottlosen wird er vergelten, was sie ihrem Nächsten und sonderlich den frommen Kindern auf Erden zu Leide gethan haben.

7. Das Geschlecht Kains. 1 Mos. 4, 17—26.

Es wird uns weiter von dem Geschlecht Kains berichtet. Hier finden wir die Anfänge der Cultur. Kain baute ein Stadt und nannte sie nach seinem Sohn Hanoch. Das war der Anfang des Städtelebens. Die Einen wohnten in den Städten, Andere, wie die Nachkommen Jabals, zelteten draußen auf dem Feld und trieben Viehzucht. Von Jubal sind die Geiger und Pfeifer hergekommen. Das war der Anfang der Kunst. Thubalkain war ein Meister in Erz und Eisenwerk. Das war der Anfang des Hand= werks. Doch in diesem Geschlecht Kains erbte sich auch der Sinn Kains fort. Es war das Geschlecht der Gottlosen. Die Sünde wucherte weiter, und Handwerk und Kunst stand im Dienst der Sünde. Die Menschen ließen ihren bösen Begierden freien Lauf. Augenlust und Fleischeslust griff um sich. Die Vielehe kam auf. Lamech hatte zwei Weiber. Die hießen Ada und Zilla, das heißt die Geschmückte und die Klingende. Sie statteten ihre

Reize mit allerlei Putz und Schmuck aus. Mord und Blutvergießen nahm
überhand. Man schmiedete Mordwerkzeuge. Lamech nahm ein Schwert
und tödtete einen jungen Mann, der ihn beleidigt hatte. Und besang dann
diese Mordthat in einem Liede. So ist's von Anfang an gewesen. So
wird's gehen bis zum Ende der Welt. Die Menschheit schreitet fort, ist
klug und erfinderisch in äußerlichen, irdischen Dingen. Die Menschen haben
es weit gebracht in allerlei Künsten und Wissenschaften. Aber das ist in
Wahrheit kein Fortschritt. Von Geschlecht zu Geschlecht verschlechtern sich
die Sitten. Die Welt ist eben böse und verderbt. Mit der fortschreitenden
Cultur nimmt auch Sünde, Bosheit und Frevel zu. Ein wüstes, unordent=
liches Wesen, rohe, wilde Lust, Haß, Mord, Gewaltthat: das ist die Art
dieser Welt. Die weltliche Bildung wehrt nicht der Sünde, sondern fördert
dieselbe. Handwerk, Gewerbe, Industrie stehen im Dienst des Geizes, der
Habsucht, werden mißbraucht zur Schädigung des Nächsten. Die weltliche
Kunst verherrlicht zumeist Schande und Verbrechen. So treibt die Welt
und die Entwickelung der Welt dem Ende, der Auflösung entgegen.

Dem Geschlecht der Gottlosen steht das Geschlecht der Frommen gegen=
über. Gott gab Adam und Eva Ersatz für Abel, den Seth. Der hatte
Abels Sinn. In diesem Geschlecht kam die öffentliche Predigt auf. Man
predigte von dem Namen des HErrn, von dem Mann, dem HErrn, auf den
Eva schon gehofft hatte, von dem zukünftigen Erlöser. So gibt's zu allen
Zeiten mitten unter diesem verkehrten Geschlecht ein heiliges Volk auf Erden,
Gottes Volk. Das hat seine Lust und Freude an der Predigt und Gottes
Wort. Ja, Gottes Wort, das Evangelium von Christo, das ist unser
einiger Trost, unser Stecken und Stab in diesem bösen Leben.

8. Das Geschlecht Seths. 1 Mos. 5.

Dies ist das Geschlecht der Kinder Seths. Hier finden wir die Namen
der zehn Patriarchen der Menschheit verzeichnet, Namen großer, heiliger
Männer Gottes. Luther sagt: „Dies ist die höchste Ehre der ersten Welt,
daß sie so viel frommer, weiser und heiliger Männer bei einander zugleich
gehabt hat.“ Die meisten derselben haben noch lange Jahre gleichzeitig mit
einander gelebt. Ihr hohes Alter war Segen und Lohn ihrer Frömmigkeit.
Die Gottseligkeit hat die Verheißung auch dieses Lebens.

Ein besonderes Lob hat Henoch. Der führte vor Andern ein göttliches
Leben, das heißt, er wandelte mit Gott, in der engsten Gemeinschaft, im
regsten Verkehr mit Gott. Das neue Testament rühmt seinen Glauben.
Hebr. 11, 5. 6. Er hielt sich an den unsichtbaren Gott, als sähe er ihn.
Das ist wahre Frömmigkeit, daß man mit Gott und vor Gott wandelt, auf
Schritt und Tritt Gott vor Augen und im Herzen hat. Es war eine Gnade

Gottes, daß Gott diesen frommen Mann frühzeitig, als er erst das Dritt=
theil der Jahre seiner Väter erreicht hatte, hinwegnahm, aus dieser bösen
Welt wegnahm und zu sich in den Himmel nahm. Er wurde, wie er war,
ohne daß er den Tod sah, also mit Leib und Seele in den Himmel versetzt.
Es gibt schon im Himmel droben verklärte Leiber. Damit ist uns das Ende
unsers Glaubens, das zukünftige, himmlische, verklärte Leben verbürgt.
Wir sehen aus dieser Geschichte, daß, wie hohes Alter eine Gabe Gottes ist,
unter Umständen auch frühzeitiger Tod Wohlthat und Gnade Gottes sein
kann. Der weise Sirach sagt von dem Gerechten: „Seine Seele gefällt
Gott; darum eilt er mit ihm aus dem bösen Leben." Sir. 4, 14.

Der Sohn Henochs, Methusalah, erreichte das höchste Alter von allen
Menschen, ein Alter von 969 Jahren. Gott lohnt und segnet die Frömmig=
keit der Väter auch noch an den Kindern.

Lamech bewies seinen Glauben an die Verheißung damit, daß er seinen
Sohn Noah nannte, das heißt Ruhe, Ruhebringer. Er hielt, wie Eva den
Kain, seinen Erstgeborenen für den verheißenen Erlöser. So war schon
der Glaube und die Hoffnung der alten frommen Väter vor der Sintfluth
auf Christum gerichtet. Das ist auch jetzt noch die Hoffnung aller Gläu=
bigen, daß sie dereinst durch Christum, der nun erschienen ist, von aller
Mühe und Arbeit auf Erden erlöst werden und zu ihrer Ruhe kommen.

9. Die Ankündigung der Sintfluth. 1 Mos. 6.

Hier hören wir von der Vorbereitung und Ankündigung der großen
Fluth. Die Sünde und Bosheit nahm zu auf Erden. Auch das Geschlecht
der Frommen wendete sich von Gott ab. Die Kinder Gottes vermischten
sich mit den Töchtern der Menschen und nahmen von den Gottlosen zu
Weibern, welche sie begehrten. So war die ganze Erde, die ganze Mensch=
heit verderbt. Die Menschen waren Fleisch geworden, lebten nur den fleisch=
lichen Lüsten und Genüssen. Alles Fleisch hatte seinen Weg verderbt, die
von Gott gesetzten Grenzen und Ordnungen verlassen. Unnatürliche Greuel
gingen im Schwange. Aus jenen Ehen zwischen den Kindern Gottes und den
Töchtern der Menschen gingen Riesen hervor, wilde, unbändige Menschen.
Die ganze Erde war voll Frevels und Gewaltthat. Die Menschen gaben dem
Geist Gottes nicht mehr Raum, verachteten die Geduld Gottes, verscherzten
die Gnadenfrist von 120 Jahren, die Gott ihnen noch gegeben. Da reute
es Gott, daß er die Menschen gemacht hatte. Die Bosheit der Menschen
schmerzte und bekümmerte ihn tief, und er beschloß, die Menschen sammt
allen lebendigen Creaturen von der Erde zu vertilgen. Christus spricht
im Neuen Testament: „Gleichwie sie waren in den Tagen der Sintfluth,
sie aßen, sie tranken, freiten und ließen sich freien, bis an den Tag, da

Noa in die Arche einging, und sie achteten es nicht, bis die Sintfluth kam und nahm sie alle dahin: also wird auch sein die Zukunft des Menschensohns." Matth. 24, 38. 39. Wir leben in den letzten Tagen. Wir sehen, wie die Sünde immer mächtiger wird. Unzucht, Frevel, Gewaltthat nimmt überhand. Die Menschen sind ganz Fleisch, widerstreben dem Geist Gottes, verachten Gott und sein Wort, verachten die Güte, Geduld und Langmuth Gottes. Es ist schier zum Aeußersten gekommen. Es ist eine Zeit des Abfalls, in der wir leben. Die Liebe Vieler ist erkaltet. Da ist nichts Anderes zu erwarten, als Zorn und Gericht.

Noah war allein fromm und gerecht in seinem Geschlecht. Er und sein Haus, das war zu der Zeit die Kirche Gottes auf Erden. Dem Noah verkündigte Gott, was er vorhatte, daß er eine Sintfluth, das heißt eine große Fluth kommen lassen werde auf Erden. Und weil er seiner und seines Hauses schonen wollte, gebot er ihm zugleich, einen großen Kasten zu machen, von festem Tannenholz, mit drei Stockwerken. Da sollte er mit Weib und Kindern hineingehen, auch allerlei Thiere mit sich nehmen. Noah that, was Gott ihm geboten. Er bewies seinen Glauben damit, daß er die Arche zubereitete. Hebr. 11, 7. Denn man sah und merkte noch nichts von der Fluth. Auch predigte er, als ein Prediger der Gerechtigkeit (2 Petr. 2, 5.), seinen Zeitgenossen von dem nahen Gericht, freilich ohne Erfolg. So hat Gott auch in dieser letzten bösen Zeit sich einen heiligen Samen übrig behalten. Der hält an Gottes Wort fest, glaubt auch dem, was Gott in seinem Wort von dem zukünftigen Zorn sagt, und schickt und bereitet sich mit heiligem Wandel und gottseligem Wesen, daß er alle dem entfliehe, was geschehen soll, und wird auch schließlich bewahrt im Gericht.

10. Der Anfang der Fluth. 1 Mos. 7.

Es wird nun die Ausführung des angedrohten Strafgerichts näher beschrieben. Das Wasser der Sintfluth kam auf die Erde. Die Ordnungen der Natur wurden durchbrochen. Die Fenster des Himmels thaten sich auf, und die Brunnen der großen Tiefe brachen auf. Die Gewässer oben, die sonst von der Feste des Himmels zurückgehalten werden, die Gewässer drunten, welche sonst in der Tiefe verborgen und verschlossen sind, ergossen sich über die Erde. Die Sintfluth war ein Wunder Gottes, des Allmächtigen, und zwar ein Strafwunder Gottes. Eine solche allgemeine, große Fluth, welche auch alle hohen Berge der Erde bedeckte, läßt sich nicht aus den Gesetzen der Natur und dem gewöhnlichen Lauf der Dinge erklären. So ward alles Fleisch vertilgt, nicht nur die Menschen auf Erden, sondern auch alles Vieh, in dem ein lebendiger Odem war. Die unschuldige Creatur mußte mit den Bösen und um des Frevels der Menschen willen leiden. Da sehen wir den Ernst Gottes. Es ist wahrlich kein Scherz, wider Gott sündigen. Aehnlich wird es am Ende der Welt gehen. Noch ein größeres, schrecklicheres Strafgericht wartet der jetzigen Welt. Da wird Gott nicht Wasser, sondern Feuer auf Erden regnen lassen. Und das Feuer des jüngsten Tages wird nicht nur Alles, was auf Erden lebt, sondern die Erde selbst mit allen ihren Werken verzehren. „Der Himmel jetzund und die Erde werden durch sein Wort gesparet, daß sie zum Feuer behalten werden am Tage des Gerichts und Verdammniß der gottlosen Menschen." 2 Petr. 3, 7. Ja, das Feuer des göttlichen Zorns brennt fort in Ewigkeit.

Aber mitten im Zorn und Gericht leuchtet die Gnade Gottes. Noah und sein Weib, seine drei Söhne und deren Weiber, diese acht Seelen wurden durch die Sintfluth hindurch gerettet. Sie bargen sich zur Zeit der Fluth in den Kasten, sammt allerlei Thieren, einem Paar von jeder Art, je sieben von den reinen Thieren. Der HErr selbst gebot Noah, in den Kasten zu gehen, und schloß die Thüre hinter ihm zu und verwahrte ihn. Das Wasser trug den Kasten. Das Wasser der Sintfluth ist nach der Schrift ein Vorbild der Taufe. Das Wasser der Taufe rettet uns und macht uns selig. 1 Petr. 3, 21. Und ferner sagt die Schrift, wo sie der Sintfluth gedenkt: „Der HErr weiß die Gottseligen aus der Versuchung zu erlösen." 1 Petr. 2, 9. Er wird sie auch am großen Tag des Zorns und Feuereifers schützen und behalten. Freilich es ist ein kleines Häuflein, das da gerettet und selig wird. Damals waren es nur acht Seelen. Nur Wenige sind auserwählt. Da sollen wir eilen und unsere Seelen retten.

11. Das Ende der Fluth. 1 Mos. 8.

Von dem, was Gott ferner an Noah that, wird hier zunächst berichtet. Nachdem Zorn und Gericht seinen Zweck erreicht hatte, nachdem das Geschlecht der Frevler von der Erde vertilgt war, ließ er wieder seine Gnade walten. Das Geschlecht der Menschen sollte noch nicht ganz untergehen. Gott gedachte des Noah, verschloß die Fenster des Himmels und die Brunnen der Tiefe, ließ einen Wind auf Erden kommen, daß das Wasser vertrocknete, und führte Noah und die Seinen, sowie die Thiere bei ihm wieder aus dem Kasten heraus. Um Noahs willen ließ Gott die Erde noch ferner bestehen. Um seiner frommen, gläubigen Kinder auf Erden willen erhält Gott, was er geschaffen hat, und erhält die Erde so lange, bis er sein Werk an seiner Kirche hienieden hinausgeführt hat. So schwur Gott dann auch dem Noah zu, daß er die Erde nicht wieder verfluchen, mit einer Fluth verderben wolle. „Denn", so sprach er, „das Dichten des menschlichen Herzens ist böse von Jugend auf." Durch eine Sündfluth läßt sich die Sünde nicht wegfegen von der Erde. Auf eine andere Weise, durch den Erlöser, der den

Menschen verheißen war, soll der Sünde gewehrt und gesteuert werden. So lange die Erde steht, soll nicht aufhören Same und Ernte, Frost und Hitze, Sommer und Winter, Tag und Nacht. Gott läßt seine Sonne aufgehen über Böse und Gute, und läßt regnen über Gerechte und Ungerechte. Wir leben noch in dieser Zeit der Geduld und Langmuth Gottes, da Gott trotz der Sünde die Welt trägt und bewahrt, und sollen und wollen die Geduld Gottes für unsere Seligkeit achten.

Zum Andern wird hier der Glaube Noahs gepriesen. Der erwies sich in der Geduld, daß er von einer Woche zur andern wartete und harrte, bis das Gewässer sich ganz verlaufen hatte, und sodann darin, daß er, als er die Arche verlassen hatte, Gott ein freudiges Dankopfer darbrachte. Das ist wahrer Glaube, wahre Frömmigkeit, daß man auf die Hülfe des HErrn harrt und seine Seele in Geduld faßt, wenn die Hülfe verzieht, und schließlich, wenn die Hülfe erschienen ist, Gott lobt und dankt.

Zum Dritten denken wir auch hier wieder daran, daß die Sintfluth, dieses erste Weltgericht, ein Vorbild und Vorbote ist des letzten, entscheidenden Weltgerichts. „So lange die Erde steht, soll nicht aufhören" ꝛc. Die Erde steht nur ihre bestimmte Zeit, besteht nicht in Ewigkeit. Die Geduld und Langmuth Gottes hat schließlich ein Ende. Dann kommt der große, schreckliche Tag des HErrn, der Tag des Zorns und Feuereifers, welcher die Widerwärtigen verzehren wird. Aber die Seinen wird der HErr erhalten und durch das Weltgericht und den Weltbrand hinüberführen in eine neue Welt. Wie die Erde damals gleichsam verjüngt aus dem Wasser hervortauchte, so wird aus dem Weltbrand am Ende die neue Erde und der neue Himmel hervorgehen, davon Propheten und Apostel sagen, die zukünftige Welt, welche Gott den Gläubigen untergeben hat.

12. Der Bund Gottes mit Noah. 1 Mos. 9, 1—17.

Gott erneuerte jetzt nach der Fluth den Segen, den er bei der Schöpfung über die Menschen ausgesprochen hatte. Die Menschen sollten sich mehren und ausbreiten auf Erden. Und er verordnete den Menschen gewisse Grundrechte, an welche jetzt der Bestand dieser sündigen Welt gebunden ist. Er gab von Neuem die unvernünftigen Creaturen, alle Thiere in die Hand und Gewalt der Menschen. Freilich es war nicht, wie es vor dem Sündenfall gewesen, da alle Creaturen gern und willig dem Menschen, dem König der Schöpfung, sich fügten und dienten. Es heißt jetzt: „Eure Furcht und Schrecken sei über alle Thiere." Der Mensch übt jetzt eine Schreckensherrschaft auf Erden aus. Er zwingt die unvernünftige Creatur wider ihren Willen in seinen Dienst. So hat er auch das Leben der Thiere in seiner Gewalt. Er darf ihr Blut vergießen, damit ihr Fleisch ihm Speise und

Nahrung biete. Das Geschlecht nach der Fluth war schwächlich und ge=
brechlich. Die vorige Kraft war dahin. Die Menschen erreichten bei
Weitem nicht mehr das Alter der Väter vor der Fluth. So bedurfte der
Mensch starker Speise. Nur das Fleisch in seinem Blut sollte der Mensch
nicht essen, damit er nicht verrohen und verwildern möcht. Das war schon
dem Noah verordnet, wie es später in Israel Sitte und Rechtens wurde.
Der Thiere Blut und Leben ist in der Gewalt des Menschen. Aber das
Blut seiner Mitmenschen soll er nicht vergießen. Das ist für die Zeit der
Welt Gottes Recht und Bestimmung: Wer Menschen Blut vergießt, deß
Blut soll wieder durch Menschen vergossen werden. Dem Mörder ist die
Todesstrafe verordnet. Denn der Mensch trägt auch jetzt noch in gewissem
Sinn Gottes Bild an sich. Er ist eine vernünftige Creatur, hat eine unsterb=
liche Seele. Hiermit ist zugleich das Amt eingesetzt, welches das Schwert
führt, zur Rache über die Uebelthäter und zu Lobe den Frommen, das Amt
der Obrigkeit.

Gott richtete nach der Fluth auch noch einen besondern Bund auf mit
Noah und seinem Samen und allen Creaturen. Er hat den Menschen feste
Bürgschaft gegeben, daß er hinfort nicht wieder durch eine Sintfluth alles
Fleisch verderben wird. Und als Zeichen des Bundes hat er seinen Bogen
in die Wolken gesetzt. Wenn man den Bogen in den Wolken sieht, will
Gott dieses seines Bundes mit allem Fleisch gedenken. Und der Regen=
bogen, der gleichsam Himmel und Erde verbindet, erinnert uns Menschen
daran, daß Gott jetzt Frieden hält mit allen Creaturen, und mahnt uns,
Gott zu danken für seine Güte, die alle Morgen neu ist, und für seine große
Treue.

13. Noahs Weissagung. 1 Mos. 9, 18—29.

Noch ein Zug aus der späteren Lebenszeit Noahs wird hier mitgetheilt.
Noah pflanzte einen Weinberg, und da er des Weines trank, wurde er trunken
und lag in seiner Hütte aufgedeckt. Die Schrift verschweigt nicht die Sün=
den der frommen Väter. Das dient uns zum Trost. Wenn uns die Sünde
und Schwachheit, die uns noch anklebt, bekümmert, denken wir daran, daß
auch die großen Heiligen, welche sonst uns als Vorbilder des Glaubens und
der Frömmigkeit vorgestellt sind, mannigfaltig gestrauchelt haben.

Unter den Söhnen Noahs zeigte sich, wie unter den Söhnen Adams,
ein Unterschied der Gesinnung. Sem und Japheth fürchteten Gott und
ehrten darum ihren Vater und deckten seine Blöße zu. Ham dagegen war
schamlos, spottete der Schande seines Vaters. Das war ein Beweis einer
ruchlosen, gottlosen Gesinnung. Auch fromme Eltern, die, so viel an ihnen
ist, ihre Kinder in der Furcht des HErrn erziehen, können es nicht immer
verhüten, daß dies oder jenes Kind aus der Art schlägt und sich vom Glau=

ben der Väter abwendet. Glaube und Gottesfurcht läßt sich nicht, wie irdisch Geld und Gut, von den Eltern auf die Kinder übertragen und vererben.

Als Noah vom Schlaf erwachte, ermannte er sich und ward stark im Geist und Glauben und sprach geistgesalbte Worte. Gott richtet die Seinen, wenn sie auch einmal straucheln, in Gnaden von ihrem Fall wieder auf, vergibt ihnen ihre Sünde und gibt ihnen von Neuem Kraft zu gottgefälligen Werken.

Nun vernehmen wir aus dem Mund Noahs Fluch und Segen. Vom Heiligen Geist erleuchtet, weissagt er das künftige Geschick seiner Söhne und ihrer Nachkommen. Wir finden hier eine zweite herrliche Verheißung Gottes nach jener ersten im Paradies. Die Verheißung von Christo ist auch in das Geschlecht nach der Fluth eingepflanzt. Noah sprach: „Gelobt sei der HErr, der Gott Sems." Der HErr Jehova, der wahre lebendige Gott, der verheißene Erlöser, das soll der Gott Sems sein. Und so hat sich Gott aus Sems Geschlecht ein Volk des Eigenthums erwählt. Israel war Gottes Volk. Der Gott Israels war der wahre Gott. Und aus Sems Geschlecht, aus Israel ist der Mann, der HErr, der verheißene Weibessame hervorgegangen. Das Heil ist von den Juden gekommen. Japheth wurde zugesagt, daß er sich ausbreiten, die Erde einnehmen sollte. Die Nachkommen Japheths, die europäischen Völker sind von Alters her die Herren der Welt, welche den Gang der Weltgeschichte bestimmen. Doch das beste Theil, welches den Kindern Japheths, also auch uns zufallen sollte und zugefallen ist, ist dies, daß sie in den Hütten Sems wohnen, an dem Segen Sems, dem Heil in Christo Antheil haben. Canaan, der Sohn Hams, der den Sinn seines Vaters hatte, wird sammt seinem gleichgesinnten Geschlecht verflucht. Er soll der Knecht seiner Brüder sein. Die Nachkommen Hams, sonderlich die Bewohner Afrikas, sind in die schmählichste Sclaverei gerathen, erst die Sclaven Sems, sonderlich der Araber, dann die Sclaven der japhethitischen Völker geworden. Doch auf diese Weise, durch Sem und Japheth, ihre Herren, haben auch die Kinder Hams ein Wörtlein von dem Einen, wahren, lebendigen Gott und von Christo, dem Heiland der Welt, zu hören bekommen.

14. Der Thurmbau zu Babel. 1 Mos. 10. 11.

Das 10. Capitel des 1. Buches Mose enthält die sogenannte Völkertafel, ein Verzeichniß der 70 vornehmsten Völker, welche von den drei Söhnen Noahs hergekommen sind. Etwas Näheres erfahren wir nur über Nimrod, einen Nachkommen Hams. Der war ein gewaltiger Eroberer, gründete ein Reich am Euphrat und Tigris, baute die hernachmals so berühmten Städte Babel und Ninive.

Im 11. Capitel hören wir, wie die Eine Familie der Menschen sich in verschiedene Völker theilte. In dem Geschlecht Noahs hatte Unglaube und Gottlosigkeit bald überhand genommen. Ham und sein Sohn Canaan waren aus der Art geschlagen. Auch die Nachkommen Sems und Japheths wendeten sich der Mehrzahl nach von Gott ab. Der verkehrte, ruchlose Sinn der Menschen trat bei einer Gelegenheit deutlich hervor. Die Menschen zogen aus der Heimath der Väter, Armenien am Ararat, in die schöne fruchtbare Ebene Sinear oder Babylonien. Dort begannen sie eine Stadt und einen Thurm zu bauen. Sie wollten sich damit einen Namen machen. Und diese Hoffart war Feindschaft wider Gott. Dieser Thurm sollte bis an die Spitze des Himmels reichen. Das war Spott und Lästerung. Sie wollten auch auf diese Weise verhüten, daß sie sich in alle Länder zerstreuten. Die Stadt, der Thurm sollte ihr Mittelpunkt bleiben. Da konnte Gott nicht länger schweigen. Er fuhr herab und zerstreute die Menschen und verwirrte, zertheilte ihre Sprache. Daher hieß man jene Stätte Babel, das ist Verwirrung. Dieses Gericht Gottes haben wir noch vor Augen. Die Menschheit ist zertrennt, ein Volk vom andern geschieden, keins versteht die Sprache des andern. Doch zeigen die Menschen auch jetzt noch in der Zerstreuung den alten hoffärtigen Sinn. Sie führen stolze Bauten auf, ersinnen immer neue Künste, und was sie damit suchen, das ist ihr eigner Ruhm. Sie stürmen himmelan, trotzen Gott, dem Höchsten, was sie setzen, das soll gelten auf Erden. Sie schwärmen von Einigkeit und Verbrüderung, aber es ist eine widergöttliche Einigkeit. Gott, der HErr, hat schon oft dazwischen gegriffen und die Hoffärtigen zu Boden geschlagen. Doch die Menschen beugen sich nicht unter die starke Hand Gottes. So wird endlich der Tag des HErrn gehen über alles Hoffärtige und Hohe und Erhabene, daß es für immer geniedrigt werde. Jes. 2, 12.

Nach der Sprachenverwirrung ließ Gott die Völker ihre eigenen Wege gehen. Diese vergaßen bald ganz des lebendigen Gottes und dienten als Heiden den stummen Götzen. Aber aus den Geschlechtern und Völkern der Erde erwählte sich der HErr nun ein Geschlecht und Volk zum Eigenthum, das war Abrahams Geschlecht und Volk. Durch Abrahams Samen sollte dann in der Fülle der Zeit der Segen, das schon den ersten Vätern verheißene Heil über alle Geschlechter und Völker der Erde kommen. So wird in diesem Capitel noch von der Herkunft Abrahams, von Sem und seinen Nachkommen, insonderheit von Tharah, dem Vater Abrahams, und seiner Familie Bericht gegeben.

II. Die Geschichte der Erzväter.

15. Abrahams Berufung. 1 Mos. 12.

Es beginnt jetzt die Geschichte Abrahams, des Stammvaters Israels, des Vaters aller Gläubigen. Abraham, oder, wie er damals noch hieß, Abram erhielt von Gott den Befehl, aus seinem Vaterland, von seiner Freundschaft und aus seines Vaters Haus auszugehen, in ein Land, das Gott ihm zeigen werde. Auf Gottes Gebot war Abraham schon vorher mit seiner ganzen Familie aus Ur in Chaldäa ausgezogen. Apost. 7, 3. Sein Vater Tharah hatte sich aber in Haran in Mesopotamien festgesetzt. So sollte Abraham weiter wandern, an den Ort der göttlichen Bestimmung, ins Land Canaan. Zugleich gab aber Gott dem Abraham eine große Verheißung. Er sagte ihm zu, daß er ihn segnen und zu einem großen Volk machen wolle. Ja, durch ihn, das ist durch seinen Samen, 1 Mos. 22, 18., das ist, durch den Einen Samen Christus, Gal. 3, 16., sollten alle Geschlechter der Erde gesegnet werden. Abraham glaubte der Verheißung und bewies seinen Glauben im Gehorsam, verließ seine Heimath, seine Freundschaft und zog mit seinem Weibe Sarai und seinem Neffen Lot in das Land Canaan. Hebr. 11, 8. Er durchzog das Land von Norden nach Süden, wohnte erst in Sichem, dann in Bethel, zuletzt in Mittag. Wo er wohnte, errichtete er einen Altar und predigte von dem Namen des HErrn. Er war ein Frembling im Land der Verheißung und sahe auf die Stadt, die Gott droben ihm bereitet hatte. Hebr. 11, 9. 10. Wir haben einen ähnlichen Befehl von Gott, wie Abraham. Christus gebietet seinen Jüngern, Vater, Mutter, Weib, Kind, Bruder, Schwester zu verlassen, ihr Herz von allen irdischen Banden loszumachen. Wir haben dieselbe Verheißung, wie Abraham. In Christo, welcher nun erschienen ist, ist uns Segen, Gnade, Vergebung, Leben, Seligkeit zugesagt. Alle Gläubigen wandeln in den Fußstapfen des Glaubens Abrahams. Sie glauben dem Evangelium, freuen sich des Heils in Christo, bekennen und rühmen auch den Namen des HErrn, verleugnen um Gottes, um Christi willen, was auf Erden ist, sie haben hier keine bleibende Stätte, sondern die zukünftige suchen sie.

Eine Theurung führte Abraham nach Egypten. Dort kam er in große Gefahr wegen seines Weibes. Er handelte klüglich und vorsichtig, indem er Sarah seine Schwester nannte. Und bewies seinen Glauben damit, daß er Gott zutraute, er werde sein Weib wohl bewahren. Und dieses sein Vertrauen wurde nicht zu Schanden. Gott nöthigte den Pharao, dem Abraham Sarah zurückzugeben, ehe er sie berührt hatte, und ihn mit einem reichen Geschenk zu entlassen. Die Gläubigen leben heute noch in einer bösen Welt, wie Schafe mitten unter Wölfen. Da sollen sie klug sein, wie die Schlangen, zugleich aber ohne Falsch, wie die Tauben, und sollen alle ihre Anliegen und Sorgen Gott befehlen. Der kann die Seinen in allen Gefahren wohl schützen und erhalten.

16. Lots Trennung von Abraham. 1 Mos. 13.

Abraham wohnte jetzt wieder im Land Canaan, und zwar in der Gegend von Bethel. Er war sehr reich geworden an Vieh, Silber und Gold, nach der harten Prüfung in Egypten wieder reichlich getröstet. Doch sein Herz hing nicht an dem irdischen Gut. Sein Verlangen war auf den gerichtet, der ihm verheißen war, den Einen Samen, welcher aller Welt Heil und Segen bringen sollte. Was er glaubte, das bekannte er. Er predigte wiederum von dem Namen des HErrn. So führt der HErr die Seinen durch Leid und Freude und tröstet sie nach der Trübsal. Doch nicht das irdische Glück ist die eigentliche Freude der Frommen, sondern ihr Sinn steht auf Christum und sein Heil.

Abraham hatte große Heerden Vieh, ebenso Lot, sein Bruder. Das Land, da sie wohnten, konnte beide nicht mehr ertragen. So war immer Zank zwischen den Hirten Abrahams und den Hirten Lots. Um dem Streit ein Ende zu machen, schlug Abraham dem Lot vor, daß sie sich von einander trennen wollten, und überließ, obgleich er der Aeltere, der Oheim war, dem Lot die Wahl des Wohnorts, und Lot wählte sich die schöne, fruchtbare Ebene des Jordan, die Gegend um Sodom, obgleich die Leute dort sehr böse waren. Ein Bruder schied sich von dem andern. So heißt es. Also als Brüder, im Frieden gingen die Beiden auseinander. Der wahre Glaube erweist sich allewege in der Bruderliebe und in friedfertiger Gesinnung. Und das dient eben auch zum Frieden, wenn Einer dem Andern nachgibt, sich fügt und auf seinen Vortheil verzichtet, oder wenn Brüder und Freunde, die ohne Zank und Zwist nicht gut zusammen leben können, friedlich von einander sich scheiden.

Gerade jetzt wurde dem Abraham die Verheißung von Gott bestätigt. Es bringt nie Verlust, sondern nur Gewinn, wenn man um der Liebe und des Friedens willen auf den eigenen Nutzen Verzicht leistet. Das Land, in dem Abraham als Fremdling wohnte, soll ihm und seinem Samen zum Besitz gegeben werden. Und sein Same soll werden wie der Staub auf Erden. Zu diesem zahllosen Samen gehören alle diejenigen aus allen Geschlechtern der Erde, welche den Sinn und Glauben Abrahams theilen. Es ist Eine Kirche im Alten und im Neuen Bunde. Abraham ist unser aller Vater. Röm. 4, 16. Wir, die wir der Verheißung von Christo glauben, gehören einem großen, edeln Volk an, das von Alters her gewesen und über alle Länder der Erde verbreitet ist.

17. Abrahams Sieg über die Könige der Heiden. 1 Mos. 14.

Das ist der erste Krieg auf Erden, von welchem wir Kunde haben. Kedor Laomor, König von Elam im Osten, hatte Sinear oder das Land Babylonien und die angrenzenden Länder, auch die reiche Jordansaue sich unterworfen. Da versuchten die Könige von Sodom und Gomorra und drei andere Könige des Thales Siddim das Joch des Eroberers abzuschütteln. Aber Kedor Laomor überfiel sammt drei verbündeten Königen die Abtrünnigen. Die vier Könige des Ostens schlugen die fünf Könige der Jordansebene und nahmen auch Lot, der dort wohnte, mit sich. Der Gerechte mußte mit dem Gottlosen leiden. Das war zugleich verdiente Züchtigung für ihn. Er hatte eigenwillig jenes Land sich zum Wohnsitz erwählt, wo die bösen Leute wohnten. So geht's und steht's jetzt noch auf Erden. Die ganze Weltgeschichte ist ein fortwährender Kampf. Ein Volk und Königreich erhebt sich wider das andere. Und Eroberungssucht, Habgier, Hoffart ist zumeist der Anlaß der großen Kriege auf Erden. Die Gerechten werden in solchen Zeiten von Kriegsläuften und andern Landplagen mit getroffen. Und das ist für sie oft eine verdiente, heilsame Züchtigung.

Nun geht die Geschichte wieder auf Abraham über. Der wappnete seine 318 Knechte und schlug das große, siegreiche Heer des Kedor Laomor und rettete Lot und brachte alle Beute wieder. Er bewies hier seinen Glauben in hochherziger Liebe. Lot, sein Bruder, hatte das nicht verdient. Abraham bewies seinen Glauben in heiligem Muth. Er hatte eine gute, gerechte Sache und vertraute Gott, daß der auch durch Wenige helfen könne. So erzeigt sich der Glaube allewege in der Liebe, und die Liebe ist großmüthig und gedenkt nicht des ihr angethanen Unrechts. Und der Glaube erzeugt Muth, heiligen Heldenmuth und trotzt allen Gefahren, wenn man ein Gott gefälliges Werk in Angriff nimmt, einen Gott gefälligen Kampf auf sich nimmt.

Als Abraham aus der Schlacht zurückkehrte, ging ihm Melchisedek, König von Salem, ein Priester Gottes, des Höchsten, entgegen und stärkte ihn und seine ermatteten Krieger mit Brod und Wein und segnete ihn. Melchisedek hat, wie die Schrift sagt, keinen Anfang und kein Ende der Tage. So erscheint er in der heiligen Geschichte. Die Schrift sagt nichts von seiner Herkunft und was dann weiter aus ihm geworden ist. So ist er Vorbild des ewigen Gottessohnes. Hebr. 7, 1. ff. Melchisedek war König und Priester zugleich und weissagte somit auf Christum, den Priesterkönig, der uns als Priester Gott versöhnt hat, und als König sein Volk segnet, schützt und regiert. Melchisedek, das heißt König der Gerechtigkeit. Salem, das heißt Friede. Gerechtigkeit und Friede sind die königlichen Gaben, mit denen Christus die Seinen begnadet. Und nach dem Vorgang Melchi=

jedes stärkt auch Christus seine Gläubigen mitten im Kampf des Lebens mit Brod und Wein, im heiligen Sacrament.

Die eroberte Beute gab Abraham dem König von Sodom zurück und wollte nichts für sich behalten. Er wollte diesem Heidenkönig sich nicht verbindlich machen. So sollen die Gläubigen wohl den Ungläubigen Gutes thun, aber im Uebrigen sich nicht zu nahe mit ihnen einlassen. Sonst laufen sie Gefahr für ihren Glauben.

18. Der Bund Gottes mit Abraham. 1 Mos. 15.

Als Abraham wieder an seinen Wohnort, nach Hebron zurückgekehrt war, geschah das Wort des HErrn zu ihm. Gott richtete einen Bund mit ihm auf. Dieser Bund ruhte auf der Verheißung. Gott erneuerte seine vorige Zusage. Er soll einen Sohn haben, nicht sein Knecht Elieser, sondern sein Sohn, der von seinem Leibe kommt, soll sein Erbe sein. Und durch diesen Sohn wird er einen großen Samen, eine zahlreiche Nachkommenschaft gewinnen, und dieser sein Same wird das ganze Land Canaan einnehmen. Die Verheißung Gottes gipfelte aber in dem Wort: „Also soll dein Same werden", das heißt, so zahlreich, wie die Sterne am Himmel. Diese Verheißung lautete im Grunde auf Christum. Durch den Einen Samen, Christum, sollen alle Geschlechter auf Erden gesegnet werden, und alle die, welche von den Geschlechtern der Erde an diesem Segen, an dem Heil in Christo Antheil haben, das heißt, alle Gläubigen auf Erden, die sind Abrahams Same, Gottes Volk. Röm. 4, 18. Abraham glaubte dem HErrn und seinem Wort, und das rechnete ihm Gott zur Gerechtigkeit. Das ist für alle Zeiten, für alle Sünder der Weg des Heils, der Weg zur Gerechtigkeit. Röm. 4, 5. Christus hat den Sündern auf Erden Segen, Heil, Gerechtigkeit erworben. Im Evangelium verheißt Gott Allen, die es hören, Heil, Gnade, Gerechtigkeit durch Christum, seinen Sohn. Und wer nun solche Verheißung im Glauben annimmt, der hat, was die Worte sagen, Heil, Gnade, Gerechtigkeit, der ist rein und gerecht vor Gott.

Die Verheißung vom Besitz des Landes Canaan verbürgte Gott dem Abraham durch ein Zeichen. Die Thiere, die Abraham auf Gottes Geheiß zerstückte, sind Bild des Volks Abrahams, des Volks Israel, welches übel geplagt, wie zu Tode gemartert werden soll. Die Raubvögel, welche auf die Aase herab fuhren, sind Bild der Feinde Israels. Israel wird vierhundert Jahre einem fremden Volk dienen. Auch die große Finsterniß und der Schrecken, welcher Abraham überfiel, deutete auf die schwere Trübsal, welche dem Samen Abrahams zugedacht war. Daß aber schließlich eine Feuerflamme zwischen den Stücken hin und her fuhr, damit zeigte Gott an, daß er zuletzt seinem Volk zu Trost und Hülfe erscheinen, dasselbe aus dem frem-

den Land ausführen und in das Land der Verheißung einführen werde.
Hiermit ist überhaupt das künftige Geschick des Volks Gottes, der Kirche
aller Gläubigen vorgebildet. Der Weg der Kirche Gottes geht durch
Dunkel und schwere Leiden, schließlich aber durch Nacht zum Licht, durch
Leiden zur Herrlichkeit.

19. Die Flucht Hagars. 1 Mos. 16.

Abraham hatte jetzt zehn Jahre im Land Canaan gewohnt. Und man
spürte noch nichts von der Erfüllung der Verheißung. Sara, sein Weib,
gebar ihm nichts. Da ward Sara ungeduldig und gab ihrem Mann ihre
Magd Hagar zum Weib, um durch sie Kinder zu gewinnen. Damit berei=
tete sie aber sich selbst nur viel Schmerzen. Als Hagar schwanger geworden
war, verachtete sie ihre Herrin. Das geräth immer übel, wenn man Gott
vorgreift und sich selber helfen will. Sara vergalt der Hagar Böses mit
Bösem und drückte und peinigte ihre Magd, so daß diese aus ihrem Hause
entfloh. Die Schrift verschweigt nicht die Sünden und Schwachheiten der
Heiligen. So geschieht es auch jetzt wohl in Christenhäusern, daß das Ge=
sinde einmal übermüthig wird, und daß die Hausherren mit ihren Unter=
gebenen hart und rücksichtslos verfahren.

Als die flüchtige Hagar in der Wüste umherirrte, fand sie der Engel
des HErrn bei einem Wasserbrunnen. Hier zum ersten Mal erscheint in der
heiligen Geschichte „der Engel des HErrn". Das ist kein gewöhnlicher
Engel, kein Geschöpf Gottes. Der Engel des HErrn wird in der Schrift
selbst „HErr" und „Gott" genannt. 1 Mos. 18, 33. 1 Mos. 32, 29.
2 Mos. 3, 6. spricht der Engel des HErrn, da er Mose erscheint: Ich bin
der Gott Abrahams, Isaaks, Jakobs. Und in unserer Geschichte heißt es
am Schluß, daß der HErr mit Hagar geredet habe. 1 Mos. 16, 13. Hin=
wiederum wird der Engel des HErrn von Gott unterschieden. Gott nennt
ihn seinen Engel. 2 Mos. 32, 34. Es ist der Sohn Gottes, welcher schon
im Alten Bunde den Menschen sich nahe that und insonderheit dem Volke,
aus dem er in der Fülle der Zeit Fleisch und Blut annahm, und den Vätern
dieses Volks hülfreich zur Seite ging.

Der Engel des HErrn bezeigte ein herzliches Mitleiden mit dem Elend
der Hagar, redete gar freundlich mit ihr und verhieß ihr einen Sohn,
Ismael, das heißt, Gott hört, und von diesem Sohn eine große Nachkom=
menschaft, freilich werde es ein gar kriegerisches Volk sein. Das sind
die Ismaeliten oder Araber bis auf diesen Tag. So zeigte sich der Engel
des HErrn bei seiner ersten Erscheinung als Tröster einer betrübten Seele.
Das ist Amt und Werk des Sohnes Gottes, die Elenden zu trösten. Zu=
gleich gebot der Engel des HErrn der Hagar, umzukehren und sich unter die

Hand ihrer Herrin zu demüthigen. Das ist Gottes Wille, daß ein Jeder in dem Beruf bleibe, den Gott ihm angewiesen, und die Lasten und Plagen dieses Berufes um Gottes willen auf sich nehme.

Hagar war dankbar für diese tröstliche Offenbarung und bekannte mit Freuden, daß sie den HErrn gesehen, und daß der HErr sie angesehen habe, und nannte jenen Brunnen „Brunnen des Lebendigen, der mich angesehen hat". So sind den Gläubigen die Stunden und die Stätten, da der lebendige Gott sich ihnen bezeugt und ihnen Gnade und Hülfe erwiesen hat, unvergeßlich. Schließlich wird noch berichtet, daß Hagar, nachdem sie ins Haus Abrahams zurückgekehrt war, den Ismael gebar.

20. Die Bestätigung des Bundes. 1 Mos. 17.

Nachdem wieder geraume Zeit vergangen und immer noch keine Aenderung eingetreten war, als Abraham 99 Jahre und Sara 90 Jahre alt war, erschien der HErr dem Abraham von Neuem und sprach zu ihm: „Ich bin der allmächtige Gott, wandle vor mir und sei fromm." Wer, wie Abraham, durch den Glauben gerecht geworden, soll nun auch in Frömmigkeit und Gerechtigkeit vor Gott wandeln und auch, wenn Gott mit seiner Hülfe verzieht, nicht nachlassen im Glauben, Beten, Gutesthun. Ja, der Allmächtige erfüllt zu seiner Zeit, was er den Seinen zugesagt hat. So erneuerte jetzt Gott seinen Bund mit Abraham und seine Verheißung. Nicht mit Ismael, sondern mit Isaak, der von Sara geboren werden soll, will Gott seinen Bund aufrichten. Die Verheißung lautete auch jetzt hauptsächlich darauf, daß Abraham ein Vater vieler Völker werden sollte. Es wird dem Abraham wiederum das große Volk, das durch den Einen Samen, Isaaks Samen, Christum, aus allen Völkern gesammelt werden soll, die Kirche aller Gläubigen, von ferne gezeigt. Röm. 4, 17. Das ist ein ewiger Bund. Gottes Volk, die Kirche Christi, bleibet in Ewigkeit. Diese Zusage verbürgte Gott damit, daß er Abrahams und seines Weibes Namen umänderte. Abraham soll hinfort nicht mehr Abram heißen, „hoher Vater", sondern Abraham, „Vater der Menge". Und sein Weib soll hinfort nicht mehr Sarai genannt werden, meine Fürstin, sondern, Sara, Fürstin, das ist, Mutter von Königen und Völkern. Abraham fiel auf sein Angesicht und lachte, vor Freude und Verwunderung. Ja, das war Anbetung der großen Macht und Gnade Gottes. Das war Glaube. Abraham sahe nicht an seinen eigenen Leib, welcher schon erstorben war, auch nicht den erstorbenen Leib der Sara, sondern gab Gott die Ehre und wußte aufs allergewisseste, daß, was Gott verheißt, das kann er auch thun. Röm. 4, 19—21. Der rechte Glaube sieht von dem ab, was vor Augen liegt, und hält sich einzig und allein an Gottes Wort und Verheißung.

Gott gab dem Abraham, zur Bestätigung seiner Verheißung, noch ein Zeichen des Bundes, die Beschneidung. Alles Männliche in seinem Haus und unter seinen Nachkommen sollte beschnitten werden. Die Beschneidung der Vorhaut des Fleisches deutete darauf, daß Abrahams Same die Vorhaut seines Herzens beschneiden, ein heiliges Volk sein sollte. 5 Mos. 10, 16. Vor Allem war aber die Beschneidung ein Siegel der Gerechtigkeit des Glaubens. Röm. 4, 11. Die Beschneidung ist Vorbild der heiligen Taufe, des Sacraments des Neuen Bundes. Durch die Wassertaufe, dieses äußerliche Zeichen, wird uns die Gerechtigkeit, die vor Gott gilt, die Vergebung der Sünden besiegelt und verbürgt. Und zugleich mahnt uns die Taufe, daß wir den alten Adam ersäufen in täglicher Reue und Buße und in Reinigkeit und Gerechtigkeit vor Gott wandeln.

21. Der Besuch des HErrn bei Abraham. 1 Mos. 18, 1—15.

Hier wird von einer gnadenreichen Heimsuchung Gottes, die Abraham zu Theil wurde, berichtet. Als der Letztere einst im Hain Mamre bei Hebron vor der Thür seiner Hütte saß, standen drei Männer vor ihm. Zwei derselben waren Engel, 1 Mos. 19, 1. Hebr. 13, 2., der eine der HErr selbst. Es heißt ja, daß der HErr dem Abraham erschien. Und zwar war es der Engel des HErrn Denn der HErr, der mit Abraham redete, wird von dem HErrn, welcher auf Sodom Feuer vom Himmel herab regnen ließ, unterschieden. 1 Mos. 19, 24. Abraham erkannte sofort, daß es der HErr war, welcher bei ihm einkehrte. Er begrüßte ehrerbietig die himmlischen Boten, hieß sie willkommen und bereitete ihnen ein gutes Mahl. Auf dieses Exempel Abrahams beruft sich der Hebräerbrief, wo er die Christen vermahnt: „Gastfrei zu sein vergesset nicht." Er erinnert daran, daß Etliche auf diese Weise schon Engel beherbergt haben. Hebr. 13, 2. Dieser wunderbare Vorgang, daß der Engel des HErrn dem Abraham in Menschengestalt erschien, in seiner Hütte sich niederließ und bei ihm aß und trank, deutet auf die gesegnete Zeit, da der Sohn Gottes sein Volk besuchte, als Mensch unter Menschen wohnte und mit den Sündern aß und trank, und überhaupt auf die Zeit des Neuen Testaments, da der menschgewordene Gottessohn den Menschen, seinen Brüdern, seine Freundlichkeit und Leutseligkeit zu sehen und zu schmecken gibt.

Nach dem Mahl richteten die himmlischen Boten ihren Auftrag aus. Der HErr bekräftigte seine vorige Verheißung. Er sprach zu Abraham: Ich will wieder zu dir kommen, „um die Zeit, wenn sie wieder auflebt", das heißt, über das Jahr um diese Zeit; siehe, da soll Sara, dein Weib, einen Sohn haben. Wir hören nicht, daß der HErr ein Jahr später dem Abraham von Neuem erschienen wäre, sondern wissen nur, daß ein Jahr später Sara wirklich einen Sohn gebar. Aber eben in und mit diesem Sohn kehrte der HErr wieder ein in Abrahams Haus, nur unsichtbarer Weise. Solche besondere Wohlthaten Gottes sind eine gnädige Heimsuchung Gottes. In und mit seinen Gaben tritt der HErr selbst den Menschenkindern nahe und faßt mit seiner Liebe ihre Herzen an. Sara, welche hinter der Thür der Hütte diese Rede des HErrn mit anhörte, lachte bei sich selbst. Das war Zweifel, Unglaube. Sie meinte, das sei unmöglich, daß sie in ihrem hohen Alter noch einen Sohn gebären sollte. Der HErr, der Allwissende, setzte sie darüber zu Rede und überführte sie auch der Lüge, als sie sagte: „Ich habe nicht gelacht." Doch hat der HErr die Sara um solcher Schwach= heit ihres Fleisches willen nicht verstoßen, sondern hatte Geduld mit ihr. Er nahm seine Verheißung nicht zurück. Gott straft noch heute in seinem Wort die Sünden und Untugenden seiner Gläubigen, besonders ihren Un= glauben und Kleinglauben. Es ist Thorheit, wenn man an der Macht Got= tes zweifelt. Bei Gott ist ja kein Ding unmöglich. Aber der HErr ist auch barmherzig und schont unserer Schwachheit und handelt nicht mit uns nach unsern Sünden und vergilt uns nicht nach unserer Missethat.

22. Abrahams Fürbitte. 1 Mos. 18, 16—33.

Nachdem die drei Männer ihren Auftrag an Abraham ausgerichtet hatten, gingen sie weiter nach Sodom zu, und Abraham geleitete sie. Der HErr offenbarte jetzt dem Abraham, was er mit Sodom vorhatte, deren Geschrei zu seinen Ohren gekommen war. Abraham war einmal von Gott zum Ahnherrn des Volks Gottes erwählt. Alle Geschlechter der Erde sollten durch ihn gesegnet werden. Er wandelte in den Wegen des HErrn und Gott hatte ihn dazu ersehen, daß er auch seine Kinder des HErrn Wege lehren sollte. So machte ihn Gott zu seinem Vertrauten, zum Mitwisser seiner Geheimnisse. Abraham ist Gottes Freund geheißen. Jac. 2, 23. Das gilt von allen Gläubigen. Die sind Freunde und Vertraute Gottes. Und Gott hat durch sein Wort ihnen auch offenbart, was er dereinst dieser sündigen Welt thun wird. Das weiß die Welt nicht und will nichts davon wissen, daß es in Kürze mit ihr ein Ende haben wird.

Und nun trat Abraham als Fürsprecher für die sündige Stadt Sodom ein. Sein Zwiegespräch mit dem HErrn ist ein Muster des Gebets. Der Glaube erweist sich gerade auch im Gebet und in der Fürbitte. Abraham sprach: „Ich habe mich unterwunden, mit dem HErrn zu reden, wiewohl ich Erde und Asche bin." Er weiß, daß er den Richter der Welt vor sich hat. Das rechte Gebet ist demüthig, ehrerbietig. Und doch zugleich zuversicht= lich, ja kühn und eindringlich. Zuerst bat Abraham den HErrn, er möchte der sündigen Stadt vergeben, wenn er fünfzig Gerechte darin fände, und handelte dann von fünfzig auf zehn herunter. Daß Gott der Sünder schonen möchte, darauf zielte also seine Fürbitte. Das ist der Hauptinhalt aller Bitten und Gebete der Gläubigen. Sie erbitten für sich und für Andere, auch für die sündige Welt Erbarmen, Schonung, Vergebung. Das Gebet des Glaubens ist auch nie vergeblich. Gott verderbte die sündigen Städte, weil er nicht zehn Gerechte dort fand. Aber daß Lot gerettet wurde, war mit Frucht der Fürbitte Abrahams. Gott erhält die sündige Welt und gibt ihr noch Frist zur Buße um der Gerechten, um der Fürbitte der Heiligen willen. Zuletzt freilich hat die Geduld Gottes ein Ende, zuletzt kommt der Zorn Gottes über Alle, welche seine Geduld und die Fürbitte der Frommen verachtet haben.

23. Die Sünde Sodoms. 1 Mos. 19, 1—22.

Die zween Engel kamen jetzt nach Sodom und fanden dort bald aus, daß die Leute in Sodom wirklich so böse waren, wie das Geschrei lautete, welches vor Gott gekommen war. Greuliche, widernatürliche Unzucht, das war die eigentliche Sünde Sodoms. Die Bewohner Sodoms wollten die zwei Männer erkennen, die in Lots Haus eingekehrt waren. Alle ernsten Vorstellungen Lots wiesen sie zurück und hätten ihr schändliches Vorhaben hinausgeführt, wenn der HErr sie nicht mit Blindheit geschlagen hätte. So hatte die Geduld Gottes jetzt ein Ende. So ließ Gott nun seinem Zorn freien Lauf. Wir ersehen hieraus, daß es Sünden gibt, welche vor andern zum Himmel aufschreien und Gottes Rache herausfordern. Sodomitische Unzucht ist eine solche himmelschreiende Sünde. Die ganze Welt ist jetzt mit schändlichen Werken des Fleisches erfüllt und ist stinkend geworden vor Gott. Die Menschen, die in Fleischeslust ersoffen sind, lassen sich auch nicht warnen und weisen. So wird Gottes Zorn bald entbrennen. Es gibt aber eine Sünde, die noch schlimmer ist, als die Sünde Sodoms. Christus sagt, daß es der Sodomer Lande erträglicher ergehen werde am jüngsten Gericht, als jenen Städten, welche seine großen Thaten gesehen und sich doch nicht gebessert hatten. Matth. 11, 24. Größere Schuld gibt es nicht, als wenn Einer Christum, Christi Wort und Christi Gnade verachtet.

Es fand sich aber in Sodom noch ein Gerechter. Das war Lot. Dessen gerechte Seele wurde gequält, da er den unzüchtigen Wandel der schändlichen Leute täglich sahe. 2 Petr. 2, 7—9. Der hatte noch Sinn für das Himmlische, Göttliche. Er erkannte in den zwei Männern Boten Gottes und nahm dieselben in sein Haus auf und trat mit seinem Leben für sie ein. Darum schonte Gott seiner. Die Männer hießen ihn aus der Stadt hinausgehen. So hat Gott allenthalben, auch noch in einem ehebrecherischen, verstockten Geschlecht, seine Auserwählten. Diese frommen Seelen ärgern sich an dem gottlosen Wesen der ungläubigen Welt, strafen

auch deren böſen Werke und geben Gott die Ehre. Und ſo werden ſie auch
bewahrt, wenn Gottes Gerichte angehen. Lots Exempel zeigt aber auch,
welch große Schwachheit oft noch den Gläubigen anhängt. Lot zögerte,
aus der Stadt hinauszugehen, ſo daß die Männer ihn greifen und wie mit
Gewalt hinausführen mußten. Er wollte nicht aufs Gebirge fliehen, ſondern in der Nähe bleiben, bat ſich die kleine Stadt Zoar aus, und ſolche
Bitte wurde ihm auch gewährt. So ſind die Gerechten oft noch recht zaghaft und bedenklich, wenn es gilt, alle dem zu entſagen, was in der Welt iſt.
Aber Gott iſt gar geduldig und ſchont ihre Schwachheit und hilft ihnen aus.

24. Der Untergang Sodoms und Gomorras. 1 Moſ. 19, 23—38.

Nunmehr wird das Zorngericht Gottes beſchrieben, welches jene ſün-
digen Städte traf. Der HErr, das iſt der Engel des HErrn, der noch auf
Erden gegenwärtig war, ließ vom HErrn im Himmel Schwefel und Feuer
regnen auf Sodom und Gomorra und kehrte dieſe Städte und die ganze
Gegend um. Er verderbte und verdammte jene ſchändlichen Leute. Die
Städte wurden zu Aſche. 2 Petr. 2, 6. 7. Sogar der Boden, auf dem
ſie ſtanden, welcher viele Harzlager enthielt, wurde ausgebrannt. Das war
eine Heimſuchung Gottes in Gericht und Gerechtigkeit. Die Folgen davon
ſind jetzt noch ſichtbar. In jener Gegend befindet ſich jetzt das todte Meer.
Daſſelbe iſt meiſt mit Schwefeldünſten bedeckt. An den Ufern liegen große
Schwefel- und Salpeterſtücke. Faſt alle Gegenſtände ringsum ſind mit
einer Salzkruſte überzogen. Indem Gott Sodom und Gomorra verderbte,
hat er den Gottloſen der ſpäteren Zeiten ein Exempel geſetzt. 2 Petr. 2, 6.
Aehnlich iſt es ſpäter der Stadt Jeruſalem und vielen andern Städten er-
gangen, deren Sünde gen Himmel aufſchrie. Und am Ende der Welt wird
der HErr über die ganze Erde Feuer vom Himmel regnen laſſen, und der
Himmel und die Erde und die Werke darinnen werden verbrennen. Gottes
Zorn wird offenbar werden über alles gottloſe Weſen der Menſchen. Freilich es wird ein Unterſchied ſein im Gericht. Sodom und Gomorra wird
es noch erträglicher gehen im jüngſten Gericht, als denjenigen, welche Chri-
ſtum und das Evangelium von Chriſto verachtet haben. Die werden dann den
ſchlimmſten Stand haben und in die unterſte Hölle hinuntergeſtoßen werden.

Lot und ſeine Töchter entgingen dem Gericht. Gott weiß die Gott-
ſeligen zu erretten. 2 Petr. 2, 9. Es wird nachdrücklich hervorgehoben,
daß Gott an Abraham gedachte, als er Lot aus den Städten herausführte.
Die Gebete und Fürbitten der Heiligen fallen nie auf den Boden. Lots
Weib aber ward zur Salzſäule, weil ſie dem Gebot des HErrn zuwider
hinter ſich ſah. Chriſtus ſpricht zu ſeinen Jüngern: „Gedenket an des
Lots Weib. Wer da ſuchet ſeine Seele zu erhalten, der wird ſie verlieren."

Luc. 17, 32. 33. Wer dem Wesen dieser Welt entronnen ist, soll sich ja vorsehen und nicht rückwärts schauen auf das, was er verlassen hat.

Im letzten Abschnitt dieses Capitels wird uns noch etwas aus dem späteren Leben Lots und von seinen Nachkommen erzählt. Die Söhne seiner zwei Töchter waren Moab und Ammon, die Stammväter der Moabiter und Ammoniter, der feindlichen Nachbarn des Volks Israel. Diese waren in Blutschande erzeugt. Es war indeß nicht gemeine Wollust, welche die Töchter Lots bewegte, sich zu ihrem Vater zu legen, sie hatten es vielmehr auf Kindersegen und Fortpflanzung ihres Geschlechts abgesehen. Lot war in diesem Handel auch nicht ganz unschuldig. Hätte er angehalten im Wachen und Beten, so hätte er sich nicht trunken machen lassen. Aber immerhin gilt Lot in der Schrift als Exempel eines Gerechten, der trotz aller seiner Schwachheit im Gericht behalten wird, wenn auch als durchs Feuer.

25. Abraham im Land der Philister. 1 Mos. 20.

Nach dem Untergang Sodoms und Gomorras zog Abraham von Hebron weg, nach Gerar ins Land der Philister. Dort gerieth er um Sara, seines Weibes, willen in ähnliche Bedrängniß, wie vordem in Egypten. Abimelech, der König von Gerar, ließ Sara holen und wollte sie zu seinem Weibe machen. Abimelech war indeß nicht, wie jener Pharao von Egypten, ein gottloser Tyrann, sondern ein frommer Heide. Er glaubte an den Gott Israels. Wo Abraham auch hin kam, da predigte er von dem Namen des HErrn. Und solche Predigt war nicht vergeblich. Gott hat schon damals manchen Heiden Buße geschenkt zum Leben. So hatte Abimelech mit einfältigem Herzen Sara holen lassen, indem er sie für Abrahams Schwester hielt. Gleichwohl strafte Gott Abimelech, daß er Sara genommen, und belegte ihn mit tödtlicher Krankheit und verschloß alle Mütter seines Hauses. Es kann Einer auch in guter Meinung irren und sündigen. Diese Plage war zugleich eine Wohlthat für Abimelech. Gott hinderte ihn auf diese Weise, Sara, Abrahams Eheweib, zu berühren, und behütete ihn vor grober Missethat. So benutzt Gott oft Kreuz und Trübsal, um die Seinen von Sünde und Missethat zurückzutreiben und abzuhalten. Zugleich deutete Gott dem Abimelech in einem Traum Ursache und Zweck der plötzlichen Heimsuchung.

Abimelech, welcher Gott fürchtete, ließ sich weisen und gab dem Abraham sein Weib unverletzt zurück. Er stellte Abraham zur Rede, daß er Sara für seine Schwester ausgegeben hatte. Aber Abraham gab ihm den Vorwurf zurück. Es war wirklich keine Gottesfurcht im Lande der Philister. So hatte Abraham wohl Ursache zu der Besorgniß, die Philister möchten ihn tödten und dann sein Weib nehmen, und hatte Grund, auf allerlei

3

Mittel zu finnen, um Leib und Leben zu schützen. Abimelech nahm die Zurechtweisung an, ehrte Abraham, schenkte ihm viel Vieh und Gesinde und gab insonderheit der Sara ein reiches Sühngeschenk, das vor aller Welt ihre Unschuld erweisen sollte. Das ist ein Zeichen wahrer Bekehrung, daß man sich, wenn man einmal einen Fehltritt gethan, von Gott und Menschen weisen und züchtigen läßt. Diese ganze Geschichte ist wiederum ein Beweis, wie der HErr seine Auserwählten in dieser argen Welt so gnädig und wunderbar schützt und behütet. Der Psalmist rühmt von den frommen Patriarchen, indem er der vorliegenden und ähnlicher Begeben= heiten gedenkt: „Er ließ keinen Menschen ihnen Schaden thun, und strafte Könige um ihretwillen: Tastet meine Gesalbten nicht an, und thut meinen Propheten kein Leid." Pf. 105, 14. 15. Etwas Aehnliches gilt von allen frommen Kindern Gottes. Der HErr hält seine Hand über sie, daß die bösen Leute, unter denen sie wohnen und wandeln, ihnen keinen Schaden noch Leid anthun, ihnen kein Haar krümmen dürfen ohne seinen Willen.

26. Isaaks Geburt. Vertreibung Ismaels. 1 Mos. 21, 1—14.

Als Abraham im Land der Philister weilte, erfüllte Gott endlich, was er ihm verheißen hatte. Der HErr suchte Sara heim. Sara ward schwanger und gebar dem Abraham einen Sohn in seinem Alter. „Durch den Glauben empfing Sara Kraft, daß sie schwanger ward, und gebar über die Zeit ihres Alters, denn sie achtete ihn treu, der es verheißen hatte." Hebr. 11, 11. Abraham beschnitt seinen Sohn am achten Tag und nannte ihn Isaak. Sara erklärte diesen Namen, indem sie sprach: „Gott hat mir ein Lachen zugerichtet." Isaak war ein Sohn der Freude. Diese seine Freude bekundete Abraham auch damit, daß er am Tag der Entwöhnung Isaaks ein großes Mahl machte. Die Geburt Isaaks erinnert an das größere Wunder der Geburt Christi. Isaak wurde dem Lauf der Natur zuwider von Sara geboren, deren Leib schon erstorben war. Christus ist, allen Gesetzen der Natur zuwider, von der Jungfrau Maria Mensch geboren. Und wie Sara, so empfing auch Maria durch den Glauben an die Ver= heißung Gottes Kraft, zu empfangen und zu gebären. Isaak ist Vorbild aller Gläubigen. Diese sind, wie Isaak, Kinder der Verheißung. Röm. 9, 8. Gal. 4, 28. Isaak wurde kraft der Verheißung geboren. Die gläu= bigen Kinder Gottes sind geistlicher Weise durch die Verheißung und aus der Verheißung geboren, sind wiederum geboren aus unvergänglichem Samen, aus dem lebendigen Wort Gottes. 1 Petr. 1, 23.

Als Isaak heranwuchs, wurde er von Hagars Sohn, Ismael, ver= spottet. Als Sara das sahe, verlangte sie von Abraham, daß er die Magd mit ihrem Sohn austreiben sollte, der Magd Sohn sollte nicht erben mit

Isaak, dem Sohn der Verheißung. Gott bestätigte diese Forderung der Sara, indem er sprach: „In Isaak soll dir der Same genannt werden", das heißt: Isaaks Same ist der verheißene Same. Abraham gehorchte dem göttlichen Befehl und entließ, wenn auch mit schwerem Herzen, Hagar und ihren Knaben aus seinem Hause. Diese Worte bedeuten etwas, wie St. Paulus Gal. 4, 29. 30. ausführt. Gleichwie zu der Zeit der nach dem Fleisch geboren war, verfolgte den, der nach dem Geist geboren war, also gehet es jetzt auch. Die geistlich Gesinnten, alle Kinder Gottes werden von den fleischlich Gesinnten, den Kindern der Welt verspottet und verfolgt. Und wie zu jener Zeit die Magd mit ihrem Sohn ausgestoßen werden sollte, so ist es jetzt Gottes Wille, daß die Gläubigen von den Ungläubigen sich scheiden und absondern, damit sie ihres Glaubens und ihres himmlischen Erbtheils ja nicht verlustig gehen.

27. Abraham in Berseba. 1 Mos. 21, 14—34.

Die vertriebene Hagar irrte in der Wüste umher, und ihr Sohn war dem Verschmachten nahe. Da erschien wieder der Engel Gottes als Tröster der Tiefbetrübten und zeigte einen Wasserbrunnen und half so dem Knaben vom Tode. Ismael wuchs dann in der Wüste heran, und Gott war mit ihm. Ismael bekam auch noch einen Theil vom Segen Abrahams. Der Glaube Abrahams und die Furcht des HErrn war in ihm nicht gar erloschen. So nimmt sich der HErr auch der Schwachen im Glauben an und erhält ihre Seele am Leben.

In Abrahams Leben und Ergehen änderte sich nichts, nachdem Isaak, der Sohn der Verheißung, der Sohn der Freude, geboren war. Er war ein Fremdling im Land der Philister und mußte manche Unbill leiden. Die Knechte Abimelechs nahmen ihm die Wasserbrunnen, die er gegraben hatte. Die Gläubigen sind Gäste und Fremdlinge auf Erden und haben, wo sie auch ihr Zelt aufschlagen, ihre Plage und Beschwerde und müssen von ihren Mitmenschen sich viel gefallen lassen.

Der König Abimelech merkte es je länger, je mehr, daß ein Prophet Gottes in seinem Lande wohnte und kam daher zu Abraham und schloß mit ihm einen förmlichen Bund. Beide schwuren einander Treue und Freund=schaft zu. Daher nannte man diese Stätte Berseba, das heißt Brunnen des Eidschwurs. Die Frommen haben nicht viele Freunde auf Erden. Aber bisweilen wendet Gott ihnen doch die Gunst und Freundschaft der Großen und Mächtigen auf Erden zu, daß sie an ihrem Ort sicher wohnen können.

In Berseba pflanzte Abraham Bäume, ließ sich dort heimisch nieder und predigte von dem Namen des ewigen Gottes, welcher den Seinen Treue hält und das erfüllt, was er ihnen zugesagt hat. Das ist die Lust und das

Werk der Gläubigen auf Erden, daß sie den Namen des HErrn, die Güte, Gnade und Treue ihres Gottes rühmen und sein Wort verkündigen. Damit erfüllen sie ihren Beruf auf Erden. Denn dazu sind sie berufen, daß sie ihren Mitmenschen helfen, daß diese auch zur Erkenntniß der Wahrheit kommen.

28. Die Opferung Isaaks. 1 Mof. 22.

Abrahams Glaube wurde jetzt auf eine harte Probe gestellt. Gott gebot ihm, seinen Sohn Isaak, den Sohn der Verheißung, zu opfern. Und Abraham that, was Gott ihm befahl, und ging mit seinem Sohn hin auf die Höhe Morija und bereitete dort das Opfer. Ja, er hat seines eigenen Sohnes nicht verschonet, hat, so viel an ihm war, Isaak geopfert. So hat Abraham seinen Glauben im Werk erwiesen, im Gehorsam. Jac. 2, 21. „Durch den Glauben opferte Abraham den Isaak, da er versucht ward, und gab dahin den Eingeborenen, . . . von welchem gesagt war: In Isaak wird dir dein Same geheißen werden." Er hielt dennoch an der Verheißung fest. „Er dachte, Gott kann auch wohl von den Todten erwecken." Hebr. 11, 17—19. Er sprach ja zu den Knaben, die er am Berge unten zurückließ: „Wir wollen wieder zu euch kommen." Abraham ist auch hier ein Vorbild aller Gläubigen. Der Glaube wird in der Anfechtung erprobt und bewährt. Der rechte Glaube hält auch dann, wenn Gott sich einmal verstellt, sich gar hart stellt, ja wenn man im Herzen nur Zorn und Ungnade fühlt, an dem Wort fest, an der gnädigen Verheißung Gottes. Abrahams Exempel lehrt und mahnt uns, daß wir stracks dem Willen und Gebot Gottes folgen, um Gottes willen Alles, auch das Liebste opfern sollen und dabei der Macht Gottes vertrauen und nicht zweifeln, daß er uns Alles ersetzen und auch das Verlorene wiederbringen kann.

Isaak, welcher willig das Holz trug, das sein Vater ihm aufgelegt, und ohne Murren sich auf das Holz aufbinden ließ, ist ein Exempel der Geduld. Das ist auch ein Erweis des Glaubens, daß man willig und ohne Murren Alles hinnimmt und trägt, was Gott auflegt.

Als Abraham schon seine Hand ausgereckt hatte, um seinen Sohn Isaak zu schlachten, griff der Engel des HErrn dazwischen und hinderte die That und zeigte Abraham einen Widder, den er an seines Sohnes Statt opfern sollte. Weiter bestätigte der HErr dem Abraham, nachdem er diese Glaubensprobe bestanden, seine Verheißung, die Verheißung von dem Einen Samen, Christus, durch welchen alle Völker auf Erden gesegnet werden sollen, und von dem zahllosen Samen, der Kirche aller Gläubigen, und fügte hinzu, daß sein Same, das ist Gottes Volk, die Thore seiner Feinde besitzen, alle Feinde überwinden werde. Ja, unser Glaube ist der Sieg, der die Welt überwindet. So pflegt Gott die Seinen zu erquicken und läßt ihnen sein Antlitz leuchten, wenn sie in der Anfechtung bewährt sind. Nach dunkeln Tagen leuchten die großen, tröstlichen Verheißungen Gottes um so heller und kräftiger ins Herz hinein.

Diese Geschichte von der Opferung Isaaks erinnert uns noch an ein unvergleichlich größeres Opfer. Wir gedenken hier daran, daß Gott seines eigenen Sohnes nicht verschonet, sondern ihn für uns alle dahingegeben hat, und daß Christus, Gottes Sohn, so willig sein Holz getragen und sich ans Holz hat anheften lassen und am Holz unsere Sünde geopfert hat, daß er uns zu gute durch den Tod zum Leben hindurchgedrungen ist.

29. Saras Tod und Begräbniß. 1 Mos. 23.

Wir finden Abraham jetzt wieder an seinem alten Wohnsitz, in Hebron im Lande Canaan. Dort starb Sara, sein Weib. Sara hat im Glauben gewandelt. Wenn sie auch einmal im Glauben schwach und an der Ver= heißung irre wurde, so erstarkte sie doch wieder im Glauben und hat auch etwas von dem, was ihr verheißen war, erlangt, hat Isaak, den Sohn der Verheißung, gesehen und ihn von den Todten wiedergenommen. Und wie sie im Glauben gelebt, so ist sie im Glauben gestorben und hat den Segen, den ewigen Segen ererbt, der Abraham und seinem Samen verheißen war. Wie Abraham als der Vater aller Gläubigen, so gilt Sara in der Schrift als die Mutter aller gläubigen Frauen. Die gläuben Christinnen heißen Töchter der Sara. 1 Petr. 2, 6. Sara, die Freie, die Herrin, ist Bild der Kirche des Neuen Testaments, deren Kinder nach dem Geist geboren sind. Gal. 4, 21. ff. Das ist in Kürze der Lebenslauf aller Gläubigen. Sie glauben der Verheißung, leben und sterben im Glauben und erlangen den Segen hier und dort. Abraham beklagte und beweinte sein Weib. Das widerspricht nicht dem Glauben, wenn auch Gläubige ihre Todten beweinen. Der Tod, welcher die engsten Bande des Blutes zerreißt, ist eben ein bitteres Wehe. Und der Glaube ertödtet nicht die natürlichen Empfindungen.

Es wird nun ferner ein Kaufhandel Abrahams ausführlich berichtet. Die Bewohner Hebrons, die Hethiter boten ihm eins ihrer ehrlichsten Gräber an, um seinen Todten zu bestatten. Aber Abraham nahm kein Stück Landes als Geschenk an, sondern kaufte sich von Ephron, dem Hethiter, eine Höhle sammt dem Acker, darin sie lag, um schweres Geld. Vor den Augen und Ohren der Kinder Heth, vor vielen Zeugen wurde dieser Kaufvertrag ab= geschlossen. Dieses Stück Landes war also rechtmäßiges Besitzthum und Erbtheil Abrahams. Auch in diesem Handel erwies Abraham seinen Glauben. Gott hatte ihm und seinem Samen das ganze Land Canaan zum Eigenthum verheißen. Indem er einen kleinen Theil dieses Landes als Eigenthum er= warb, bezeugte er, daß er der Verheißung Gottes glaubte. So beweisen die

Kinder Gottes ihren Glauben auch im Handel und Wandel, in den alltäg=
lichen Werken ihres Berufs. Sie haben bei Allem, was sie thun, Gott und
Gottes Wort vor Augen.

In die Höhle, die er von Ephron erkauft hatte, begrub Abraham sein
Weib. Es wird ausdrücklich hervorgehoben, daß dieses Erbbegräbniß bei
Hebron lag im Land Canaan. Im Land der Verheißung hat Abraham die
Sara begraben. Damit bekannte er, daß auch dieses sein todtes Weib noch
Antheil habe an dem verheißenen Segen, daß auch für diesen erstorbenen
Leib noch Hoffnung sei. Die Gläubigen begraben ihre Todten und über=
geben ihren Leib der Erde in der gewissen Hoffnung einer fröhlichen Auf=
erstehung zum ewigen Leben.

30. Eliesers Begegnung mit Rebekka. 1 Mos. 24, 1—28.

Abraham hatte jetzt in seinem hohen Alter nur noch einen Wunsch,
nämlich seinem Sohn Isaak ein Weib zu geben, das ihm gleichgesinnt wäre.
Von den Töchtern der heidnischen Canaaniter sollte er kein Weib nehmen.
Darum entsandte er seinen Knecht Elieser nach Mesopotamien, zu seinen
Verwandten, daß er von dort seinem Sohne ein Weib holen möchte. Dort
hatte sich noch Gottesfurcht erhalten. Das ist Sache der Eltern, daß sie
ihre Kinder verehelichen, und fromme Eltern sehen auch darauf, daß es ein
fromm Gemahl sei.

Abraham hatte eine gute Sache. Darum ließ er sich durch die Ein=
wendungen Eliesers, das Weib möchte ihm etwa nicht folgen, nicht beirren.
Er war gewiß, daß Gott zu seiner Reise Segen und Gelingen geben werde.
Wenn wir in Gottes Namen eine Sache uns vorgesetzt haben, die Gott
wohl gefällt, dann dürfen wir auch des Beistandes und Segens Gottes
gewiß sein.

Als Elieser in die Nähe der Stadt Nahors gekommen war, ließ er sich
zunächst bei einem Wasserbrunnen nieder. Er begann das ihm befohlene
Werk mit Gebet, bat Gott, er möge ihm dort begegnen, ihm ein Weib zu=
führen, das für Isaak geeignet wäre. Kaum hatte er ausgeredet, so war
Rebekka, die Tochter Bethuels, des Sohns Nahors, zur Stelle und erfüllte
die Bedingungen, die sich Elieser von Gott erbeten hatte. Solche wunder=
bare, günstige Fügung der Umstände ist eine Begegnung Gottes. Elieser
wunderte sich, da er die Erhörung seines Gebets inne ward, und dankte
Gott. Das ist die Erfahrung aller Gläubigen. Sie erbitten etwas von
Gott, das nach Gottes Willen ist, und oft geschieht's: da sie noch rufen
oder ehe sie rufen, da erlangen sie, was sie bitten, sie erfahren, daß es einen
lebendigen Gott gibt, der Gebete erhört, und danken Gott für seine Treue
und Barmherzigkeit.

Elieser, welcher so bereitwillig den Willen seines Herrn ausrichtete, dem das Wohl seines Herrn und dessen Sohnes am Herzen lag, wie sein eigenes Wohl, ist zugleich Bild eines frommen, treuen Knechtes.

Rebekka aber, welche dem fremden Mann so freundlich begegnete, sich ihm so dienstfertig bezeigte, obgleich sie die Tochter eines reichen Mannes war, auch die geringsten Dienste nicht scheute, seine Kameele tränkte und ihm Obdach in ihres Vaters Haus anbot, ist Bild einer frommen, gottseligen Jungfrau, und zeigte Tugenden, die auch einer Ehefrau wohl anstehen.

31. Eliesers Werbung um Rebekka. 1 Mos. 24, 29—67.

Elieser, der Knecht Abrahams, wurde von Laban, dem Bruder Rebekkas, und Bethuel, ihrem Vater, freundschaftlich aufgenommen. Ehe er aber das Essen anrührte, das ihm vorgesetzt war, brachte er seine Sache vor, erzählte von Abraham, seinem Herrn, und dessen Sohn Isaak, von dem Auftrag, den ihm Abraham gegeben, und seiner Begegnung mit Rebekka am Wasserbrunnen. Laban und Bethuel erkannten in diesem wunderbaren Zusammentreffen die Hand des HErrn und waren sofort willig, ihm Rebekka mitzugeben. So tritt auch uns noch oft in der Fügung der Umstände Gottes Führung, das wunderbare Walten Gottes vor Augen. Und wir sollen dann auch durch Gottes Führen und Regieren unsere Entschlüsse und Schritte bestimmen lassen.

Es wurde nun auch Rebekka gefragt, ob sie mit diesem Mann ziehen wolle, und diese gab alsbald ihr Jawort. Die Eltern sind es, welche ihre Kinder verehelichen. Aber dann ist freilich auch Wille und Zustimmung der Kinder selbst zur Ehe erforderlich. Eltern versündigen sich, wenn sie einem Kinde ein Ehegemahl aufzwingen wollen.

Als die Sache entschieden war, übergab Elieser der Rebekka und ihrer Mutter und ihrem Bruder die köstlichen Geschenke, die er mitgebracht hatte. Das war eine Bestätigung der Verlobung. Vor Allem bückte er sich heimlich vor dem HErrn und dankte ihm für das Gelingen seiner Reise. So mischen die Gläubigen in alle ihre Werke und täglichen Erlebnisse heimliche Bittrufe, Seufzer, auch Dankseufzer ein und senden einmal ein „Gott, hilf", ein ander Mal ein „Gott sei Dank" zum Himmel empor.

Elieser ließ sich jetzt, nachdem er seinen Zweck erreicht hatte, nicht länger mehr aufhalten, und Laban und Bethuel ließen ihn auch in Frieden ziehen und entließen ihre Schwester mit einem Segensspruch. Wenn man ein Werk mit Gott angefangen und Gott sichtlich Gnade und Segen dazu gegeben hat, dann soll man ja nicht zaudern und zuwarten, sondern zum Ende eilen, damit der Satan nicht Raum gewinne und schließlich noch Alles verderbe.

Als Elieser mit Rebekka heimkehrte, begegnete ihm Isaak draußen auf dem Feld. Derselbe war ausgegangen, um zu sinnen und zu beten. Und gewiß hat er da auch dies sein Anliegen betreffs des Weibes, das Elieser ihm zuführen sollte, Gott vorgetragen. Nun hatte er, was er begehrte und erbeten hatte. Gebet und Erhörung fallen oft in Eins zusammen. Isaak führte Rebekka in die Hütte seiner Mutter, und sie wurde sein Weib, und daß er sie lieb gewann, war auch Beweis, daß dies eine recht Gott gefällige Ehe war.

32. Abrahams Tod und Begräbniß. 1 Mos. 25, 1—18.

Es wird hier noch Eins aus dem Leben Abrahams erwähnt, nämlich seine Ehe mit Ketura. Die Kinder dieser Ehe waren, wie die Kinder Ismaels, Stammväter arabischer Völkerschaften. Abraham entließ die Söhne seiner Kebsweiber aus seinem Hause. Sie sollten nicht mit Isaak erben, dem Sohn der Verheißung. So wohnten sie außerhalb Canaans, des Landes der Verheißung, südöstlich von Palästina, nach Egypten und Assyrien zu. Abraham gab ihnen reiche Geschenke mit auf den Weg. Aber sie nahmen noch ein anderes, besseres Erbtheil aus Abrahams Haus hinweg. Unter diesen Völkern, die von Abraham stammen, hat sich noch geraume Zeit die rechte Gotteserkenntniß erhalten. Unter den Nachkommen Hagars und der Ketura fanden sich auch manche geistliche Kinder Abrahams. Gott hat überall seine Auserwählten.

Nun starb Abraham alt und lebenssatt und ward von seinen Söhnen Isaak und Ismael begraben und zwar in jener Höhle bei Hebron, wo auch Sara bestattet war. Man zeigt dort noch heute das Erbbegräbniß der heiligen Patriarchen. Es ging also Abraham ganz nach der Menschen Weise. Die Gläubigen sind, wenn man das Ding äußerlich besieht, gerade auch im Tode den andern Menschen gleich. Sie werden alt, siechen dahin, sterben und werden begraben. In Wahrheit ist aber doch ein gewaltiger Unterschied zwischen dem Tod der Frommen und dem Tod der Gottlosen. Abraham wurde, da er starb, versammelt zu seinem Volk, das heißt, zu seinen gläubigen Vätern, die schon vor ihm des Glaubens Ende erlangt hatten, zu dem Volk der vollendeten Gerechten. Das ist die Hoffnung der Gläubigen, daß sie durch den Tod ganz zu Gott kommen und zum Volk Gottes, zur Gemeinde der Erstgebornen, die im Himmel angeschrieben sind, versammelt werden.

Schließlich wird noch ein Dreifaches von Ismael, dem Sohn Abrahams, erzählt. Zunächst von seinen zwölf Söhnen, welche mächtige Fürsten wurden. Zum Andern wird bemerkt, daß er vor seinen Brüdern oder Angesichts seiner Brüder fiel. Das heißt: er erhielt sammt seinem Geschlecht sein Erbtheil zur Seite seiner Brüder, der Kinder Isaaks, an der

Grenze des gelobten Landes. Das Wichtigste aber war, daß er auch, da er starb, zu seinem Volk versammelt wurde. Ismael, der Sohn der Magd, ist in der Schrift ein Bild der fleischlich Gesinnten. Das Fleisch war gar stark in ihm. Doch hat der Geist und der Glaube Abrahams schließlich noch bei ihm den Sieg behalten. So ist er im Glauben gestorben, selig gestorben. Das ist und bleibt die Hauptsache, daß man nach dem Kampf dieses Lebens, nach dem heißen Kampf zwischen Fleisch und Geist, zuletzt noch ein seliges Ende findet.

· 33. Die Söhne Isaaks. 1 Mos. 25, 19—34.

Es beginnt jetzt die Geschichte Isaaks, des Sohnes der Verheißung. Derselbe hatte in Rebekka ein ihm gleichgeartetes Weib gefunden. Auf den glücklichen, frohen Anfang folgten aber in dieser Ehe, wie es gemeiniglich im ehelichen Leben zu gehen pflegt, auch schwere Stunden. Rebekka war, wie Sara, lange Zeit unfruchtbar. Da bat Isaak den HErrn für sie. Wie er sich erst dieses sein Weib vom HErrn erbeten hatte, so erbat er sich auch Kinder. Alles Gute, auch der eheliche Segen will von Gott erbeten sein.

Als Rebekka von Zwillingen schwanger war und die Kinder sich in ihrem Leibe stießen, empfing sie von Gott eine wichtige Offenbarung über ihre Nachkommen. Zwei feindliche Völker sollten von ihrem Leibe kommen. „Und der Größere wird dem Kleineren dienen." Jakob, der jüngere Sohn, und sein Same soll den Vorrang und Vorzug haben vor Esau, dem älteren Sohn, und dessen Geschlecht. Jakob, nicht Esau soll Erbe und Träger der Verheißung sein. Dahin zielt auch der Spruch des Propheten Maleachi: „Noch habe ich Jakob lieb und hasse Esau!" Mal. 1, 2. 3. St. Paulus schreibt im Römerbrief: „Ehe die Kinder geboren waren, und weder Gutes noch Böses gethan hatten, auf daß der Vorsatz Gottes bestünde nach der Wahl, ward zu ihr (Rebekka) gesagt, nicht aus Verdienst der Werke, son= dern aus Gnaden des Berufes, also: Der Größere soll dienstbar werden dem Kleineren." Röm. 9, 11. 12. Wir sollen nach des Apostels Mei= nung aus dieser Geschichte etwas lernen über unsere ewige Erwählung. Die wie Isaak aus der Verheißung, nach dem Geist geboren sind, die wie Jakob von Gott erwählt und berufen sind, das sind die rechten Kinder Abrahams, das sind in Wahrheit Gottes Kinder. Ehe wir Gutes oder Böses gethan, ehe wir geboren waren, von Anfang hat Gott uns erwählt zur Seligkeit. Daß wir Kinder sind der Verheißung, Gottes Kinder und Erben des ewigen Lebens, verdanken wir nicht uns selbst, nicht dem eigenen Thun und Ver= halten, sondern allein der freien Gnade Gottes.

Wir hören weiter von der Geburt der Zwillinge. Der Aeltere war röthlich, rauh wie ein Fell. Daher erhielt er den Namen Esau, der Be=

haarte. Der Jüngere hielt bei der Geburt die Ferse seines Bruders. Daher wurde er Jakob genannt, das heißt Fersenhalter oder der Listige. Es war ein Kunstgriff beim Kampfe, daß man den Gegner bei der Ferse zu fassen und so zu Fall zu bringen suchte. Jakob wurde dann ein frommer, stiller, häuslicher Mann und hütete die Heerde. Esau führte ein freieres Leben, wurde ein Jäger. Die verschiedene Art und Gesinnung der beiden Brüder bewies sich sonderlich in dem Handel, welcher am Schluß dieses Capitels berichtet ist. Jakob war es ein heiliger Ernst um die Erstgeburt und die Verheißung Gottes, welche an die Erstgeburt geknüpft war. Esau verachtete die Erstgeburt und Verheißung, verscherzte und verkaufte sie um ein Linsengericht. So ist Jakob ein Bild derjenigen, welche vor allen Dingen nach dem Reich Gottes trachten und dem Himmelreich Gewalt anthun, Esau ein Bild derer, welche irdisch, fleischlich gesinnt sind und um des zeitlichen Gewinns und Genusses willen das Ewige preisgeben.

34. Isaaks Wanderungen. 1 Mos. 26.

Was hier von Isaak berichtet wird, erinnert an ähnliche Züge aus dem Leben Abrahams. Insonderheit wird hervorgehoben, daß Isaak viel leiden und dulden mußte. Er weilte, wie Abraham, als Fremdling im Land der Verheißung, mußte gleichfalls bei einer Theurung in das Land der Philister flüchten und hatte auch dort viel Plage. Sein Weib und er selbst kam in Gefahr. Die Philister verschütteten ihm immer wieder die Brunnen, die seine Knechte gegraben hatten. Auch an seinen Kindern, den Weibern seines Sohnes Esau, erlebte er Herzeleid. Aber er erwies seinen Glauben in der Geduld. Und Gott tröstete ihn in seinem Elend, schaffte ihm nach Druck und Drangsal freien Raum, bewahrte ihn und sein Weib in der Stunde der Gefahr, schenkte ihm viele Güter, so daß er auch bei den Heiden als der Gesegnete des HErrn galt, machte den König des Landes zu seinem Freund und Gönner und, was das Größte war, wiederholte und bestätigte ihm die Verheißung, die schon Abraham empfangen hatte. So predigte er auch, wie sein Vater, von dem Namen des HErrn. Das ist ein Spiegel des Lebens der Gläubigen auf Erden. Die werden es auf Schritt und Tritt inne, daß sie Pilgrime sind hienieden, müssen sich fügen und schmiegen, von den Gottlosen viel dulden, durch viele Gefahren hindurchlaufen, haben auch im eigenen Hause manche Beschwerde. Aber es geht bei ihnen durch Leid immer wieder zur Freude, sie erfahren auf mannigfache Weise Gottes Segen, Schutz und Hülfe, und vor Allem trösten sie sich des gnädigen Worts Gottes und der herrlichen Verheißungen des Worts und verkündigen, so lange sie leben, den Namen des HErrn, die Güte und Treue ihres Gottes.

35. Jakob empfängt den Erstgeburtssegen. 1 Mos. 27, 1—29.

Isaak wohnte jetzt wieder in Berseba, an der südwestlichen Grenze Canaans. Da geschah, was wir hier lesen. Isaak hatte Esau lieb, seinen ältesten Sohn, und wollte ihm den Segen der Erstgeburt zuwenden. Da kommt Rebekka ihm zuvor und erlangt durch eine List für ihren Sohn Jakob den Segen des Vaters. Während Esau draußen auf dem Feld ist, um seinem Vater ein Wildpret zu jagen, bereitet sie ein Böcklein zu und bekleidet mit dem Felle desselben Hände und Hals ihres Sohnes, und auf Geheiß der Mutter überbringt Jakob seinem Vater das köstliche Gericht und gibt sich für Esau aus. Die Täuschung gelingt, und nachdem Isaak gegessen und getrunken, segnet er den Jakob. Sein Segen lautet nicht nur auf irdische Güter und weltliche Herrschaft, sondern geht im letzten Grund auf Christum, den verheißenen Samen. Denn es heißt am Schluß: "Verflucht sei, wer dir fluchet; gesegnet sei, wer dich segnet." Von Christo aber, davon, wie sich die Menschen zu Christo stellen, hängt Fluch und Segen ab.

Rebekka ist hier die handelnde Hauptperson. Die wendet durch das, was sie thut, ihrem Sohn Jakob den Segen der Erstgeburt und die Verheißung zu. Nun, wie ist dieses Verhalten der Rebekka zu beurtheilen? Es war keine fleischliche Vorliebe für den jüngern Sohn Jakob, daß sie diesem durchaus den väterlichen Segen zu verschaffen suchte. Rebekka stand das Wort und der Wille Gottes vor Augen: "Der Größere soll dem Kleineren dienen." Ihr Sinn stand auf die Verheißung, den verheißenen Erlöser, der von Jakob kommen sollte. Was sie that, floß aus dem Glauben und Gehorsam gegen Gott. Isaak dagegen war hier einmal schwach geworden im Glauben und handelte direct Gott, dem Worte Gottes zuwider, damit, daß er Esau bevorzugte und ihm den Segen zudachte. Die meisten neuern Ausleger stellen hier freilich Rebekka und Jakob als gemeine Betrüger hin. Nun, auch die Heiligen Gottes straucheln und fehlen noch mannigfaltig. Indeß wir finden in dem biblischen Bericht keinen Halt und Anlaß, Rebekka und Jakob eines gemeinen Betrugs zu zeihen. Wir dürfen eben nicht vergessen, daß die Erstgeburt und die Verheißung von Gottes wegen dem Jakob gehörte. Und wenn ich das mir zueigne, was Gott mir gegeben, so ist das kein Raub und Betrug. So urtheilen Luther und die älteren lutherischen Theologen von diesem Handel.

Freilich ist dies nun kein gewöhnliches Exempel aus dem gemeinen Leben, das wir ohne Weiteres nachahmen sollten. Es war ein außerordentliches Werk in einem außerordentlichen Fall. Indeß sollen wir doch auch aus dieser Geschichte etwas lernen. Wir sollen die Werke der Heiligen nicht nach dem äußerlichen Schein beurtheilen. Es sieht Manches wie grobes Unrecht aus, wie Verletzung aller Liebe und Treue gegen den Nächsten, und ist doch im Grunde Frömmigkeit, Furcht und Liebe gegen Gott. Die erste Tafel des Gesetzes, welche sich auf Gott und göttliche Dinge bezieht und von dem sagt, was wir Gott schulden, hat den Vorrang und Vorzug. Die zweite Tafel, welche von der Schuldigkeit gegen den Nächsten handelt, „muß weichen und gilt nichts, wenn sie sich mit der ersten stößt". (Luther.) Die Rücksicht gegen den Nächsten hat da ein Ende, wo Gottes Wort und Wille und der Gehorsam gegen Gott in Frage kommt. Die Gebote der zweiten Tafel sind auch gar nicht so gemeint, daß wir auf Kosten des Gehorsams gegen Gott dem Nächsten Liebe und Dienste erweisen sollten. Und es ist ein lobens= werther, heiliger Eifer, wenn man, wie Rebekka that, vor allen Dingen, von ganzem Herzen der Verheißung Gottes nachtrachtet, wenn man dem Himmelreich Gewalt anthut und den verheißenen Segen an sich reißt.

36. Esaus Theil und Segen. 1 Mos. 27, 30—46.

Als Esau von der Jagd zurückkehrte und dem Vater das Wildpret brachte, erkannte Isaak, was geschehen war, und erschrak über die Maßen. Esau aber war sehr betrübt und erhob ein großes Klagegeschrei, darum daß Jakob den Segen der Erstgeburt hinweggenommen hatte. Davon bemerkt der Hebräerbrief: „Esau fand keinen Raum zur Buße, wiewohl er sie mit Thränen suchte." Hebr. 12, 17. Das heißt: er konnte seinen Vater zu keiner Sinnesänderung bewegen, alles Weinen und Flehen half ihm nichts. Das ist ein Bild der Buße der Heuchler, welche auch oft bitterlich weinen und seufzen, aber nicht über ihre Sünde, sondern über den Schaden, den ihnen die Sünde gebracht hat, und welche dabei Gott trotzen und darum keine Gnade bei Gott finden.

Isaak segnete nun wohl auch den Esau, sprach ihm irdische Segnungen zu, von seinem Schwert sollte er sich nähren und durch sein Schwert sich auch zeitweilig seine Freiheit wieder erkämpfen. Doch der eigentliche Segen, die Verheißung, die auf Christum lautete, war und blieb Esau versagt und verschlossen. Jakob und sein Geschlecht war und blieb Erbe und Träger der Verheißung, obwohl auch manche Nachkommen Esaus, und hernachmals Esau selbst, der Verheißung glaubten, die Jakob hatte, und durch solchen Glauben selig geworden sind. Da sieht man, daß Menschen Gottes Urtheil nicht umstoßen können. Gott hatte einmal Jakob geliebt und erwählt und ge= segnet. Und dabei hatte es sein Verbleiben. Gottes Gaben und Berufung mögen ihn nicht gereuen. Wen Gott segnet, der ist und bleibt gesegnet.

Schließlich hören wir noch, daß Esau Jakob gram wurde um des väter= lichen Segens willen und ihn zu erwürgen gedachte, und wie Rebekka darauf bedacht war, ihren Sohn zu schützen und darum seine Flucht nach Haran, in das Haus ihres Bruders vorbereitete. So werden die Kinder Gottes von den Kindern der Welt verfolgt, darum, weil sie die Gesegneten des HErrn sind. Doch Gott hält seine Hand über seine Auserwählten.

37. Die Himmelsleiter. 1 Mof. 28.

Isaak war jetzt von seinem Irrthum zurechtgekommen, er pflichtete der Rebekka bei, daß Jakob nach Haran zu Laban gehen und sich dort in der Verwandtschaft ein ihm gleichgesinntes Weib nehmen sollte, und wiederholte und bekräftigte jetzt mit Wissen und Willen den Segen, den er erst ohne seinen Willen auf Jakob gelegt hatte. So gerathen die Heiligen Gottes wohl hin und wieder in Thorheit und Irrthum und werden schwach, aber Gott hat Geduld mit ihnen und hilft ihnen wieder zurecht.

Dem Jakob wurde nun bei Beginn seiner Wanderung eine herrliche Gottesoffenbarung zu Theil. Als er bei Bethel an einem Ort im Freien sich schlafen gelegt hatte, sah er im Traum eine Leiter auf Erden stehen, deren Spitze an den Himmel reichte, und die Engel Gottes daran auf- und niedersteigen, und oben drauf stand der HErr selbst. Dieses Gesicht zeigt die enge Gemeinschaft zwischen Gott im Himmel und seinen gläubigen Kindern auf Erden. Die Engel Gottes sind bei den Frommen auf Erden und begleiten und behüten sie auf ihren Wegen, tragen ihre Nöthe und Anliegen hinauf zu Gott und bringen Gottes Hülfe, Schutz und Beistand vom Himmel hernieder. Auf dieses Gesicht bezog sich Christus, da er zu seinen Jüngern sprach: „Wahrlich, wahrlich, ich sage euch, von nun an werdet ihr den Himmel offen sehen, und die Engel Gottes hinauf und herab fahren auf des Menschen Sohn." Joh. 1, 51. In Christo sind Himmel und Erde, Gott und Mensch auf einzigartige Weise vereinigt, und nur durch Christum, den menschgewordenen Gottessohn, haben wir Gemeinschaft mit Gott.

Jakob vernahm dann weiter in jenem Traumgesicht die Rede des HErrn. Derselbe gab ihm die Zusicherung, daß er ihn in der Fremde behüten und sicher wieder in das Land der Väter zurückbringen wolle, und bestätigte ihm die Verheißung, die Abraham und Isaak empfangen hatten, von dem Besitz des Landes Canaan, von der großen Nachkommenschaft und von dem Einen Samen, durch welchen alle Geschlechter auf Erden gesegnet werden sollten. Die Verheißung von Christo, das theure Evangelium ist der höchste Trost der Gläubigen während ihrer Wallfahrt auf Erden und ein Licht auf ihren Wegen.

Jakob nannte, als er vom Schlaf erwacht war, diese Stätte Bethel, das heißt „Gottes Haus", indem er sprach: „Hier ist nichts anders denn Gottes Haus, und hier ist die Pforte des Himmels." Den Stein, auf dem er gelegen, richtete er auf zu einem Denkmal dieser hohen Offenbarung und gelobte Gott, ihm hier ein Haus zu bauen, wenn er ihn im Frieden wieder heimbringen werde. Wo Gott sich offenbart, und das geschieht jetzt durch das Wort der Predigt, da ist Gottes Haus, da ist Gott gegenwärtig, da steht der Himmel offen.

38. Jakob ehelicht Lea und Rahel. 1 Moj. 29, 1—30.

Durch die herrliche Gottesoffenbarung gestärkt setzte Jakob getrost seine Wanderung fort. Seine Reise ging auch glücklich von Statten. Die Engel Gottes geleiteten ihn. Am Brunnen vor der Stadt Haran in Mesopotamien traf er Rahel, die Tochter Labans. Als er sie sah, regte sich die verwandtschaftliche Liebe, und es erwachte zugleich bräutliche Liebe und Zuneigung. Das war ja eine Bestimmung seiner Reise, daß er sich von den Töchtern Labans ein Weib nehmen sollte. Aus Liebe zu Rahel wälzte er den Stein von der Oeffnung des Brunnens, den sonst nur mehrere Hirten mit vereinten Kräften fortbewegen konnten, und tränkte ihre Schafe. Liebe macht stark. Im Haus Labans fand er dann gastliche Aufnahme. So war der Anfang gut und leicht. So lenkt und fördert Gott die Wege seiner gläubigen Kinder auf Erden. Mit Mutterhänden leitet er die Seinen stetig hin und her. Er läßt sie, wo sie auch auf Erden wandeln und weilen, Obdach und gute Freunde finden. Und die Frommen erkennen aus mancherlei Fügungen und Führungen, daß der HErr mit ihnen ist.

Nun aber begann für Jakob eine lange Leidensschule. Er ward mit Laban eins, um seine jüngere Tochter Rahel ihm sieben Jahre zu dienen, seine Heerden zu hüten. Das war ein beschwerlicher Dienst. Doch die Liebe zu Rahel verkürzte ihm die Zeit. Als der Tag gekommen war, da er Rahel heimführen sollte, wurde er von Laban hintergangen und erhielt dessen ältere Tochter Lea zum Weib. Als er den Betrug inne geworden war, stieß er Lea nicht von sich, wozu er wohl ein Recht gehabt hätte, sondern nahm sie als Ehegemahl an. Er wollte sie nicht beschämen. Er verzichtete aber darum nicht auf Rahel und bekam auch diese zum Weibe und diente um sie weitere sieben Jahre, was er eigentlich gar nicht schuldig war. Wir sehen hieraus, daß es im Leben der Gläubigen nie ohne Kreuz und Leiden abgeht. Eine Weile fließt das Leben etwa glatt und sanft dahin. Bald aber wendet sich das Blättlein. Bald erhebt sich Widerwärtigkeit aller Art. Die Kinder Gottes müssen auch an ihrem Theil ihr Brod im Schweiß ihres Angesichts essen. Auch der Ehestand bringt nicht lauter Glück und Wohlbehagen, sondern legt ihnen manche Lasten auf und nöthigt sie zu hartem Dienst, zu saurer Arbeit. Sie machen bittere Erfahrungen an ihren Mitmenschen, auch solchen, die ihnen nahe stehen, auf die sie sich verließen. Ihre redliche Meinung, ihr treuer Dienst findet schlechten Lohn. Aber sie murren nicht, wenn auch einmal Alles ihrem Sinne und Wunsche zuwiderläuft, sie ertragen das Unrecht und setzen trotz aller Hindernisse ihren Lauf unverdrossen fort und trachten also mit Geduld in guten Werken nach dem ewigen Leben.

39. Die Kinder Jakobs. 1 Mos. 29, 31.—30, 24.

Dieser Abschnitt gibt uns einen Einblick in das eheliche und häusliche Leben des frommen Patriarchen Jakob. Es wird hier die Geburt seiner Kinder, mit Ausnahme des jüngsten, berichtet.

Der HErr nahm sich zunächst der Lea an, welche von Jakob hintangesetzt war, und machte sie fruchtbar. Sie gebar dem Jakob nach einander vier Söhne. Den ersten nannte sie Ruben, das heißt: „Siehe, ein Sohn!" Lea gab dem Namen aber diese Wendung: „Der HErr hat mein Elend angesehen." Den zweiten hieß sie Simeon, das heißt „Erhörung". Gott hatte ihr Gebet erhört. Dem dritten gab sie den Namen Levi, das heißt „Anhänglichkeit", indem sie sprach: „Nun wird mein Mann mir anhangen." Der vierte erhielt den Namen Juda, das heißt: „Einer, um welchen man Gott preist."

Rahel wurde jetzt neidisch auf ihre Schwester und murrte wider Gott und ihren Mann, darum, daß sie unfruchtbar war. Sie gab dann ihrem Mann ihre Magd Bilha zum Weibe, die Kinder dieser Ehe sollten als ihre Kinder gelten. Den ersten Sohn der Bilha nannte Rahel Dan, „Richter", indem sie sprach: „Gott hat mich gerichtet." Gott hatte ihr in dem Handel, den sie mit ihrer Schwester hatte, zu ihrem Recht verholfen. Den zweiten Sohn ihrer Magd hieß sie Naphthali, das heißt „den Erkämpften". Sie hatte Gottes Kämpfe mit ihrer Schwester gekämpft, hatte in heißem Gebet diesen Sohn Gott abgerungen.

Lea gab nun gleicherweise ihre Magd Silpa dem Jakob zum Weibe und gewann so zwei neue Söhne, den Gad, das heißt „Glück zu!" und Asser, das heißt „der Glückliche" oder „Glückbringer". Und ferner erkaufte sie sich um die Liebesäpfel, die ihr Sohn Ruben gefunden, von Rahel die Gunst und Erlaubniß, daß sie ferner Jakob beiwohnen durfte. Und so gebar sie dem Jakob noch zwei Söhne und eine Tochter. Ihren fünften Sohn nannte sie Isaschar, das heißt „den, der Lohn bringt". Sie nahm ihn als Lohn hin für die Selbstverleugnung, daß sie ihre Magd ihrem Mann abgetreten habe. Den sechsten Sohn hieß sie Sebulon, das heißt eigentlich „Wohnung", indem sie sprach: „Nun wird mein Mann wieder bei mir wohnen." Ihre Tochter erhielt den Namen Dina.

Endlich gedachte der HErr auch der Rahel und erhörte ihr Gebet und schenkte ihr einen Sohn, den sie Joseph nannte, aus einem doppelten Grund, einmal weil Gott ihre Schmach von ihr genommen hatte, zum Andern weil sie hoffte, Gott werde noch einen zweiten Sohn hinzufügen.

Die Namen dieser Kinder beweisen, wie im Hause Jakobs Glaube und Gottesfurcht regierte. Beide Frauen, Lea und Rahel, waren ihrem Manne gleichgesinnt, waren trotz ihrer weiblichen Schwächen und Gebrechen herzens=

fromme Ehefrauen. Sie erbaten sich ihre Kinder von Gott und nahmen sie als Frucht ihrer Gebete aus Gottes Hand dahin. Der rechte Glaube und die Furcht des HErrn zeigt sich auch im ehelichen, häuslichen Leben. Fromme, gottesfürchtige Eltern lassen alle ihre Wünsche und Anliegen im Gebet vor Gott kund werden und nehmen ihre Kinder und alles Gute aus der Hand des HErrn und danken Gott darum.

40. Der Dienst Jakobs bei Laban. 1 Mos. 30, 25—43.

Jakob hatte jetzt vierzehn Jahre dem Laban gedient und noch nichts Eigenes erworben. Laban hatte ihn hart und unbrüderlich behandelt, wiewohl er sah, daß sich seine Heerden unter Jakobs Leitung über die Maßen mehrten. Jakob war bereit, dem Laban weitere Dienste zu leisten, aber bedingte sich jetzt einen Lohn für seine Arbeit. Alles Gefleckte, Gesprenkelte, Gestreifte und Bunte in der Heerde Labans, auch das Buntfarbige, was künftig geboren würde, sollte sein Lohn sein, alles Einfarbige dem Laban verbleiben. Das Kleinvieh war in der Regel einfarbig, die Lämmer weiß, die Ziegen schwarz oder dunkelbraun. Das Buntfarbige, Gescheckte war der bei Weitem geringere Theil. So verlangte Jakob nicht zu viel. Daß Jakob, welcher eine große Familie hatte, jetzt darauf sah, etwas Eigenes zu gewinnen, war ganz recht und billig. Ein Arbeiter ist seines Lohnes werth.

Laban vollzog, wohl aus Mißtrauen gegen Jakob, selber die Scheidung und Theilung der Heerde, und übergab die buntfarbige Heerde, also Jakobs Eigenthum, in die Hand seiner Söhne, während Jakob nach wie vor Labans Heerde hütete. Die war unter seinem Hirtenstab aufs Beste versorgt. Es wird nun weiter von einer doppelten List berichtet, welche Jakob anwendete, um recht viele buntfarbige Thiere zu erzielen. Wenn das Vieh stark war, im Sommer gute Weide gehabt hatte, legte er bunte Stäbe, an denen er Streifen abgeschält hatte, in die Tränkrinnen, so daß die Mutterthiere angesichts dieser Stäbe empfingen und schwanger wurden. Die Folge war, daß ihre Jungen buntfarbig wurden und so das starke Vieh in Jakobs Besitz überging. Ferner sonderte Jakob die buntfarbigen Thiere von den einfarbigen ab und richtete den Blick der einfarbigen Heerde auf die bunten Schafe und Ziegen. Diese zweite Klugheitsmaßregel trug auch dazu bei, daß das buntfarbige Vieh sich mehrte. Was Jakob hier that, geschah nicht aus Eigennutz oder Geiz, war auch kein Betrug. Vielmehr Laban war der Geizige und Betrüger. Der hatte, wie wir im Folgenden hören, Jakobs Lohn zehnmal verändert. Jakob schützte und wahrte nur sein rechtmäßiges Eigenthum gegen Labans Uebergriffe. Das widerspricht nicht dem Glauben und der Frömmigkeit, ist vielmehr nur Lob und Tugend, wenn ein Christ seine Hausgenossen wohl versorgt, sich auch in seinem irdischen Beruf, im

Handel und Wandel tüchtig und geschickt, klug und umsichtig zeigt, wider die Geizigen und Betrüger dieser Welt auf seiner Hut ist und darüber wacht, daß sein Eigenthum, sein Lohn und Verdienst nicht verkürzt und geschädigt werde. Wer den HErrn fürchtet, sieht freilich zugleich auch darauf, daß ja kein unrechtes Scherflein sich in sein Hab und Gut einmenge.

41. Jakobs Flucht. 1 Mos. 31, 1—21.

Hier hören wir, wie Jakob, nachdem er zwanzig Jahre in der Fremde geweilt, sich wieder zur Heimreise anschickt. Er that das nicht aus eigenem Antrieb. Gott gebot ihm, ins Land seiner Väter wieder zurückzukehren. Die Gläubigen thun keinen wichtigen Schritt ihres Lebens ohne Gott. Sie prüfen allezeit, ob ihre Wege Gott gefallen.

Jakob theilt seinen Entschluß und Gottes Befehl seinen beiden Frauen mit. Er beklagt sich ihnen gegenüber über die Härte und Ungerechtigkeit Labans, daß derselbe den Vertrag gebrochen und zehnmal seinen Lohn ver=ändert habe, und bekennt mit Dank gegen Gott, daß Gott ihn vor Schaden bewahrt, das Böse zum Besten gewendet und immer den ihm zugewiesenen Theil der Heerde gesegnet habe. Wir erfahren hier auch, daß Gott selbst durch ein Traumgesicht, in welchem Jakob die Böcke auf die bunte Heerde springen sah, Jakob angewiesen hatte, auf die vorher beschriebene Weise das buntfarbige Vieh zu mehren. Rahel und Lea stimmen Jakob zu. Sie klagen auch über ihren Vater, der sie wie Sclavinnen verkauft und den Lohn für ihre langjährigen Dienste ihnen vorenthalten habe, und erkennen es an, daß Gott den Reichthum ihres Vaters ihnen und ihren Kindern zugewendet habe. Laban ist das Bild eines geizigen, betrügerischen, hartherzigen und tyrannischen Menschen, welcher nur das Seine sucht und nach Gott und Menschen nichts fragt. Von solchen Menschen müssen die frommen, red=lichen Seelen oft viel leiden. Doch Gott wacht über die Seinen, und wen Gott beschützt und begünstigt, dem dürfen und können die Menschen keinen Schaden thun.

So machte sich denn Jakob mit Weibern und Kindern und all seinem Hab und Gut auf den Weg und flohe heimlich vor Laban, als derselbe gerade auf der Schafschur auswärts war. Das war der einzige Weg, von Laban loszukommen. Der hätte Jakob nun und nimmer im Frieden ziehen lassen. Es ist kein Unrecht, wenn man Tyrannen entflieht und eine Stätte aufsucht, da man sicher wohnen, fröhlich seines Glaubens leben und friedlich seines Berufs warten kann. Indem Rahel ihrem Vater, der ein heimlicher Götzen=diener war, seine kostbaren Hausgötzen entwendete, nahm sie nur einen Theil des ihr gebührenden Lohnes mit sich hinweg. Und das ist kein Diebstahl, wenn ich mir das nehme, was mir gehört.

4

42. Der letzte Handel zwischen Jakob und Laban. 1 Mos. 31, 22—54.

Als Laban von der Flucht Jakobs hörte, machte er sich auf mit seinen
Brüdern, seinen Verwandten und jagte ihm nach und erreichte ihn am Gebirge Gilead, östlich vom Jordan. Er hatte Böses wider Jakob im Sinn.
Aber Gott erschien ihm im Traum und wehrte ihm, Jakob ein Leid anzuthun.
Gott hält seine Hand über seine Auserwählten. Ohne seinen Willen darf
kein Mensch ihnen ein Haar krümmen. Die Macht der Gottlosen geht nur
so weit, als Gott ihnen Raum gibt.

Aus Furcht vor Strafe gehorchte Laban dem Befehl Gottes und schonte
Jakobs. Aber er forderte seine Götter zurück, durchsuchte allen Hausrath
seiner Töchter und ihrer Mägde und fand nichts. Rahel hatte sie unter den
Kameelssattel versteckt. Diese List gelang. Gott wollte Jakob, der um die
Sache nichts wußte, nicht beschämen. Und nun setzte Jakob Laban zur Rede
und strafte ihn, daß er ihn so hart und ungerecht behandelt, seinen Lohn ge-
ändert habe; ja, er hätte ihn leer ziehen lassen, wenn nicht der Gott seiner
Väter auf Jakobs Seite gestanden hätte. Und weiter bezeugte Jakob dem
Laban, wie er ihm diese zwanzig Jahre so treu und rechtschaffen gedient, seine
Heerde sorgfältig gehütet, Frost und Hitze nicht gescheut, allen Schaden be-
reitwillig ersetzt und es an nichts habe fehlen lassen. Jakobs Dienst ist ein
Exempel echter Berufstreue. Der Unterschied zwischen Gläubigen und Un-
gläubigen zeigt sich auch darin, wie die Einen und die Andern die täglichen
Werke ihres Berufes ausrichten. Die Ungläubigen sind eigennützig, unge-
recht, verletzen und verkürzen, wo sie nur können, das Recht ihres Nächsten.
Die Gläubigen sind fleißig, treu, gewissenhaft, scheuen keine Mühe und
Plage bei Tag und Nacht, sehen wohl zu, daß sie nichts versehen, versäumen,
verwahrlosen und dienen mit den Werken ihrer Hände Gott und ihrem
Nächsten. Wer hierin ein gutes Gewissen hat, darf sich auch vor Menschen
rühmen und alle ungerechten Beschuldigungen zurückweisen.

Schließlich machten Laban und Jakob einen Bund mit einander, versprachen einander, daß Keiner dem Andern ein Leid anthun wolle, errichteten
ein Denkmal dieses Bundes und bekräftigten denselben durch ein Abschieds-
mahl. So sollen die Frommen, so viel an ihnen ist, mit allen Menschen
Frieden halten, auch mit den Gottlosen sich vertragen, doch so, daß sie ihre
besonderen Wege gehen.

43. Jakobs Gebet. 1 Mos. 32, 1—22.

Als Jakob seinen Weg weiter zog, nach dem Jordan zu, begegneten
ihm die Engel Gottes. Wie bei seinem Auszug aus Canaan, so sah er jetzt
bei seiner Rückkehr diese guten Geister, die ihm auf seinen Wegen das Geleite gaben. Zwei mächtige Heere himmlischer Heerschaaren erschienen ihm,

die deckten und schützten seinen Reisezug. Das Engelheer lagert sich um die her, welche den HErrn fürchten, und behütet ihren Eingang und Ausgang.

Dieses tröstliche Engelgesicht sollte Jakob stärken angesichts der neuen Gefahr, welcher er entgegenging. Denn die Boten, welche er zu seinem Bruder Esau ausgesandt hatte, brachten die Kunde, daß derselbe mit vierhundert Mann Kriegsvolk ihm entgegenkomme. Jakob gerieth darüber in große Furcht und Angst. Auch den Gläubigen hängt noch das Fleisch an, das sie leicht blöde, bange und verzagt macht.

Doch Jakob nahm nun in seiner Angst seine Zuflucht zu Gott, und dies sein Gebet ist ein Muster eines rechten Gebets. Jakob rief den Gott seines Vaters Abraham und seines Vaters Isaak an, des Gottes, der sich seinen Vätern offenbart hatte. Wir richten jetzt unsere Gebete zu dem Gott, der sich in Christo offenbart hat, zu dem Vater JEsu Christi. Jakob gedachte des Gebots Gottes, daß der ihn geheißen, ins Land der Väter zurückzukehren. Wer auf Gottes Wegen geht, kann auch getrost mit Gott allen Gefahren trotzen. Jakob erinnerte Gott an seine bisherige Treue und Barmherzigkeit, die er an ihm gethan. So gedenken wir in unsern Gebeten der bisherigen Wohlthaten Gottes und schöpfen daraus die Zuversicht, daß Gott weiter helfen werde. Jakob bekannte, daß er der Barmherzigkeit Gottes nicht werth sei. Ein rechter Beter fühlt, gerade wenn er mit Gott handelt, seine Unwürdigkeit. Dennoch vertraut er der Güte und Treue seines Gottes und bittet ihn: Errette mich aus meinen Nöthen! So lautete Jakobs Bitte: Errette mich von der Hand meines Bruders! Schließlich beruft sich ein gläubiger Beter, wie Jakob, auf Gottes Verheißung, daß Gott ihm Gnade, Segen, Hülfe und Beistand zugesagt habe.

Jakob befahl Gott seine Sache. Gleichwohl that er, was in seinen Kräften stand, um der drohenden Gefahr vorzubeugen. Er theilte sein Heer in zwei Theile, damit wenigstens ein Theil entrinnen möchte, wenn der andere geschlagen würde. Er schickte mehrere Knechte mit einem großen Geschenk, ausgewählten Thieren seiner Heerde, Esau entgegen, um denselben zu besänftigen. So sollen wir in allen Nöthen Gott vertrauen, aber dann auch Gott nicht versuchen, sondern alle Kräfte aufbieten und unsern Verstand recht brauchen, um Noth und Gefahr abzuwenden. Und das ist auch recht und weislich gehandelt, wenn wir unsern Widersachern zuvorkommen, ihnen Versöhnung anbieten und auf allerlei Weise, durch Gabe, Gunst, Wohlthat, ihre harten Herzen zu erweichen suchen.

44. Der Kampf bei Pniel. 1 Mos. 32, 23—33.

Nachdem Jakob seine Knechte mit dem Geschenk für Esau abgeordnet und seine Familie über die Furt des Jabbok hinübergeführt hatte, blieb er in dieser Nacht allein am andern Ufer des Flusses. Da kam ein Mann und rang mit ihm bis zur Morgenröthe, und da er ihn nicht übermochte, rührte er das Gelenk seiner Hüfte an, so daß dasselbe verrenkt wurde. Jakob ließ den Mann nicht los, bis er ihn gesegnet hatte. Dieser Mann war Gott, der HErr, selbst; denn er bezeugte Jakob: „Du hast mit Gott und mit Menschen gekämpft und bist obgelegen." Er nannte nicht seinen Namen. Aber wir wissen es aus dem Propheten Hosea, daß es der Engel des HErrn war, der Sohn Gottes. Gott trat hier als Gegner Jakobs auf und griff ihn hart an. So war es nicht nur ein leibliches Ringen, sondern zugleich ein schwerer geistlicher Kampf, den Jakob zu bestehen hatte. Hosea schreibt von Jakob: „Er kämpfte mit dem Engel und siegte; denn er weinte und bat ihn." Hos. 12, 5. Jakob mußte denken, daß alle die herrlichen Gottes=verheißungen, die er bisher empfangen, auf den Boden gefallen seien, die=weil Gott selbst sein Feind war. Aber er hat diese Probe bestanden, er ist obgelegen, er hat Gott festgehalten, bis er gesegnet war, bis er schließlich das freundliche, gnädige Angesicht Gottes erblickte, daher er die Stätte Pniel nannte, „Angesicht Gottes". Die Frucht dieses Kampfes und Sieges war, daß seine Seele jetzt von aller Angst und Furcht genesen war. Daß er seit=dem hinkte, erinnerte ihn zeit Lebens an diesen wunderbaren nächtlichen Kampf.

Etwas Aehnliches erfahren die Gläubigen in der Stunde der Anfech=tung, schwerer geistlicher Anfechtung. Da stellt sich Gott als ihr Feind. Da fühlen sie im Herzen und Gewissen nur Furcht, Schrecken, Verdammniß. Was sie bisher von Gottes Gnade, Güte und Treue gehört und erfahren haben, erscheint ihnen als eitler Wahn und Einbildung. Da gilt's beten, seufzen, ringen, kämpfen. Da darf man nur nicht nachlassen, Gott nicht loslassen, sondern muß Gott, Gottes Gnade und das Wort von der Gnade festhalten und mit Jakob sprechen: Ich lasse dich nicht, du segnest mich denn. Und Gott hilft selbst beten und kämpfen und läßt sich überwinden. Schließlich sehen wir im Geist und Glauben das Gnadenantlitz Gottes und empfangen von Gott Segen, Trost, Erquickung und erkennen, daß Gott uns nicht von Herzen zürnte, daß er unsern Glauben nur prüfen und erproben wollte. Die köstliche Frucht solcher Anfechtung ist, daß wir der Gnade unsers Gottes nur desto gewisser werden und ein festes Herz gewinnen.

45. Die Versöhnung Esaus mit Jakob. 1 Mos. 33.

Jakob geht jetzt, nachdem er von Gott gesegnet und gestärkt ist, getrost und ohne Bangen seinem Bruder entgegen. Er neigt sich vor ihm siebenmal zur Erde, ebenso seine Frauen und Kinder. Obgleich er vor Gottes Augen der Größere ist, zeigt er sich doch gegen seinen Bruder so ehrerbietig. Der Apostel mahnt die Christen, daß einer dem andern, also auch den Geringeren mit Ehrerbietung zuvorkomme. Daß Esau seinem Bruder entgegenläuft, ihn umarmt, ihm um den Hals fällt, ihn küßt, mit ihm weint, ist ein Beweis, daß er seinen Zorn hat fahren lassen, daß er ihm jetzt versöhnt ist, von Herzen versöhnt. Die Bitte Jakobs, die dieser durch seine Knechte hat aussprechen lassen, das ehrerbietige Entgegenkommen seines Bruders haben ihn umgestimmt. Doch war diese Umstimmung und Umwandlung im letzten Grund Gottes Werk. Der hatte Jakobs Gebet erhört. Esau war jetzt auch zu Gott bekehrt. Denn ein unbekehrter Mensch ist solcher edlen Gesinnung nicht fähig. Esau fügte sich jetzt dem Willen Gottes, forderte von seinem Bruder nicht die Erstgeburt zurück. Gott hat Macht über die Herzen der Menschen, hat Macht, harte Herzen zu erweichen, daß sie sich gegen Gott und Menschen erschließen. Aber Gott will durch Menschen, durch das Zeugniß, die Bitte, Mahnungen seiner Gläubigen, sein Werk an den Herzen der Menschen ausrichten.

Das ganze weitere Benehmen Esaus zeigt, daß er nun ein anderer Mensch geworden ist. Er erweist sich theilnehmend und leutselig gegen seinen Bruder und dessen Familie, sein Antlitz leuchtet, wie Gottes Angesicht, von Liebe und Freundlichkeit, er nimmt das Geschenk an, das sein Bruder ihm aufdrängt, er erbietet sich ihm, vor ihm herzuziehen, und, da die zarten Kinder Jakobs, auch die säugenden Kühe nicht so schnell einhergehen können, will er wenigstens einen Theil seiner Mannschaft bei ihm zurücklassen. Solche Tugenden sind ein Beweis aufrichtiger Versöhnung. Daß Jakob das Anerbieten Esaus zurückwies und für sich allein seinen Weg fortsetzen wollte, hat wohl einen doppelten Grund. Er wußte, daß Gottes Heere mit ihm zogen. So bedurfte er nicht des Schutzes bewaffneter Kriegsleute. Die den HErrn fürchten, gehen unter dem Geleite der Engel sicher einher. Vor Allem aber wollte Jakob sich mit Esau und dessen Leuten nicht zu nahe einlassen. Er war und blieb Erbe und Träger der Verheißung. Sein Same, der heilige Same, sollte sich nicht mit dem Geschlecht Esaus vermengen. Esau war wohl von Herzen zu Gott bekehrt, aber nicht alle Glieder seines Geschlechts theilten seine Gesinnung. So sollen gläubige Christen wohl mit allen Menschen Frieden halten, aber doch von denen, mit denen sie in geistlichen Dingen nicht ganz eins sind, getrennt bleiben.

Nachdem Esau mit seinen Leuten von bannen gezogen war, schlug Jakob Hütten auf in Suchoth am Ostufer des Jordan und ließ sich dann bei Sichem nieder, in der Mitte des Landes Canaan, und erwarb sich dort auch Eigenthum. So war er nach vielen Nöthen, Aengsten und Kämpfen einmal zur Ruhe gekommen. So folgen im Leben der Frommen auf schwere Bedrängnisse auch wieder Zeiten der Ruhe und Erquickung. Dort bei Sichem errichtete Jakob auch einen Altar und predigte von dem Namen des starken Gottes, dessen Hand ihn so wunderbar geleitet und beschirmt hatte. Alle

Gläubigen haben Anlaß und Ursache genug, den mächtigen König der Ehren zu preisen, der sie erhält, der sie auf Adlers Fittigen sicher führt und dem Ziel zuführt, das ihnen gesteckt ist.

46. Die Schändung Dinas. 1 Mos. 34.

Als Jakob geraume Zeit bei Sichem gewohnt hatte, brachte ein Vorfall in seiner Familie schweres Herzeleid über ihn. Seine Tochter Dina ging aus, um die Töchter des Landes zu besehen und kennen zu lernen. Da sahe sie Sichem, der Sohn des Heviterfürsten Hemor, und entführte und verführte sie und hielt sie dann fest und begehrte sie von seinem Vater zum Weibe. Sichem war der Verführer. Das war ein unwissender, unreiner Heide. Dina, die es besser wußte, war nicht minder schuldig. Sie verließ die richtige Bahn, verleugnete die jungfräuliche Zucht und Scham schon damit, daß sie sich mit den heidnischen, schamlosen Canaaniterinnen einließ. Und dann gab sie sich ohne Widerspruch dem Verführer hin. Das ist ein ernstes Warnexempel für alle Zeiten. Schon manchen Töchtern frommer Eltern ist es ähnlich gegangen. Das väterliche Haus wurde ihnen zu enge, sie gingen aus, sahen sich in der Welt um und, ehe sie es sich versahen, sind sie zu Fall gekommen. Wer mit den Kindern der Welt liebäugelt und sich befreundet, wird gar leicht und schnell in das Wesen der Welt, in Laster und Schande verstrickt.

Jakob erfuhr bald, was vorgefallen war, und sagte es seinen Söhnen. Die geriethen in Zorn, daß ein Heide ihrer Schwester, einem Glied Israels, der heiligen Familie, solche Thorheit, das heißt, Schande angethan hatte. Das war ein heiliger, gerechter Zorn. Die Gläubigen sollen über derartige Aergernisse, die in ihrer Mitte vorkommen, sich billig entrüsten und erzürnen und nicht eher ruhen, als bis das Aergerniß abgestellt ist.

Aber die Söhne Jakobs schafften sich nun in fleischlicher Weise Genugthuung. Sichem bat sie, sie möchten ihm ihre Schwester zum Weibe geben. Sein Vater Hemor bekräftigte diese Bitte. Beide machten den Söhnen Jakobs den Vorschlag, sich mit ihnen zu verschwägern, durch gegenseitige Heirathen sich mit ihnen zu einem Volk zu verschmelzen. Die Söhne Jakobs stellten sich, als wären sie willig, auf dieses Anerbieten einzugehen, stellten aber die Bedingung, daß die Bewohner Sichems sich beschneiden sollten. Hemor und Sichem gingen gern darauf ein und beredeten die Leute ihrer Stadt. Als nun aber alle Männer Sichems beschnitten waren und an den Folgen der Beschneidung krank darniederlagen, kamen Simeon und Levi und tödteten alles Männliche mit dem Schwert und nahmen ihre Schwester mit sich fort. Darauf kehrten alle Brüder Dinas wieder und plünderten die Stadt und nahmen alle Weiber und Kinder zur Beute. Jakob strafte Simeon und Levi um dieser Unthat willen. Sie waren zu Mördern ge-

worden, hatten viel unschuldig Blut vergossen. Und Jakob mußte be=
fürchten, daß die Canaaniter ringsum über ihn herfielen und sich an ihm
rächten. Ja, rohe Gewaltthat, fleischliche Rache steht den Heiligen Gottes
ebenso übel an, als Hurerei und Unzucht.

47. Jakobs Wanderung nach Hebron. 1 Mos. 35.

Jakob erhielt jetzt von Gott die Weisung, von Sichem aufzubrechen
und nach Bethel weiter zu ziehen, dort einen Altar zu bauen und Gott
anzubeten. Ehe er dahin aufbrach, forderte er aber sein Haus und Alle,
die mit ihm waren, auf, die fremden Götter abzuthun. Es war, wie wir
weiter hören (V. 6.), ein großes Volk, das mit Jakob zog. Nicht wenige
Canaaniter, die durch seine Predigt gewonnen waren, hatten sich ihm ange=
schlossen. Und Simeon und Levi hatten die Weiber und Kinder aus Sichem
an sich gerissen. Gar manche dieser Heiden hatten ihre alten Götter, ins=
besondere ihre Hausgötter beibehalten. Und dann hatte dieser heimliche
Götzendienst sich auch in Jakobs Haus, das ist sein Gesinde, eingeschlichen.
Aber willig gaben Alle ihre Götter, auch ihre Ohrenringe, die ihnen als
Zaubermittel dienten, her, und Jakob vergrub sie unter die Erde. Wir
lernen hieraus, daß man nur dann Gott anbeten kann im Geist und in der
Wahrheit, wenn man aller groben und feinen Abgötterei entsagt und sein
Herz von allen Creaturen los macht.

Der Schrecken Gottes, welcher über die umliegenden Städte der Canaa=
niter gekommen war, hielt diese ab, der Familie Jakobs nachzujagen und
für die Ermordung der Bewohner Sichems Rache zu nehmen. Wenn an
irgend einem Orte die Gemeinde Gottes Frieden hat, so kommt das daher,
daß Gott der feindlichen Welt die Hände bindet.

In Bethel, wo Gott dem Jakob beim Beginn seiner Wanderung er=
schienen war, erbaute derselbe dem HErrn einen Altar und richtete einen
Gottesdienst ein und bezahlte so dem HErrn sein Gelübde. Und Gott be=
stätigte ihm den neuen Namen Israel und erneuerte die alte Verheißung,
die Verheißung von dem Besitz des Landes Canaan und dem Völkerhaufen,
der von ihm kommen sollte, dem großen Gottesvolk, das aus allen Völkern
der Erde gesammelt werden soll. Gottes Wort und Verheißung ist Stecken
und Stab der Gläubigen während ihrer Pilgrimschaft auf Erden.

Als Jakob dann weiter reiste, nach seinem Vaterhaus zu, traf ihn neues
Leid. In Bethel hatte er schon Debora, die treue Magd, begraben müssen,
und bei Bethlehem Ephrata starb sein geliebtes Weib, die Rahel, an der
Geburt eines Kindes, das sie sterbend Benoni nannte, das ist Schmerzens=
kind. Jakob hieß diesen zweiten Sohn der Rahel dann Benjamin, das ist
Glückssohn, weil er die Zwölfzahl der Stammväter Israels voll machte.

Das ist ein bitteres Wehe, wenn der Tod in die Familie einreißt, wenn ein Kind der Mutter das Leben kostet, und auch die gläubigen Kinder Gottes fühlen und empfinden noch solchen Stachel des Todes.

Schwerer war für Jakob noch das Herzeleid, das ihm sein ältester Sohn, Ruben, bereitete, da er mit Bilha, der Magd Rahels, Schande beging. Das ist freilich das drückendste Hauskreuz, wenn Kinder aus der Art schlagen. Indeß die weitere Geschichte zeigt, daß Ruben, wie auch Simeon und Levi, über ihre Uebelthat Buße gethan und wieder Gnade erlangt haben.

Endlich langte Jakob mit seinen zwölf Söhnen bei seinem Vater Jsaak in Hebron an. Seine Mutter Rebekka, die nicht erwähnt wird, war wohl schon gestorben. Und auch Jsaak starb dann, alt und lebenssatt, und ward versammelt zu seinem Volk, zu der Gemeinde der vollendeten Gerechten.

48. Joseph wird von seinen Brüdern verkauft. 1 Mos. 37.

Das 36. Capitel des 1. Buches Mose enthält ein Verzeichniß der Kinder und Geschlechter Esaus.

Unter der Ueberschrift „Geschlechter Jakobs" folgt jetzt, vom 37. Capitel an, die Geschichte der Söhne Jakobs, insonderheit die Geschichte Josephs, bis zum Ende des 1. Buchs Mose hin. Die Söhne Jakobs waren sämmtlich, mit Ausnahme von Joseph und Benjamin, von der Art und Frömmigkeit ihrer Väter abgefallen. Das bewiesen sie mit ihrem Verhalten gegen Joseph, an welchem sie, so viel an ihnen war, zu Mördern wurden. Sie faßten den Beschluß, ihn zu tödten. Abfall vom Glauben kann schnell eintreten. Auch Kinder frommer Eltern können leicht entarten. Indeß wir wissen, daß Gott die Söhne Jakobs, welche er ja zu Stammvätern des auserwählten Volks bestimmt hatte, später von ihrem Fall wieder aufgerichtet hat.

Ruben und Juda scheuten vor der geplanten Unthat zurück. Sie riethen davon ab, unschuldig Blut zu vergießen. Doch sie hatten keinen Muth, dem bösen Rath und Willen der Andern ernstlich entgegenzutreten. Sie schlugen vor, Joseph in eine Grube zu werfen, und dann, ihn zu verkaufen. Jeder solcher Ausgleich, bei welchem man dem Bösen etwas abhandelt und eine geringere Sünde erwählt, um eine größere zu vermeiden, ist vom Uebel. Man soll sich dem Bösen mit ganzem Ernst widersetzen und demselben nicht die geringste Concession machen.

Joseph, welcher seinem Vater gehorsam war und die Sünden seiner Brüder anzeigte, dem Gott in zwei Traumgesichten seine künftige Größe und Herrschaft offenbarte, und der dann von seinen Brüdern gerade deshalb, weil er so hoch begnadigt war, geneidet und gehaßt wurde, ist das Bild eines Frommen und Gerechten. Die Gerechten hassen alles Böse und wandeln in Lauterkeit und Wahrheit. Sie sind von Gott hoch begnadigt. Gott hat ihnen eine über alle Maßen wichtige Herrlichkeit verheißen. Aber gerade um des Guten willen, gerade weil sie die Gesegneten des HErrn sind, werden sie von den Gottlosen gehaßt, verspottet und verfolgt.

Joseph erscheint hier aber zugleich als ein Vorbild des einzigartigen Gerechten, JEsu Christi. Der war der geliebte Sohn seines himmlischen Vaters und von seinem Vater entsandt, um sich nach dem Wohl seiner Brüder auf Erden umzusehen. Und er wurde, weil er der Heilige Gottes war, weil er Gottes Sohn war, von seinen Brüdern nach dem Fleische gehaßt, verspottet, verkauft, seiner Kleider beraubt. Die Juden vergriffen sich an dem unschuldigen Blut dieses Gerechten. Doch in dem allen ging, wie durch den bösen Anschlag der Söhne Jakobs, Gottes guter, heilsamer Rath und Wille hinaus.

49. Die Schandthat Judas. 1 Mos. 38.

Das ist wieder ein dunkles Stück aus der Geschichte der Patriarchen Israels. Juda trennte sich von seinen Brüdern und zog von dem Gebirge, auf dem Hebron lag, in die Ebene hinab nach Odollam und befreundete sich dort mit den Canaanitern, nahm auch eine Canaaniterin zum Weibe, die Tochter Suahs, die gebar ihm drei Söhne. Seinem ältesten Sohn gab Juda die Thamar zum Weibe. Als der gestorben war, gab er die Thamar seinem zweiten Sohn und versprach ihr nach dessen Tod auch den dritten Sohn. Als er sein Versprechen nicht hielt, suchte sich Thamar, seine Schwiegertochter, von ihm selbst Samen zu verschaffen, verkleidete sich als eine Hure und verführte ihn, daß er bei ihr lag. So fiel Juda in Sünde und Schande, ja, ohne daß er es wußte, sogar in Blutschande. Daß Gott den zweiten Sohn um seines Frevels willen sofort tödtete, beweist, daß solche Werke des Fleisches ihm ein Greuel sind. Wer die Furcht Gottes außer Augen setzt, kann gar leicht und schnell in Schande und Laster, Zorn und Ungnade fallen. Darum sollen wir allezeit wachen und beten, damit wir nicht zu Schanden werden.

Diese Geschichte, die von lauter Sünde und Schande berichtet, erinnert aber zugleich an die Gnade und Barmherzigkeit Gottes, welche viel mächtiger ist, als die Sünde der Menschen. Gott hat diesen Juda dann später wieder von seinem schweren Fall aufgerichtet und gerade an seinen Samen die Verheißung von dem zukünftigen Erlöser gebunden. In dem Geschlechts=register JEsu Christi wird die Hure Thamar erwähnt als eine Stammmutter Christi und ihr Sohn Perez, der in Blutschande erzeugt war, als Stamm=vater Christi. Da sieht man recht, wer Christus ist, nämlich der Heiland der Sünder, welcher mit seiner Unschuld und Gerechtigkeit die Sünde und Schande der Menschen zudeckt.

50. Josephs Keuschheit. 1 Mos. 39.

Die heilige Geschichte bleibt jetzt bei Joseph stehen. Was dem in Egypten widerfuhr, war für das künftige Geschick des Geschlechts Jakobs von
größter Bedeutung. Joseph bewahrte auch in der Fremde, im Hause des
Egypters Potiphar, Glauben und Frömmigkeit. Er ist ein Exempel der
Keuschheit. An seinem Beispiel lernen wir, wie wir der Versuchung zur Unzucht und Unkeuschheit Herr werden können. Joseph war treu und gewissenhaft in seinem Dienst, besorgte alle Geschäfte seines Herrn auf das pünkt-
lichste, daher sein Herr sich keines Dinges annahm. Es folgte ihm auch der
Segen Gottes auf dem Fuß. Wer still und einfältig den Werken seines Berufs nachgeht, in seinem Beruf thätig und geschäftig ist, der verfällt nicht
leicht auf unnütze Dinge und Gedanken. Aber auch dem, der auf Gottes
Wegen geht, legt der Teufel seine Stricke auf den Weg. Als Joseph versucht ward, als Potiphars Weib mit schmeichlerischen Worten ihn zu berücken
suchte, blickte er zu Gott auf und sprach: „Wie sollte ich denn nun ein solch
groß Uebel thun und wider Gott sündigen?" Der Aufblick zu Gott, die
Furcht des HErrn, das Bewußtsein: „Gott sieht's", „Gott hört's" schützt
vor Fall und Abfall. Joseph flohe, als Potiphars Weib ihn festhalten
wollte. Vor der Sünde und der sündigen Lust fliehen, wenn sie uns in
ihre Garne fangen will, das ist der sichere, gewiesene Weg. Darum mahnt
auch die Schrift: „Fliehet die Hurerei!" „Fleuch die Lüste der Jugend."
Wer sich hier lange besinnt, mit der Sünde liebäugelt, mit Fleisch und
Blut sich bespricht, der wird bald schwach, der wird schnell von der Sünde
überwältigt. Es soll sich ja Niemand zu viel zutrauen.

Trotz seiner Unschuld, ja gerade um seiner Unschuld und Frömmigkeit
willen mußte nun Joseph viel leiden, böse Reden, als ob er der Verführer
und Ehebrecher wäre, und ungerechte Strafe über sich ergehen lassen. Das
ist die Regel. Die gottselig leben wollen in dieser Welt, müssen Verfolgung
leiden. Die um des Gewissens willen zu Gott Sünde und Unreinigkeit
meiden, machen sich die Menschen zu Feinden. Aber Gottes Gunst und
Gnade steht höher, als Gunst und Ehre bei den Menschen.

51. Joseph im Gefängniß. 1 Mos. 40.

Wir finden hier Joseph im gemeinen Gefängniß, mitten zwischen Ver-
brechern. Aber er hat auch in solch großer Schmach und Niedrigkeit Gott
Treue gehalten. Und Gott war mit ihm, und auch der Amtmann über das
Gefängniß merkte es wohl bald, daß er kein Uebelthäter war, wie die anderen
Gefangenen, und machte ihn zum Aufseher über seine Mitgefangenen. Wie
damals, so ist's heute noch. Die Gott über Alles fürchten, die wahren
Christen werden von der Welt für Uebelthäter angesehen und als solche be-

handelt und nehmen solche Schmach geduldig auf sich und werden es auch inne, daß Gott mit ihnen ist, und auch die Kinder der Welt erkennen es wohl hin und wieder, daß die Christen rechtschaffene Leute sind, auf die man sich verlassen kann.

Joseph hatte es im Gefängniß sonderlich mit zwei vornehmen Gefangenen zu thun, dem Obermundschenk und dem Oberbäcker des Königs Pharao, die sich beide an ihrem Herrn versündigt hatten. Diese beiden hatten in einer Nacht wunderbare Träume, die sie am folgenden Tag sehr bekümmerten. Joseph, in welchem der Geist Gottes war, deutete einem Jeden seinen Traum. Daß dem Mundschenk träumte, daß der König wiederum den Becher aus seiner Hand hinnahm, deutete darauf, daß er bald wieder in sein Amt kommen sollte. Daß der Bäcker im Traume Vögel sahe, welche Backwerk aus dem Korbe auf seinem Haupte aßen, damit war angezeigt, daß er an den Galgen kommen und sein Fleisch von den Vögeln gefressen werden sollte. Und wie Joseph es vorherverkündigt hatte, so geschah es. Der Erstere wurde nach drei Tagen wieder in sein Schenkamt eingesetzt, der Andere wurde gehenkt. Beide waren in gleicher Schuld und hatten doch so verschiedenes Geschick. Diese Geschichte erinnert an das unerforschliche Walten der göttlichen Vorsehung, an das unergründliche Geheimniß, welches unser Bekenntniß mit den Worten beschreibt: „Einer wird verstockt, verblendet, in verkehrten Sinn gegeben" und also schließlich verdammt, „ein Anderer, so wohl in gleicher Schuld, wird wiederum bekehrt" und also schließlich errettet.

Wir sehen auch hier in Joseph ein Vorbild des einzigartigen Gerechten, JEsu Christi. Der ist auch unter die Uebelthäter gerechnet, wiewohl er Niemand Unrecht gethan hat, und hat am Schandpfahl, am Holz des Fluches gehangen, mitten zwischen zwei Verbrechern, von denen der eine lästerte und verdammt wurde, der andere sich bekehrte und mit JEsu ins Paradies einging. Wie aber die Bekanntschaft, die Joseph im Kerker mit dem Mundschenk machte, das Mittel wurde zu seiner Befreiung und Erhöhung, so ist auch die tiefe Schmach und Niedrigkeit JEsu ihm und der ganzen Welt zum Heil ausgeschlagen, wie denn auch alle wahren Christen, die hier mit Christo Schmach tragen, durch Schmach und Leiden zur Herrlichkeit eingehen.

52. Die Träume Pharaos. 1 Mos. 41, 1—36.

Wir hören hier von zwei bedeutsamen Träumen Pharaos. Durch diese Träume zeigte Gott dem König Egyptens an, was bald hernach geschehen sollte. In jener ersten Zeit, da es noch keine schriftliche Offenbarung gab, hat Gott oft durch Träume den Menschenkindern seinen Willen offenbart. Wir haben jetzt das feste prophetische Wort. Wir sollen nicht auf

Träume bauen und trauen. Doch mitunter geschieht es auch jetzt noch, wie
Luther hervorhebt, im geistlichen, wie im weltlichen Regiment, daß Gott
durch Träume und ähnliche Zeichen ein zukünftiges großes Ereigniß anzeigt,
um die Menschen zu warnen und zu mahnen.

Joseph, welcher aus dem Gefängniß herbeigerufen wurde, deutete dem
König Pharao seine Träume. Die sieben fetten Kühe und die sieben dicken
Aehren bedeuteten sieben reiche Jahre, dagegen die sieben mageren Kühe und
die sieben dürren Aehren sieben Jahre der Mißernte. Daß die mageren
Kühe die fetten Kühe, und die sieben dürren Aehren die sieben dicken, vollen
Aehren verschlangen, zeigte an, daß die theure Zeit den Reichthum der guten,
fetten Jahre verzehren werde. Daß Joseph dem Pharao seine Träume
auslegte, und Pharao also Vorkehrung treffen konnte, den drohenden Scha=
den abzuwenden und Vorrath für die theure Zeit zu sammeln, war eine
große Wohlthat für das ganze Land Egypten und auch die umliegenden
Länder. So war Joseph erst dem Haus Potiphars, dann dem Reich
Pharaos zum Segen gesetzt. Gott segnet, schützt und bewahrt ein ganzes
Land um der Gerechten willen, die darin wohnen.

Bei dieser Gelegenheit legte Joseph ein herrliches Bekenntniß ab von
dem wahren lebendigen Gott, der ihm die Deutung der Träume gegeben,
so daß auch Pharao zur rechten Erkenntniß Gottes kam. Gott hat Mittel
und Wege genug, das Wort der Wahrheit auch denen nahe zu bringen, die
noch nichts davon wissen und Jahrhunderte lang in Blindheit und Abgötterei
dahingegangen sind.

53. Josephs Erhöhung. 1 Mos. 41, 37—57.

Nun wird uns von der Erhöhung Josephs berichtet. Was die Men=
schen böse zu machen gedacht, das hat Gott gut gemacht. Durch Leiden und
Schmach ist Joseph zu königlicher Ehre und Herrlichkeit emporgestiegen.
Pharao machte ihn zum Zweiten im Reich, zum Herrscher über Egypten und
gab ihm die Wahrzeichen der Herrschaft, königliche Kleider, eine goldene
Kette, seinen Ring und den Titel Landesvater, heimlicher Rath. In dem
Geschick Josephs spiegelt sich das Loos der Frommen. Bei denen geht es
nach der Regel: „Dem Gerechten muß das Licht immer wieder aufgehen, und
Freude den frommen Herzen." Durch die Leiden dieser Zeit führt der Weg
zur ewigen Herrlichkeit. In dem Geschick Josephs spiegelt sich der Weg des
einzigartigen Gerechten, JEsu Christi, welcher durch Leiden des Todes zu
seiner Herrlichkeit eingegangen und welchem nun alle Gewalt gegeben ist im
Himmel und auf Erden.

Joseph erhielt ein Weib aus der vornehmen Kaste der Priester, Asnath,
die Tochter des Potiphera. Die Namen seiner beiden Söhne, Manasse,

das heißt: „Gott hat mich vergessen lassen meines Elends" und Ephraim,
das heißt: „Gott lasse mich wachsen", beweisen, daß er auch in seinem Glück
seines Gottes nicht vergessen hat. Die Frommen gedenken ihres Gottes in
guten, wie in bösen Tagen und danken ihm, wenn er dem Kreuz und Elend
ein Ende gemacht hat.

Joseph bewies sich als ein weiser Fürst und als ein Landesvater, in=
dem er in den sieben reichen Jahren viel Getreide sammelte und dann in der
theuren Zeit die Vorräthe verkaufte. Das ist zugleich ein Exempel wahrer
Lebensweisheit. Der HErr weiß die Seinen in der Theurung zu erhalten,
aber sie sollen Gott nicht versuchen, sondern die gute Zeit ausnutzen und
sammeln und sparen, damit sie in der bösen Zeit nicht zu Schanden werden.

54. Die Brüder Josephs in Egypten. 1 Mos. 42, 1—24.

Die große Theurung hatte nicht nur Egypten, sondern auch die an=
grenzenden Länder betroffen, auch das Land Canaan. So machten sich
denn die Söhne Jakobs nach dem Willen ihres Vaters auf, um in Egypten
Getreide zu kaufen, und erschienen vor Joseph, dem Herrscher des Landes,
den sie nicht erkannten, und fielen vor ihm nieder und erfüllten so die Träume
seiner Jugend. Joseph erkannte seine Brüder, aber stellte sich fremd gegen
sie, redete sie hart an, warf ihnen vor, daß sie Kundschafter seien, legte sie
drei Tage ins Gefängniß, band den Simeon vor ihren Augen und behielt
ihn als Geisel zurück. Das that er nicht darum, weil er seinen Brüdern
zürnte oder sich an ihnen rächen wollte. Während er so hart mit ihnen
handelte, ging er hinaus und weinte. Sein Herz brannte vor Liebe und
Erbarmen gegen seine Brüder. Er suchte mit solcher harten Rede und Be=
handlung nur ihr Bestes. Er wollte sie so zur Erkenntniß ihres Unrechts
führen. Und sie bekannten vor seinen Ohren ihre Schuld, daß sie das an
ihrem Bruder verschuldet hätten. Das war wirkliche Buße. Sie murrten
nicht wider Gott, sondern ergaben sich willig und demüthig unter die über
sie verhängte Züchtigung.

Die Art und Weise, wie Joseph mit seinen Brüdern verfuhr, erinnert an
die Art und Weise, wie der erhöhte Christus mit seinen Brüdern nach dem
Fleisch handelt, wie überhaupt Gott mit den sündigen Menschen handelt.
Er stellt sich fremd gegen sie, als kenne er sie nicht, als wolle er nichts mit
ihnen zu schaffen haben. Er redet sie hart an, schreckt sie mit dem Gesetz
und den Drohungen des Gesetzes. Er greift sie hart an mit allerlei Trüb=
sal und schweren Plagen. Aber er zürnt ihnen nicht von Herzen, er meint
es gut mit ihnen, er will sie durch solche Härte und Strenge zur Erkenntniß
ihrer Sünden führen. Was aber eigentlich die Sünder bessert und bekehrt,
das ist allein die Gnade des Heilandes JEsu Christi. Auf die Strenge des

Gesetzes folgt die freundliche Rede des Evangeliums. Das Evangelium erweckt in den Herzen der betrübten und erschrockenen Sünder das Verlangen nach Hülfe und Gnade, die ersten Fünklein des Glaubens. Und so wird aus der Reue eine heilsame Reue zur Seligkeit. Als Joseph von seiner Strenge etwas nachgelassen hatte, mit seinen Brüdern freundlicher redete, als er sie aus ihren Banden losgelassen und sie mit Getreide heimgehen ließ, damit sie und die Ihrigen nicht vor Hunger sterben müßten, da war ihr Herz erweicht, da legten sie ihr reumüthiges und demüthiges Schuld= bekenntniß ab.

55. Eine ernste Prüfung. 1 Mos. 42, 25.—43, 10.

Die Brüder Josephs zogen jetzt mit dem Getreide, das sie gekauft, wie= der heim zu ihrem Vater. Schon unterwegs fand einer sein Kaufgeld oben in seinem Sack. Und als sie daheim ihre Säcke ausschütteten, fanden sie alle ihr Bündlein Geld darin. Darüber erschraken sie sehr. So mußte der Herrscher Egyptens sie für Diebe und Betrüger halten. Sie erkannten darin eine Züchtigung Gottes, indem sie sprachen: „Warum hat uns Gott das ge= than?" Auf solchen Schrecken hatte es Joseph abgesehen, indem er den Be= fehl gab, seinen Brüdern ihr Geld in ihre Säcke zurückzugeben. Ihre vorige Missethat sollte ihnen noch tiefer zu Herzen gehen. Ihre Buße war noch gar schwach. Sie hatten wohl ihre Schuld vor Gott bekannt — sie wußten ja nicht, daß Joseph verstand, was sie unter einander redeten — aber moch= ten ihrem Vater noch nicht gestehen, was sie an Joseph gesündigt hatten. So schreckt und züchtigt Gott die Sünder auch noch nach ihrer Bekehrung, damit sie ihre Sünde und ihre Sündhaftigkeit immer besser erkennen und also auch in der Erkenntniß der Gnade und im Glauben zunehmen. Denn die Erkenntniß ist im Anfang oft noch recht gering. Die ersten Fünklein der Reue, wie des Glaubens können gar leicht wieder verlöschen. Darum muß Gottes Hand an dem bekehrten Sünder weiter arbeiten.

Nach geraumer Zeit, als das Getreide aufgezehrt war, forderte Jakob seine Söhne auf, wiederum nach Egypten zu ziehen und ein wenig Speise zu kaufen. Sie wollten und durften aber ohne ihren Bruder Benjamin nicht wiederkommen. Der Herr Egyptens hatte darauf bestanden, daß sie ihren jüngsten Bruder mit sich brächten. Damit wollte Joseph sie prüfen. An ihrem Verhalten gegen Benjamin wollte er erkennen, ob sie jetzt wirklich anders gesinnt waren, als vordem, da sie ihren Bruder Joseph in die Grube warfen und verkauften. Und sie waren jetzt auch ernsten Willens, Benjamin auf der Reise wohl zu bewahren. Ruben und Juda verbürgten sich ihrem Vater, daß sie ihn unversehrt zurückbringen wollten. Wahre Buße hat auch nothwendig Früchte der Buße im Gefolge. Gott will und erwartet von

den bekehrten Sündern, daß sie gerade in den Stücken, in denen sie gesün=
digt haben, die Bekehrung zeigen, daß also z. B. wer gegen seine Brüder
hart und grausam war, jetzt gelinde und barmherzig sei und sich der Bruder=
liebe befleißige.

Es ist ein bedeutsames Wort, das Joseph seinen Brüdern eingeschärft
hatte: „Ihr sollt mein Angesicht nicht sehen, es sei denn euer Bruder mit euch.“
Benjamin stand Joseph am nächsten. Er war auch ein Sohn der Rahel.
Er war gleich ihm in Gottseligkeit aufgewachsen. Den wollte er wieder=
sehen, der sollte auch seinen Brüdern den Zutritt zu ihm vermitteln. Das
ist eine Weise, die sonst auch bei Menschen gilt, daß ein unbescholtener
Mann, der Freund und Günstling eines Königs, einem Schuldigen des
Königs Gunst und Gnade erwirkt. Und das ist ein schwaches Abbild geist=
licher, himmlischer Dinge. Wir armen Sünder können nicht vor Gottes
Angesicht erscheinen, vor dem HErrn Himmels und der Erde, können nicht
vor Gott beten und treten, wenn wir nicht unsern Bruder, den unschuldigen,
unbefleckten JEsus mit uns bringen. Christus ist unser Mittler und Für=
sprecher bei Gott. Wir haben nun Frieden mit Gott und einen freien Zu=
gang zu seiner Gnade, aber allein durch unsern HErrn JEsum Christum.

56. Die zweite Reise mit Benjamin. 1 Mos. 43, 11—34.

Jakob willigte schließlich ein, daß seine Söhne den Benjamin mit sich
nahmen, und entließ sie mit einem Segensspruch und mit einem Geschenk
für den Herrscher Egyptens, den besten Früchten des Landes Canaan. Als
die Söhne Jakobs jetzt zum zweiten Mal nach Egypten kamen und Benja=
min, ihren Bruder, mitbrachten, fanden sie dort freundliche, gnädige Auf=
nahme. Sie waren erst noch voll Furcht und Bangen wegen des Geldes,
das sie daheim in ihren Säcken gefunden hatten, und redeten deshalb mit
dem Hausverwalter und brachten ihm das Geld zurück, brachten auch an=
deres Geld, um neue Speise zu kaufen. Der Hausverwalter sprach ihnen
Muth zu, Gott habe ihnen einen Schatz beschert. Darauf wurde Simeon
zu ihnen herausgeführt. Als sie das Geschenk im Hause zubereitet hatten,
kam Joseph zu ihnen, und sie gaben ihm das Geschenk und fielen jetzt, wie
das Traumgesicht angezeigt hatte, alle elf vor ihm nieder. Joseph redete
freundlich mit ihnen und mußte hinausgehen und weinen, als er seinen
Bruder Benjamin sah. Darauf aß und trank er mit ihnen, und sie wur=
den trunken mit ihm, das heißt freuten sich mit ihm beim Wein und faßten
Zutrauen zu dem fremden Mann.

Wir denken auch hier wieder an die Art und Weise, wie der erhöhte
Christus sich zu seinen Brüdern nach dem Fleisch stellt, wie Gott mit den
sündigen Menschen handelt. Erst handelt er hart mit ihnen, auch noch nach

der Bekehrung, damit die Sünder den Greuel der Sünde recht erkennen und einen Abscheu vor der Sünde bekommen. Der Sünder fühlt auch nach der Bekehrung oft noch Furcht und Schrecken im Herzen und Gewissen. Doch solcher Schrecken dient nur dazu, dem Trost der Gnade Raum zu machen. Was die Sünder bekehrt und die bekehrten Sünder bessert und fördert, was den Glauben erweckt und nährt, das ist allein die Gnade des HErrn. Darum mischt Gott gleich von Anfang an in den Ernst, den er die Sünder fühlen läßt, auch seine Güte und läßt dann seine Güte und Gnade immer freier gewähren. Und gerade wenn der bekehrte Sünder sich noch recht scheu und schüchtern, furchtsam und verzagt zeigt, dann kommt der HErr ihm mit seinem Erbarmen entgegen und tröstet ihn und richtet ihn auf mit dem Wort der Gnade und läßt ihn sehen und schmecken, wie freund= lich er ist, und gibt ihm einen Eindruck von der Liebe, die sein treues Herz bewegt. Und so erstarkt der Christ im Glauben und gewinnt immer mehr Vertrauen und Zuversicht zu seinem Gott und Heiland, zu seinem Gott und Vater.

57. Eine letzte Probe. 1 Mof. 44.

Hier hören wir von einer letzten schweren Probe, welche den Söhnen Jakobs verordnet war. Joseph befahl seinem Haushalter, ihre Säcke mit Getreide zu füllen, ihnen ihr Geld zurückzugeben und seinen Becher in des Jüngsten Sack zu legen. Als sie aus der Stadt hinausgezogen waren, jagte der Haushalter ihnen nach und forderte den Becher zurück. Wenn er hervorhob, daß sein Herr damit weissage, so ist das nicht so zu verstehen, als hätte Joseph wirklich, wie die Egypter es pflegten, aus dem Wasser des Bechers geweissagt, sondern Joseph stellte sich nur seinen Brüdern gegenüber wie ein fremder Mann, ein Egypter. Als der Becher bei Benjamin gefun= den wurde, sollte nun Benjamin in Egypten festgehalten werden, seine Brü= der konnten im Frieden zu ihrem Vater ziehen. Hiermit prüfte Joseph seine Brüder, ob ihre Buße und Besserung wirklich ernst gemeint wäre und Bestand hätte, er wollte sehen, wie sie sich jetzt gegen ihren Bruder Benjamin stellten. So kommen auch für die bekehrten Sünder, auch nachdem sie schon der Gnade des HErrn von Herzen froh geworden sind, oft noch schwere Stunden, Stunden der Trübsal und Anfechtung, da Gott sich stellt, als zürne er mit ihnen. Die Buße, der Glaube, der neue Gehorsam soll und muß, wie das Gold durchs Feuer, erprobt werden.

Die Brüder Josephs bestanden diese Probe, sie zerrissen ihre Kleider, bekannten, daß Gott ihre Missethat gefunden habe, und zogen mit Benja= min wieder in die Stadt, ließen ihn nicht allein in Egypten zurück. So muß die Züchtigung den bußfertigen Sündern dazu dienen, daß sie sich immer tiefer und gründlicher vor Gott demüthigen. Der Glaube wird durch die

Anfechtung bewährt. Aus der Trübsal erwächst eine friedsame Frucht der Gerechtigkeit.

Insonderheit trat nun Juda für seinen Bruder ein. Er erzählte Joseph, wie er sich seinem Vater gegenüber für ihn verbürgt habe, er habe die Schuld auf sich genommen, falls er ihn nicht wiederbrächte. Er erbot sich, an des Knaben Statt in Egypten zu bleiben. Dieser Juda ist jetzt ein ganz anderer Mann geworden. Wer sollte hier nicht an den andern Juda denken, den Held aus Judas Stamm, der für seine Brüder nach dem Fleisch vor Gott Bürge geworden, ihre Schuld auf sich genommen und sein Leben an ihrer Statt eingesetzt hat?

58. Joseph gibt sich seinen Brüdern zu erkennen. 1 Mos. 45.

Als Joseph seine Brüder geängstigt und erschrocken vor sich sah, konnte er nicht länger an sich halten, sondern brach endlich heraus und gab sich ihnen zu erkennen und sprach: Ich bin Joseph, euer Bruder. Und zugleich gab er ihnen die Versicherung, daß er ihnen nicht zürne, darum daß sie ihn nach Egypten verkauft hatten, ertheilte ihnen also Absolution von dem Unrecht, das sie an ihm begangen. Hierzu bemerkt Luther: „Dies ist ein schönes Exempel, wie sich Gott pflegt gegen uns zu stellen. Denn wenn er die Gottseligen straft und sich dermaßen erzeigt, daß er ein Tyrann und gestrenger Richter sei, so sagt er doch endlich, wenn seine gelegene Stunde kommt: Ich bin der HErr, dein Gott." Wenn die Gläubigen genugsam geprüft und gedemüthigt sind, dann schüttet Gott gleichsam sein ganzes Herz voll Liebe und Erbarmen gegen sie aus und bezeugt ihnen durch Wort und Geist, daß er ihr lieber Gott und Vater ist und ihnen nicht zürne, alle ihre Sünde längst in die Tiefe des Meeres geworfen habe. Und wir rühmen dann, daß die Liebe Gottes ausgegossen ist in unsere Herzen. Ja, so stehen wir überhaupt zu Gott und Christo. Wir kennen ihn als unsern Gott und Vater, und er kennt uns. Wir kennen JEsum, unsern Heiland, und er kennt uns. Wir haben Gemeinschaft mit dem Sohn und dem Vater und sind selig in der Gemeinschaft Gottes. „Und was will dann werden, wenn unser HErr und Heiland JEsus Christus kommen wird, welcher uns in diesem Leben auf mancherlei Weise versucht hat, und dann sagen wird: ‚Ich bin Joseph', euer Heiland." Luther.

Joseph rühmt hier vor seinen Brüdern die gnädige Führung Gottes, daß Gott ihn vor ihnen hergesandt, daß Gott ihn zum Herrn und Fürsten über Egyptenland gesetzt habe, daß er ihr Leben errette durch eine große Errettung. Das ist das wunderbare Regiment Gottes, daß Gott alle Dinge, auch die Sünden der Menschen sich dienstbar macht, um an seinen Kindern seinen guten, gnädigen Willen hinauszuführen. So ist die Sünde der

5

Juden, daß sie Christum verkauft, verrathen, getödtet haben, zur Errettung der Welt ausgeschlagen.

Joseph entließ seine Brüder mit einem reichen Geschenk, gab ihnen aber noch die Warnung mit auf den Weg: „Zanket nicht auf dem Weg." Wer Vergebung der Sünden hat und von Gott reich begnadigt ist, bedarf wohl noch der Warnung: Sündige hinfort nicht mehr. Joseph schärfte seinen Brüdern ein, sie möchten seinem Vater von aller seiner Herrlichkeit sagen und mit seinem Vater wieder nach Egypten kommen, dieweil die Theurung noch lange anhalten werde. Und auf Befehl Pharaos gab er ihnen Wagen mit, um Jakob und seine ganze Familie nach Egypten zu bringen. Als der greise Jakob von seinen Söhnen hörte, daß Joseph noch lebe, und die egyptischen Wagen sahe, ward sein Geist wieder lebendig, da lebte er wie von Neuem auf. Auch nach langjähriger schwerer Plage und Trübsal muß dem Gerechten das Licht immer wieder aufgehen und Freude den frommen Herzen.

59. Jakobs Uebersiedlung nach Egypten. 1 Mos. 46.

Es wird hier die Uebersiedlung der Familie Jakobs nach Egypten berichtet. Das war ein entscheidender Wendepunkt in der Geschichte des Samens Jakobs. Jakob oder, wie er hier als der Stammvater des aus= erwählten Volks genannt wird, Israel brach mit Allem, das er hatte, von Hebron auf und machte zunächst Halt in Bersaba, wo seine Väter so lange gewohnt hatten, und opferte dort dem Gott seines Vaters Isaak. Darauf erschien ihm Gott in einem Gesicht des Nachts und versprach ihm, daß er ihn in Egypten zu einem großen Volk machen und dies sein Volk dann nach Canaan heraufführen wolle. Diese Verheißung erinnerte Jakob zugleich an das Größte und Wichtigste, was Gott ihm und seinen Vätern zugesagt, an die Verheißung von Christo, dem gebenedeiten Samen. Die Verheißung Gottes, das Evangelium von Christo ist der Leitstern der Frommen auf allen ihren Wegen. Wie sich auch ihre äußere Lebenslage ändern und ge= stalten mag, Gottes Wort ist und bleibt dasselbe, und die Gesinnung, Gunst und Gnade Gottes, die uns im Wort bezeugt wird, ändert sich nimmer.

Es folgt nun ein Verzeichniß der Kinder und Kindeskinder Jakobs. Es waren im Ganzen, Joseph und seine Kinder mit eingerechnet, siebenzig Seelen, die nach Egypten kamen. Das sind die Häupter der Geschlechter Israels, der Grundstock, aus welchem das auserwählte Volk in Egypten hervorgewachsen ist.

Als Joseph von Juda, den Jakob vor sich her gesandt hatte, hörte, daß sein Vater nahe sei, eilte er ihm entgegen und fiel ihm um den Hals und weinte lange an seinem Hals. Das war ein Wiedersehen, eine Freude sonder Gleichen. Das ist eine der innigsten und seligsten Freude auf Erden,

wenn Menschen, die einander lieben, nach langer Trennung einander wieder=
finden. Solches Glück der Erde ist aber nur ein schwaches Abbild der voll=
kommenen Freude der Ewigkeit, da die Frommen nach der Trennung des
Todes vor Gottes Thron einander wiedersehen und wiederfinden und mit
einander vereinigt die himmlische Seligkeit genießen. Israel sprach: „Ich
will nun gerne sterben, nachdem ich dein Angesicht gesehen habe." Das
erinnert an das Wort des greisen Simeon: „HErr, nun lässest du deinen
Diener im Frieden fahren, denn meine Augen haben deinen Heiland ge=
sehen." Und wir Christen sprechen: Ich will nun gerne sterben, nachdem
ich JEsum, meinen Heiland, im Glauben gesehen und erkannt habe.

60. Jakob vor Pharao. Josephs Regiment. 1 Mos. 47.

Joseph stellte jetzt seinen Vater und fünf seiner Brüder dem König
Pharao vor. Als Pharao frug, was ihre Nahrung sei, antworteten die
Brüder Josephs, daß sie Viehhirten seien. Das war bei den Egyptern
eine geringe, verachtete Kaste. Jakob bekannte, von Pharao um sein Alter
befragt: „Wenig und böse ist die Zeit meines Lebens." Er hatte sein
Alter nicht so hoch gebracht, wie seine Väter, und in diesem kürzeren Leben
so viel Mühe und Arbeit, Kreuz und Herzeleid gehabt. Die Gläubigen
sind vor den Augen der Welt arme, geringe Leute, und sind in diesem Leben
demselben Jammer und Elend unterworfen, wie andere Menschen auch.

Zweimal wird in unserer Erzählung hervorgehoben, daß Jakob den
Pharao segnete. Der Kleinere wird von dem Größeren gesegnet. Die Gläu=
bigen haben doch in Wahrheit größere Ehre und Würde, als die Großen
und Mächtigen auf Erden, sie haben Gott auf ihrer Seite, sind Priester
Gottes, des Allerhöchsten. Jakob segnete den Pharao, weil er ihm und
seiner Familie in Egypten eine Zufluchtsstätte gewährte. Wenn die Fürsten
der Erde der Kirche Gottes und gerade auch der rechtgläubigen Kirche in
ihrem Land Raum, Sicherheit, Freiheit gönnen, so wird ihnen das von
Gott reichlich entgolten.

Joseph versorgte nun seinen Vater und seine Brüder aufs beste und
gab ihnen mit Bewilligung Pharaos das gute, fruchtbare Land Gosen zum
Wohnsitz. Das war die letzte Wohlthat, die Joseph seinen Brüdern erwies.
Das ist die letzte Gnade, welche die bekehrten und begnadigten Sünder von
Christo, ihrem Heiland, erfahren, sie empfangen aus seiner Hand ein schönes
Erbtheil, das nimmermehr von ihnen genommen wird.

Es wird in diesem Capitel von dem Regiment Josephs noch etwas
Weiteres mitgetheilt. Joseph brachte mit dem Verkauf des Getreides viel
Geld zusammen und erwarb dann alles Vieh der Egypter und schließlich
ihre Aecker, so daß sie von dem Ertrag derselben hinfort den fünften Theil

dem König entrichten mußten. Er sammelte so für den König Egyptens
einen großen Schatz an und ordnete für die künftigen Zeiten den Haushalt
des Reichs. Er war aber zugleich auch auf die Wohlfahrt der armen und
geringen Unterthanen bedacht. Er gab ihnen in der theuren Zeit Samen,
das Feld zu bestellen, und als dann wieder fruchtbare Zeiten kamen, konnten
sie von dem Ertrag ihrer Aecker, die sie nun als königliche Lehen besaßen,
sich bequem nähren, wenn sie auch den fünften Theil dem König abgaben.
So ist Joseph das Bild eines weisen, gerechten und gütigen Regenten.
Die größte Wohlthat war aber zu der Zeit für das Land Egypten, daß ein
gottesfürchtiger Herrscher im Regiment saß, welcher den Namen des leben=
digen Gottes bekannte, und daß Jakobs Familie, Gottes Volk in seiner
Mitte wohnte. So wurden in jener Zeit viele Egypter zum HErrn bekehrt
und erhielten mit Jakobs Samen Antheil an dem verheißenen ewigen Segen.
Das ist für ein Land und Volk der größte Segen, wenn es die Kirche Gottes
beherbergt. Denn die hilft vielen Leuten im Land zur Erkenntniß der Wahr=
heit und zum ewigen Leben.

61. Jakob segnet die Söhne Josephs. 1 Mos. 47, 28.—48, 22.

Es kam jetzt die Zeit, daß Jakob sterben sollte. Als er sein Ende nahe
fühlte, nahm er seinem Sohn Joseph das eidliche Versprechen ab, ihn nicht
in Egypten, sondern im Erbbegräbniß seiner Väter in dem Lande Canaan,
dem Land der Verheißung, zu begraben. Er hatte also bis zuletzt die Ver=
heißung Gottes vor Augen. So gehen gläubige Christen dem Tode ent=
gegen, indem sie Gottes Wort und Verheißung vor Augen und im Herzen
haben.

Auf seinem Sterbebette gedachte Jakob nochmals des schweren Leids,
das ihn während seiner Erdenwallfahrt getroffen hatte, sonderlich des Todes
der Rahel, seines geliebten Weibes, das er bei Bethlehem Ephrata begraben
hatte, gedachte aber auch der Barmherzigkeit und Gnade Gottes, daß der
Gott seiner Väter ihm schon bei Bethel, am Beginne seiner Wanderung er=
schienen war, daß er ihn sein Leben lang ernährt, in Mesopotamien, in
Canaan, in Egypten, daß der treue Engel des Bundes ihn von allem Uebel
erlöst, aus so viel Trübsalen errettet hatte, gedachte der Verheißung Gottes,
die ihn durch das Leben begleitet hatte. Mit ähnlichen Gedanken und Ge=
fühlen sehen gläubige Christen am Ende ihrer Tage auf die dahinten liegende
Lebenszeit zurück. Die schweren, bittern Stunden dieses Erdenlebens haben
sie noch nicht vergessen. Vor Allem aber rühmen sie die Güte, Liebe und
Treue ihres himmlischen Vaters, der sie auf allen ihren Wegen begleitet,
mit aller Nothdurft und Nahrung des Leibes und Lebens versorget, wider
alle Fährlichkeit beschirmet und vor allem Uebel behütet und bewahret hat,
und rühmen Gottes Wort, den Trost, Stecken und Stab ihrer Pilgerschaft.

Auf Josephs Begehren segnet Jakob dessen zwei Söhne, Ephraim und Manasse. Er gibt jedem ein besonderes Erbtheil in Israel, so daß Joseph ein Stück Landes mehr erhielt, als seine Brüder. Er verheißt ihnen rasches Wachsthum, Wohlstand und Gedeihen. Von frommen Eltern erbt sich der Segen Gottes fort auf Kinder und Kindeskinder bis in die fernsten Geschlechter.

Dem jüngsten Sohn Ephraim gab Jakob hierbei den Vorzug vor seinem älteren Bruder Manasse. Er legte Ephraim seine rechte Hand auf, Manasse die linke. Joseph meinte, das sei ein Versehen, und wollte es ändern und bessern. Aber Jakob, voll des Heiligen Geistes, wußte wohl, was er that. Der Jüngere sollte ein stärkeres Volk werden, als der Aeltere. Gott theilt im Leiblichen, wie im Geistlichen, seine Gaben aus, wie er will. Er richtet sich dabei nicht nach der Menschen Gedanken und Urtheil, nicht nach der Menschen Werk und Verdienst. Er thut und gibt, was und wie ihm wohlgefällt. Und es soll Niemand fragen: Warum thust du also? Es soll Jeder Gott danken für das, was er aus Gnaden empfangen hat.

62. Jakob segnet seine Söhne. 1 Mos. 49, 1—12.

Vor seinem Ende versammelte Jakob noch alle seine Söhne um sich, und als ein Prophet Gottes verkündigte er ihnen, was ihnen und ihren Nachkommen in künftigen Zeiten begegnen würde. Ruben war sein Erstgeborner, der Erstling seiner Kraft, dem gebührte eigentlich die erste Stelle. Aber er sollte nicht den Vorrang haben unter seinen Brüdern; denn seine wilde Lust und Leidenschaft war wie überwallendes siedendes Wasser, er hatte seines Vaters Bett besudelt. Das Recht der Erstgeburt fiel nun aber auch den zwei nächsten Söhnen, Simeon und Levi, nicht zu. Jakob verfluchte vielmehr ihren Zorn und Grimm, daß sie die unschuldigen Leute in Sichem erwürgt hatten. Darum sollten sie in Jakob zertheilt werden. Und so empfing der Stamm Simeon sein Besitzthum mitten im Stammgebiet Judas, und die Leviten wohnten durch das ganze Land Israel zerstreut. Diese Drei, Ruben, Simeon, Levi, hatten wohl Buße gethan über ihre bösen Werke und wieder Gnade erlangt und behielten Theil und Erbe im Volk Gottes. Aber sie hatten doch ihr Vorrecht verscherzt. Buße und Vergebung macht die sündige That nicht ungeschehen. Wenn Gott auch die Sünde nicht mehr zurechnet und seinen Zorn hat fahren lassen, so müssen doch auch die bußfertigen, begnadigten Sünder oft noch lange, etwa zeit ihres Lebens die leidigen Folgen ihrer Sünde tragen. Ja oft müssen auch Kinder und Kindeskinder noch büßen, was die Väter verschuldet haben.

Das Recht und der Segen der Erstgeburt ging auf Juda über, den vierten Sohn der Lea. Dem hingen wohl auch manche Flecken an, aber er

hat sich dann vor den andern Brüdern als treu und verläfsig erwiesen, in=
dem er für seinen Bruder Benjamin Bürge wurde. Juda soll von seinen
Brüdern gepriesen und geehrt werden. Er soll die Kriege des HErrn füh=
ren, den Feinden Israels auf dem Halse sein. So zog der Stamm Juda
beim Ausgang aus Egypten, bei der Wanderung durch die Wüste den an=
dern Stämmen voran und war Vorkämpfer im Heer Israels bei der Er=
oberung des Landes Canaan. Juda wird einem Löwen verglichen, der
vom Raube großwächst und dann in stolzer Ruhe sich hinlagert. Da denken
wir insonderheit an die großen, herrlichen Siege Davids und an das Frie=
densregiment des Königs Salomo. Es soll aber das Scepter, der Herrscher=
stab von Juda nicht entwendet werden, bis daß der Held komme, der Schiloh,
der verheißene Friedebringer. In Christo, dem Messias, soll die Herrschaft
Judas zur Vollendung kommen. Dieser Held führt erst recht den Kampf
zum Sieg hinaus und dehnt die Grenzen seiner Herrschaft aus bis an die
Enden der Erde. Die Völker der Heiden werden ihm anhangen, ihm die=
nen und gehorchen. Und nun wird das Friedensreich Christi mit lieblichen
Farben, mit dem Bild irdischen Glücks, irdischer Fruchtbarkeit ausgemalt.
Das ganze Land wird mit Weinstöcken besetzt sein, so daß man sein Esels=
füllen, wenn man absteigt, an einen Weinreben anbindet. Wein und Milch
wird in Ueberfluß vorhanden sein, so daß die Augen röthlich werden von
Wein und die Zähne weiß von Milch, daß man auch sein Kleid in Wein=
beerblut wäscht. Zu jener Zeit wird groß Fried sein ohn Unterlaß und
Fülle von Gnade und Segen. In JEsu Christo, dem Löwen aus dem
Stamm Juda, und in der Kirche Christi hat sich das alles erfüllt.

63. Jakob segnet seine Söhne. (Fortsetzung.) 1 Mos. 49, 13—32.

Juda war der Träger der geistlichen Verheißung, der Verheißung von
Christo. Von Juda soll der geistliche, ewige Segen über Israel und alle
Völker der Heiden kommen. Den übrigen Söhnen werden allerlei leibliche
Segnungen und Wohlthaten zertheilt. Sebulon soll nach Sidon, nach
Phönizien, nach dem Meer hin seinen Wohnsitz erhalten und von seinen
Schiffen, vom Handel und Gewerbe reichen Gewinn ernten. Isaschar, zu
dessen Besitz die fruchtbare Ebene Jesreel gehörte, wird einem Lastthier ver=
glichen, weil er sich träger Ruhe, behaglichem Genuß hingeben wird. Irdi=
scher Segen birgt auch Gefahr und Versuchung in sich. Dan hingegen gleicht
einer Schlange, die einen Reiter rücklings überfällt. Er wird seinen Fein=
den auf dem Nacken sein. Aus Dan stammte Simson, der Schrecken der
Feinde Israels. Jakob unterbricht hier seine Rede, indem er in den Seuf=
zer ausbricht: „HErr, ich warte auf dein Heil." Dazu bemerkt eine alte
jüdische Glosse: „Nicht nach der Erlösung Simsons, sondern nach der Er=

lösung des Sohnes Davids, des Messias, der sein Volk von seinen Sünden befreien wird, verlangt meine Seele."

Gad, welcher, wie Ruben, jenseits des Jordans zu wohnen kam und die Ostgrenzen des Landes zu vertheidigen hatte, wird die feindlichen Schaaren zurückdrängen. Von Asser soll seiner Weizen, fettes Brod kommen. Sein Erbtheil umfaßte die gesegnete Ebene Saron. Naphtali wird eine losgelassene Hindin genannt. Die Nachkommen Naphtalis streiften als ein freies Volk in den Bergen und Wäldern des nördlichen Galiläa umher. Naphtali wird aber auch schöne, liebliche Rede geben. Wir denken an das herrliche Lied der Richterin Debora aus dem Stamm Naphtali. Aus Naphtali, dem Landstrich längs des galiläischen Meeres, entstammten aber auch die zwölf Apostel Israels, welche der Welt das Evangelium des Friedens verkündigt haben. Und nun ruft Jakob nochmals auf das Haupt Josephs, des Fürsten unter seinen Brüdern, von dem Hirten Israels, von dem Allmächtigen Segen herab. Wegen der Fruchtbarkeit seines Landes wird Joseph einem Fruchtbaum verglichen, der am Wasser gepflanzt ist. Aber er kann auch den Bogen führen, seine Arme erlahmen nicht im Streit. Ephraim und Manasse wuchsen zu einem großen, mächtigen Volk heran und ererbten ein weites, fruchtbares Gebiet in der Mitte des gelobten Landes und auch jenseits des Jordans. Benjamin ist ein reißender Wolf, der vom Raube lebt. Dem Stamm Benjamin gehörte Saul an, ein streitbarer Held und König. Aus Benjamin stammte aber auch Saulus, welcher Paulus heißt, der mit dem Evangelium von Christo die Welt erobert und die Bollwerke Satans zerbrochen hat.

So segnete Jakob seine Söhne, theilte jedem seinen besondern Segen zu. Die Fülle der göttlichen Gnaden und Segnungen rief er weissagend, segnend, betend auf das zwölfstämmige Israel herab. So läßt Gott noch heute seinen Frommen kein Gutes mangeln. Die beste Gabe von Oben aber ist das Heil des Königs Messias.

Nachdem Jakob nochmals allen seinen Söhnen anbefohlen hatte, ihn in der Höhle bei Mamre zu begraben, verschied er und ward versammelt zu seinem Volk. Wer so stirbt, wie Jakob, mit solchem Seufzer und Verlangen: „HErr, ich warte auf dein Heil", der stirbt wohl.

64. Jakobs und Josephs Ende. 1 Mos. 50.

Der Patriarch Jakob wurde jetzt fürstlich bestattet. Sein Leichnam wurde gesalbt. Ganz Egyptenland trauerte um ihn siebenzig Tage. Nicht nur seine Söhne, auch die Vornehmsten Egyptens geleiteten ihn nach Canaan. Nachdem sie bei der Tenne Atad am östlichen Ufer des Jordans noch eine große Klage veranstaltet hatten, begruben sie ihn im Erbbegräbniß seiner

Väter, in jener Grabhöhle bei Hebron. Solche Ehre, die man einem Todten erweist, ist bei der Welt eine todte Form, bei den Gläubigen aber hat sie etwas zu bedeuten. Die bekennen damit, daß es mit ihren Todten noch nicht gar aus sei, daß Gott bereinst an ihren Todten und deren Gräbern noch große Wunder thun werde.

Als Jakob gestorben und begraben war, fürchteten seine Söhne, Joseph möchte jetzt ihre Missethat heimsuchen, und thaten nochmals Abbitte. Das betrübte Joseph. Er tröstete sie und redete freundlich mit ihnen. So ist das Leben der Gläubigen eine stete, anhaltende Buße. Die bußfertigen Sünder bekennen immer wieder vor Gott ihre Sünde und Missethat. Auch längst bereute und vergebene Sünde ist ihnen noch leid. Das Gedächtniß der vorigen Missethat erhält sie in der Demuth. Aber sie erfahren auch immer aufs Neue den Trost der Gnade und Vergebung Gottes.

Joseph bekannte vor seinen Brüdern: „Ihr gedachtet es böse zu machen, aber Gott gedachte es gut zu machen." Josephs Geschichte ist ein hellleuchtendes Exempel, wie Gott durch den bösen Rath und Willen der Menschen seinen guten, gnädigen Willen hinausführt. Gott versteht meisterlich die Kunst, das Böse zum Besten zu wenden.

Nachdem Joseph noch Kinder und Kindeskinder bis ins dritte Glied gesehen, starb er in gutem Frieden. Er starb im Glauben an die Verheißung. Er that seinen Brüdern vor seinem Ende Befehl, seine Gebeine mit sich zu nehmen, wenn Gott sie aus Egypten ins Land Canaan führen werde. Auch wenn man hier auf Erden viel Glück und Freude erlebt hat, so ist und bleibt doch das Beste, daß man schließlich im Glauben stirbt. Darum sollen wir Gott alle Tage unsers Lebens bitten, daß er uns zuletzt ein seliges Stündlein beschere und mit Gnaden aus diesem Jammerthal zu sich nehme in den Himmel.

III. Auszug Israels aus Egypten und Wüstenwanderung.

65. Der Frohndienst Israels. 2 Mos. 1.

Nachdem im 1. Buch Mose von den Anfängen der Welt und der Mensch=
heit, auch von den Anfängen des Volks Gottes, von den heiligen Patriarchen
und ihren Nachkommen berichtet war, beginnt nun im 2. Buch Mose die Ge=
schichte des Volks Israel. In Egypten, im fremden Land wuchs die Familie
Jakobs zum Volk heran. Es war aber ein schwerer Anfang. Es kam ein
neuer König in Egypten auf, der von Joseph nichts wußte, derselbe drückte
das Volk der Kinder Israel mit schwerer Frohnarbeit und machte ihnen das
Leben sauer. Sie mußten dem König Vorraths= und Magazinstädte bauen.
Ja, Pharao fürchtete, dieses fremde Volk möchte den Egyptern zu mächtig
werden, und hatte im Sinn, es gar zu unterdrücken und zu verderben. Doch
je mehr die Egypter das Volk drückten, je mehr sich es mehrte und aus=
breitete. Es war eben der heilige Same, Gottes Volk, und Gott war mit
ihm. Aehnlich verhält es sich mit dem Anfang des neutestamentlichen Gottes=
volks, der christlichen Kirche. Die sollte auch durch Druck und Verfolgung
gleich im Keim erdrückt und erstickt werden. Aber je hitziger Juden und
Heiden die Kirche verfolgten, desto mehr breitete sie sich aus. Der in den
Christen war, Christus, ist mächtiger, als die Welt. Das ist überhaupt ein
Wahrzeichen des Volks Gottes, der Kinder Gottes: Druck, Trübsal, Ver=
folgung. Aber Kreuz und Trübsal bringt ihnen nur Segen und Gewinn.

Pharao ersann jetzt neue Mittel, das Volk zu dämpfen, befahl den zwei
hebräischen Wehmüttern, die neugeborenen hebräischen Knäblein gleich nach
der Geburt zu tödten, und ließ dann, als dies nicht geschah, das Gebot aus=
gehen, alle Söhne der Hebräer ins Wasser zu werfen. Doch er hat seinen
Zweck nicht erreicht. Wen Gott erhalten und schützen will, den kann keine
Macht der Welt umbringen. Ist Gott für uns, wer mag wider uns sein?

Die hebräischen Wehmütter werden in der Schrift belobt, darum, daß
sie Gott mehr fürchteten, als Pharao, und nicht thaten, was der König
ihnen gebot. Und Gott segnete sie deshalb und baute ihnen Häuser. Im
Neuen Testament erklärten die Apostel den Obersten der Juden frank und
frei: Man muß Gott mehr gehorchen, als den Menschen. Apost. 5, 29.
Wenn Menschen, Vater, Mutter, Obrigkeit, etwas Böses zu thun, Schaden
zu thun gebieten, dann soll man ihnen nicht gehorchen. Insonderheit Tyran=
nen, welche die Kirche Gottes verstören, soll ein Christ nun und nimmer
Helfersdienste leisten. Es lohnt sich reichlich, oft schon in der Zeit, wenn
man Gott mehr fürchtet und mehr gehorcht, als den Menschen.

66. Mosis Geburt, Erziehung und Flucht. 2 Mos. 2.

Die heilige Geschichte geht jetzt auf Mose über, den Gott zum Retter seines bedrängten Volks ersehen hatte. Gleich die Anfänge der Geschichte Mosis zeigen, daß Gottes Hand mit ihm war. Es war nach Hebr. 11, 23. ein Erweis des Glaubens, daß die Eltern Mosis ihr Kind verbargen und dann in einem Rohrkästchen am Ufer des Nils aussetzten. Die Schönheit des Knaben war ihnen ein Anzeichen, daß Gott etwas Besonderes mit ihm vorhatte. So vertrauten sie Gott, daß der sich ihres Sohnes annehmen werde. Der Glaube wagt etwas, wenn er eine gute Sache hat und des Willens Gottes gewiß ist, und trotzt der Gefahr und stellt den Erfolg Gott anheim. Es war eine wunderbare Fügung der Umstände, daß die Tochter Pharaos das Knäblein im Schilf des Wassers auffand und aufheben ließ und es seiner Mutter übergab, daß die es säugte und großzog. Aehnlich verhält es sich mit dem Kindlein JEsus. Dessen zartes Leben wurde auch wunderbar von Gott geschützt und geschirmt. Gott hält seine Hand über die Seinen, daß sie unversehrt durch viele Gefahren hindurchgehen, sonder=lich über die, welche in seinem Reich etwas Großes ausrichten sollen. Das Kind erhielt den Namen Mose, das heißt im Egyptischen: „der aus dem Wasser Gezogene", im Hebräischen „der Retter".

Mose wuchs dann als Sohn der Tochter Pharaos am Hof des Königs auf und ward gelehrt in aller Weisheit der Egypter. Apost. 7, 22. Diese Weisheit kam später Mose bei der Regierung seines Volks zu Statten. Auch die Weisheit dieser Welt muß dem Reiche Gottes dienen. Als Mose groß geworden war, wollte er nicht mehr ein Sohn heißen der Tochter Pharao, und erwählte viel lieber mit dem Volke Gottes Ungemach leiden, denn die zeitliche Ergötzung der Sünde zu haben, und achtete die Schmach Christi für größeren Reichthum, denn die Schätze Egyptens. Hebr. 11, 24—26. Die Gläubigen nehmen gern und willig die Schmach Christi auf sich, statt daß sie mit der Welt in Freuden und Ehren leben. Mose wollte jetzt seinen bedrängten Brüdern Recht schaffen, erschlug einen Egypter, der einen Hebräer geschlagen hatte, strafte einen seiner Brüder, der seinem Näch=sten Unrecht gethan hatte. Aber seine Brüder vernahmen es nicht, daß Gott durch seine Hand ihnen Heil geben wollte. Apost. 7, 25. Israel hat von Anfang an widerstrebt. Gerade die ihrem Volk helfen und wohlthun wollen, stoßen überall auf Widerspruch und Widerstand.

Durch den Glauben verließ Mose Egypten und fürchtete nicht des Königs Grimm. Hebr. 11, 27. Wenn er auch lange Zeit von seinem Volk getrennt lebte, so zweifelte er doch nicht, daß Gott durch seine Hand Israel helfen werde. Wer glaubt, gibt sich ganz in Gottes Hand und Führung und überläßt es Gott, daß der die Sache, die seine Sache ist, zum guten

Ziel und Ende führe. Vierzig Jahre war Mose ein Fremdling im Land
Midian am Berg Horeb, hütete die Heerde des Priesters Reguel und nahm
dessen Tochter Zipora zum Weibe. So pflegt Gott die Männer, die er ein=
mal als Werkzeuge in seinem Reich brauchen will, in der Stille auf ihren
großen Beruf vorzubereiten. Die Namen der beiden Söhne Mosis, Gerson,
„Ich bin ein Fremdling" und Elieser, „Gott ist mein Helfer" beweisen, daß
sein Glaube in dieser langen Zeit der Prüfung nicht aufhörte.

Schließlich wird hier noch berichtet, daß Gott das Schreien seines
Volks erhörte. Solche unmenschliche Bedrückung und Tyrannei, wie sie
Israel in Egypten erduldete, ist eine himmelschreiende Sünde. Wenn die
Stunde der Erlösung gekommen, macht Gott der Versuchung ein Ende.

67. Mosis Berufung. 2 Mos. 3.

Die Stunde der Erlösung war jetzt für Israel gekommen, und so wurde
Mose jetzt förmlich und feierlich zum Retter seines Volks berufen. Als er
am Horeb die Schafe seines Schwiegervaters Reguel oder, wie er hier heißt,
Jethro hütete, sahe er ein großes Gesicht. Er gewahrte einen Busch, welcher
mit Feuer brannte und doch nicht verbrannte. Das war ein Bild Israels
oder überhaupt des Volks Gottes, welches in der Hitze der Trübsal schmachtet
und doch nicht verzehrt wird, welches durch keine Noth, auch durch den Tod
nicht ertödtet wird. Im feurigen Busch erschien ihm der Engel des HErrn.
Der Engel des HErrn, welcher dann direct auch der HErr genannt wird,
ist der Sohn Gottes. Wo es Rettung und Erlösung gilt, da tritt der Engel
des HErrn in der heiligen Geschichte hervor. Das ist das eigentliche Werk
und Amt des Sohnes Gottes, zu trösten, zu helfen und zu retten. Der
Engel des HErrn war im brennenden Busch gegenwärtig, darum wurde
derselbe nicht verzehrt. Der HErr ist mitten unter seinem Volk, darum
kann es nicht verderben und umkommen.

Der HErr bezeugt sich Mose als der Gott Abrahams, Isaaks und
Jakobs und thut ihm kund, daß er jetzt die den Vätern gegebene Verheißung
erfüllen, Israel aus Egypten erretten und in das gelobte Land Canaan ein=
führen wolle. Er erklärt, daß er selbst herniedergekommen sei und sein Volk
heimsuchen werde. Alle Hülfe und Rettung, die der Kirche Gottes oder
den einzelnen Gläubigen widerfährt, ist Heimsuchung Gottes. Gott ist
selbst gegenwärtig und sucht die Seinen in Gnaden heim. Die größte und
gnadenreichste Heimsuchung Gottes war es, da der Sohn Gottes vom Him=
mel herniederkam, den Samen Abrahams annahm und seinem Volk eine
ewige Erlösung erfand und ein ewiges Erbe erwarb.

Und nun erhielt Mose von Gott den Auftrag, Israel aus Egypten aus=
zuführen. Ohne Auftrag und Beruf Gottes soll Niemand im Reich Gottes

etwas unternehmen. Selbst Christus, der Erlöser des Neuen Testaments, hat sich nicht selbst die Ehre genommen, sondern ist von Gott berufen und als Priester nach der Weise Melchisedeks eingesetzt. Hebr. 5, 5. 6. Die Diener der Kirche, welche jetzt in der Kirche Gottes Werk ausrichten, sind, wenn auch mittelbar durch die Kirche, doch von Gott selbst berufen. Der HErr bekräftigte die Berufung und Sendung Mosis durch seinen Namen Jehova. Jehova heißt: „Ich werde sein, der ich sein werde." Gott ist unwandelbar, bleibt sich selber gleich, hält Treue ewiglich und führt, was er zugesagt hat, auch sicher hinaus. Jehova ist Ehrentitel Gottes und des Sohnes Gottes.

Was der HErr dem Mose offenbart, soll derselbe dem Volk Israel, zunächst den Aeltesten des Volkes und dann auch dem Pharao kundthun. Gott weiß, daß Pharao Israel nicht wird ziehen lassen, aber er will sich an ihm durch große Wunder, durch Gericht und Gerechtigkeit verherrlichen, will durch Gericht Israel erlösen, und Israel soll als Sieger davonziehen und die Beute Egyptens mit sich nehmen. So muß auch Trotz und Feind= schaft der Welt und das Gericht, das über die Welt ergeht, dem Volk Gottes zum Besten dienen.

68. Mose von Gott zu seinem Beruf gestärkt. 2 Mos. 4, 1—17.

Gott wollte den Mose, den er zum Retter seines Volks berufen hatte, nun auch vor dem Volk beglaubigen, und zwar durch drei Zeichen. Das erste Zeichen, die Verwandlung des Stocks in eine Schlange und der Schlange in den Stock, zeigte an, daß Gott sein Volk durch Mose von der feindlichen Macht, die es bezwang, aus Egypten erretten werde. Mose hat von Gott die Gewalt, die Macht und Bosheit Satans zu dämpfen. Das zweite Zeichen, die Reinigung der aussätzigen Hand, bedeutete, daß Gott durch Mose das Volk von dem geistlichen Aussatz, der Sünde, reinigen wolle. Das geschah dann durch die Opfer und Reinigungen, die im Gesetz Mosis vom Sinai verordnet waren. Das dritte Zeichen, die Verwandlung des Nilwassers in Blut, die erste der über Egypten verhängten Plagen, bedeutete Tod und Verderben für die Zwingherren Israels. Mit diesen drei Zeichen ist aber überhaupt auf die Großthaten und Liebesthaten Gottes, auf das, was Gott je und je seinem Volk thut, hingewiesen. Der HErr erlöst sein Volk von der Gewalt Satans, reinigt und heiligt dasselbe von seiner Sünde und bringt die Feinde seines Volkes um.

Mose trug noch immer Bedenken, dieses sein schweres Amt anzutreten. Er sollte nicht nur Israel, sondern auch Pharao, dem mächtigen König Egyptens, und ganz Egypten den Willen Gottes verkündigen. Er ent= schuldigte sich damit, daß er eine schwere Zunge habe. Gott verheißt ihm, daß er mit seinem Munde sein will. Aber Mose war noch immer zaghaft und rief damit Gottes Zorn und Unwillen hervor. Indeß weil er nicht aus Bosheit widerstrebte, sondern nach der Schwachheit seines Fleisches vor der ernsten Forderung Gottes zurückschreckte, so gab Gott ihm hier etwas nach und bestimmte, daß Aaron, sein Bruder, für ihn redete. Aaron sollte sein Mund und er Aarons Gott sein, das heißt, Aaron eingeben, was er sagen sollte. Die der Gemeinde Gottes und dann auch der Welt den Willen Gottes verkündigen sollen, haben ein schweres Amt. Die stoßen überall auf Widerspruch und fordern die Welt gleichsam zum Kampfe heraus. Das macht sie oft blöde und verzagt und verdrossen. Doch Gott will mit seinen Dienern und mit ihrem Munde sein, ihren Worten Kraft und Nachdruck geben. Es findet sich aber überhaupt bei den Gläubigen noch viel Furcht und Schwachheit, daß sie oft den Muth verlieren zu dem Werk und Kampf, so ihnen verordnet ist. Da wird Gott wohl auch unwillig über sie. Hinwiederum hat er Geduld mit ihrer Schwachheit und muthet ihnen nicht zu viel zu und stärkt sie, daß sie in seinem Dienst und Gehorsam beharren.

69. Mosis Rückkehr nach Egypten. 2 Mos. 4, 18—31.

Mose wurde jetzt von seinem Schwiegervater friedlich entlassen und machte sich mit Weib und Kindern auf den Weg nach Egypten. Vor seinem Aufbruch aus Midian hatte Gott seinen Befehl und Auftrag an ihn erneuert und ihm zugleich kundgethan, daß, die nach seinem Leben standen, der alte König Pharao und die Verwandten des von ihm erschlagenen Egypters, gestorben seien. Die der Welt das Wort und den Willen Gottes verkündigen, müssen des göttlichen Befehls ganz gewiß sein; so allein gewinnen sie Kraft, Muth und Freudigkeit zu ihrem schweren Werk.

Nochmals that der HErr Mose zu wissen, daß Pharao, der neue König Egyptens, sein Wort übel aufnehmen und Israel nicht ziehen lassen werde. Ja, Gott wollte dem Pharao das Herz verstocken, und das sollte ihm seinen erstgeborenen Sohn kosten. So stößt Gottes Wort bei den Menschen dieser Welt auf harten Boden und dient Vielen zur Verstockung, ist Vielen ein Geruch des Todes zum Tode. Israel heißt hier der erstgeborene Sohn Gottes. Dieser Name deutet auf die spätergeborenen Kinder, die Gott aus den Völkern der Heiden gewinnen sollte.

Als Mose unterwegs in einer Herberge weilte, begegnete ihm der HErr und wollte ihn tödten. Er hatte sich Gottes Zorn zugezogen, indem er seinen Sohn nicht beschnitten hatte, und zwar aus schwacher Nachgiebigkeit gegen sein Weib, welches die Beschneidung wohl für Schmach und Schande achtete. Die Beschneidung war das Zeichen des Bundes, welchen Gott mit Abraham und seinem Geschlecht aufgerichtet hatte. Gott hatte dem Abra-

ham, wie auch deſſen Nachkommen hart eingeſchärft, alle Knäblein zu be=
ſchneiden. Jeder Unbeſchnittene ſollte ausgerottet werden aus dem Volk.
1 Moſ. 17, 14. Dieſe Drohung traf auch die Eltern, die ſich weigerten,
ihre Kinder zu beſchneiden. Wer die Beſchneidung unterließ und mißachtete,
verachtete eben damit den Bund Gottes. Zipora, welche die Hauptſchuldige
war, kam jetzt ſofort dem Willen Gottes nach, nahm einen Stein und be=
ſchnitt ihren Sohn. Weil ſie hiermit ihrem Mann das Leben rettete, alſo
durch das Blut ihres Sohnes, welches bei der Beſchneidung vergoſſen wurde,
ihn von Neuem als Mann erwarb, nannte ſie denſelben „Blutbräutigam“.
Das Zeichen des neuteſtamentlichen Bundes iſt die Taufe. Und wer die
Taufe verachtet, verachtet damit den Bund und die Gnade Gottes und
ſchließt ſich alſo ſelbſt von Leben und Seligkeit aus. Gott hat mit dieſer
Geſchichte bewieſen, daß es wahrlich keine leichte, geringe Sache iſt, wenn
Einer die von Gott geſtifteten Sacramente verſäumt und verachtet.

Nachdem Moſe dem Aaron, der ihm entgegen kam, alle Worte des
HErrn geſagt hatte, gingen die Beiden hin und verſammelten zunächſt die
Aelteſten der Kinder Iſrael, und Aaron verkündigte ihnen als der Mund
Moſis die frohe Botſchaft von der nahe bevorſtehenden Erlöſung und that
die Zeichen vor dem Volk. Und die Kinder Iſrael glaubten dem, was ſie
hörten und ſahen, und neigten ſich und dankten Gott, daß er jetzt ſein Volk
heimgeſucht. Das iſt oft die erſte und nächſte Wirkung der Predigt des
Evangeliums, daß, die es hören, es auch mit Freuden, mit Loben und
Danken aufnehmen. Aber Viele, die es erſt aufgenommen haben, ärgern
ſich dann daran, wenn ſich um desſelben willen Kampf und Trübſal erhebt.

70. Das Volk Iſrael wird noch härter geplagt. 2 Moſ. 5.

Moſe und Aaron richteten nun den Auftrag Gottes an Pharao aus.
Sie ſtellten zunächſt nur die geringe Forderung, er möchte Iſrael drei Tage=
reiſen in die Wüſte ziehen laſſen, damit es dort ſeinem Gott opferte. Pharao
aber kümmerte ſich nichts um den Gott der Hebräer, erblickte in dem Begehr
Moſis und Aarons nur Aufruhr, daß ſie ihr Volk von ſeinem Dienſt frei
machen wollten, ſchalt die Kinder Iſrael müßige, faule Leute und drückte ſie
nur noch ärger. Sie mußten nach, wie vor, Pharaos Städte bauen und die
Ziegel zu den Bauten machen und jetzt nun auch ſelbſt das Stroh zu den
Ziegeln ſammeln und dabei das vorige Maß Ziegeln liefern. Wenn ſie
das nicht leiſten konnten, wurden ihre Amtleute von den egyptiſchen Frohn=
vögten geſchlagen. Und als die Erſteren ſich darüber bei Pharao beſchwer=
ten, wurden ſie ſchnöde abgewieſen. Wir ſehen hier wieder, wie die gott=
loſe Welt gegen die Kinder Gottes geſinnt iſt. Was Pharao den Kindern
Iſrael vorwarf, das machen heute noch die Ungläubigen den Chriſten zum

Vorwurf, daß sie immer nur beten und nicht arbeiten, dienen und gehorchen wollten, daß sie unruhige, müßige Köpfe seien, während doch die Christen, welche ihrem Gott ernstlich dienen, auch ihren irdischen Beruf treu erfüllen. Die Kinder der Welt verleugnen den Christen gegenüber alle Gerechtigkeit und Billigkeit, alle Liebe und Barmherzigkeit und drücken und beschweren sie auf alle mögliche Weise und würden sie zu Tode peinigen, wenn Gott es ihnen gestattete.

Die Verschärfung des Frohndienstes war für Israel eine letzte schwere Probe. Israel wollte in dieser schweren Prüfung schier verzagen und gedachte jetzt nicht mehr der Verheißung seines Gottes von der nahen Erlösung. Die Amtleute Israels beschuldigten Mose und Aaron, daß sie mit dieser ihrer Rede vom Auszug aus Egypten das Volk in übeln Geruch gebracht und Pharao und seinen Knechten zur Unterdrückung und Vernichtung des Volks eine Waffe in die Hand gegeben hätten. Und Mose ging hin und klagte Gott seine Noth. Gott hält in der Führung seiner Kirche oft diese Weise ein, daß, ehe seine Hülfe erscheint, die Noth noch einmal recht drückend und fühlbar wird. Und da werden die Christen oft schwach im Glauben und vergessen Gottes Wort und die tröstlichen Verheißungen Gottes, ja Gottes Wort muß wohl die Schuld tragen, daß es ihnen so schlecht geht. Indeß Gott hat Geduld mit den Schwachen und zieht nicht alsbald seine Hand von ihnen ab. Er beharrte dennoch, obgleich Israel sich so ungeberdig stellte, auf seinem Vorsatz, Israel zu erlösen.

71. Gott tröstet sein verzagtes Volk. 2 Mos. 6, 1—27.

Mose, den Gott zum Retter seines Volks berufen hatte, hatte schwere Anfechtung zu bestehen. Pharao gehorchte nicht der Stimme Gottes, und Israel war ganz verzagt und verzweifelt. Da erneuert Gott seine Verheißung. Er erinnert an den Bund, den er mit den Vätern gemacht hat, daß er ihrem Samen das Land Canaan zugesagt. Diese Zusage soll jetzt erfüllt werden. Den Vätern hatte sich Gott noch nicht so als der HErr Jehova offenbart, obgleich dieser Name ihnen nicht unbekannt war. Jetzt will Gott beweisen, daß er Bund und Treue hält. Er will Israel durch eine starke Hand, durch seinen ausgereckten Arm, durch schwere Gerichte, welche Egypten treffen werden, erlösen, will Israel aus Egypten ausführen, zu seinem Volk annehmen und in das Land der Verheißung einführen. So richtet Gott die Seinen auf, wenn sie schwer angefochten sind. So nimmt er sich insonderheit seiner Diener an, die über ihrem Dienst am Wort so viel Widerspruch erfahren. Er erinnert sie an seinen Bund, an seine Verheißung und macht seinen Namen, sein Wort in ihren Herzen lebendig. Die Verheißung von der ewigen Erlösung und von dem himmlischen Erbe ist jetzt im Neuen Bund der Trost der Betrübten und Angefochtenen.

Mose sollte diese Worte auch den Kindern Israel sagen. Aber als er das that, hörten sie nicht vor Seufzen und Angst und harter Arbeit. Die Trübsal kann das Herz so überwältigen und einnehmen, daß man auf kein Trostwort hören mag, daß auch der Trost des göttlichen Worts nicht fangen will.

Nun wiederholt Gott auch den Befehl, daß Mose mit Pharao reden soll. Mose aber hat schier den Muth verloren. Ach, es ist auch nichts Geringes, den trotzigen, widerspenstischen Menschen Gottes Wort und Willen zu verkündigen.

Schließlich wird hier noch das Geschlecht Levi's und der Stammbaum von Mose und Aaron aufgeführt, mit der Bemerkung: „Die sind's, die mit Pharao, dem Könige in Egypten redeten, daß sie die Kinder Israel aus Egypten führten." Die Männer, durch die Gott solche große Dinge ausgerichtet hat, haben einen Ehrenplatz in der Geschichte des Reichs Gottes.

72. Die erste der egyptischen Plagen. 2 Mos. 6, 28.—7, 25.

Aber und abermals schärft Gott dem Mose ein, daß er mit Pharao reden soll, und verkündigt ihm, daß er Pharaos Herz verhärten, seiner Zeichen und Wunder in Egypten viel machen und die Kinder Israel durch große Gerichte aus Egypten ausführen werde. Wenn Gott diese böse Welt verstockt und seine Gerichte über die Welt ergehen läßt, so dient das nur zum Heil der Kirche.

So gingen Mose und Aaron hin zu Pharao und thaten vor ihm die Zeichen, die Gott ihnen geboten hatte. Aaron, der Prophet Mosis, warf seinen Stab von sich, und der ward zur Schlange. Darnach schlug er vor Pharaos und seiner Knechte Augen mit seinem Stab in den Strom Egyptens, den Nil, und das Wasser im Strom und alles Wasser in Egypten ward in Blut verwandelt. Der Nil war die Segensquelle für Egypten, machte das ganze Land fruchtbar. So deutete der HErr mit diesem Zeichen zugleich an, daß er gar wohl allen Segen Egyptens in Fluch verkehren könne. Und so hat Gott schon manchen Völkern und Ländern Segen und Fruchtbarkeit entzogen, weil sie sein Wort nicht haben hören wollen. Die einst blühenden Gegenden des Morgenlandes, in denen jetzt der Türke haust, sind zur Zeit Wüsteneien und liegen unter dem Fluch, weil die Bewohner dieses Landes das Evangelium, das lange bei ihnen wohnte, verachtet haben.

Bei diesen beiden ersten Zeichen wird bemerkt, daß die Zauberer Egyptens auch also thaten. Der Teufel kann auch Wunder thun, soweit Gott es ihm gestattet. Bei dem zweiten Zeichen war der Hergang wohl der, daß Aaron zunächst das Wasser des Nils in Blut verwandelte, daß dann die egyptischen Zauberer an den Wassern der nächstliegenden Teiche oder Brunnen ein Gleiches thaten; und schließlich fanden die Egypter aus, daß alles

Wasser im Land kraft des Befehls Gottes durch Mose Blut geworden war. Ferner wird hervorgehoben, daß Pharaos Herz gegen beide Zeichen sich verhärtete. Des Teufels Wunder blendeten ihn. Doch er hätte leicht erkennen können, daß der Gott der Hebräer mächtiger war, als die Götter Egyptens. Denn Aarons Stab verschlang die Stäbe der Zauberer. Und diese allgemeine Plage, daß in ganz Egypten kein Wasser zu finden war, das man trinken konnte, war von dem Gott Mosis und Aarons verhängt. Das ist der Anfang der Verstockung, wenn man gegen das klare Wort Gottes und gegen Gottes Werke, die vor Augen liegen, sein Herz verhärtet.

73. Die zweite und dritte Plage. 2 Mos. 8, 1—19.

Hier wird die zweite und dritte der egyptischen Plagen beschrieben. Als Aaron wiederum seine Hand mit dem Stabe über die Gewässer Egyptens ausstreckte, kamen Frösche herauf in alle Häuser und Höfe der Egypter. Diese Plage rückte Pharao und seinen Knechten schon näher auf den Leib. Empfindlicher noch war die folgende Plage. Als Aaron mit seinem Stabe den Staub der Erde anrührte, wurden Läuse oder Stechmücken in ganz Egyptenland, die plagten Menschen und Vieh. Das waren besondere Zeichen und Wunder. Auf ähnliche Weise, nur mit natürlichen Mitteln, straft Gott auch sonst Land und Leute, wenn dieselben seinem Wort nicht gehorchen. Er schlägt Land und Wasser und verkehrt den Segen der Natur in Unsegen.

Als die zweite Plage eingetreten war, zeigte sich Pharao etwas nachgiebiger und erklärte sich bereit, Israel ziehen zu lassen. Nur sollte Mose Gott bitten, daß er die Frösche von ihm nehme. Das that Mose, und alle Frösche starben. Da konnte man es mit Händen greifen, daß der Gott Israels der wahre lebendige Gott war. Als Pharao aber Luft gekriegt hatte, verstockte er sein Herz nur noch mehr gegen Gott und sein Wort. So werden auch unbekehrte Menschen, trotzige Sünder hin und wieder, wenn Gottes Hand schwer aufdrückt, etwas weich gestimmt, sie schreien um Hülfe und geloben Besserung. Aber es ist eine menschliche Rührung, keine geistliche Bewegung, keine Sinnesänderung. Ihr Bitten und Flehen ist bloßes Angstgeschrei, kein wahres Gebet. Wenn die Noth vorüber ist, wenn sie wieder Luft gekriegt haben, sind die guten Vorsätze verschwunden, und sie verhärten sich nur noch mehr gegen alle göttliche Wirkung.

Bei der dritten Plage waren die egyptischen Zauberer mit ihren Künsten zu Ende. Sie sprachen zu Pharao: Das ist Gottes Finger. Gleichwohl blieb Pharaos Herz steif und hart. Auch die blinde Welt merkt und fühlt es wohl öfter, wenn Gottes Strafen und Gerichte hereinbrechen, daß das die Hand des allmächtigen Gottes ist, gegen welche kein Mensch etwas vermag. Aber sie thut dennoch nicht Buße.

6

74. Die vierte und fünfte Plage. 2 Mos. 8, 20.—9, 7.

Die vierte Plage, welche Egypten traf, bestand in allerlei Ungeziefer, wahrscheinlich Hundsfliegen, welche wie die Stechmücken Menschen und Vieh quälten. Die fünfte Plage verursachte nicht nur empfindlichen Schmerz, sondern brachte den Egyptern einen schweren Verlust, indem ihr Vieh an der Pest starb. So straft Gott die verstockten Sünder. Auch Viehpest und ähnliches Unglück ist kein Zufall, sondern Strafe und Plage Gottes.

Von diesen beiden Plagen blieben die Israeliten verschont. Gott setzte eine Erlösung zwischen den Egyptern und den Kindern Israel. Das zeigt, wie Gott sein Volk schützt und behütet. Gott kann die Seinen in großen Plagen und Schrecken, welche alle Welt bedecken, wohl behüten und bewahren. Aber wenn die Gläubigen auch mit den Schuldigen leiden müssen, so ist das für sie doch keine Strafe. Sie sind dennoch dessen gewiß, daß Gott mit ihnen ist, während die sündige Welt Gott wider sich hat.

Nach der vierten Plage lenkte Pharao wieder etwas ein. Das war aber keine Buße, auch nicht ein Anfang der Buße. Er wollte doch nicht den Willen Gottes erfüllen, wollte Israel im Land festhalten, es sollte in Egypten seinem Gott opfern, oder sie sollten doch nicht ferne ziehen. Obgleich Gott auf Mosis Gebet das Ungeziefer von ihm nahm, obgleich er ausfand, daß von dem Vieh Israels nicht eins gestorben war, war und blieb Pharaos Herz verstockt. Das kommt auch sonst wohl vor, daß hartnäckige Sünder, wenn Gottes Hand ihnen schwer aufliegt, zu einer Abschlagszahlung sich bereit erklären; dieses oder jenes böse Stück wollen sie ablegen, aber sich nicht gründlich zu Gott bekehren, Gott nicht von Herzen gehorchen. Sie sind und bleiben verstockt.

Es ist bezeichnend, daß Israel nicht in Egypten seinem Gott opfern wollte. Gottes Volk hat eben eine andere Weise des Gottesdienstes, als die blinde, gottvergessene Welt. Die Weise, wie Gottes Volk seinem Gott dient, ist der Welt ein Greuel, und die Weise, wie die Welt ihren Göttern dient, ist dem Volk Gottes ein Greuel. Mose erklärte, daß sie ihrem Gott so opfern wollten, wie er es ihnen gesagt habe. Das ist der rechte, wohlgefällige Gottesdienst, daß man Gott so dient und opfert, wie er es gesagt, wie er es in seinem Worte vorgeschrieben hat. Aller selbsterwählter Gottesdienst ist Gott ein Greuel.

75. Die sechste und siebente Plage. 2 Mos. 9, 8—35.

Die sechste Plage bestand in schwarzen Blattern, welche an Menschen und Vieh ausfuhren. Es wird ausdrücklich bemerkt, daß auch die egyptischen Zauberer von dieser Plage betroffen wurden und also den Lohn ihrer bösen Künste empfingen. Auch schwere, ansteckende Krankheiten sind Zuchtruthen Gottes.

Während bisher immer gesagt war, daß Pharao sein Herz verstockte, oder daß das Herz Pharaos sich verhärtete, heißt es jetzt, daß der HErr das Herz Pharaos verstockte, daß er sie, Mose und Aaron, nicht hörte. Es geschah, was Gott dem Mose vorherverkündigt hatte. Wenn ein Sünder sich gegen Alles, was Gott sagt und thut, um ihn zur Buße zu führen, verschließt und verhärtet, wird er dann zur Strafe von Gott verhärtet und verstockt. Damit ist nicht gesagt, daß Gott ihm böse Gedanken eingibt, ihn zum Ungehorsam und Widerstreben anreizt. Gott ist nicht ein Versucher zum Bösen. Das Gericht der Verstockung besteht darin, daß Gott von den hartnäckigen Sündern seine Hand abzieht, ihnen Geist und Gnade entzieht, sie in ihren verkehrten, verstockten Sinn dahingibt, so daß sie nun Gottes Wort nicht mehr fassen, Gottes Werk und Finger nicht mehr sehen können. Die nicht hören und verstehen wollen, die sollen dann auch nicht hören und verstehen.

So folgten denn für Pharao nur schwerere, furchtbarere Strafen. Gott bezeugte dem Pharao durch Mose, daß er ihn eben dazu erweckt habe, daß seine Kraft an ihm erscheine und sein Name verkündigt werde in allen Landen. Gott verherrlicht sich an den verstockten Sündern durch Gericht und Gerechtigkeit.

Die nächste Plage, ein außergewöhnlicher Hagel, wurde von Mose vorher angekündigt. Es gab unter den Egyptern noch Etliche, die des HErrn Wort fürchteten, die verwahrten ihr Vieh. Gott hat überall, auch unter einem verstockten Geschlecht noch seine Auserwählten.

Nun kam der Hagel vom Himmel, mit Feuerschlossen vermengt, unter Donner und Blitz und schlug Alles, was auf dem Felde war, Menschen und Vieh, und verderbte das Gewächs der Erde. Das war nicht nur eine gemeine Landplage, sondern ein Schrecken Gottes vom Himmel. Gott hat Mittel, Plagen, Schrecken genug in seiner Hand, um die hoffärtigen Menschen, die sich seiner Hand widersetzen, niederzuschlagen und zu demüthigen.

Pharao bat Mose und Aaron wiederum um Erledigung von der Plage, indem er sprach: „Ich habe mich versündigt, der HErr ist gerecht." Das war eitel Heuchelei. Auch verhärtete, verstockte Sünder, welche unter dem Bann Gottes liegen, in denen kein Fünklein Lichtes ist, können wohl ganz fromm und demüthig reden. Gott erhörte das Gebet Mosis und wendete die Plage ab, so daß das Spätgetreide verschont blieb. Doch was jetzt gerettet war, das war nur für fernere Gerichte aufbewahrt.

76. Die achte Plage. 2 Mos. 10, 1—20.

Es wird hier wiederholt, daß Gott jetzt das Herz Pharaos und seiner Knechte verstockte. Die letzten Plagen haben also nicht mehr den Zweck, Pharao zu bekehren. Gott wollte an Pharao und Egypten seine Macht erweisen und seinen Namen an ihnen verherrlichen, auf daß in Israel noch Kindern und Kindeskindern die großen Zeichen und Wunder, die Gott in Egypten gethan, verkündigt würden.

Ein ferneres Schreckenswunder wurde durch Mose und Aaron dem Pharao angekündigt. Seine Knechte drangen in ihn, das Volk ziehen zu lassen. Sie fürchteten, Egypten möchte sonst ganz untergehen. Das ist freilich keine Buße, kein Gehorsam, wenn man gezwungen, aus Angst und Furcht, in diesem oder jenem Stück äußerlich Gottes Willen thut. Pharao erbot sich, die Männer Israels gehen zu lassen, die Söhne und Töchter sollten in Egypten bleiben. Er wußte, daß die Väter ihre Kinder nicht im Stich lassen würden. Er wollte also doch das Volk im Land festhalten und es weiter knechten und drücken. So macht es der Mensch, welcher sich nicht bekehren will, wenn er ins Gedränge kommt. Aeußerlich, zum Scheine gibt er der Forderung Gottes etwas nach, aber seine eigentliche Sünde hält er fest.

Es folgte nun die achte Plage. Heuschreckenschwärme, wie man sie in Egypten noch nicht gesehen, bedeckten das ganze Land und verzehrten die Frucht der Erde, die vom Hagel übrig geblieben war. So verschärft Gott seine Plagen und Strafen gegen die verstockten Sünder. Erst züchtigt er noch mit Maßen und nimmt dem Menschen nicht Alles auf einmal weg. Schließlich aber hat Milde und Schonung ein Ende.

Pharao bekannte jetzt wieder: „Ich habe mich versündigt an dem HErrn, eurem Gott." „Vergib mir meine Sünde." „Bittet den HErrn, euren Gott, daß er doch nur diesen Tod von mir wegnehme." Das ist der Gipfel und die widrigste und greulichste Art der Heuchelei, wenn ein un= verbesserlicher, verstockter Sünder Buße heuchelt, von seinen Sünden redet, Gott und Menschen um Vergebung bittet. Das ist Hohn und Spott des Teufels auf diese ernsten, heiligen Dinge: Buße, Gnade, Vergebung der Sünden. Pharao that, nachdem die Plage aufgehoben war, doch nicht des HErrn Willen. Der HErr verstockte sein Herz, daß er die Kinder Israel nicht ließ. So nimmt das Gericht der Verstockung seinen Fortgang und führt den Sünder sicher dem endlichen Zorn entgegen.

77. Die neunte Plage und Ankündigung der zehnten Plage.
2 Mos. 10, 21.—11, 10.

Die neunte Plage war eine schwere, dicke Finsterniß. Das war ein Schrecken Gottes, für Pharao und seine Knechte ein Vorschmack des Todes= dunkels, das sie bald umfangen sollte. Gott entzog dem Land Egypten das Licht der Sonne, die er sonst über Böse und Gute aufgehen läßt. Solche Zeichen an Sonne, Mond und Sternen sind insonderheit Vorzeichen des letzten Gerichts und der Verdammniß der gottlosen Menschen.

Pharao gab auch diesmal nur zum Scheine nach. Er wollte Israel ziehen lassen, doch ihr Vieh sollten sie in Egypten zurücklassen. Damit war ihnen das Opfer in der Wüste unmöglich gemacht. Pharao gerieth zuletzt in hellen Zorn. Mose sollte bei Todesstrafe nicht wieder vor seine Augen kommen. Das ist das Letzte und Aeußerste, wenn unverbesserliche, verstockte Sünder die Boten Gottes ganz von sich weisen, keine Silbe aus Gottes Wort mehr hören wollen.

Die Stunde der Erlösung war jetzt für Israel nahe herbeigekommen. Gott schärfte durch Mose ihnen nochmals ein, daß sie von den Egyptern silberne und goldene Gefäße fordern und dann mit sich hinwegnehmen sollten. Und so ist es dann auch geschehen. So bringt Gott schließlich Alles ins Gleiche. Die Ungerechten müssen ihren Raub herausgeben, und den Elenden wird ihre Trübsal reichlich erstattet.

Noch einmal redete Mose mit Pharao und kündigte ihm die letzte und schrecklichste Plage an. Der HErr selbst will sich aufmachen und alle Erst- geburt in Egypten schlagen, an Menschen und Vieh. Dieser Schlag wird dann die Egypter nöthigen, Israel ziehen zu lassen. Das ist das letzte der Gerichte Gottes, der Tod. Und der zeitliche Tod ist für alle unbußfertigen Sünder der Eingang zum ewigen Tod. Gott übergibt die verstockten Sün- der, die allen Ernst und alle Güte Gottes verachtet haben, schließlich dem Tod und Verderben.

Nachdem er den letzten Auftrag Gottes ausgerichtet, ging Mose in grimmigem Zorn von Pharao hinweg. Das war ein gerechter, heiliger Zorn. Und es ist nichts Geringes, wenn Knechte Gottes den Verächtern des Worts zürnen und sich in Zorn von ihnen abwenden. Wem die Kirche Gottes zürnt, dem zürnt Gott, über den kommt dann auch der letzte Zorn.

78. Die Einsetzung des Passahmahles. 2 Mos. 12, 1—28.

Der HErr gebot durch Mose der ganzen Gemeinde Israel, daß ein jeder Hausvater in der Nacht, da Gott die Erstgeburt Egyptens schlagen wollte, ein Lamm schlachten und mit seiner Familie essen sollte. Auch später soll dann Israel diesen Dienst halten und Kinder und Kindeskinder lehren, zur Erinnerung an die Erlösung aus Egypten. Das Lamm soll aus der Heerde genommen werden, ohne Fehl sein, ein Männlein und eines Jahres alt. Am 10. Tag des ersten Monats soll es von der Heerde abgesondert und am 14. Tag Abends geschlachtet werden. Mit dem Blut des Lammes sollen die Kinder Israel die Pfosten und Oberschwelle ihrer Thür bestreichen. Das Blut soll ein Zeichen sein an ihren Häusern; wenn der HErr dies Blut sieht, will er an ihnen vorübergehen und ihrer schonen. Daher der Name Passah, das heißt Vorübergehen, Verschonung. Dann soll das Lamm am Feuer gebraten werden, ganz und ungestückt, und gegessen und nichts übrig gelassen werden. Zu dem Lamm und von dem Abend an sieben Tage lang sollen die Kinder Israel ungesäuert Brod essen. Daher dies Fest das Fest der ungesäuerten Brode genannt wurde. Also sollen die Kinder Israel das Lamm essen: an den Lenden gegürtet, Schuhe an den Füßen, Stöcke in der Hand, als die da hinwegeilen. Diese Mahlzeit soll gleichsam eine Wegzehrung sein für die bevorstehende Wanderung durch die Wüste nach Canaan.

Das alles ist Weissagung und Vorbild auf Christum. St. Paulus schreibt: „Wir haben auch ein Osterlamm, das ist Christus, für uns geopfert." 1 Cor. 5, 7. Christus war ein wahrer Mensch, aus dem Geschlecht der Menschen entsprossen. Aber er war heilig, unschuldig, unbefleckt, von den Sündern abgesondert und höher, denn der Himmel ist. Das ist unser Lamm, am Stamm des Kreuzes geschlachtet. Das Blut JEsu Christi, des Sohnes Gottes, schützt uns vor dem Zorn, vor Tod und Verderben, erwirkt uns Verschonung, Versöhnung. Dieses Lamm sollen wir essen und uns zueignen, Christum, unsern Erlöser, in unser Herz aufnehmen, von ganzem Herzen an ihn glauben, dann aber auch den alten Sauerteig der Schalkheit und Bosheit ausfegen und im Süßteig der Lauterkeit und Wahrheit wandeln. Diese geistliche Speise gibt uns Kraft zu dem Weg, der uns verordnet ist, durch die Wüste dieser Welt nach dem Canaan droben.

79. Die Tödtung der egyptischen Erstgeburt. Auszug Israels. 2 Mos. 12, 29—51.

Es kam jetzt der letzte, entscheidende Schlag, die zehnte und letzte Plage. Der HErr selbst, und zwar der Engel des HErrn, welcher hier auch Würgengel genannt wird, hielt in der Nacht, da Israel das Passahlamm aß, Umzug in Egypten und tödtete alle Erstgeburt. Die Egypter, die nicht getroffen wurden, erschraken doch des Todes und sprachen: Wir sind des Todes. Das ist die letzte Plage und Strafe der Gottlosen, der Tod, mit welchem ihr Geschick in alle Ewigkeit entschieden ist. Und es ist die schwerste Heimsuchung, die ein ganzes Land und Volk betreffen kann, wenn der Todesengel durch das Land geht, wenn etwa eine tödtliche Krankheit Tausende und aber Tausende hinweggrafft. Auch die am Leben bleiben, werden da mit Furcht und Schrecken des Todes erfüllt.

Durch die starke Hand Gottes überwältigt drangen jetzt die Egypter in Israel, fortzugehen, ja trieben sie aus dem Lande hinaus. In derselben Nacht zog Israel aus Egypten, nachdem es 430 Jahre im Land der Fremde und der Knechtschaft zugebracht hatte. Es war ein großes Volk, das von bannen zog, allein 600,000 Männer. Auch viel Pöbelvolk, das heißt ein großer Haufe egyptischen Volks schloß sich ihnen an. Diese Großthat Gottes, die Ausführung aus Egypten, wurde von allen folgenden Geschlechtern noch gepriesen und von heiligen Männern Gottes in Liedern und Psalmen verherrlicht. Größer und herrlicher ist aber noch das Werk der Erlösung, welches die Zeit des Neuen Bundes eröffnete, da Gott sein Volk von der Obrigkeit der Finsterniß, von der Gewalt des Teufels, von Sünde und Tod errettet hat. Das ist eine ewige Erlösung, und das Lob dieser großen Gottesthat klingt fort in alle Ewigkeit.

Es wird noch erwähnt, daß Israel den rohen Teig mit hinwegnahm, es konnte nicht warten, bis derselbe durchsäuert war. So aßen die Kinder Israel in diesen Tagen nothgedrungen ungesäuert Brod. Und es wird ferner noch eine Bestimmung betreffs der Passahfeier nachgetragen. Kein Unbeschnittener soll davon essen. Die erlöste Gemeinde soll sich nun auch als eine heilige Gemeinde dem HErrn darstellen. Auch die neutestamentliche Erlösung verpflichtet zur Heiligung. Gott hat sich erlöst ein Volk des Eigenthums, das fleißig wäre zu guten Werken, welches züchtig, gerecht und gottselig in dieser Welt leben soll.

80. Die Heiligung der Erstgeburt. Das Fest der ungesäuerten Brode. Die Wolken- und Feuersäule. 2 Mos. 13.

Gleich bei dem Auszug aus Egypten wurden Israel zwei Satzungen des HErrn eingeschärft. Die eine war die Bestimmung betreffs des Festes der ungesäuerten Brode. Die andere war das Gesetz von der Heiligung der Erstgeburt von Menschen und Vieh. Alle Erstgeburt unter den reinen Thieren soll hinfort dem HErrn geopfert werden. Und die erstgeborenen Söhne sollen dem HErrn zu priesterlichem Dienst geheiligt werden. Als dann später dem Stamm Levi der Dienst im Heiligthum übertragen wurde, mußten die Erstgeborenen durch ein Lösegeld von solchem Dienst sich loskaufen. Diese doppelte Weise, das Fest der ungesäuerten Brode und die Heiligung der Erstgeburt, sollte Israel für alle künftigen Zeiten wie ein Zeichen sein an Hand und Stirn, ein Denkzeichen der Erlösung aus Egypten und der gnädigen Verschonung ihrer Erstgeburt. Und so sollen wir im Neuen Testament nun und nimmer vergessen, daß wir aus dem Diensthaus des Satans und der Sünde erlöst sind, daß Gott unsers Lebens in Gnaden verschont hat, und sollen den Dank für solche Wohlthat Gottes auch damit beweisen, daß wir täglich von Neuem den Sauerteig der Sünde ausfegen und uns und unser ganzes Leben Gott heiligen. Das Leben, das vom Verderben errettet ist, schulden wir nun Gott und seinem Dienste.

Gott führte das Volk Israel nicht den geraden, kürzesten Weg nach Canaan, welcher durch das Land der Philister führte. Da hätte es sofort harten Kampf gegeben, und dem war Israel noch nicht gewachsen. Gott legt den Seinen nicht zu harte Proben auf, ehe sie genugsam im Glauben geübt und erstarkt sind. Er läßt sie nicht versuchen über ihr Vermögen. So zogen die Kinder Israel nach dem Schilfmeer zu, über die Städte Suchoth und Etham. Und der HErr, das heißt der Engel des HErrn zog vor ihnen her in einer Wolken= und Feuersäule und zeigte ihnen den Weg und schützte sie in allen Gefahren des Weges. Der HErr ist auch jetzt noch, im Wort und Sacrament, seiner Kirche gegenwärtig und führt sie die rechte Bahn und behütet und beschirmt sie wider alle ihre Feinde. Es wird schließlich noch erwähnt, daß Mose auch die Gebeine Josephs mit sich nahm, um sie im Land der Verheißung zu bestatten.

81. Pharao jagt den Kindern Israel nach. 2 Mos. 14, 1—18.

Der HErr gebot jetzt Mose, die Kinder Israel sollten sich bei Baal Zephon am Ufer des rothen Meeres lagern, und that ihm kund, was er noch mit Pharao vorhatte. Dreimal wird hier hervorgehoben, daß der HErr an Pharao und aller seiner Macht Ehre einlegen wollte. Durch ein letztes, furchtbares Gericht wollte er sich an ihm verherrlichen. Es heißt jetzt zum letzten Mal, daß der HErr Pharaos Herz verstockte. Es vollendete sich jetzt das Gericht der Verstockung. Der HErr hatte den König Egyptens ganz und gar in seinen verstockten Sinn dahingegeben, so daß auch der letzte harte Schlag, die Tödtung der Erstgeburt, keinen nachhaltigen Eindruck auf ihn machte. Er erholte sich bald von seinem ersten Schrecken und jagte mit einem großen Heer den Kindern Israel nach, welche Gott mit hoher Hand aus Egypten ausgeführt hatte. So weit kommt es zuletzt mit den verstock= ten Sündern. Sie werden schließlich ganz stumpf, gefühllos, taub und blind, sie sehen nicht Gottes Werk vor ihren Augen, sie fühlen nicht mehr die Schläge, die sie selbst treffen, widerstreben und trotzen bis auf das Aeußerste der gewaltigen Hand Gottes und rennen blindlings in ihr Ver= derben hinein und nöthigen Gott, daß er durch Gericht und Verdammniß an ihnen Ehre einlege.

Als die Kinder Israel das Heer der Egypter hinter sich erblickten, ge= riethen sie in große Angst und Furcht und machten sogar Mose Vorwürfe, daß er sie aus Egypten geführt. Mose aber sprach dem Volk Muth zu, sie sollten sich nicht fürchten, sondern stille sein, der HErr werde für sie streiten und ihnen Heil und Hülfe schaffen. So kommt über die Gläubigen, die erlösten und geretteten Kinder, so lange sie auf Erden pilgern, noch viel schwere Drangsal und Anfechtung, oft gerade dann, wenn sie ihrer Erlösung und Rettung recht froh geworden sind. Eben damit, daß sie dem Befehl Gottes gehorchen und aus dieser argen, bösen Welt ausgehen, die Welt ver=

leugnen und verlassen, machen sie sich die Kinder der Welt zu Feinden, und wenn die Welt sie ängstet und bedroht, verlieren sie leicht den Muth und sind nahe daran, ihr Vertrauen ganz wegzuwerfen. Aber der HErr stärkt die Seinen in der Stunde der Angst und Gefahr, richtet sie auf mit seinem Wort und Geist und gibt ihnen die Zusicherung, daß er für sie streiten und sie schließlich aus der Hand aller ihrer Feinde erretten werde.

82. Der Durchgang durch das rothe Meer. Der Untergang der Egypter. 2 Mos. 14, 19—31.

Pharao mit seinem Heer bedrohte die Kinder Israel mit dem Untergang. Aber der Engel Gottes, der Sohn Gottes, welcher in der Wolken- und Feuersäule mit Israel zog, lagerte sich in jener Nacht zwischen beide Heere und hielt die Egypter ab, seinem Volk Schaden zu thun. So lagert sich der Engel des HErrn um die her, die ihn fürchten, und hilft ihnen aus. Christus schützt seine Kirche, ist ihr eine feurige Mauer, welche sie von ihren Feinden trennt.

Und nun folgt wiederum eine Großthat Gottes, ähnlich der in der Passahnacht. Gott offenbarte abermals seinen gewaltigen Arm, zum Heil seines Volks und zum Schrecken und Verderben seiner Feinde. Die Rettung Israels und das Gericht über Egypten wurde vollendet. Mose reckte auf Befehl Gottes seinen Stab aus, da ließ der HErr einen starken Ostwind kommen, und die Wasser theilten sich. Die Kinder Israel gingen mitten durch das Meer hindurch auf dem Trockenen. Die Wasserwogen standen zu beiden Seiten wie Mauern aufgethürmt. So führt der HErr die Seinen durch alle Wogen der Anfechtung unversehrt hindurch, daß, ob sie, wie der Prophet spricht, durch das Wasser gehen, die Wasserströme sie nicht ersäufen, und ob sie durch das Feuer gehen, die Feuerflamme sie nicht anrührt. Und schließlich rettet er sie, durch die Schrecken des Todes und durch die Schrecken des jüngsten Tages hindurch, hinüber an das jenseitige Ufer, in die selige Ruhe der Ewigkeit.

Die Egypter folgten den Kindern Israel mitten in das Meer hinein. Da aber schaute plötzlich, um die Morgenwache, der Engel des HErrn aus der Feuersäule sie an, und dieser Zornesblick Gottes verwirrte ihr Heer und zerbrach die Räder ihrer Kriegswagen. Erschrocken wandten sie sich um, und nun führte Mose mit seinem Stab auf Gottes Befehl die Wogen wieder zurück, und das Wasser bedeckte Wagen und Reiter und alle Macht Pharaos, daß nicht einer übrig blieb.

Das war der Abschluß des Gerichts, welches mit der Tödtung der Erstgeburt begonnen hatte. Seitdem hat der HErr schon oft wieder den Feinden seines Volks, wenn sie demselben den Garaus machen wollten, Einhalt

geboten und viele Gewaltige und Tyrannen vom Stuhle gestoßen. Und
dereinst wird sein Zorn anbrennen und die ganze feindliche Welt erschrecken,
verderben und vernichten. Tod, Gericht, Untergang, Verdammniß ist das
Ende der verstockten Sünder, das Ende aller Feinde der Kirche.

83. Das Lied Mosis. 2 Mos. 15, 1—21.

Das ist das Lied Mosis, welches die Kinder Israel nach dem Untergang der Egypter im rothen Meer sangen, in welches dann auch Mirjam
und die Frauen Israels einstimmten. Dieses Lied preist die gewaltige Hand
Gottes, daß Gott Roß und Reiter ins Meer gestürzt, und daß er sein Volk
erlöst und errettet hat. Im Voraus danksagt Mose auch schon, auf des
HErrn Verheißung gestützt, für das Gelingen der Wanderung, er ist gewiß,
daß Gott sein Volk durch seine Feinde, die Völker der Heiden, sicher hindurchführen und ins gelobte Land, auf den Berg seines Erbtheils einpflanzen
werde.

Dieses Lied Mosis klingt nach in so manchen Psalmen Israels, auch
in Lobliedern des Neuen Bundes. Maria preist den HErrn in ihrem Lobgesang, daß er die Gewaltigen vom Stuhle stößt, Zacharias, daß er uns
erlöst und errettet hat aus der Hand aller unserer Feinde. St. Petrus
fordert die Christen auf zum Lobe Gottes, weil er uns wiedergeboren hat
zu einer lebendigen Hoffnung, zu einem unvergänglichen, unbefleckten und
unverweslichen Erbe. In der Offenbarung, Cap. 15, sieht der heilige Seher
die, welche den Sieg behalten haben über das Thier, am gläsernen Meer
stehen, mit Harfen Gottes in ihrer Hand, und hört im Geist, wie sie das
Lied Mosis, des Mannes Gottes singen, und das Lied des Lammes. Die
seligen Ueberwinder preisen Gott in alle Ewigkeit, daß er über alle ihre
Feinde Gericht gehalten, daß er sie erlöst hat durch das Blut des Lammes,
daß er ihnen das Erbtheil der Heiligen im Licht gegeben und alle seine Verheißungen so treulich erfüllt hat.

84. Israel in Mara, Elim und in der Wüste Sin.
2 Mos. 15, 22.—16, 12.

Israel war jetzt einmal für immer der Knechtschaft Egyptens entronnen.
Es hatte aber noch einen weiten Weg zurückzulegen, bis es in das Land der
Verheißung gelangte. Das nächste Ziel seiner Wanderung war der Berg
Sinai. So zog es zunächst auf der Westseite der Halbinsel Sinai entlang.
Von den drei ersten Reisestationen wird hier berichtet.

Die erste war Mara. Da war bitteres Wasser, das sie nicht trinken
konnten, und das Volk murrte wider Mose. Der HErr übersah in Gnaden
diese Schwachheit seiner Kinder und gab ihnen gesundes Wasser und erwies

sich so als der HErr, ihr Arzt. Mose legte auf Geheiß Gottes ein Holz ins Wasser, da wurde es süß und trinkbar. Zugleich schärfte der HErr dem Volk bei dieser Gelegenheit ein, daß es seine Gebote und Satzungen halten sollte, dann werde es vor den Plagen, die Egypten getroffen, bewahrt bleiben. Das ist die Weise, wie der HErr seine Kinder durch dieses Leben führt. Wenn sie auf ihrer mühsamen Wanderung auch einmal ungeduldig werden, so hat er doch Geduld mit ihrer Schwachheit und erweist sich als ihr Arzt und versüßt die Bitterkeit des Leidens und will durch Noth und Hülfe sie im Gehorsam üben.

Die zweite Station war Elim. Da waren zwölf Wasserbrunnen und siebenzig Palmbäume. Das war eine Oase mitten in der Wüste. Auf Zeiten der Leiden und Prüfung folgen immer wieder Tage der Freude und der Erquickung.

Die dritte Station war die Wüste Sin. Da begann es den Kindern Israel an Speise zu mangeln, und sie murrten wiederum gegen Mose und sehnten sich nach den Fleischtöpfen Egyptens zurück. Damit versündigten sie sich an dem HErrn, und Mose strafte diese Versündigung. Doch es wird ausdrücklich bemerkt, daß Gott dieses Murren der Kinder Israel hörte und erhörte. Er nahm dieses Murren für Gebet an und gewährte dieses Gebet und verhieß ihnen Brod vom Himmel und Fleisch die Fülle. Er bestätigte diese Zusage, indem er ihnen seine Herrlichkeit zeigte. Das haben wir uns wohl so zu denken, daß die Wolke, in welcher der Engel des HErrn vor seinem Volk herzog, in besonders hellem Glanze strahlte. Wir erkennen hier wiederum, daß der HErr mit seinen Kindern nicht nach ihren Sünden handelt und ihnen nicht nach ihrer Missethat vergilt. Ja, er deutet das Böse zum Besten, sieht Murren für Gebet an und erhört das Klagen und Schreien der Seinen, das sie in Zeiten der Noth und des Mangels laut werden lassen, und verheißt und gibt ihnen Nahrung und Speise und hilft dem Mangel ab.

85. Das Manna. 2 Mos. 16, 13—36.

Gott erfüllte seine Zusage und gab dem hungernden, murrenden Volk Brod und Fleisch. Es kam ein großer Schwarm Wachteln und bedeckte das Lager. Und am Morgen lag es wie Reif auf dem Felde. Das war das Manna, Wunderbrod vom Himmel, ein weißes, feines, wohlschmeckendes Harz, welches man so essen, aber auch auf verschiedene Weise zubereiten, kochen und backen konnte. Weil die Kinder Israel beim ersten Anblick desselben frugen: „Was ist das?" nannte man es Manna. Vierzig Jahre lang haben die Israeliten in der Wüste dieses Manna gegessen, und haben dann auf Gottes Geheiß einen Krug voll mit in das gelobte Land genommen und im Heiligthum aufbewahrt, zum Andenken an die wunderbare, gnädige Durchhülfe Gottes während der Wüstenwanderung. So versorgt Gott die Seinen gar väterlich und läßt sie nicht darben noch Hungers sterben. Auch das gewöhnliche tägliche Brod, welches der Mensch durch Arbeit gewinnt und erwirbt, ist, gleichermaßen wie jenes Wunderbrod, eine Gabe aus Gottes Hand.

Es hatte mit jenem Manna eine eigene Bewandniß. Wer viel gesammelt hatte, der hatte schließlich nicht mehr, als wer wenig gesammelt hatte. Und wenn man etwas bis zum andern Morgen übrig ließ, so wurde es stinkend. Damit wollte Gott lehren, daß Jedermann sich an dem täglichen Brod, auch an einem bescheidenen Theil Speise genügen lassen, und daß Niemand für den andern Morgen sorgen solle.

Am Tage vor dem Sabbath sammelte ein Jeder das Zwiefältige. Am Sabbath war kein Manna zu finden. Der Sabbath, der siebente Tag, war ein heiliger Tag, ein Ruhetag für Israel. So feierte Israel am siebenten Tag. Hierin liegt die allgemeine Lehre, daß der Gottesdienst, daß Gottes Wort, dieses geistliche Brod und Manna, das wichtigste und nöthigste Theil ist, weit wichtiger und nöthiger, als das irdische Brod und die Sorge um das Irdische, und daß demjenigen, welcher vor allen Dingen nach dem Reich Gottes trachtet, das Irdische von selbst zufällt.

86. Wasser aus dem Felsen. Der Kampf mit Amalek. 2 Mos. 17.

Auf einem Umweg gelangte Israel von Norden her an das Gebirge Sinai. Nicht weit davon war der Ort Raphidim. Dort trat Wassermangel ein. Die Kinder Israel begannen wieder zu murren, ja, es heißt hier, daß sie mit Gott zankten und haderten. Dieses Hadern am Haderwasser bei Raphidim wird in den Psalmen und Propheten noch den späteren Geschlechtern als Warnung vorgehalten. So heißt es im 95. Psalm: „Heute, so ihr seine Stimme höret, so verstocket eure Herzen nicht, wie zu Meriba geschah, wie zu Massa in der Wüste." Dasselbe schärft der Apostel den Christen ein. Hebr. 4, 9. Doch Gott war gar gnädig und geduldig und langmüthig und handelte nicht mit dem Volk nach seinen Sünden und gab ihm durch Mose Wasser aus dem Felsen. Bedeutsam ist das Wort, daß der HErr dort auf einem Felsen vor Mose stehen wollte, wenn er den Felsen schlüge. Der HErr selbst stand dort, das ist der Engel des HErrn, der Sohn Gottes. Im Neuen Testament lesen wir: „Sie tranken aber von dem geistlichen Fels, der mitfolgte, welcher war Christus." 1 Cor. 10, 4. Christus, der Sohn Gottes, war es, welcher mit dem Volk Israel zog, aus dem er in der Fülle der Zeit Fleisch und Blut annehmen wollte, und welcher Israel in allen Nöthen behütete und ihm hier Wasser aus dem Felsen gab. Christus ist der geistliche Fels, auf den auch wir uns in allen Nöthen verlaſſen, und der uns noch ein beſſeres Waſſer darreicht, ein geiſtliches Waſſer, das Waſſer des Lebens, welches allen Durſt der Seele ſtillt.

Bei Raphidim hatte Iſrael auch den erſten Kampf zu beſtehen. Amalek war das erſte Heidenvolk, welches dem Volk Gottes nach ſeiner Errettung aus Egypten feindlich entgegentrat. Iſrael kämpfte wacker bis zum Abend, unter Anführung Joſuas, indem Moſe unterdeß auf einem nahen Berg einen geiſtlichen Kampf führte, ſeine Hände zum Gebet emporhob und ſo von Gott für ſein Volk den Sieg erlangte. So gab denn auch Moſe, nachdem Joſua Amalek mit dem Schwert gedämpft hatte, dem HErrn die Ehre, indem er einen Altar baute und demſelben den Namen gab: „Der HErr Niſſi", das iſt: „Der HErr iſt mein Panir." Das neuteſtamentliche Gottesvolk hat auch Feinde, es hat die gottfeindliche Welt wider ſich, und hat nicht nur mit Fleiſch und Blut zu kämpfen, ſondern mit Fürſten und Gewaltigen, mit den böſen Geiſtern unter dem Himmel. Da gilt es, Widerſtand thun und bis aufs Blut widerſtehen, und mit Gott ringen, zu Gott flehen. Nur im gläubigen Aufblick zu Gott behalten wir den Sieg. In der Kraft des HErrn beſtehen wir in dem Kampf, der uns verordnet iſt.

87. Jethro gibt Moſe einen guten Rath. 2 Moſ. 18.

Hier wird uns von Jethro erzählt, dem Prieſter Midians. Das war derſelbe Mann wie Reguel, der Schwiegervater Moſis. Derſelbe brachte Moſe ſein Weib und ſeine Kinder, welche derſelbe einſtweilen in ihre Heimath zurückgeſchickt hatte. Moſe wußte ja, daß er nach dem Auszug Iſraels aus Egypten wieder in jene Gegend kommen werde. Jethro war der Vertreter eines Heidenvolks, der Midianiter oder Keniter. Amalek war das erſte Heidenvolk, welches dem Volk Gottes nach ſeiner Erlöſung aus Egypten feindlich entgegentrat. Die Midianiter waren das erſte Heidenvolk, welches ſich gegen Gottes Volk freundlich ſtellte. Jethro pries den Gott Iſraels um Alles, was er dem Volk Iſrael Gutes gethan. Das deutete darauf, daß auch die Heiden einſt an den Segnungen Iſraels, an dem Gott Iſraels und an dem Meſſias Iſraels Antheil erhalten ſollten.

Jethro gab Moſe einen guten Rath. Moſe war mit Amtsgeſchäften überbürdet, mußte vom frühen Morgen bis in die Nacht hinein dem Volk Recht ſprechen. So rieth ihm Jethro, er ſolle ſich Richter aus dem Volk erwählen und dieſen die geringeren Händel übertragen, ſich ſelbſt die wich= tigeren und ſchwierigeren Rechtsſachen vorbehalten. Moſe befolgte dieſen weiſen Rath. Es iſt nicht Gottes Wille, daß ſeine Knechte in ſeinem Dienſt ſich müde machen, ſich vor der Zeit aufreiben ſollen. Das iſt eine gute, heilſame Ordnung auch in der chriſtlichen Kirche, wie in jeder Gemeinde, daß die Arbeiten vertheilt werden, daß alle die verſchiedenen Gaben, auch die geringeren Gaben, die Gott ausgetheilt hat, zum gemeinen Nutzen verwendet werden. Wenn ein Jeder an seinem Ort und an seinem Theil thut, was seines Amtes ist, und seine Gabe treulich braucht, dann wird das Wohl des Ganzen gefördert. Zu jedwedem Amt in der Kirche sollen aber nur solche Männer erwählt werden, welche, wie es hier heißt, Gott fürchten, wahrhaftig und dem Geize feind sind.

Jethro kehrte nun wieder heim und predigte seinem Volk den Namen Gottes. Wir wissen, daß ein Theil dieses Volks dann mit Hobab, dem Schwager Mosis, nach Canaan zog und unter den Stämmen Israels dort sein Erbtheil erhielt.

88. Israel am Berge Sinai. 2 Mos. 19.

Israel kam, etwa sieben Wochen nach dem Auszug aus Egypten, also um Pfingsten, in die Wüste Sinai, welche südlich vom Berge Sinai gelegen war. Dort wollte sich Gott seinem Volk auf einzigartige Weise offenbaren. Mose stieg auf den Berg hinauf zu Gott. Zunächst gab Gott durch Mose den Kindern Israel eine köstliche Verheißung. Er erinnerte sie daran, daß er sie bisher auf Adlers Fittigen getragen und sie jetzt zu sich gebracht habe, zu seinem heiligen Berg. Er verkündigte Israel, daß er es zu einem Volk des Eigenthums annehmen, zu einem priesterlichen Königreich machen wolle, zu einem priesterlichen Volk, das dem lebendigen Gott dient, zu einem königlichen Volk, das die Völker der Heiden überwindet. Israel soll aber auch ein heiliges Volk sein und der Stimme des HErrn gehorchen und seinen Bund halten. Diese Verheißung gilt in verstärktem Maß dem Volk des Neuen Bundes. Petrus schreibt den Christen: „Ihr seid das auserwählte Geschlecht, das königliche Priesterthum, das Volk des Eigenthums." 1 Petr. 2, 9. Christus hat uns zu Priestern und Königen gemacht vor Gott. Offenb. 1, 6. Christen sind Priester, sind Gottes mächtig, handeln mit Gott, und sind Könige auf Erden, alle Feinde, Teufel, Welt, Sünde sind ihnen unterthan. Sie sollen aber auch ein heiliges Volk sein und die Tugenden deß verkündigen, der sie berufen hat von der Finsterniß zu seinem wunderbaren Licht.

Wir hören nun weiter von der Vorbereitung der Gesetzgebung. Israel soll sich heiligen, die Kleider waschen und auf den dritten Tag bereit sein. Mose machte auf Gottes Geheiß ein Gehege um den Berg Sinai. Es sollte Niemand auf den Berg steigen, Niemand herzubrechen zum HErrn. Wer den Berg anrührte, sollte des Todes sterben. Israel war noch ein sündiges, unreines Volk. Und die Sünder können so, wie sie sind, nicht vor dem heiligen Gott erscheinen.

Am dritten Tag kam der HErr mit Donnern und Blitzen, in einer Wolke, mit Rauch und Feuer und starkem Posaunenton auf den Berg Sinai hernieder und forderte Mose zu sich. Ja, mit viel tausend Heiligen fuhr der HErr auf den Berg Sinai herab. 5 Mos. 33, 2. Durch der Engel Geschäfte hat Israel das Gesetz empfangen. Apost. 7, 53. Das Gesetz ist gestellet von den Engeln durch die Hand des Mittlers. Gal. 3, 19. Das Gesetz ist heilig, die Offenbarung des heiligen, unwandelbaren Willens Gottes. Der Apostel schreibt den Christen: „Ihr seid nicht gekommen zu dem Berg, der mit Feuer brannte, noch zu dem Dunkel und Finsterniß und Ungewitter, noch zu dem Hall der Posaune, . . . sondern ihr seid gekommen zu dem Berge Zion und zur Stadt des lebendigen Gottes, zu dem himmlischen Jerusalem . . . und zu Gott, dem Richter über Alle . . . und zu dem Mittler des Neuen Testaments JEsu und zu dem Blut der Besprengung, das da besser redet, denn Abels.“ Hebr. 12, 18—24.

89. Die Gesetzgebung. 2 Mos. 20.

Das sind die Worte, welche Gott zu Israel vom Berg Sinai redete. Es finden sich darunter Satzungen, welche ausschließlich Israel für die Zeit des Alten Bundes galten, z. B. das Verbot, von Gott und göttlichen Dingen ein Bild oder Gleichniß zu machen, das Gebot, am siebenten Tag zu ruhen und kein Werk zu thun, die Bestimmung über die Beschaffenheit des Altars, auf dem Israel Gotte opfern soll. Der Apostel schreibt den Christen, daß sie sich über Sabbathe, bestimmte Feiertage und dergleichen äußerliche Dinge keine Gewissen machen lassen sollen. Col. 2, 16.

In den zehn Worten, die er vom Sinai redete, hat Gott aber überhaupt auch dem Menschen gezeigt, was recht ist und was der HErr, sein Gott, von ihm fordert. Das Hauptgebot, das durch alle Gebote geht, ist das erste Gebot, daß der Mensch neben Gott keine andere Götter haben, Gott allein dienen und anhangen solle. Wer das thut, der mißbraucht dann auch nicht, sondern heiligt den Namen Gottes und hört und lernt Gottes Wort. Wer Gott von Herzen fürchtet und liebt, der ehrt Vater und Mutter, Gottes Stellvertreter, der liebt seinen Nächsten und thut ihm nichts Böses, der sieht sich vor, daß er ihn am Leben, an seiner Ehe, an Hab und Gut, an seinem guten Namen nicht schädige. Die zwei letzten Gebote, welche die böse Lust und Begierde verbieten, zeigen, daß Gott auch das Herz ansieht und die Heiligung des Herzens ernstlich fordert.

Als Israel Donner und Blitz und den Berg rauchen sah, als es den Hall der Posaune und die Stimme Gottes hörte, wurde es von Furcht und tödtlichem Schrecken befallen und wollte nicht, daß Gott weiter mit ihm redete. Angesichts der Offenbarung des großen, heiligen, majestätischen Gottes kam dem Volk seine Sündhaftigkeit und gänzliche Unwürdigkeit recht zu Bewußtsein. Das Gesetz ist den Sündern gegeben. Darum hat es auch diese Form: „Du sollst nicht andere Götter haben." „Du sollst nicht tödten" 2c. Das Gesetz ist dazu gekommen um der Sünde willen. Gal. 3, 19. Durch das Gesetz kommt Erkenntniß der Sünde. Röm. 3, 20. Das Gesetz richtet nur Zorn an. Röm. 4, 15. Das Gesetz ist neben eingekommen, auf daß die Sünde mächtiger würde. Röm. 5, 20. Gott hat durch das Gesetz Alles unter die Sünde beschlossen, auf daß die Verheißung, die Gerechtigkeit käme durch den Glauben an JEsum Christum. Gal. 3, 22. So ist das Gesetz uns ein Zuchtmeister auf Christum. Gal. 3, 24. Das Gesetz ist durch Moses gegeben, die Gnade und Wahrheit ist durch JEsum Christum geworden. Joh. 1, 17.

90. Ordnung vom Gesinde. 2 Mos. 21, 1—11.

Gott legte dem Mose auf dem Berge Sinai noch allerlei Rechte vor, welche das bürgerliche Leben Israels regeln sollten. Dieses bürgerliche Ge= setz galt eben nur diesem Volk und Gemeinwesen, dem Volk Israel. Jetzt im Neuen Testament ist Gottes Offenbarung nicht mehr an ein bestimmtes Volk gebunden. Jetzt gibt es keinen solchen Gottesstaat mehr, wie im Alten Bunde. So sind auch diese Rechte und Satzungen Israels jetzt erloschen. Aber dennoch können wir Christen daraus noch manchen Nutzen ziehen. Alles, was zuvor geschrieben ist, das ist uns zur Lehre geschrieben. Diese Rechte betrafen zunächst den Verkehr der Israeliten mit ihren Volksgenossen. Und da blickte überall das königliche Gebot der Nächstenliebe hindurch. Und wenn diese einzelnen Bestimmungen auch uns Christen nicht mehr verpflichten, so sollen wir doch noch darauf denken, daß wir in allen Fällen und unter allen Verhältnissen unserm Nächsten Liebe, Billigkeit, Lindigkeit erzeigen.

Betreffs der Knechte wird hier Folgendes verordnet. Wenn ein Israelit einen Volksgenossen sich zum leibeigenen Knecht erkauft, entweder Einen, der vom Gericht wegen Diebstahls verkauft wurde (2 Mos. 22, 3.), oder Einen, der wegen Armuth sich selbst verkaufte (3 Mos. 25, 39.), so soll der= selbe bis zum nächsten Sabbathsjahr ihm dienen und dann frei sein. Auch dessen Weib und Kinder sollen dann frei ausgehen, wenn er sie in das Haus seines Herrn mitbrachte. Weib und Kinder des Knechts sollen dagegen des Herrn Eigenthum sein und bleiben, falls der Herr dem Knecht das Weib ge= geben hat. Doch kann ein Knecht, falls er das will, etwa seinem Herrn oder seiner Familie zu Liebe, lebenslänglich seinem Herrn zu eigen werden. In diesem Fall soll der Herr den Knecht vor die Obrigkeit führen, damit der= selbe seinen Verzicht auf die Freiheit öffentlich erkläre, und ihm dann an der Thür seines Hauses mit einem Pfriemen das Ohr durchstechen, das war das Zeichen der Hörigkeit.

Eine Magd soll nicht gleicherweise, wie ein Knecht, im siebenten Jahr frei werden. Für die ist es nur eine Wohlthat, wenn sie in einem Hause eine feste Wohnstätte hat. Wenn der Herr die Magd zugleich zum Eheweib bestimmt hatte, aber dann kein Gefallen an ihr findet, so soll er einem Andern gestatten, sich dieselbe von ihm als Weib zu erkaufen. Gibt er sie seinem Sohn zum Weib, so soll er sie wie eine Tochter halten. Gibt er seinem Sohn noch ein anderes Weib hinzu, so soll das erste Weib, die Magd, nach keiner Seite verkürzt werden.

Das sind weise, gerechte, gelinde Bestimmungen. Die Israeliten soll= ten nie vergessen, daß auch die Geringen im Land, Knechte und Mägde, Glieder des auserwählten Geschlechts waren. Wir Christen sind nicht mehr an diese Satzungen gebunden. Doch der Grundsatz, der denselben zu Grunde liegt, steht noch heute fest. Die Apostel schärfen den Christen ein, daß sie ihre Knechte billig und gelind behandeln, daß sie auch die Geringen unter den Gläubigen als Brüder und Schwestern in Christo ansehen sollen.

91. Gesetz über Mörder und Todtschläger. 2 Mos. 21, 12—27.

Die Rechte, welche das Verhältniß der Herren zu ihren Knechten be= treffen, gehören in das vierte Gebot. Es folgen jetzt Rechte und Satzungen, welche das fünfte Gebot näher ausführen. Gott hat durch sein Gesetz das Menschenleben gesichert. Wer vorsätzlich einen Andern todtschlägt, der soll sterben, auch von der Freistatt und vom Altar fortgerissen werden, wenn er dort Zuflucht sucht. Wer dagegen ohne Wissen und Willen, unversehens einen Menschen erschlägt, dem wird eine Freistätte eröffnet. Die Freistädte werden dann später bestimmt. Die Todesstrafe soll auch den treffen, wel= cher Vater oder Mutter schlägt oder verflucht. Ein solcher Sohn ist ein Un= mensch, der soll nicht leben. Desgleichen wer einen Menschen stiehlt und dann für sich behält oder verkauft, soll sterben. Derselbe nimmt dem Men= schen alle Ehre, welche der Schöpfer ihm gegeben, und ist nicht werth, daß er lebt.

Das Gesetz Mosis will aber jedweder Beschädigung des menschlichen Lebens wehren und steuern. Wenn Einer einen Andern schlägt, daß er lange krank darnieder liegt, soll er ihm das Arztgeld bezahlen. Wenn eine schwangere Frau, welche als Friedensstifterin zwischen zwei streitende Män= ner tritt, Schaden nimmt, soll der Schaden gesühnt werden, nach der Regel: Seele um Seele, Auge um Auge, Zahn um Zahn. Ein Herr hat Recht und Macht, seinen leibeigenen Knecht, wenn er ungehorsam ist, zu strafen, auch zu schlagen. Doch soll er gestraft werden, wenn er ihn im Zorn todt schlägt. Und wenn er den Knecht schwer verletzt, ihm Auge oder Zahn aus= schlägt, so ist er gebunden, den Knecht frei zu lassen.

7

Diese Bestimmungen galten für das Volk und für die Zeit des Alten Bundes. Die Kirche des Neuen Testaments hat kein solches Strafrecht. Dergleichen Strafen, wie Todesstrafe, Geldbuße, gehören zu den Rechten der weltlichen Obrigkeit. Doch bleibt auch für die Christen noch das fünfte Gebot in Kraft, daß sie ihrem Nächsten an seinem Leibe keinen Schaden noch Leid thun sollen. Und es ist auch allgemeine Forderung der Liebe, daß ein Jeder, welcher dem Nächsten Schaden gethan, so viel an ihm ist, den Schaden wieder gut mache. Nur daß uns nicht im Einzelnen vorgeschrieben ist, wie das geschehen soll. Wer aber an Leib und Leben geschädigt wird, dem schärft Christus ein: „Ich aber sage euch, daß ihr nicht widerstreben sollt dem Uebel, sondern so dir Jemand einen Streich giebt auf deinen rechten Backen, dem biete den andern auch dar." „Liebet eure Feinde." Matth. 5, 39. 44. Das Gesetz „Auge um Auge, Zahn um Zahn" paßt nur in das weltliche Reich und Regiment hinein, nicht für die Kirche JEsu Christi. Die Christen sollen viel lieber Unrecht leiden, als ihr Recht suchen und fordern.

92. Verordnungen zum Schutz des Lebens und des Eigenthums.
2 Mos. 21, 28.—22, 1.

Auch dieser Abschnitt enthält zunächst noch Verordnungen zum Schutz des Lebens. Wenn ein Ochse einen Menschen stößt, daß er stirbt, so soll der Ochse gesteinigt werden und sein Fleisch als unrein gelten und nicht gegessen werden. Diese Bestimmung soll das Bewußtsein lebendig erhalten, daß jede Creatur, welche ein Menschenleben verderbt hat, ihr eigenes Leben verwirkt hat, daß also das Leben des Menschen ein unantastbares Heiligthum ist. Wenn der Ochse, der einen Menschen tödtet, als stößig bekannt war und der Eigenthümer desselben verwarnt war und solche Warnung nicht beachtet, den Ochsen trotzdem nicht verwahrt hat, so soll auch der Eigenthümer sterben. Er hat durch sträfliche Fahrlässigkeit den Tod seines Nächsten verschuldet. Doch wird hier ein Lösegeld gestattet. Das Gesetz ist ernst und heilig, aber auch billig und gerecht, und macht einen Unterschied zwischen Sünde und Sünde, unterscheidet, ob Einer aus Versehen oder aus Fahrlässigkeit oder mit Vorsatz seinen Nächsten getödtet hat. So sollen auch wir bei Beurtheilung des Nächsten zwischen Sünde und Sünde, zwischen Schwachheitssünde und Bosheitssünde wohl unterscheiden. Wenn ein Ochse einen Knecht oder eine Magd stößt und tödtet, so ist der Eigenthümer verbunden, dem Herrn des Knechts oder der Magd den Kaufpreis, das ist dreißig Seckel Silber, zu erstatten.

Die folgenden Satzungen beziehen sich auf das Eigenthum des Nächsten, gehören also in das siebente Gebot hinein. Wenn Einer eine Grube gräbt und offen läßt und Ochse oder Esel des Nächsten hineinfällt und darin umkommt, so soll der, welcher die Grube gegraben hat, seinem Nächsten das Thier bezahlen. Dasselbe soll geschehen, wenn ein Ochse den Ochsen des Nächsten todt gestoßen hat, vorausgesetzt, daß der Ochse als stößig bekannt war. Ist das nicht der Fall, so sollen die Eigenthümer der beiden Ochsen das lebendige Thier verkaufen und das Geld theilen, also den Schaden gemeinsam tragen. Für den Fall, daß Einer Ochse oder Schaf des Nächsten stiehlt und für sich behält und schlachtet oder auch verkauft, ist vierfacher und fünffacher Ersatz vorgeschrieben. Er hat sich eben an dem Eigenthum des Nächsten vergriffen und damit an dem Nächsten selbst versündigt. Wir sind nicht an diese einzelnen, besonderen Vorschriften gebunden. Aber wer das Eigenthum des Nächsten geschädigt hat, ist auch heute noch nach dem siebenten Gebot schuldig, dem Nächsten das Entwendete zurückzugeben oder den Schaden zu erstatten und auch an ihm persönlich wieder gut zu machen, was er an ihm gesündigt hat, also ihm abzubitten und ihm nun um so mehr Liebe und Freundschaft zu erzeigen.

93. Bestimmungen über Hab und Gut. 2 Mos. 22, 2—15.

Es finden sich hier noch weitere Bestimmungen über das Eigenthum, Hab und Gut. Jeder Israelit war berechtigt, sein Eigenthum gegen Diebe und Einbrecher zu schützen, und wenn er Jemand, der bei Nachtzeit einbrach, todtschlug, war er unschuldig; denn er konnte nicht wissen, was Jener im Schild führte. Doch wer bei Tageslicht einen Dieb tödtete, lud Blutschuld auf sich. Denn dieser Dieb kam offenbar nur, um zu stehlen, nicht um zu morden. Alles entwendete Eigenthum mußte erstattet, und zwar in der Regel zwiefach erstattet werden, vier= oder fünffach nur in dem Fall, daß der Dieb das gestohlene Vieh schon geschlachtet oder verkauft hatte. Diebstahl schließt eben eine schwere Beleidigung des Nächsten in sich. Erstattung wird auch dann gefordert, wenn Einer aus Fahrlässigkeit Acker, Vieh, überhaupt den Besitz seines Nächsten geschädigt hat.

Jeder Israelit soll auch mit anvertrautem Gut, sei es Vieh, Geräthe oder Geld, sorgsam umgehen, als wäre es sein eigen. Wenn durch seine Schuld oder Fahrlässigkeit das ihm anvertraute Gut beschädigt wird oder verloren geht, so ist er schuldig, dem Besitzer Ersatz zu leisten. Die Götter oder die Obrigkeit soll entscheiden, ob er schuldig ist oder nicht. Wenn dagegen ohne seine Schuld das ihm übergebene Eigenthum des Nächsten verletzt wird oder verloren geht, so sind zwei Fälle zu unterscheiden. Entweder der Nächste hat ihm in seinem eigenen Interesse das Gut zur Verwahrung übergeben. Dann muß der Nächste selber den Schaden tragen. Oder er hat sich von seinem Nächsten das Gut geliehen, weil er es brauchte. Dann muß er selbst den Schaden auf sich nehmen und das Verlorene ersetzen.

Auch aus diesen Rechten Israels können wir noch etwas lernen. Aller
Besitz, Hab und Gut ist Gabe Gottes, und Gott hat Jedem sein Maaß ge=
geben. Und so ist es Recht und Pflicht, daß ein Jeder mit seinem Eigen=
thum treulich haushält, aber auch des Nächsten Gut und Nahrung beßern
und behüten hilft, insonderheit anvertrautes Gut treu bewahrt, und daß er
entwendetes, veruntreutes Gut dem Nächsten wiedererstattet und die Be=
leidigung wieder gut macht. Das ist ein allgemeines Gesetz der Gerechtig=
keit und der Liebe.

94. Verordnungen betreffs des ehelichen Lebens. Rechte der Obrigkeit, der Fremdlinge, Wittwen, Waisen und Armen. Gesetz über die Erstlinge. 2 Mos. 22, 16—31.

Auf die Rechte, welche das Eigenthum schützen, folgt eine Bestimmung
betreffs des ehelichen Lebens, welche also in das sechste Gebot gehört.
Wenn Jemand eine Jungfrau verführt, soll er ihr eine Morgengabe geben,
wie sie der Bräutigam dem Vater der Braut zu geben pflegte, und sie zum
Weibe nehmen, wenn ihr Vater es gestattet. Das ist immer ein wesent=
liches Stück der Buße, daß man das Unrecht am Nächsten so viel, wie mög=
lich, wieder gut macht. Die Verführung einer verlobten Jungfrau galt als
Ehebruch und wurde mit dem Tode bestraft.

Für die Zauberer, Götzendiener, sowie für die Unmenschen, welche mit
Thieren Unzucht treiben, wird die Todesstrafe verordnet. Das war nur
Gesetz für Israel. Israel hatte als Theokratie oder Gottesstaat eine einzig=
artige Verfassung. Jetzt wäre es Unrecht, wenn die Obrigkeit solche Sün=
den, wie Zauberei, Abgötterei, falschen Gottesdienst, Ketzerei mit bürger=
lichen Strafen belegen wollte. Die weltliche Obrigkeit hat es eben nur mit
weltlichen, äußerlichen Dingen zu thun. Indeß sollen auch wir wohl be=
denken, daß derartige Sünden, wie Abgötterei, falsche Lehre vor Gott Ver=
brechen und Todsünden sind. Und die christliche Gemeinde soll Abgöttische,
falsche Lehrer nicht in ihrer Mitte dulden.

Besonderen Schutz gewährt das Gesetz den Fremdlingen, Wittwen,
Waisen, wie überhaupt den Armen. Es wird den Israeliten eingeschärft,
daß sie ja Fremdlinge, Wittwen, Waisen nicht bedrücken, gegen ihre armen
Brüder sich gelind zeigen, z. B. keine Zinsen von ihnen nehmen. Wenn
Einer einem armen Bruder, der ihm etwas schuldete, sein Kleid, das zugleich
als Schlafdecke diente, als Pfand genommen, soll er es vor Abend zurück=
bringen. Das ist auch für uns Christen noch ein reiner und unbefleckter
Gottesdienst, die Wittwen und Waisen in ihrer Trübsal besuchen und der
Armen und Elenden sich annehmen. Auch wir sollen dessen eingedenk sein,
daß Bedrückung der Armen, Elenden, Verlassenen eine himmelschreiende
Sünde ist, die Gottes Rache nach sich zieht.

Die Götter, das heißt die Obrigkeit verfluchen und lästern, ist auch heute noch eine schwere, strafbare Versündigung. Denn die obrigkeitlichen Personen sind eben Götter, Gottes Stellvertreter.

Ferner wird den Kindern Israel, als heiligen Leuten, zur Pflicht gemacht, die erstgeborenen Söhne Gott, dem Dienst Gottes zu weihen, die Erstgeburt unter dem Vieh und die Erstlinge der Ernte und Weinlese, „deiner Fülle und Thränen", Gott und dem Heiligthum zu opfern. Eine heilige Christenpflicht ist es, von dem irdischen Gut für Gottes Reich, für die Erhaltung des Predigtamts, für die Ausbreitung der Kirche Opfer zu bringen.

95. Ordnung der Gerichtspflege und des Gottesdienstes.
2 Mof. 23, 1—19.

Dieser Abschnitt enthält Satzungen, in welchen das achte Gebot auf einzelne Fälle angewendet wird. Denen, die vor Gericht als Zeugen auftreten, ist verboten, dem Gottlosen im Gericht Beistand zu leisten und zu seinen Gunsten zu zeugen, ferner, blindlings dem Urtheil der Menge zu folgen, aber auch die Sache des Geringen zu schmücken, wenn eben der Geringe im Unrecht ist. Man soll weder Reichen noch Armen zu Liebe, noch der Menge zu Gefallen das Recht beugen. Den Richtern wird eingeschärft, daß sie ja die Sache der Gerechten nicht verkehren, geschweige Unschuldige und Gerechte verurtheilen, daß sie nicht Geschenke nehmen und das Recht der Fremdlinge, die sonst schutzlos sind, nicht beugen. Das sind Forderungen der Gerechtigkeit. Man erkennt aber auch die liebende, wohlmeinende Gesinnung des Gesetzgebers. Er nimmt sich der Gerechten, Armen, Geringen, Fremdlinge an. Das kommt auch Christen zu, sonderlich denen, welche von Amtswegen urtheilen, richten, reden, lehren, daß sie streng nach dem Recht urtheilen und die Person nicht ansehen, auf Arm und Reich, Hoch und Niedrig keinerlei Rücksicht nehmen, das Böse strafen und das Gute loben und anerkennen.

Zwischen diesen Bestimmungen findet sich das Gebot, auch des Feindes Ochse oder Esel, wenn er sich verirrt hat, zurückzuführen, auch dem Feinde beizustehen, wenn sein Esel unter der Last erliegt. Also auch schon im Alten Testament ist Feindesliebe geboten.

Schließlich warnt der HErr sein Volk nochmals vor Abgötterei. Wer den Namen des lebendigen Gottes anruft, soll auch nicht einmal die Namen falscher Götter in seinen Mund nehmen. Und der rechte Gottesdienst wird den Kindern Israel hart eingebunden. Der Sabbath und das Sabbathsjahr soll dem HErrn geheiligt sein. Dreimal im Jahr, an den drei hohen Festen, am Passahfest, zu Pfingsten und zum Laubhüttenfest, sollen alle Männer vor dem HErrn, dem Herrscher, erscheinen. Die zwei letzten Feste waren Erntedankfeste. Der Gott Israels ist ein heiliger Gott. Das gibt sich auch in solchen Bestimmungen kund, wie daß man nicht das Blut der Opfer neben Gesäuertem opfern, noch von dem Fett der Opfer etwas übrig lassen soll. Aber aus diesen Satzungen leuchtet auch die Liebe Gottes hervor. Die Ruhe des Sabbathtages soll denen, die schwer arbeiten müssen, zu gute kommen. Was im Sabbathsjahr von selber wächst, soll den Armen gehören. Die Erst= linge der Ernte, welche die Israeliten ins Heiligthum brachten, dienten zum Unterhalt der Priester, wie auch zur Unterstützung der Armen. Wir Christen sollen uns aus solchen Dingen, aus Sabbather und bestimmten Feiertagen kein Gewissen machen lassen. Aber das will Gott auch von uns haben, daß wir ihm dienen, ihn loben und preisen unser Leben lang, und daß wir unserm Nächsten auf alle mögliche Weise Liebe und Wohlthat erzeigen.

96. Weisungen für den weiteren Weg. 2 Mos. 23, 20—33.

Hier gibt Gott durch Mose seinem Volk noch Weisungen und auch Ver= heißungen für ihre weitere Wanderung. Gott will einen Engel vor ihnen hersenden, der soll sie auf dem Wege behüten, durch die Wüste führen, in das gelobte Land einführen, daß sie dann den Segen des Landes genießen. Das ist der Engel des HErrn, in welchem der Name des HErrn ist, der Sohn Gottes. Der steht in der Mitte zwischen dem heiligen Gott und dem sündigen Volk. Durch ihn war schon im Alten Bund aller Schutz und Segen Gottes vermittelt. Die Kinder Israel sollen nun aber auch diesen Engel auf dem Wege nicht erzürnen, sondern ihm gehorchen und dann im Land Canaan dem HErrn, ihrem Gott, dienen und ja nicht die Götter der Heiden anbeten, vielmehr alle Götzenaltäre niederreißen. Wir Christen haben eine ähnliche Verheißung. Christus, der HErr, will mit uns sein auf dem Weg, uns durch diese böse Welt hindurchführen, in das himmlische Erbtheil einführen. Christus, der Mittler, hat es übernommen, die Kinder Gottes, die hier noch viel sündigen und straucheln, an das verheißene Ziel zu bringen. Daß wir nur diesen Christus, den gnädigen und geduldigen HErrn, nicht erbittern und erzürnen und von dem lebendigen Gott nicht abtreten!

Gott sagt und gebietet dann noch etwas Besonderes betreffs der Aus= rottung der Canaaniter. Gott will einen Schrecken über sie schicken und sie vor Israel vertreiben. Mit den Hornissen, die er vor Israel her senden will, ist auch der Schrecken Gottes gemeint. Doch will er sie nicht mit Einem Mal, sondern nach und nach ausstoßen, damit das Land nicht wüste werde. Und Israel soll ja nicht mit ihnen einen Bund machen, noch sie im Land wohnen lassen, damit es nicht von ihnen zum Götzendienst verführt werde. Das ist auch jetzt noch Gottes Wille, daß die Christen mit den abgöttischen Kindern dieser Welt ja nicht Bund, Freundschaft und Gemeinschaft schließen, damit sie nicht in das abgöttische Wesen dieser Welt verstrickt werden.

97. Die Bundesschließung. 2 Moj. 24.

Nachdem Gott Israel sein Gesetz und seine Rechte offenbart hatte, wurde nun in aller Form und Feierlichkeit der Bund zwischen Gott und Israel abgeschlossen. Mose schrieb alle Worte des HErrn in ein Buch, und las das Buch vor den Ohren des Volks, und das Volk gelobte Gott Gehorsam. Das Wort des Gesetzes ist die Grundlage des Alten Bundes. Doch ist schon der Alte Bund nicht ohne Blut gestiftet worden. Hebr. 9, 18. Mose baute einen Altar mit zwölf Säulen und bestellte Jünglinge, welche auf diesem Altar Brandopfer und Dankopfer darbrachten. Die eine Hälfte des Opferbluts schwenkte er an den Altar, mit der andern Hälfte besprengte er das Volk. Das bedeutete, daß das Opferblut Gott und Israel mit einander verbinden sollte. Daher heißt es auch das Blut des Bundes. Das Blut der Opfer diente zur Sühne der Sünde. Israel hat doch die Worte des Gesetzes nicht gehalten, konnte auch unmöglich das Gesetz vollkommen erfüllen. So verordnete Gott das Blut der Opfer. Das sühnte und tilgte fort und fort alle Uebertretungen Israels. Wie schon der Alte Bund, so ist der Neue Bund erst recht durch Blut geweiht. Das Opferblut des Alten Testaments weissagt auf das Bundesblut des Neuen Testaments, und eben darum hatte es die Kraft, die Sünde zu sühnen. Durch das Blut JEsu Christi, des Sohnes Gottes, ist eine vollkommene Sühne und Erlösung zu Stande gekommen und ein ewiger Bund des Friedens zwischen Gott und den Sündern aufgerichtet.

Nach der Bundesschließung stiegen Mose und Aaron und dessen beiden ältesten Söhne, sowie siebenzig der Aeltesten Israels hinauf auf den Berg und sahen den Gott Israels, irgend eine Gestalt Gottes, und unter seinen Füßen war es wie schöner blauer Sapphir und wie Glanz des Himmels, und sie aßen und tranken da vor dem HErrn. Das war ein Vorschmack der himmlischen Seligkeit, welche dem Volk Gottes, den versöhnten Sündern droben bei Gott zubereitet ist.

Darauf bedeckte die Wolke und die Herrlichkeit des HErrn wieder den Berg Sinai, und Gott rief Mose zu sich herein in das Dunkel der Wolke, und Mose blieb dort bei Gott vierzig Tage und vierzig Nächte. Den Kindern Israel, welche unten am Berge lagerten, erschien die Herrlichkeit des HErrn wie ein verzehrendes Feuer. Das erinnert daran, daß außer Christo Gott den Sündern ein verzehrendes Feuer ist. Hebr. 12, 29.

98. Die Bundeslade. 2 Moj. 25, 1—22.

In den vierzig Tagen und Nächten, welche Mose auf dem Berg Sinai zubrachte, gab ihm Gott Offenbarung über das Heiligthum Israels und den Dienst des Heiligthums. Die Ausführung dieser Anordnungen wird in den letzten Capiteln des 2. Buches Mose berichtet. Mose sollte zunächst

die Kinder Israel auffordern, zum Bau und Dienst des Heiligthums Heb=
opfer darzubringen, Gold, Silber, Edelsteine und allerlei köstliche Stoffe.
Das ist dann auch geschehen. So ist es jetzt Gottes Wille, daß die Christen
von ihren irdischen Gütern opfern zum Bau des Reichs Gottes auf Erden.

Und nun wird genau Bau und Einrichtung der Stiftshütte vorge=
schrieben. Gott zeigte dem Mose zugleich ein Bild, gleichsam ein Modell
der Wohnung, die er aufrichten sollte. Dieses Bild und so auch das hier=
nach hergestellte Heiligthum selbst war ein Typus oder Sinnbild himmlischer
Dinge. Apost. 7, 44. Hebr. 8, 5. Es gab sich in diesem Bau die wunder=
bare Weisheit Gottes kund. Die Hütte sammt allem ihrem Geräthe war ein
Schatten und Vorbild der neutestamentlichen Dinge und Güter. Hebr. 9, 1. ff.

Eine Lade sollte gemacht werden aus gutem, feinem Acacienholz. Die=
selbe wurde dann mit Gold überzogen und am obern Rand mit einem Kranz,
sowie mit goldenen Ringen und Tragstangen versehen. Die Lade diente
zur Aufbewahrung des Gesetzes oder Zeugnisses des HErrn, daher sie auch
Lade des Zeugnisses heißt. Ueber der Lade soll ein Deckel liegen, aus ge=
bogenem Gold, der sogenannte Gnadenstuhl oder Sühndeckel. Derselbe
diente kraft des Opferblutes, mit welchem er besprengt wurde, zur Sühnung
der Sünde. Und über diesem Deckel sollen zwei goldene Cherubsgestalten
zu stehen kommen, mit ausgebreiteten Flügeln, die Angesichter einander zu=
gekehrt und auf die Lade gerichtet. Ueber den Cherubim will Gott wohnen
und thronen und von dort aus mit seinem Volke reden.

Die Bedeutung dieses heiligen Geräths war leicht zu erkennen. Das
Gesetz in der Lade mahnte Israel an seine Uebertretungen. Der Gnadenstuhl
oder Sühndeckel erinnerte es aber zugleich daran, daß eine Sühne der Ueber=
tretungen vorhanden sei, im Blut der Opfer. Und daß die Augen der Cheru=
bim und die Augen des HErrn, der über den Cherubim thronte, auf den
Gnadenstuhl gerichtet waren, bedeutete, daß der HErr die Sühne der Ueber=
tretungen, die er selbst verordnet, annehmen, seinem Volk gnädig sein und
es sich gefallen lassen wolle, mitten unter einem sündigen Volk zu wohnen.

In dem allen lag im letzten Grund eine Weissagung auf Christum.
Christus ist der rechte, eigentliche Gnadenstuhl. Röm. 3, 25. Hebr. 4, 16.
Christus hat durch sein eigenes Blut eine vollkommene Sühne und Erlösung
erfunden. Christus, der Erlöser, steht in der Mitte zwischen dem heiligen
Gott, welcher über den Cherubim thront, und den sündigen Menschen.
Christus deckt mit seinem blutigen Verdienst unsere Sünden und Uebertre=
tungen vor Gottes Augen zu und verwandelt den Zorn Gottes, den wir mit
unserm Uebertreten verdient haben, in eitel Gnade. Und so sollen wir denn
mit Freuden hinzutreten zu dem Gnadenstuhl, auf daß wir Barmherzigkeit
empfangen und Gnade finden auf die Zeit, wenn uns Hülfe noth sein wird.
Hebr. 4, 16.

99. Der Schaubrodtisch und der Leuchter. 2 Mos. 25, 23—40.

Die Bundeslade mit dem Gnadenstuhl und den Cherubim hatte im Allerheiligsten ihren Platz. Es wird nun ferner das Geräth des sogenannten Heiligen oder des andern Theils der Stiftshütte beschrieben. Auf der einen Seite befand sich ein Tisch, welcher aus Acacienholz gearbeitet, mit Gold überzogen und mit einem goldenen Kranz und Leiste, mit goldenen Ringen und Tragstangen versehen war. Auf diesem Tisch wurden in goldenen Schüsseln die sogenannten Schaubrode vor dem Angesicht des HErrn aufgestellt, daneben mit Wein gefüllte goldene Weinkrüge und goldene Schalen und Becken mit wohlduftendem Rauchwerk. Brod und Wein waren die edelsten Erzeugnisse des gelobten Landes und daher ein Bild der Frucht, der Speise, welche Israel wirken sollte. Das Volk, welches Gott versöhnt ist, und das gilt auch von dem neutestamentlichen Bundesvolk, soll die Speise wirken, die Gott gefällt, soll fleißig sein in allerlei guten Werken, und all sein Thun und Wirken als ein heiliges Opfer Gott darbringen. Die guten Werke der Gläubigen sind Gott ein süßer Geruch.

Dem Schaubrodtisch gegenüber stand der goldene Leuchter. Derselbe hatte in der Mitte einen dicken Schaft, von welchem zu beiden Seiten je drei Arme ausgingen. Es waren also im Ganzen sieben Arme, und jeder Arm war mit Knäufen und Blumenkelchen verziert und hatte oben eine Lampe mit Docht, auf welche Oel gegossen wurde. Das Licht dieser Lampen sollte Tag und Nacht nicht erlöschen. Auch die zur Bedienung des Leuchters nöthigen Lichtputzen und Löschnäpfe waren aus Gold bereitet. Dieser Leuchter mit seinem hellen Schein erinnerte, ähnlich wie der Schaubrodtisch, Israel, erinnert auch das Volk des Neuen Testaments an seinen hohen Beruf auf Erden. Gottes Volk soll ein Licht sein im HErrn, soll in dieser bösen Welt durch Wort und Werk sein Licht helle leuchten lassen. Das Oel ist ein Bild des Heiligen Geistes, welcher das Glaubenslicht in den Herzen anzündet, nährt und erhält.

100. Der Zeltteppich. 2 Mos. 26, 1—14.

Hier finden wir die Wohnung beschrieben, welche die heiligen Geräthe in sich schloß. Das Heiligthum Israels war zunächst eine Hütte, ein Zelt, wie es für die Wanderung paßte, das man leicht abbrechen und wieder aufrichten konnte. Aus kostbaren Stoffen wurden zehn Teppiche angefertigt und je fünf und fünf zusammengenäht und diese zwei Hälften durch Schleifen und goldene Heftel mit einander verbunden, dieses Ganze wurde dann wie ein Zelt ausgespannt. Ueber diesen köstlichen Teppich breitete man drei andere aus, welche etwas länger waren und über den ersten überhingen,

eine Decke aus Ziegenhaaren, eine aus Widderfellen und eine aus Seekuh=
häuten. Die Bedeckung diente zum Schutz gegen Wind und Wetter. Dieses
Zelt heißt Wohnung, sollte eine Behausung Gottes sein und war ein Abbild
des Reichs Gottes. Daß Gott in der Wolke über den Cherubim der Hütte
thronte, zeigte an, daß Gott hier auf Erden eine Stätte hat, daß er mitten
unter seinem Volk wohnt, daß er seiner Gemeinde gegenwärtig ist.

Die Pracht des Zeltteppichs versinnbildet die Ehre und Würde des
Reichs Gottes. Die zehn Teppiche waren aus vier Stoffen zusammen=
gewoben, aus blauem Purpur, „gelber Seide“, das war ein Bild des himm=
lischen Friedens, aus dunkelrothem Purpur, einem Bild königlicher Herr=
lichkeit, hellrothem Carmesin, das war die Farbe des Lebens. Das sind
die Güter des Reichs Gottes: Friede, Herrlichkeit, Leben, unvergängliches
Wesen. Zwischen die bunten Stoffe war weißer Byssus eingewoben. Der
deutete auf die Heiligkeit des Reichs Gottes. Und die Cherubsgestalten,
welche in die Teppiche eingewirkt waren, sollten daran erinnern, daß hier,
wo Gott unter seinem Volke wohnt, schon der Himmel auf Erden ist. Die
Gemeinde Gottes, die Gemeinde der Heiligen ist die Lust der Engel.

101. Der Bau der Stiftshütte. 2 Mos. 26, 15—37.

Es folgt jetzt die Beschreibung des Gerüstes, welches den Zeltteppich
sammt seiner Bedeckung tragen sollte. Dieser Bau wurde aus Brettern von
Acacienholz aufgeführt. Die Bretter, welche mit Gold überzogen waren,
ruhten auf silbernen Füßen und wurden durch vergoldete Querriegel zu=
sammengehalten. Diese Bretterwand umgab das Heiligthum nach drei
Seiten, nach Süden, Westen, Norden. Aus den Maaßen der Bretter läßt
sich bestimmen, wie groß die Hütte war, sie war 30 Ellen lang, 10 Ellen
breit, 10 Ellen hoch. Von den 30 Ellen der Länge kamen 20 auf das Hei=
lige, 10 auf das Allerheiligste. Auch dies war alles Bild, Sinnbild, Vor=
bild. Das Acacienholz, eine zähe, haltbare Holzart, deutete auf die Festig=
keit und Beständigkeit des Reichs Gottes, das Gold auf die Herrlichkeit
desselben. Das Silber ist Bild sittlicher Lauterkeit.

Es werden nun noch zwei Vorhänge erwähnt. Beide waren aus den=
selben köstlichen Stoffen angefertigt, wie der Zeltteppich, und mittelst golde=
ner Haken an mehrere Säulen befestigt. Die Säulen des einen Vorhangs
hatten silberne Füße, die des andern Vorhangs, welche nach dem Vorhof zu
sichtbar waren, eherne Füße. Der eine Vorhang, der sogenannte innere
Vorhang, trennte das Heilige vom Allerheiligsten, der andere, der äußere
Vorhang, auf der Ostseite der Hütte, schied das Heilige und damit die ganze
Hütte von dem Vorhof. Dieser doppelte Vorhang zeigte an, daß der Ein=
gang in das Allerheiligste zu Gott noch nicht erschienen war. Christus ist

durch den Vorhang seines Fleisches ins Heilige zu Gott eingegangen und hat durch sein Leiden und Sterben im Fleisch eine vollkommene Sühne, eine ewige Erlösung erfunden und hat so die Schranke, welche Gott und Menschen trennte, niedergerissen und den Sündern den Zugang zu Gott und den Eingang in das himmlische Heiligthum eröffnet. Hebr. 10, 20. 9, 11. ff.

102. Der Vorhof und sein Geräthe. 2 Mos. 27.

Dieses Capitel sagt von dem Vorhof der Wohnung und dem Geräthe des Vorhofs. Zunächst ist von dem sogenannten Brandopferaltar die Rede. Der Kern desselben war Erde, und diese Erde war von einer hölzernen Wand umgeben und diese Wand mit Erz überzogen. Rings um den Altar lief, in der halben Höhe desselben, ein Umgang, an dessen Außenseite ein Gitterwerk angebracht war. Auf diesem Umgang standen die Priester, wenn sie am Altar Dienst thaten. An den vier oberen Ecken des Altars ragten eherne Hörner hervor. Der Altar diente zur Darbringung der Schlacht= und Brandopfer. Er stand vor der Ostseite der Hütte und erinnerte so die Israeliten, die in den Vorhof eintraten, daß eine Sühne der Sünde vonnöthen sei, wenn sie vor Gott erscheinen wollten. Wir Christen haben auch einen Altar, das ist das Kreuz Christi. Christus hat unsere Sünden hinaufgetragen auf den Altar des Kreuzes und so abgethan, so daß wir nun mit Freudigkeit vor Gott treten und beten können. Hebr. 13, 10. 1 Petr. 2, 24.

Der Raum um die Wohnung her war durch einen Umhang aus weißem Byssus abgeschlossen. Derselbe war 100 Ellen lang und 50 Ellen breit. Auf der Ostseite befand sich darin ein Vorhang in der Länge von 30 Ellen. Dieser Vorhang, welcher aus den bekannten vier köstlichen Stoffen angefertigt war, bildete das Thor der Stiftshütte. Der weiße Umhang, wie der bunte Vorhang war mittelst silberner Bindestäbe und Haken an Säulen befestigt, welche auf ehernen Füßen standen. Alles sonstige Geräthe des Vorhofs war gleichfalls aus Erz bereitet. Erz ist geringer, als Silber und Gold. Der Vorhof war eben nicht das Heiligthum selbst. Der von dem Umhang begrenzte Vorhof war die Stätte, wo das Volk anbetete, während die Priester allein in die Hütte eingingen. Diese Schranke ist jetzt gefallen. Jetzt im Neuen Bund ist kein Unterschied mehr zwischen Vorhof und Heiligthum. Wir Christen haben durch Christum freien Zutritt zu Gott.

Am Schluß des Capitels finden sich noch Bestimmungen betreffs der Bedienung des Leuchters im Heiligthum. Die Priester sollten jeden Abend und Morgen reines, lauteres Oel in dessen Lampen thun und also der Leuchter bei Tag und Nacht brennen. Das erinnerte Israel daran, daß seine Leuchte nie verlöschen sollte. Auch das Glaubenslicht der Christen soll allezeit einen hellen Schein geben.

103. Der hohepriesterliche Schmuck. 2 Mos. 28, 1—12.

Es kommt jetzt die Rede auf die Priester, welche das Heiligthum be-
dienten. An der Spitze der Priester stand der Hohepriester. Der erste
Hohepriester war Aaron und die ersten Priester dessen Söhne. Die Priester
sollten an Stelle des sündigen Volks bei Gott eintreten und mit Gott handeln. Das Gesetz vom levitischen Priesterthum war Schatten, Vorbild des
neutestamentlichen Priesterthums, eine Weissagung auf Christum, den rechten
Hohenpriester, den einigen Mittler zwischen Gott und den Menschen, und
zugleich eine Weissagung auf das geistliche Priesterthum aller Gläubigen.
Die durch Christum mit Gott versöhnt sind, die sind nun Priester Gottes
und können ohne Mittelspersonen vor Gott treten und mit Gott handeln.

Zunächst wird die hohepriesterliche Kleidung bis ins Einzelne genau
beschrieben. Der Hohepriester trug einen Leibrock oder ein Schulterkleid.
Dasselbe bestand aus zwei Stücken oder Blättern, welche oben über den
Schultern mit einander verbunden waren, über Brust und Rücken herab-
hingen und unten durch einen Gurt fest an den Leib angeschlossen wurden.
Leibrock und Gürtel war aus denselben Stoffen gewebt, wie der innere
Teppich und die Vorhänge des Heiligthums, nur daß er noch außerdem mit
Goldfäden durchwirkt war. Es war also ein Prachtgewand, ein äußer-
liches Abzeichen der hohen Würde des hohenpriesterlichen Amts. Auf den
Schultern war noch ein besonderer Schmuck angebracht, nämlich zwei köst-
liche Edelsteine, und zwar zwei Berylle, in welche die Namen der zwölf
Stämme Israels eingravirt waren, auf jeden Stein sechs Namen. Diese
Edelsteine waren in Goldkapseln eingefaßt und mit Goldgeflechten oben auf
dem gewebten Rock befestigt. Diese Edelsteine trug also der Hohepriester
auf seinen Schultern und trug so die Namen der Kinder Israel auf seinen
Schultern und brachte sie fort und fort bei Gott ins Gedächtniß. Das alles
ist Weissagung auf den großen Hohenpriester unsers Bekenntnisses. Der
Leibrock mit seiner Farbenpracht deutet auf die unvergleichliche Würde des
neutestamentlichen Hohenpriesters. Christus ist der Heilige Gottes, der
HErr vom Himmel, der HErr der Herrlichkeit, der Sohn Gottes. Der gilt
etwas bei Gott. Und der bringt nun unsere Namen fort und fort bei Gott
in Erinnerung und sichert uns bei Gott ein gutes Andenken.

104. Das Brustschild des Hohenpriesters. 2 Mos. 28, 13—30.

Der Hauptschmuck des Hohenpriesters war das Amtsschildlein oder
Brustschild. Dasselbe war ein Kunstgewebe aus denselben Stoffen und
von gleicher Arbeit, wie das Schulterkleid. Das gewebte Zeug war geviert
und doppelt zusammengelegt zu einer Art Tasche von der Länge und Breite
einer halben Elle. Auf der Außenseite war dieses Schild mit vier Reihen

in Gold gefaßter Edelsteine besetzt, im Ganzen zwölf Edelsteinen, in welche
die Namen der zwölf Stämme Israels eingravirt waren. Mittelst Gold=
verbrämungen waren die zwölf Edelsteine auf den gewebten Stoff befestigt.
Zur Verbindung des Brustschildes mit dem Leibrock dienten zwei schnur=
artige Ketten aus reinem Golde, welche am obern Ende an die Gold=
geflechte der Schultern, am untern Ende an zwei goldene Ringe, die sich
am oberen Rand des Schildes befanden, angeknüpft waren. Nach unten
zu war das Brustschild auf ähnliche Weise mittelst goldener Ringe und
hyacinthblauer Schnuren mit dem oberen Ende des Gurtes verbunden. So
saß das Schild fest auf der Brust des Hohenpriesters und konnte nicht ver=
rückt werden.

Die Bedeutung des Amtsschildlein war eine zwiefache. Der Hohe=
priester trug in und mit den zwölf Edelsteinen das zwölfstämmige Israel
auf seiner Brust und trug es mit sich zu Gott hin, so daß Gott dann in
Gnaden seines Volks gedachte. Christus ist erst recht ein barmherziger
Hohepriester, welcher Mitleiden hat mit seinen Brüdern nach dem Fleisch.
Er trägt die ganze sündige Menschheit auf seinem Herzen und hat sie zu
Gott hingetragen und ihr Gottes Gnade und Wohlgefallen erworben. Die
zweite Bestimmung des Brustschilds war folgende. Dasselbe bildete eine
Tasche, und in diese Tasche wurde das sogenannte Urim und Thummim
hineingelegt, das heißt Licht und Recht. Was das für Gegenstände waren,
wissen wir nicht. Durch dieselben gab Gott dem Hohenpriester Offenbarung.
Wenn Israel in schwierigen Fällen Rath haben wollte, so ging es zum Hohen=
priester, und dieser frug Gott, und Gott gab ihm durch das Licht und Recht
auf eine uns unbekannte Weise seinen Willen zu erkennen und gab so seinem
Volk Licht, Belehrung und sprach seinem Volke Recht. 4 Mos. 27, 21.
Christus ist der rechte Hohepriester. Der vertritt uns bei Gott, offenbart
uns aber auch Gottes Licht und Recht, offenbart uns Gottes Willen, Gottes
gnädige Gesinnung gegen uns und schafft uns so Rath und Trost in dunkeln
Tagen. Das Mittel aber, dadurch uns solche Offenbarung zu Theil wird,
ist für uns Christen das Wort Christi, das ist unser Licht und Recht, die
einige Leuchte unserer Füße und ein Licht auf unsern Wegen.

105. Die priesterlichen Kleider. 2 Mos. 28, 31—43.

Zu der Amtstracht des Hohenpriesters gehörte ferner ein eng an den
Leib anschließendes Oberkleid, auf welchem das Schulterkleid befestigt war.
Dasselbe war aus blauem Purpur angefertigt und reichte bis zu den Knieen,
so daß das Unterkleid unten noch sichtbar war. Die blaue Farbe deutete
auf den himmlischen Ursprung und Charakter des hohenpriesterlichen Amtes.
Bedeutsam waren hier die buntfarbigen Granatäpfel und goldenen Glöckchen

am untern Rand des Gewandes. Die letzteren ließen ihren Klang vernehmen, so oft der Hohepriester ins Heiligthum ging. Die Granatäpfel, wie überhaupt die Aepfel, waren wegen ihres Duftes und Wohlgeschmacks ein Bild des Worts und Zeugnisses des HErrn. Spr. 25, 11. Und Gottes Wort gibt auch, wie die Glocken, einen hellen, lieblichen Klang. Als Träger des göttlichen Worts ging der Hohepriester ins Heiligthum, und daß er also mit Gottes Wort bekleidet und geschmückt war, schützte ihn vor dem Tod, vor dem Zorn des heiligen Gottes; denn er war auch noch ein sündiger Mensch. Ja, Gottes Wort hat die Kraft, die Sünde zu tilgen, und schützt vor Zorn und Gericht.

Es wird weiterhin das goldene Stirnblatt erwähnt, welches vorn an dem weißen Kopfbund des Hohenpriesters befestigt war. Darauf stand geschrieben: „Heiligkeit des HErrn". Das wies darauf hin, daß der Hohepriester kraft seines Amtes die Kinder Israel versöhnte und gerade auch diejenige Sünde und Unreinigkeit sühnte, welche den Opfern Israels noch anklebte. Christus, der neutestamentliche Hohepriester, ist in Wahrheit der Heilige Gottes, der Sündentilger, welcher alle Sünde, auch alle Schwachheit und Unreinigkeit, die den Gläubigen noch anhaftet, zudeckt.

Unter dem Oberkleid trug der Hohepriester noch ein Unterkleid von weißem Byssus. Die Priester waren ganz und gar, vom Kopf bis zum Fuß, in Weiß gekleidet, nur daß sie einen buntgewirkten Gürtel um die Hüfte trugen. Weiß ist das Bild der Unschuld und Reinigkeit und deutete hier auf den heiligen Dienst der Priester, welche gleichfalls die Sünde des Volks sühnen sollten. Die neutestamentlichen Priester, alle gläubige Christen, strahlen vor Gott im Glanz der Unschuld und Gerechtigkeit, sie haben ihre Kleider weiß gemacht durch das Blut des Lammes.

106. Die Weihe der Priester. 2 Mos. 29, 1—21.

In diesem Capitel findet sich eine genaue Anordnung über die Weihe der Priester. Es wurde dann auch Alles so ausgeführt, wie es verordnet war. 3 Mos. 8. Aaron und seine Söhne mußten sich zuvörderst mit Wasser waschen und dann die heiligen Kleider anziehen. Die äußerliche Waschung deutete auf innerliche Reinigung. Nur wer sich selbst reinigt und heiligt, ist zum Dienst im Heiligthum geschickt. Dann wurden Aaron und seine Söhne mit Oel gesalbt. Das Oel ist Bild des Heiligen Geistes. Der Geist Gottes ist es, welcher den Menschen heiligt und zum Dienst im Heiligthum tüchtig macht. Darauf wurden Opfer dargebracht, Thieropfer und Speisopfer, Brod, Kuchen und Fladen. Drei Thiere waren hierzu verordnet, ein Farre oder junger Stier und zwei Widder. Der Farre diente zum Sündopfer. Erst mußte die Sünde Aarons und seiner Söhne gesühnt werden, ehe sie für die Sünde des Volks opfern konnten. Der eine Widder wurde als Brandopfer dargebracht, ganz und gar auf dem Altar angezündet. Damit war bedeutet, daß die Priester sich ganz und gar, mit Leib und Seele Gott dargeben sollten. Mit dem Blut des andern Widders wurde das rechte Ohr, der Daumen der rechten Hand und die große Zehe des rechten Fußes Aarons und seiner Söhne benetzt, und dann wurde das Blut, wie das Salböl auf Aaron und seine Söhne und ihre Amtskleider gesprengt. Damit wurden sie dem HErrn geweiht und sonderlich die Glieder geweiht und geheiligt, die sie vor andern zum Dienst im Heiligthum gebrauchten, das Ohr, welches Gottes Wort und Zeugniß vernahm, die Hände, mit denen sie die Opfer verrichteten, und die Füße, sie sollten ja im Heiligthum wandeln.

Aaron ist ein Bild Christi, des rechten Hohenpriesters, der ist gesalbt mit dem Heiligen Geist ohne Maaß und bedurfte für sich selbst keines Opfers, denn er war ohne Sünde und darum der rechte Mittler zwischen Gott und den sündigen Menschen. Die Söhne Aarons sind Vorbild der Priester des Neuen Testaments, das sind alle Gläubigen. Die sind dazu berufen, dem lebendigen Gott zu dienen. Das ist aber nur dann möglich, wenn sie Vergebung der Sünden haben, wenn sie sich reinigen und heiligen und sich ganz und gar Gott hingeben. Der Heilige Geist aber allein macht sie zum Dienst Gottes und zu allem Guten tüchtig und geschickt, daß sie Gottes Wort recht hören und darnach handeln und wandeln.

107. Das Füllopfer. Das tägliche Opfer. 2 Mos. 29, 23—46.

Zur Weihe der Priester gehörte auch die Füllung ihrer Hände oder das Füllopfer. Mose nahm von jenem zweiten Widder die edleren inneren Theile, wie Leber, Nieren, überhaupt die Fettstücke, ferner die Brust und die rechte Keule, sowie je einen Kuchen von den drei Arten Backwerk und legte es auf die Hände Aarons und seiner Söhne und diese webten die Gaben, das heißt, bewegten sie hin und her, nach dem Altar zu. So wurden ihre Hände mit den Gaben gefüllt, welche die Kinder Israel dargebracht. Die Fettstücke wurden sodann auf dem Altar angezündet. Damit war angezeigt, daß die Priester hinfort die Opfer der Gemeinde Gott darbringen sollten. Die Brust war Mosis Theil, die Keule und das Backwerk gehörte Aaron und seinen Söhnen und wurde von ihnen im Vorhof des Heiligthums verzehrt. Fortan sollte Brust und Schenkel der Dank- oder Heilsopfer eine Hebe oder Abhub, das heißt, der Antheil der Priester an den Opfergaben sein. Das deutete überhaupt darauf, daß die Priester von den Opfern Israels sich nähren sollten. Die jetzt am Heiligthum dienen, die Prediger des Neuen Testaments opfern nicht mehr für die Sünde des Volks, sondern verkündigen der Gemeinde das Evangelium von der Erlösung, die durch Christum JEsum geschehen ist, und theilen der Gemeinde die Güter des Heils aus. Aber das ist freilich auch noch ein Gebot des Neuen Testaments, daß die, welche die geistlichen Güter darreichen, von den zeitlichen Gütern der Gemeinde sich nähren sollen. 1 Cor. 9, 14. Gal. 6, 6.

Sieben Tage lang wurden diese Weihehandlungen wiederholt, desgleichen wurde der Altar entsündigt und geweiht.

Es wird hier auch das tägliche Brandopfer, welches Morgens und Abends dargebracht werden sollte, angeordnet. Dasselbe war mit einem Speisopfer und einer Weinspende verbunden. Von der Bedeutung des Brand- und Speisopfers wird später die Rede sein. Diesem täglichen Morgen- und Abendopfer entspricht etwa das tägliche Morgen- und Abendgebet der Christen, in welchem sich die Christen für den kommenden Tag oder die kommende Nacht mit Leib und Seele Gott befehlen.

Zuletzt bezeugt Gott nochmals, daß er hier im Heiligthum mitten unter den Kindern Israel wohnen wolle. Wir Christen sprechen: Gott wohnt durchs Wort im Herzen. Wort und Sacrament ist unser Heiligthum. Durch Wort und Sacrament ist und bleibt Christus seiner Gemeinde gegenwärtig.

108. Der Räucheraltar. Die Steuer. 2 Mos. 30, 1—16.

Es folgen in diesem Capitel noch etliche Bestimmungen über das Heiligthum. Es soll noch ein Altar aus Acacienholz angefertigt werden, an den Seiten und oben mit Gold überzogen, mit goldenen Hörnern, Kranz, Ringen und vergoldeten Tragstangen versehen. Dieser Altar hatte seinen Standort im vorderen Raum der Hütte, an dem Vorhang, welcher das Heilige von dem Allerheiligsten trennte. Er war also von allen heiligen Geräthen der Bundeslade dem Thron Gottes am nächsten. Auf diesem Altar zündeten die Priester jeden Morgen und Abend das Räuchwerk an, daher man ihn auch den Räucheraltar nannte. Dieses Räuchwerk war dem HErrn, der auf den Cherubim thronte, ein süßer Geruch. Es sollte aber kein fremdes Räuchwerk sein, das heißt, es sollte nur aus solchen Stoffen und in solcher Weise, wie Gott es verordnet hatte, bereitet sein. Das Räuchwerk war Sinnbild des Gebets. Daher heißt es Ps. 141, 2.: „Laß mein Gebet vor dir taugen wie ein Rauchopfer." Das Gebet der Gläubigen ist Gott ein süßer Geruch und findet Erhörung bei Gott. Es muß aber ein rechtes Gebet sein. Wir sollen nur um solche Dinge und nur so beten, wie Gott es in seinem Wort vorgeschrieben hat. Der Räuchaltar wurde jährlich am großen Versöhnungstag mit Opferblut gesühnt und geheiligt. Damit war angedeutet, daß auch die Gebete der Gläubigen noch der Entsündigung bedürfen, weil ihnen noch Sünde anklebt. So beten wir Christen jetzt im Namen JEsu Christi, unsers Heilandes und Erlösers, und wissen, daß durch Christum unsere Gebete Gott angenehm sind.

Eine andere Bestimmung betrifft die Steuer für das Heiligthum. Jeder Israelit über 20 Jahre, der in das Heer des HErrn eingemustert war, sollte für den Bau und die Einrichtung der Stiftshütte einen halben Sekel entrichten. Dieses Geld diente den Kindern Israel gleichfalls zur Versöhnung, war ein Sühngeld für ihre Seelen, welche sie Gott schuldeten und die vor Gott verschuldet waren. Jetzt im Neuen Testament ist es Gottes Wille, daß die Christen für den Bau des Reichs Gottes, für die Ausbreitung des Worts Gottes von ihrem zeitlichen Gut opfern. Doch hat es Gott der freien Liebe der Einzelnen anheimgegeben, wie viel sie geben und opfern wollen. Indeß ist es ihm nur wohlgefällig, wenn Einer reichlich opfert. Nimmermehr aber soll ein Christ seine Gaben und Opfer als Sühne für seine Sünde oder gar als Verdienst ansehen, sondern gläubige Christen bezeigen mit ihren Opfern Gott ihren Dank für die vollkommene Versöhnung, die ihnen durch Christum zu Theil geworden ist.

109. Waschbecken. Salböl. Räuchwerk. 2 Mos. 30, 17—38.

Im Vorhof des Heiligthums, zwischen dem Brandopferaltar und der Hütte, wohl etwas seitwärts befand sich ein Handfaß oder Waschbecken, welches aus Erz von den Spiegeln der vor der Thür der Hütte dienenden Frauen angefertigt war. 2 Mos. 38, 8. Diese frommen Israelitinnen hatten ihren weltlichen Schmuck dem HErrn als Hebe dargebracht. Die Priester mußten sich waschen, ehe sie ihren heiligen Dienst antraten. Damit war angedeutet, daß Niemand mit unheiligen Händen heilige Dinge angreifen soll. Die Waschungen im Vorhof waren überhaupt Sinnbild innerlicher Reinigung und erinnerten Israel fort und fort daran, daß es ein unreines, sündiges Volk war, daß Gott aber auch eine Reinigung von Sünden versehen und beschafft hatte. Dies Doppelte sollen auch die Christen nicht vergessen, daß sie von Natur ein unreines, beflecktes Herz haben und darum täglich noch der Reinigung bedürfen, daß sie aber auch einen offenen Born haben wider alle Sünde und Unreinigkeit, das ist das Blut JEsu Christi. Nur darum, weil die alttestamentlichen Waschungen auf die vollkommene neutestamentliche Reinigung weissagten, waren dieselben auch Zeichen und Unterpfand geistlicher Reinigung.

Es folgen schließlich noch Vorschriften über die Bereitung des heiligen Salböls, mit welchem Priester und die heiligen Geräthe gesalbt und geweiht wurden, und des Räuchwerks, welches auf dem Räucheraltar angezündet

8

wurde. Das eine, wie das andere war aus wohlriechenden Gewürzen bereitet. Das Salböl war Sinnbild des Heiligen Geistes, welcher allein die
Menschen zum Dienst Gottes, zu guten, Gott gefälligen Werken geschickt
macht. Und das Räuchwerk war, wie schon bemerkt, Bild des Gebets.
Auch das Gebet ist ein ernstes, heiliges Ding, zu welchem man das Herz
recht schicken und bereiten muß. Beides, Oel und Räuchwerk, sollte nicht
nachgemacht, auch nicht im Privatgebrauch verwendet werden, auch kein
Fremder sollte sich damit befassen. Diesen Bestimmungen lag die Wahrheit zu Grunde, daß man das Heilige nicht gemein machen, auch nicht vor
die Hunde und Säue werfen soll.

110. Werkmeister. Sabbathfeier. Gesetzestafeln. 2 Mos. 31.

Es werden schließlich auch noch die Werkmeister verordnet, welche die
Hütte sammt allem heiligen Geräthe anfertigen sollten. An der Spitze derselben stand Bezaleel. Derselbe wurde zu seinem heiligen Werk mit dem
Geist Gottes, mit Weisheit und Verstand erfüllt. Zum Bau des neutestamentlichen Reichs, zur Ausbreitung des Reichs Christi ist erst recht der
Heilige Geist Gottes, Weisheit und Verstand, Kraft und Stärke von oben
erforderlich.

Nochmals schärft Gott den Kindern Israel das Sabbathgebot und die
Sabbathruhe ein. Der Sabbath sollte ein Zeichen, ein Kennzeichen sein,
an welchem Israel, das Volk Gottes, zu erkennen wäre. Die neutestamentliche Sabbathfeier besteht einzig und allein darin, daß wir Gottes Wort
heilig halten, gerne hören und lernen. Und die Predigt des göttlichen
Worts ist ein Kennzeichen der Kirche Christi. Wo Gottes Wort gepredigt,
gehört und gelernt wird, da ist gewißlich die christliche Kirche. Hierin zeigt
sich der Unterschied zwischen Welt und Kirche. Wer den Sabbath entheiligt,
wird hier mit dem Tode bedroht. Wir sagen: Wer das Wort und die
Predigt des Worts verachtet, der verderbt sich selbst.

Als der HErr mit Mose auf dem Berg Sinai ausgeredet hatte, gab er
ihm die zwei Tafeln des Zeugnisses. Die waren aus Stein gehauen, in die
hatte Gott mit seinem eigenen Finger die zehn Worte eingeschrieben, und
hatte damit bezeugt, daß diese Gebote sein Wort und Willen seien, und daß
sein Wort und Gebot unverbrüchlich sei, daß eher Himmel und Erde vergehen solle, als ein Tüttel vom Gesetz. Der Neue Bund besteht darin, daß
Gott sein Gesetz in unser Herz und in unsern Sinn eingeschrieben hat. Das
Amt des Neuen Testaments ist mit dem Geist des lebendigen Gottes geschrieben, und ist nicht in steinerne Tafeln, sondern in fleischerne Tafeln
des Herzens eingeschrieben. Jer. 31, 31. ff. 2 Cor. 3, 3.

111. Das goldene Kalb. 2 Mof. 32, 1—14.

Während Mose im Gespräch mit Gott so lange auf dem Berge verzog, handelte Israel unten am Berge gar verderbt. Es trat schnell aus dem Wege und vergaß des Gesetzes seines Gottes und wurde bundesbrüchig. Die Kinder Israel verlangten von Aaron, er solle ihnen Götter machen, die vor ihnen hergehen. Und Aaron war ihnen zu Willen und sammelte von ihren Weibern, Söhnen, Töchtern alle goldenen Ohrringe und machte daraus ein gegossenes Kalb, und das war nun der Götze Israels, und dem diente das Volk nach der Weise der Heiden. Es brachte ihm Opfer dar. Darnach setzte sich das Volk, zu essen und zu trinken, und stand dann auf, zu spielen und führte einen Reigentanz auf. Das goldene Kalb sollte den HErrn Jehova vorstellen, Aaron ließ ausrufen: „Morgen ist des HErrn Fest." Der Name des HErrn war aber nur Deckmantel der bösen Sache. Der Apostel Paulus hält diese Geschichte den Christen als Warnexempel vor Augen und mahnt und spricht: „Werdet nicht Abgöttische!" 1 Cor. 10, 7. Christen können gar schnell fallen und abfallen. Die Anbetung des goldenen Kalbes ist ein Bild der Abgötterei, welcher auch das heutige Geschlecht ergeben ist. Das sind die Götzen der Welt: der Mammon, Gold, Geld, Schmuck, Tand, der Bauch, Fressen, Saufen, Spiel, Tanz, die eitle Lust der Welt. Ach, und auch wie viele sogenannte Christen huldigen und dienen diesen Abgöttern! Und das Schlimmste bei der Sache, der größte Greuel vor Gott ist, daß sie dann noch den Namen Gottes und Christi in den Mund nehmen und die böse Sache mit dem Namen des HErrn schmücken und beschönigen.

Der HErr theilte Mose auf dem Berge mit, was sein Volk gethan, und daß er bereit sei, dieses Volk in seinem Grimm aufzufressen, weil es ein halsstarriges Volk sei. Das wäre für Israel nur die verdiente Strafe gewesen; denn gröber hätte es sich nicht an Gott versündigen können. Nun aber tritt Mose für sein Volk ein, er weist das Anerbieten Gottes zurück, daß er ihn zu einem großen Volk machen wolle, und erbittet für das sündige Volk Schonung und Erbarmen. Er faßt Gott bei seiner Ehre, die Feinde Israels, die Egypter würden spotten, wenn Gott das Volk, das er mit starker Hand aus Egypten ausgeführt, hier im Gebirge erwürgen würde, und er erinnert Gott an die Verheißung, die er den Vätern gegeben. Diese Fürbitte Mosis weist auf die Fürbitte des neutestamentlichen Mittlers, JEsu Christi. Der tritt für die Sünder, für die Abtrünnigen in die Schranken und erfleht ihnen von Gott Schonung, Geduld und Frist zur Buße. Und in ähnlicher Weise sollen auch wir für uns und Andere beten und uns dabei auf Gottes Namen und Verheißung berufen, daß Gott ja den Sündern Gnade zugesagt habe, so möge er sich durch Gnade und Vergebung an ihnen verherrlichen.

112. Die Bestrafung der Abgöttischen. 2 Mos. 32, 15—35.

Als Mose mit seinem Diener Josua vom Berge Sinai herunterkam und das Geschrei des Volkes hörte und das Kalb und den Reigentanz von ferne sah, da entbrannte sein Zorn und er warf die Gesetzestafeln weg und zerbrach sie unten am Berg, zum Zeichen, daß Israel den Bund Gottes gebrochen hatte. Dann verbrannte er das Kalb mit Feuer und zermahlte den Rest zu Pulver, streute dieses Pulver in Wasser und gab das den Kindern Israel zu trinken, zum Zeichen, daß sie diese Sünde mit allen ihren Folgen auf sich nehmen müßten. Darauf setzte er Aaron, seinen Bruder, zur Rede, daß er der Sünde des Volks nicht gewehrt hatte. Aaron brachte eine eitle Entschuldigung vor, er habe das Gold ins Feuer geworfen und da sei ein Kalb draus geworden, als sei dieser Götze ohne sein Wissen und Wollen fertig geworden. Schließlich rief Mose: Her zu mir, wer dem HErrn angehöret! Da sammelten sich zu ihm alle Kinder Levi und gingen mit ihren Schwertern durch das Lager und tödteten, wen sie trafen, auch Brüder, Verwandte, Freunde, bei 3000 Mann. Zum Lohn dafür wurden den Leviten ihre Hände gefüllt, das heißt, sie wurden dem Dienst des HErrn geweiht. Das war ein Strafgericht Gottes; denn es heißt am Schluß, daß der HErr das Volk strafte. So ziehen Alle, welche vom lebendigen Gott abtreten, Gottes Zorn und Strafe auf sich, und werden elendiglich umkommen, wenn sie nicht Buße thun. Mose ist hier das Vorbild eines treuen Dieners des HErrn, welcher im Namen Gottes wider alle Abgötterei eifert und den Abgöttischen Gottes Zorn und Gericht verkündigt. Aaron ist das Bild eines untreuen Dieners, welcher dem bösen Willen und Begehren der Menge nachgibt, ja zum Bösen behülflich ist, die Sünde entschuldigt und verkleinert. Die Kinder Levi erscheinen hier als Exempel der Treue und des Gehorsams. Alle, die dem HErrn angehören, beweisen ihren Eifer um den HErrn auch damit, daß sie Vater, Mutter, Brüder, Freunde nicht ansehen und alles ungöttliche Wesen rückhaltlos strafen.

Mose stieg am andern Tag wieder auf den Berg Sinai und bat den HErrn nochmals für sein Volk um Vergebung. Ja, er bat, Gott möchte ihn aus seinem Buch tilgen, er wollte, wie später Paulus, für sein Volk verbannt sein. Gott erwiderte ihm, daß er des Volks noch schonen wolle, sein Engel solle vor Mose und Israel hergehen. So erscheint hier der Engel des HErrn, der Sohn Gottes, als der eigentliche Mittler, der das sündige Volk vor Zorn und Verderben schützte. Zu seiner Zeit, wenn Israel im Ungehorsam beharrt, will der HErr dessen Sünde schon noch heimsuchen. Gott hat Geduld mit den Sündern, den Abtrünnigen, um JEsu Christi, des einigen Mittlers, willen. Doch wenn die Sünder ihre Gnadenfrist versäumen und Gottes Geduld und Langmuth verachten, dann folgt sicher Gericht und Verdammniß.

113. Des Volkes Buße und Begnadigung. 2 Mos. 33.

Was uns hier berichtet wird, bestätigt, wie ernstlich Gott über den Ab=
fall seines Volks ergrimmt war. Er wollte nicht selbst mit Israel hinauf=
ziehen nach Canaan, er möchte sonst plötzlich sie vertilgen; denn es war ein
halsstarriges Volk. Auch Mose brach seine Hütte ab und schlug sie draußen
auf, außerhalb des Lagers. Er nannte sie Hütte des Stifts oder der Zu=
sammenkunft. Dort draußen, vor dem Lager ließ sich die Wolkensäule
nieder, dort verkehrte und redete der HErr mit Mose. Ja, Abfall, Un=
treue, Abgötterei zieht eine Scheidewand zwischen Gott und den Menschen
und schließt die Menschen von der Gemeinschaft Gottes aus.

Andererseits erweist sich Gott auch hier wieder als der Gnädige, Barm=
herzige und Geduldige. Er wiederholt die Verheißung, daß er seinen Engel
vor Israel hersenden wolle. Der soll das sündige Volk vor dem Zorne be=
wahren, auf seinem Wege behüten und in das verheißene Land einführen.
Sein Angesicht soll mit Israel gehen. Gottes Angesicht ist der Engel des
HErrn, der Sohn Gottes, das ewige Wort, das Ebenbild seines Wesens,
der Abglanz seiner Herrlichkeit. Und das ist Werk und Amt des Sohnes
Gottes, daß er die Sünder vor Zorn und Gericht deckt und schützt, auf
ihrem Wege geleitet und sie trotz ihrer Sünde und Schwachheit an das vor=
gesteckte Ziel bringt.

Freilich nur die bußfertigen Sünder gelangen an das Ziel. Und so
wird nun auch von der Buße des Volkes gesagt. Die Kinder Israel thaten,
wie Gott es ihnen geheißen, ihren Schmuck von sich und trauerten, standen
ehrfurchtsvoll vor ihren Hütten und schauten von ferne zu, wenn Mose in
seine Hütte ging. Das ist Gottes Wille, daß der Mensch, der sein Gesetz
übertreten und seinen Bund gebrochen hat, aufrichtig und ernstlich Buße
thue und sich vor ihm in den Staub demüthige.

Von Mose, dem Mann Gottes, wird hier gerühmt, daß Gott mit ihm
von Angesicht zu Angesicht redete, wie ein Freund mit seinem Freund, daß
er ihn bei Namen kannte, als den Seinigen erkannte. Indeß hat Mose,
wenn er mit Gott redete, nur eine Gestalt Gottes gesehen. 4 Mos. 12, 8.
Auf seine Bitte will Gott ihm auch seine Herrlichkeit zeigen. Nur sein An=
gesicht kann er nicht sehen. Gott in seinem eigentlichen Wesen, in seiner
Majestät kann kein sündiger, sterblicher Mensch sehen. Alle seine Güte will
Gott vor Mose hergehen lassen. Das war für Mose alles eitel unverdiente
Gnade. Gott sprach: „Wem ich gnädig bin, dem bin ich gnädig." Ja,
Gott erbarmet sich, welches er will. Die er aber aus Gnaden erkoren und
mit Namen genannt, als die Seinigen angenommen hat, mit denen handelt
er auch als ein Freund mit seinen Freunden und läßt sie zuletzt seine Herr=
lichkeit schauen.

114. Mose schaut die Herrlichkeit des HErrn. 2 Mos. 34, 1—17.

Mose stieg jetzt mit zwei steinernen Tafeln, die er selbst angefertigt hatte, wieder auf den Berg Sinai hinauf, und dort erfüllte Gott seine Zusage und zeigte ihm seine Herrlichkeit. Es war eine außerordentliche, hohe Offenbarung, welcher Mose gewürdigt wurde. Gott fuhr hernieder und zog mit aller seiner Herrlichkeit, die hier nicht in eine Wolke eingehüllt war, an Mose vorüber. Doch hielt er, während er vorüberzog, dem Mose, der in einer Felsspalte stand, die Augen zu. Als Gott seine Hand von ihm abthat, sahe Mose ihm dann hintennach. Er sahe also nur einen Nachglanz seiner Herrlichkeit. Was er da sah, wird nicht näher beschrieben. Es läßt sich auch nicht beschreiben. So hörte Paulus, als er in den dritten Himmel entzückt ward, unaussprechliche Worte. So hat Gott hin und wieder seinen Gläubigen, sonderlich denen, die um seinetwillen von der gottlosen Welt viel leiden mußten, einen Vorschmack der zukünftigen Herrlichkeit gegönnt. Dereinst wird er dann den Seinigen seine ganze, volle Herrlichkeit zu schauen geben. Wenn wir Gott gleich sein werden, dann werden wir ihn sehen, wie er ist.

Alle seine Güte ließ Gott an Mose vorübergehen. Der HErr predigte mit lauter Stimme, während er vorüberzog. Der HErr predigte von dem Namen des HErrn. Der Vater gab Zeugniß von dem Sohne und seinem Namen. Die Predigt des HErrn lautete: „HErr, HErr Gott, barmherzig und gnädig" ꝛc. In Christo hat Gott alle seine Güte offenbart. In Christo, seinem Sohne, ist Gott den Sündern gütig, barmherzig und gnädig und vergibt Missethat, Uebertretung und Sünde, und hat Geduld mit den Sündern und hält ihnen Treue. Er bewahrt den begnadigten Sündern Gnade in tausend Glied. Zugleich aber kündigt Gott hier an, daß er an denen, die seine große Gnade verachten, welche trotz der Gnade weiter sündigen, ihre Missethat heimsuchen werde, auch an den Kindern bis ins dritte und vierte Glied. Diese Predigt von der Güte, Barmherzigkeit, Gnade, Geduld und Treue Gottes, von der Vergebung der Sünden, geht durch die ganze Zeit des Neuen Testaments. Und das ist eine Predigt vom Himmel, das Wort und Zeugniß des lebendigen Gottes. Diese Predigt des Evangeliums hat aber auch die Kehrseite: Wer nicht glaubt und auf Gnade hin weiter sündigt, der wird verdammt werden.

So hatte Gott also seinem Volk die Missethat vergeben, und er fügte die Verheißung hinzu, daß er sich ferner durch große Wunder an ihm verherrlichen und die Völker Canaans vor ihm her ausstoßen werde. Zugleich warnt Gott durch Mose Israel vor Wiederholung des Abfalls und schärft ihm ein, daß es ihre Altäre und Götzen ausrotten, daß es mit den Canaanitern keinen Bund machen, nicht an ihren Opfermahlzeiten theilnehmen, sich auch

nicht durch eheliche Verbindungen mit ihnen vermengen, daß es sich ja nicht
wieder gegossene Götter machen solle. Das ist der ernste Wille und Befehl
Gottes, daß wer Vergebung der Sünden hat, der nun auch Gott fürchte,
ihm allein diene, vor Abfall, Rückfall sich hüte, mit der abgöttischen Welt
keine Gemeinschaft mache, damit er nicht durch dieselbe zu Falle komme.

115. Mosis glänzendes Angesicht. 2 Mos. 34, 18—35.

Nachdem Gott die Kinder Israel vor Rückfall in Abgötterei ernstlich
gewarnt, schärft er ihnen durch Mose nochmals ein, daß sie den Sabbath
heiligen, die von Gott geordneten Feste, das Fest der ungesäuerten Brode,
das Wochenfest und Laubhüttenfest halten, und daß an diesen drei hohen
Festen alle Männer vor dem HErrn in seinem Heiligthum erscheinen sollten.
Auch die Satzungen betreffs der Heiligung der Erstgeburt und der Darbringung aller Erstlinge an Vieh und Früchten werden hier wiederholt und
bekräftigt. Wer von dem lebendigen Gott abgetreten, aber dann wieder
zu Gnaden angenommen ist, soll dann auch mit allem Ernst Gott dienen.
Und der rechte Gottesdienst, die Sabbathheiligung und Festfeier des Neuen
Bundes besteht darin, daß wir Gottes Wort recht hören und lernen und mit
unsern irdischen Mitteln und Gütern dazu helfen, daß das Predigtamt erhalten und Gottes Wort ausgebreitet werde.

Nachdem Mose abermal vierzig Tage und Nächte auf dem Berge Sinai
bei dem HErrn verweilt hatte, ging er mit den Tafeln, in die Gott selbst
die zehn Worte eingeschrieben, vom Berg hernieder und übermittelte dem
Volk alle Gebote Gottes. Es wird hervorgehoben, daß die Haut seines
Angesichts glänzte. Das war die Wirkung der wunderbaren Erscheinung
auf dem Berg Sinai. So mußte er, wenn er mit dem Volk redete, eine
Decke auf sein Angesicht legen, weil das Volk den hellen Glanz desselben
nicht vertragen konnte. Dieses Leuchten des Angesichts Mosis deutete, wie
dies St. Paulus 2 Cor. 3, 5. ff. darlegt, auf die Klarheit des Amts, das
Mose führte, auf die Klarheit des Alten Testaments. Das Alte Testament
oder das Amt des Gesetzes hatte Klarheit. Das Gesetz ist eben das Wort
des lebendigen Gottes. Doch das Amt des Neuen Testaments hat überschwängliche Klarheit. Denn das Gesetz ist der Buchstabe, welcher tödtet,
das Amt, das die Verdammniß predigt. Das Amt des Neuen Testaments
dagegen oder das Evangelium predigt die Gerechtigkeit und gibt den Geist,
der da lebendig macht. „Das Gesetz macht eitel Schrecken und Tod, wenn
es mit seinem Glanz an die Herzen stößt; wiederum das Evangelium gibt
Trost und Freude." Luther. Der Glanz auf dem Angesicht Mosis ist dann
später wieder verschwunden. Die Klarheit des Alten Testaments hört auf.
Dagegen die Klarheit des Neuen Testaments bleibt. Das Leuchten des Ge-

seßes weicht, Furcht und Schrecken schwindet, sobald die Predigt des Evan=
geliums anhebt, sobald man das liebliche Angesicht Christi sieht. Und solcher
Trost und Freude bleibt im Herzen.

In den leßten Capiteln des 2. Buchs Mose wird von der Anfertigung
der Hütte und aller heiligen Geräthe berichtet und zuleßt hervorgehoben,
daß die Wohnung, als sie aufgerichtet war, mit der Wolke, darin die Herr=
lichkeit des HErrn war, erfüllt wurde.

116. Das Brandopfer. 3 Mos. 1.

Das dritte Buch Mose, von den alten jüdischen Auslegern „das Priester=
geseß" oder „das Geseß von den Opfergaben" oder auch Leviticus genannt,
handelt der Hauptsache nach von dem Opferdienst Israels. Wir wollen hier
nur der hauptsächlichsten Bestimmungen betreffs der Opfer Israels gedenken.

Verschiedene Arten von Opfern waren von Gott verordnet. Zunächst
wird das Brandopfer beschrieben. Die Priester hielten dann genau die Weise
ein, die hier im Geseß vorgeschrieben ist. Als Brandopfer konnte ein Israelit
entweder einen jungen Stier oder ein Schaf oder einen Widder darbringen.
Jedenfalls sollte es ein männliches Thier, also ein kräftiges Thier sein. Im
Nothfall, z. B. wenn Israeliten verarmt waren, war auch ein Paar Tauben
gestattet. Das Opferthier mußte ohne Fehl sein. Das fehllose, unschuldige
Thier trat für den sündigen Menschen ein. Der das Opfer darbrachte, legte
dann im Vorhof dem Thier seine Hände auf das Haupt und übertrug ihm
damit sinnbildlich seine Sünde. Darauf schlachtete er das Thier. Das
unschuldige Leben wurde statt des schuldigen dahingegeben. Das Blut des
Thieres nahm der Priester in ein Gefäß und schwenkte es rings um den
Brandopferaltar, an die vier Seitenwände des Altars, vor dem Angesicht
des HErrn. Das Blut des Opfers diente zur Sühne der Sünde. Die
Hauptsache war aber bei dieser Opfergattung nun die, daß das ganze Fleisch
des Opferthiers auf dem Altar von dem Priester angezündet und verbrannt
wurde, daher man dies Opfer Brandopfer oder Ganzopfer nannte. Das
bedeutete die Hingabe des Menschen an Gott. Das erinnerte den Israeliten,
der dies Opfer darbrachte, daß er als Glied der Gemeinde Gottes, nachdem
seine Sünde gesühnt war, nun auch schuldig sei, sich ganz und gar seinem
Gott und dem Dienst Gottes darzugeben.

Der ganze Opferdienst ist Schatten und Weissagung. Vor Allem Weis=
sagung auf Christum. Im Hinblick auf Christum und seine Erlösung nahm
Gott das Blut der Opfer als Sühne an und hatte er selbst die Opfer zur
Sühne der Sünde verordnet. Christus ist das rechte, vollkommene Opfer.
Christus, der Heilige und Unschuldige, ist für die Sünder eingetreten. Der
HErr selbst warf unser aller Sünde auf ihn. Christus ist das Lamm Gottes,

welches der Welt Sünde trägt. Und das ist am Stamm des Kreuzes ge=
schlachtet. Christus ist für die Gottlosen gestorben. Er hat sich selbst durch
seinen ewigen Geist Gott geopfert. Hebr. 9, 14. Sein Blut ist die Sühne
für die Sünde der ganzen Welt. Das Brandopfer weissagt aber zugleich
auf die geistlichen Opfer, welche die Gläubigen im Neuen Bund Gott dar=
bringen. Die durch Christum Gott versöhnt sind, die sollen sich nun auch
ganz und gar, mit Leib und Seele Gott opfern und dargeben, sich täglich von
Neuem Gott zum Eigenthum, zum Dienst und Gehorsam begeben. Solch
Opfer ist Gott ein süßer Geruch. Das ist der vernünftige, wohlgefällige
Gottesdienst. Röm. 12, 1. 2.

117. Das Speisopfer. 3 Mos. 2.

Mit dem Brandopfer war in der Regel ein Speisopfer verbunden.
Das Speisopfer bestand entweder aus den Erstlingen des Getreides, welches
man dörrte oder am Feuer röstete, oder aus feinem Mehl oder aus Back=
werk, das aus Mehl und Oel bereitet war. Dieses Backwerk war entweder
im Ofen, das heißt, in einem Feuertopf oder in einer Pfanne gebacken oder
in einem Tigel gesotten. Also in jedweder Gestalt und Zubereitung wurde
die Frucht der Erde Gott geopfert. Auch dieses Opfer hatte seine tiefere,
geistliche Bedeutung. Die Frucht des Landes und die daraus bereitete
Speise war ein Bild der Frucht und Speise, die der Mensch wirken soll,
ein Bild der guten Werke. Die Gläubigen, die sich Gott versöhnt wissen
und bei Gott in Gnaden stehen, sollen zuerst sich selbst ganz und gar Gott
zum Opfer begeben, dann aber auch alle ihre Werke Gott weihen und opfern,
mit dem Werke ihrer Hände Gott dienen.

Auch die einzelnen Bestimmungen betreffs des Speisopfers sind von
Bedeutung. Auf das Mehl wurde Oel gegossen, das Backwerk war mit
Oel bereitet. Oel ist ein Bild des Heiligen Geistes. Die guten Werke der
Gläubigen geschehen aus Antrieb und in Kraft des Heiligen Geistes. Es
wurde auch Weihrauch auf das Speisopfer gelegt und dann angezündet.
Weihrauch ist Sinnbild des Gebets. Die guten Werke der Gläubigen sind
vom Gebet getragen, von Beten, Loben, Danken begleitet. Das Speis=
opfer wurde mit Salz gewürzt. Die Würze der guten Werke ist die lautere,
aufrichtige Gesinnung des Herzens. Die guten Werke geschehen in Liebe
zu Gott und zum Nächsten. Es sollte kein Sauerteig, auch kein Honig in
das Speisopfer eingemengt werden. Die Gläubigen sollen alle Falschheit,
Heuchelei und Unlauterkeit aus ihrem Werk und Wandel ausscheiden.

Ein Theil dieser Opfer wurde auf dem Altar angezündet, das Uebrige
war Speise und Lohn für die Priester. Die im Heiligthum dienen, sollen
sich auch von diesem Dienst nähren.

118. Das Dankopfer. 3 Mos. 3.

Eine dritte Art von Opfern war das Dankopfer oder Heilsopfer. Es galten hierfür zunächst, was die Beschaffenheit des Opferthiers, Handauf= legung, Schlachten, Blutsprengen anlangte, dieselben Bestimmungen, wie bei dem Brandopfer. Nur die inneren Theile, das Fett der Eingeweide und der Leber, sowie die Nieren, wurden auf dem Altar angezündet. Die Brust und die rechte Keule gehörte den Priestern. 3 Mos. 7, 30. ff. Das übrige Fleisch sollte von dem Darbringer und seiner Familie im Vorhof vor dem Angesicht des HErrn gegessen werden. 3 Mos. 7, 15. Dieses Opfermahl war hier die Hauptsache. Das war ein Freudenmahl. Die Israeliten bezeugten damit ihre Freude an dem Heil Gottes, welches durch die Opfer ihnen verbürgt war. So können wir hierin ein Vorbild des neu= testamentlichen Bundesmahls erblicken. So oft wir das Mahl des HErrn halten, freuen wir uns des Heils Gottes in Christo und danken Gott dafür.

119. Das Sündopfer. 3 Mos. 4.

Die bisher beschriebenen Opfer, Brand=, Speis= und Dankopfer, brachten die Israeliten dar, auch ohne daß ein besonderer Anlaß vorlag, wenn ihr Herz sie trieb. Für besondere Versündigungen waren nun aber noch besondere Opfer verordnet. Das waren zunächst die Sündopfer. Wer sich wider irgend eines der Gebote Gottes versündigt hatte, sei es der Hohe= priester oder die ganze Gemeinde oder der Fürst Israels oder ein einzelner Israelit, der mußte für seine Sünde ein fehlloses Opferthier darbringen, demselben die Hände auflegen, seine Sünde übertragen und es dann schlachten, also Seele für Seele, Leben für Leben geben. Die Hauptsache war aber hier das Verfahren mit dem Blut. Das Blut des Sündopfers wurde von dem Priester in gewissen Fällen gegen den Vorhang des Aller= heiligsten gesprengt, stets aber an die Hörner des Räucheraltars oder des Brandopferaltars gestrichen und der Rest an den Altargrund ausgeschüttet. Das Opferblut, welches die Sünde sühnte, sollte damit gleichsam recht nahe Gott unter die Augen gehalten werden. So wurde der Sünder Gott ver= söhnt. Nur die Fetttheile des Thiers wurden auf dem Altar angezündet, das übrige Fleisch wurde entweder draußen vor dem Lager verbrannt oder von den Priestern im Vorhof gegessen, zum Zeichen, daß die Sünde jetzt ganz und gar abgethan war. Vgl. 3 Mos. 6, 17. ff. Das Sündopfer in= sonderheit war Vorbild des Opfers JEsu Christi, welcher für unsere Sün= den sich selbst geopfert hat, und der vollkommenen Sühne und Versöhnung, welche durch das Blut JEsu Christi, des Sohnes Gottes, hergestellt ist. Nur solche Sünden, welche aus Versehen und Uebereilung geschehen waren, konnten durch Sündopfer gesühnt werden, nicht solche, die Einer vorsätzlich

und muthwillig verübt hatte. Wir Christen sollen wissen: „So wir muth=
willig sündigen, nachdem wir die Erkenntniß der Wahrheit empfangen haben,
haben wir weiter kein anderes Opfer mehr für die Sünde." Hebr. 10, 26.

120. Das Schuldopfer. 3 Mos. 5.

Es werden hier zunächst noch drei besondere Unterlassungs= und Ueber=
eilungssünden genannt, welche durch ein Sündopfer gesühnt werden mußten.
Wenn ein Israelit eine böse That seines Nächsten gesehen oder in Erfahrung
gebracht, dieselbe aber dem Richter nicht angezeigt hatte, oder durch Be=
rührung eines Aases oder sonst unreiner Dinge sich verunreinigt oder durch
leichtfertige Reden, etwa gar einen leichtfertigen Schwur sich verschuldet
hatte, so sollte er ein Sündopfer darbringen, dabei seine Sünde bekennen
und durch das Opfer Vergebung der Sünde erlangen. Das können wir
auch in das Neutestamentliche übertragen. Wenn wir aus Uebereilung ge=
sündigt, mit unreinen Dingen, etwa mit den unreinen Lüsten dieser Welt uns
befleckt oder leichtfertige Reden geführt oder durch Stillschweigen uns frem=
der Sünde theilhaftig gemacht haben, dann sollen wir alsbald dem HErrn
unsere Schuld bekennen, und Gott will um Christi willen uns vergeben.

In der zweiten Hälfte dieses Capitels folgen die Bestimmungen betreffs
des Schuldopfers. Das bestand immer in einem Widder. Die Opfer=
handlung war dieselbe, wie bei Darbringung des Sündopfers, nur daß das
Blut an den Brandopferaltar geschwenkt wurde. Ein Schuldopfer war für
den Fall verordnet, daß ein Israelit Gott oder Menschen etwas veruntreut,
also etwa seine Zehnten und Erstlinge, die er dem Heiligthum schuldete, nicht
entrichtet oder dem Nächsten an seinem Eigenthum irgend welchen Schaden
zugefügt hatte. Das Opfer diente hier zur Genugthuung, zur Wieder=
herstellung des verletzten Rechts. Der Schuldige sollte dann aber auch
Gott oder seinem Nächsten das wiedererstatten, was er ihm entzogen, und
noch ein Fünftel dazu geben. Auch hieraus können wir für uns eine Lehre
ziehen. Wenn wir Gott oder dem Nächsten etwas veruntreut, Gott Dank
und Opfer, dem Nächsten die schuldige Liebe entzogen haben, dann sollen
wir es Gott bekennen und Gott um Christi willen um Vergebung bitten.
Christus hat mit seinem Blut alle unsere Schuldigkeit bezahlt. Es ist dann
aber auch unsere Pflicht, so viel wir können, den Schaden wieder gut zu
machen und das Versäumte nachzuholen.

121. Der große Versöhnungstag. 3 Mos. 16, 1—9.

Der Opferdienst Israels gipfelte in dem Opfer des großen Versöhnungs=
tages. Derselbe fiel auf den zehnten Tag des siebenten Monats. An diesem
Tag wartete der Hohepriester seines Amtes und ging in das Allerheiligste

ein, wo Gott in der Wolke über den Cherubim des Gnadenstuhls thronte. Der Hohepriester legte für diesen Dienst seinen bunten Schmuck ab und kleidete sich ganz in Weiß. Das deutete darauf, daß kein Unreiner, kein Sünder vor Gott sich sehen lassen darf. Vor Allem aber ist der Hohepriester nicht ohne Blut in das Allerheiligste eingegangen. Hebr. 9, 7. Er schlachtete einen Farren für seine Sünde und einen Ziegenbock als Sündopfer des Volks. Darauf nahm er in eine Pfanne Feuerkohlen vom Räucheraltar und streute eine Hand voll Weihrauchkörner darauf und brachte dieses Räuch= werk ins Allerheiligste. Die Wolke des Weihrauchs bedeckte so den Gnaden= stuhl und schützte den Hohenpriester, der eben auch ein sündiger Mensch war, vor dem Zornesblick des heiligen Gottes. Dann erst ging er mit dem Blut des Farren und des Ziegenbocks in das Allerheiligste und besprengte mit diesem Blut den Gnadenstuhl. Das Blut der Sündopfer wurde an diesem Tage in die allernächste Nähe Gottes gebracht und sühnte also die Sünde Aarons und seines Hauses und die Sünde des Volkes für ein ganzes Jahr. Die Besprengung des Gnadenstuhls diente zugleich zur Entsündigung des= selben. Desgleichen sühnte der Hohepriester mit dem Blute den Räucheraltar im Heiligen und den Brandopferaltar im Vorhof. Denn diese heiligen Ge= räthe waren durch die Berührung mit den sündigen Menschen verunreinigt.

Das alles ist Weissagung auf Christum. Christus ist der rechte Hohe= priester. Der brauchte nicht für eigene Sünde zu opfern. Er war heilig, unschuldig, unbefleckt, von den Sündern abgesondert und höher, denn der Himmel ist. Hebr. 7, 26. Und dieser Hohepriester ist einmal für uns mit seinem eigenen Blut in das Allerheiligste zu Gott eingegangen. Hebr. 9, 12. Er hat sein Leben gelassen, sein Blut vergossen für die Sünde der ganzen Welt und ist mit seinem Blute vor Gott erschienen und hat so die sündige Welt mit Gott versöhnt. Die Sühne des großen Versöhnungstags galt nur für ein Jahr und mußte jedes Jahr erneuert werden. Das große Ver= söhnopfer, das Christus dargebracht hat, hat ein= für allemal die Sünden aller Sünder gesühnt. Christus hat mit seinem Opfer eine ewige Erlösung erfunden.

122. Der große Versöhnungstag. (Fortsetzung.) 3 Mos. 16, 20—34.

Betreffs der beiden Sündopfer des großen Versöhnungstages wird hier noch verordnet, daß die Fettstücke, wie sonst bei den Sündopfern ge= schah, auf dem Brandopferaltar angezündet werden sollten. Alles übrige Fleisch wurde außerhalb des Lagers verbrannt. Damit war angezeigt, daß die Sünde ganz und gar abgethan sei.

Der Hohepriester sollte aber an diesem Tage zwei Ziegenböcke nehmen und dem HErrn darstellen. Der eine wurde eben als Sündopfer geschlachtet. Der andere blieb leben. Auf diesen lebendigen Bock legte der Hohepriester seine beiden Hände und bekannte auf ihn seine Sünde, der Priester Sünde und des Volks Sünde und übertrug somit auf das unschuldige Thier die Gesammtschuld der ganzen Gemeinde Israels. Beide Böcke trugen sinnbildlich die Sünde des Volks. Das Blut des einen Bockes sühnte die Sünde vor Gott. Der lebendige Bock trug die Sünde Israels in die Wüste. Er wurde in die Wüste geführt und dort losgelassen. Er wurde, wie es B. 9. 10. nach dem Urtext heißt, dem Asasel zugesandt, das heißt, dem bösen Geist, der in der Wüste hauste. Die Sünde wurde durch diesen sinnbildlichen Vorgang dem zurückgegeben, der sie in die Welt gebracht, dem Teufel. Der hatte jetzt, nachdem die Sünde gesühnt war, an dem Volk Gottes nichts mehr zu suchen. Hierin ist eine allgemeine Wahrheit abgeschattet. Die Sünde der Menschen ist durch Christi Blut gesühnt, Gott den Sündern versöhnt. Die Sünde ist abgethan. Und so hat auch der Satan, der Urheber der Sünde, keine Macht mehr an den sündigen Menschen, hat kein Recht mehr, sie vor Gott zu verklagen. Die Schuld ist dem Menschen vergeben, die Strafe erlassen. Schuld, Strafe, Verdammniß fällt allein auf den bösen Geist zurück, der die Menschen zur Sünde verführt hat.

Nach Ausrichtung seines Amts mußte der Hohepriester seine Kleider ablegen und sich waschen. Es war eben eine hochheilige Handlung, die er vollzogen hatte. Der große Versöhnungstag wurde auch noch dadurch geheiligt und ausgezeichnet, daß Israel seinen Leib kasteite, das heißt, an diesem Tag fastete. Es war dies der einzige Fasttag, welcher Israel verordnet war. Die hier vorgeschriebene Weise sollte ein ewiges Recht sein für die Kinder Israel. Das sollte gelten, bis Christus käme und die ewige Versöhnung erwirkte.

123. Warnung vor Entheiligung des Opfers. 3 Mof. 17.

Die Kinder Israel werden hier vor einer doppelten Versündigung am Opfer gewarnt, welche mit dem Tod, mit Ausrottung aus dem Volk bestraft werden soll. Wenn ein Israelit an irgend einem andern Orte opferte, als an dem Ort, wo Gott seines Namens Gedächtniß gestiftet hatte, im Vorhof, vor der Hütte des Stifts, wenn er draußen im freien Felde den Feldteufeln, den Dämonen opferte, so sollte er aus der Gemeinde ausgerottet werden. Israel sollte Gott nur in der Weise dienen und opfern, welche Gott in seinem Gesetze vorgeschrieben hatte. So wurden auch die zwei ältesten Söhne Aarons, Nadab und Abihu, durch Feuer vom Himmel verzehrt, weil sie fremdes Räuchwerk dem HErrn dargebracht hatten, wie dies 3 Mof. 10, 1—3. berichtet ist. Wir Christen sollen wissen, daß nicht nur grobe Abgötterei, sondern auch aller selbsterwählter Gottesdienst, also auch alle falsche Lehre, die der Mensch sich selbst ersonnen hat, vor Gott ein Greuel ist und in der Kirche nicht geduldet werden soll.

Mit der Ausrottung aus dem Volk wird ferner jeder Israelit bedroht, welcher Blut essen würde. Im Blut war die Seele, das Leben des Thieres. Das Blut, die Seele, das Leben des Thieres diente zur Deckung, zur Sühne, zur Versöhnung des Sünders und war darum hochheilig. Welcher Israelit darum Blut aß, der entweihte das Heilige, der bewies damit, daß er das Opfer verachtete. Etwas Aehnliches gilt auch im Neuen Testament. Wer das Blut des Neuen Testaments, das Blut des Sohnes Gottes gemein macht und mit Füßen tritt, wer Wort und Sacrament schnöde verachtet, der verfällt dem Zorn Gottes und soll auch in der christlichen Gemeinde nicht gelitten werden.

124. Fluch und Segen. 3 Mof. 26, 3—22.

Noch manche andere Gebote und Satzungen des HErrn sind in diesem Gesetzbuch, dem dritten Buch Mose enthalten, z. B. auch bestimmte Eheverbote und bestimmte Speiseverbote. Das Gesetz Mosis unterscheidet genau zwischen reinen und unreinen Thieren. Israel sollte auch in seinem ehelichen, häuslichen Leben, ja auch in äußerlichen Dingen, wie Essen und Trinken, sich als ein heiliges Volk darstellen. Das Ehegesetz, nach welchem kein Israelit seine nächste Blutsfreundin ehelichen durfte, entspricht der Natur der Ehe und der Natur des Menschen, ist in die Natur des Menschen eingeschrieben und daher auch noch für uns verbindlich.

Nachdem Gott seinem Volk seine Rechte und Satzungen offenbart hat, spricht er Fluch und Segen aus, den Segen über die, welche seine Gebote halten, den Fluch über die, welche sein Gesetz übertreten. Wenn die Israeliten den Geboten ihres Gottes gehorchen — und der Glaube an die Gnadenverheißungen Gottes gab ihnen Kraft zum Gehorsam — dann soll das Land sein Gewächs geben, dann sollen sie alle ihre Feinde besiegen, dann will Gott ihr Gott sein und bleiben und seinen Bund halten und ferner seine Wohnung unter ihnen haben. Wenn sie aber Gottes Gebote und Satzungen verwerfen, den Bund brechen, Glauben und Gehorsam verleugnen, dann will Gott den Segen von ihrem Land wegnehmen und den Himmel verschließen, dann will sie Gott in die Hand ihrer Feinde dahingeben und sonst mit allerlei Plagen und Krankheiten heimsuchen, dann will er seinen Bund aufheben und sein Angesicht wider sie richten.

Die Verheißungen und Drohungen, die hier ausgesprochen sind, betreffen vornehmlich das verheißene Land Canaan und gehen also, so wie sie lauten, nur das Volk des Alten Bundes an. Wir können sie aber wohl auch in die neutestamentliche Sprache und Weise übersetzen. Wenn wir Christen von Herzen Gott glauben und vertrauen und in seinen Geboten wandeln, dann will Gott uns gnädig sein, uns Bund und Treue halten, mit seiner Wohnung, mit seinem Wort und Geist bei uns bleiben, es uns auch sonst an keinem Guten fehlen lassen und wider alle Feinde und Widerwärtigkeit uns schützen und behüten. Darum sollen wir ihn auch lieben und vertrauen und gerne thun nach seinen Geboten. Wenn wir uns aber von Gott abwenden, ihm Glauben und Gehorsam verweigern und seine Gebote verachten, dann will Gott sich auch von uns abkehren, seinen Bund, sein Wort von uns nehmen, auch Segen, Friede, Wohlfahrt uns entziehen und uns wohl auch mit Strafruthen züchtigen. Darum sollen wir uns fürchten vor seinem Zorn und nicht wider seine Gebote thun.

125. Fluch der Bundesbrüchigen. 3 Mof. 26, 23—46.

Die dem abtrünnigen Israel vermeinte Drohung wird hier fortgesetzt und zu Ende geführt. Wenn alle vorherigen Züchtigungen nichts helfen, wenn die Kinder Israel in ihren Sünden fortfahren und Gott und seinem Wort zuwiderhandeln, dann will Gott das eigentliche Racheschwert über sie bringen und sie dem Verderben anheimgeben. Er will Pestilenz und Hungersnoth senden, die Drangsale einer belagerten Stadt. Es wird so weit kommen, daß sie das Fleisch ihrer Söhne und Töchter fressen. Ihre Leichname sollen die Straßen bedecken. Gott will ihre Städte und ihr Land wüste machen und ihr Heiligthum zerstören. Die Ueberlebenden sollen unter die Heiden zerstreut werden und in ihrer Missethat verschmachten. Gott gibt ihnen ein feiges, furchtsames Herz, daß sie fliehen, da sie Niemand jaget. Dieser Gerichtsdrohung ist aber noch eine Verheißung angefügt. Die Kinder Israel werden in ihrem Elend sich demüthigen und ihre Missethat bekennen, und so wird Gott seines Bundes gedenken und sich ihrer erbarmen.

Diese Weissagung hat sich erfüllt. Israel hat das Maaß seiner Sünden voll gemacht und bis zuletzt widerstrebt, schließlich sogar seinen Messias verworfen. Und so ist der Zorn über sie gekommen endlich. Die Römer sind gekommen und haben Land und Leute genommen, ihren Tempel zerstört, ihrem heuchlerischen Gottesdienst ein Ende gemacht. Aus dem letzten jüdischen Krieg, der mit der Zerstörung Jerusalems endete, werden uns solche Greuelscenen berichtet, wie daß eine Mutter ihr eigenes Kind schlachtete und aß. Seitdem ist Israel unter die Völker zerstreut und trägt den Fluch auf der Stirn, geht wie Kain unstet und flüchtig auf Erden einher. Doch wenn auch die Masse des Volks dem Zorn und der Verdammniß anheimgefallen ist, so hat doch Gott sein Volk, das wahre Israel nicht verworfen. Ein Rest hat sich bekehrt zu dem starken Gott, zu seinem Gott und Erlöser, und ist gerettet und selig geworden. Gerade zu der Zeit, da die Gerichte Gottes begonnen hatten, da das verstockte Volk dem letzten Zorn entgegenging, sind die Uebrigen aus Israel des Heils Christi theilhaftig geworden und in die Kirche Christi eingesammelt. Und es werden noch je und je Etliche aus Israel bekehrt und gerettet.

Israels schreckliche Strafe ist ein Warnexempel für Alle. So werden Alle, welche bis zuletzt Gott trotzen und sein Wort verwerfen, elendiglich umkommen. „Denen, die der Wahrheit nicht gehorchen", wird Gott mit „Ungnade und Zorn entgelten". „Trübsal und Angst über alle Seelen der Menschen, die da Böses thun, vornehmlich der Juden und auch der Griechen." Röm. 2, 8. 9. Gott wird „mit Feuerflammen Rache geben über die, so nicht gehorsam sind dem Evangelio unsers HErrn JEsu Christi, welche werden Pein leiden, das ewige Verderben von dem Angesicht des HErrn und von seiner herrlichen Macht". 2 Thess. 1, 8. 9. Durch Gottes großes Erbarmen werden aber auch noch fort und fort arme Seelen aus dem Verderben der Welt herausgerissen und zu Gott bekehrt und ewig gerettet.

126. Fortsetzung der Wanderung. 4 Mos. 10, 11—36.

In den ersten Capiteln des 4. Buchs Mose sind noch mehrere Gesetze verzeichnet. Und es werden nochmals die Stämme Israels nach ihrer Stärke, nach der Zahl ihrer waffenfähigen Männer aufgezählt. Es ist auch berichtet, daß die Kinder Israel am Sinai noch das zweite Passahfest feierten.

Nachdem Israel also ziemlich ein Jahr lang am Sinai gelagert hatte, am zwanzigsten Tag des zweiten Monats des andern Jahres erhob sich die Wolke, die auf der Wohnung ruhte, und gab das Zeichen zur Fortsetzung der Wanderung. Der Hall silberner Trompeten, deren Anfertigung im An= fang dieses Capitels verordnet wird, war das Signal zum Aufbruch. Und so geschah es nun immerdar. Wenn die Wolke sich aufhob von der Hütte, so zogen die Kinder Israel, und an welchem Ort die Wolke blieb, da lager= ten sich die Kinder Israel. 4 Mos. 9, 17. Nach dem Wort des HErrn zogen sie, nach dem Wort des HErrn lagerten sie sich. 4 Mos. 9, 18. Das ist die Regel für das Volk Gottes. Die Gott kennen und fürchten, die wandeln nicht nach ihrem eigenen Belieben, sondern nach Gottes Willen und Geheiß. Gott leitet sie nach seinem Rath.

Die Wolke führte jetzt die Kinder Israel in die Wüste Paran. Das war die große Wüste, welche Egypten von Canaan trennte. Es wird die Marschordnung, wie ein Stamm mit seinem Panir dem andern folgte, genau angegeben. Dem Heer Israels voran zog der Stamm Juda. Der übernahm gleich im Anfang die Führung des Volkes. In der Mitte des Zuges gingen die Priester und Leviten mit den heiligen Geräthen.

Auf Mosis Bitte zog auch Hobab, sein Schwager, sammt einem Theil seines Volkes, der Midianiter oder Keniter, mit Israel. Hobab war der

Wege der Wüste kundig, konnte also mit seinem Rath dem Volke Israel auf der Wanderung gute Dienste leisten. Die Wolke, welche voranzog, bestimmte nur im Allgemeinen die Richtung des Wegs. Hobab bezeichnete dann näher Weg und Steg, da man sicher und bequem gehen konnte. So befehlen die Frommen sich und ihre Wege dem Aufsehen Gottes, aber gebrauchen daneben auch die von Gott ihnen verliehenen Kräfte, ihren Verstand und ihre Weisheit, auch den Rath kluger Leute, damit sie ihr Fortkommen auf Erden haben und durch die schweren Läufte dieser Zeit sicher hindurchkommen.

Jeden Morgen betete Mose, daß Gott die Feinde vor Israel her zerstreuen möge, und jeden Abend, daß er bei der Menge der Tausende Israels einkehren möge. Aehnlich lautet der tägliche Morgen= und Abendsegen der Christen. Jeden Morgen bitten wir Gott, daß er uns auf unserm Wege geleite und behüte, daß der böse Feind keine Macht an uns finde, und jeden Abend, daß er bei uns einkehre und uns mit seinen Fittigen decke, wenn wir ruhen.

127. Das Murren des Volks. 4 Mos. 11, 1—15.

Bei der Fortsetzung der Wanderung zeigte sich sofort wieder die böse Art des Volks. Israel war, wie Stephanus den Juden bezeugt, von Anfang an ein halsstarriges Volk. Das Volk wurde ungeduldig und murrte über Gottes Führung, daß es von einer Wüste in die andere geführt wurde. Da sandte Gott in seinem Zorn Feuer vom Himmel, das verzehrte das äußerste Lager, Geräthe, Vieh und Menschen. Daher hieß die Stätte Tabeera, das ist Brandstätte. Doch als das Volk zum HErrn schrie, schwand das Feuer. Gott war eben gegen das Volk sehr gnädig, geduldig und langmüthig. Das ist alles uns zum Vorbild geschehen. 1 Cor. 10, 6. So zeigen sich auch die Christen oft mürrisch und unzufrieden mit Gottes Führung. Da muß Gott wohl auch mit seinen Strafen dareinfahren. Aber nach seiner Gnade und Treue hört er auch immer wieder das Schreien seiner Kinder und nimmt die Plage hinweg.

Gleich darauf offenbarte sich die Unzufriedenheit des Volks nach einer andern Seite. Es ekelte sie das Manna. Es wird hier wieder hervorgehoben, daß das Manna eine süße, wohlschmeckende Speise war und in mannigfaltiger Weise zubereitet werden konnte. So war dieses Murren schnöder Undank. Die Kinder Israel sehnten sich nach den Fleischtöpfen und würzigen Speisen Egyptens zurück. Sie hatten einen lüsternen Sinn. Das Pöbelvolk, das mitgezogen war, gab den Anlaß zu dieser Klage. Das hätten sie beim Auszug aus Egypten zurückweisen sollen. Aehnlich geht es auch noch unter den Christen. Die werden oft der edeln Speise, des gütigen Wortes Gottes überdrüssig. Das ist schändlicher Unglaube und Undank.

9

Und sie schauen wohl sehnsüchtig nach den Freuden und Genüssen dieser Welt zurück, die sie verlassen haben. Darum warnt St. Paulus, daß sie sich nicht gelüsten lassen des Bösen, gleichwie Jene gelüstet hat. 1 Cor. 10, 6. An den Heuchlern unter den Christen treten solche bösen Gelüste zuerst hervor, und diese verführen Andere. Darum soll eine christliche Gemeinde wohl zusehen, daß nicht viel von falschen Brüdern unter ihren Gliedern sei.

Mose war über dieses fortwährende Murren des Volks tief bekümmert, er mochte die Fürsorge für das Volk nicht länger tragen, die Last wurde ihm zu schwer, und er klagte Gott seine Noth. Dergleichen erfahren auch heute noch die, welchen das Amt in der Kirche übertragen ist. Die werden wohl schließlich verzagt, unwillig und verdrossen, wenn sie allenthalben Widerspruch finden. Doch sie sollen nicht vor den Menschen seufzen und klagen, sondern ihr betrübtes und verzagtes Herz im Gebet vor Gott ausschütten.

128. Bestrafung des lüsternen Volks. 4 Mos. 11, 16—35.

Gott hörte und erhörte die Klage Mosis und bestellte diesem Gehülfen für sein schweres Amt, siebenzig Aelteste aus dem Volk. Dieselben stellte Mose vor die Hütte des Stifts, und da erschien der HErr in der Wolke und nahm von dem Geist, der auf Mose war, und legte ihn auch auf die siebenzig Männer, daß sie in der Kraft des Geistes Gottes mit Mose Israel regieren möchten. Ein äußerliches Zeichen bestätigte, daß sie mit dem Geist Gottes begabt waren, nämlich sie weissagten, das heißt, stimmten in begeisterten Worten das Lob Gottes an. Zwei von den Aeltesten, welche sich nicht mit den andern bei der Hütte befanden, sondern aus einem unbekannten Grund im Lager zurückgeblieben waren, empfingen auch den Geist und weissagten. Josua, der Diener Mosis, wollte ihnen wehren. Aber Mose freute sich, daß auch über diese zwei Männer der Geist gekommen war, und wünschte, das ganze Volk möchte also weissagen. Auch jetzt im Neuen Testament ordnet Gott zum Besten seiner Gemeinde Dienste und Aemter und gibt geeignete Personen für diese Aemter und gibt diesen Personen seinen Geist zur Ausrichtung ihres Amts. Und Gott gibt den Geist und die Gaben des Geistes, wem und wie er will, und wir sollen nicht scheel sehen, sondern uns freuen, wenn sich auch außerhalb unsers engeren Kreises der Geist Gottes regt und lebendig erweist.

Gott hörte und erhörte auch die Klage des Volks und gab ihm Fleisch, ließ Wachteln vom Meer her kommen und streute sie in großer Menge rings um das Lager her aus, so daß das Volk vollauf zu essen hatte und noch große Vorräthe sammeln konnte. Da aber das Fleisch noch unter ihren Zähnen war, ergrimmte der Zorn des HErrn und schlug sie mit einer großen Plage, welche Vielen den Tod brachte. Die Gier, mit welcher sie über die

Wachteln herfielen, ihr lüsterner Sinn hatte seinen Zorn erregt. Daher nannte man diese Stätte Lustgräber. Das kann Gott nicht ertragen, das läßt er nicht ungestraft, wenn die Menschen, gar die Christen seine guten Gaben zu ihren sündigen, schnöden Lüsten mißbrauchen. Die böse Lust wirket den Tod. Darum sollen wir uns nicht des Bösen gelüsten lassen, gleichwie Jene gelüstet hat.

129. Die murrende Mirjam wird aussätzig. 4 Mos. 12.

Auf mannigfache Weise hatte das Volk Israel schon der Führung Gottes und seines Knechtes Mose widerstrebt. Hier hören wir, daß sich sogar Aaron und Mirjam, sein Bruder und seine Schwester, wider Mose auflehnten. Sie machten es ihm zum Vorwurf, daß er, wohl nach dem Tod der Zipora, eine Mohrin zum Weibe genommen hatte. Nun das war keine Sünde. Doch das war nur der Anlaß zum Streite. Im Grund waren sie darüber ungehalten, daß in Israel Alles nach Mosis Wort und Willen gehen sollte, sie gönnten Mose nicht die Ehre, die Gott ihm beigelegt hatte. Sie sprachen: „Redet denn der HErr allein durch Mose? Redet er nicht auch durch uns?" Mirjam war ja Prophetin und Aaron der Hohepriester. Es wird bemerkt, daß Mose ein sehr geplagter Mann war, oder, wie es eigentlich heißt, daß er ein sehr sanftmüthiger Mann war. Er ließ das alles ruhig über sich ergehen. Alle, die ein Amt haben im Volk Gottes, müssen um dieses Amtes willen viel leiden und viel Widerrede sich gefallen lassen. Und sie thun dann am besten, wenn sie schweigen und weiter still ihres Amtes warten.

Indeß der HErr trat jetzt selbst für seinen Knecht Mose ein. Er forderte die drei, Mose, Aaron und Mirjam, vor sich, vor die Thür der Hütte des Stifts und erschien dort und bestätigte den besondern Beruf, den er Mose gegeben, und schalt Aaron und Mirjam, daß sie wider Mose geredet hatten. Dem Mose hatte Gott sein ganzes Haus, das heißt das Volk Gottes anvertraut, das Regiment des Volks übergeben. Mose war gleichsam der Stifter des alttestamentlichen Gottesstaates, der Mittler des Alten Bundes. Und Mose war im ganzen Hause Gottes treu erfunden. Dieser seiner hohen Stellung gemäß verkehrte auch Gott mit ihm auf einzigartige Weise, offenbarte sich ihm nicht durch Bild oder Traum, sondern redete mit ihm von Mund zu Mund, hatte lange Unterredungen mit ihm, und Mose sah dabei eine Gestalt Gottes. Wir sehen hieraus, daß Gott selbst sich seiner Diener annimmt, welche auf seinen Befehl seiner Gemeinde sein Wort und seinen Willen verkündigen. Gott ist selbst Richter zwischen den Predigern und denen, welche sich ihrem Amt und Wort widersetzen. Rechtschaffene Prediger sollen sich darum nicht grämen, wenn sie von Menschen gerichtet und

ungerecht beurtheilt werden. Der HErr wird sie dereinst richten und recht=
fertigen. Und bis dahin sollen sie sich damit zufrieden geben, wenn sie nur
das Zeugniß haben, daß sie in ihrem Amte treu sind. Gott fordert nicht
mehr von seinen Haushaltern, denn daß sie treu erfunden werden. Der
Hebräerbrief weist noch darauf hin, daß, wie Mose, so auch Christus,
welcher als Sohn Herr und Eigenthümer des Hauses Gottes war, sich dem
treu erwiesen hat, der ihn zum Mittler und Hohenpriester des Neuen Testa=
ments bestellt hatte. 3, 1—6.

Nachdem Gott also zwischen Mose und den beiden Empörern Gericht
gehalten, bekräftigt er sein Urtheil auch durch die That. Mirjam wurde
um ihres Ungehorsams willen aussätzig. Gott will es auch an den Christen
strafen, wenn sie das Predigtamt verachten und sich wider diese heilige Ord=
nung Gottes auflehnen. Auf Aarons Bitte und Mosis Fürbitte heilte der
HErr dann aber wieder die Mirjam von ihrem Aussatz. So wir unsere
Sünde bekennen, so ist Gott treu und gerecht, daß er uns die Sünde vergibt
und reinigt uns von aller Untugend.

130. Aussendung der Kundschafter. 4 Mos. 13.

Israel war jetzt in Cades, am Ende der Wüste Paran, daß heißt an
der Südgrenze des Landes Canaan angelangt. Von hier aus entsendete
Mose zwölf Fürsten, je einen aus jedem Stamm, welche das Land erkunden
sollten. Dieselben durchzogen das ganze Land Canaan, von Süden nach
Norden, und wieder zurück und brachten die Kunde, daß es ein Land sei,
da Milch und Honig innen fließt, das heißt ein gutes, fruchtbares Land.
Das bewies auch die große Traube, die sie von Hebron mitgenommen.
Aber es sei auch ein Land, welches seine Einwohner fresse, das heißt, wel=
ches seinen Bewohnern Verderben drohe. Canaan war von Alters her wegen
seiner Güte ein Zankapfel, um den die Völker Vorderasiens sich stritten.
Das Land sei von einem starken Volk, ja von Riesen bewohnt, und es sei
daher sehr schwer, dasselbe einzunehmen. Das Land Canaan ist nach der
Schrift ein Bild des himmlischen Erbes, welches den Kindern Gottes ver=
heißen ist. Das ist ein gar liebliches, herrliches Erbtheil. Aber es kostet
freilich Mühe und Kampf, dasselbe einzunehmen. Nur die dem Himmel=
reich Gewalt anthun, die reißen es an sich. Ja, es ist bei Menschen un=
möglich, selig zu werden, doch bei Gott sind alle Dinge möglich.

Die Kundschafter machten nun durch übertriebene Schilderung von der
Stärke des Feindes das Volk verzagt. Nur zwei von ihnen blieben stand=
haft, Caleb und Josua. 4 Mos. 14, 30. Die vertrauten auf Gott, daß sie
mit seiner Hülfe die Canaaniter überwältigen und das Land einnehmen
würden, und beschwichtigten und ermuthigten das Volk. Es steht schlimm

in der Kirche, wenn diejenigen, welche von Gott zu Führern der Gemeinde berufen sind, feig und verzagt werden, den Muth fallen lassen und den Kampf scheuen. Da ist es nicht zu verwundern, wenn die Andern dahinten bleiben und im Lauf und Kampf erlahmen. Doch es gibt allewege auch noch treue Zeugen und Diener, welche dem Volk Gottes Muth zusprechen, es zum Kampf ermuntern und ihm den gewissen Sieg verkünden.

131. Israel weigert sich, das verheißene Land einzunehmen.
4 Mos. 14, 1—25.

Als das Volk die Rede der Kundschafter vernommen hatte, schrie und weinte es bitterlich, es fürchtete sich vor den Bewohnern des Landes Canaan und schreckte vor dem Kampf zurück. Die Kinder Israel murrten wider Mose und Aaron, wider Gott und Gottes Führung, welcher sie aus Egypten ausgeführt, glücklich durch die Wüste hindurchgeführt hatte und sie jetzt in das verheißene Erbe einführen wollte. Sie fielen von Gott ab, indem sie das gute Land, welches Gott ihnen geben wollte, verschmähten und an der Mithülfe Gottes zur Bezwingung der Canaaniter verzweifelten. Sie lästerten Gott, indem sie den großen Zeichen und Wundern, die sie gesehen, nicht glaubten, dieselben für Scherz und Spott achteten. Sie versuchten Gott, indem sie seine Langmuth auf die Probe stellten, und forderten seinen Zorn heraus. Gegen die zwei Kundschafter, Caleb und Josua, welche sie treulich warnten und ermahnten, ergrimmten sie und wollten sie steinigen. Das ist ein schreckliches Exempel des Unglaubens, welches den Christen zur Warnung dienen soll. Der Apostel mahnt und spricht, indem er an diese Geschichte erinnert: „Sehet zu, lieben Brüder, daß nicht Jemand unter euch ein arges, ungläubiges Herz habe, das da abtrete von dem lebendigen Gott." Hebr. 3, 12. Der Unglaube verachtet Gottes Gabe, Güte und Gnade. Der Unglaube ist schnöder Undank. Der Unglaube ist Abfall von Gott, man fürchtet und ehrt Gott nicht als Gott, will von Gottes Kraft und Hülfe nichts wissen. Die Ungläubigen murren wider Gott und Gottes Führung. Sie lästern Gott, indem sie alle Gnadenerweisungen Gottes in den Wind schlagen und verspotten. Sie versuchen Gott und rufen seinen Zorn hervor. Der Unglaube erweist sich gerade auch darin, daß er den Ruf der treuen Zeugen und Prediger, alle Warnung und Mahnung des göttlichen Worts schnöde zurückweist. Der Unglaube und Abfall hat oft darin seinen Anlaß und Anfang, daß man feig und verzagt wird und den Kampf scheut, den Gott verordnet hat.

Es erschien jetzt die Herrlichkeit des HErrn in der Hütte des Stifts. Doch Gott zürnte den Kindern Israel und wollte sie vertilgen. Da trat Mose wieder als Mittler für das sündige Volk ein und faßte Gott bei seiner

Ehre und stellte ihm vor, die Heiden würden seiner spotten, wenn er das
Volk tödtete, als hätte er es nicht vermocht, das Volk in das Land zu bringen,
das er ihm zugeschworen, und faßte Gott bei seiner Gnade und bat um Ver=
gebung der Missethat seines Volkes. Gott ließ sich in soweit erbitten, als
er des Volks verschonte. Doch sollten alle die Männer, welche seine Zeichen
in Egypten und in der Wüste gesehen, in der Wüste umkommen, bis auf
Josua und Caleb. Gott ist gar gnädig und barmherzig und hat Geduld
mit den Sündern. Aber an denen, die seine Gnade und Geduld beharrlich
verachten, wird er zuletzt seine Herrlichkeit in Zorn und Gericht offenbaren.
Wer nicht glaubt, der wird verdammt werden.

132. Die Strafe des Ungehorsams. 4 Mos. 14, 26—45.

Hier wiederholt Gott die Strafdrohung über das abtrünnige Geschlecht.
Alle die Gemusterten, welche beim Auszug aus Egypten zwanzig Jahr alt
und darüber waren, sollen in der Wüste umkommen, ihre Leiber sollen in
der Wüste verfallen, darum, daß sie wider den HErrn gemurrt und sich
wider ihn empört haben. Sie hatten sich selber angewünscht, daß sie in der
Wüste gestorben wären. 14, 2. Diese Verwünschung, dieser Fluch soll ihr
Haupt treffen. Erst die Kinder sollen nach vierzigjähriger Wüstenwande=
rung in das gelobte Land eingehen. Wie ernstlich diese Drohung gemeint
war, bewies Gott damit, daß die Kundschafter, welche ein böses Geschrei
über das verheißene Land aufgebracht hatten, sofort durch eine plötzliche
Plage hinweggerafft wurden. Nur Josua und Caleb, die beiden Getreuen,
blieben am Leben. Das ist alles, wie der Apostel 1 Cor. 10, 6. sagt, uns
zum Vorbild geschehen, uns zur Warnung. Es ist jetzt noch so, wie es
damals war. Viele von denen, die da geglaubt, Gottes Macht und Güte
an sich erfahren haben, fallen wieder ab und gehen verloren. Viele ver=
schmähen das verheißene himmlische Erbe, scheuen Mühe, Kampf, Kreuz,
Selbstverleugnung und kommen nicht zu ihrer Ruhe. Wer durchaus nicht
selig werden will, der soll und wird auch gewiß nicht selig werden. Ein
besonders hartes Gericht aber wird über die treulosen Führer und Hirten
ergehen, welche Andere zum Abfall verleitet und vom Weg der Seligkeit
abgebracht haben.

Die Kinder Israel waren und blieben störrig, auch nachdem sie dieses
Urtheil Gottes vernommen hatten. Sie übertraten jetzt nach der andern
Seite das Wort des HErrn. Als der HErr ihnen geheißen hatte, das Land
einzunehmen, wollten sie nicht ziehen. Jetzt zogen sie aus eigenem Vor=
nehmen, dem Willen des HErrn zuwider hinauf auf das Gebirge, um mit
den Cananitern zu kämpfen. Das war Trotz und Vermessenheit. Der
HErr war nicht mit ihnen. Auch Mose und die Lade blieben im Lager

zurück. So wurden sie von den Canaanitern geschlagen. Wir sehen hier, wie grundverkehrt die Herzen der Menschen sind. Das menschliche Herz ist ein trotziges und verzagtes Ding. Das eine Mal verzweifelt es an Gottes Gnade und Hülfe. Das andere Mal trotzt es Gott und seinem Gebot. Der natürliche Sinn des Menschen ist Feindschaft und Widerspruch gegen Gott. Wenn Gott etwas gebietet, da sagt der Mensch Nein; wenn er dasselbe verbietet, dann thut es der Mensch, Gott zum Trotz. Die aber also wider Gott anlaufen, die werden zu Schanden. Trotz und Vermessenheit ist es auch, wenn der Mensch es versucht, in eigener Kraft in den Himmel einzubringen, sich selber die Seligkeit zu erwerben und zu verdienen. Das gelingt ihm nicht. Gott widerstehet den Hoffärtigen.

133. Aufruhr der Rotte Korah. 4 Mos. 15, 32.—16, 14.

Es wird hier zunächst von einem Sabbathschänder berichtet, welcher am Sabbath Holz las und auf ausdrücklichen Befehl Gottes gesteinigt wurde. So eifert Gott über seinem Gesetz. Das heißt, in das Neutestamentliche übertragen: Die offenbaren Verächter des göttlichen Worts sollen aus der christlichen Gemeinde ausgeschlossen werden. Wer das Wort verachtet, der verderbt und verdammt sich selbst.

Ferner hören wir hier von dem Aufruhr der Rotte Korah. Korah, der Levit, nebst Dathan und Abiram und einem Anhang von 250 Mann, angesehenen Leuten im Volk, murrten und empörten sich wider Mose und Aaron, die von Gott berufenen Führer des Volks. Sie spotteten ihres Amts und ihrer Amtsführung: Wie fein habt ihr uns gebracht in ein Land, da Milch und Honig innen fließt! Israel, das alte Geschlecht, hatte doch selbst durch seinen Unglauben sein Erbe verscherzt. Sie warfen ihnen vor, daß sie das Volk in der Wüste tödteten, während der HErr es war, welcher dieses Strafgericht über Israel verhängt hatte. Sie beschuldigten sie, als wollten sie über das Volk herrschen, während sie selbst nur für sich das Priesterthum und die Herrschaft begehrten.

Wie damals zur Zeit des Alten Bundes, so gehet es auch jetzt noch in der neutestamentlichen Kirche. Falsche Apostel machten den Aposteln Christi das Amt streitig, das sie vom HErrn empfangen hatten. In den Christengemeinden treten hin und wieder falsche Lehrer auf und sonst hoffärtige Geister, die werfen sich selbst zu Führern auf, die widersetzen sich dem von Gott geordneten Predigtamt und spotten desselben, nennen es Strenge, Tyrannei, Herrschsucht, Hoffart, wenn die rechtschaffenen Prediger nach Gottes Wort die Sünde strafen und nach Gottes Willen ihr Amt ausrichten, und suchen bei dem allen nur ihren eigenen Nutzen und ihre eigene Ehre. Solche losen Geister finden auch immer etlichen Anhang.

134. Vertilgung der Rotte Korah. 4 Mof. 16, 15—35.

Gott sprach jetzt in dem Handel zwischen Mose und Aaron, den von Gott verordneten Führern des Volks, und der aufrührerischen Rotte Korah selbst das Urtheil. Die Herrlichkeit des HErrn erschien vor der Hütte des Stifts. Mose und Aaron traten dahin, ebenso Korah, Dathan und Abiram und die 250 Männer, die ihnen anhingen, ein jeglicher mit einer Pfanne und Räuchwerk. Der HErr wollte zeigen, wer wirklich sein Priester sei und Recht habe, ihm zu räuchern, ob Aaron, oder Korah, der Levit und sein Anhang. Auch die ganze Gemeinde versammelte sich vor der Hütte des Stifts, die hatte für Korah Partei ergriffen. Zunächst beteten Mose und Aaron für die Gemeinde zu Gott, daß er sie doch nicht um des einen Empörers willen vertilgen möcht. Darauf ermahnten sie die ganze Gemeinde, von den Hütten dieser gottlosen Menschen zu weichen und sich von ihnen zu scheiden, und die Gemeinde gehorchte ihnen. Und so ist es jetzt Gottes Wille für die Christen, daß sie von solchen gottlosen Menschen, von falschen Lehrern und Propheten sich scheiden und absondern. St. Paulus schreibt: „Ich ermahne aber euch, lieben Brüder, daß ihr auffehet auf die, die da Zertrennung und Aergerniß anrichten, neben der Lehre, die ihr gelernt habt, und weichet von denselbigen." Röm. 16, 17.

Vor den Augen des ganzen Volks wurden nun Korah, Dathan und Abiram, die den HErrn gelästert hatten, indem sie Mose und Aaron lästerten, von der Erde hinweggetilgt. Die Erde that ihren Mund auf und verschlang sie mit ihren Familien. Sie fuhren hinunter lebendig in die Hölle mit Allem, was sie hatten. Und Feuer vom Himmel fraß die 250 Männer, welche mit Räuchwerk vor dem HErrn erschienen waren. Wahrlich, Gott läßt die nicht unbestraft, welche das von ihm geordnete Amt und die rechte Lehre und damit den HErrn selbst lästern. Solche Empörer werden oft schon in der Zeit gerichtet und von Gott gebrandmarkt. Sicher aber werden sie an jenem Tage ihr Urtheil empfangen und in der Hölle ihren Lohn erhalten.

135. Bestätigung des Priesterthums Aarons. 4 Mof. 16, 36.—17, 13.

Auf Gottes Geheiß wurden die Pfannen der Aufrührer wieder aus dem Brand hervorgezogen und zu breiten Blechen geschlagen und diese am Brandopferaltar befestigt, zu einem Zeichen für die Kinder Israel. Dieselben sollten dadurch fort und fort an jenes Strafgericht erinnert werden, welches die aufrührerische Rotte getroffen, die sich wider das Priesterthum Aarons aufgelehnt hatte. Auch die christliche Gemeinde soll stets dessen eingedenk sein, wie Gott den hoffärtigen Geistern widersteht und vergilt, die sich dem von ihm geordneten Predigtamt widersetzen.

Diese eindringliche Warnung war aber bald vergessen. Das alte Ge=
schlecht war verblendet und verstockt. Die ganze Gemeinde murrte wider
Mose und Aaron, daß sie so viele Leute umgebracht, des HErrn Volk ge=
tödtet hätten. Da erschien die Herrlichkeit des HErrn von Neuem vor der
Hütte des Stifts, Gottes Zorn entbrannte, eine Pest raffte auf einmal Tau=
sende aus Israel hinweg. Mose und Aaron legten jedoch wiederum Für=
bitte für die Gemeinde ein, und Aaron trat mit brennendem Räuchwerk
zwischen Lebendige und Todte und sühnte als der Priester Gottes die Sünde
des Volks und wehrte der Plage. Man sieht hier wiederum, wie böse das
menschliche Herz ist, wie hart und unempfindlich sowohl gegen die Güte, als
gegen den Ernst Gottes. Aber auch diese Geschichte ist ein Beweis der über=
schwänglichen Gnade Gottes. Gott straft und vertilgt die Widerspenstigen.
Doch seine Gnade bricht immer wieder durch den Zorn hindurch, Gott hat
nicht Lust am Tod des Sünders und gewährt den Sündern eine Gnaden=
frist nach der andern. Aaron erscheint hier als Vorbild Christi, des voll=
kommenen Priesters, welcher mit seinem Opfer in die dem Tod verfallene
Menschheit, in die verlorene und verdammte Welt hineingetreten ist und
dem Zorn gesteuert und die Welt versöhnt hat.

Durch ein Wunder bekräftigte Gott das Priesterthum Aarons. Auf
Befehl Gottes nahm Mose zwölf Stäbe von den Stammesfürsten Israels,
schrieb auf dieselben die Namen der zwölf Stämme Israels und zwar auf
den Stab Levis den Namen Aarons, und legte sie in das Heiligthum vor
die Bundeslade. Und siehe, am andern Morgen hatte der Stab Aarons
Sprossen getrieben, Blüthen erzeugt und Mandeln gezeitigt. Damit zeigte
Gott an, daß Aarons Priesterthum in Kraft und Geltung bleiben sollte, bis
der rechte Priester käme. Der grünende Stab Aarons, welcher in der Bun=
deslade aufbewahrt wurde, ist zugleich eine Weissagung auf das unvergäng=
liche Priesterthum Christi, welcher selig machen kann immerdar, die durch
ihn zu Gott kommen, und immerdar für sie bittet. Hebr. 7, 24. 25.

136. Gesetz vom Reinigungswasser. 4 Mos. 19.

Auch während jener vierzigjährigen Irrfahrt in der Wüste gab Gott
Israel noch Rechte, Gesetze und Gebote. So handelt das 18. Capitel des
vierten Buches Mose von den Einkünften der Priester und Leviten. Alle
Israeliten waren verpflichtet, den Zehnten von Allem, was sie hatten, an die
Leviten zu entrichten, und diese mußten den Zehnten hiervon wieder den
Priestern abgeben. Den Priestern gehörten außerdem noch die Erstlings=
früchte des Landes und gewisse Theile der Opfer.

Hier, im 19. Capitel, finden wir das vornehmste derjenigen Gebote,
die sich auf Reinigung bezogen. Außer den Opfern hatte Gott Israel noch

bestimmte Waschungen und Reinigungen verordnet. Einer besondern Rei=
nigung bedurften diejenigen, welche durch den Tod verunreinigt waren.
Wer einen Todten oder ein Grab angerührt hatte oder in das Haus eines
Todten eingegangen war, galt sieben Tage für unrein. Das war eine stete
Erinnerung für Israel, daß der Tod der Sünde Sold sei. Der Tod tritt
auch uns täglich vor Augen, und der Anblick des Todes gemahnt uns daran,
daß wir alle von Natur unrein, unheilig und darum dem Tode verfallen sind,
daß durch Adams Fall menschlich Natur und Wesen ganz und gar verderbt ist.

Für diesen Fall war nun ein Reinigungswasser verordnet. Dasselbe
wurde aus der Asche einer Kuh gewonnen. Eine fehllose, junge, rothe Kuh,
die also in voller Kraft des Lebens stand, wurde geschlachtet. Mit dem
Blut derselben sprengte der Priester siebenmal nach der Vorderseite der
Stiftshütte hin. Darauf wurde die Kuh mit Haut, Fleisch, Blut, Mist ver=
brannt und in den Brand Cedernholz, Ysop und Scharlachwolle geworfen.
Die rothe Farbe der Kuh, wie auch das Scharlachroth war ein Bild des
Lebens. Cedernholz galt als Sinnbild unverweslicher Lebensdauer, und
Ysop war ein Reinigungsmittel. In der Asche der Kuh lag also gleichsam
die Kraft unverwüstlichen Lebens. Diese Asche wurde mit Wasser gemengt
und mit diesem Wasser wurden jene Unreinen besprengt und also von der
Todesunreinheit gereinigt.

Solche äußerliche Reinigung deutete auf eine innerliche, geistliche Rei=
nigung und weissagte auf die vollkommene Reinigung des Neuen Testa=
ments. „Die Asche von der Kuh gesprenget heiliget die Unreinen zu der
leiblichen Reinigkeit, wie viel mehr wird das Blut Christi, der sich selbst ohne
allen Wandel durch den Heiligen Geist Gotte geopfert hat, unser Gewissen
reinigen von den todten Werken, zu dienen dem lebendigen Gott?" Hebr.
9, 13. 14. Christus „hat gemacht die Reinigung unserer Sünden durch
sich selbst". Hebr. 1, 3. Das Blut Christi ist auch eine Kraft des Lebens
und rettet vom Tod. Wir erkennen in dem Sprengwasser des Alten Bundes
zugleich ein Vorbild des Taufwassers. Wir Christen sind „besprenget in
unserm Herzen und los von dem bösen Gewissen und gewaschen am Leibe
mit reinem Wasser" und haben also „Freudigkeit zum Eingang in das
Heilige". Hebr. 10, 19. 22. Die Taufe, in welcher die Kraft des Blutes
JEsu Christi verborgen ist, reinigt uns von der natürlichen Unreinigkeit,
von der Befleckung der Sünde und erlöst uns vom Tod und Teufel.

137. Das Haderwasser. 4 Mos. 20, 1—21.

Wir finden jetzt Israel wieder bei Kades, an der Südgrenze des gelob=
ten Landes. Die vierzig Jahre der Wüstenwanderung waren vorüber. Es
ist nicht viel aus dieser Zeit berichtet. Es geschah, was Mose im 90. Psalm

ausspricht. Das alte Geschlecht starb dahin. Sie sind niedergeschlagen in der Wüste, um ihres Ungehorsams, ihres Unglaubens willen. 1 Cor. 10, 5. Dort in Kades starb noch ein Glied des alten Geschlechts, Mirjam, die Schwester Mosis.

Das neue Geschlecht, welches in der Wüste herangewachsen war, war wohl nicht so halsstarrig, wie das alte, war aber auch keine Gemeinde von eitel Heiligen. Das Volk haderte bei Kades mit Mose und Aaron, weil es dort kein Wasser hatte, ähnlich wie die Väter am Berge Horeb. Daher nannte man den Ort Haderwasser. Gott erwies sich aber auch hier gnädig und geduldig und vergab die Sünde und gab Wasser aus dem Felsen. Mose redete zu dem Felsen. Der geistliche Fels, Christus, war gegenwärtig, der spendete das Wasser. Auch die Christen haben noch ihre Untugenden, sind oft mürrisch und unzufrieden und leben nur von Gottes Gnade und Güte. Aus Gnaden trägt, speist, tränkt, erhält und versorgt Gott auch solche unzufriedene Kinder.

Bei dieser Gelegenheit versündigten sich auch Mose und Aaron. Mose wurde schwach im Glauben und zweifelte, ob Gott Wasser aus dem Felsen geben werde. Er sprach: „Werden wir euch auch Wasser bringen aus diesem Fels?" Zweimal schlug er mit dem Stabe auf den Felsen, als ob es auf menschliche Anstrengung und nicht allein auf Gottes Macht angekommen wäre. Diesen Unglauben strafte Gott damit, daß er auch Mose und Aaron den Eingang in das gelobte Land verwehrte. Doch war das nur eine zeitliche Strafe. Mose und Aaron wurden von Gott nicht verworfen. Sie standen wieder auf von ihrem Fall. So soll Niemand sich sicher dünken. Auch langjährige Erfahrung und Bewährung schützt nicht vor Sünde, Thorheit, Ungehorsam, Zweifel, Unglauben. Auch große Männer im Reich Gottes haben schwere Fehltritte gethan. Doch Gott läßt seine auserwählten Knechte nicht ganz fallen. Er straft sie wohl, wenn sie straucheln, aber richtet sie auch von dem Fall wieder auf und erhält sie im Glauben bis ans Ende.

Israel wollte nicht vom Süden her, wo steile Gebirge ihm im Wege standen, sondern von Osten über den Jordan ins Land Canaan einrücken. Die Heerstraße von Kades nach dem Ostjordanland führte aber durch das Gebiet der Edomiter hindurch. Darum sandte Mose jetzt Boten zu dem König Edoms und ließ das Brudervolk um ungehinderten, friedlichen Durchzug durch sein Land bitten. Doch die Edomiter schlugen diese Bitte ab, ja traten Israel feindlich entgegen. Wie im Anfang der Wanderung Amalek, so trat jetzt am Ende der Wanderung Edom dem Volk Gottes hinderlich in den Weg. Edom erscheint oft in der Schrift als Erzfeind des Volkes Gottes. Ja, Gottes Volk hat die Gott feindliche Welt wider sich. Und die Welt meint es böse und hindert, so viel an ihr ist, die Kinder Gottes daran, daß sie das verheißene Erbe, die Seligkeit erlangen.

138. Die eherne Schlange. 4 Mof. 20, 22.—21, 9.

Die Kinder Israel zogen jetzt von Kades gegen Mittag nach dem Ge=
birge Hor. Auf dem Berge Hor starb Aaron nach dem Geheiß des HErrn,
nachdem Mose ihm seine Kleider ausgezogen und dieselben seinem Sohn
Eleasar angezogen, diesen also mit dem hohenpriesterlichen Amt betraut
hatte. Das war etwas Besonderes, daß Aaron auf Gottes Befehl starb.
Das war zugleich Strafe für seine Versündigung am Haderwasser. Doch
war es ein gutes, seliges Ende, denn Aaron hatte über jene Sünde Buße
gethan. Etwas Aehnliches gilt von dem Sterben aller Gläubigen. Die
Gläubigen sterben, auch wenn sie eines natürlichen Todes sterben, nach Got=
tes Willen und zu der von Gott bestimmten Stunde.

Hier am Berge Hor wurde Israel von dem Canaaniterkönig Arad, der
im Süden Palästinas sein Reich hatte, überfallen, aber mit des HErrn
Hülfe schlug es die Canaaniter in die Flucht und verbannte später dessen
Städte, als es das verheißene Land eingenommen hatte. Gott streitet für
sein Volk und gibt ihm den Sieg über seine Feinde.

Vom Berg Hor zogen die Israeliten immer weiter südwärts, wieder
nach dem Schilfmeer zu, entfernten sich also immer weiter von der Grenze
Canaans, denn sie mußten das Land der Edomiter umgehen. Da wurden
sie verdrossen und murrten wiederum gegen Gott und Mose. Ihre Seele
hatte Ekel an dem Manna als einer losen Speise. Und der HErr sandte
feurige Schlangen unter sie, deren Biß einen brennenden Schmerz und
schließlich den Tod verursachte, so daß Viele starben. St. Paulus schreibt:
„Lasset uns aber auch Christum nicht versuchen, wie etliche von jenen ihn
versuchten, und wurden von den Schlangen umgebracht.“ 1 Cor. 10, 9. Es
war Christus, der treue Engel, der mit ihnen zog, welchen die Kinder Israel
mit ihrem Murren beleidigt und versucht hatten.

Auf Gottes Befehl errichtete Mose eine eherne Schlange, und wer von
einer feurigen Schlange gebissen war und diese eherne Schlange ansah, blieb
leben. Die eherne Schlange war ein Zeichen des Heils, Weish. 16, 6., und
ein Vorbild Christi. Joh. 3, 15. 16. Die eherne Schlange sah den feurigen
Schlangen ganz ähnlich, war aber ohne Gift und also unschädlich. Gott
hat seinen Sohn gesandt in der Gestalt des sündlichen Fleisches, doch ohne
Sünde. Die eherne Schlange wurde auf eine Stange gesteckt und so er=
höht. So ist Christus, der Heilige Gottes, an das Kreuz erhöht und hat
durch Leiden und Sterben die Sünde der Menschen, die auf ihm lag, ge=
büßt und gesühnt. Wer die eherne Schlange anblickte, der blieb am Leben.
Wer immer von den sündigen Menschen den gekreuzigten Christus im Glau=
ben ansieht, der geht nicht verloren, sondern hat das ewige Leben.

139. Einnahme des Ostjordanlandes. 4 Mos. 21, 10.—22, 1.

In der Thalebene, die sich vom Südende des todten Meeres bis zum östlichen Arm des Schilfmeeres erstreckt, zog Israel südwärts bis ans Schilfmeer und von dort an die Ostseite des Edomiterlandes und wendete sich dann wieder nach Norden, indem es längs der Ostgrenze des Gebiets der Edomiter und Moabiter hinging. Darauf überschritt es den Arnon, den Grenzfluß Moabs, und betrat das Land der Amoriter. Mit Kampf und Gewalt erzwang es sich den Uebergang über den Arnon. Diese Waffenthat wurde in ein Buch eingetragen, das von den Kriegen des HErrn handelte. Die nächste Station war Beer, das heißt, Brunnen. Dort grub das Volk unter Anleitung seiner Fürsten und Edeln Brunnen und fand gutes Wasser und pries in einem Liede diese Wohlthat Gottes. Gott führt die Seinen wunderlich, aber doch gnädig. Auf lange Drangsale und Entbehrungen folgen auch wieder Zeiten der Ruhe und Erquickung. Schließlich machte Israel Halt und lagerte sich im Feld Moabs, am Abhang des Gebirgs Pisga, auf der Ostseite des Jordan, nicht weit von der Mündung desselben in das todte Meer.

Hier wurde Israel von zwei Canaaniterfürsten, Sihon, dem König der Amoriter, und Og, dem König von Basan, angegriffen, aber es schlug dieselben mit der Schärfe des Schwertes und nahm alle ihre Städte ein, nahm also das ganze Ostjordanland in Besitz. Den Sieg über den mächtigen König Sihon verherrlichte das Volk in einem Gesang. Da werden die Amoriter aufgefordert, ihre Stadt Hesbon wieder zu bauen, die lag in Trümmern. In früheren Zeiten war von Hesbon Feuer ausgegangen. Das Volk Sihons hatte über die Moabiter Verderben gebracht und ihnen die Städte nördlich vom Arnon abgenommen. Jetzt lag das starke Volk mit seinem Fürsten, dem Sieger über Moab, bezwungen zu Israels Füßen. Wir sehen aus dieser Erzählung, Israel war jetzt muthig und beherzt, es vertraute seinem Gott und der Zusage Gottes. Im Glauben hat es diese Königreiche bezwungen. Vgl. Hebr. 11, 33. Ja, wer glaubt, der fleucht nicht, der ist stark in dem HErrn und behält den Sieg über alle seine Feinde und dankt Gott dafür.

140. Bileam folgt dem Rufe Balaks. 4 Mos. 22, 2—20.

Als Israel in den Gefilden Moabs lagerte, drohte ihm nach Besiegung der beiden Canaaniterkönige eine neue Gefahr. Die Moabiter fürchteten sich vor diesem großen, zahlreichen Volk, wie denn die Gottlosen öfter vor den frommen Kindern Gottes ein gewisses Grauen empfinden, weil sie etwas davon merken, daß das die Gesegneten des HErrn sind, während sie selbst von Gott verworfen sind. Da verbündete sich Balak, der König der Moabiter, mit den Fürsten der benachbarten Midianiter und sandte Boten hin zu Bileam nach Pethor in Mesopotamien und forderte ihn auf, Israel zu verfluchen.

Bileam war kein gewöhnlicher Zauberer der Heiden. Er gab sich wohl mit Wahrsagen und Zeichendeuten ab, aber er kannte auch den Gott Israels und wußte, was Gott an diesem Volk gethan. Das Gerücht von den Großthaten Gottes unter Israel war durch die Lande der Heiden erschollen und so der Name des wahren, lebendigen Gottes vielen Heiden bekannt geworden. Bileam fragte den HErrn, ehe er den Gesandten Bileams Antwort gab. Er scheute sich anfänglich, dem Willen des lebendigen Gottes zuwider zu handeln. Aber die reichen Geschenke der Moabiter und Midianiter blendeten seine Sinnen. So hätte er gar nicht erst den HErrn fragen sollen, ob er mit den Boten Balaks gehen solle, um Israel zu fluchen. Das wußte er, daß das gegen Gottes Willen war. Der Geiz war noch tiefer bei ihm eingefressen, als die zweite Gesandtschaft Balaks kam, die noch herrlicher war, als die erste. Er fragte nochmals den HErrn und wollte es ihm abtrotzen, daß er Balak willfahren dürfe. Der HErr erlaubte es schließlich dem Bileam in seinem Zorn, mit den Männern zu ziehen. Zugleich wollte er durch Bileams Ungehorsam seinem Volk Gutes erweisen.

Bileam ist ein Warnexempel für alle Zeiten. Wir lernen an diesem Exempel, wie gefährlich es ist, der bösen Lust im Herzen Raum zu geben und mit der Sünde zu unterhandeln, wenn man versucht wird. Man ist dann leicht und schnell gefangen. Solches Liebäugeln mit der Sünde hat oft einen frommen Schein. Man fragt Gott, ob er das gestatten wolle, wonach man gelüstet, und betet zu Gott. Das ist ganz recht, daß man in allen Dingen sich mit Gott beräth, Gott fragt und bittet. Aber solches Ueberlegen, Fragen und Bitten ist Sünde und Unrecht, wenn es von vornherein klar ist, daß das Ding, um das es sich handelt, Gott und seinem Wort zuwider ist. Schließlich wird aus dem Fragen und Bitten ein Trotzen, man will Gott die Genehmigung zur Sünde abnöthigen. Und Gott zwingt Niemand zum Gehorsam und läßt schließlich den Ungehorsamen ihren Willen und gibt sie in ihre verkehrten Gedanken und Wege dahin, sie mögen selbst zusehen, was das für ein Ende nimmt. Ein solcher verkehrter Weg ist der Weg des Geizes. Alle, die dem lebendigen Gott dienen, sonderlich auch die Diener am Wort, sollen sich vor dem Geiz hüten. Der ist eine Wurzel alles Uebels, welches hat Etliche gelüstet und sind vom Glauben irre gegangen und machen ihnen selbst viele Schmerzen.

141. Bileam verachtet Gottes Warnungen. 4 Mos. 22, 21—40.

Bileam zog jetzt mit den Fürsten der Moabiter nach den Gefilden Moabs. Das war ein Weg des Verderbens, ein böser Weg, der dem HErrn mißfiel. Gott hatte Bileam in seinem Zorn gehen lassen, weil er nicht gutwillig gehorchte und zurückblieb. Doch versuchte er es noch, ihn von diesem

verkehrten Weg zurückzubringen, und sandte seinen Engel, der ihm den Weg
versperrte, und that schließlich ein besonderes Wunder. Die Eselin Bileams
redete mit Menschenstimme und strafte den Propheten. So handelt Gott
mit den Sündern, sonderlich mit den Abtrünnigen, welche den rechten Weg
kennen und doch einen bösen Weg betreten haben. Wenn er sie auch ihre Wege
gehen läßt und nicht mit Gewalt zum Gehorsam zurückführt, so mahnt, warnt,
schreckt er sie doch auf mancherlei Weise und legt ihnen Hindernisse in den Weg.

Bileam war durch die Sünde, den Geiz ganz verblendet. Er sieht nicht
den Engel des HErrn, den seine Eselin sah. Und als Gott ihm die Augen
geöffnet hatte, war es nur eine Scheinbuße, wenn er sprach: „Ich habe ge=
sündigt." „So dir's nicht gefällt, will ich wieder umkehren." Der Beisatz
„So dir's nicht gefällt" zeigt, daß die Gesinnung seines Herzens nicht ge=
ändert war. Er wußte von Anfang, daß der Weg Gott mißfiel. Sein
Sinn stand nach dem Lohn der Ungerechtigkeit. Weil er auf seinem bösen
Sinn und Willen bestand, ließ ihn Gott mit den Männern weiter ziehen,
aber gebot ihm, nichts Anderes zu reden, als was er ihm sagen werde. Es
war kein Gehorsam, daß Bileam dem Balak gleich bei seiner Ankunft er=
klärte, er müsse das reden, was Gott ihm in den Mund geben werde. Das
war nur Folge des Schreckens, den die Erscheinung des Engels ihm ein=
geflößt hatte. Bileam ist ein Bild eines verblendeten, verstockten Sünders,
Bild eines Abtrünnigen, welcher die erkannte Wahrheit verleugnet, sich des
Bösen hat gelüsten lassen und sich der Buße weigert. 2 Petr. 2, 15. 16.
20—22. Ein solcher Mensch sieht und hört nicht mehr und ist ganz stumpf
gegen Gottes Wort und alle Mahnungen und Warnungen des göttlichen
Worts. Und wenn er auch einmal Gottes gewaltige Hand fühlt und vom
Schrecken Gottes in seinem Gewissen getroffen wird, so ist solche Furcht doch
keine Buße. Und wenn er gleich reumüthig, demüthig redet und sich ge=
berdet und äußerlich in diesem oder jenem Stück einmal dem Willen Gottes
sich fügt, so ist es eben nur eine erheuchelte Buße, ein erheuchelter Ge=
horsam. Er ist in der Sünde gefangen, und Gott gibt ihn in seinem Zorn
zuletzt ganz in seinen verstockten Sinn dahin.

Es ist noch zu beachten, daß es der Engel des HErrn war, welcher dem
Bileam widerstand. Das war der Engel, der Israel durch die Wüste ge=
leitet hatte und jetzt an das verheißene Ziel bringen wollte, der Schutzherr
Israels, der Sohn Gottes. Der trat auch jetzt für sein Volk ein und wendete
den drohenden Fluch von ihm ab und nöthigte Bileam, daß er nichts An=
deres reden durfte, als was er ihm sagte. Christus wehrt und steuert alle=
wege der gottfeindlichen Welt, daß sie seiner Kirche keinen Schaden thun
darf. Er, der HErr der Kirche, ist stärker, als der in der Welt ist, und hat
auch die Feinde der Kirche in seiner Hand und Macht und hindert es, daß
sie etwas reden und beschließen, was den Kindern Gottes verderblich ist.

142. Die ersten Sprüche Bileams. 4 Mos. 23.

Auf einer der Höhen des Berges Pisga brachte Bileam zunächst mit Balak Opfer dar, ehe er seine Sprüche anhob. Dies Opfer galt dem HErrn Jehova, aber war doch ein Opfer, das dem HErrn mißfiel. Bileam wollte es womöglich Gott abgewinnen, daß er Balak willfahren und Israel fluchen dürfe. Die Gebete und Opfer der Gottlosen, der Abtrünnigen, der Heuchler sind Gott ein Greuel. Daß Bileam dann wegging und einsame Orte aufsuchte, das war heidnische Sitte, ein Stück Zauberei. Die heidnischen Wahrsager suchten aus allerlei Naturerscheinungen den Willen der Gottheit zu erkennen.

Gleichwohl offenbarte Gott dem Bileam seinen Willen und gab ihm Weissagung. Das ist ein Beweis der Wundermacht Gottes, daß er auch Un= gehorsame in seinen Dienst nimmt und durch sie seinen Willen ausrichtet, daß er oft auch durch den Mund unwürdiger Prediger den Menschen die Wahrheit bezeugen läßt. Die Sprüche Bileams waren für die Kinder Israel, welche hinterdrein davon Kunde erhielten, eine mächtige Glaubensstärkung. Gott bestätigte dadurch die Verheißungen, die den Vätern gegeben waren.

Bileam hob an, Israel zu segnen, statt zu fluchen. Er konnte nichts wider Gott thun. Er nennt Israel ein Volk, welches besonders wohnt, von den Heiden abgesondert, aus allen Völkern erwählt ist, und verheißt diesem Volk Mehrung und Wachsthum, es soll so zahlreich werden, wie der Sand am Meer. Hiermit ist überhaupt die Art der Kirche Gottes be= schrieben. Gott hat sich eine Gemeinde aus der Welt erlesen und hat die= selbe von der Welt abgesondert, und die Kirche des HErrn mehrt sich fort und fort und gewinnt stetigen Zuwachs aus allen Völkern der Heiden.

Balak führte jetzt Bileam auf eine andere Höhe, von welcher aus er das ganze Lager Israels überschaute, als könnte er auf diese Weise dem Volk besser beikommen. Bileam betheuert dem Balak, daß Gott nicht ein Mensch sei, daß er lüge und sich die vorige Zusage gereuen lasse, und fügt dem ersten einen zweiten Segensspruch hinzu. Er preist Israel als ein Volk der Ge= rechten, bei welchem man keine Bosheit, keine Zauberei gewahrt, als das Volk Gottes, das Gott in seiner Mitte hat und welches seinem Gott und König zujubelt. Gott hat das Volk aus Egypten geführt, Gott thut Wun= der in Israel und verleiht ihm die Kraft, Stärke, Rüstigkeit eines Büffels, eines Löwen und wird ihm die Heiden zum Raube geben. Etwas Aehn= liches gilt von dem Volk Gottes, der Kirche Gottes überhaupt. Die Kirche, die wahre Kirche ist eine Gemeinde der Gerechten, der Heiligen, man sieht und findet da nicht die Sünden und Laster der Heiden. Die Kirche ist die Gemeinde Gottes. Gott wohnt und waltet in seiner Gemeinde, und in Gott ist die Kirche stark und unüberwindlich, mit Gott behält sie den Sieg über alle ihre Feinde.

143. Die letzten Sprüche Bileams. 4 Mof. 24.

Bei den beiden letzten Sprüchen Bileams wird sonderlich hervorge=
hoben, daß der Geist Gottes über ihn kam, daß Gott ihm das innere Auge
und Ohr öffnete, daß er die Offenbarung des Allmächtigen vernahm. So
wird das, was folgt, als göttliche Prophetie beglaubigt, wie denn auch die
Geschichte diese Weissagung bestätigt hat.

Der dritte Spruch gibt einen kurzen Ueberblick über die künftigen Ge=
schicke Israels. Gott hat Israel aus Egypten geführt. Es ist jetzt bereit, das
verheißene Erbe in Besitz zu nehmen. Da wird es denn die Heiden fressen
und ihre Gebeine zermalmen. Sein König wird auch Agag, der Amale=
kiter König, überwinden. Und wenn es dann Ruhe hat vor allen seinen
Feinden, lagert es sich nieder wie ein Löwe, wie eine Löwin und genießt im
Frieden die Segnungen und reichen Güter seines Erbtheils. Bileam schaut
im Geist die lieblichen Wohnungen Israels. Die gleichen gras= und blumen=
reichen Bachthälern und Gärten, die am Strom liegen. Israel ist eine
üppige Ceder, die am Wasser gepflanzt ist. Es hat Wasser, das ist Segen
die Fülle. Und gesegnet sind Alle, die dieses Volk segnen und sich freund=
lich zu ihm stellen.

Die vierte und letzte Weissagung bezieht sich auf die ferne Zukunft, auf
das Ende der Tage. „Es wird ein Stern aus Jakob aufgehen und ein
Scepter aus Israel aufkommen." Das ist der König Messias, Christus,
der HErr. Dieser helle, leuchtende Stern bedeutet und bringt seinem Volk
Heil und Frieden aus der Höhe. Und auch alle Heiden, welche wie die
Keniter, das Volk Jethros, dem Volk Gottes freundlich begegnen, werden
an dem Heil des Königs Messias Antheil erhalten. Aber alle Reiche dieser
Welt, welche im Lauf der Zeiten dem Reich Gottes feindlich entgegentreten,
wird dieser Herrscher aus Jakob zerschmettern und verstören. Alle Feinde
werden umkommen. Dagegen Israel, Gottes Volk, wird Sieg haben und
auch zuletzt den Sieg behalten.

144. Israel verfällt in Abgötterei und Hurerei. 4 Mof. 25.

Die Moabiter und Midianiter hatten weder durch Gewalt noch durch
Zauberei Israel etwas anhaben können. So versuchen sie es mit List.
Bileam gab ihnen bei seinem Weggehen, wie 4 Mof. 31, 16. erzählt wird,
noch den teuflischen Rath, Israel zur Abgötterei und Hurerei zu verführen.
Und diese List gelang. Die Kinder Israel hängten sich an den Baal Peor,
einen Götzen der Heiden, nahmen an den schandbaren Opfermahlzeiten der
Heiden Theil und hurten mit den Töchtern der Heiden. Da ergrimmte der
Zorn des HErrn, und es kam eine Plage über das Volk und raffte Tausende
hinweg. Außerdem ließ Mose auf Gottes Befehl die Obersten des Volks,

10

die Hauptschuldigen erwürgen und an einem Pfahl aufhängen und so zur
Schau ausstellen. Als dann trotz dieses Strafgerichts, während Israel vor
der Thüre der Stiftshütte weinte und zitterte, ein israelitischer Fürst,
Namens Simri, eine Fürstentochter der Midianiter, Casbi, in sein Zelt
führte, um mit ihr Hurerei zu treiben, trat Pinehas, der Sohn des Hohen=
priester Eleasar, ins Mittel und durchstach diese beiden. Das ward ihm
zur Gerechtigkeit gerechnet. Ps. 106, 31. Das war heiliger Eifer. Weil
er also um Gott eiferte, wurde Pinehas und seinen Nachkommen für alle
Zeiten das Hohepriesterthum zugesagt. Und durch diese That versöhnte er
die Kinder Israel und that der Plage Einhalt.

Was hier erzählt ist, wird 1 Cor. 10, 8. den Christen zur Warnung
vorgehalten. Es heißt da: „Auch lasset uns nicht Hurerei treiben, wie
etliche unter jenen Hurerei trieben, und fielen auf Einen Tag dreiund=
zwanzigtausend." So viel wurden durch die Plage weggerafft. Bei der
Zählung 24,000, 4 Mos. 25, 9., sind die, welche durch die Richter Israels
erwürgt und aufgehängt wurden, mit eingeschlossen. Auch sonst ermahnen
die Apostel die Christen: Hütet euch vor der Abgötterei! Fliehet die
Hurerei! Die Verführung, die von der gottlosen Welt ausgeht, thut den
Christen größeren Schaden, als der Welt Zorn und Feindschaft. Ach leider
sind schon viele Christen der Welt zum Opfer gefallen und in Abgötterei,
Hurerei, Schande und Laster verstrickt. Diese Dinge sind Gott ein Greuel.
Darüber entbrennt der grimmige Zorn des HErrn. Und es ist Gottes
ernster Wille, daß eine Christengemeinde solche Greuel abthue und die,
welche Solches thun, von sich hinausthue. Solcher Eifer um den HErrn,
solche heilige, heilsame Zucht ist gleichsam eine Sühne, die den Zorn Gottes
von der Gemeinde abwendet.

145. Israels Rache an den Midianitern. 4 Mos. 31, 1—24.

Hier hören wir, wie Israel an den Midianitern Rache übte, weil es
von ihnen zu Hurerei und Abfall verleitet worden war. Aus jedem Stamme
wurden tausend streitbare Leute auserlesen. Diese 12,000 Mann zogen in
den Kampf, und mit ihnen ging Pinehas, der Sohn Eleasars, welcher durch
seinen Eifer die Sünde Israels gesühnt hatte. Auch die heiligen Trompeten
wurden mitgenommen, die gaben das Signal zum Kampf. Es war eben
ein heiliger Krieg. Die Israeliten schlugen das midianitische Heer und
tödteten alle Männer und verbrannten alle ihre Städte. Auch Bileam,
der sich bei den Midianitern aufhielt, kam in diesem Blutbad mit um und
empfing so den Lohn seines Ungehorsams. Ja, Gott läßt die nicht un=
gestraft, welche seine frommen Kinder verführen, wird es an der Welt rächen,
daß sie seiner Kirche so schweres Aergerniß gibt. Und für die Christen ist

es jetzt Gottes Wille, daß sie die Gottlosen, die Verführer zwar nicht mit dem Schwert vertilgen, wohl aber von sich ausscheiden und absondern.

Nach der Heimkehr strafte Mose die Hauptleute über das Heer, daß sie aus schwächlichem Mitleid alle Weiber und Kinder verschont hatten. Was sie versäumt, wurde nachgeholt und Alles, was männlich war unter den Kindern, dazu alle Weiber, welche von Männern erkannt waren, erwürgt. Gott ist groß und wunderbar und furchtbar in seinen Gerichten. Zugleich lernen wir hieraus, daß, die dem HErrn zugehören, stracks nach dem Wort des HErrn handeln und mit Gottes Wort rücksichtslos alle Sünden strafen sollen. Es ist Ungehorsam, wenn man sich hier durch schwache menschliche Gefühle leiten und bestimmen läßt.

Die Männer, die in den Streit gezogen waren und sich durch Berührung mit Erschlagenen verunreinigt hatten, wurden, ehe sie wieder ins Lager eingingen, sieben Tage lang entsündigt. Desgleichen wurde alle Kriegsbeute entweder, wie z. B. alles Metall, mit Feuer oder mit Wasser gereinigt. Daraus sehen wir, wie ernstlich Gott alles Unreine haßt, und wie viel ihm daran gelegen ist, daß die Heiligen sich in keiner Weise mit der Unreinigkeit dieser Welt befassen.

146. Vertheilung des Ostjordanlandes. 4 Mos. 32.

Es wird uns hier berichtet, wie Mose das Ostjordanland, welches die Kinder Israel den Königen Sihon und Og abgenommen hatten, den Stämmen Gad und Ruben, welche viel Vieh hatten und darum die reichen Weidetriften östlich vom Jordan wohl brauchen konnten, auf deren Bitte zum Erbe gab. Wir wissen, daß auch noch der halbe Stamm Manasse östlich vom Jordan, und zwar im Nordosten des Landes, seinen Wohnsitz erhielt. Es wurde diesen Stämmen aber die Bedingung gestellt, daß alle ihre waffenfähigen Männer erst mit Israel über den Jordan gehen und ihren Brüdern das Land Canaan erobern helfen sollten. Das versprachen die Gaditen und Rubeniten, und haben dann ihr Versprechen auch treulich gehalten. Das ist die Regel im Reich Gottes: erst Kampf und Streit, dann das Erbe. Wer nicht kämpft, der soll auch nicht erben.

147. Bestimmungen über die Levitenstädte und Freistädte. 4 Mos. 35.

Mose traf selbst auch noch Verfügung über das Land westlich vom Jordan, das eigentliche Canaan, ehe es noch erobert war. Jeder Stamm in Israel soll dort sein Erbtheil erhalten. Davon sagt das 34. Capitel. Dem Stamm Levi aber, dem Priesterstamm, sollen im Gebiet aller Stämme 48 Städte eingeräumt werden sammt Weidefluren für das Vieh. Außerdem gehörte den Leviten der Zehnte, den jeder Israelit ans Heiligthum entrichten mußte, und ein Antheil an den Erstlingen und Opfern. Das ist auch jetzt noch Gottes Wille, daß die Christen mit ihren leiblichen Gütern denen dienen, welche ihnen das Geistliche mittheilen.

Von den Levitenstädten wurden sechs als Freistädte ausgesondert, drei diesseits, drei jenseits des Jordans. Diese Freistädte waren Zufluchts=stätten für Todtschläger. Wer unversehens und unvorsätzlich einen Menschen getödtet hatte, der sollte in eine dieser Städte fliehen und dort sicher sein. Nach dem Tod des Hohenpriesters, welcher dieses Versehen sühnte, durfte er wieder in seinen Wohnsitz zurückkehren. Diese Bestimmung zeugt von der Gerechtigkeit Gottes, indem dieser auch unwissentliche Sünde als Sünde anrechnet, andererseits aber auch von der Gnade Gottes. Gott selbst hat den Sündern eine Sühne und Freistatt bereitet.

Wenn dagegen Jemand aus Haß und Feindschaft, sei es mit Gewalt oder mit List, seinem Bruder das Leben genommen hatte und dies durch Zeugen erwiesen war, so mußte er sterben. In diesem Fall gewährte die Freistadt keinen Schutz, und es wurde auch kein Sühngeld angenommen. Der Mörder hatte sein Leben verwirkt. Der Bluträcher, das ist der nächste Verwandte des Ermordeten, hatte das Recht, die Todesstrafe zu vollziehen. Dies Gesetz gilt für alle Zeiten: Wer Menschenblut vergießt, deß Blut soll wieder durch Menschen vergossen werden. Ließ man in Israel einen Mörder leben, so galt das als Entweihung des heiligen Landes. Und so bringt es jedem Land nur Unheil und Verderben, wenn die Todesstrafe nicht mit allem Ernst gehandhabt wird.

148. Mose erinnert an Gottes Wohlthaten und Israels Undank.
5 Mos. 1.

Das fünfte Buch Mose enthält die Worte, welche Mose zum ganzen Israel redete, als es jenseits des Jordans im Gefilde Moabs lagerte. Der Haupt=inhalt dieser letzten Reden Mosis, des Mannes Gottes, ist Auslegung des Gesetzes des HErrn. Zunächst erinnert Mose das Volk an die große Gnade, die es von Gott erfahren. Schon als das Volk Israel zum Berg Horeb ge=kommen war, war es so zahlreich, wie die Sterne des Himmels, so daß Mose die Last des Regiments nicht allein tragen konnte und daher weise, erfahrene Männer erwählte und sie zu Richtern verordnete. Dieses große Volk hatte Gott durch die große, grausame Wüste hindurchgeführt und ihm in der Wolken= und Feuersäule das Geleite gegeben, ja hatte es getragen, wie ein Vater seinen Sohn trägt. Und nun wollte er ihm das gute Land geben, das er Abraham, Isaak, Jakob und ihrem Samen zugeschworen. Zugleich mahnt Mose sein Volk an seine schwere Versündigung, an seinen Ungehorsam. Es hatte sich geweigert, auf Gottes Geheiß in das Land

hinaufzuziehen, und war dann, als es wider Gottes Befehl in Canaan ein=
dringen wollte, von den Amoritern geschlagen worden. Solche Erinnerung
und Mahnung sollte das neue Geschlecht, das in der Wüste aufgewachsen
war, in der Furcht des HErrn bestärken und zum Vertrauen auf die Gnade
des HErrn ermuntern. Auch wir Christen sollen allezeit der reichen Gnade
unsers Gottes gedenken, daß er uns zu seinen Kindern angenommen, uns
bisher väterlich behütet und geleitet und uns ein herrliches Erbe verheißen
hat, sollen aber auch unserer vorigen Sünden nicht vergessen, daß wir so
oft dem Mund des HErrn ungehorsam gewesen sind, und also in der Buße,
in der Demuth, im Glauben und Gottvertrauen verharren.

149. Israels Stellung zu den benachbarten Heidenvölkern. 5 Mos. 2.

Mose erinnert hier Israel an die jüngsten Erlebnisse. Das Volk hatte,
nachdem das alte Geschlecht in der Wüste gestorben war, das Gebiet der
Edomiter umzogen und war an der Grenze des gelobten Landes, am Jordan
angelangt. Gott hatte ihnen ernstlich eingeschärft, daß sie ja die Edomiter,
Moabiter und Ammoniter nicht bekriegen und beleidigen sollten. Mit denen
sollten die Kinder Israel auch in Zukunft säuberlich fahren. Denn es waren
verwandte Völker. Die Edomiter stammten von Edom oder Esau, die
Moabiter und Ammoniter von Lot. Es waren wohl Heidenvölker, die den
Götzen dienten. Aber sie hatten das Maaß ihrer Sünden noch nicht voll
gemacht, wie die von Ham stammenden Riesengeschlechter, welche von ihnen
vertilgt waren und deren Gebiet Gott ihnen zum Erbe gegeben hatte. Gott
hatte mit diesen Völkern noch Geduld. Jetzt hatten sie Israel, das Bruder=
volk, Gottes Volk, in ihrer Nähe. Das war für sie eine letzte Gnaden=
heimsuchung. Und so haben auch gar manche Seelen aus Edom, Moab,
Ammon den Gott Israels erkannt und sind errettet worden. Gott hat lange
Geduld mit den Sündern und gönnt und gibt ihnen Frist zur Buße. Gott
hat auch unter einem abgefallenen Volk und Geschlecht noch seine Aus=
erwählten, die rettet er bei Zeiten und bewahrt sie vor dem kommenden
Zorn. Dagegen hatte Israel Sihon, den Amoriterkönig, bekriegt und sein
Volk vertilgt und sein Land eingenommen. Die canaanitischen Völker hatten
das Maaß ihrer Sünden erfüllt. Für die war jetzt die Zeit des Gerichts
gekommen. Wenn die Geduld Gottes erschöpft ist, dann kommt das Ge=
richt, der letzte Zorn, und den kann Niemand abwenden.

150. Mose gedenkt der letzten Siege Israels. 5 Mos. 3.

Wie Sihon, den Amoriterkönig, so hatte Gott auch Og, den König
von Basan, in Israels Hand gegeben. Og war noch übrig geblieben von
den Riesengeschlechtern, welche von Alters her in jenen Gegenden, diesseits

und jenseits des Jordans, gewohnt hatten. Dieselben waren den andern
Heidenvölkern wie an Stärke, so auch an Bosheit und Frevel überlegen und
hatten daher am ersten Gottes Zorn und Gericht herausgefordert und waren
zumeist von den Edomitern, Moabitern, Ammonitern ausgerottet worden.
Das Land der Könige Sihon und Og hatte Israel schon in Besitz genommen,
Mose hatte es den Stämmen Ruben, Gad und halb Manasse zugetheilt, unter
der Bedingung, daß sie gerüstet mit ihren Brüdern über den Jordan gehen
und denen ihr Erbe erobern helfen sollten. Und Mose gibt nun den Kin=
dern Israel die Zusicherung, daß der HErr ferner mit ihnen sein, für sie
streiten und allen Königreichen der Canaaniter ebenso thun werde, wie den
beiden Königen Sihon und Og. Mose selbst verlangte sehnlich darnach,
das gute Land jenseits des Jordans, das heißt westlich vom Jordan zu
sehen, welches der HErr seinem Volk zugedacht, hatte auch den HErrn darum
gebeten, aber es sollte bei dem früheren Bescheid bleiben, Mose sollte nicht
hineinkommen, weil er sich auch am Haderwasser versündigt hatte, Gott
wollte ihm nur das Land von ferne zeigen. Wir Christen sollen auch fort
und fort dessen gedenken, was der HErr an uns gethan, daß er uns den
Sieg gegeben hat über unsere Feinde, über die schlimmsten und stärksten
Feinde, Sünde, Tod, Teufel, Hölle, über diese arge, böse Welt, und daß
er uns ein schönes Erbe, das himmlische, ewige Erbe, bereitet und vorbe=
halten hat. Und wir sollen dessen gewiß sein, daß der HErr weiter für uns
streiten und uns seiner Zeit in das verheißene Erbe einführen werde.

151. Vermahnung zum Gehorsam. 5 Mos. 4, 1—40.

Hier erinnert Mose Israel an die hohe Offenbarung vom Sinai.
Keinem Volk hat sich Gott so nahe gethan, wie diesem Volk. Er hatte
mit ihm aus dem Feuer geredet und ihm alle seine Rechte, Sitten und Ge=
bote kundgethan. Insonderheit schärft Mose seinem Volk das erste und
vornehmste Gebot ein, daß es Gott allein dienen und anhangen und die
Götter und Bilder der Heiden nicht anbeten solle. Gar ernstlich warnt er
Israel vor Uebertretung des Gesetzes. Gott ist ein eifriger Gott und ein
verzehrendes Feuer. Er hatte erst kürzlich gezeigt, wie hart er über seinem
Gesetze hält, hatte die Israeliten vertilgt, welche dem Götzen der Moabiter,
dem Baal Peor, nachgehurt, und hatte Mose wegen seiner Versündigung
gestraft, der durfte nicht mit über den Jordan gehen. Wenn Israel seines
Gottes und des Bundes und Gesetzes Gottes vergißt, dann soll es aus sei=
nem Lande vertrieben und unter die Heiden zerstreut werden. Doch wird
sich der HErr seiner wieder annehmen, wenn es sich von Herzen zu ihm be=
kehrt. Auch in diesem Zusammenhang gedenkt Mose der Großthaten Gottes,
die Israel gesehen, daß er dieses Volk mit ausgerecktem Arm aus Egypten

ausgeführt und von allen Völkern erwählt und zu seinem Volk und Eigen=
thum angenommen hat. Das Gedächtniß der Wohlthaten Gottes sollte
Israel willig stimmen, Gott Bund und Treue zu halten. Gott hat auch
uns seine Rechte, Sitten und Gebote zu wissen gethan. So sollen wir in
seinen Wegen wandeln und ihm treulich dienen. Es bringt nur Jammer
und Herzeleid, wenn man Gott, sein Wort und Gebot verläßt. Wenn
wir allezeit der großen Gnade unsers Gottes gedenken, daß er uns erlöst,
von der Obrigkeit der Finsterniß errettet und zu seinen Kindern angenom=
men hat, dann sind wir ihm auch zu Dienst und Gehorsam bereit und thun
gern nach seinen Geboten.

152. Wiederholung der zehn Gebote Gottes. 5 Mos. 5.

Das fünfte Buch Mose enthält eine Wiederholung des Gesetzes Mosis.
So wiederholt hier Mose die zehn Worte, die Gott vom Sinai geredet.
Diese Worte hat Gott nicht nur den Vätern vermeint, die gelten auch den
Kindern und allen künftigen Geschlechtern. Es heißt: „Gott hat nicht mit
unsern Vätern diesen Bund gemacht, sondern mit uns, die wir hier sind
heutigen Tages und leben.“ Mose erinnert hier Israel, welch gewaltiger
Schrecken damals über die Väter kam, als sie das große Feuer sahen und
die Stimme Gottes hörten, und wie sie ihn baten, hinfort an ihrer Statt
mit Gott zu reden. Aber die Väter glaubten auch zu der Zeit dem HErrn
und erklärten sich bereit, Alles zu hören und zu thun, was der HErr ihnen
sagen werde. Gott sprach damals: „Ach, daß sie ein solches Herz hätten,
mich zu fürchten und zu halten alle meine Gebote ihr Leben lang, auf daß
es ihnen wohl ginge und ihren Kindern ewiglich!“ Und so mahnt denn
Mose die Kinder jener Väter, weder zur Rechten noch zur Linken zu weichen,
sondern in allen Wegen des HErrn zu wandeln, auf daß sie lange leben
mögen in dem Land, das sie jetzt einnehmen werden.

Jene Worte vom Sinai hat der HErr auch uns geredet, wenn auch
manche einzelne Bestimmungen ausschließlich dem Volk des Alten Bundes
galten. Das Gesetz des HErrn hat heute noch dieselbe Bedeutung und
Wirkung. Es flößt Furcht und Schrecken ein. Durch das Gesetz kommt
Erkenntniß der Sünde. Für die Wiedergeborenen aber ist und bleibt es
eine Regel und Richtschnur ihres Lebens und Wandels. Wir Christen sind
noch nicht ganz Geist. Aus unserm verderbten Fleisch und Blut kommen
noch viele verkehrte Gedanken und Urtheile. Darum bedürfen wir fort und
fort dieses sicheren Wegweisers. Und es sollte billig auch unser sehnlichster
Wunsch und unsere tägliche Bitte sein, daß wir ein solch Herz hätten, den
HErrn zu fürchten und seine Gebote zu halten unser Leben lang. Und wenn
wir auch noch täglich viel sündigen, sollte doch unser Streben darauf gerichtet

sein, sollte es unser tägliches Augenmerk sein, daß wir nicht abweichen zur Rechten oder Linken und in den Wegen des HErrn wandeln untadelhaft. Die den HErrn von Herzen fürchten, die will der HErr auch segnen und ihnen wohlthun ihr Leben lang.

153. Das vornehmste Gebot von der Liebe zu Gott. 5 Mos. 6.

Mose gibt hier eine kurze, bündige Auslegung des Gesetzes. Das ist das erste und vornehmste Gebot, die Summa aller Gebote: „Höre, Israel, der HErr, unser Gott, ist ein einiger HErr. Und du sollst den HErrn, deinen Gott, lieb haben von ganzem Herzen, von ganzer Seele und von allem Vermögen." Gott, der HErr, ist ein einiger Gott, außer ihm ist kein Anderer Gott. Und diesem einigen Gott gehört das ganze Herz. Das ist Gottes Wille, daß wir ihn von ganzem Herzen, über alle Dinge lieben und mit allen Kräften Leibes und der Seele ihm dienen.

Mose vermahnt Israel, daß es die Worte dieses Gesetzes als Denk= zeichen auf die Hand und an die Stirn anbinde und an die Pfosten seiner Häuser aufschreibe. Das ist bildliche Rede. Israel soll diese Worte allezeit vor Augen haben und, wo es geht und steht, wenn es aufsteht und sich niederlegt, daran denken und davon reden. Solche Mahnung sollen auch wir uns gesagt sein lassen. Das kommt auch uns zu, daß wir Gottes Wort und Gebot fort und fort im Herzen bewegen, mit dem Munde bekennen und aller Dinge darnach thun.

An diese Mahnung schließt sich eine Warnung. Wenn Israel in dem guten Land wohnt, das schon den Vätern verheißen war, und die reichen Güter dieses Landes genießt, soll es ja nicht satt und stolz werden und des HErrn, seines Gottes, vergessen und andern Göttern nachfolgen. Es soll ja nicht, wie es vordem gethan, Gott versuchen, seine Güte und Geduld auf die Probe stellen. Solche Warnung sollen auch wir beherzigen. Es kann gar leicht und schnell geschehen, daß man in Glück und guten Tagen von dem lebendigen Gott abtritt.

Schließlich gebietet Mose hier den Israeliten, daß sie ihren Kindern von den großen Thaten Gottes erzählen, wie Gott ihre Väter mit großen Zeichen und Wundern aus Egypten ausgeführt und ins verheißene Land eingeführt habe, und sie die Zeugnisse, Gebote und Rechte Gottes lehren. Das ist auch die Pflicht christlicher Eltern, ihre Kinder dieses Doppelte zu lehren, erstlich sie an die hohen Wohlthaten Gottes zu erinnern, daß Gott durch Christum uns erlöst und die Seligkeit uns bereitet hat, und dann die= selben an den schuldigen Dank und Gehorsam zu mahnen und ihnen die Rechte und Gebote Gottes einzuschärfen.

154. Warnung vor Freundschaft mit den Heiden. 5 Mos. 7.

Im Namen Gottes gibt Mose Israel die Verheißung, daß es die sieben Völker Canaans, starke und mächtige Völker, überwinden werde. Gott will Hornisse vor ihm hersenden. Das heißt, der Schrecken Gottes soll vor Israel hergehen und seine Feinde verzagt machen. Auch dem Volk des Neuen Bundes hat Gott seinen Beistand im Kampf zugesagt, so daß es bei aller Schwachheit doch wider die starken Feinde, Teufel, Welt, Fleisch, den Sieg behält.

An diese Verheißung knüpfte der HErr die Mahnung, alle diese Völker zu vertilgen und auszurotten und insonderheit ihre Götter und Bilder mit Feuer zu verbrennen und ihre Altäre zu zerstören. Die Söhne und Töchter Israels sollen sich ja nicht mit den Kindern der Canaaniter verehelichen, damit dieselben sie nicht von Gott abwenden und zum Götzendienst verführen. Für die Christen ist es des HErrn Wille, daß sie sich mit den Kindern dieser Welt ja nicht zu nahe verbinden und befreunden, vielmehr von ihnen ausgehen und sich von ihnen absondern, damit sie nicht an ihrem Glauben Schiffbruch leiden.

Schließlich vermahnt hier Mose sein Volk nochmals recht dringlich zum Gehorsam gegen Gott und sein Gesetz. Israel soll bedenken, daß es von Gott zum Volk des Eigenthums erwählt ist, und zwar nicht deshalb, weil es mehr, größer, besser gewesen wäre, als andere Völker, sondern weil es von Gott geliebt war. Darum soll Israel seinen Gott von Herzen lieben und seine Rechte und Gebote halten. Dann will Gott sich zu ihm bekennen und die Frucht des Landes mehren und Krankheiten, Seuchen und alles Unheil von ihm abwenden. Wir Christen sollen auch nimmer vergessen, was Gott an uns gethan, daß er uns von der Welt erwählt hat zu seinem Eigenthum, nicht weil wir besser wären, als Andere, sondern aus eitel Güte und Erbarmen. Darum sollen wir Gott für solche unverdiente Liebe danken, ihm dienen und gehorchen, ihm Bund und Treue halten. So will er uns auch segnen und wohlthun und behüten, so lange wir leben. Zuletzt wird er seine Kinder aus diesem bösen Leben erlösen und ihnen das himmlische, ewige Erbe geben.

155. Warnung vor falschen Propheten und andern Verführern. 5 Mos. 13.

Die Capitel 8—11 haben ähnlichen Inhalt, wie die sieben ersten Capitel des fünften Buches Mose. Mose erinnert da wiederholt an die zurückliegenden Gnadenführungen Gottes und an die Versündigungen Israels in der Wüste und ermahnt sein Volk, wenn es nun in dem guten Lande wohnt, welches Gott den Vätern verheißen, ja nicht des HErrn, seines Gottes, zu vergessen, sondern Gott Treue zu halten und ihn von Herzen zu fürchten und zu lieben und in seinen Wegen zu wandeln.

In dem mittleren Theil dieses Buches wiederholt Mose, der Gesetz=geber, etliche der vornehmsten Bestimmungen des bürgerlichen Gesetzes und Ceremonialgesetzes, ergänzt dieselben und fügt etliche neue Satzungen hinzu.

Hier, im 13. Capitel, finden wir eine ernste Warnung vor falschen Propheten und überhaupt vor Verführern. Israel soll nicht auf falsche Propheten hören, welche ihre eigenen Träume predigen, einen falschen Gott verkündigen und die Leute von dem wahren Gott und seinem Wort und Gebot abwenden, auch nicht, wenn ein solcher Prophet Zeichen und Wun=der thut. Ein falscher Prophet soll sterben. Etwas Aehnliches gilt der Gemeinde des Neuen Bundes. Die soll auch keine falschen Propheten, keine falschen Lehrer dulden, welche falsche Götter, falsche Heilande ver=kündigen und die Herzen von dem einigen Gott und Heiland und seinem Wort ablenken. Sie soll falsche Lehrer wohl nicht tödten, wie Israel, aber ernstlich meiden und fliehen und von sich ausschließen. Vgl. Matth. 7, 15. Röm. 16, 17.

Desgleichen wird den Kindern Israel eingeschärft, alle Abtrünnigen, welche ihre Nächsten zum Abfall und Götzendienst verführen, mit dem Tode zu bestrafen. Und da soll Keiner seines eigenen Vaters oder Bruders oder Sohnes, seiner Mutter oder Tochter schonen. Für die Christen ist es Gottes Wille, daß sie die Abtrünnigen, die offenbaren Sündendiener, welche Andere verführen, von sich ausscheiden und in den Bann thun. Und es soll dann Niemand mehr mit ihnen sich zu schaffen machen. Es soll hier auch Nie=mand sein eigen Fleisch und Blut, Vater, Mutter, Sohn, Tochter ansehen. Vgl. 1 Cor. 5, 11. 13.

Wenn eine ganze böse Rotte, Kinder Belials, das ist Kinder des Ver=derbens, sich irgendwo im Lande festgesetzt hatte, wenn eine ganze Stadt einen heidnischen Götzendienst aufgerichtet hatte, dann sollte Israel solche Stadt mit des Schwertes Schärfe schlagen und Alles, was darin ist, ver=bannen. Die Christen haben den Befehl von Gott, sich von abgöttischen, ungläubigen und falschgläubigen Kirchengemeinschaften, von allen Secten und Rotten loszusagen und getrennt zu halten. So allein wird dem Verderben und Abfall im Volk Gottes gewehrt und gesteuert. Vgl. 2 Cor. 6, 14—18.

156. Von dem Amt der Priester und Könige. Der künftige Prophet. 5 Mos. 17, 8—20. 18, 9—22.

In diesen beiden Abschnitten finden wir Bestimmungen über das drei=fache Amt der Propheten, Priester und Könige. Das Hauptgeschäft der Priester war das Opfer, aber sie sollten auch lehren und alle schwierigen

Sachen, die vor sie gebracht wurden, nach dem Gesetz des HErrn entscheiden, wie es auch jetzt noch Pflicht und Beruf der Diener am Wort ist, die Gemeinde Gottes Wort zu lehren und alle Dinge nach Gottes Wort zu richten und zu schlichten.

Dem künftigen König Israels, welcher nur ein Israelit, kein Fremdling sein darf, wird eingeschärft, daß er nicht viel Rosse, nicht viel Weiber haben, auch nicht viel Gold und Silber sammeln solle, damit sein Herz nicht von dem lebendigen Gott abtrete. Er soll sich gleichfalls in allen Stücken nach dem Gesetz des HErrn halten und darnach das Volk regieren.

Was das Prophetenthum anlangt, so wird hier nochmals vor falschen Propheten gewarnt, desgleichen vor Zauberern und Weissagern. Und nun verheißt Mose seinem Volk den großen Propheten der Zukunft, von welchem Gott schon auf dem Sinai geredet hat. Einen Propheten will der HErr den Kindern Israel erwecken aus ihren Brüdern. Das wird ein Prophet gleich Mose sein. Mose hatte zu Israel geredet, was Gott ihm gesagt, ihm in den Mund gelegt hatte. Der zukünftige Prophet wird gleichfalls Gottes Offenbarung seinem Volk mittheilen. Er wird reden und zeugen, was er selbst bei Gott gesehen und gehört hat. Er wird Gottes Wort aus seinem Eigenen reden. Ja, dieser Prophet, Christus, wird noch größer sein, als Mose. Sein Wort wird noch viel größer und wichtiger sein, als Mosis Wort. Das Gesetz ist durch Mose gegeben, die Gnade und Wahrheit ist durch Christum JEsum geworden. Wer das Gesetz Mosis übertreten hat, findet noch Heil und Zuflucht bei Christo. Wer aber Christi Wort nicht hören, sondern verachten wird, für den ist keine Hoffnung mehr. Von dem will es Gott fordern.

157. Wiederholung des Fluchs und Segens. 5 Mos. 28, 1—35.

Nach Wiederholung des Gesetzes folgt Wiederholung des Fluchs und Segens. Wenn Israel der Stimme des HErrn, seines Gottes, gehorchen und in seinen Geboten wandeln wird, dann wird es den Segen erben. Insonderheit wird ihm Fruchtbarkeit des Landes und Sieg über seine Feinde verheißen. Wenn es aber von Gott und seinem Worte abtritt, dann soll der Fluch folgen, Unfruchtbarkeit, Dürre, Krankheit und sonstige Plagen, Niederlage vor den Feinden. Beides hat sich erfüllt. In den Zeiten, da Israel Gott treulich diente, wie zur Zeit Josuas, Davids, in den ersten Jahren Salomos, da behielt es den Sieg wider alle seine Feinde, da war Canaan ein Land, da Milch und Honig floß. Als Israel aber nach den Tagen Salomos abtrünnig wurde, da folgte Unglück auf Unglück, die benachbarten Heidenvölker plünderten und verheerten das Land. Aehnlich geht es auch jetzt noch. Wo in einem Lande Gottesfurcht herrscht, da spürt man auch Gottes Segen. Dagegen sind ehemals gesegnete Länder, wie Luther so oft hervorhebt, jetzt zur Wüste und Einöde geworden und die Bewohner sind in Barbarei versunken, weil die Leute Gottes Wort, das Evangelium verachtet haben. Wie ein Volk geht zu Gottes Haus, so sieht's um seine Wohlfahrt aus.

158. Fluch der Abtrünnigen. 5 Mos. 28, 36—69.

Noch ein dreifacher schwerer Fluch wird hier dem abtrünnigen Israel angedroht. Israel soll sammt seinem König von den Heiden gefangen geführt werden, und wenn es dann auch wieder in seinem Lande wohnt, so wird es dort kümmerliche Tage haben und unter seine Feinde geknechtet sein und bleiben. Ein eisernes Joch wird auf seinem Halse liegen. Hiermit deutet Mose auf die assyrische und babylonische Gefangenschaft und auf die Zeit nach der Rückkehr aus Babel. Ferner sagt er von einem großen, furchtbaren Volk, das von ferne kommt, die Mauern der Städte Israels niederreißen und das Volk gar vertilgen und vernichten wird. Es wird dann eine große, unaussprechliche Noth und Angst im Land sein, so daß Eltern ihre Kinder schlachten und essen werden. Das hat sich alles wörtlich erfüllt, als die Römer Jerusalem belagerten und zerstörten. Schließlich wird hier geweissagt, daß die Israeliten, welche von den vorhergehenden schweren Gerichten übrig geblieben sind, unter alle Völker der Erde, von einem Ende der Welt bis ans andere, zerstreut werden sollen. Aber sie werden nirgend Ruhe haben, Gott wird ihnen ein bebendes, verzagtes Herz geben. So geht jetzt Israel unter den Völkern der Erde umher, unstet und flüchtig, und trägt den Fluch auf der Stirn. Das Volk der Juden ist für alle Völker ein Warnexempel, an dem man sieht, was es für Jammer und Herzeleid bringt, wenn man den HErrn, seinen Gott, verläßt und seiner Stimme nicht gehorcht.

159. Weissagung von der künftigen Bekehrung Israels. 5 Mos. 30.

Mose hatte wiederholt den künftigen Abfall Israels und die Strafe der Abtrünnigen zuvorverkündigt. Hier weissagt er die künftige Bekehrung Israels. Gott selbst wird das Herz Israels beschneiden und ihm ein gehorsames Herz geben, daß es sich von Herzen zu seinem Gott bekehrt und in seinen Wegen wandelt. Dann will er es wieder aus allen Völkern sammeln und in sein Land bringen und ihm da Frieden geben. Capitel 28 und auch Capitel 29 war dem Volk der letzte, äußerste Fluch und Zorn angedroht. Doch nicht Alle aus Israel verfallen dem Zorn und Verderben. Etliche werden bekehrt und begnadigt, und die sind dann das wahre Israel. Diese Verheißung hat sich erfüllt, als am Pfingstfest dreitausend aus Israel sich zu Christo bekehrten und dann in allen Ländern viele Juden an Christum gläubig wurden. Die erste Christenheit, die ja zunächst aus Israel gesammelt wurde, war ein heiliges und gehorsames Volk, und in der Kirche Christi waren die Zerstreuten wieder vereinigt. Recht nachdrücklich wird hier bezeugt, daß Gott allein es ist, welcher die Abtrünnigen bekehrt und innerlich umwandelt.

Weiter gibt Gott seinem Volk zu bedenken, daß es nun Gottes Gebot genau kenne und den Weg vor Augen habe, den es wandeln soll. Es hat nicht erst nöthig, Gottes Wort vom Himmel herab= oder über das Meer herüberzuholen. Das Wort ist ihm nahe in seinem Mund und Herzen. Diese Worte wendet Paulus Röm. 10, 6. ff. auf das Evangelium an. Das braucht man auch nicht weit herzuholen, vom Himmel oder aus der Tiefe. Der Schall des Evangeliums ist ausgegangen in alle Lande. Das Wort von Christo wird allenthalben gepredigt. Man braucht es nur zu hören, ins Herz aufzunehmen und mit dem Mund zu bekennen. Wer von Herzen glaubt und mit dem Munde bekennt, der wird selig.

Schließlich bezeugt Mose den Kindern Israel, daß er ihnen beides, Tod und Leben, Fluch und Segen vorgelegt habe, und beschwört sie bei Himmel und Erde, daß sie das Leben erwählen, der Stimme des HErrn gehorchen und dem HErrn, ihrem Gott, anhangen. Daß man dem HErrn, seinem Gott, anhangt, dem treuen, gnädigen Gott von Herzen glaubt und vertraut, daraus fließt das Leben, daraus folgt auch aller Gehorsam und Erfüllung des Gesetzes. Auch uns Christen ist beides vorgelegt, Tod und Leben, Seligkeit und Verdammniß. Wir haben und hören Gottes Wort. Wir haben vor allen Dingen das Evangelium von Christo. Wer dem Evangelium glaubt, wer dem gnädigen Gott glaubt und traut, der sich im Evangelium offenbart hat, oder, was dasselbe ist, wer an Christum glaubt, der wird selig, der hat das ewige Leben. Der beweist dann seinen Glauben auch im Gehorsam gegen Gottes Wort und Gebot. Wer dagegen dem Evangelium nicht glaubt und in Sünden dahinlebt und dahinstirbt, der wird verdammt werden.

160. Mose bestellt Josua zum Führer des Volks. 5 Mos. 31.

Es wird uns nun noch am Ende der fünf Bücher Mose berichtet, wie Mose in den Gefilden Moabs von seinem Volk Abschied nahm. Auf Befehl Gottes ordnete er Josua, seinen bisherigen Diener und Gehülfen, zu seinem Nachfolger, zum künftigen Führer Israels und stellte ihn dem Volk vor. Der soll das Werk vollenden, das Mose begonnen, und Israel in das verheißene Land einführen. Josua und das ganze Volk sollen nur getrost und unverzagt sein. Der HErr wird vor ihnen herziehen und die Völker

Canaans vor ihnen her vertilgen. So hält es Gott in seinem Reich. Er hat da Werkzeuge, durch die er seinen Willen ausrichtet, und verschiedene Werkzeuge. Er thut nicht Alles durch Einen Mann, sondern befiehlt dem Einen dieses, dem Andern jenes Werk. Der Eine macht den Anfang und legt den Grund, ein Anderer baut auf diesem Grund weiter. Der Eine säet, und der Andere erntet.

Noch ein großes Werk vollendete Mose vor seinem Scheiden. Er endete damit, alle Worte dieses Gesetzes in ein Buch zu schreiben. Er beendete das Buch, in das er Vielerlei eingeschrieben hatte, seit er zum Führer, Lehrer und Propheten Israels berufen war. Dieses Buch, das Buch „dieses Gesetzes" ist eben das Buch, welches seitdem in Israel den Titel führte: „das Gesetz Mosis" oder „das Gesetz des HErrn" oder „das Buch des Gesetzes". Es ist der erste Theil der alttestamentlichen Schrift oder die fünf Bücher Mose. Dieses Buch übergab Mose den Priestern, daß sie es zur Seite der Bundeslade aufbewahren möchten. Und alle sieben Jahre, das heißt am Laubhüttenfest jedes Sabbathjahres sollte es vor den Ohren des ganzen Israel vorgelesen werden. Die Priester lehrten fort und fort die Kinder Israel das Gesetz des HErrn. In jedem siebenten Jahr aber wurde nach Mosis Bestimmung die ganze heilige Schrift, soweit sie durch Mose gegeben war, der versammelten Gemeinde laut vorgelesen, damit die Gemeinde allewege in der Furcht des HErrn beharren möchte. Das ist überhaupt der rechte Gebrauch der heiligen Schrift, welche Gott seiner Gemeinde in die Hand gegeben hat, daß man alle Worte dieser Schrift lese, vorlese, verkündige, höre, lerne und wohl beherzige. Auf diese Weise wird Gottes Volk im Glauben und Gehorsam erhalten.

Auf Gottes ausdrückliches Geheiß schrieb Mose auch noch ein Lied, welches dann auch in das Buch des Gesetzes eingetragen wurde, und lehrte die Kinder Israel dieses Lied, daß sie es dann ihre Kinder lehrten. Dieses Lied Mosis, welches im Gedächtniß und im Mund des Volkes Israel fortlebte, sollte ein Zeuge sein wider Israel, wenn es später seinen Gott verlassen und den Bund Gottes fahren lassen würde.

161. Das letzte Lied Mosis. 5 Mos. 32, 1—27.

Es folgt jetzt das Lied, welches Mose die Kinder Israel lehrte. Dies Lied beschreibt in kurzen Zügen die bisherige und künftige Geschichte Israels. Es erinnert zunächst daran, daß Gott treu, fromm und gerecht ist. Seine Werke sind unsträflich. Das hat Israel erfahren. Gott hat dieses Volk in der Wüste gefunden und sich da seiner angenommen, hat es zu seinem Volk angenommen, hat ihm das Gesetz gegeben, hat es wie seinen Augapfel behütet und auf Adlers Fittigen getragen. Hieran schließt sich, was der HErr

weiter an Israel thun wird. Er wird es auf den Höhen der Erde einher=
fahren lassen, wird es in das Land einführen, das er ihm vorbehalten, als
er die Grenzen der Völker bestimmte, und wird ihm die reichen Früchte des
Landes zu genießen geben. Aber Israel wird diese Wohlthaten seines Gottes
übel vergelten. Wenn es satt, fett und stark geworden, wird es seines Gottes
vergessen und den Nicht=Göttern, den Götzen der Heiden opfern und dienen
und durch seine Abgötterei Gott reizen und erzürnen. Es ist eine böse und
verkehrte Art. Und so wird Gott sein Antlitz von den untreuen Kindern
abwenden und durch ein Volk, das Nicht=Volk ist, sie zur Eifersucht reizen,
den Segen, welchen Israel verschmäht, den Heiden zuwenden. Er wird
über die Verächter alles Unglück häufen. Von außen wird das Schwert,
von innen Schrecken sie verzehren. Der Zorn wird über sie kommen, der
letzte Zorn, welcher bis in die unterste Hölle hinunterbrennt. Das ist auch
in Kürze die Geschichte vieler anderer Menschen und Völker. Die waren
erst von Gott hoch begnadet und reich gesegnet, dann sind sie abgefallen und
haben mit Undank Gott abgelohnt, und so hat Gott sie verstoßen und allen
seinen Zorn und Grimm über sie ausgeschüttet.

162. Das letzte Lied Mosis. (Fortsetzung.) 5 Mos. 32, 28—52.

Die Geschichte Israels verläuft in folgenden Wendungen: Gott hat
dieses Volk sich erwählt, aber dieses Volk verwirft seinen Gott, und darum
wird Gott schließlich dieses Volk verwerfen. Von der endlichen Verwerfung
Israels sagt Mose auch noch in der zweiten Hälfte dieses Liedes. Es ist ein
thörichtes Volk, welches keinen Verstand annimmt. Sie sind voller Galle,
Bitterkeit und Bosheit. Darum wird Gott, ihr Fels, sie verkaufen und in
die Hand ihrer Feinde dahingeben. Darum wird er schließlich Rache und
Vergeltung an ihnen üben. Aber wenn der HErr sein Volk richtet, wird
er sich über seine Knechte erbarmen. Er wird es mit Israel nicht gar aus
machen, damit seine Feinde nicht über ihn spotten, als zerstöre er sein eigenes
Werk. Er hat noch einen Rest in Israel. Der wird sich zu dem einen,
wahren, lebendigen Gott bekehren. Seine Knechte, seine Auserwählten,
wird er von der Hand aller ihrer Feinde erlösen. Und zu dem Rest aus
Israel kommen die gläubigen Heiden hinzu. Es heißt: „Jauchzet alle, die
ihr sein Volk seid", oder wörtlich: „Jauchzet, ihr Heiden, sein Volk!" Auch
aus den Heiden wird sich der HErr ein Volk erlesen, das seinen Namen
preist und ehrt. So weissagt Mose am Schluß seines Liedes auf das Gottes=
volk des Neuen Bundes, das aus Juden und Heiden gesammelt ist, und
welches seinem Gott rechtschaffen dient.

Nochmals ermahnt Mose sein Volk, alle Worte, die er ihnen bezeugt
hat, wohl zu Herzen zu nehmen. Und darauf befiehlt ihm Gott, auf das

Gebirge Abarim, auf den Berg Nebo hinaufzusteigen. Dort soll er sterben, nachdem er zuvor noch von ferne das Land Canaan gesehen. Es wird hier nochmals der Versündigung Mosis und Aarons am Haderwasser gedacht. Das war die Ursache, weshalb beide nicht das Land Canaan betreten durften. Doch wie Aaron zu seinem Volk versammelt wurde, so soll auch Mose im Tode sich zu seinem Volk versammeln. So sucht Gott auch an seinen treuen Knechten ihr Straucheln und Uebertreten heim, mit mancherlei zeitlicher Strafe, aber gibt ihnen aus Gnaden ein gutes, seliges Ende, daß sie zu ihrem Volk versammelt werden, zu dem Volk der vollendeten Gerechten.

163. Der Segen Mosis. 5 Mos. 33.

Wie der greise Patriarch Jakob seine Söhne vor seinem Sterben noch segnete, so spricht hier Mose vor seinem Scheiden über die Stämme Israels den Segen aus. Dieser Segen Mosis ist, wie der Segen Jakobs, Weissagung, Vorherverkündigung des künftigen Geschicks der einzelnen Stämme. Mose beginnt seinen Segen mit dem Hinweis auf die hohe Offenbarung Gottes am Sinai und erinnert zum Schluß daran, was für ein seliges Volk Israel ist, welches Gott in seiner Mitte wohnen hat. Als Prophet Gottes vertheilt er im Namen Gottes die Segnungen des gelobten Landes unter die Stämme Israels. Den einen wird ein besonderes Maaß der Güter und Früchte des Landes Canaan, den andern reicher Ertrag von dem Handel auf dem Meer, andern Sieg über die Feinde zugesagt. Fülle des Glücks und des Segens, Fülle der Kraft und der Stärke, die Gnade und das Wohlgefallen des HErrn ruft Mose auf das Haupt Josephs herab, des Erlauchten unter seinen Brüdern. Um der frommen Väter willen werden auch noch die Kinder bis in die fernsten Glieder gesegnet. Ruben wird an Zahl gering sein, hinter den andern Stämmen zurückbleiben. Das ist die Folge seiner Versündigung an Bilha, dem Weib seines Vaters. Doch weil er Buße gethan, soll er leben und nicht sterben und in dem zwölfstämmigen Israel seinen Platz und sein Erbtheil behaupten. Das Recht der Erstgeburt, das Ruben verscherzt hat, hätte eigentlich auf Simeon und Levi, den zweiten und dritten Sohn Jakobs, übergehen sollen. Aber auch diese haben sich, wegen ihrer Gewaltthat an den Sichemiten, desselben unwürdig gemacht. Indeß sie sind auch von ihrem Fall wieder aufgestanden, und Levi hat einen sonderlichen Beweis seines Glaubens und seiner Treue gegeben. Als Israel am Sinai Abgötterei trieb, blieben die Kinder Levi standhaft, ja traten für die Ehre des HErrn ein und tödteten auf Mosis Befehl die Götzendiener, ohne Vater, Mutter, Bruder, Sohn anzusehen. Darum soll Levi das Priesterthum behalten, Recht und Licht des HErrn verwalten, die Opfer auf des HErrn Altar bringen und Israel das Gesetz des HErrn lehren. Wenn

Einer rechtschaffen Buße thut und dann besonderen Eifer im Dienste des HErrn bezeigt, dann wandelt sich ihm der Fluch der Sünde in Segen. Juda ist und bleibt der Vorkämpfer und Regent in seinem Volk. Aus Juda soll ja der künftige König und Erlöser Israels hervorgehen. Noch in ganz anderem Grade, als Israel, ist das neutestamentliche Bundesvolk ein Volk, das der HErr gesegnet hat. Die Kirche Christi rühmt: „Gelobt sei Gott und der Vater unsers HErrn JEsu Christi, der uns gesegnet hat mit allerlei geistlichem Segen in himmlischen Gütern durch Christum." Eph. 1, 3.

164. Mosis Ende. 5 Mos. 34.

Jetzt war die Stunde gekommen, da Gott seinen treuen Diener Mose von hinnen nehmen wollte. Er hatte sein Werk vollbracht. Vorher zeigte Gott noch dem Mose vom Berg Nebo aus, der sich im Gefilde Moabs erhob, das gelobte Land vom fernen Norden an bis zum Süden, bis hin zum Mittelmeer. Das natürliche Auge reichte nicht so weit. Es war eine Wunderwirkung Gottes, daß Mose das ganze Land überschaute und einen Eindruck von seiner Güte und Fruchtbarkeit bekam. Das war eine letzte Wohlthat Gottes, die Mose in seinem Leben zu Theil wurde. Etwas Aehnliches ist es, wenn Gott einem frommen Christen vor seinem Tode noch einen Einblick in die jenseitige Welt, einen Vorschmack der himmlischen Seligkeit gewährt.

Dort, auf dem Berg Nebo starb Mose nach dem Wort des HErrn. Das war ein wunderbares Sterben. Seine Augen waren nicht dunkel geworden, und seine Kraft war nicht verfallen. Er starb, da er noch in voller Kraft stand, weil der HErr es wollte. Der HErr nahm ihn aus diesem irdischen Leben hinweg. Doch etwas Aehnliches gilt von allen Knechten Gottes. Die leben und sterben dem HErrn, sterben nach des HErrn Willen, zu der Stunde, die Gott verordnet hat. Unsere Zeit steht in Gottes Händen.

Gott selbst begrub Mose, unten am Berg Nebo, im Land der Moabiter. Niemand hat sein Grab erfahren und gefunden. Das war etwas Außerordentliches. Aus dem Briefe Juda wissen wir, daß der Erzengel Michael sich mit Satan um den Leichnam Mosis stritt und denselben dem Satan entriß. Gott hat durch seinen Engel den Leichnam Mosis der letzten Wirkung des Todes, die vom Satan ausgeht, der Verwesung entnommen. Der Leib Mosis wurde in den Himmel versetzt und verklärt. So erschien Mose, wie Elias, im verklärten Leibe neben JEsu auf dem Berg der Verklärung. Es gibt jetzt schon verklärte Leiber im Himmel. Das ist eine feste Bürgschaft für die Erfüllung unserer Hoffnung, der Hoffnung auf die Auferstehung des Fleisches, die Verklärung unsers Leibes.

11

Die Kinder Israel beweinten und beklagten Mose im Gefilde der Moa=
biter dreißig Tage lang. Das ist ganz recht, wenn Gottes Volk um den
Tod großer Männer Gottes trauert. Josua, der Sohn Nun, trat jetzt an
Mosis Statt. Der wurde auch mit dem Geist Gottes erfüllt. So nimmt
und gibt Gott seiner Kirche Gaben, Diener, Lehrer, Führer nach seinem
Wohlgefallen. Die Kinder Israel gehorchten Josua und thaten nach dem
Wort und Gebot des HErrn. Das war die Frucht der langen Arbeit Mosis.
Treuer Dienst am Wort geht nie ohne Frucht ab.

Mose erhält hier noch das Zeugniß, daß er ein Prophet Gottes war
ohne Gleichen. Kein anderer Prophet hat Gott so von Angesicht zu An=
gesicht gesehen, so unmittelbar mit Gott verkehrt, so lange in Gottes Nähe
verweilt, als Mose, der Mann Gottes. Kein Prophet hat so viele und so
große Zeichen gethan, wie Mose. Doch Einer ist größer, als Mose, der
Prophet, auf den Mose selbst geweissagt hat, Christus. Der hat noch in
ganz anderer Weise, als Mose, Gott von Angesicht zu Angesicht gesehen,
nämlich als der eingeborene Sohn, der in des Vaters Schooß ist. Der hat
noch größere Zeichen gethan, als Mose. Der ist gestorben und wieder auf=
erstanden von den Todten und erhöht zur Rechten Gottes, und hat durch
Leiden, Sterben, Auferstehen eine größere, herrlichere Erlösung zu Wege
gebracht, als Mose, welcher Israel aus Egypten erlöst hat.

IV. Die Zeit Josuas und der Richter.

165. Josua von Gott zu seinem Berufe gestärkt. Jos. 1.

Das Buch Josua beschreibt die großen Thaten Gottes, die Gott durch
seinen treuen Knecht Josua ausgeführt hat, die Eroberung und Besitznahme
des Landes Canaan. Josua hat das Volk Gottes nach der langen, beschwer=
lichen Wüstenwanderung zu seiner Ruhe gebracht.

In den letzten Capiteln des fünften Buches Mose war schon berichtet,
wie Gott den Josua, den Sohn Nun, den Diener und Gehülfen Mosis, zum
Nachfolger Mosis verordnete, und wie Mose den Josua in sein Amt ein=
setzte und ihn dem Volk als seinen künftigen Führer vorstellte. Und im
ersten Capitel des Buches Josua hören wir nun, wie Josua die Führung
Israels übernahm, nachdem Mose, der Knecht des HErrn, gestorben war.
Der HErr fordert Josua auf, die Kinder Israel, die noch im Gefilde Moabs
lagerten, über den Jordan zu führen. Er gibt ihm und durch ihn dem Volk
Israel die Verheißung, daß es alle seine Feinde besiegen und Canaan zum

Besitz erhalten werde. Der HErr will mit Josua sein, wie er mit Mose gewesen ist. Darum soll Josua nur getrost und unverzagt sein. Zugleich schärft der HErr ihm ein, daß er das Buch dieses Gesetzes, das ist die Bücher Mose, die heilige Schrift Israels nicht von seinem Mund kommen lassen, darin lesen, davon reden, Tag und Nacht diese Worte betrachten, allerdinge darnach thun und weder zur Rechten noch zur Linken davon abweichen solle. Dann wird es ihm gelingen in Allem, was er thut. Wir haben eine ähnliche Verheißung, der HErr hat uns Sieg über alle unsere Feinde und das himmlische Erbe zugesagt. Und wir haben auch das Gebot von Gott, daß wir die heilige Schrift, Gottes Wort fleißig lesen, hören, lernen, bedenken, davon reden und in all unserm Thun und Lassen uns darnach richten. Dann sollen wir auch in allen Dingen Segen und Gelingen haben.

Was der HErr ihm gesagt, theilte Josua den Obersten Israels mit und forderte das Volk auf, sich binnen drei Tagen zum Aufbruch zu rüsten. Die Rubeniten, Gaditen und den halben Stamm Manasse, die schon im Ostjordanland ihr Theil erhalten hatten, erinnerte er an das, was ihnen schon Mose geboten hatte, daß sie, so viele ihrer streitbare Männer waren, mit ihren Brüdern über den Jordan ziehen und mit ihnen kämpfen, und dann, wenn der HErr auch ihre Brüder zur Ruhe gebracht hätte, sich ihres Erbtheils freuen sollten. Dieselben erklärten sich auch in allen Stücken zum Gehorsam bereit. Auch jetzt im Neuen Bund ist es Gottes Wille, daß die Kinder Gottes in dem Kampf, der ihnen verordnet ist, einander helfen, sich gegenseitig ermuntern und anspornen. Zu ihrer Zeit werden sie dann zu ihrer Ruhe eingehen.

166. Aussendung zweier Kundschafter nach Jericho. Jos. 2.

Josua sandte zunächst zwei Kundschafter aus, über den Jordan nach Jericho. Denen ließ es Gott gelingen. Sie brachten die Kunde zurück, daß das Volk dieses Landes feige und verzagt sei. Das ist der Anfang des Gerichts Gottes über seine Feinde, daß er ihr Herz verzagt macht, ihnen Furcht und Schrecken einflößt.

Insonderheit wird uns hier von der Hure Rahab berichtet. Auf diese Heidin hatte es Gott abgesehen, die wollte er retten, die sollte nicht verloren gehen mit den Ungläubigen. Hebr. 11, 31. Die hatte Gott sich ersehen, daß sie Stammmutter Christi werden sollte. Matth. 1, 5. Auch unter einem gottlosen, verworfenen Geschlecht hat Gott noch seine Auserwählten. „Durch den Glauben ward die Hure Rahab nicht verloren." Hebr. 11, 31. Sie glaubte an den Gott Israels und erscheint in der Schrift als ein Exempel des Glaubens. Was sie von den großen Thaten Gottes an Israel gehört hatte, das hatte sie zu der Ueberzeugung gebracht, daß der Gott Israels der

wahre, lebendige Gott sei. Auch schon das Gerücht von den großen Thaten
Gottes, das Gerücht von Christo kann Glauben wirken. Rahab bewies ihren
Glauben im Werk, indem sie sich gegen das Volk Gottes freundlich stellte,
die Kundschafter Israels aufnahm, gegen ihre Verfolger schützte, ihnen zur
Flucht verhalf, für die Fremdlinge gegen ihre eigenen Volksgenossen Partei
ergriff. Hebr. 11, 31. Jac. 2, 25. Der rechte Glaube, die Liebe zu Gott
erweist sich allewege in der Liebe zum Volk Gottes, darin, daß man den
Angehörigen des Volkes Gottes Gutes thut und den Feinden Gottes und
seines Volks widersteht.

167. Durchgang durch den Jordan. Jos. 3.

Jetzt kündigte der HErr dem Josua ein großes Wunder an, gleich dem,
welches Israel beim Auszug aus Egypten erlebt hatte. Damit wollte er
Israel beweisen, daß der lebendige Gott in seiner Mitte sei, und zugleich
Josua als seinen Knecht vor allem Volk beglaubigen. Und wie der HErr
gesagt, so geschah es. Als die Priester, welche die Bundeslade trugen, an
den Jordan kamen und mit ihren Füßen das Wasser berührten, da theilte
sich das Wasser. Nach oben zu staute sich das Wasser auf und stand auf=
gerichtet da wie ein großer Haufe, nach unten zu floß das Wasser ab. Und
so ging Israel trockenen Fußes durch den Jordan, und zwar gerade zu der
Zeit des Hochwassers. Während des Durchzugs des Volks standen die
Priester mit der Lade mitten im Flußbett. Dadurch wurde recht offenbar,
daß der Gott Israels, der Herrscher über alle Welt, welcher über der Bundes=
lade thronte, die Gewässer festhielt. So wunderbar führt der HErr sein
Volk. Er erweist sich auch jetzt noch den Seinen als der lebendige Gott,
als der Herrscher aller Lande. Er zeigt und öffnet ihnen Wege, Auswege,
wo sie keine sehen und finden, er ist bei ihnen in Noth und Gefahr, daß die
Wasserfluthen sie nicht können ersäufen, und bringt sie sicher an das Ziel,
in das verheißene Erbe. Die Bundeslade erscheint hier als der Träger der
Gegenwart des allmächtigen Gottes. So hat Gott auch jetzt noch seine
Gnadengegenwart und Gnadenwirkung an bestimmte äußerliche Mittel ge=
bunden, nämlich an Wort und Sacrament. Wo das Wort gepredigt wird
und die Sacramente verwaltet werden, da findet man den wahren, leben=
digen Gott, da erfährt man Gottes Macht und Gnade, Gottes Schutz, Bei=
stand und Segen.

168. Denkzeichen der Wunderthat Gottes. Jos. 4.

Hier wird nochmals des großen Wunders Gottes gedacht, des Durch=
gangs Israels durch den Jordan, und hinzugefügt, daß 40,000 streitbare
Männer von den zwei und ein halb Stämmen, die schon im Ostjordanland

ihr Erbtheil erhalten hatten, mitzogen, und daß, als die Priester mit der Lade aus der Mitte des Jordans heraufgestiegen waren, die Gewässer wieder in ihr altes Bett zurückkehrten. Außerdem wird berichtet, daß Josua auf Befehl Gottes zweimal zwölf Steine, nach der Zahl der zwölf Stämme Israels, aufrichten ließ, zwölf am diesseitigen, westlichen Ufer, zwölf in der Mitte des Jordans, die auch bei niedrigem Wasserstand sichtbar wurden. Diese Steine waren Denkmale der großen Wunderthat Gottes für die kommenden Geschlechter. Die Kinder Israel sollten nie vergessen, daß der HErr sie mit mächtiger Hand durch den Jordan geführt und in ihr Land eingeführt hatte. So sollen auch wir der großen Thaten Gottes, auf denen unser Heil und unsere Seligkeit beruht, stets eingedenk sein und sollen nimmer vergessen, was der HErr an uns Großes und Gutes gethan hat.

169. Beschneidung des Volks und Passahfeier zu Gilgal. Jos. 5.

Als die Könige der Canaaniter von dem großen Wunder Gottes hörten, daß Israel trocken durch den Jordan gegangen war, wurden sie verzagt. Auch die blinde Welt merkt und spürt wohl mitunter etwas davon, daß Gottes Volk den lebendigen Gott in seiner Mitte hat, daß, der bei den Christen ist, stärker ist, als der in der Welt ist.

Nachdem Israel das Land Canaan betreten und sich am westlichen Ufer des Jordans gelagert hatte, war es das Erste, daß Josua auf Gottes Geheiß alles Volk beschneiden ließ. Das alte Geschlecht, welches um seines Ungehorsams willen in der Wüste umgekommen war, hatte auch dieses Gebot Gottes bei Seite gesetzt und an den Kindern, die in der Wüste geboren waren, die Beschneidung unterlassen. So wurde jetzt das Versäumte nachgeholt. Die Beschneidung war das Bundeszeichen. Israel erneuerte, indem es sich beschneiden ließ, den Bund mit Gott. Die Beschneidung am Fleisch deutete auf die Beschneidung des Herzens. Israel heiligte sich, indem es sich beschneiden ließ, für den Besitz des gelobten Landes. Auf diese Weise wendete Gott die Schande Egyptens, die Unreinigkeit der Heiden von den Kindern Israel ab. Daher nannte man den Ort Gilgal. Wir ersehen hieraus: Es ist ein heiliges, gehorsames Volk, welches schließlich das verheißene Erbe erlangt.

Die Kinder Israel bezeigten weiter ihren Gehorsam gegen Gott damit, daß sie zu der bestimmten Zeit auf dem Gefilde Jerichos Passah hielten. Das Passah war das Bundesmahl. Das erste Mal hielt Israel das Passah, da es aus Egypten auszog. Das erste Passahmahl diente gleichsam als Wegzehrung für die bevorstehende Wanderung. Jetzt hatte Israel das Ziel seiner Wanderung erreicht. So aß es auch in diesen Passahtagen zum ersten Mal von dem Getreide des Landes Canaan. Das Manna, die Wüstenspeise, hörte auf. Wir lernen hieraus: Wer sich treulich zu Gottes Wort und Sacrament hält, der kommt sicher an das vorgesteckte Ziel.

Schließlich wird hier noch von einer wunderbaren Erscheinung berich=tet, die dem Josua zu Theil wurde. Er sah bei Jericho einen Mann mit einem bloßen Schwert. Das war der Fürst über das Heer des HErrn, das Engelheer. Das war der mit Gott wesensgleiche Engel des HErrn, der treue Engel des Bundes, welcher Israel von Egypten, vom Sinai her das Geleite gegeben hatte, der Sohn Gottes. Der will jetzt mit seinen himm=lischen Heerschaaren vor dem Heer Israels herziehen und ihm zum Siege hel=fen über seine Feinde. Das ist ein Titel, der heute noch Christo zukommt: er ist der Fürst über das Heer des HErrn. Er lagert sich mit seinem Engelheer um die her, die ihn fürchten. Er streitet für seine Kirche wider Welt und Teufel.

170. Die Eroberung Jerichos. Jos. 6.

Der Fürst über das Heer des HErrn gab Josua Anweisung über die Einnahme der festen Stadt Jericho, welche Israel zunächst vor sich hatte. Diesem Befehl des HErrn zufolge zogen die Kinder Israel an sechs Tagen um die Stadt herum, voran eine gerüstete Mannschaft, dann sieben Priester, welche Posaunen bliesen, und Priester, welche die Lade des HErrn trugen, darauf das übrige Volk. Am siebenten Tag erfolgte dieser Umzug siebenmal. Beim siebenten Mal erhob auf ein gegebenes Zeichen das ganze Volk ein Feldgeschrei. Und siehe, da fielen die Mauern Jerichos um. Das war wiederum ein Wunder des allmächtigen Gottes, des Gottes Israels, der über der Lade thronte. Auf diese Weise rückte es der HErr seinem Volk recht deutlich vor Augen, daß Er es war, welcher ihm dieses feste Bollwerk der Canaaniter in die Hand gab. Hebr. 11, 30. heißt es: „Durch den Glauben fielen die Mauern Jerichos, da sie sieben Tage umher gegangen waren." Das war ein Erweis des Glaubens, das lief aller menschlichen Vernunft und Klugheit zuwider, daß die Kinder Israel, statt zum Schwert zu greifen und in die Stadt einzudringen, unter Posaunenhall und Feld=geschrei um die Stadt herumgingen. Sie hielten sich einfältig an das Wort und Gebot des HErrn. Das ist der rechte Glaube, daß man die Vernunft bei Seite setzt, einfältig dem Wort glaubt und folgt und Gott Alles zutraut. Solcher Glaube ist der Sieg, welcher die Welt überwindet. In dem Fall Jerichos ist aber zugleich der schließliche Sturz aller Gott feind=lichen Mächte der Erde vorgebildet. Am Ende der Welt wird der HErr mit einem Feldgeschrei und Stimme des Erzengels und der Posaune Got=tes herniederkommen vom Himmel, 1 Thess. 4, 16., und alles Hohe und Erhabene auf Erden niederstürzen und die gottlose Welt richten und ver=

dammen. Und Gottes Volk wird jauchzen und jubeln, wenn es sieht, wie
Gott an seinen Feinden Rache übt.

Nachdem die Mauern Jerichos gefallen waren, ging das Volk stracks
in die Stadt hinein und verbannte Alles, was in der Stadt war, wie der
HErr ihm geboten hatte. Alles Lebendige wurde mit dem Schwert ge=
tödtet, alles Gold und Silber in den Schatz des Heiligthums gethan, alles
übrige Geräthe mit Feuer verbrannt. Die Bewohner Jerichos hatten eben
das Maaß ihrer Sünden voll gemacht. Nur die Hure Rahab sammt den
Ihrigen, die sie in ihr Haus versammelt hatte, ließ Josua leben. Wenn
einmal für die ganze Welt die Zeit der Gebuld abgelaufen, wenn das End=
gericht vorhanden ist, dann gibt es kein Erbarmen mehr, keine Gnade, keine
Schonung, sondern eitel Tod und Verderben. Nur die in dieser Zeit be=
dacht haben, was zu ihrem Frieden dient, und sich zu Gott bekehrt haben,
werden dann frei ausgehen.

Schließlich wird hier noch von Josua der Mann verflucht, der es ver=
suchen werde, die Festungsmauern Jerichos wieder aufzurichten. Es soll
ihn seinen erstgeborenen Sohn kosten. Diese Drohung hat sich buchstäblich
erfüllt, als unter Ahab ein Israelit Hiel aus Bethel es unternahm, Jericho
zu einer Festung auszubauen. 1 Kön. 16, 34.

171. Achans Diebstahl und Bestrafung. Jos. 7.

Die Kinder Israel hatten die große, feste Stadt Jericho eingenommen,
und die kleine Stadt Ai, die nicht weit davon entfernt war, vermochten sie
nicht zu nehmen. Die Kriegsleute, welche Josua ausgeschickt hatte, flohen
vor den Männern von Ai. Da merkte Josua, daß der HErr etwas wider
Israel habe, und fiel trauernd, klagend vor der Lade des HErrn nieder,
sammt den Aeltesten Israels. Und Gott offenbarte dem Josua, daß Israel
sich versündigt habe, daß Einer aus Israel sich an dem Verbannten ver=
griffen, von dem Raube Jerichos etwas für sich genommen habe. Auf
Gottes Geheiß wurde über die Stämme, Geschlechter, Familien, Männer
Israels das Loos geworfen, und das Loos traf den Missethäter, Achan aus
dem Stamm Juda. Hieraus sehen wir: Wenn Einer, der zu den Frommen
zählt, eine grobe Missethat, eine geheime Schuld auf seinem Gewissen hat,
dann weicht der Segen Gottes, dann erwacht der Grimm des HErrn. Und
wenn die Christenheit, wenn eine christliche Gemeinde einen Bösewicht in
ihrer Mitte hat und duldet, so ist die Gesammtheit vor Gott schuldig und
hat Gott wider sich.

Israel that jetzt den Bann von sich. Achan wurde gesteinigt und dann
sammt seinem Raube mit Feuer verbrannt. Auch seine Söhne und Töchter
mußten sterben; denn sie waren Mitwisser seines Diebstahls und darum

mitschuldig. Und so wendete sich der HErr von dem Grimm seines Zorns.
So ist es Gottes Wille, das Jeder, der einen Bann auf seinem Gewissen
hat, sein Gewissen reinige, daß eine christliche Gemeinde die Bösen strafe
und, die sich nicht strafen lassen, von sich hinausthue, daß sie alle Ungerech=
tigkeit von sich abthue. Wenn die Christen also wider das Böse eifern,
dann erlangen und behalten sie Gottes Gunst und Wohlgefallen.

Es ist noch zu beachten, daß Achan, von Josua aufgefordert, Gott die
Ehre gab und wirklich Buße that für seine Sünde. Er bekannte, was er
von dem Verbannten entwendet habe, zeigte auch den Ort an, wo er seinen
Raub verscharrt hatte. Das ist die rechte Buße eines Diebes und Betrü=
gers, daß derselbe offen gesteht, daß und wie viel er gestohlen, und daß er
das Geraubte zurückerstattet. Gleichwohl mußte Achan sterben. Gott wollte
durch dieses Strafexempel Israel Schrecken und Scheu vor Uebertretung sei=
ner Gebote einflößen. Das geschieht auch sonst, daß ein Sünder Buße
thut, Gnade erlangt und schließlich selig stirbt, dennoch aber um seiner
Sünde willen mancherlei zeitliche Strafe erleiden muß, damit er sich fürchte
vor der Sünde, und auch die Andern sich fürchten.

172. Eroberung der Stadt Ai. Jos. 8, 1—23.

Gott war jetzt Israel wieder gnädig, nachdem dasselbe den Bann von
sich gethan hatte. Nach des HErrn Weisung zog jetzt Josua mit einem
stärkeren Kriegsvolk, nicht, wie vorher, mit 3000 Mann, sondern mit
30,000 Mann gegen die Stadt Ai aus. Er lockte die Männer von Ai aus
der Stadt heraus, und als es auf dem Feld vor der Stadt zum Streite
kam, stellten sich die Kinder Israel, als würden sie geschlagen, und flohen
vor den Männern von Ai. Da aber brach auf ein gegebenes Zeichen ein
Hinterhalt von 5000 Mann, den Josua auf der andern Seite der Stadt
aufgestellt hatte, aus seinem Versteck hervor und nahm die verlassene Stadt
ein und zündete sie an. Nun wendeten sich die Kriegsleute Israels von der
Flucht und schlugen die Männer von Ai zurück. Dieselben kamen jetzt ins
Gedränge, sie hatten Feinde vor sich und Feinde im Rücken, und wurden
alle erschlagen, so daß nicht einer entrann. Nur der König von Ai blieb
am Leben. So gewann Josua die Stadt Ai durch des Schwertes Schärfe
und durch eine Kriegslist. Es heißt aber auch hier, daß der HErr ihm diese
Stadt in seine Hände gegeben habe. Der ließ ihm den Plan gelingen, den
er selbst ihm vorgezeichnet hatte. Daraus lernen wir: Wir sollen das
Unsere thun, das thun, was Gott uns befohlen hat, rüstig arbeiten, laufen,
kämpfen, alle unsere Kräfte anspannen, auch unsern Verstand wohl brauchen.
Gleichwohl ist es der HErr, der Alles wirkt und schafft. Er gibt zu unserm
Werk Kraft, Segen und Gelingen. Er gibt den Sieg im Kampf.

173. Segen und Fluch auf Grisim und Ebal. Joi. 8, 24—35.

Nach der Einnahme der Stadt Ai wurden alle Bewohner der Stadt, Männer und Weiber, mit dem Bann belegt, das ist getödtet. Alles Vieh und den ganzen Raub der Stadt theilte Israel unter sich. Das hatte ihm der HErr diesmal ausdrücklich gestattet. Die Stadt wurde bis auf den Grund nieder= gebrannt. Den König von Ai ließ Josua hinrichten und seinen Leichnam bis zum Abend an einen Schandpfahl hängen. Die Bewohner Ai's hatten eben, wie die von Jericho und alle canaanitischen Völker, das Maaß ihrer Sünden erfüllt. Ja, wenn die Zeit der Geduld und Schonung verstrichen ist, dann kann Niemand mehr dem Gericht und Verderben Einhalt thun.

Ehe Josua die Eroberung Canaans fortsetzte, zog er mit dem ganzen Volk nordwärts, in die Mitte des Landes, wo sich die Berge Ebal und Grisim erheben, und hielt dort eine große gottesdienstliche Feier ab, wie der HErr eine solche schon durch Mose, 5 Mos. 27, vorgeschrieben hatte. Er baute auf dem Berg Ebal dem HErrn, dem Gott Israels, einen Altar und opferte darauf Brandopfer und Dankopfer. Er errichtete daselbst eine Anzahl Steine. Auf diese Steine war eine Abschrift des Gesetzes ein= gezeichnet. Sechs Stämme Israels stellten sich darauf an dem Berge Gri= sim auf, sechs am Berge Ebal. In der Mitte standen die Priester mit der Bundeslade. Die levitischen Priester riefen laut das Gesetz des HErrn aus, insbesondere Segen und Fluch des Gesetzes. Das Volk bekräftigte die einzelnen Fluch= und Segenssprüche mit Amen. Hiermit verpflichtete sich Israel, nachdem die siegreiche Einnahme des verheißenen Landes begonnen hatte, von Neuem zum Gehorsam gegen Gott und seine Gebote. Wir sollen auch nimmer des Worts und Gebots unsers Gottes vergessen und sonderlich auch dann, wenn der HErr angehoben hat uns zu segnen, darauf bedacht sein, daß wir in der Furcht des HErrn und im Gehorsam wandeln. Aller Gehorsam fließt freilich aus dem rechten Glauben. Wir sollen jetzt im Neuen Bund vor allen Dingen der neutestamentlichen Offenbarung, des Evangeliums allezeit eingedenk sein und dasselbe nimmer aus den Augen lassen. Denn davon hängt im letzten Grund Fluch und Segen, unser ewiges Wohl oder Wehe ab.

174. Der Gibeoniten List und Rettung. Joi. 9.

Die zwei Städte der Canaaniter, Jericho und Ai, waren zerstört und verbannt. Eine dritte Stadt, Gibeon, nördlich von Jerusalem gelegen, wurde verschont. Die Bewohner dieser Stadt wollten gern dem Gericht, das jetzt über Canaan hereingebrochen war, entfliehen und mit Israel Frie= den machen. Darum brauchten sie eine List. Sie sandten Boten zu Josua nach Gilgal, wo jetzt Israel lagerte. Es ist wohl das auf dem Gebirge

Ephraim gelegene Gilgal gemeint. Diese Boten stellten sich, als kämen sie
von ferne her, von einem fremden Volk und baten Josua, er möge mit ihnen
einen Bund aufrichten. Das that Josua, in der Meinung, daß sie nicht
zu den Canaanitern gehörten. Denn mit den Völkerschaften Canaans ein
Bündniß zu schließen, war Israel streng verboten. 2 Mos. 23, 32. 34, 12.
Es wird ausdrücklich bemerkt, daß die Kinder Israel den Mund des HErrn
nicht fragten. Hätten sie durch das hohepriesterliche Licht und Recht den
HErrn um Rath gefragt, so hätten sie den wahren Sachverhalt alsbald erfahren. Daß sie das unterließen, war nicht recht. Drei Tage später kamen
die Israeliten in die Städte der Gibeoniten und erkannten, daß sie von denselben getäuscht waren. Sie schonten ihrer aber, weil sie ihnen geschworen
hatten, sie am Leben zu lassen, und machten sie zu Holzhauern und Wasserträgern im Heiligthum. Das ließ der HErr sich gefallen. Denn die Gibeoniten fürchteten den Gott Israels, von dessen großen Thaten sie gehört hatten,
und unterwarfen sich willig Gott und dem Volk Gottes. So wurde ihnen
unter Israel Raum gegönnt. Und wenn sie auch zu beständigem Knechts-
dienst verurtheilt waren, so bekamen sie doch Antheil an allen Segnungen
des Volks Gottes. Wir sehen hieraus, wie gnädig und barmherzig der
HErr ist, daß er Niemand zurückstößt, der zu ihm kommt und bei ihm Rettung sucht. So soll auch die Gemeinde Gottes keinen Sünder, keinen Unreinen zurückweisen, der sich bußfertig zeigt und Einlaß begehrt. Auch in
einem verruchten und verworfenen Geschlecht, wie dem der Canaaniter,
finden sich noch einzelne Seelen, welche in der letzten Stunde sich noch zu
dem lebendigen Gott bekehren und wie Brände aus dem Feuer gerissen
werden.

175. Sieg Josuas bei Gibeon. Jos. 10, 1—15.

Hier wird von einem Bündniß canaanitischer Könige gegen Israel berichtet. Der König Adonizedek von Jerusalem verband sich mit den mäch-
tigsten Königen im Süden des Landes und zog wider die Stadt Gibeon
heran, welche mit Israel im Bunde war. Das war eine große Thorheit.
Die Könige der Canaaniter hatten ja an dem Exempel von Jericho und Ai
ersehen, wie es denen ging, welche sich Israel widersetzten, während Gibeon
sich Israel unterworfen hatte und verschont geblieben war. So verblendet
und verhärtet Gott die, welche er verderben will.

Josua kam den Gibeoniten auf ihre Bitte zu Hülfe, fiel über die
Canaaniter her und schlug sie und verfolgte sie. Der HErr ließ über die
Fliehenden einen wunderbaren Steinhagel vom Himmel fallen, welcher noch
mehr Leute tödtete, als das Schwert Israels. Da wurde es recht offenbar,
daß der HErr für Israel stritt, daß Israel diesen herrlichen Sieg nicht seiner

eigenen Kraft verdankte. Der HErr hatte auch das Heer der Feinde in Ver=
wirrung gebracht. Ja, der HErr streitet für sein Volk; so behalten wir
den Sieg wider alle unsere Feinde.

Und nun wird hier noch von einem besonderen Wunder Gottes erzählt.
Auf Josuas Geheiß blieben Sonne und Mond am Himmel stehen. Die
Sonne verzog unterzugehen, beinahe einen ganzen Tag. So konnte Israel
die Verfolgung der Feinde vollenden. Die Ungläubigen spotten über diese
Erzählung und nennen sie eine Fabel. Aber auch die sogenannten gläubigen
Ausleger mäkeln daran und thun dem Text Gewalt an. Sie meinen, in der
Hitze des Kampfes sei es Israel nur so erschienen, als sei jener Tag doppelt so
lang gewesen, wie ein gewöhnlicher Tag, ein wirklicher Stillstand der Sonne
hätte ja den Zusammenbruch der ganzen Welt zur Folge gehabt. Indeß der
Text ist klar. Gott hat hier etwas Besonderes gethan, indem er der Stimme
Josuas gehorchte. Der lebendige Gott hat hier einmal in den gewöhnlichen
Lauf der Natur eingegriffen und die Sonne länger, als sonst, am Himmel
zurückgehalten. Er, der Schöpfer aller Dinge, hat doch Macht über alle
Dinge und kann an und mit seiner Creatur machen, was er will. Er ist
nicht an die Naturgesetze gebunden, die er selber geschaffen hat. Er kann die
Welt auch wohl gegen die Regel durch sein allmächtiges Wort erhalten.
Was Gott an jenem Tage that, ist einzig in seiner Art. Es ist nie sonst
auf Erden ein Tag gewesen, gleich jenem Tag, weder zuvor noch hernach.
Doch Gott thut noch täglich Wunder. Er thut gar viel, was dem gewöhn=
lichen Lauf der Dinge zuwider ist. Auf wunderbare Weise führt, schützt
und erhält er seine Kirche auf Erden. Er erhört auch die kühnsten Wünsche
und Bitten seiner gläubigen Kinder auf Erden. Er thut, was die Gottes=
fürchtigen begehren.

176. Eroberung des südlichen Canaan. Jos. 10, 16—42.

Die fünf verbündeten Könige der Canaaniter hatten sich in eine Höhle
bei Makeda geflüchtet. Nach Beendigung der großen Schlacht ließ sie Josua
hervorholen und tödten und bis zum Abend an Bäumen aufhängen. Zuvor
hatten die Obersten des israelitischen Kriegsvolks ihre Füße auf ihre Hälse
gesetzt, zum Wahrzeichen, daß es allen Feinden Israels also gehen werde.
So wird Gottes Volk dereinst alle seine Feinde unter seine Füße treten.

Es wird weiter berichtet, wie Josua die Städte und das Gebiet dieser
Könige, wie Hebron, Eglon, Lachis rc. einnahm. Das ganze Canaan süd=
lich von Jerusalem war jetzt im Besitz Israels. Alle Seelen wurden ver=
bannt, das heißt getödtet, sie waren eben dem HErrn geweiht, dem Tode
verfallen. Ja, Gott ist groß und wunderbar und unbegreiflich in seinen
Gerichten, aber allezeit auch heilig und gerecht.

177. Besiegung der Könige des nördlichen Canaan. Jof. 11.

Nachdem das südliche Canaan von Josua eingenommen war, machte sich Jabin, der König von Hazor im Norden des Landes, sammt andern Königen des Nordens auf, wider Israel zu streiten. Josua zog ihnen entgegen, an den See Merom, nördlich vom galiläischen Meer. Israel hatte ein zahlreiches, wohlgerüstetes, übermächtiges Heer gegen sich. Aber der HErr sprach seinem Volke Muth zu und stritt für sein Volk, und so siegte Israel und jagte seinen Feinden nach und erschlug sie und verbrannte ihre Wagen und Rosse mit Feuer. Der HErr hilft den Schwachen, die auf ihn vertrauen, zum Sieg über alle Mächte der Welt, auch der Hölle.

Auf diese zweite große Schlacht folgte ein langer, siebenjähriger Kampf. Josua mußte die einzelnen Städte des nördlichen Canaan, eine nach der andern, mit Gewalt zwingen, im Streit gewinnen, da sich keine mit Frieden den Kindern Israel ergab. Es heißt, daß das vom HErrn geschehen sei, daß die Canaaniter verstockt wurden, daß sie mit den Kindern Israel Streit begannen, auf daß sie verbannt und vertilgt würden. Damit beginnt das Zorngericht Gottes über seine und seines Volkes Feinde, daß er sie verblendet und verstockt. Josua führte den Kampf glücklich zu Ende und ließ nichts fehlen an Allem, was der HErr Mose geboten hatte. So sollen die Gläubigen nur im Kampf anhalten und nicht müde werden, so behalten sie den Sieg und kommen schließlich zu ihrer Ruhe. Es wird wiederum hervorgehoben, daß Josua nichts überbleiben ließ, was lebendigen Odem hatte. Die Zeit der Gnade und Geduld war eben verronnen. Auch die trotzigen Riesengeschlechter der Enakim wurden ausgerottet. So war schließlich das ganze Land Canaan Israel unterworfen. Nur daß hie und da, wie uns später berichtet wird, sonderlich im Gebirge, Ueberreste canaanitischer Völkerschaften ihr Dasein fristeten, welche Israel später leicht hätte überwinden und vertilgen können, wenn es Gott treu geblieben wäre.

178. Verzeichniß der besiegten Könige Canaans. Vorbereitung zur Vertheilung des Landes. Jof. 12, 1.—13, 14.

Hier werden alle die canaanitischen Könige aufgezählt, welche Israel besiegt und deren Land es eingenommen hatte. Nochmals wird der mächtigen Könige Sihon und Og im Ostjordanland gedacht, welche Mose schon geschlagen hatte. Dann folgen die Namen der 31 Könige im Westjordanland, im eigentlichen Canaan, der Könige des Südens und des Nordens. Diese Namen wurden in ein Verzeichniß eingetragen, und dieses Verzeichniß sollte für die künftigen Geschlechter aufgehoben werden. Israel sollte nimmer vergessen, wie wunderbar der HErr für sein Volk gestritten hatte, da er dasselbe in das Land der Verheißung einführte. So sollen wir allezeit der großen Thaten Gottes eingedenk sein, durch welche Gott seiner Kirche auf Erden Raum gemacht und Frieden geschafft hat.

Die Eroberung Canaans war das Hauptwerk Josuas. Derselbe erhielt aber auch noch den Auftrag von Gott, das eroberte Land unter die Stämme Israels zu vertheilen. Die zwei und ein halb Stämme, Ruben, Gad und Halb=Manasse, hatten schon ihr Erbtheil jenseits des Jordans empfangen. Das eigentliche Canaan, das Land westlich vom Jordan, sollte jetzt an die andern neun und ein halb Stämme ausgetheilt werden. Es wird ausdrücklich bemerkt, daß Israel noch nicht alles Land eingenommen hatte, welches Gott ihm zugedacht. So hatten die Philister am Mittelmeer und die Phönizier im Norden des Landes, am Libanon, noch ihre Wohnsitze inne. Israel versäumte es später, aus Kampfesscheu, diese Völker auszurotten, und verkürzte sich so selbst sein Erbe. Der Mensch selbst ist Schuld, wenn etwas von dem Guten, das der HErr ihm zugesagt, zurückbleibt, wenn er weniger Segen empfängt, als Gott ihm zugedacht.

179. Die Erbtheile der zwei und ein halb ostjordanischen Stämme. Jos. 13, 15—33.

Josua bestätigte zunächst den zwei und ein halb Stämmen, Ruben, Gad und Halb=Manasse, das Erbtheil, welches schon Mose ihnen zugewiesen hatte. Denn sie hatten ihr Versprechen gehalten und ihren Brüdern das Land Canaan erobern helfen. Das ist die Regel im Reich Gottes: erst Kampf, dann das Erbe und ruhiger Besitz und Genuß des Erbes.

Der Stamm Ruben erhielt sein Theil im Süden des Ostjordanlandes, östlich vom todten Meer, die eine Hälfte des Reiches des Amoriterkönigs Sihon. Es wird nochmals erwähnt, daß, als Sihon mit den fünf verbündeten midianitischen Fürsten getödtet wurde, auch der Zauberer Bileam erwürgt wurde. Das Exempel Bileams soll man sich wohl merken. Bileam, welcher so hoher Offenbarung von Gott gewürdigt worden war und diese große Gnade und Ehre verachtete und den Lohn der Ungerechtigkeit liebte, hat ein Ende genommen mit Schrecken. So werden alle diejenigen, welche die Wahrheit erkannt, aber die erkannte Wahrheit verleugnet haben, welche die himmlischen Güter und Kräfte geschmeckt, aber das Irdische lieb gewonnen haben, ein schweres Urtheil empfangen.

Gad kam nördlich von Ruben zu wohnen, östlich vom Jordan, im Lande Gilead, welches Israel gleichfalls dem Sihon abgenommen hatte. Der halbe Stamm Manasse erhielt das Land nordöstlich vom See Genezareth, die fruchtbaren Gefilde Basans, den früheren Besitz des Königs Og. Es wird nochmals hervorgehoben, daß die Kinder Levi kein eigenes Gebiet empfingen, der Gott Israels war ihr Erbtheil. Sie hatten wohl durch das ganze Land hin ihre eigenen Städte, aber sie nährten sich vornehmlich vom Heiligthum, von den Zehnten und ihren Antheilen an den Opfern. Das ist für alle Zeiten Gottes Wille, daß, die am Worte dienen, von denen er=halten werden, die das Wort hören.

180. Calebs Erbtheil. Jof. 14.

Nachdem Josua den zwei und ein halb Stämmen ihren Besitz im Ost=jordanland bestätigt hatte, ging er nun daran, sammt dem Hohenpriester Eleasar, das Land diesseits des Jordans unter die zehntehalb übrigen Stämme durch das Loos zu vertheilen. Es wird nochmals erwähnt, daß der Stamm Levi kein eigenes Erbtheil empfing, nur eine Anzahl Städte sammt Weidefluren für das Vieh. Dagegen erhielt Joseph zwei Theile, für die Nachkommen der beiden Söhne Josephs, Ephraim und Manasse. Ehe die Verloosung des Landes begann, erschien Caleb aus dem Stamm Juda vor Josua und erbat sich von ihm das Land, welches er vierzig Jahre zuvor als Kundschafter betreten, von wo er auch jene große Weintraube mit=genommen hatte, nämlich die Gegend um Hebron auf dem Gebirge Juda. Schon Mose hatte ihm dasselbe unter Eidschwur zugesagt. Er versprach zugleich, die noch übrigen Enakim, jenes gewaltige Riesengeschlecht, vom Gebirge Juda zu vertreiben. Er war jetzt in seinem Alter noch ebenso stark und rüstig, wie damals, da Mose ihn aussandte. Josua segnete den Caleb und gab ihm Hebron zum Eigenthum, darum, daß er dem HErrn, dem Gott Israels, treulich gefolgt hatte. Er war allein sammt Josua standhaft ge=blieben, als die übrigen Kundschafter den Glauben verleugnet und das Herz des Volkes verzagt gemacht hatten. Die in der Anfechtung Stand halten und Gott treulich folgen, die nehmen zu in der Kraft des HErrn, die blei=ben frisch und fruchtbar, ob sie gleich alt werden, und ererben den Segen. Ja, große Ehre, einen großen Lohn hat Gott seinen treuen Knechten vor=behalten.

181. Erbtheil des Stammes Juda. Jof. 15.

Hier wird das Erbtheil des Stammes Juda beschrieben. Derselbe bekam den südlichen Theil des Landes Canaan. Die Südgrenze Judas reichte bis an den Bach Egyptens. Die Ostgrenze bildete das Salzmeer oder todte Meer, die Westgrenze das große Meer oder mittelländische Meer. Auch der philistäische Küstenstrich war Juda als Erbe zugedacht, doch blieb derselbe fast ganz im Besitz der Philister. Die Nordgrenze zog sich von der Mündung des Jordan ins todte Meer bis ans Mittelmeer und ging durch die Thäler hindurch, welche Jerusalem im Osten, Süden und Westen um=

gaben. Die Stadt Jerusalem selbst fiel dem Stamm Benjamin zu. Doch theilten sich später die Benjaminiten mit den Judäern in den Besitz der Stadt. Das Land Juda zerfiel in vier Districte, nach welchen die in der zweiten Hälfte des Capitels aufgezählten Städte geordnet sind, das Süd=land, die fruchtbare Ebene oder Sephela nach dem Mittelmeer hin, das Ge=birge Juda, das sich von Jerusalem bis über Hebron hinaus erstreckte, wie die Ebene, reich an Getreide, Obst und Wein, und die Wüste Juda längs des todten Meeres. Juda erhielt ein großes und reiches Gebiet, wie es dem Herrscherstamm in Israel zukam.

Es wird nochmals erwähnt, daß Caleb, der Judäer, die Gegend um Hebron empfing. Einen Theil dieses Gebiets gab Caleb seiner Tochter Achsa, die dem Athniel vermählt war. Dem Caleb wird nachgerühmt, daß er, mit Hülfe Athniels, die noch übrigen Enakiter und Canaaniter auf dem Gebirge bekämpfte und vertilgte. Er that den Willen des HErrn und folgte dem HErrn treulich bis an sein Ende. Ja, wer getreu ist bis an den Tod und bis zuletzt im Kampf anhält, der wird gekrönt, der erlangt das verheißene Erbe.

Die Judäer dagegen, welche um Jerusalem her wohnten, konnten später, nach Josuas Tod, die dortigen Canaaniter, die Jebusiter, nicht vertreiben. Das war ihre Schuld. Sie ließen nach im Kampf. Das ist ein gefährlich Ding, wenn man im Kampfe müde wird. Dann können die überwundenen Feinde leicht wieder unser mächtig werden.

182. Erbtheil der Kinder Josephs. Jos. 16. 17.

Es folgt die Beschreibung des Erbtheils der Kinder Josephs, der zwei Stämme Ephraim und Manasse. Nochmals wird darauf hingewiesen, daß Halb=Manasse schon im Land jenseits des Jordans, im Land Gilead und Basan, sein Erbe erhalten hatte, und daß auch die Töchter Zelaphehad, welcher keine Söhne hinterlassen, ein Erbtheil empfangen. Ephraim stieß im Süden an Juda, nur daß das kleine Gebiet Benjamins zwischen innen lag. Nördlich von Ephraim kam die andere Hälfte des Stammes Manasse zu wohnen, bis hin zur Grenze Assers und Isaschars; das Jordanthal wurde Isaschar zugewiesen. Westwärts aber reichte Josephs Erbe bis ans Meer und umfaßte die fruchtbare Ebene Saron. Das Stammgebiet Josephs war ein Land, wie es im Segen Jakobs und im Segen Mosis geschildert war, vom Thau der Berge und Hügel und von der Feuchtigkeit der Tiefe reichlich getränkt.

Beide, Ephraim und Manasse unterließen es hernachmals, die Canaa=niter, die noch im Lande übrig waren, zu vertilgen, wie doch Gott geboten hatte, sie ließen dieselben vielmehr unter sich wohnen und machten sie nur

zinsbar. Das gereichte ihnen später zum Verderben, indem die Canaaniter
sie zum Götzendienst verführten. Darin liegt eine Warnung für uns.
Wer die abgöttische Welt lieb hat und mit ihr in Friede und Freundschaft
lebt, mit dem kommt es schließlich dahin, daß er sein Herz von Gott ab=
wendet und der Welt Sinn und Art annimmt.

Die Stämme Josephs beschwerten sich, daß ihnen das Gebirge Ephraim
zugetheilt war, wo noch viel Wald stand und wo die Canaaniter noch hausten,
welche gar mächtig waren und eiserne Wagen hatten. Josua aber forderte
sie auf, dies Land sich zu eigen zu machen und die Canaaniter zu vertilgen.
Wer den Segen des gelobten Landes genießen wollte, durfte den Kampf
nicht einstellen. Wer nicht kämpfen mag, verliert, was er empfangen, und
geht des ewigen Segens verlustig.

183. Aufrichtung der Stiftshütte zu Silo. Erbtheil des Stammes Benjamin. Jos. 18.

Nachdem Ephraim und Halb=Manasse ihr Erbe in Empfang genommen
hatten, versammelte sich die ganze Gemeinde der Kinder Israel in Silo, das
im Stammgebiet Ephraims, in der Mitte des gelobten Landes lag, und
richteten daselbst die Stiftshütte auf. Das war ein Zeichen, daß Israel
jetzt nach schweren, heißen Kämpfen zu seiner Ruhe gekommen war. Das
ganze Land ringsum war unterworfen. Silo bedeutet Ruhe. Doch in
Wahrheit hat nicht Josua das Volk zur Ruhe gebracht. Es ist noch eine
andere Ruhe dem Volk Gottes vorhanden. Hebr. 4.

Außer Ruben, Gad und Halb=Manasse, welche östlich vom Jordan
ihr Theil genommen hatten, waren jetzt auch Juda und Joseph, die vor=
nehmsten Stämme, im Besitz ihres Erbtheils. Juda hatte den Süden,
Joseph den mittleren Theil des Landes Canaan inne. Es waren nun noch,
da Levi nicht mitgezählt wurde, sieben Stämme übrig. Josua tadelte die=
selben, daß sie lässig waren, sich ihr Erbe zutheilen zu lassen und davon
Besitz zu ergreifen, und sandte Männer aus, je drei aus einem der sieben
Stämme, und ließ durch diese das noch übrige Land aufschreiben, sonderlich
die Städte des Landes aufzeichnen und dasselbe in sieben Theile zerlegen.
Durch das Loos wurde dann jedem der sieben Stämme sein Theil zuge=
wiesen. Daß man hin und wieder im Lauf und Kampf lässig wird, ist eine
Schwachheit, die sich auch an frommen Kindern Gottes findet, welche es
sonst mit Gott treu und ernst meinen.

Es wird hier noch von dem Loos Benjamins gesagt, des Bruders
Josephs. Das fiel zwischen Juda und Ephraim. Es war nur ein kleiner
Strich Landes. Zu den Städten Benjamins zählte auch Jerusalem.

184. Erbtheil der sechs übrigen Stämme. Jos. 19.

Es wird hier noch von den letzten sechs Stämmen berichtet, wie die zu ihrem Erbe kamen. Simeon erhielt einen Theil des großen Gebiets des Stammes Juda, den Umkreis von Berseba im Süden des Landes. Er ging nachmals ganz in Juda auf. Nördlich von Manasse fiel das Loos der drei Stämme Asser, Sebulon und Isaschar. Asser bekam den getreide-reichen Küstenstrich am Mittelmeer, vom Vorgebirge Carmel an bis zur Grenze Phöniziens. So lieferte er, wie Jakob geweissagt, fettes Brod, Leckerbissen für die Könige. Oestlich von Asser wohnte Sebulon, in der Mitte zwischen Asser und Isaschar. So hatte er, wie Asser, Antheil an den Segnungen des Meeres, an dem Gewinn des Seehandels, wie Mose in seinem Segen ihm das zugesagt hatte. Isaschars Gebiet umfaßte die weite, reiche Ebene Jesreel und wurde im Osten vom Jordan begrenzt. Die Fülle irdischer Güter verleitete ihn hernachmals, sich träger, bequemer Ruhe hin-zugeben, wie Jakob das schon vorhergesehen. Nördlich von Isaschar und vom See Genezareth hatte Naphthali sein Erbtheil, auf den waldreichen Abhängen des Libanon. Es war ein freiheitliebendes Gebirgsvolk und darum schon von Jakob einem schnellen Hirsch, einer munteren Gazelle, die durch die Wälder streift, verglichen. Dan erhielt ein Stück Land, welches von Juda und Ephraim abgetrennt war. Aber es war, wie Jakob prophezeit hatte, ein kriegerischer Stamm und eroberte später die Stadt Lesem im äußersten Norden des Landes, welche dann den Namen Dan führte.

Nachdem Josua also das Land unter die zwölf Stämme ausgetheilt hatte, gaben die Kinder Israel ihm ein besonderes Erbtheil auf dem Ge-birge Ephraim. Neben Caleb war er der einzige Ueberlebende von dem alten Geschlecht. Er hatte, wie Caleb, Treue gehalten bis zuletzt und nun auch den Auftrag Gottes, Israel zur Ruhe zu bringen, treulich ausgeführt. Darum wurde ihm und seinem Geschlecht, wie auch Caleb, ein besonderes Erbe vergönnt. Gott läßt treue Dienste in seinem Reich nicht unbelohnt.

Es wird nochmals hervorgehoben, daß Josua und Eleasar vor der Thür der Stiftshütte, also vor dem Angesicht des HErrn, den Stämmen Israels das Loos warfen. So war es der HErr selbst, der das Loos entschied, und zwar in der Weise, daß die Weissagung Jakobs und Mosis sich erfüllte. Gott theilt seinen Kindern das Erbe aus, mißt einem jeden schon hienieden zu, was ihm gut und nütze ist, und gibt ihm zuletzt das beste Theil droben im Himmel.

185. Festsetzung der Freistädte. Jos. 20.

Auf Geheiß des HErrn, gemäß dem Befehl, den Gott schon durch Mose gegeben, sonderte Josua sechs Städte aus, und zwar sechs Leviten-städte, als sogenannte Freistädte, drei diesseits, drei jenseits des Jordans.

12

Wer einen unvorsätzlichen Todtschlag begangen hatte, durfte in eine dieser
Städte fliehen. Wer eine Seele erschlagen hatte, sollte zunächst draußen
vor dem Thor der Freistadt stehen bleiben und um Einlaß bitten, und die
Aeltesten der Stadt sollten ihn aufnehmen und dann Gericht halten und
untersuchen, ob er mit oder ohne Willen und Vorsatz seinen Nächsten getödtet habe, und im ersten Fall den Flüchtling dem Bluträcher übergeben,
im andern Fall ihn vor dem Bluträcher schützen. Er mußte in der Freistadt bleiben bis zum Tod des Hohenpriesters. Dann war seine Sünde
völlig gesühnt, und er durfte an seinen Ort zurückkehren. Man sieht hieraus, wie ernst es Gott mit der Sünde nahm. Auch wer unversehens einen
Menschen todtgeschlagen, hatte Menschenblut vergossen und damit eigentlich
sein Leben und sein Anrecht an das heilige Land verwirkt. Doch weil er
es nicht mit Absicht gethan und weil er diese seine That selbst betrauerte, so
stand ihm eine Zufluchtsstätte offen. Diese Bestimmung zeugt von der
Gnade und Barmherzigkeit des Gottes Israels. Das sollen auch wir wissen
und bedenken: auch unwissentliche, unvorsätzliche Sünde ist wirklich Sünde.
Ja, auch verborgene, unbekannte Sünde, auch die Erbsünde, in der wir
empfangen und geboren sind, ist Schuld vor Gott und der Strafe und Verdammniß werth. Aber Gott hat jetzt im Neuen Testament die rechte Freistatt eröffnet, eine Freistatt für alle Sünder und Missethäter, ob auch ihre
Sünde blutroth wäre. Wer zu Christo flieht und bei dem Erbarmen sucht,
der wird nicht hinausgestoßen.

186. Festsetzung der Priester- und Levitenstädte. Jos. 21.

Es werden schließlich noch die Wohnstätten, welche die Leviten erhielten,
aufgezählt. Der Stamm Levi zerfiel in drei Geschlechter: die Gersoniten,
Kahathiten, Merariten. Zu den Kahathiten gehörte die Familie Aarons.
Die Nachkommen Aarons waren die Priester, alle andern Leviten thaten
Handreichung im Heiligthum. Ein jeder Stamm sollte nun von seinem
Loos einen Theil abtreten, zu Wohnungen für die Leviten und zu Weidetriften für ihr Vieh. So wurden im Ganzen 48 Städte ausgesondert und
den Leviten eingeräumt. Damit war nicht ausgeschlossen, daß auch Leute
aus den Stämmen, denen ursprünglich jene Städte zugewiesen waren, in
denselben wohnten. Von diesem geringen Landbesitz konnten die Leviten
freilich nicht leben. Sie nährten sich hauptsächlich von den Opfern, Erstlingen, Zehnten Israels. Das war von Anfang an Gesetz im Reich Gottes,
daß, die des Gottesdienstes pflegten, von der Gemeinde Gottes erhalten und
versorgt, mit Wohnung, Nahrung und Nothdurft des Leibes und Lebens
versehen wurden. Sechs Levitenstädte waren zugleich Freistädte. Die
Priester bekamen die Städte, welche die Stämme Juda, Benjamin und

Simeon abgetreten hatten, welche also Jerusalem, wo später das Heilig=
thum errichtet werden sollte, am nächsten lagen.

Zuletzt wird noch bemerkt, daß Israel nun in dem verheißenen Lande
wohnte und Ruhe hatte vor allen Feinden ringsum. Die noch übrigen
Canaaniter waren so schwach und machtlos, daß sie den Israeliten nichts
anhaben und sie nicht im friedlichen Besitz und Genuß ihres Erbtheils stören
konnten. Es fehlte nichts an alle dem Guten, das der HErr Israel geredet
hatte. Das Land gab sein Gewächs und erwies sich als ein Land, da Milch
und Honig fließt. Freilich war das noch nicht das Vollkommene. Voll=
kommene Ruhe, Friede, Sicherheit, bleibende, ewige Güter und Freuden
sind dem Volk Gottes in jener Welt vorbehalten. Hebr. 4.

187. Rückkehr der zwei und ein halb ostjordanischen Stämme in ihre Erbtheile. Jos. 22, 1—9.

Nachdem Josua Israel zur Ruhe gebracht und allen Stämmen ihr Erbe
zugetheilt hatte, entließ er die Rubeniten, Gaditen und den halben Stamm
Manasse in ihre Heimath, in das Land jenseits des Jordans. Er segnete
sie und belobte sie, daß sie das Gebot des HErrn gehalten und ihren Brü=
dern im Kampf treulich beigestanden hatten. Zugleich ermahnte er sie, mit
Fleiß anzuhalten, nach dem Gebot und Gesetz des HErrn zu thun. Auch
Solche, deren Glaube und Gehorsam erprobt ist, bedürfen noch fort und
fort der Vermahnung zur Beständigkeit im Gehorsam. Denn das Herz des
Menschen ist wandelbar. Solche Ermahnung zum Gehorsam ist in der
Hand des HErrn ein Mittel, die Seinen im Gehorsam zu erhalten. Dar=
auf kommt es vor Allem an, daß man, wie Josua hier sagt, den HErrn,
seinen Gott, liebt und von ganzem Herzen und von ganzer Seele ihm an=
hangt. Die Liebe zu Gott erweist sich dann darin, daß man ihm dient,
in seinen Wegen wandelt und seine Gebote hält.

Josua erinnerte die Heimkehrenden noch daran, daß sie nicht leer heim=
zogen, sondern großes Gut, den Raub ihrer Feinde mit sich nahmen, den
sollten sie mit ihren Brüdern theilen, welche daheim geblieben waren. Es
ist wahrlich nicht umsonst, wenn man dem HErrn rechtschaffen dient und in
seinem Dienst auch Arbeit, Mühe und Kampf nicht scheut. Das lohnt der
HErr den Seinen in Zeit und Ewigkeit.

188. Errichtung eines Altars am Jordan. Jos. 22, 10—32.

Auf dem Weg in ihre Heimath erbauten die zwei und ein halb Stämme
an der Grenze Canaans, im Umkreis des Jordans einen großen Altar. Als
die zehn Stämme das hörten, versammelten sie sich in Silo und rüsteten

ein Heer aus, um wider ihre Brüder zu streiten. Sie meinten, jener Altar
solle eine Opferstätte sein. Das wäre gegen das Gesetz gewesen und Abfall
von dem lebendigen Gott. Im Gesetz war alles Opfern außerhalb der Hütte
des Stifts verboten. 3 Mos. 17, 8. ff. Ehe sie indeß den Kampf begannen, sandten sie Pinehas, den Sohn des Hohenpriesters Eleasar, und zehn
Fürsten aus, die gingen hin ins Land Gilead, östlich vom Jordan, und
straften ihre Brüder um ihren vermeintlichen Abfall. Sie erinnerten dieselben an die Strafexempel, welche Israel noch in frischer Erinnerung hatte,
wie eine große Plage unter die Gemeinde des HErrn gekommen war, weil
viele ihrer Glieder sich an Baal Peor gehängt hatten, wie um der Versündigung Achans willen der Zorn Gottes über das ganze Volk entbrannt war.
Die Rubeniten, Gaditen und der halbe Stamm Manasse bezeugten aber nun,
daß es ihnen nicht in den Sinn gekommen sei, auf jenem Altar zu opfern
und sich von dem HErrn abzuwenden. Der Altar sollte nur ein Zeuge sein
zwischen ihnen und ihren Brüdern. Die Israeliten im eigentlichen Canaan
möchten etwa später zu ihren Kindern sagen, daß sie, weil sie jenseits des
Jordans wohnten, keinen Theil hätten am HErrn und Heiligthum des
HErrn, und ihnen die Theilnahme am Gottesdienst versagen. So sollte
dann der Altar, den die zwei und ein halb Stämme errichtet hatten, den
Nachkommen ein Denkmal und Beweis dafür sein, daß die Stämme jenseits
des Jordans demselben Gott dienten, wie die Stämme diesseits des
Jordans. Beide Theile eiferten also um die Ehre des HErrn und waren
gemeinsam darauf bedacht, daß nur der rechte Gottesdienst und die Furcht
des HErrn in Israel erhalten werde. Die zehn Stämme freuten sich und
lobten den Gott Israels, als sie diese Rede ihrer Brüder vernahmen, und
standen vom Streit ab. Ja, ganz Israel meinte es damals aufrichtig mit
seinem Gott.

Das ist die rechte, Gott gefällige Gesinnung, daß man um Gott, um
Gottes Wort und Wahrheit, um den rechten Gottesdienst eifert und da
Freund und Bruder nicht ansieht, daß man darauf denkt, daß nur nichts
geschehe, was dem HErrn zuwider ist, daß man sich freut, wenn auch Andere
von Herzen dem HErrn dienen, und darum besorgt ist, daß auch Kinder
und Kindeskinder in der Furcht des HErrn beharren. Ferner lernen wir
hieraus: Es kann leicht der Schein und Verdacht entstehen, als ob der
Bruder mit bösen Dingen umgehe, auch wenn er ganz unschuldig ist. Es
gibt eben zweideutige Dinge, die man zum Schlimmen, aber auch zum
Besten deuten kann. ·Da ist es denn die rechte brüderliche Weise, daß man
nicht gleich zufährt, sondern erst wohl zusieht und prüft und sich mit dem
Bruder bespricht, und schließlich Gott dankt, wenn sich herausstellt, daß
man im Irrthum war und der Bruder es aufrichtig meinte.

189. Josua ermahnt die Stämme Israels zur Treue gegen den HErrn. Jos. 23.

Nachdem Josua sein Werk in Israel ausgerichtet hatte, versammelte er die Obersten und Aeltesten des Volks und erinnerte sie und durch sie das ganze Volk an die großen Wohlthaten Gottes, daß Gott die Canaaniter vor ihnen vertrieben und ihnen Ruhe gegeben von allen ihren Feinden, daß er ihnen das gute Land zum Besitz gegeben und alle seine Verheißungen erfüllt habe. Er gab ihnen die Versicherung, daß der HErr weiter für sie streiten und die übrigen Canaaniter vor ihnen verstoßen werde. So sollen auch wir der Wohlthaten Gottes stets eingedenk sein, daß Gott uns von unsern Feinden, sichtbaren und unsichtbaren, errettet, daß er uns ein schönes Erbe, ein besseres als Israel hatte, bereitet hat, welches wir schon im Glauben und Hoffen besitzen, und sollen dessen gewiß sein, daß Gott ferner für uns streiten und uns auch im letzten Kampf und Strauß den Sieg verleihen werde.

Zugleich ermahnte Josua die Kinder Israel zur Treue und Beständig= keit, daß sie den HErrn, ihren Gott, lieb behalten, in allen Stücken sich nach seinen Geboten halten und weder zur Rechten noch zur Linken davon ab= weichen möchten. Sie sollten ja ihre Seelen aufs fleißigste behüten und sich nicht mit den heidnischen Canaanitern verbinden und verheirathen, damit sie nicht von denselben zum Götzendienst verführt und zur Strafe schließlich aus dem guten Land wieder vertrieben würden. Solche Mah= nung und Warnung ist auch uns vermeint. Gott vermahnt uns in seinem Wort mit allem Ernst, daß wir ihm anhangen und treu bleiben, nach sei= nem Wort und Gebot einhergehen, unsere Seelen behüten, den Götzen dieser Welt nicht dienen, noch uns mit den Kindern dieser Welt befreunden. Sonst verlieren wir das Erbe und ziehen statt des Segens Zorn und Fluch auf uns herab.

190. Der Landtag in Sichem. Jos. 24, 1—18.

Es wird uns weiter davon berichtet, was Josua mit den Aeltesten und Häuptern Israels verhandelte, welche in Sichem um ihn versammelt waren. Er ruft dem Volk nochmals alle bisherigen Großthaten und Wohlthaten Gottes ins Gedächtniß, wie Gott sich schon der Väter erbarmt, wie er den Abraham aus seiner götzendienerischen Verwandtschaft ausgeführt, ins Land Canaan eingeführt, wie er den Samen Abrahams, der in Egypten groß ge= worden, unter gewaltigen Zeichen und Wundern aus Egypten erlöst, durch die Wüste geleitet, vor dem Fluch Bileams geschützt, ins Land der Ver= heißung gebracht und die Völker Canaans vor ihm her vertilgt habe. Das alles war purlautere Gnade. Israel besaß jetzt ein Land, das es nicht selbst bestellt, Städte, die es nicht selber gebaut, Weinberge und Oelberge, die es nicht selbst gepflanzt hatte. Wir Christen haben jetzt im Neuen Bunde noch größere Dinge gesehen und erlebt. Gott hat uns aus dem Heidenthum herausgerissen, von der Obrigkeit der Finsterniß errettet, in das Reich seines lieben Sohnes JEsu Christi versetzt und uns ein Erbtheil im Himmel zubereitet. Er hat unsere Füße auf den Weg des Friedens gerichtet und uns bisher auf dem rechten Weg behütet und erhalten. Und das alles aus lauter göttlicher Gnade und Barmherzigkeit. Wir haben es nicht verdient, haben auch nichts dazu gethan. So sollen wir nimmer vergessen, was der HErr uns Großes und Gutes gethan hat.

Nochmals fordert Josua das Volk auf, alle fremden Götter fahren zu lassen und dem HErrn treulich und rechtschaffen zu dienen. Sie mögen sich selber wählen, wem sie dienen wollen, den Götzen der Heiden oder dem lebendigen Gott. Josua erklärt an seinem Theil, daß er mit seinem Hause dem HErrn dienen wolle. Und das Volk stimmte ihm bei und gelobte Gott von Neuem Dienst und Gehorsam. Dazu sind auch wir durch Gottes Gnade und Wohlthaten verpflichtet. Wer es recht erkannt hat, was der HErr an ihm gethan, der spricht mit Josua: „Ich aber und mein Haus wollen dem HErrn dienen"; der spricht mit Israel: „Das sei ferne von uns, daß wir den HErrn verlassen und andern Göttern dienen!" „Darum wollen wir auch dem HErrn dienen, denn er ist unser Gott."

191. Die Bundeserneuerung. Josuas Tod. Jos. 24, 19—33.

Nachdem die Kinder Israel Gott Treue und Gehorsam zugesagt, erklärte ihnen Josua: „Ihr könnet dem HErrn nicht dienen", das heißt: nicht aus eigenem Vermögen, sondern nur mit der Hülfe Gottes. Er gibt ihnen zu bedenken, daß sie, wenn sie dem HErrn dienen wollen, auch ihr Herz von allen fremden Göttern abwenden und allein auf den HErrn richten müssen, den Gott Israels. Und wenn sie ihr Versprechen nicht halten, dann werde Gott, der heilige Gott, sich wenden und sie plagen und umbringen, nachdem er zuvor ihnen Gutes gethan. Ja, es ist ein großes und ernstes Ding, dem HErrn dienen. Das erfordert das ganze Herz. Das vermag kein Mensch aus eigener Vernunft und Kraft, sondern allein in der Kraft der Gnade Gottes. Und wehe denen, welche Gott erst Treue und Gehorsam geloben und dann diesem Gelübde untreu werden.

Das Volk bestand auf seinem Vorsatz und sprach: „Wir wollen dem HErrn, unserm Gott, dienen, und seiner Stimme gehorchen." Und so erneuerte Josua den Bund zwischen Gott und Israel und errichtete unter einer Eiche bei Sichem, auf einem geheiligten Platz, einen großen Stein als Denkmal des Bundes. Auch schrieb er das alles in ein Buch, wie er sicher auch vorher schon alle die großen Thaten, die Gott durch ihn gethan, aufgezeich=

net hatte. Diese Schrift, das ist eben dieses Buch Josua, wurde dem Ge=
setzbuch Gottes, den fünf Büchern Mose, beigefügt.

Bald nach jener großen Versammlung in Sichem starb Josua, der
Sohn Nun, der Knecht des HErrn, 110 Jahre alt, und man begrub ihn in
seinem Erbtheil, zu Timnath Serah auf dem Gebirge Ephraim. Das Volk
Israel erhält das Zeugniß, daß es dem HErrn diente, so lange Josua lebte
und die Aeltesten, welche die großen Werke Gottes, die Gott durch Josua
gethan, gesehen hatten. Das sind gesegnete Zeiten, wie man sie hin und
wieder auch in der Geschichte der christlichen Kirche findet, da Gottes Wort,
der Glaube, die Furcht des HErrn die Herrschaft hat. Es wird schließlich
noch nachgetragen, daß die Kinder Israel die Gebeine Josephs, die sie mit
aus Egypten gebracht, zu Sichem auf dem Acker, den Jakob einst gekauft,
begruben, und daß auch Eleasar, der Hohepriester, welcher Josua in der
Führung des Volks zur Seite gestanden, starb und in Gibea auf dem Ge=
birge Ephraim bestattet wurde. Die Gerechten kommen zu ihrem Frieden
und ruhen in ihren Kammern.

192. Der Stamm Juda führt die Kriege des HErrn. Richt. 1, 1—16.

Das Buch der Richter umfaßt einen Zeitraum von etwa 350 Jahren,
vom Tode Josuas an bis zu den Tagen Samuels. Es handelt von den
Richtern, die Gott in jener Zeit zu Führern des Volkes Israel berief. Es ist
sehr wahrscheinlich, daß, wie eine alte jüdische Ueberlieferung besagt, Samuel
dieses Buch geschrieben hat. Der war ja ein großer Prophet des HErrn.

Nach dem Tode Josuas schickten die Kinder Israel sich an, die noch
übrigen Canaaniter zu bekriegen und zu vertilgen. Sie frugen den HErrn,
durch das Licht und Recht des Hohenpriesters, wer in diesem Krieg die
Führerschaft übernehmen solle. Die Antwort lautete auf Juda. Dem Stamm
Juda war ja die Herrschaft in Israel bestimmt. Das ist recht und löblich,
daß man alle wichtigen Dinge mit Gott beräth, im Gebet erwägt und in
Gottes Wort sucht und forscht, welches der wohlgefällige Gotteswille sei.

Juda nahm nun von Neuem den Kampf auf, und zwar in Gemein=
schaft mit Simeon, dessen Erbtheil in den Grenzen Judas gelegen war.
In einer großen Schlacht besiegten die Kinder Juda den Canaaniterkönig
Adonibesek und hieben ihm die Daumen an Händen und Füßen ab. Der
Besiegte erkannte darin eine gerechte Vergeltung Gottes. Denn ebenso
hatte er siebenzig Königen der Canaaniter gethan. So übt Gott jetzt in der
Zeit schon Vergeltung auf mannigfache Weise. Man kann überall in der
Geschichte der Völker, wie der Einzelnen Spuren des gerechten Gerichts
Gottes wahrnehmen. Und oft straft Gott die Sünder mit eben dem, wo=
mit sie gesündigt haben.

Die Kinder Juda eroberten darauf Jerusalem, das ihnen freilich später wieder verloren ging, und schlugen die Canaaniter, welche auf dem Gebirge Juda, in der Ebene und im Süden Judas noch zurückgeblieben waren, mit der Schärfe des Schwerts. Es wird nochmals erwähnt, daß auch Caleb treulich kämpfte und seiner Tochter Achsa ein doppeltes Erbtheil gab. Die nach Gottes Willen kämpfen und nicht müde werden, erhalten einen Sieg nach dem andern.

Ferner wird berichtet, daß die Keniter, ein Theil des Volks der Midianiter am Sinai, welche unter Anführung Hobabs, des Schwagers Mosis, mit Israel durch die Wüste nach Canaan heraufgezogen waren, im Süden Judas einen Wohnsitz erhielten. Alle die Heiden, welche sich dem Volk Gottes anschließen, sollen auch mit dem Volk Gottes erben. Wer seine Freundschaft verläßt, die Welt verleugnet und an der Schmach, den Leiden und Kämpfen des Volkes Gottes theilnimmt, bekommt dereinst auch Antheil an dem herrlichen Erbe der Kinder Gottes.

193. Fortsetzung des Kampfs mit den Canaanitern. Richt. 1, 17—33.

Es war, nachdem Israel durch Josua sein Erbe erhalten hatte, der Wille des HErrn, daß dasselbe die noch übrigen Canaaniter ausrotten sollte, die noch hin und her im Lande, in ihren alten Städten übrig geblieben waren. Juda kam diesem Befehl Gottes nach und erstarkte im Kampf, und der HErr war mit ihm, daß es auch etliche Hauptstädte der Philister einnahm. Auch Joseph nahm einen guten Anlauf und gewann Bethel. Aber es ließ dann nach, und so wurden alle übrigen Stämme im Kampf lässig, verschonten die Canaaniter und machten sich dieselben nur zinsbar. Die Folge war, daß die Feinde an manchen Orten, so z. B. die Amoriter wieder ihr Haupt erhoben und die Israeliten bedrängten.

Das ist auch Gottes Wille für das Volk des Neuen Bundes: wir sollen wachen, beten, ringen, kämpfen und nicht müde werden. Wir sind erlöst aus der Hand aller unserer Feinde, von Sünde, Welt, Tod und Teufel. Das himmlische Erbe ist uns sicher gestellt, wir besitzen es schon im Glauben und Hoffen. Gleichwohl leben wir noch in dieser bösen Welt, und Welt und Teufel trachten Tag und Nacht, uns unsere gute Beilage wieder zu rauben. So müssen wir anhalten und laufen in dem Kampf, der uns verordnet ist. Wer redlich kämpft, der erstarkt im Kampf, und der HErr ist mit ihm und behält ihn fest in seinem Wort und Glauben, daß er auch im letzten Strauß gewinnt und den Sieg behält. Viele aber von denen, die erst fein gelaufen haben, gehen wieder hinter sich, werden träge, sicher, lau und laß, geben den Feinden Raum, vertragen sich mit der Welt und laufen so Gefahr, daß sie schließlich Alles wieder verlieren, was sie erarbeitet haben.

194. Der Engel des HErrn zu Bochim. Richt. 2.

In jenen Tagen, als die Kinder Israel in der Vertreibung der Canaa=
niter nachgelassen, kam der Engel des HErrn herauf von Gilgal nach Bochim.
Es war dies der Gott wesensgleiche Engel, der Sohn Gottes, welcher Israel
aus Egypten heraufgeführt und in das Land der Verheißung eingeführt hatte.
Von Gilgal kam er her. Dort, Jericho gegenüber hatte er sich vor der Be=
sitznahme des Landes dem Josua als der Fürst über das Heer des HErrn
offenbart und dem Heer Israels Sieg über alle seine Feinde zugesagt. Diese
seine Verheißung hatte er treulich erfüllt. Jetzt erschien er wieder in sicht=
barer Gestalt und redete mit den Kindern Israel und strafte sie, daß sie sei=
nen Bund gebrochen und seiner Stimme nicht gehorcht hätten. Sie hatten
eben mit den Einwohnern Canaans einen Bund gemacht. Das will der
HErr ihnen damit vergelten, daß er die Canaaniter hinfort nicht mehr vor
ihnen vertreibt. Die Canaaniter sollen ihnen zu Stacheln in ihrer Seite
werden, sie hart bedrängen, und zu einem Fallstrick, der HErr will durch die
Canaaniter Israel versuchen, ob es auf dem Weg des HErrn bleibt. Als
die Kinder Israel das hörten, weinten sie laut, daher jene Stätte Bochim
genannt wurde, thaten Buße und opferten dem HErrn. Das ist jetzt im
Neuen Bunde die schwerste Verschuldung, wenn Christen die Wohlthaten
Christi, ihres Erlösers, verachten und mit der christusfeindlichen Welt sich
befreunden. Das straft der HErr damit, daß er die Treulosen in die Hand
ihrer Feinde und in die Versuchung der Welt dahingibt. Wenn es mit
einem Christen so weit gekommen ist, so ist es hohe Zeit, daß er umkehrt
und mit Weinen seinen Heiland um Erbarmen anruft.

Es wird nun in kurzen Zügen der Lauf der Dinge zur Zeit der Richter
beschrieben. Nach dem Tode Josuas und der Aeltesten, welche die großen
Werke des HErrn noch mit gesehen hatten, kam ein anderes Geschlecht auf,
das den HErrn nicht kannte. Die Kinder Israel thaten übel vor dem HErrn
und dienten den Götzen der canaanitischen Völker, Baal, dem Sonnengott,
und Astharoth, der Mondgöttin oder Sterngöttin. So ergrimmte dann
der Zorn des HErrn über sie und gab sie in die Hand ihrer Feinde. In ihrer
Noth schrieen sie zum HErrn, und der HErr erweckte ihnen Richter, welche sie
aus der Hand ihrer Feinde erretteten. Bald aber wendeten sie sich wieder und
verderbten es noch mehr, als ihre Väter. Jahrhunderte lang wiederholte sich
beständig dieser Wechsel von Ungehorsam, Strafe, Buße, Errettung, dann
wieder Abfall und so fort. Einen ähnlichen Wechsel gewahren wir in der
Geschichte der christlichen Kirche und vieler einzelnen Christen. Des Menschen
Herz ist wandelbar und vergißt gar schnell der Wohlthaten Gottes. Gott
dagegen ist sehr geduldig und wird nicht müde, denen zu helfen, die in der
Noth zu ihm rufen. Schließlich hat aber freilich die Geduld Gottes ein Ende,
wenn der Mensch durchaus von seinem halsstarrigen Wesen nicht lassen will.

195. Die Richter Athniel, Ehud, Samgar. Richt. 3.

Es werden hier zunächst die canaanitischen Völker aufgezählt, welche
der HErr übrig bleiben ließ, um Israel an denselben zu versuchen. Es waren
dies vornehmlich die Philister und die Phönizier. Und nun werden die
Heldenthaten der drei ersten Richter erzählt. Die Kinder Israel nahmen
Töchter der Canaaniter zu Weibern und dienten den Götzen der Heiden,
dem Baal und den Hainen. Die Haine waren hölzerne Säulen, die man
der Astharoth zu Ehren errichtete. Da verkaufte sie der HErr unter die
Hand des CusanRisathaim, Königs von Mesopotamien. Als sie aber sich
vor ihm demüthigten, erweckte er ihnen einen Heiland, Athniel aus dem
Stamm Juda. Der richtete Israel, das ist, schaffte ihm Recht wider seine
Feinde, der HErr gab den König Mesopotamiens in seine Hand. Die Kinder Israel thaten indeß fernerhin Uebels vor dem HErrn. Und so stärkte
der HErr Eglon, den König der Moabiter, wider sie, daß sie ihm 18 Jahre
dienen mußten. In ihrer Bedrängniß schrieen sie wieder zum HErrn, und
der HErr erweckte ihnen Ehud, aus dem Stamm Benjamin, zum Heiland.
Derselbe tödtete den König der Moabiter mit List. Als er ihm den Tribut
Israels überbrachte, durchbohrte er ihn heimlich mit einem Schwert, das er
unter seinem Gewand verborgen hatte. Das that er im Auftrag des HErrn.
Er hatte, wie er selbst bekennt, Gottes Wort an Eglon. Jetzt hatte Israel
80 Jahre Ruhe. Der dritte Richter war Samgar, welcher 600 Philister
mit einem Ochsenstecken erschlug. Wir erkennen in dem allen die Gerechtigkeit und die Güte des HErrn. Gott straft Sünde und Unrecht auch an seinem Volk. Das ist freilich zunächst eine heilsame Züchtigung. Der HErr
will, daß die Abtrünnigen es erkennen und Buße thun. Und wo er nur ein
Fünklein Buße und Besserung erblickt, sobald nur die Armen zu ihm schreien,
läßt er sich ihre Noth jammern und sendet Hülfe und Rettung. Doch gar
leicht und schnell vergessen die Geretteten ihres Retters und Erbarmers.

196. Debora und Barak. Richt. 4.

Hier wird von den Heldenthaten zweier Frauen berichtet. Die eine
war Debora, aus dem Stamm Ephraim, welche Gott zur Richterin berufen
hatte. Israel war damals um seines Ungehorsams willen wieder geknechtet,
und zwar unter die Hand des Canaaniterkönigs Jabin, welcher in und um
Hazor, im Norden des Landes seine Herrschaft behauptet hatte. Jabin besaß eine gewaltige Kriegsmacht mit 900 eisernen Wagen, unter dem Feldhauptmann Sissera. Da waren die Helden in Israel verzagt. Aber Debora
war muthig und stark in dem HErrn, forderte ihren Stamm Ephraim und
die Stämme Sebulon und Naphthali zum Kampfe auf und zog mit Barak

dem Heer Sisseras entgegen. Gott verwirrte das feindliche Heer, daß es dem Schwert der Kinder Israel anheimfiel. Sissera sprang von seinem Wagen und floh zu Fuß vor Barak. Und nun vollendete Jael, das Weib eines Keniters, also aus dem Israel befreundeten und unter Israel seßhaften Heidenvolk, das Werk der Debora. Sie lockte den fliehenden Sissera in ihre Hütte und schlug ihm, da er schlief, einen Nagel in den Kopf, daß er starb, und zeigte dann dem Barak den Mann, den er suchte. Das war kein Meuchelmord, keine Sünde, sondern ein Gott wohlgefälliges Werk des Glaubens. Es heißt ausdrücklich, daß der HErr den Sissera in die Hand eines Weibes gegeben hatte. Es war dies Gottes Wille, daß diese Canaaniter vertilgt würden, und Israel sollte das Strafgericht Gottes an ihnen vollziehen. Da machte es keinen Unterschied, ob die Feinde mit Gewalt oder mit List ausgerottet wurden. Am Schluß dieser Heldengeschichte wird nochmals hervorgehoben, daß der HErr auf diese Weise Jabin, den Canaaniterkönig, dämpfte. Debora und Jael sind zwei leuchtende Exempel des Glaubens. Der Glaube erweist auch in schwachen Werkzeugen seine Kraft, er stehet eben nicht in Menschen Kraft, sondern in Gottes Kraft. Der Glaube, welcher allein Gott, Gottes Wort und Verheißung vor Augen hat, fürchtet weder Welt noch Teufel. Der Glaube nimmt freudig und getrost den Kampf auf, den Gott verordnet hat. Der Glaube ist der Sieg, welcher die Welt überwindet. Nur daß jetzt im Neuen Testament die Waffen unserer Ritterschaft ausschließlich geistliche Waffen sind.

197. Deboras Siegeslied. Richt. 5.

Dies ist das Lied der Debora. Debora preist den Gott Israels, welcher schon am Sinai Israel seine Herrlichkeit offenbarte und seitdem oftmals und gerade auch jetzt wieder sich an seinem Volk verherrlicht hat. Sie gedenkt der tiefen Schmach und Niedrigkeit, in der sich Israel befand, ehe sie als Richterin auftrat, und dann des großen Sieges, welchen Gott durch sie und Barak, durch wenige geringe Leute dem Volk gegeben hat. Sie rühmt die Stämme, welche bereit waren, den Krieg des HErrn zu führen, wie Ephraim, Benjamin, Sebulon und Naphthali. Solche muthige Streiter, welche willig sich zum Kampfe stellen, wenn der HErr sie ruft, verdienen Lob und Anerkennung. Sie tadelt die Stämme, welche nicht mit gezogen sind, wie Asser, Ruben, Gad, Manasse. Das ist ein leidig Ding, wenn man stille sitzen bleibt, wenn der HErr die Seinen zum Kampf auffordert. Sie segnet die Jael um ihre Heldenthat, daß sie den Sissera getödtet hat. Die Mutter Sisseras, die ihren Sohn als Sieger heimkehren sehen wollte, wartete vergeblich auf ihn. Und das ist die Lehre dieser großen Geschichte: „Also müssen umkommen, HErr, alle deine Feinde! Die ihn aber lieb haben,

müssen sein, wie die Sonne aufgehet in ihrer Macht!" Das hat sich je und
je in der Geschichte des Volks Gottes bestätigt. Das wird das Ende der
Wege Gottes sein.

198. Die Berufung Gideons. Richt. 6, 1—18.

Israel fiel abermals vom HErrn ab, und der HErr gab sie in die Hand
der Midianiter. Das waren Abkömmlinge Abrahams und der Ketura, ein
arabischer Volksstamm. Die Midianiter sammt ihren Verbündeten, den
Amalekitern, verheerten das Land, raubten den Israeliten all ihr Vieh, verderbten das Gewächs des Feldes. Die Israeliten mußten sich in die Höhlen
und Felsenklüfte verkriechen. In ihrer Noth aber schrieen sie zum HErrn.
Gott läßt auch an seinen Kindern den Ungehorsam nicht ungestraft. Und
wenn er straft und schweres Kreuz auflegt, so will er, daß die ungehorsamen
Kinder sich wieder zu ihm wenden, zu ihm rufen und schreien.

Gott hörte das Schreien seines Volks und sandte zunächst einen Propheten, welcher Israel seine schwere Versündigung vor Augen stellte. Trotzdem, daß Gott so große Dinge an ihnen gethan, sie aus Egypten geführt
und die Völker Canaans in ihre Hand gegeben hatte, haben sie seiner
Stimme nicht gehorcht. Israel hörte die Strafpredigt schweigend an und
ließ sich strafen. Gott sendet jetzt noch sein Wort und überführt durch das
Wort die ungehorsamen und undankbaren Kinder ihrer Schuld. Und wohl
denen, welche die Strafe des Worts willig hinnehmen und sich von Herzen
vor Gott demüthigen!

Und nun erweckte Gott seinem Volk einen neuen Helfer und Retter,
den Gideon, Sohn des Joas. Der Engel des HErrn, der Sohn Gottes
offenbarte sich dem Gideon in sichtbarer Gestalt. Er erschien ihm, als er
auf der Kelter seines Vaters Weizen ausklopfte, begrüßte ihn als einen
streitbaren Helden und gab ihm den Auftrag, er solle Israel erlösen aus der
Midianiter Händen, „in dieser seiner Kraft", in der Kraft, welche er, der
Engel des HErrn, hiermit dem Gideon beilegte. Gideon verzweifelte an
seiner eigenen Kraft, sein Geschlecht war das geringste im Stamme Manasse,
und er war der kleinste in seinem Vaterhaus, in seiner Familie. Der HErr
wiederholte seine Verheißung. Er will mit ihm sein, daß er die Midianiter
schlagen soll wie einen einzelnen Mann. Ja, Gott ist barmherzig, er will die
Seinen, die zu ihm schreien, erretten aus allen ihren Nöthen und Aengsten.
Und gerade der Sohn Gottes ist ein barmherziger Helfer und Erretter. Und
er hat auch Macht, zu helfen, und will gerade den Schwachen und Verzagten seine Kraft, sein Vermögen beilegen. Mit unserer Macht ist nichts
gethan. Aber wir vermögen Alles durch den, der uns mächtig macht,
Christus.

199. Gideons Beruf durch mehrere Zeichen bekräftigt. Richt. 6, 19—40.

Der Engel des HErrn bekräftigte die Verheißung, die er dem Gideon gegeben, durch ein Zeichen. Gideon schlachtete ihm ein Ziegenböcklein, und der Engel des HErrn rührte dasselbe mit seinem Stabe an. Alsbald kam Feuer aus dem Felsen und verzehrte das Fleisch. Das war ein Beweis der Allmacht des Sohnes Gottes, zugleich aber auch ein Beweis seiner Gnade. Er nahm das Opfer Gideons wohlgefällig an. Gideon erkannte jetzt erst recht, daß es der Engel des HErrn, der HErr selber war, der mit ihm redete. Und er glaubte nun fest an seine Verheißung, daß der HErr mit ihm sein und durch seine Hand Israel erlösen werde, und errichtete dem HErrn einen Altar, den er „HErr des Friedens" nannte. Jetzt im Neuen Testament hat der Sohn Gottes durch tausend andere große Zeichen bewiesen, daß er der HErr ist, der Allmächtige, der Gnädige und Barmherzige. So sollen wir um so mehr seiner Macht und Gnade trauen.

Auf Befehl des HErrn zerstörte Gideon den Altar des Baal, der an seinem Ort stand, und erbaute an dessen Statt dem HErrn einen Altar und opferte darauf einen Farren, daher er den Namen Jerubbaal erhielt, das heißt: der wider Baal streitet. Auch Gideons Vater bekannte sich jetzt zu dem Gott Israels, indem er seinen Sohn gegen die Leute seiner Stadt, der Stadt Ophra, die um Baal eiferten, in Schutz nahm. So bewies Gideon seinen Glauben im Gehorsam. Das ist des HErrn Wille und die Be= dingung seiner Hülfe und seines Beistandes, daß wir alle falschen Götter von uns thun und Gott allein dienen und ihm gehorchen.

Jetzt machte sich Gideon, im Vertrauen auf des HErrn Beistand, in der Kraft des Geistes Gottes zum Kampf bereit. Er sammelte ein Kriegs= heer aus Manasse und den benachbarten Stämmen. Ehe es zum Treffen kam, erbat er sich nochmals ein Zeichen vom HErrn, und Gott ließ sich herab und that an dem Fell, was Gideon begehrte, daß das Fell von Thau triefte, während die Erde ringsumher trocken war, und daß ein anderes Mal das Fell trocken war, während der Thau ringsum die Erde benetzte. Er bewies damit, daß bei ihm kein Ding unmöglich sei. Denen, die obenan dem Worte glauben und gehorchen, bestätigt Gott sein Wort, wenn es ihm gefällt, wohl auch durch mancherlei Zeichen, z. B. allerlei Wohlthaten und wunderbare Führungen. Gott ist reich an Güte und läßt sich zu unserer Schwachheit herab und macht die Schwachen stark, muthig und getrost.

200. Gideons Sieg über die Midianiter. Richt. 7, 1—23.

In freudigem Vertrauen auf die Hülfe des HErrn zog Gideon dem feindlichen Heer entgegen. Auf Befehl Gottes entließ er aber unterwegs den größten Theil seiner Kämpfer, nämlich Alle, deren Herz blöde und ver=

zagt war, und welche beim Trinken niedergekniet waren und es sich also recht bequem gemacht hatten. Wer blöde und verzagt ist, wer Ruhe und Bequemlichkeit liebt, taugt nicht zum Kampf, taugt nicht zur Arbeit im Reich Gottes, welche immer Kampf mit sich bringt.

Auf Gottes Geheiß ging Gideon mit seinem Knaben in der Nacht hinab zum Lager der Midianiter und hörte, was zwei Midianiter sich erzählten. Dem Einen hatte geträumt, ein Gerstenbrod habe sich herangewälzt und die Zelte der Midianiter niedergeworfen. Das bedeutete die Niederlage der Midianiter. So macht Gott die Feinde seines Volkes verzagt und gibt denen, welche im Glauben den Kampf aufnehmen, schon im Voraus Gewißheit des Sieges.

Und nun wird der wunderbare Sieg Gideons beschrieben. Gideon theilte die 300 Mann, welche ihm übrig geblieben waren, in drei Haufen und überfiel von drei Seiten das feindliche Lager. Und nicht durch das Schwert, nicht durch Waffengewalt, sondern durch ein großes Geschrei und Lärmen, durch Zerbrechen der Krüge, durch Fackelschein und Posaunenhall besiegte er die Midianiter. In der einen Weissagung von Christo Immanuel, Jes. 9, 3., wird die künftige Erlösung, die der Messias seinem Volk schaffen wird, dem Tage Midians, dem Sieg Gideons über die Midianiter verglichen. Der Sieg Christi, dem wir unser Heil verdanken, ist nicht durch Schwert und Gewalt errungen worden, vielmehr durch Leiden, Sterben, Erliegen. Und auf ähnliche Weise werden alle Siege im Reich Christi erfochten, werden Sünder überwunden und bekehrt, Widerspenstische überführt und gewonnen, nicht durch Schwert und Waffengewalt, sondern durch den Hall und Schall des göttlichen Worts, durch die Predigt des Evangeliums.

201. Die weitere Verfolgung der Midianiter. Richt. 7, 23.—8, 21.

Nachdem das feindliche Heer die Flucht ergriffen hatte, wendeten sich die Krieger aus den Stämmen Naphthali, Asser und Manasse, welche Gideon entlassen hatte, wieder um und jagten den Midianitern nach. Auch die Männer von Ephraim folgten dem Aufruf Gideons und versperrten den Fliehenden den Uebergang über den Jordan, erschlugen viele Tausende und fingen und tödteten auch zwei Fürsten der Midianiter, Oreb und Seb. Darauf setzte Gideon mit seinen 300 Mann den Entronnenen im Ostjordanland nach und nahm die zwei Könige der Midianiter, Sebah und Zalmuna gefangen und erwürgte sie mit eigener Hand. Sie hatten das reichlich verdient, denn sie hatten die Brüder Gideons grausam hingemordet. Gott ist groß, ernst und wunderbar in seinen Gerichten. Wenn dereinst den Feinden des Volkes Gottes der letzte Lohn ausgezahlt wird, dann wird alle Welt staunen und sich entsetzen.

Gideon züchtigte aber auch die Obersten der zwei israelitischen Städte Suchoth und Pnuel im Land jenseits des Jordans, welche den müden Streitern jede Erquickung, selbst das Brod, um das sie baten, verweigert und Gideon und seine tapfere Schaar verhöhnt hatten. Die Aeltesten der einen Stadt ließ er, wie er ihnen gedroht, mit Wüstendornen und Stech= disteln peitschen, die der andern Stadt hinrichten. So wird dereinst auch über die treulosen Christen, welche nicht nur den Kampf scheuen, sondern auch das kleine Häuflein der wackern Christen verspotten und in seinem Lauf und Kampf hindern und aufhalten, ein gerechtes Gericht ergehen.

202. Die übrigen Thaten Gideons. Richt. 8, 22—35.

Es wird hier noch Etliches aus der weiteren Lebensgeschichte Gideons berichtet. Zunächst etwas Löbliches. Israel wollte Gideon zum König machen, wollte ein erbliches Königthum, das an Gideons Haus gebunden sein sollte, errichten. Das war ein unlauteres Begehren. Israel wollte angesehene, mächtige Könige und Herrscher haben, wie die Heiden, und sich nicht an der Königsherrschaft Gottes genügen lassen. Gideon, der streit= bare Gottesheld, wies diese Ehre von sich ab und bezeugte den Kindern Israel, der HErr allein solle HErr und König sein und bleiben, dem sollen sie dienen. So haben alle großen Gottesmänner, durch die Gott sei= nem Volk große Wohlthaten erwiesen, alle Ehre von sich abgelehnt und Gott allein die Ehre gegeben.

Einer andern Versuchung aber erlag Gideon. Er ließ sich von dem Volk alle erbeuteten goldenen Ringe und Schmucksachen geben und verfertigte dar= aus einen Leibrock, ein hohepriesterliches Schulterkleid, und damit zugleich ein Brustschild mit zwölf Edelsteinen und dem hohepriesterlichen Licht und Recht. Gideon machte sich also selbst zum Hohenpriester und wollte durch den Leibrock seinem Volk Gottes Wort und Willen kundthun. Vermuth= lich war der Hohepriester aus Aarons Geschlecht, der damals im Amte war, sehr unbedeutend und that nicht recht, was seines Amtes war. Und Israel ging nun zu Gideon hin, statt zum Heiligthum des HErrn, und erholte sich von Gideon Rath und Weisung. Das war eine schwere Verir= rung und Versündigung. Wenn Gideon hierbei auch etwa eine gute Absicht hatte, so richtete er doch damit einen falschen Gottesdienst auf. Das Hohe= priesterthum war durch Gottes Wort und Gesetz an das Haus Aarons ge= bunden. Es heißt, daß Israel mit dem Leibrock sich verhurte. Indem es Gideon als Hohenpriester anerkannte und verehrte, wendete es sich von Gott und dem rechten Gottesdienst ab. Eine ähnliche Verirrung und Verschul= dung war es, wenn christliche Fürsten und Machthaber priesterliche Rechte und Gewalten an sich rissen, betreffs Religion und Gottesdienst Gesetze gaben, das Regiment über die Kirche sich anmaßten. Alle Vermengung von weltlichem und geistlichem Regiment ist vom Uebel. Alle selbsterwählte Frömmigkeit, aller selbsterdachter Gottesdienst ist Gott ein Greuel.

Es wird noch erwähnt, daß Israel jetzt vierzig Jahre Ruhe hatte, und der Kinder Gideons gedacht, sonderlich des Abimelech, des Sohnes eines Kebsweibes Gideons, welcher hernachmals sich hervorthat. Nach dem Tode Gideons diente Israel wieder dem Baal. Es vergaß seines Gottes und that auch an dem Hause Gideons, dem es so viel verdankte, keine Barmherzigkeit. So unbeständig und undankbar ist das Herz des Menschen. Auch große Wohlthäter, durch die Gott seinem Volk viel Gutes gethan, und die man erst in den Himmel heben wollte, sind gar schnell vergessen.

203. Abimelech wirft sich zum Herrscher auf. Richt. 9, 1—21.

Es wird uns hier eine gar trübe Geschichte aus der Richterzeit erzählt, welche von dem tiefen Verfall des Volkes Israel Zeugniß ablegt. Abimelech, jener Sohn Gideons von einem Kebsweib, warf sich in der Heimath seiner Mutter, in Sichem, zum König auf, sammelte lose, leichtfertige Männer um sich, besoldete dieselben aus dem Schatz des Götzentempels, überfiel mit ihnen das Haus seines Vaters in Ophra und erwürgte alle seine Brüder, bis auf den jüngsten, Jotham, der sich versteckt hielt, und herrschte nun über die Bewohner Sichems. Das ist ein Unglück für ein Volk, eine Stadt, wenn lose Buben zur Herrschaft gelangen. Das ist ein schweres Verhängniß, eine Strafe Gottes für eine Kirche, eine Gemeinde, wenn die Gottlosen das Regiment gewinnen.

Jotham, der Sohn Gideons, warnte in einer längeren Rede, die er vom Berge Grisim aus hielt, die Männer Sichems vor dem neuen Herrscher. Er erzählte eine Fabel von den Bäumen, wie diese einen König über sich salben wollten und, nachdem der Oelbaum, Feigenbaum und Weinstock diese Ehre von sich gewiesen, den Dornstrauch erwählten, und wie schließlich vom Dornstrauch Feuer ausgeht und die Cedern Libanons verzehrt. So haben die Männer Sichems übel gethan an dem Haus Gideons, der Israel von den Midianitern errettete, indem sie die Söhne Gideons erwürgten und den unwürdigen Sproß Abimelech, diesen Dornstrauch, sich zum König setzten. Von diesem losen Herrscher wird Feuer und Unheil ausgehen und die Leute von Sichem verzehren. Hinwiederum wird von den Männern von Sichem Feuer ausgehen und Abimelech verzehren. Jene Fabel enthält eine allgemeine Wahrheit. Das Regiment der Aufrührer, der Tyrannen und Gottlosen bringt Unheil und Verderben über ein Volk, eine Kirche, und nimmt zuletzt selbst ein Ende mit Schrecken.

204. Abimelechs Uebelthaten und Ende. Richt. 9, 22—57.

Die Prophezeiung Jothams begann bald sich zu erfüllen. Drei Jahre hatte Abimelech über Israel geherrscht, wohl nur über die zwei Stämme Ephraim und Manasse. Da sandte Gott einen bösen Geist, welcher zwischen Abimelech und den Männern von Sichem Zwietracht anstiftete. Letztere stellten in den Bergen der Umgegend Wegelaurer aus, welche die Vorüber= gehenden plünderten, um so das Regiment Abimelechs in Mißcredit zu bringen. Auf solche Freunde, die Einem zum Bösen helfen, ist kein Verlaß. Dann ließ sich eines Tages ein gewisser Gaal, Sohn Ebeds, in Sichem nieder. Derselbe forderte die Bewohner Sichems, bei einem Fest, das sie bei der Weinlese dem Baal zu Ehren veranstalteten, offen auf, sich wider Abimelech zu erheben. Sebul, der Stadtoberste, ließ das dem Abimelech melden, welcher zu der Zeit abwesend war. Und Abimelech sammelte nun einen Haufen außerhalb der Stadt, überfiel Gaal und seinen Anhang, als der= selbe aus dem Thore der Stadt herausgezogen war, und schlug ihn in die Flucht. Am andern Tag erschlug er noch mehr Volk, das aus der Stadt her= ausgegangen war. Darauf nahm er die Stadt ein und zerstörte sie und säete Salz darauf, erklärte damit, daß sie fortan eine Salzwüste sein und bleiben solle. Die übrigen Männer zu Sichem hatten in einem Thurme, einem Zwinger nahe am Tempel des Baal Zuflucht gesucht. Abimelech und seine Leute legten Baumstämme um den Thurm und zündeten dieselben an, und so kamen die Männer des Thurms in den Flammen um. So war an den Männern Sichems der Frevel gerächt, den sie am Hause Gideons begangen. Aber auch Abimelech selbst wurde bald von der gerechten Strafe ereilt. Als er die abtrünnige Stadt Thebez züchtigen wollte und den Thurm daselbst belagerte, warf ein Weib einen Mühlstein auf ihn herab, der zerbrach ihm den Schädel, und sein Waffenträger tödtete ihn vollends. So übt Gott Vergeltung, schon jetzt in der Zeit. Die Geschichte aller Zeiten zeigt Bei= spiele der göttlichen Rache und Vergeltung in Fülle. Das ist so Gottes Weise, daß er gottlose Buben durch andere gottlose Leute straft und um= bringt, Rebellen durch Rebellen stürzt. Die Rädelsführer, welche Andere zum Bösen aufgereizt haben, kommen um. Aber auch die Verführten müssen es büßen, daß sie in den bösen Rath gewilligt haben.

205. Israels erneuter Abfall und Strafe. Richt. 10.

Es werden hier zunächst zwei andere Richter kurz erwähnt, Thola aus dem Stamm Isaschar, und Jair aus Gilead, dem Ostjordanland, dessen dreißig Söhne auf Eselsfüllen ritten, sich wie Fürsten geberdeten.

Nach dieser Zeit, etwa fünfzig Jahre nach Gideons Tod, thaten die Kin= der Israel wieder übel vor dem HErrn, ja machten es ärger, als ihre Väter.

13

Es werden sieben Heidenvölker genannt, deren Götter Israel anbetete. Da ergrimmte der Zorn des HErrn über Israel und verkaufte sie unter die Hand der Philister und der Kinder Ammon. Die Philister unternahmen vom Westen, die Ammoniter vom Osten her Raubzüge in das Land Israel. Ja wohl, Gottes Zorn und Eifer entbrennt, wenn seine Kinder sich von ihm abwenden und den Götzen dieser Welt dienen. Er will seine Ehre keinem Andern lassen, noch seinen Ruhm den Götzen.

In dieser schweren Bedrängniß schrieen die Kinder Israel wieder zum HErrn. Gott aber wies vorerst ihre Bitte ab. Nicht durch einen Prophe= ten, wie vorher, sondern wohl auf dem geordneten Wege, durch Licht und Recht des Hohenpriesters in Silo gab er seinem Volk Antwort. Er hielt ihnen ihre schwere Missethat vor Augen, daß sie immer wieder andern Göt= tern gedient, nachdem Gott, der HErr, ihnen so oft von der Hand ihrer Feinde geholfen hatte. Darum will er jetzt nicht mehr ihnen helfen, sie mögen ihre Götter anrufen, ob die ihnen helfen. Wenn der Mensch wie= derholt Gottes Hülfe und Beistand erfahren und immer von Neuem in den Wind geschlagen hat, so verschließt Gott endlich einmal seinem Rufen und Bitten seine Ohren. Der Mensch mag zusehen, ob die Götzen, an die er sein Herz gehängt, ihm helfen können.

Indeß auch mit der Verweigerung seiner Hülfe hat es der HErr zu= nächst darauf abgesehen, daß die Sünder umkehren und sich von Herzen zu Gott bekehren. Und Israel that jetzt wirklich Buße, that die fremden Göt= ter von sich. So ließ sich der HErr ihre Plage jammern. Gott ist groß und reich an Gnade, Geduld und Barmherzigkeit. Bei ihm ist viel Ver= gebung. Ob Einer auch wiederholt sündigt und von Gott abtritt, so er nur ernstlich Buße thut, nimmt Gott ihn immer wieder an und hilft ihm aus allen seinen Nöthen.

206. Jephthahs Erwählung zum Richter Israels. Richt. 11, 1—28.

Als die Kinder Israel, besonders die Bewohner des Landes Gilead, des Ostjordanlandes, von den Ammonitern hart bedrängt waren, erweckte Gott ihnen, nachdem sie ernstlich Buße gethan, einen Helfer und Richter, den Jephthah. Das war der Sohn eines Mannes, Namens Gilead, aus dem Land Gilead, den ihm ein Kebsweib geboren hatte. Die echten Söhne Gileads hatten ihn aus dem väterlichen Haus vertrieben, und die Aeltesten Gileads hatten dieses Unrecht nicht geahndet. So sammelte Jephthah einen Haufen loser Leute, das ist herabgekommene Männer, die durch den Krieg um Besitz und Heimath gekommen waren, und bekämpfte nicht die Gileaditer, seine Brüder, sondern die Feinde seines Volks, die Ammoniter. Das ist ein edles Werk, wenn man das Beste seiner Brüder sucht, auch nachdem man von ihnen bitteres Unrecht erfahren hat. Solche Feindesliebe sammelt feurige Kohlen auf das Haupt derer, welche Unrecht gethan haben. So erkannten jetzt die Aeltesten Gileads ihr Unrecht und kamen zu Jephthah, da sie sahen, daß er zum Kampf geschickt war, und versprachen ihn zum Haupt und Regenten zu machen, wenn er mit ihnen ziehen und ihnen wider die Kinder Ammon streiten helfen würde. Jephthah nahm dies Anerbieten an, indem er das Alte vergab und vergaß.

Aber Jephthah war auch gerecht gegen die Heiden, die Ammoniter, welche als Nachkommen Lots Israel verwandt waren. Er versuchte sie erst in Güte zu bewegen, das Land Gilead, welches sie erobert hatten, wieder herauszugeben. Er sandte Boten zum König der Ammoniter und stellte ihm vor, wie Israel, nachdem es aus Egypten heraufgezogen war, der verwandten Völker, der Edomiter, Moabiter, Ammoniter, geschont und nur das Land der Canaaniter eingenommen, wie Gott selbst ihm das Land jenseits des Jordans, das Reich der Könige Sihon und Og, zum Besitz gegeben habe. Israel hatte nicht an den Kindern Ammon sich versündigt, sondern die Ammoniter thaten übel, indem sie wider Israel stritten. Wohl hatte Gott Israel unter die Hand der Ammoniter verkauft. Aber die Gottlosen thun Unrecht und sündigen, auch wenn Gott ihre Bosheit zu seinen Zwecken gebraucht und sie zu seinen Werkzeugen macht, um sein Volk zu züchtigen.

207. Jephthahs Sieg und Gelübde. Richt. 11, 29—40.

Nachdem der König der Ammoniter den gütlichen Vergleich zurückgewiesen, griff Jephthah zum Schwert und zog von Mizpa aus, an der Spitze der Stämme Ruben, Gad und Halb-Manasse, welche im Lande Gilead und Basan wohnten. Der Geist des HErrn kam auf ihn und er überfiel die Kinder Ammon, und der HErr gab sie in seine Hände, daß sie geschlagen und vor den Kindern Israel gedemüthigt wurden. Alle die gewaltigen Kämpfe und Siege der Helden Israels waren Glaubensthaten, die sie in der Kraft des HErrn vollbrachten. Zu dem Kampf, welcher uns jetzt im Neuen Testament verordnet ist, zu dem Kampf wider alle sichtbare und unsichtbare Feinde bedürfen wir erst recht der Kraft des Geistes Gottes. Mit unserer Macht ist nichts gethan.

Vor dem Kampf hatte Jephthah dem HErrn gelobt, wenn er wohlbehalten wieder heimkehre, wolle er, was aus seinem Hause ausgehe und ihm entgegen komme, dem HErrn weihen und als Brandopfer darbringen. Und da er jetzt nach dem Siege nach Mizpa zurückkehrte, kam ihm seine Tochter, sein einziges Kind, entgegen, an der Spitze eines Jungfrauenchores, welcher mit jubelndem Spiel und Reigentänzen den Sieger empfing. Ob-

gleich es ihm wehe that, erfüllte er sein Gelübde. Von jeher sind die Aus=
leger über Jephthahs Gelübde und Opfer verschiedener Ansicht gewesen.
Die Einen halten dafür, Jephthah habe seine Tochter wirklich geschlachtet,
die Andern, es sei ein geistliches Opfer gemeint, Jephthah habe seine Tochter
dem HErrn zu besonderem Dienst im Heiligthum geweiht und damit zugleich
zu ewiger Jungfrauenschaft bestimmt. Die letztere Auffassung widerspricht
nicht dem Wortlaut des Gelübdes. Auch sonst wird Heiligung von Per=
sonen, wie die Heiligung der Erstgeburt ein Opfer genannt. 2 Mos. 13,
1. 2. 4 Mos. 18, 15. Diese Fassung entspricht der Weise und dem Gesetz
Israels. Im Gesetz Mosis werden Gelübde erwähnt, die sich auf Personen
bezogen, und diese Personen wurden damit dem HErrn und seinem Heilig=
thum geweiht. 3 Mos. 27, 1. ff. Wir müssen ferner wohl beachten, daß
in unserer Erzählung hervorgehoben wird, die Tochter Jephthahs habe mit
ihren Gespielen nicht ihr junges Leben, sondern ihre Jungfrauschaft be=
weint. Sie beklagte, daß ihr als unbescholtener Jungfrau ein ehrlicher Ehe=
stand versagt blieb. Und der Bericht von der Erfüllung des Gelübdes lautet
dahin, daß kein Mann die Tochter Jephthahs erkannte. Sie blieb also zeit=
lebens Jungfrau. Jephthah erscheint durchweg als ein Held Gottes nach
Gottes Wohlgefallen. Menschenopfer aber sind dem HErrn ein Greuel
und sind auch von jeher von den heiligen Menschen Gottes verabscheut
worden. Nein, Jephthah hat seine Tochter seinem Gelübde gemäß dem
Dienst des Heiligthums übergeben, daß sie, wie andere weibliche Personen,
vor der Thür der Hütte des Stifts diente. 2 Mos. 38, 8. 1 Sam. 2, 22.
Wir können aus dieser Geschichte lernen, daß es auch jetzt noch dem HErrn
wohlgefällig ist, wenn man ihm etwas gelobt, was zu seiner Ehre dient,
und dann auch Gott sein Gelübde bezahlt, daß es ein Gott angenehmes
Opfer ist, wenn z. B. Eltern ihre Söhne dem Dienst des HErrn, dem hei=
ligen Predigtamt, geloben und weihen.

208. Jephthahs Krieg mit den Ephraimiten. Richt. 12.

Nachdem Jephthah in der Kraft des HErrn die Ammoniter besiegt hatte,
zogen die Ephraimiten wider ihn ins Ostjordanland hinauf. Ephraim,
nächst Juda der mächtigste Stamm in Israel, zeigte sich immer neidisch,
wenn Gott durch andere Stämme seinem Volk Hülfe schaffte, aus andern
Stämmen Richter und Heilande erweckte. So hatten die Ephraimiten dem
Gideon Vorwürfe gemacht, daß er sie nicht mit zum Kampfe wider die
Midianiter aufgerufen hatte. Jetzt schickten sie sich an, an Jephthah Rache
zu nehmen, daß er ohne sie gegen die Ammoniter ausgezogen war. Und
doch hatten sie ihm erst nicht Folge geleistet, als er sie aufforderte, ihm zu
helfen. Es war offene Rebellion gegen Jephthah, den von Gott gesetzten

Richter und Regenten, deren sich die Ephraimiten schuldig machten. Es war bittere Feindschaft, daß sie die Gileaditer, die sich soeben im Kampf bewährt hatten, Flüchtlinge, Ausreißer schalten. Und Jephthah that nur, was Recht und seines Amtes war, indem er mit Waffengewalt ihnen entgegentrat, sie schlug und schwer züchtigte, auch die Flüchtigen an der Furt des Jordans tödtete. Er brachte keinen Unschuldigen um. Die Gileaditer erkundeten, ehe sie ihr Schwert brauchten, immer sorgfältig, ob Einer, welcher über den Jordan gehen wollte, ein Ephraimite war oder nicht. Die von Ephraim erkannte man daran, daß sie das hebräische Schin nicht aussprechen konnten, z. B. statt Schiboleth Siboleth sprachen. So haben zu allen Zeiten die Männer Gottes, welche Gott zu Führern seines Volks verordnet hat, Kampf nach Außen und Kampf nach Innen, haben sich auch gegen aufrührerische Brüder zu wehren, welche sich gegen das von Gott gestiftete Amt auflehnen. Gottes Volk überhaupt muß kämpfen mit Waffen der Gerechtigkeit zur Rechten und zur Linken. Nur daß die Waffen unserer Ritterschaft jetzt immer geistlich sind.

Nach Jephthah traten drei andere Richter auf, Ebzan aus Bethlehem, Elon, ein Sebuloniter, Abdon aus Pireathon in Ephraim. Diese lebten nach fürstlichem Brauch, ihre Söhne ritten auf Eselsfüllen. Sie sorgten für ihr Haus. Ebzan setzte seine dreißig Töchter aus, das ist, hat sie gut verheirathet, desgleichen seine Söhne. Aber diese Männer haben auch wirklich Israel gerichtet, das ist in Zucht und Gehorsam gehalten, so daß unter ihrem Regiment das Volk auf richtiger Bahn wandelte. Wenn die von Gott berufenen Lehrer und Führer sich nur genau in ihrem Amt nach Gottes Wort halten, so können sie viel ausrichten, so daß auch Schwache, Unbefestigte den rechten Weg gehen.

209. Simsons Geburt. Richt. 13.

Während die Israeliten im Osten durch die Kinder Ammon bedrückt wurden, standen die Stämme, die nach dem Meer zu wohnten, sonderlich Juda, unter der Herrschaft der Philister. Aber wie Gott seinem Volk durch Jephthah wider die Ammoniter geholfen, so ersah er sich auch einen Mann, welcher Israel aus der Hand der Philister erlösen sollte. Das war der starke Held Simson. Schon die wunderbare Empfängniß und Geburt Simsons deutete darauf, daß Gott etwas Besonderes mit ihm vorhatte. Der Engel des HErrn erschien eines Tages dem Weib eines Mannes mit Namen Manoah, aus dem Stamm Dan, welcher innerhalb des Gebietes Juda sein Erbtheil hatte. Der Gott wesensgleiche Engel des HErrn tritt überall da in die Geschichte ein, wo es Hülfe und Rettung gilt. Das ist sein besonderes Werk und Amt. Der Engel verkündigte dem Weibe Manoahs,

welches unfruchtbar war, daß sie schwanger werden und einen Sohn gebären
solle, der solle sich alles starken Getränkes und aller unreinen Speise ent=
halten und ein Verlobter Gottes sein, Gott besonders nahe stehen und sein
ganzes Leben dem Dienst Gottes weihen, dieser Sohn werde Israel aus der
Philister Hand erlösen. Zum andern Mal erschien der Engel des HErrn
beiden Eheleuten und bestätigte seine vorige Rede. Auf die Frage Manoahs,
wie er heiße, entgegnete er: „Warum fragst du nach meinem Namen, der
doch wundersam ist?" Sein Name ist wundersam. Er selbst ist ein Wunder.
Es ist der Engel des HErrn, der HErr selbst, und dieser Engel ließ sich hier
doch so gnädig zu den Menschen herab, ging in der Menschen Weise ein.
Das deutete darauf, was in der Fülle der Zeit geschehen sollte. Als die
Zeit erfüllt war, ist dieses Wunder erst recht offenbar geworden: Gott und
Mensch in Einer Person. Der Engel des HErrn that auch noch ein Wun=
der vor den Augen der beiden Eheleute, zündete das Opfer an, welches sie
ihm dargebracht, und fuhr in der Flamme zum Himmel auf, so daß sie
ihn als Gott erkannten und anbeteten. In der Kraft des Wortes des
HErrn empfing und gebar das Weib Manoahs einen Sohn, den Simson,
in welchem der Geist Gottes mächtig war von Jugend auf.

Simson ist unverkennbar ein Vorbild Christi, des starken Helden.
Schon seine wunderbare Empfängniß und Geburt erinnert an das größere
Wunder der Empfängniß und Geburt JEsu Christi. Und Christus war in
noch ganz anderm Maaß mit dem Geist Gottes erfüllt von Kindesbeinen an.
Christus ist Verlobter Gottes in einzigartigem Sinn. Der Sohn Mariens
ist aufs engste mit Gott verbunden, ist der eingeborene Sohn des Vaters,
der in des Vaters Schooß sitzt. Und dieser Gottmensch ist der von Gott
bestimmte Erlöser der Welt. Die Verlobten Gottes in Israel, wie Simson,
sollten ferner die Kinder Israel und sollen auch uns daran erinnern, welches
die Bestimmung aller Gläubigen ist. Die sind Verlobte Gottes, stehen
Gott gar nahe, der Geist Gottes ist in ihnen, und sie sind dazu berufen, ihr
ganzes Leben, alle ihre Kräfte Gott zu weihen. Schließlich ersehen wir aus
dieser Erzählung, daß Gott die Männer, durch welche er seinem Volk be=
sondere Dienste erweisen will, schon vor ihrer Geburt dazu ersehen hat und
sie von Kind auf für diesen künftigen Beruf zubereitet.

210. Simsons Hochzeit mit der Philistertochter. Richt. 14.

Vom Geist des HErrn getrieben ging Simson hinab in das nahe
Philisterland und sah dort zu Thimnath eine von den Philistertöchtern und
begehrte sie zum Weib. Er bat seine Eltern, daß sie ihm dieselbe zum Ehe=
weib geben möchten. Das ist Gottes Ordnung, daß die Eltern ihre Kinder
verehelichen. Simsons Eltern meinten, er solle sich doch lieber ein Weib

aus Israel nehmen. Aber es kam das vom HErrn, daß Simson ein Weib
von den Philistern begehrte, denn auf diese Weise bekam er Ursache zum
Streit mit den Philistern und damit Gelegenheit, seinem Volk Hülfe zu
schaffen. Gottes Wege sind oft wunderbar. Gottes Werke sind, wie Luther
sagt, oft gar widersinnisch. Aber solche widersinnische Wege und Werke
dienen zum Heil des Volks Gottes.

Als Simson mit seinen Eltern nach Thimnath hinabzog, um sich mit
jener Philistertochter förmlich zu verloben, kam ihm ein junger Löwe brüllend
entgegen, und er zerriß ihn mit seiner bloßen Hand, wie man ein Böcklein
zerreißt, und zwar in der Kraft des Geistes Gottes. Als er dann bald
darauf, ebenfalls in Begleitung seiner Eltern, wieder denselben Weg ging,
um Hochzeit zu halten, fand er Honig in dem Aas des Löwen, aß davon
und stärkte sich und gab auch seinen Eltern zu essen. Dieser wunderbare
Vorgang gab ihm Anlaß zu dem Räthsel, welches er während der sieben=
tägigen Hochzeitsfeier den Philistern aufgab. Man hat von Alters her auch
in dieser Erzählung etwas Vorbildliches gefunden, und nicht ohne Grund.
Es ist hiermit die größere That eines Stärkeren abgeschattet. Christus, der
starke Gott, hat den alten Löwen, den Teufel, überwunden, und aus diesem
Sieg fließt Gnade, Heil, Leben für die Menschen.

Die zur Hochzeit geladenen Philister betrogen den Simson, indem sie
sein Weib beredeten, ihm die Lösung des Räthsels zu entlocken. So hatte
Simson gerechte Ursache, sich an den Philistern zu rächen. Er ging hin und
erschlug dreißig Mann unter ihnen, nahm ihnen ihre Feierkleider und gab
sie denen, welche die Lösung des Räthsels ihm angesagt hatten. Es wird
auch hier hervorgehoben, daß der Geist des HErrn über ihn gerieth und ihn
zu dieser That antrieb. Der Geist Gottes ist ein heiliger Geist und eifert
gegen alles gottlose Wesen und treibt die Gläubigen zum Kampf wider die
abgöttische Welt.

211. Simsons Heldenthaten. Richt. 15.

Wir hören hier von weiteren Heldenthaten Simsons, durch welche er
seinem Volk Heil und Rettung schaffte. Er kämpfte allein wider die Feinde
Israels, nicht, wie die andern Richter, an der Spitze eines Heeres. In dem
allen ist er Vorbild Christi, des starken Helden aus dem Stamm Juda,
welcher seinem Volk zu gute harte Kämpfe bestand und den Kampf allein
führte, ohne daß ihm Jemand half, und den Kampf zum Sieg hinausführte.

Daß Simson durch eine List, indem er Füchse fing und dieselben mit
brennenden Fackeln durch die Felder jagte, den Philistern Schaden zufügte,
daß er die Philister tödtete, welche das Haus seines Weibes und ihres Vaters
mit Feuer verbrannt hatten, das war für Letztere eine gerechte Strafe. Aber

auch der Schwiegervater Simsons, welcher sein Weib einem Andern gegeben, hatte seinen gebührenden Lohn empfangen. Es wird den Gottlosen, der feindlichen Welt Alles pünktlich entgolten, was sie dem Volk Gottes zu Leide gethan.

Als Simson dann in einer Steinkluft bei Etam im Stamme Juda sich aufhielt, kamen die Männer Juda und banden ihren Retter mit Stricken und überlieferten ihn in die Hände der Philister. Das war schnöder Undank. Simson aber nahm edle Rache und half den undankbaren Judäern abermals wider ihre Bedränger. In der Kraft des Geistes Gottes zerriß er die Stricke, nahm einen Eselskinnbacken, der gerade im Wege lag, und erschlug damit tausend Philister. Als er, vom Kampf erhitzt, sehr dürstete, rief er den HErrn an, und der öffnete einen Backenzahn, das heißt einen Felsenspalt, gab ihm Wasser und stärkte ihn. Dieser ganze Vorgang erinnert an eine andere bekannte Geschichte. So wurde Christus, der Heiland Israels, von seinem eigenen Volk verrathen, gebunden und in die Hände der Heiden über= geben. Aber in der Kraft Gottes hat er alle Bande, auch die Bande des Todes durchbrochen, ging als Sieger aus dem schweren Leidenskampf her= vor und erlöste die, welche ihn dem Tod überliefert hatten. In der Kraft des HErrn und seines Geistes können auch wir alle Bande und Stricke zer= reißen, durch alle Hindernisse hindurchbringen und die feindliche Welt über= winden. Und der HErr selbst stärkt und erquickt die Seinen in dem heißen Kampf, der ihnen verordnet ist.

212. Simsons Fall. Richt. 16, 1—17.

Simson, dieser Held Gottes, welchem die Starken der Philister nichts anhaben konnten, kam durch Weiber der Philister zu Fall. Er ließ sich zunächst mit einer Hure in Gasa ein, und als die Philister ihm dort auf= lauerten, hob er das Stadtthor aus und setzte es auf der Höhe des Berges vor Hebron nieder. Es wird hier nicht bemerkt, daß der Geist des HErrn ihn hierzu antrieb. Er folgte jetzt nicht mehr dem Trieb des Geistes Gottes, sondern seinem eigenen Willen. Er trieb jetzt eitles Gepränge mit der Kraft, die in ihm war. Das ist der Anfang des Falls, wenn ein Gläubiger auf seine eigene Kraft und Tüchtigkeit sich etwas zu gute thut.

Simson gab der Lust des Fleisches weiter Raum und ließ sich in die Netze einer andern Philistertochter fangen, der Delila. Diese drängte ihn, er solle ihr das Geheimniß seiner großen Kraft verrathen. Dreimal täuschte er sie. Als Delila ihn mit frischen Darmsaiten, dann mit neuen Stricken gebunden, darauf seine sieben Haarflechten mit einem Pflock am Gewebe eines Webstuhles befestigt hatte und jedesmal die Philister, welche sich ver= steckt hielten, wider ihn herausrief, riß er sich jedesmal los. Obgleich Sim=

son den bösen Sinn der Delila und der Philister erkannt hatte, offenbarte er Ersterer dennoch schließlich sein Herz und sagte ihr an, worin seine große Kraft bestand, nämlich in seinen Haaren, welche er als Verlobter Gottes hatte wachsen lassen. Das ist ein traurig Ding, wenn ein Gläubiger, ein Verlobter Gottes, die Welt und die Lust der Welt lieb gewinnt, mit der gottfeindlichen Welt sich befreundet und vertraut wird und schließlich sein Geheimniß, seinen Glauben an die Welt verräth und verliert. Er weiß und sieht, daß die Welt es nur böse meint, daß er von der Welt nur Tod und Verderben zu erwarten hat. Gleichwohl läßt er sich bethören. Und wer nur etliche Male der Versuchung nachgegeben hat, wird dann schwach und immer schwächer, daß er zuletzt nicht mehr widerstehen kann, wird ein Knecht der Sünde.

213. Simsons letzte Rache. Richt. 16, 18—31.

Simson hatte der Delila sein Geheimniß verrathen, und diese schnitt ihm sein Haupthaar ab, und so wurde er von den Philistern gezwungen und überwältigt. Seine Kraft war von ihm gewichen. Ja, es heißt, daß der HErr von ihm gewichen war. Er hatte Gott Glaube und Treue gebrochen. Wenn Einer erst glaubte und durch den Glauben Gott verlobt und verbunden war und dann seinen Glauben verleugnet und an die Welt verloren hat, dann ist auch der Heilige Geist von ihm gewichen. Das Band der Gemeinschaft mit Gott ist gelöst. Das ist ein trauriger Zustand.

Die Philister stachen Simson die Augen aus, banden ihn mit ehernen Ketten und er mußte im Gefängniß die Handmühle mahlen. Das war der beschwerlichste und niedrigste Sclavendienst. So gerathen die, welche Geist und Glauben verloren haben, oft auch in äußerliche Noth und großes Elend, und müssen es erfahren, was es für Jammer und Herzeleid bringt, den HErrn, ihren Gott, verlassen.

Doch solche Trübsal ist zu ihrem Besten vermeint. In seinem Elend, in seiner Gefangenschaft stand Simson von seinem Fall wieder auf und bekehrte sich zu Gott. Sein Haar fing wieder an zu wachsen. Der Geist Gottes kehrte wieder bei ihm ein. Er hatte noch ein gutes Ende. Er starb mit Anrufung Gottes. Gott richtet die, welche er von Anfang sich erwählt und für seinen Dienst ausgesondert hat, wenn sie gefallen sind, aus ihrem Fall wieder auf, daß sie Buße thun und im Glauben enden und sterben und doch noch des Glaubens Ende erlangen, der Seelen Seligkeit.

Simson beschloß sein Leben mit einer gewaltigen Heldenthat. Als die Philister ihrem Gott Dagon zu Ehren ein großes Opferfest feierten und der Philister Fürsten, Männer und Weiber, bei 3000, auf dem Dach des Götzentempels versammelt waren, ließen sie Simson holen, daß er ihnen vorspielte.

Simson aber faßte die zwei Mittelsäulen des Tempels und zerbrach dieselben in der Kraft des HErrn, so daß das ganze Gebäude zusammenstürzte und sämmtliche Philister sammt Simson unter den Trümmern begraben wurden. So schaffte Simson in seinem Tode seinem Volk noch mehr Heil, als in seinem Leben. Der Todten, die in seinem Tode starben, waren mehr, denn die bei seinem Leben starben. Er erscheint hier am Ende seines Lebens wieder als Vorbild Christi, des starken Helden. Christus hat gerade mit seiner tiefen Schmach und Verachtung, mit seinem Leiden, Sterben und Erliegen seinem Volk Hülfe geschafft. Er hat gerade durch seinen Tod uns das Heil erworben.

214. Der Bilderdienst Michas. Richt. 17.

Zur Zeit der Richter, besonders im letzten Theil dieses Zeitraums, stand es gar schlimm in Israel. Es kamen da greuliche Dinge vor. Davon wird uns hier ein Exempel erzählt. Im Stammgebiet Ephraim hatte ein Mann Namens Micha seiner Mutter eine große Summe Geldes gestohlen, 1100 Sekel Silber. Da aber die Mutter über den Dieb den Fluch ausgesprochen, so gerieth er in Furcht und Schrecken und gab das Entwendete seiner Mutter zurück. Diese segnete ihn darum und weihte das Geld, wie sie sagte, dem HErrn und wollte damit einen Gottesdienst anrichten. Durch ihren Sohn bestellte sie bei einem Goldschmied ein goldenes Bild für 200 Sekel, wohl ein Stierbild, dem der Name Jehova beigelegt wurde. Und Micha baute für dieses Bild ein Heiligthum, ließ auch einen priesterlichen Leibrock anfertigen und richtete einen förmlichen Gottesdienst ein, welcher von dem Rest des Geldes bestritten wurde. Erst that einer der Söhne Michas Priesterdienst, dann ein Levit aus dem Stamme Juda, welcher auf einer Reise dorthin gekommen war und von Micha für diesen Zweck festgehalten wurde. Micha wähnte, das habe der HErr so glücklich gefügt. Ein solcher selbsterwählter Gottesdienst, außerhalb des Orts, den Gott bestimmt hatte, und das war damals die Stiftshütte in Silo, war dem HErrn ein Greuel, auch wenn Einer in guter Meinung solchen Dienst einrichtete. Der größte Greuel aber in diesem Fall war, daß dem ausdrücklichen Verbot Gottes zuwider dort im Heiligthum Michas ein Bild verehrt wurde. Das sollen auch wir uns wohl merken: Aller falscher Gottesdienst ist Gott ein Greuel, das ist die ärgste Sünde, die ist in Gottes Augen noch ärger, als Diebstahl und dergleichen gemeine Laster. Es ist dem HErrn zuwider, wenn der Mensch selbst sich einen Gottesdienst ersinnt, etwa eigene Weisheit für Gottes Wort ausgibt. Noch schlimmer aber ist es, wenn der Mensch einen Gottesdienst bestellt, welcher dem Wort und Gebot Gottes direct zuwiderläuft, etwa falsche Lehre aufbringt und solche Lehre als Gottes Wort vorträgt.

215. Aufbruch der Daniten nach Lais-Dan. Richt. 18, 1—12.

Hier wird von dem Stamm Dan berichtet, daß ein Theil desselben einen neuen Wohnsitz suchte, weil es ihm in seinem Stammgebiet zu enge wurde. Die Daniten hatten ihr Erbe mitten im Stamm Juda, an der Grenze des Philisterlandes, also kein eigenes Erbe, wie die übrigen Stämme. Sie sandten zunächst fünf Kundschafter aus, welche sich nach einem neuen Gebiet umsehen sollten. Dieselben kamen auf ihrem Weg an dem Hause Michas vorbei. Sie baten den levitischen Priester, welcher dort des ab= göttischen Heiligthums pflegte, er möchte für sie den HErrn fragen. Der Levit gab ihnen den Bescheid, daß ihr Weg dem HErrn angenehm sei. Das war eitel Wahn und Trug. Gott offenbarte sich nicht einem falschen Priester, sondern gab nur durch das Licht und Recht des von ihm eingesetzten Hohenpriesters seinen Willen kund. Wenn man einen falschen Gottesdienst aufrichtet, falscher Lehre huldigt und dann meint, man habe Gottes Wort, und sich des Segens und Beistandes Gottes getröstet, so ist das bloße Ein= bildung, ja ein Betrug des Satans.

Die Kundschafter zogen dann weiter und fanden im Norden die Stadt Lais. Die Bewohner dieser Stadt waren ein friedliches Handelsvolk, wie die Zidonier oder Phönizier. Doch war die Stadt Zidon noch weit ent= fernt und die Bewohner von Lais hatten sonst mit Menschen nichts zu schaffen, hatten also keine näheren Freunde und Bundesgenossen, von denen sie Beistand im Kampf hätten erwarten können. Das berichteten die Kundschafter ihren Stammgenossen. Und so zogen 600 gerüstete Männer aus Dan aus und lagerten sich zunächst bei Kiriath Jearim im Stamm Juda. Das war ein selbstisches, Gott mißfälliges Unternehmen. Dan hatte sein Theil in Juda. Es scheute aber den Kampf mit den Canaanitern, welche noch nicht alle ausgerottet waren, und zog es vor, jene friedliche Stadt zu überfallen. Alle selbsterwählten Wege und Werke sind Gott miß= fällig. Der Mensch soll an seinem Ort, in dem von Gott ihm zugewiesenen Beruf und Stand redlich arbeiten und dabei Mühe und Kampf nicht scheuen. Dazu hat Gott Gnade und Segen verheißen.

216. Verpflanzung des Bilderdienstes nach Dan. Richt. 18, 13—31.

Die Daniten gingen von Juda über das Gebirge Ephraim und kamen da auch an dem Hause Michas vorüber und nahmen dessen Heiligthum, Bild und Leibrock, auch den Leviten mit sich hinweg. Micha und die Bewohner seiner Stadt jagten ihnen nach und forderten Rückgabe des Abgottes, mußten aber leer wieder heimziehen. Sie wagten doch nicht mit jenen Geharnischten anzubinden. So waren sie um ihr Heiligthum betrogen. Alle, die einen

Abgott anbeten, sind betrogene Leute. Auf einen Abgott ist kein Verlaß. Lüge und falsche Lehre hält nicht Stand. Die derselben anhangen, werden zu Schanden.

Die Daniten überfielen nun die friedliche Stadt Lais, welcher Niemand beistand, tödteten alles Lebendige, brannten die Stadt nieder und bauten sie dann wieder auf und nannten sie nach ihrem Stammvater Dan. Das war nichts Anderes, als Raub, Mord, Gewaltthat. Wenn der Mensch einmal Gottes Wort und die Furcht des HErrn aus den Augen gesetzt hat, so hat er allen Halt verloren, so wird er wüste, wild, roh und grausam und thut ungescheut, was sein böses Herz gelüstet.

In dieser ihrer Stadt Dan richteten die Daniten das Bild Michas auf und bestellten dem zu Ehren einen Gottesdienst. Jonathan, das war der Name jenes Leviten aus dem Stamm Juda, und dessen Söhne versahen dort den Priesterdienst. Dieser falsche Gottesdienst hat sich lange Zeit erhalten, so lange als das Haus Gottes, die Stiftshütte, zu Silo war, das heißt bis auf die Tage Sauls. Man sieht hieraus: Abgötterei, falsche Lehre findet leicht Nachahmung und Anhang und ist schwer wieder auszurotten. Wer einen falschen Gottesdienst aufrichtet, falsche Lehre aufbringt, der betrügt und verderbt nicht nur sich selbst, sondern ist Schuld, daß auch viele Andere, auch noch künftige Geschlechter, Schaden leiden an ihrer Seele.

217. Die Schandthat der Bewohner von Gibea. Richt. 19.

Die Richterperiode war eine Zeit des Abfalls. Trotzdem, daß Israel so oft die wunderbare Hülfe Gottes erfuhr, diente es doch immer wieder den Götzen der Heiden. Es verließ den lebendigen Gott. Und so fiel denn Zucht und Scham dahin. Das beweist auch die in diesem Capitel berichtete Geschichte. Ein Levit, der im Stammgebiet Ephraim wohnte, hatte ein Kebsweib. Das war eine Befleckung seines heiligen Standes. Als ihm seine Frau entlaufen war, nach Bethlehem Juda, von wo sie stammte, holte er sie von dort, aus dem Hause ihres Vaters wieder zurück. Auf der Rückreise wollten die Beiden nicht in Jerusalem die Nacht über bleiben, weil dort noch die Jebusiter wohnten, sondern zogen weiter nach Gibea im Stamm Benjamin. Als sie sich anschickten, auf der Straße zu übernachten, traf sie ein alter Mann, der eben vom Felde kam, und nahm sie mit sich in sein Haus. Die Bewohner Gibeas waren schlimmer, als die Heiden. Greuliche Sodomiterei war unter ihnen heimisch. Sie begehrten den Fremdling, um ihn zu erkennen. Der Levit gab ihnen sein Kebsweib preis. Und die Männer Gibeas trieben mit derselben Schande bis zum lichten Morgen. Ihr Mann fand sie des Morgens vor der Thür liegen. Sie antwortete ihm nicht mehr, sie war todt. So nahm er die Leiche auf seinen Esel, führte sie heim, zerstückte sie und sandte die Stücke zu allen Stämmen Israels, und forderte damit ganz Israel auf, die Schandthat zu rächen. Wenn man den lebendigen Gott vergessen und verlassen hat, dann ist aller Sünde und Schande, aller Unreinigkeit und Unzucht, auch unmenschlichen Greueln Thor und Thür geöffnet. Darum soll ein Jeder wohl zusehen, daß sein Herz täglich in der Furcht des HErrn sei, damit er nicht in Werke der Finsterniß gerathe und dem Fürst der Finsterniß als Opfer verfalle.

218. Krieg der übrigen Stämme Israels gegen Benjamin.
Richt. 20, 1—25.

Ganz Israel von Dan bis Berseba, von einem Ende des Landes bis zum andern, das heißt alle Familienhäupter Israels versammelten sich jetzt in Mizpa im Stamm Ephraim, hielten dort Rath und Gericht und be= schlossen, den Frevel in Gibea nach Gebühr zu strafen. Zunächst forderten sie die Benjaminiten auf, die bösen Buben, welche jene Schandthat begangen hatten, auszuliefern, damit sie dieselben tödteten und so das Uebel von Israel abthäten. Als Jene sich aber dessen weigerten, zog Israel, im Gan= zen 400,000 Mann, gegen den Stamm Benjamin zu Felde. Zuvor gingen sie nach Bethel, das nicht weit entfernt war, wohin sie die Bundeslade hatten bringen lassen, und frugen den HErrn durch den Hohenpriester. Der HErr gab seinen Willen dahin kund, Israel solle in den Krieg ziehen, und der Stamm Juda solle im Streit voranziehen. Israel erwies sich hier, wie es auch genannt wird, als Gemeinde Gottes. Eine Gemeinde Gottes läßt sich in allen Dingen durch Gottes Wort und Willen bestimmen und regieren. Eine Gemeinde Gottes eifert in Gottes Namen gegen alles gott= lose Wesen und duldet den Sauerteig der Bosheit und Unreinigkeit nicht in ihrer Mitte.

Obwohl Israel dem Stamm Benjamin weit überlegen war, 400,000 Mann standen gegen 26,000 Mann, und obwohl der HErr selbst den Krieg gutgeheißen hatte, wurde es doch zweimal von den Benjaminiten vor Gibea geschlagen, jedesmal mit großem Verlust. Das war für Israel eine schwere, aber heilsame Züchtigung und Demüthigung. Sie sollten es er= kennen, daß sie alle gesündigt hatten und abtrünnig gewesen waren, und es inne werden, daß sie mit ihrer Kraft nichts ausrichteten. So züchtigt Gott auch die, welche er lieb hat, welchen er Gnade und Segen ver= heißen hat. Eine solche Züchtigung ist den Christen immer gut und heil= sam und dient dazu, daß sie es recht erkennen, wie oft sie Gott gegenüber Treue und Gehorsam verleugnet haben, und daß sie aus eigener Kraft nichts vermögen.

219. Niederlage der Benjaminiten. Richt. 20, 26—48.

Nach der doppelten Niederlage zogen die Streiter Israels hinauf nach Bethel, wo der Hohepriester und die Lade Gottes war, und weinten dort vor Gott, flehten, fasteten und opferten. Und weil sie von wegen ihrer vorigen Sünden sich so gründlich demüthigten, so ertheilte ihnen der HErr auch die Zusicherung, daß er am folgenden Tage die Benjaminiten in ihre Hände geben wolle. Den Demüthigen, den Bußfertigen gibt Gott Gnade, denen hilft er im Kampf, die führt er zum Siege.

Es wird uns nun der Ausgang des Kampfes beschrieben. Das Heer Israels theilte sich in zwei Haufen. Der größere Haufe rückte gegen die Stadt Gibea heran, lockte die Benjaminiten aus der Stadt heraus und wich vor ihnen zurück, stellte sich, als flöhe er. Während dann die Benjaminiten den Fliehenden nachjagten, brach der andere Haufe aus einem Hinterhalt hervor, nahm die Stadt ein, zündete sie an und fiel dem feindlichen Heer in den Rücken. Die Andern wendeten sich von der Flucht, und so waren die Feinde von zwei Seiten bedrängt. 25,000 Mann aus dem Stamm Benjamin kamen im Kampf um. Die Kinder Israel tödteten auch alles Lebendige, was sie in der Stadt Gibea vorfanden, und verbannten alle Städte der Benjaminiten, behandelten die Kinder Benjamin nach der Weise der Canaaniter. Diese hatten ja auch wie die Canaaniter gesündigt. Diesem Vorbild entsprechend soll auch die Gemeinde Gottes im Neuen Testament die Abtrünnigen, welche in die Greuel der Heiden willigen und alle Vermahnung verachten, für Heiden und Zöllner achten. Und Gott wird dereinst allen denen, welche Gottes Gebot und Wahrheit kannten und dennoch nach der Heiden Weise lebten und sündigten, ihr Theil geben mit den Gottlosen.

220. Erhaltung des Stammes Benjamin. Richt. 21.

Die Kinder Israel opferten und dankten Gott für den Sieg, den er ihnen gegeben, aber beweinten zugleich den Schaden Benjamins. Das ist eine Gott gefällige Gesinnung. Das verträgt sich gar wohl zusammen, daß man gottlosen, verstockten Sündern das Urtheil der Verdammniß spricht und zugleich den Tod der Sünder betrauert und beklagt.

Die Kinder Israel bannten jetzt auch noch die Stadt Jabes in Gilead und tödteten alles Lebendige darin, mit Ausnahme von 400 Jungfrauen. Die Bewohner von Jabes waren nicht mit Israel ausgezogen in den heiligen Krieg. Die sich scheuen und weigern, gottlose Menschen zu bannen, sind selbst des Bannes werth.

Es wird schließlich noch mitgetheilt, wie die Kinder Israel die 600 übrigen Benjaminiten, die sich in den Fels Rimmon geflüchtet hatten und

um Erbarmen baten, verschonten, ihnen freundlich zuredeten und ihnen auch
Weiber verschafften, damit kein Stamm aus Israel ausgetilgt würde. Sie
gaben ihnen jene 400 Dirnen aus Jabes und gestatteten ihnen, bei dem
nächsten jährlichen Fest in Silo, bei welchem die Töchter Silos Reigen-
tänze im Freien aufführten, sich von diesen Töchtern Frauen zu rauben.
So soll auch eine christliche Gemeinde den Sündern, welche Buße thun, vergeben, freundlich sich ihrer annehmen und sie wieder aufrichten. Und wir
ersehen auch aus dieser Geschichte, daß auch in einem verruchten Geschlecht,
welches von Gott verworfen und verdammt wird, noch etliche Uebrige erhalten und gerettet werden.

221. Ruth zieht mit Naemi nach Bethlehem. Ruth 1.

Im Buch Ruth wird uns eine Familiengeschichte aus der Zeit der
Richter erzählt, welche zugleich zu der folgenden, besseren Periode der Geschichte Israels überleitet. Ein Mann Elimelech von Bethlehem-Juda zog
zur Zeit einer Theurung mit seinem Weibe Naemi und seinen zwei Söhnen
in das benachbarte Land der Moabiter. Dort starb Elimelech, auch seine
zwei Söhne, nachdem sie zwei Moabiterinnen geehlicht hatten. Naemi
machte sich dann mit ihren zwei Schwiegertöchtern wieder auf, um in ihr
Land zurückzukehren, nachdem Gott dort wieder Brod und Nahrung gegeben hatte. Beide, Arpa und Ruth, waren von Naemi unterwiesen, kannten den HErrn, glaubten an den Gott Israels. Ehe sie aber die Grenze
Moabs überschritten, forderte Naemi ihre Schwiegertöchter auf, zu ihrem
Volk zurückzukehren, wo sie es besser hätten, als in Israel, dort könnten sie
leichter wieder Männer finden. Arpa kehrte um. Damit verleugnete sie
die Liebe und Treue gegen Naemi und zugleich die Treue gegen den Gott
Naemis. Sie ging zu ihrem Volk zurück, dem Heidenvolk, wo sie bessere
Tage hatte, und diente wieder den Göttern der Heiden. Ruth dagegen
hielt Stand, blieb Naemi treu und blieb dem Gott Israels treu und verleugnete um Gottes willen die irdischen Vortheile, welche ihr Heimaths-
land ihr bot.

In dem Exempel dieser zwei Frauen spiegelt sich das verschiedene Verhalten und Geschick vieler Christen. Viele glauben dem Wort und meinen
es auch aufrichtig mit Gott und den Brüdern. Ueber Kurz oder Lang
werden sie dann aber an einen Scheideweg, vor eine Probe gestellt. Es
fragt sich, ob sie für immer die Welt, das Irdische, Vater, Mutter, Bruder, Schwester verlassen und verleugnen und Gott allein dienen und anhangen wollen. Und da gehen denn Viele den Weg Arpas, gehen zurück,
verlassen Gott und die Gemeinschaft der Frommen und gewinnen die Welt
lieb und sterben in ihren Sünden. Andere dagegen bestehen die Probe, wie

Ruth, halten Gott Treue, halten sich zur Gemeinschaft des Volks Gottes, wenn sie da auch geringere Tage haben, als in der Welt, verleugnen um Gottes willen die Welt und Alles, was in der Welt ist, und erhalten schließlich Antheil an dem Erbe des Volks Gottes. Die also in der Prüfung Stand halten, verdanken das allein der Gnade Gottes. Die dagegen abfallen, gehen durch ihre Schuld verloren.

222. Ruth liest auf dem Felde des Boas Aehren. Ruth 2.

Hier hören wir weiter von Ruth, wie sie in Bethlehem sich und ihre Schwiegermutter mit Aehrenlesen ernährte. Ruth hatte eine herrliche Probe ihres Glaubens abgelegt, und bewies nun ihren Glauben in diesem scheinbar geringen Werk, daß sie auf das Feld ging und den ganzen Tag Aehren sammelte, um ihr Leben und das Leben ihrer Schwiegermutter zu fristen. Der wahre Glaube erweist sich gerade auch in solchen geringen Werken, daß Einer seinem Berufe nachgeht, sich redlich seiner Hände Arbeit nährt und damit auch Andern dient.

Ruth fand Gnade bei Boas, auf dessen Feld sie Aehren las. Der gestattete ihr, auch von dem Getränke der Arbeiter, welche sein Feld abernteten, zu trinken, von ihrem Mahl zu essen, befahl seinen Knaben, Aehren aus den Bündeln auszuziehen und sie für Ruth liegen zu lassen, und gab ihr ohnedes noch Speise mit heim für Naemi. Das that er darum, wie er selbst bezeugt, weil Ruth ihrer Schwiegermutter solche Treue erwiesen und unter den Flügeln des Gottes Israels Zuflucht gesucht hatte. Ja, es lohnt sich schon in der Zeit, wenn man Gott rechtschaffen dient, ihm allein dient und um Gottes willen alles Andere verläßt und verleugnet.

Der Erzähler lenkt unsere Aufmerksamkeit auch auf Boas. Das war ein reicher Mann, aber auch ein frommer Mann, er hatte Wohlgefallen an der Frömmigkeit Ruths, wünschte seinen Schnittern, da er sie besuchte, Heil und Segen von dem Gott Israels. Er war leutselig gegen seine Untergebenen, seine Arbeiter, und barmherzig gegen die arme Ruth. Das sind auch Früchte rechtschaffenen Glaubens: Liebe, Demuth, Sanftmuth, Freundlichkeit, Gütigkeit, Barmherzigkeit.

223. Ruth sucht die Verehelichung mit Boas. Ruth 3.

Von Naemi angeleitet ging Ruth zu Boas, um ihm eine wichtige Bitte vorzutragen. Es war Gesetz in Israel, daß, wenn ein Mann kinderlos gestorben war, dessen Bruder die hinterbliebene Wittwe ehelichen und das Geschlecht seines Bruders fortpflanzen sollte. Der älteste Sohn dieser Ehe

trug dann den Namen des verstorbenen Mannes und überkam dessen Erb=
theil. Auf diese Weise wurde verhütet, daß eine Familie in Israel aus=
starb und ein Familienbesitz verloren ging. Vgl. 5 Mos. 25, 5. ff. Es war
ferner Sitte und Herkommen, daß, wenn der verstorbene Israelit keine Brü=
der hatte, der nächste Verwandte eben jene Pflicht übernahm. Im vorliegen=
den Fall hatte Naemi den Erbbesitz ihres Mannes in ihrer Armuth ver=
kauft, wie 4, 3. berichtet wird. Der nächste Verwandte mußte darum auch
das verkaufte Erbe durch Rückkauf wieder einlösen. Boas war nun einer der
nächsten Verwandten des Elimelech, des verstorbenen Mannes der Naemi.
Weil Boas reich und angesehen war, Ruth dagegen, die Wittwe des ältesten
Sohnes Elimelechs, arm und gering, dazu eine Moabitin, so war es ein
Wagstück, ihn aufzufordern, dem üblichen Recht und Brauch nachzukommen.
Viele Israeliten entzogen sich jener oft lästigen Pflicht. Als Boas eines
Nachts auf seiner Tenne schlief, legte sich Ruth zu seinen Füßen nieder und
brachte, als er aufgewacht war, ihre Bitte vor. Und Boas ging sofort
darauf ein und versprach ihr die Ehe, falls ein Anderer, welcher der Familie
Elimelechs noch näher verwandt war, auf sein Recht verzichten würde. Er
nahm sich also der armen Ruth an und entließ sie mit einer reichen Gabe.
Unter Zustimmung Naemis wurden die Beiden eins, sich zu ehelichen, und
es ging dabei Alles in Zucht und Ehren vor sich. Sie handelten in allen
Stücken genau nach Recht und Gesetz. Auch die Ansprüche des näheren
Verwandten wurden eben hierbei nicht übersehen. Ja, Ehrbarkeit, Zucht,
Keuschheit, Lauterkeit, strenge Rechtlichkeit, welche Jedem das Seine gibt,
das ist auch Erweis wahrer Frömmigkeit, eine Frucht des Glaubens.

224. Boas ehelicht die Ruth. Ruth 4.

Es wird uns hier von einem Handel und Vertrag berichtet, welcher
zwischen Boas und dem nächsten Verwandten und Erben Naemis abge=
schlossen wurde. Es geschah dies im Thor der Stadt, das heißt, auf dem
freien Platz vor dem Thor der Stadt Bethlehem, wo die öffentlichen Ange=
legenheiten verhandelt wurden, vor den Augen und Ohren der Aeltesten der
Stadt. Der nächste Erbe verzichtete förmlich und feierlich, indem er seinen
Schuh auszog, auf sein Recht, und Boas übernahm die Verpflichtung, die
Ruth zu ehelichen, um ihrem verstorbenen Mann einen Namen zu erwecken
auf sein Erbtheil, und damit zugleich die Pflicht, das verkaufte Erbtheil
Elimelechs wieder einzulösen. Daß alles Volk der Stadt Boas zu seiner
Ehe Glück und Segen vom HErrn anwünschte, zeigt, wie sich in jener
trüben Zeit doch noch an manchen Orten, wie in Bethlehem, fromme Sitte
und ein gottesfürchtiger Sinn erhalten hatte. Diese Geschichte lehrt, daß
in allen solchen Händeln, welche Ehe und Eigenthum betreffen, Alles ehr=

14

lich und ordentlich zugehen soll. Auch die Gläubigen handeln nur nach Gottes Willen, wenn sie hier alle Form des Rechts beobachten.

Nun nahm Boas die Ruth zum Weib, und die gebar ihm einen Sohn, den Obed, der war für die fromme Naemi noch ein besonderer Trost in ihrem Alter. So mißt der HErr den Seinen Freud und Leid zu. Die ihr Leben lang hart geplagt und geprüft waren, denen gönnt er etwa noch in ihrem Alter eine besondere Erquickung.

Obed wurde dann der Vater Isais, des Vaters Davids. Das Buch Ruth schließt mit einem kurzen Geschlechtsregister des Hauses Davids von Perez ab, dem Sohn Judas. Ruth war demnach eine Stammmutter Davids und also auch des Davidssohnes, JEsu Christi. Aus ihrem Geschlecht ist zunächst dem Volk Israel und dann weiterhin der ganzen Heidenwelt Heil und Segen erwachsen.

V. Die Geschichte der Könige Israels.

225. Das Gebet Hannas. 1 Sam. 1, 1—18.

Die Bücher Samuelis erzählen uns zuerst die Geschichte Samuels, des Mannes Gottes, durch welchen Gott in böser Zeit seinem Volk gerathen und geholfen hat. Dessen Mutter war Hanna, das Weib Elkanas, eines Leviten aus dem Stamm Ephraim. Hanna war erst kinderlos und hatte deshalb von dem andern Weib Elkanas, Peninna, viel Hohn und Spott zu erdulden. Wenn Elkana mit seinen Frauen nach Silo zur Stiftshütte hinaufzog, um zu opfern, so gab er beim Opfermahl der Hanna „Ein Stück traurig", das ist eine doppelte Portion, damit wollte er ihr bezeugen: Du bist mir so lieb, als hättest du mir ein Kind geboren. Aber das konnte sie nicht trösten. So haben die Frommen manches Leid, von dem die Welt nichts weiß, auch etwa manches verborgene Kreuz im Hause.

In der Betrübniß ihres Herzens nahm Hanna ihre Zuflucht zu dem Gott Israels, dem HErrn Zebaoth. Hannas Gebet, welches sie in der Stiftshütte vor Gott brachte, ist ein Muster eines rechten Gebets. Hanna redete aus großem Kummer und Traurigkeit. Noth, Angst, Betrübniß treibt ins Gebet hinein. Das ist die Quelle, aus dem Beten, Rufen, Flehen fließt. Hanna redete mit Gott in ihrem Herzen, aber auch ihre Lippen bewegten sich, wenn sie auch leise redete. Es ist genug, wenn Gott das Gebet vernimmt. Das ist die rechte Art und Weise des Betens. Das Gebet ist ein Gespräch des Herzens mit Gott. Wer recht betet, der schüttet sein Herz vor Gott aus, wie Hanna. Wenn das Herz nicht betet, so ist solches Beten ein Plappern. Aber auch die Lippen sollen mitbeten, es soll eine wirkliche Rede sein. Bloße Gedanken und Wünsche, die nicht zu Worten werden, verfliegen gar leicht. Ehe man es sich versieht, ist das Herz von Gott abgeirrt. Hanna bat Gott um einen Sohn. Doch sie wollte nicht nur Mutterfreude haben und nicht nur von der Schmach der Kinderlosigkeit befreit sein, sondern sie hatte bei ihrer Bitte auch das Reich Gottes im Auge. Sie weihte im Voraus ihren künftigen Sohn dem HErrn und dem Dienst des HErrn, er sollte ein Verlobter Gottes werden. Das ist der rechte Inhalt des Gebets. Wir dürfen Gott auch um leibliche Güter bitten. Vor Allem aber soll unser Sinn und Wunsch auf geistliche Dinge gerichtet sein. Der Hohepriester Eli sagte der Hanna im Namen Gottes die Gewährung ihrer Bitte zu. Der rechte Schluß eines Gebets ist ein freudiges Amen, das da bezeugt, daß wir der Erhörung unsers Gebets im Voraus froh und gewiß sind. Alles wahre Beten wird erhört.

226. Samuels Geburt und Uebergabe an den HErrn.
1 Sam. 1, 19—28.

Wie Hanna gebetet und geglaubt, so geschah ihr. Sie gebar einen Sohn und nannte ihn Samuel, das heißt der Gotterhörte oder von Gott Erbetene. So erhört Gott die Gebete der Gläubigen. Er thut, was die Gottesfürchtigen begehren, und gewährt ihnen alle ihre Bitten. Oft kann man schon hier auf Erden die Gebetserhörung mit Augen sehen. Und in der Ewigkeit werden wir erkennen, daß auch die Gebete erhört worden sind, welche wir für verloren gehalten haben.

Und Hanna that nun, wie sie dem HErrn gelobt hatte. Als sie ihren Sohn entwöhnt hatte, brachte sie ihn gen Silo zur Stiftshütte und übergab ihn dem Dienst des HErrn, indem sie zugleich ein Opfer für ihn darbrachte. Auf Gebet und Erhörung soll allewege noch ein Drittes und Letztes folgen, brünstiger Dank. Mancher, den Noth und Angst ins Gebet getrieben, hat dann das Loben und Danken vergessen, nachdem ihm Hülfe und Barmherzigkeit widerfahren war. Wer das Danken versäumt, verscherzt damit den erbetenen Segen. Wir sollen Gott mit Herz und Mund danksagen, vor Allem aber auch, wie Hanna, mit der That. Und das vornehmste Dankopfer ist auch jetzt, zur Zeit des Neuen Bundes, dasjenige, welches in lebendigen Personen besteht. Es ist Gott ein angenehmes Opfer, wenn Eltern ihre Kinder dem Dienst des HErrn, dem Dienst der Kirche weihen. Die Hauptsache aber ist, daß ein Jeder, der Gottes Liebe und Treue an sich erfahren hat, sich selbst mit Leib und Seele dem HErrn zum Dienst und Gehorsam übergibt.

227. Hannas Lobgesang. 1 Sam. 2, 1—17.

Hier ist zunächst der Lobgesang Hannas verzeichnet, den dieselbe an=
stimmte, als sie ihren Sohn dem HErrn übergab. Sie preist darin den
HErrn um das Heil, das ihr widerfahren. Das ist die Erfahrung aller
Gläubigen: Der HErr macht todt und wieder lebendig, er führet in die
Hölle und wieder heraus. Doch der Blick der Hanna geht weiter, sie schaut
prophetisch in die Zukunft hinein, in die Zukunft ihres Volkes. Als gläu=
bige Israelitin theilte sie die Hoffnung ihres Volks. Ihr Lied wird zur
Weissagung. Sie rühmt, ähnlich wie Maria in ihrem Lobgesang, das
Reich und Regiment des zukünftigen Königs, des Gesalbten Gottes, des
Messias Israels. Das ist ein wunderbares Regiment. Dieser König er=
wählt sich die Armen, Hungrigen, Dürftigen. Die Armen macht er reich
und sättigt die Hungrigen und erhebt die Geringen aus dem Koth und setzt
sie zu Ehren. Es ist hiermit auf die geistlichen Güter, Freuden, Ehren des
Neuen Testaments hingedeutet, welche den Unverdienten aus Gnaden zu=
fallen. Dagegen die Reichen, Stolzen, Gewaltigen, die sich wider ihn er=
heben und mit ihm hadern, stößt der HErr zu Boden. Das Reich des Ge=
salbten erstreckt sich über die ganze Erde, bis an der Welt Ende. Und zuletzt
wird derselbe der Welt Enden richten. Da werden die Gottlosen gar zu
Grunde gehen. Das Horn, die Macht des Gesalbten Gottes dagegen bleibt
erhöht, seines Reiches wird kein Ende sein.

Es wird nun weiter der zwei gottlosen Söhne Elis gedacht, welche in
Silo Priester waren. Dieselben brachten das Opfer des HErrn in Ver=
achtung, indem sie das Beste von den Opfern Israels, das für den Altar
bestimmt war, für sich nahmen. So schlimm stand es damals in Israel.
Das Heiligthum war entweiht. Das ist das äußerste Verderben der Kirche,
wenn die Diener am Heiligthum gottlos sind, das Ihre suchen, irdischem
Gewinn nachtrachten und also ihr Amt entehren und den Ungläubigen An=
laß geben, Gottes Namen zu lästern.

228. Die Bosheit der Söhne Elis. 1 Sam. 2, 18—36.

Wir hören hier zunächst, wie Gott die fromme Hanna segnete, darum
daß sie ihren Sohn ihm übergeben hatte. Er schenkte ihr noch drei Söhne
und zwei Töchter. Wer um des HErrn willen ein Opfer bringt und auch
auf das Liebste verzichtet, dem wird es oft schon hienieden reichlich gelohnt.
Der Knabe Samuel wuchs nun im Heiligthum auf. Er trug schon als
Knabe einen Leibrock, ein priesterliches Kleid, weil er zum lebenslänglichen
Dienst des HErrn geweiht war. Er nahm zu bei dem HErrn, in der Furcht
des HErrn, und war angenehm bei dem HErrn und bei den Menschen.

Das ist eine Freude, wenn ein Knabe, ein Jüngling in der Furcht des
HErrn aufwächst und mit den Jahren auch zunimmt an Weisheit, Gott-
seligkeit und Gnade bei Gott und Menschen. Das rechte Widerspiel von
Samuel waren die beiden Söhne Elis. Die entehrten das Heiligthum mit
ihrem bösen Wesen, trieben sogar Schande mit den Frauen, die vor der
Stiftshütte dienten. Eli tadelte sie wohl darüber. Doch solche gottlose
Buben muß man ganz anders anfassen, als mit etlichen zahmen Worten.
Eli hätte sie des Priesterthums entheben und aus dem Heiligthum entfernen
sollen. Das ist ein Greuel vor Gott, wenn offenbare Bösewichter im Amt
sitzen und im Heiligthum dienen. Die bösen Buben gehorchten nicht der
Stimme ihres Vaters, denn der HErr hatte Willens, sie zu tödten. Die der
HErr verderben will, die verstockt er zuvor. Und Verstockung und Ver-
derben ist wohlverdiente Strafe für die, welche die Wahrheit erkannt haben
und doch muthwillens wider den HErrn freveln.

Es trat jetzt ein Mann Gottes auf, ein Prophet, und strafte Eli um
seine Sünde. Er erinnerte Eli an die hohe Ehre, die dem Haus seines
Vaters schon in Egypten widerfahren war, daß Aarons Geschlecht des
Priesterthums gewürdigt war. Nun aber hatte Eli die Opfer des HErrn
mit Füßen getreten, indem er das gottlose Treiben seiner Söhne duldete.
Er ehrte seine Söhne mehr, als Gott. Darum will Gott über ihn Verachtung bringen. Es geht allewege nach dem Wort: „Wer mich ehrt,
den will ich auch ehren, wer aber mich verachtet, der soll wieder verachtet
werden." Eli soll die Noth und den Verfall des Heiligthums mit Augen
sehen, seine Nachkommen sollen in der Blüthe des Mannesalters sterben,
seine zwei Söhne, Hophni und Pinehas, an Einem Tage umkommen.
Das hat sich alles erfüllt. Es rächt sich immer, wenn Eltern zu den
Schandthaten ihrer Kinder schweigen oder dieselben nur leise tadeln, es an
Zucht und Ernst fehlen lassen, und sonderlich, wenn Priester, Diener am
Wort ihre Kinder oder überhaupt Menschen mehr fürchten, ehren, lieben,
als Gott. Zuletzt sagt der unbekannte Prophet noch von einem treuen
Priester der Zukunft, welchem der HErr ein beständiges Haus bauen, und
welcher vor dem Gesalbten des HErrn immerdar wandeln wird. Das ist
eine Weissagung auf Christum, welcher Priester und König in Einer Per-
son ist. Wer zu diesem Priesterkönig seine Zuflucht nimmt und dem seine
Sünden bekennt, der findet jederzeit Gnade und Erbarmen.

229. Samuels Berufung zum Propheten. 1 Sam. 3.

Es war jetzt die Zeit gekommen, daß der junge Samuel das Werk und
Amt, zu dem er von Gott ersehen war, beginnen sollte. Als er eines Nachts
im Heiligthum schlief, rief ihn der HErr. Er kannte seine Stimme noch

nicht, meinte, Eli habe ihn gerufen. Als der Ruf sich wiederholte, erklärte ihm Eli, es sei der HErr, er solle sich dem HErrn bereit stellen und, wenn er wieder gerufen werde, sprechen: „Rede, HErr, denn dein Knecht höret." Das that Samuel. Er erkannte jetzt die Stimme des HErrn. Etwas Aehnliches ist es, wenn ein Christenkind soweit herangereift ist, daß es Gottes Wort lernt und versteht und die Stimme und den Ruf des HErrn im Wort vernimmt. Und alle Gläubigen, denen Gott Ohr und Herz geweckt hat, sollen auf die Stimme des HErrn, die im Worte ergehet, Acht haben und Alles, was der HErr zu ihnen redet, wohl zu Herzen fassen und darnach thun.

Für Samuel war der Ruf Gottes zugleich Berufung in das Prophetenamt. Der HErr offenbarte ihm, was er mit Eli und seinem Hause vorhatte, daß er an ihm und seinem Hause seine Missethat heimsuchen wolle, daß er zu der Bosheit seiner Söhne kaum sauer gesehen. Samuel sagte dann auch ohne Scheu dem Eli an, was er vom HErrn gehört hatte. Die Worte Elis: „Es ist der HErr, er thue, was ihm wohlgefällt" sind wohl so zu verstehen, daß Eli seine schwere Verschuldung erkannte und sich unter die gewaltige Hand Gottes demüthigte. So offenbart Gott seinen Knechten, was er vorhat. Im Wort hat er uns die künftigen Geschicke der Welt und der Kirche, seine wunderbaren Wege und gerechten Gerichte offenbart. Und es gehört zum Amt und Beruf eines Propheten und Predigers, daß er den Leuten auch die bittere Wahrheit sagt, ohne Scheu und Menschenfurcht ihnen auch den zukünftigen Zorn und das Gericht Gottes verkündigt.

Der HErr offenbarte sich auch fernerhin dem Samuel in Silo. Während vorher das Wort des HErrn theuer gewesen war im Land, gab es jetzt wieder Weissagung. Und ganz Israel erkannte, daß Samuel ein treuer Prophet des HErrn war, und freute sich der Gnadenheimsuchung Gottes. Aehnliches, wie damals in Israel, ist dann auch wiederholt in der Kirche des Neuen Testaments geschehen. Nach langer geistlicher Dürre suchte Gott sein Volk in Gnaden heim, erweckte wieder sein gnädiges Wort und erweckte treue Prediger, und so folgte eine Zeit der Erweckung, und Viele nahmen das Wort mit Freuden auf.

230. Krieg mit den Philistern. Verlust der Bundeslade. Tod Elis und seiner Söhne. 1 Sam. 4.

Israel hörte jetzt von Samuel Gottes Wort. Doch Gott mußte sein Volk erst noch tief demüthigen, ehe nachhaltige Besserung eintrat. Israel wurde von den Philistern bekriegt und geschlagen. Da ließen die Aeltesten des Volks die Bundeslade aus Silo holen, und die zwei gottlosen Söhne Elis kamen als Priester mit der Lade. Das Volk jauchzte der Lade ent=

gegen und meinte, nun könne ihm der Sieg nicht entgehen. Die Bundes= lade war ja der Thron des HErrn Zebaoth. Es war dies aber ein falsches, fleischliches Vertrauen. Wenn auch Viele in Israel der Predigt Samuels zugefallen waren, so hatte doch das Volk im Ganzen und Großen über seine vorige Sünde, den Abfall vom lebendigen Gott, noch nicht gründlich Buße gethan. Daß es die gottlosen Priester im Amt duldete, war auch ein Zeichen unbußfertiger Gesinnung. So wurde denn Israel abermals von den Phi= listern geschlagen, Hophni und Pinehas starben, die Lade des Bundes Gottes wurde weggenommen. Jetzt im Neuen Bund ist Gottes Wort das Heiligthum über alle Heiligthum, das vornehmste Gnadenmittel. Im Wort ist Gott gegenwärtig. Durch das Wort offenbart sich Gott seinem Volk. Da gibt es aber auch Viele, die sich des Worts in fleischlicher Weise rühmen und trösten. Sie haben Gottes Wort, die reine Lehre, so meinen sie, es könne ihnen nicht fehlen. Darauf aber denken sie nicht, daß sie dem Wort auch glauben und gehorchen. Es fehlt an Buße, Glaube, an der Furcht des HErrn. Und solche Leute werden bitter enttäuscht, wenn es zum Treffen kommt. Der äußerliche Besitz des Worts hilft ihnen nichts und kann sie nicht retten.

Ein Benjaminit, der dem Streit entronnen war, kam desselbigen Tages nach Silo und meldete dem alten Eli das große Unglück. Die Kunde von der Niederlage Israels und von dem Tod seiner Söhne nahm Eli ruhig und gelassen hin. Als er aber hörte, daß die Lade Gottes von den Phi= listern genommen war, erschrak er zum Tode, stürzte von seinem Stuhl und brach das Genick. Dieser jähe Tod war auch Strafe und Gericht Gottes. Gott wollte damit beweisen, wie sehr er über die Entweihung des Heilig= thums erbost war. Doch ist Eli wohl noch selig gestorben, da er sich unter Gottes Hand demüthigte und sterbend noch der Lade Gottes und des Gottes Israels gedachte. Als die Schwiegertochter Elis, das Weib des Pinehas, welche ihrer Entbindung nahe war, die Schreckensbotschaft vernahm, wurde sie von Geburtswehen überfallen und gebar einen Sohn und starb bald nach der Geburt. Der Name, den sie vor ihrem Tode noch ihrem Sohn bei= legte: „Die Herrlichkeit Israels ist dahin", zeigt, daß sie auch noch sterbend Gottes und der Lade Gottes gedachte. So hat sie auch noch ein seliges Stündlein gehabt. Diese Geschichte enthält einen großen Trost für alle armen Sünder. Wer sterbend noch Gottes und seines Worts gedenkt, Gottes Wort im Herzen bewegt, der stirbt selig. Ob Einer in seinem Leben auch viel gesündigt hat, wenn er zuletzt noch aufrichtig Buße thut und Herz und Sinnen auf Gott und sein Wort richtet, so hat er noch ein gutes Ende. Gottes Wort ist eine Kraft Gottes, die da selig macht Alle, die daran glauben. Freilich den Unbußfertigen, den Ungläubigen ist es ein Geruch des Todes zum Tode.

231. Demüthigung der Philister durch die Bundeslade. 1 Sam. 5.

Die Philister stellten die Lade des Gottes Israels in ihrer Stadt Asdod im Tempel ihres Götzen Dagon auf. Da stürzte das Götzenbild, das aus Mensch und Fisch zusammengesetzt war, vor der Lade nieder, und als die Philister es wieder aufgerichtet hatten, fiel es abermals nieder und zerbrach in Stücke. Damit bewies der Gott Israels, daß Er Gott sei, der lebendige Gott und sonst Keiner. So beweist Gott auch sonst den Heiden, den Gott= losen auf mancherlei Weise, daß Er Gott ist, verherrlicht sich vor ihnen in Gericht und Gerechtigkeit, stößt die falschen Götter zu Boden, macht das, worauf die Welt ihr Vertrauen setzt und was sie hoch rühmt, zu nichte und zu Schanden.

Die Philister widerstrebten der Hand Gottes und trugen die Lade von einer Stadt in die andere. An allen Orten aber, da die Lade hinkam, richtete sie Schaden und Verheerung an. Gott ließ über die Bewohner der Philisterstädte tödtliche Bestürzung fallen, daß viele auf einmal starben, schlug andere mit Krankheiten, schmerzlichen Beulen, verderbte auch, wie die folgende Erzählung zeigt, die Feldfrucht auf dem Lande. So lag des HErrn Hand schwer auf dem Land der Philister. Das war Gottes gerechte Strafe. Es rächte sich, daß die Heiden dem lebendigen Gott Trotz boten und sich am Heiligthum Gottes vergriffen. Wenn die Heiden, die Gott= losen das Heiligthum, das Wort Gottes antasten, Gottes Wort bekämpfen, verfolgen, verspotten und verlästern und sich dazu der züchtigenden Hand Gottes widersetzen, so bleibt das nicht ungestraft. Gott sucht die Feinde seines Worts oft schon in dieser Zeit heim mit allerlei schweren Plagen und läßt seine Schrecken über sie kommen.

232. Zurücksendung der Lade Gottes. 1 Sam. 6.

Wir hören hier, wie die Philister sich doch schließlich unter die ge= waltige Hand Gottes demüthigten, statt ihr Herz nach der Weise der Egypter zu verstocken, und wie sie dem Gott Israels die Ehre gaben. Auf den Rath ihrer Weisen und Priester sandten sie die Lade Gottes ins Land Israel heim, auf einem neuen Wagen, der mit zwei Kühen bespannt war. Sie fügten zugleich ein Weihgeschenk bei, fünf goldene Abbilder der Pest= beulen, mit denen die Bevölkerung ihrer Städte heimgesucht war, und des= gleichen der Mäuse, die ihr Feld verderbt hatten. Daß die Kühe, trotzdem daß ihre Kälber hinter ihnen blökten, gerade vor sich hin liefen, nach der Grenze Israels zu, machte es vollends offenbar, daß der lebendige Gott hier seine Hand im Spiel hatte, daß jene schweren Plagen von dem Gott Israels herrührten. So wurde diese schwere Heimsuchung für die Philister noch eine Gnadenheimsuchung. Viele Heiden jenes Landes erkannten den wahren

Gott und sind durch solche Erkenntniß selig geworden. So sind je und je die schweren Züchtigungen und Gerichte, die über die gottlose Welt ergingen, einmal über dieses, einmal über jenes Land, immer etlichen Seelen zum Heil gediehen, daß sie den lebendigen Gott erkannten und sich zu Gott bekehrten.

Auf die beschriebene Weise gelangte die Lade Gottes in die nächste Grenzstadt Israels, nach Beth Semes. Die Bewohner von Beth Semes jauchzten der Lade zu, nahmen sie vom Wagen herunter und opferten die Rinder, indem sie das Holz des Wagens für das Opferfeuer benutzten. Und doch that der HErr unter den Leuten der Stadt Beth Semes und der Umgegend eine große Schlacht. Es starben 50,000 Mann und darüber, darum daß sie die Lade des HErrn gesehen hatten. Sie hatten dieselbe mit fleischlichen Augen, in roher Neugier angegafft, ohne Scheu vor dem Heiligen Israels. Alle diejenigen, welche das Heiligthum Gottes gleichsam mit rohen, gemeinen Händen anfassen, welche mit fleischlichem Sinn, mit unbekehrtem Herzen das Wort hören, das Sacrament genießen, haben davon nicht Segen, sondern Schaden und Gericht.

233. Israels Buße und Sieg über die Philister. 1 Sam. 7.

Die Lade Gottes befand sich jetzt wiederum in den Grenzen Israels und wurde zunächst in Kiriath Jearim, im Hause Abinadabs aufbewahrt. Gleichwohl blieb Israel noch geraume Zeit den Philistern dienstbar. Nach zwanzig Jahren versammelte Samuel das Volk nach Mizpa in der Mitte des Landes und vermahnte es, sich von ganzem Herzen zum HErrn zu bekehren, dem HErrn allein zu dienen und die Götter der Heiden abzuthun. Die Kinder Israel gehorchten seiner Stimme, richteten ihr Herz auf den HErrn und thaten Baalim und Astharoth von sich. Sie weinten vor dem HErrn und schöpften Wasser und gossen es aus vor dem HErrn. Das bedeutete, daß ihr Herz erweicht, vor Schmerz über ihre Sünde zerflossen war. Sie bekannten: Wir haben dem HErrn gesündigt. Das ist rechtschaffene Buße, wenn der Sünder von Herzen über seine Sünde betrübt ist, es auch offen bekennt: Ich habe gesündigt, und dann dieses Bekenntniß mit der That bekräftigt und Alles abstellt, was Gott mißfällt.

Jetzt zog Israel in den Streit wider die Philister. Samuel betete unterdeß zu Gott. Er errichtete einen Altar und opferte ein Milchlämmlein. So nahte er sich zu Gott und erflehte Gottes Beistand für den Kampf, zu dem Israel ausgezogen war. Das ist ein rechtes Gebet, wenn man also vor Gott tritt, nicht auf eigene Würdigkeit, sondern mit dem Blut und Verdienst des rechten Opferlammes, JEsu Christi, auf welches alle Opfer Israels weissagten. Solches Gebet ist vor Gott angenehm.

Der HErr erhörte das Flehen Samuels und gab Israel Sieg über seine Feinde, schreckte selbst das Heer der Philister mit seinem Donner vom Himmel. Israel zerbrach das Joch der Knechtschaft und machte die nächstgelegenen Philisterstädte sich unterthan. Darauf richtete Samuel einen Stein auf als Denkmal der Hülfe Gottes. Er nannte ihn Eben Ezer, das ist „Stein der Hülfe", und sprach: Bis hierher hat uns der HErr geholfen. Den Bußfertigen, den Demüthigen, die ihn von Herzen anrufen, gibt Gott Gnade, Segen und Gelingen zu allen ihren Werken, Sieg über ihre Feinde. Auf Gottes Hülfe soll dann aber auch brünstiger Dank folgen, daß man spricht und bekennt: Bis hierher hat der HErr geholfen.

Schließlich wird noch berichtet, daß Samuel im Lande umherzog und überall Gericht hielt, die Streitsachen der Israeliten richtete und schlichtete. Er war Richter und Regent. Daneben versah er Priesterdienst, opferte für die Sünde des Volks. Das levitische Priesterthum war zu der Zeit ganz verfallen und zerrüttet. Vor Allem aber war er ein Prophet Gottes, lehrte Israel die Wege des HErrn.

Und so ist dieser Mann Gottes Samuel, der in schwerer Zeit Israel geholfen hat, ein Vorbild des rechten Helfers JEsu Christi, welcher in Einer Person Priester, Prophet und König ist, welcher sich selbst geopfert hat für die Sünde des Volks und nun den Menschen durch Wort und Geist Erkenntniß des Heils gibt und die Gläubigen, sein Volk, richtet und regiert, kräftig schützt und beschirmt.

234. Israel begehrt einen König. 1 Sam. 8.

Als Samuel alt war, überließ er das Richteramt seinen zwei Söhnen. Diese hatten aber nicht den Sinn des Vaters, sondern beugten das Recht und nahmen Geschenke. Gewiß hatte Samuel die Sünde seiner Söhne gestraft, er war kein schwacher Eli. Aber auch Eltern haben nicht unbedingte Macht über das Herz ihrer Kinder. Das kommt öfter vor, daß fromme Eltern gottlose Kinder haben. Sie sind oft selbst schuld daran, weil sie zu schwach sind gegen ihre Kinder, wie Eli. Doch es kann geschehen, daß Kinder mißrathen und auf Abwege kommen, trotzdem, daß ihre Eltern es an Zucht und Vermahnung nicht haben fehlen lassen. Das ist dann ein schweres Leid und Kreuz für solche Eltern.

Israel war mit dem Regiment der Söhne Samuels unzufrieden. Es wurde aber auch zuletzt des Regiments Samuels selbst überdrüssig. Die Aeltesten des Volks kamen nach Ramath zu Samuel und verlangten von ihm einen König, wie alle Heiden hatten, mit dem sie sich brüsten könnten. Das war ein fleischliches Begehren. Das gefiel Samuel übel, und er klagte Gott seine Noth. Gott erwiderte ihm: „Sie haben nicht dich, sondern mich verworfen, daß ich nicht soll König über sie sein." In der Person Samuels hatten sie den HErrn und sein Königthum verworfen. Sie haßten das milde Regiment des göttlichen Worts, das Gott durch Samuel, seinen treuen Priester und Propheten, ausübte. So finden sich auch Viele in der Christenheit, welche das sanfte Joch Christi und die heilsame Zucht des göttlichen Worts nicht leiden mögen und weltliche Lust, Ehre und Herrlichkeit begehren. Das ist ein Herzeleid für Gott und alle frommen Christen.

Gott gebot dem Samuel, der Stimme des Volks zu gehorchen. Er wollte zur Strafe ihm einen König geben und setzen. Gott pflegt die Verkehrten öfter mit der Gewährung ihrer verkehrten Wünsche und Bitten zu strafen. Der künftige König sollte in Israel ein hartes Regiment einführen. Es sollte das Recht des Königs sein, daß er die Söhne Israels zum Hofdienst und Königsdienst heranzöge, auch der Töchter nicht verschonte, dem Volk Zehnten und schwere Steuern auflegte. Samuel verkündigte dem Volk alle Rechte des Königs. Das war ein abschreckendes Bild von Königsherrschaft und Tyrannei. Doch das Volk bestand auf seinem Willen. Es wollte einen König haben, wie die Heiden, der Israels Ruhm ausbreiten, Israel zu Sieg und Ehren führen sollte. Es regte sich hier der Nationalstolz Israels. Das ist ein Uebel, an welchem alle Völker kranken, auch die sogenannten christlichen Völker: Hoffart, Nationalstolz. Was man gemeinhin Patriotismus nennt, ist oft nichts Anderes, als Hochmuth, Nationaleitelkeit, Größenwahn. Doch Gott sorgt dafür, daß die Bäume nicht in den Himmel wachsen. Er setzt den Völkern, die in die Höhe streben, einen Dämpfer auf. Das ist heute noch das Recht des Königs, das Recht der weltlichen Obrigkeit, daß sie schwere Auflagen und Abgaben, lästige Dienstleistungen fordert und verordnet. Ja, je mehr Glanz nach Außen, desto größer der Druck nach Innen. Sündige Volksmassen können überhaupt nicht anders, als durch Druck, Zwang, Furcht regiert und in Schranken gehalten werden.

235. Saul sucht die verlorenen Eselinnen. 1 Sam. 9, 1—13.

Gott hatte in seinem Zorn und Unwillen Israel einen König zugesagt. Und sonderlich in der späteren Königszeit fühlte Israel den Druck des königlichen Regiments und erfuhr, daß es sich selbst eine Ruthe aufgebunden hatte. Vorerst hatte Gott noch Geduld und versuchte es mit seinem Volk in Güte und Liebe. Nicht das Königthum überhaupt, sondern solch ein Königthum, wie es Israel begehrte, stand im Widerspruch mit der Gottesherrschaft in Israel. Gott hatte den Erzvätern schon die Verheißung gegeben, daß aus ihrem Samen Könige hervorkommen sollten. Er hatte durch Mose seinem Volk auch ein Königsgesetz gegeben, welches die Rechte und Pflichten des künftigen Königs einschärfte. Er hatte seinem Volk Könige zugedacht nach seinem Herzen und Wohlgefallen, nicht nach der Weise der Heiden, welche als seine Gesalbten in der Furcht des HErrn und in Gerechtigkeit das Volk führen und regieren und ihm zum Segen sein sollten. Und so gab Gott aus Gnaden Israel zunächst auch Könige nach seinem Sinn und Herzen.

Der Mann, den Gott zuerst erkoren, war Saul, der Sohn des Kis, eines schlichten Mannes aus dem Stamme Benjamin. Saul war noch jung und schön, eines Hauptes länger, denn alles Volk. Er war ein gehorsamer Sohn seines Vaters. Er verrichtete für seinen Vater die geringsten Dienste. So ging er mit seinem Knechte aus, die verlorenen Eselinnen seines Vaters zu suchen, und durchstreifte das ganze umliegende Land. Auf dieser Wanderung kam er in die Nähe einer Stadt, in welcher gerade Samuel anwesend war, um für das Volk ein Opfer zu verrichten. Er wurde mit seinem Knaben eins, von dem Propheten sich Raths zu erholen. Saul war also auch fromm und gottesfürchtig. Der Mann Gottes und sein Wort galt etwas bei ihm. Die Männer, durch die Gott in seinem Reich etwas ausrichten will, nimmt er oft aus den niedrigsten Schichten des Volks heraus. Was vor der Welt gering und verachtet ist, das erwählt sich Gott. Den Demüthigen gibt Gott Gnade. Die im Kleinen treu erfunden sind, denen vertraut er dann größere Dinge an. Wer einmal Gottes Volk recht regieren will, muß vor Allem sich selbst im Gehorsam üben, im Gehorsam gegen Gott und Menschen. Und nur wer von Herzen Gott und sein Wort fürchtet, ehrt und liebt, der ist tüchtig und geschickt zur Arbeit im Reich Gottes.

236. Sauls Begegnung mit Samuel. 1 Sam. 9, 14—27.

Dem Samuel hatte Gott am Tage zuvor, ehe Saul in jene Stadt kam, offenbart, daß am folgenden Tag ein Mann aus dem Lande Benjamin zu ihm kommen werde, den solle er zum Fürsten über Israel salben, der werde seinem Volke wider seinen Erzfeind, die Philister, Hülfe schaffen. Gott hatte sich diesen Mann, Saul, ersehen und zum König über sein Volk bestimmt. Aehnliches geschieht auch jetzt noch in der Kirche Gottes. Gott ersieht und erwählt sich die Männer, die seinem Volk helfen sollen. Christus gibt seiner Gemeinde Lehrer, Hirten, Regenten.

Als Samuel am andern Tage aus der Stadt auf die Höhe gehen wollte, um vor dem Volk und für das Volk zu opfern, traf er den Saul, welcher ihn betreffs seines Weges um Rath fragen wollte, und der HErr bedeutete ihm, das sei der Mann, von dem er ihm gesagt habe. Er hieß Saul mit sich auf die Höhe gehen und sagte ihm, er solle sich jetzt nicht mehr um die Eselinnen kümmern, die seien gefunden, das Beste in Israel werde ihm zufallen. Das war eine geheimnißvolle Rede, welche auf die künftige Königs=

würde deutete. Saul war darüber betroffen, da er doch aus einem geringen Geschlechte war. Darauf nahm Samuel Saul und seinen Knaben mit sich in die Eßlaube, in welcher das Opfermahl gehalten wurde, wies dem Saul den Ehrenplatz unter den Geladenen an und ließ ihm das beste Stück vorlegen. Saul wußte nicht, wie ihm geschah, mochte nur ahnen, daß der Mann Gottes, daß Gott etwas Besonderes mit ihm vorhabe. In dem Wege, auf dem Saul zur Königskrone gelangte, ist die Art und Weise abgebildet, wie Gott seine Auserwählten dem vorgesteckten Ziel, der himmlischen Herrlichkeit entgegenführt. Er vermahnt sie durch sein Wort, nicht um das Irdische zu sorgen. Er sagt ihnen, daß ihnen etwas Größeres und Besseres im Himmel vorbehalten sei. Er läßt sie die künftige Krone und Ehre schon von ferne sehen, und gibt ihnen, wenn es ihm also wohlgefällt, mitunter schon hienieden auf Erden einen Vorschmack der zukünftigen Seligkeit.

Saul blieb bei Samuel die ganze folgende Nacht. Samuel redete mit ihm auf dem Dache seines Hauses, unterredete sich mit ihm über die Zukunft, seinen künftigen Beruf, über das, was Israel noth that. Alle, welche dem Volke Gottes dienen sollen, müssen von Gott gelehrt sein, in Gottes Wort und Wahrheit wohl bewandert und geübt sein. Als die Morgenröthe aufging, entließ Samuel den Saul, geleitete ihn ein Stück Weges und, nachdem er den Knaben vorausgeschickt, richtete er den Auftrag Gottes aus.

237. Die Salbung Sauls zum Könige. 1 Sam. 10, 1—16.

Nachdem Saul auf den feierlichen Act zur Genüge vorbereitet war, goß Samuel sein Oelglas auf sein Haupt und salbte ihn zum Fürsten über das Erbtheil des HErrn. Die Oelsalbung versinnbildete die Begabung mit dem heiligen Geist, welcher gleichzeitig auf Saul herabkam. Indem Samuel Saul küßte, besiegelte er ihm die Gnade und das Wohlgefallen Gottes. So war Saul ausgegangen, die Eselinnen zu suchen, und auf diesem Weg, den er im Gehorsam gegen sein Vater unternommen, fand er eine Königskrone. Wir denken auch hier wieder an den Weg, den Gott seine Auserwählten führt. Die gehen ihrem geringen Beruf auf Erden nach, thun im Gehorsam, was ihnen befohlen ist, halten Treue bis ans Ende, und erlangen endlich die Krone der Ehren, eine unvergängliche Krone.

Durch ein dreifaches Zeichen wurde Saul seine Bestimmung zum Königthum verbürgt. Das erste Zeichen war, daß die Eselinnen gefunden waren. Das zweite, daß Männer, welche Opfergaben zur Opferstätte nach Bethel brachten, ihm unterwegs begegneten und ein Theil derselben abgaben und damit dem künftigen Herrscher huldigten. Das dritte Zeichen war, daß Saul unter einen Haufen Prophetenschüler gerieth und der Geist Gottes

ihn ergriff, daß er mit ihnen weissagte. Dieses Weissagen war ein be=
geistertes Reden zum Preise Gottes. Darob mußte Saul freilich den Spott
der Leute hören: „Ist Saul auch unter den Propheten?"

Noch ein Zwiefaches wird hier erwähnt, was mit der Salbung zum
Königthum eng zusammenhing. Einmal, daß Gott dem Saul, da er hin=
wegging, ein anderes Herz gab. Saul war schon vorher ein frommer
Israelit. Aber er empfing jetzt ein neues Maaß des Heiligen Geistes, solche
Gaben und Tugenden des Geistes, die zur Regierung Israels, des Erbtheils
des HErrn, erforderlich waren. Und sodann ermahnte Samuel den von
Gott erkorenen und gesalbten König, späterhin, wenn er in Gilgal sich zum
Krieg wider die Philister rüsten würde, sieben Tage zu harren, bis er,
Samuel, hinabkäme, um zu opfern. Saul sollte nichts Wichtiges ohne
Gottes Willen und Geheiß unternehmen.

In dem allen erscheint Saul, der Gesalbte Gottes, als ein Bild der
gläubigen Christen. Die Christen haben auch die Salbung des Geistes,
und der Geist Gottes ist ihnen ein Unterpfand des himmlischen Erbes. Sie
haben den Heiligen Geist und darum ein neues Herz, einen neuen Sinn.
Und auch ihre Umgebung merkt etwas davon, weß Geistes Kinder sie sind.
Ein Christ befindet sich unter der Gemeinde der Heiligen, was ihm freilich
bei der Welt nur Hohn und Spott einbringt. Er muß solche Reden hören,
wie: Das ist auch Einer von den Heiligen. Weil die Christen so Großes
von Gott empfangen haben, sollen sie die irdischen Kleinigkeiten sich aus
dem Sinn schlagen, und sollen in allen Stücken auf Gottes Willen achten.

Als Saul in seines Vaters Haus, nach Gibea in Benjamin, zurück=
gekehrt war, sagte er seinen Verwandten nichts von dem, was Samuel über
das Königthum mit ihm geredet hatte. Solche herzliche Demuth ist auch
Frucht des Geistes.

238. Sauls Erwählung zum Könige. 1 Sam. 10, 17—27.

Samuel berief jetzt das Volk nach Mizpa. Dort erinnerte er die Kin=
der Israel nochmals an ihre schwere Versündigung, daß sie mit dem Ver=
langen nach einem König Gott und sein Regiment verworfen und Gott seine
Wohlthaten, daß er ihnen aus so viel Unglück und Trübsal geholfen, übel
vergolten hätten. Zugleich aber bezeugte er ihnen, daß Gott ihnen aus eitel
Gnade einen König rechter Art ersehen habe. Nun schritt das Volk zur
Königswahl. Dieselbe geschah durch das Loos. Gott lenkte das Loos,
daß Saul, der Sohn Kis, getroffen wurde. Und alles Volk rief Saul zum
Könige aus. Wir werden hier an eine Gottesordnung des Neuen Testa=
ments erinnert. Die Gemeinde Gottes ist es, die nach Gottes Willen sich
Lehrer, Hirten, Regenten erwählt und in ihr Amt einsetzt. Die berufenen

Diener des Worts sind aber eben damit von Gott der Gemeinde gesetzt und gegeben. Und Gott rüstet dieselben auch mit seinem Geist und Gaben aus, daß sie ihr Amt recht ausrichten, wie ja auch Saul den Geist Gottes empfangen hatte.

Saul hatte sich, während die Wahl vor sich ging, hinter die Fässer, das ist hinter das Reisegepäck des versammelten Volks versteckt. Er drängte sich nicht in die neue Würde hinein, sondern folgte einfältig dem Rufe Gottes und dem Rufe des Volks. Ein solcher bescheidener, demüthiger Sinn ist die Zierde aller gläubigen Christen und steht insonderheit den christlichen Predigern wohl an, denen die Aufsicht und das Regiment über Gottes Volk befohlen ist.

Nachdem Samuel dem Volk alle Rechte des Königs verkündigt und auch niedergeschrieben hatte, ließ er alles Volk heimgehen. Saul kehrte in seine Vaterstadt, Gibea Benjamins, zurück, und eine Anzahl wackerer Männer, deren Herz Gott gerührt hatte, gab ihm das Ehrengeleite. Es fanden sich aber auch lose Leute, welche den neuen König verspotteten und verachteten. Saul that, als hörte er es nicht. So müssen auch jetzt noch Alle, welche im öffentlichen Amt der Kirche sitzen, es sich gefallen lassen, daß sie von losen, unartigen Leuten verachtet und geschmäht werden, müssen durch böse und gute Gerüchte hindurchgehen. Und sie thun am besten, wenn sie sich um das Gerede der Menschen nichts kümmern. Dagegen die redlichen und frommen Herzen fallen ihnen zu.

239. Sauls Sieg über die Ammoniter. 1 Sam. 11.

Hier hören wir, wie das Regiment Sauls einen guten Anfang nahm. Saul blieb zunächst, auch nachdem er feierlich zum König Israels ausgerufen war, in seinen geringen Verhältnissen. Die Boten der Stadt Jabes trafen ihn, als er hinter den Rindern her vom Felde kam. Er suchte als König nicht die eigene Ehre, keine zeitlichen Güter, keine weltliche Herrlichkeit. Alle, welche mit dem Heiligen Geist gesalbt sind, haben denselben Sinn, sind von Herzen demüthig, sind auch in kleinen Dingen sorgfältig und gewissenhaft und verachten die Lust und Herrlichkeit dieser Welt. Solche Gesinnung steht insonderheit denen wohl an, welche ein Amt in der Kirche haben.

Saul that nun aber auch, was seines Amtes war, was ihm als König befohlen war. Als die Stadt Jabes in Gilead von dem Ammoniterkönig Nahas schwer bedrängt war und Boten zu ihm sandte, ging ihm die Noth seiner Brüder tief zu Herzen, und er war sofort bereit, den Bedrängten zu helfen. Der Geist Gottes gerieth über ihn, er entbrannte vor Zorn wider die Feinde seines Volks und rief ganz Israel zum Kampfe auf. Die Furcht

des HErrn fiel über das Volk, daß es auszog wie ein einiger Mann. Die
Israeliten schlugen die Ammoniter und zerstreuten das feindliche Heer.
Der Geist Gottes, mit welchem die Christen begabt sind, ist ein Geist der
Liebe, treibt die Christen an, ihren bedrängten Brüdern zu helfen, ist aber
auch ein Geist der Kraft und der Stärke, in der Kraft des Heiligen Geistes
nehmen die Christen muthig den Kampf auf wider die feindliche Welt und
überwinden die Welt. Herzliches Mitleiden und Erbarmen, hinwiederum
aber auch heiliger Muth und Eifer, welcher keine Furcht kennt, ziemt insonderheit denen, welche Gott zu Führern und Hirten seines Volks berufen hat.

Nach dem großen Sieg erneuerte das Volk das Königthum in Gilgal
und opferte Dankopfer vor dem HErrn. Saul bewies sich hochherzig gegen
die Männer, welche ihn erst verachtet und verspottet hatten, und wehrte dem
Volk, ihnen Leids anzuthun. An dem Tage, da der HErr Heil in Israel
gegeben, sollte Niemand sterben. Saul und alle Männer Israels freuten
sich an jenem Tage gar sehr. Der Geist Gottes mahnt zum Dank für die
Hülfe Gottes und füllt das Herz mit seliger Freude. Ein Christ gibt für
Alles, was er in der Kraft Gottes vollbracht hat, Gott allein die Ehre.
Und auch großmüthige Gesinnung, Feindesliebe ist eine Tugend und Frucht
des Geistes und sonderlich Lob und Tugend bei denen, welche Andere leiten
und regieren sollen. Gerade wenn der HErr einmal groß Heil gegeben hat,
wird das Herz milde und gelinde gestimmt.

240. Samuels Abschiedsrede. 1 Sam. 12.

Vor dem versammelten Volk hielt Samuel noch eine letzte Rede vor
seinem Scheiden. Er bezeugte ihm, daß er treulich seines Amts gewartet,
in seinem Richteramt Niemandem Gewalt oder Unrecht gethan und von Niemandem Geschenke genommen habe. Und ganz Israel stimmte ihm zu. In
ähnlicher Weise trat später der Apostel Paulus vor die christlichen Gemeinden hin und erklärte, daß er lauter und rechtschaffen vor ihnen gewandelt
und Niemanden beleidigt habe, und berief sich dafür auf das Zeugniß ihres
eigenen Gewissens. Jeder rechtschaffene Diener des Worts hat solches Zeugniß bei den Menschen, bei allen Redlichen. Und ein besonderes Lob ist es
für ihn, wenn man ihm nachrühmt, daß er kein Ansehen der Person kenne.

Samuel erinnerte Israel nochmals an die vorigen Wohlthaten Gottes,
daß Gott sein Volk aus Egypten erlöst und nach der Einführung in Canaan
so oft aus der Hand seiner Feinde errettet habe, erinnerte es aber zugleich
an seine vorigen Sünden und Uebertretungen. Er ermahnte das Volk und
seinen König, den HErrn zu fürchten, ihm treulich zu dienen und seiner
Stimme zu gehorchen. Er bekräftigte seine Rede und Vermahnung durch

ein Zeichen vom Himmel. Auf seine Bitte ließ es der HErr donnern und
regnen. Das war zur Zeit der Weizenernte etwas Ungewöhnliches. Das
ganze Volk demüthigte sich von Neuem vor dem HErrn und bekannte auch
bußfertig seine letzte Versündigung, daß es in fleischlicher Gesinnung einen
König gefordert habe. Die Gemeinde Gottes bedarf allewege solcher Vermahnung zur Buße und zum Gehorsam. Wenn Gottes Propheten, wenn
die Prediger nicht fort und fort anhielten mit Strafen, Warnen, Mahnen,
Bitten, Locken, Reizen, so würde Ungehorsam und Abfall bald überhand
nehmen.

Schließlich gab Samuel den Kindern Israel die Versicherung, daß er
nicht ablassen werde, für sie zu beten und sie den guten und richtigen Weg
zu lehren. Das ist auch Pflicht aller derer, welchen die Fürsorge für die
Gemeinde Gottes befohlen ist, daß sie für dieselbe beten. Und wenn Einer
auch alt und schwach ist und nicht mehr wirken kann, so kann er doch noch
beten, Fürbitte thun und guten Rath ertheilen.

241. Sauls Ungehorsam. 1 Sam. 13.

Nachdem Saul zwei Jahre über Israel regiert hatte, mußte sich Israel
wieder gegen seinen alten Feind, die Philister, wehren. Dieselben besetzten
etliche feste Plätze des Landes. Saul hatte dreitausend auserlesene Krieger
um sich gesammelt. Mit einem Theil derselben schlug Jonathan, sein Sohn,
den Posten der Philister, der in Geba stand. Jetzt versammelten die Philister ein zahlloses Heer, zogen herauf und lagerten sich in Michmas. Die
Männer Israels wurden verzagt und verkrochen sich in Höhlen und Felsenklüfte. Saul rüstete sich in Gilgal zum Kriege. Es war nun für ihn die
Stunde der Prüfung gekommen. Schon bei seiner Salbung hatte Samuel
ihm eingeschärft, er solle auf ihn warten und den Kampf mit den Philistern
nicht eher beginnen, als bis er ins Lager gekommen wäre und den Kampf
durch Opfer geweiht und Gottes Segen und Beistand zum Kampf erfleht
hätte. Saul bestand diese Probe nicht. Es dauerte ihm zu lang, bis
Samuel kam, er sah, daß das Volk, das bei ihm war, sich zerstreute, so
ließ er selbst, eigenmächtig Opfer darbringen und wollte auf eigene Hand
den Streit eröffnen. Das war Ungehorsam, damit übertrat er das Wort
des HErrn. Und dieser Ungehorsam war Folge des Unglaubens. Saul
vertraute nicht auf den HErrn und seinen allmächtigen Arm, es lag ihm
nichts an Gottes Segen und Beistand, er sah nur auf das Volk, das bei
ihm war. Kaum hatte er das Opfer vollendet, so kam Samuel, strafte
seinen Ungehorsam und verkündigte ihm, daß der HErr ihn verworfen und
sich einen andern Mann zum Fürsten über sein Volk erwählt habe. So
kommt für alle Gläubigen eine Probe des Glaubens und Gehorsams. Und

15

gerade die Zeit der Noth und der Trübsal ist eine Prüfungszeit. Ach, da gehen Viele hinter sich, werfen Glauben und Gottvertrauen weg und über= treten das Wort und Gebot ihres Gottes und wählen sich ihre eigenen Wege. Es ist eine traurige, aber wahre Thatsache, daß Viele von denen, welche zum Glauben gekommen sind und den Heiligen Geist empfangen haben, Geist und Glauben wieder verlieren. Damit fallen sie aus der Gnade und werden schließlich vom HErrn verworfen. Es hilft ihnen nicht, daß sie eine Zeit lang geglaubt haben und fromm gewesen sind. Diese Thatsache ist eine ernste Warnung für Alle, welche im Glauben stehen.

Daß Gott Saul verlassen hatte, wurde alsbald offenbar. Die Phi= lister gewannen die Oberhand und verheerten das Land. Sie nahmen auch alle Schmiede aus dem Lande hinweg, damit die Hebräer sich nicht mehr Schwert und Spieß machen könnten. Die Israeliten mußten, wenn sie die Werkzeuge, die sie für Handwerk und Ackerbau brauchten, schärfen lassen wollten, ins Land der Philister hinabgehen. Den Abtrünnigen entzieht Gott seine Gnade und damit auch seinen Segen und gibt sie oft in zeitliches Mißgeschick und Unglück dahin, daß sie erfahren, was es für Jammer und Herzeleid bringt, daß sie den HErrn, ihren Gott, verlassen haben.

242. Jonathans Heldenthat. 1 Sam. 14, 1—23.

Wir hören hier von einer großen Heldenthat Jonathans, des Sohnes Sauls, und seines Waffenträgers. Die Beiden waren zu dem Posten der Philister, der bei Michmas auf einem Felsen Stellung genommen hatte, hin= übergegangen. Sie trafen die Verabredung, wenn die Philister zu ihnen sprechen würden: Stehet stille, bis wir an euch gelangen! dann wollten sie an ihrem Ort, unten am Felsen, stehen bleiben; wenn sie dagegen sagten: Kommt zu uns herauf! so wollten sie hinaufsteigen und gewiß sein, daß der HErr sie in ihre Hände gegeben habe. Das Letztere geschah. Und so nahm Jonathan im Vertrauen auf des HErrn Kraft und Hülfe den ungleichen Kampf auf und kletterte die steile Anhöhe hinan, sein Waffenträger hinter ihm her. Oben angelangt schlugen die Beiden mit ihrem Schwert eine Reihe Feinde nieder. Und der Schrecken Gottes fiel über das ganze Heer der Philister, welches hinter dem Posten gelagert war, daß einer das Schwert wider den andern kehrte. Was wir hieraus lernen, ist, was Jona= than bekennt, daß es dem HErrn nicht schwer ist, durch viel oder wenig helfen. Gott hilft oft auch durch Wenige. Gott richtet seine großen Werke auf Erden durch schwache, geringe Werkzeuge aus und beweist damit, daß er nicht an der Menschen Thun und Wirken gebunden ist. Gottes Kraft ist in den Schwachen mächtig. Dem, welcher seiner Sache in Gott gewiß gewor= den ist und auf den HErrn und seine Macht und Hülfe sein ganzes Vertrauen ſetzt, kann der Sieg nicht fehlen. Dem, der glaubt, ſind alle Dinge möglich. Mit unſerm Gott können wir über die Mauer ſpringen.

Als Saul die Verwirrung im feindlichen Lager gewahrte, rief er das Volk, das bei ihm war, 600 Mann, zum Kampf und zur Verfolgung der Feinde auf. Es kamen auch die Männer, die ſich in die Höhlen und Klüfte verkrochen hatten, aus ihren Verſtecken hervor und ſchloſſen ſich den Strei= tern Iſraels an. Und die Hebräer, welche ſich als Gefangene im Lager der Philiſter befanden, gingen zu ihren Volksgenoſſen über. Wenn in den Kämpfen, die der Kirche verordnet ſind, nur Einzelne in den Riß treten und muthig vorangehen, ſo folgen ſchon Andere ihnen nach, und auch Schwache werden mit fortgeriſſen und die Verzagten werden ſtark und beherzt.

Es iſt noch zu beachten, daß Saul erſt vor dem Kampf von dem Hohen= prieſter Ahia, welcher bei ihm war, des HErrn Willen erfragen wollte, als er aber dann ſahe, daß es keine Gefahr hatte, ſprach er zu dem Prieſter: Ziehe deine Hand ab. So ſchreien wohl auch Abtrünnige und Ungläubige in ihrer Noth und Angſt zu Gott auf, das iſt freilich kein erhörliches Beten; wenn aber Noth und Gefahr vorüber iſt, dann bedürfen ſie Gottes nicht mehr und wollen es mit ihrer eigenen Kraft hinausführen.

243. Sauls unzeitiger Eifer. 1 Sam. 14, 24—52.

Der König Saul nahm, während er den Philiſtern nachjagte, ſeinen Kriegern den Eid ab, bis zum Abend keine Speiſe anzurühren. Er meinte, ſo könne er den Sieg am beſten ausnutzen. Jonathan, der hiervon nichts wußte, aß ein wenig Honig, und ſo wurden ſeine Augen wacker. Das übrige Volk dagegen, welches nichts anrührte, wurde matt, und ſo war die Niederlage der Philiſter nicht ſo groß, als ſie hätte ſein können, wenn die angeſtrengten Kämpfer unterwegs ſich etwas geſtärkt hätten. Saul hatte alſo mit jenem Verbot gar thöricht und zum Schaden Iſraels gehandelt. Die Abtrünnigen, welche den Glauben und die beſſere Erkenntniß verleug= net haben, haben auch das richtige Urtheil verloren. Was ſie denken und vornehmen, iſt verkehrt, und dient zum Schaden der Kirche.

Am Abend fiel dann das heißhungrige Volk über das erbeutete Vieh her, ſchlachtete es auf der Erde und aß das Fleiſch, als es noch in ſeinem Blute war. Das war im Geſetz verboten. Als Saul davon Kunde erhielt, richtete er einen großen Stein auf und befahl, die übrigen Thiere auf dieſem Stein zu ſchlachten, damit das Blut abflöſſe. Er ſtellte ſich an, als wollte er das Geſetz Gottes wahren. Er erbaute auch einen Altar. Doch der HErr hatte ſich von ihm abgewendet. Er gab ihm auf die Frage, ob er den Feinden noch weiter nachſetzen ſolle, keine Antwort. Die Abtrünnigen wahren oft noch den Schein der Frömmigkeit und eifern etwa für gewisse äußerliche Satzungen, während sie das Große und Wichtige, Buße, Glaube, Gehorsam, bei Seite lassen. Dem HErrn aber ist der Gottesdienst solcher Heuchler ein Greuel. Er erhört nicht die Gebete der Falschen.

Als der HErr durch den Hohenpriester keine Antwort mehr ertheilte, kam Saul auf den Gedanken, es möchte ein Bann auf dem Volke liegen, von welchem dasselbe sich reinigen müsse. Er ließ das Loos werfen, um den Schuldigen auszufinden, und das Loos traf Jonathan. Es stellte sich heraus, daß er etwas von dem Honig genossen hatte. Saul urtheilte, Jonathan müsse sterben, weil er dem Verbot und Schwur des Königs zuwidergehandelt habe. Aber das Volk rettete durch seine Fürbitte dem wackeren Glaubenshelden, dem es so großes Heil verdankte, das Leben. So verblendet sind die Heuchler, daß sie ihre eigene grobe Sünde nicht sehen, an Andern dagegen kleine Splitter richten, ja ihnen etwa Dinge zur Sünde machen, die gar nicht Sünde sind. Und dabei geberden sie sich, als suchten sie nur die Ehre Gottes, und mißbrauchen den Namen Gottes aufs greulichste. Und Gott gibt sie zur Strafe in solchen verkehrten Sinn dahin.

Am Schluß des Capitels wird noch berichtet, daß Saul andere Feinde Israels, wie die Ammoniter, Moabiter, Edomiter, die Syrerkönige zu Zoba, siegreich bekämpfte. Auch verworfene Menschen müssen Gott oft noch dazu dienen, seinen Willen auf Erden auszurichten.

244. Sauls erneuter Ungehorsam. 1 Sam. 15, 1—15.

Saul hatte sich vom HErrn abgewendet. Doch Gott versuchte es noch einmal mit ihm, ob er ihn vom bösen Weg zurückbringen möchte. Er ertheilte ihm durch Samuel den Befehl, das Volk der Amalekiter auszurotten, alle ihre Habe zu verbannen, alles Lebendige zu tödten. Das war eine letzte Probe des Gehorsams. Gott ist gar gnädig und geduldig und sucht auch die Abgefallenen wieder zu gewinnen, und vermahnt sie, einmal und abermal, zur Buße und Umkehr.

Saul zog mit einem großen Heer aus und schlug die Amalekiter, die an der Südgrenze Canaans wohnten. Dieselben bekamen also schließlich ihren Lohn dafür, daß sie schon am Sinai Israel, dem Volke Gottes, feindlich entgegengetreten waren. Die Keniter dagegen, das Volk Hobabs, des Schwagers Mosis, welches Israel durch die Wüste nach Canaan begleitet und im Süden des Landes einen Wohnsitz erhalten hatte, blieben verschont. So werden alle diejenigen, welche dem Volk Gottes, der Kirche Gottes feindlich begegnen, zu ihrer Zeit Gottes Zorn und Rache erfahren. Die sich dagegen zum Volk Gottes freundlich stellen und dem einigen, wahren Gott die Ehre geben, die werden gerettet.

Saul hat aber auch diese Probe nicht bestanden. Er verleugnete abermals den Gehorsam, indem er den Amalekiterkönig Agag leben ließ, wohl um mit diesem königlichen Gefangenen zu prangen und zu stolziren, und das beste Vieh verschonte und für sich behalten wollte. Wehe denen, welche alle Versuche der Liebe Gottes vereiteln, alle Mahnungen verachten und im Abfall und Ungehorsam verharren! Jetzt war das Urtheil Sauls besiegelt. Gott eröffnete dem Samuel, daß Saul sein Königthum endgültig verwirkt habe. Alle, welche vom Glauben und Gehorsam abgetreten sind und auf diesem bösen Sinn und Willen bestehen, werden von Gott schließlich verworfen. Gott zieht seine Hand von ihnen ab und gibt sie in ihren verkehrten, verstockten Sinn dahin. Samuel war durch jenes Urtheil Gottes tief bewegt und ergriffen, und schrie zum HErrn die ganze Nacht. Das thut den Kindern Gottes bitter wehe, wenn die, welche erst ihre Brüder und Glaubensgenossen waren, abfallen und ferne bleiben und verloren gehen.

Obwohl es Samuel gar sauer wurde, machte er sich doch auf den Weg, um Saul den Richterspruch Gottes zu verkündigen. Letzterer hatte sich in Carmel auf dem Gebirge Juda ein Siegesdenkmal errichtet und war dann nach Gilgal in der Jordanaue hinabgegangen. Wer den Glauben verleugnet hat, wird stolz und hoffärtig. Als Samuel den Saul in Gilgal traf, rühmte sich derselbe, daß er des HErrn Wort erfüllt habe. Doch er hatte ja das beste Vieh leben lassen. Das ist kein Gehorsam, sondern Ungehorsam, wenn man den Willen Gottes nur halb erfüllt, nur soweit, als es Einem genehm ist. Und die Ungehorsamen sind dabei noch so verblendet, daß sie meinen, sie könnten mit etlichen äußerlichen Werken Gott zufrieden stellen. Saul erscheint als echter Heuchler, er redete noch so fromm: „Gesegnet seist du dem HErrn!" und gab vor, er habe das Vieh Gott zum Opfer bestimmt. Das ist widerwärtige Heuchelei, wenn die Abtrünnigen noch die Sprache Canaans reden und Opfer, Gebet und Gottesdienst vorwenden.

245. Sauls Verwerfung. 1 Sam. 15, 16—35.

Samuel sagte jetzt dem Saul an, was der HErr mit ihm geredet hatte, daß, da er klein und demüthig war, der HErr ihn zum König gesalbt habe, nun er aber über das Wort des HErrn sich erhoben, habe Gott ihn verworfen. Er strafte, da Saul sich immer noch entschuldigte, mit scharfen Worten seinen Ungehorsam. Was Samuel Saul vorhielt, das sollen sich Alle wohl merken. Gehorsam ist besser, als Opfer. Das verlangt Gott vor allen Dingen, daß wir seinem Wort einfältig glauben und gehorchen.

Wer das nicht thut und doch dabei opfert, betet, Almosen gibt, der ist dem HErrn ein Greuel. Ja, Ungehorsam ist Zauberei, ein echtes Teufelswerk. Der Teufel ist dem Worte feind und sieht es gerade darauf ab, den Menschen das klare Wort Gottes zu verrücken. Ungehorsam ist Götzendienst. Wer dem Wort und Gebot Gottes widerspricht und zuwiderhandelt, tritt damit von dem lebendigen Gott ab.

Saul sprach jetzt zu Samuel: Ich habe gesündigt. Vergib mir meine Sünde! Samuel aber wiederholte das Urtheil Gottes, das Gott sich nicht gereuen lasse, daß, weil er des HErrn Wort verworfen, der HErr ihn auch verworfen und ihm das Königreich entrissen und einem Andern gegeben habe. Das ist nicht so zu verstehen, als wäre Sauls Sünde so groß gewesen, daß sie ihm nicht hätte vergeben werden können. Nein, wer seine Missethat bekennt und läßt, der wird Barmherzigkeit erlangen. Aber Sauls Buße war eine Heuchelbuße. Denn indem er seine Sünde bekannte, entschuldigte er sich zugleich, als hätte das Volk die Hauptschuld, als hätte das Volk die Verschonung des besten Viehs gefordert. Erheuchelte Buße ist der Gipfel der Heuchelei und bekräftigt nur das Verwerfungsurtheil Gottes.

Obgleich Saul verworfen war, so ließ ihn Gott doch um des Volks willen vor der Hand noch im Amt, bis der König, den er sich ersehen, an seine Stelle träte. Und so ehrte auch Samuel um des Volks willen den König und blieb in Gilgal während der angesetzten Opferhandlung und vollzog selbst an dem Amalekiterkönig Agag den Befehl Gottes und hieb ihn nieder. Derselbe hatte mit seiner Grausamkeit, indem er Wittwen ihrer Kinder beraubte, diese harte Strafe wohl verdient. So richten treue Diener des HErrn einfältig Wort und Willen ihres Gottes aus, auch wenn dasselbe der allgemeinen Meinung, dem Geschmack der Leute und dem eigenen Gefühl zuwiderläuft. Agag ging mit Trotz und frecher Miene dem Tod entgegen, indem er sprach: „Also muß man des Todes Bitterkeit vertreiben.“ Es ist schrecklich, wenn Gottlose, Spötter auch im Sterben noch spotten und lästern. Samuel trennte sich nun von Saul und sah ihn nicht wieder bis an den Tag seines Todes. Wer Gottes Wort verworfen hat und von Gott verworfen ist, dem sollen auch Menschen die Sünde behalten.

246. Die Salbung Davids und sein Saitenspiel vor Saul. 1 Sam. 16.

Nach Sauls Verwerfung erhielt der Prophet Samuel von Gott den Auftrag, nach Bethlehem zu gehen und einen der Söhne Isais zum König zu salben. In Bethlehem veranstaltete Samuel eine Opferfeier und lud Isai dazu ein und ließ sich von ihm seine Söhne vorstellen. Der älteste,

Eliab, hatte eine große Gestalt. Doch den hatte Gott nicht erwählt. Der Mensch sieht, was vor Augen ist, Gott aber siehet das Herz an. Desgleichen ließ Samuel die folgenden sechs Söhne Isais an sich vorübergehen. Aber der HErr hatte derer keinen erwählt. Schließlich wurde der jüngste und unscheinbarste von den Söhnen Isais, David, ein Hirtenknabe, bräunlich und schön, herbeigeholt. Den hatte Gott sich ersehen. Denselben salbte Samuel zum König über Israel, und es geschah, was die Salbung versinnbildete, der Geist Gottes kam auf David herab. Was vor Menschenaugen gering, unansehnlich, verachtet ist, das hat Gott erwählt. Und gerade aus den Geringen nimmt er oft seine Werkzeuge, die er in seinem Reiche brauchen will, und füllt dieselben auch frühzeitig mit seinem Geiste, daß sie ihren künftigen hohen Beruf recht ausrichten können.

Von Saul wird in der zweiten Hälfte dieses Capitels berichtet, daß ein böser Geist über ihn gekommen war. Da sahen sich seine Knechte nach einem Manne um, der sich auf Saitenspiel wohl verstünde, und wurden auf David, den Sohn Isais, aufmerksam. So kam David an Sauls Hof und spielte die Harfe, und wenn er spielte, wich der böse Geist von Saul. Doch diese gelindere Stimmung war keine Besserung, keine Herzensänderung. Es wird zugleich bezeugt, daß David ein rüstiger, streitbarer Mann war und darum auch Sauls Waffenträger wurde, und daß der HErr mit ihm war. An Sauls Hof wurde David mit den Dingen vertraut, die er später als Regent wissen mußte. An Sauls Exempel lernen wir, wie schrecklich es ist, wenn ein Mensch von Gott verlassen und verworfen ist. Dann ist er ganz in der Gewalt Satans, ein Kind des Teufels und thut nach seines Vaters Willen. An Davids Exempel sehen wir, wie Gott seine Heiligen wunderlich führt. Die ihm später in seinem Reiche dienen sollen, die führt er so, daß, was sie sehen, hören, lernen, erleben, zu ihrem künftigen Beruf ihnen nütze und dienlich sein muß.

247. David und Goliath. 1 Sam. 17, 1—30.

Nach einiger Zeit kehrte David wieder nach Bethlehem zurück und hütete, wie vordem, die Schafe seines Vaters. Jetzt war aber die Stunde gekommen, da Gott ihn hervorziehen und ihm in Israel einen Namen machen wollte. Durch eine große Heldenthat schaffte er seinem Volk Hülfe wider seine Feinde. Die Philister waren wieder ins Land Israel eingedrungen und lagerten sich im Eichgrunde im Gebiet des Stammes Juda. An ihrer Spitze stand ein Riese, Goliath aus Gath, welcher mit seinen Drohungen das Heer Israels einschüchterte. Keiner von Sauls Kriegern mochte seine Aufforderung zum Zweikampf annehmen. Der kleine David aber wagte es, dem starken, gewappneten Mann entgegenzutreten. Der Riese Goliath, welcher mit seiner großen Kraft prahlte, sich auf seinen Harnisch und seine Waffen verließ und den Gott Israels und den Zeug, das ist das Heer, das Volk Gottes höhnte und lästerte, ist ein Bild der Großen und Gewaltigen auf Erden, überhaupt der Kinder dieser Welt, welche auf ihre Kraft, auf ihren Arm vertrauen und Gott und Menschen, Gott und seiner Kirche Hohn sprechen. David dagegen, der einfache Hirtenknabe, welcher im Auftrag und Gehorsam seines Vaters ins Lager Israels zu seinen Brüdern ging und, ehe er sich in die Schlachtreihe begab, für seine Gefäße Sorge trug und sie dem Hüter der Gefäße übergab, ist das Bild eines schlichten Christen, welcher einfältig thut, was ihm befohlen ist, und in allen Dingen, die ihm vertraut sind, auch im Kleinen und Kleinsten Treue erweist.

248. Davids Sieg über Goliath. 1 Sam. 17, 31—58.

Es wird uns nun weiter der einzigartige Kampf und Sieg Davids über den Riesen Goliath ausführlich berichtet. David, der Hirtenknabe, war nicht ungeübt im Kampf, er hatte, da er die Heerde hütete, böse Thiere abwehren müssen, hatte einen Löwen und Bären erschlagen. Er hatte nicht eigenwillig den Kampf gesucht. Er konnte es nicht ertragen, daß der freche Philister ungestraft Gott und sein Volk lästerte. Er trat für die Ehre des Gottes Israels ein. Während der Philister ihn verachtete, ihm bei seinem Gott fluchte und mit Schwert, Spieß und Schild auf ihn zukam, ging er ihm entgegen im Namen des HErrn Zebaoth und überwand ihn mit Schleuder und Stein, schlug und tödtete ihn und hieb ihm dann mit seinem eigenen Schwert den Kopf ab. Damit war die Niederlage der Philister und der Sieg Israels entschieden. Das ist ein Bild des Kampfes, welcher allen Gläubigen verordnet ist. Wer in seinem Beruf treu ist, muß fort und fort sich im Kampf üben, täglich mancherlei Widerwärtigkeit und Versuchung bestehen. Die Gläubigen haben die arge, böse Welt vor Augen, welche mit Wort und Werk Gott und alles Heilige verhöhnt und schimpfirt. Das nöthigt sie, die Ehre ihres Gottes zu vertheidigen, das gottlose Wesen der Welt zu strafen, der göttlichen Wahrheit Zeugniß zu geben. Die Welt verachtet und verspottet das arme, geringe Häuflein der Christen. Doch die Christen verzagen nicht, sie sind die Stärkeren, sie haben Gott auf ihrer Seite, und in der Kraft Gottes überwinden sie die Welt und alle ihre Feinde. Und wenn es einmal einen sonderlich heißen Kampf auszufechten gilt, so schrickt ein Christ davor nicht zurück, sondern ruft den Namen des HErrn Zebaoth an und behält den Sieg. Schließlich können wir hier auch daran denken, daß der Davidssohn ohne Schwert und Spieß, auf einzigartige Weise, durch Leiden und Sterben den Starken, den Fürsten dieser Welt überwunden und ihm seinen Harnisch genommen hat.

249. Die Folgen des Sieges Davids. 1 Sam. 18, 1—16.

Es werden hier die Folgen des großen Sieges Davids beschrieben.
Die erste Folge war die, daß das Herz Jonathans, des edeln Sohnes
Sauls, sich mit dem Herzen Davids verband. Jonathan wurde von der
Stunde an Davids treuester Freund und schloß mit ihm einen förmlichen
Bund. Er hatte ihn so lieb, wie sein eigen Herz, und gab ihm als Unter=
pfand seiner Freundschaft seine Kleider und seine Waffen. Das ist ein Bild
wahrer Freundschaft. Das ist wahre Liebe und Freundschaft, daß Einer
den Andern lieb hat, wie sein eigen Herz, und das auch mit der That be=
weist und, was er besitzt, mit ihm theilt. Das ist ein Bild der edelsten,
höchsten Freundschaft, die es gibt. So liebt Christus die Seinen, seine
Gläubigen, die er auch seine Freunde nennt. Er hat sie lieb, wie sein eigen
Herz, und gibt ihnen Alles, was sein ist, seine Heiligkeit und Gerechtigkeit,
seinen Geist, seine Kraft und Stärke.

Eine weitere Folge jener großen Heldenthat Davids war, daß die
Weiber aus allen Städten Israels bei einer Siegesfeier das Lob des
Siegers sangen: „Saul hat tausend geschlagen, aber David zehntausend."
So singt die Gemeinde des Neuen Bundes das Lob des Davidssohnes,
welcher sie erlöst hat aus der Hand aller ihrer Feinde, und gibt Gott
die Ehre, daß er ihr den Sieg gegeben hat durch den HErrn JEsum
Christum.

Eine letzte Folge des Sieges Davids war die Feindschaft des Königs
Saul. Saul wurde neidisch auf David, dem die Weiber Israels größeres
Lob gespendet hatten, als ihm. Der böse Geist kam wieder über ihn und
machte ihn rasend, daß er einmal in seiner Wuth den Spieß ergriff, als
David vor ihm die Harfe spielte, und David an die Wand spießen wollte.
Doch Gott schirmte seinen Gesalbten. Es heißt hinwiederum, daß Saul
David fürchtete, eben darum weil der HErr mit ihm war. Er machte ihn
zum Oberst über Tausend und hoffte, er solle im Kampf umkommen. Doch
was er böse meinte, mußte zum Besten Davids ausschlagen. Derselbe hielt
sich klüglich und hatte Glück in allen seinen kriegerischen Unternehmungen
und erwarb sich so die Gunst des ganzen Volks. Wir ersehen aus dem
Exempel Sauls, welches der Sinn der Gottlosen ist, und wie sich die Gott=
losen zu den Frommen stellen. Sie neiden und hassen dieselben, hinwiederum
scheuen und fürchten sie sich vor ihnen, indem sie wohl merken, daß Jene Gott
auf ihrer Seite haben. Und Haß und Furcht gibt sich auch oft in bösen,
feindlichen Werken kund. Aber Gott hält seine Hand über die Seinen.
Auch die Feindschaft der Welt muß zu ihrem Besten dienen. Und ob die
Frommen auch die Gottlosen zu ihren Feinden haben, so fallen die Herzen
aller Aufrichtigen ihnen zu.

250. Sauls Feindschaft wider David. 1 Sam. 18, 17—30.

Saul hatte dem Besieger Goliaths seine Tochter zum Weibe zu geben versprochen, aber dieses Versprechen nicht gehalten. Er gab seine älteste Tochter Merob einem andern Mann, Namens Adriel. Jetzt versprach er dem David seine jüngste Tochter, Michal, welche ihn lieb hatte, unter der Bedingung, daß er hundert Philister erlegte. Hinter diesem Anerbieten war Arglist verborgen. Saul gedachte David durch die Hand der Philister zu fällen. Ehe die bestimmte Frist abgelaufen war, hatte David zweihundert Philister erschlagen. Und so gewann er Michal zum Weibe und wurde des Königs Eidam. Gott schirmt und behütet seine Kinder auf Erden, sonderlich seine auserwählten Rüstzeuge, daß sie kein Unglück berühren, keine Tücke der Menschen ihnen schaden kann, und wendet das Böse zum Besten.

Weil der HErr so sichtlich mit David war, so fürchtete sich Saul nur um so mehr vor ihm, und aus dieser Furcht entsprang lebenslängliche Feindschaft. Das ist mit eine Ursache der unversöhnlichen Feindschaft der Welt gegen die Kirche, geheime Angst und Furcht. Die Kinder der Welt sehen und merken wohl etwas davon, daß die Gläubigen Gott zum Freund und Bundesgenossen haben, und suchen sich nun gegen den Stärkeren zu wehren. Weil Gott mit David war und ihm auf allen seinen Kriegszügen Sieg und Gelingen gab, so wurde David immer mehr ein Liebling des Volks, und sein Name wurde in Israel hochgepriesen. Alle Aufrichtigen ehren und lieben die treuen Knechte Gottes und erkennen die Wohlthaten, welche Gott durch dieselben seinem Volke erweist.

251. Sauls wiederholte Mordanschläge und Davids Flucht nach Rama. 1 Sam. 19.

Saul verrieth jetzt auch seinen Knechten, auch seinem Sohne Jonathan, was für Absichten er in seinem bösen Herzen barg, daß er David tödten wolle. Da legte sich Jonathan ins Mittel und warnte seinen Vater ernstlich davor, unschuldig Blut zu vergießen, und erinnerte ihn daran, wie David sein Leben gewagt und den Philister erschlagen und dem ganzen Israel großes Heil verschafft habe. Diese Rede machte zunächst soweit Eindruck auf Saul, daß er schwur, David solle nicht sterben. Doch es war dies keine wirkliche Sinnesänderung. Das ist wahre Liebe und Freundschaft, daß man, wenn Andere vom Nächsten übel denken und reden und Böses im Schilde führen, von ihm Gutes redet und den Zorn der Mißgünstigen zu besänftigen sucht.

Als David wieder vor Saul auf Saiten spielte, stach Saul abermal mit dem Spieß nach ihm. Doch David bog aus, daß der Spieß in die

Wand eindrang. Wen Gott schützen und bewahren will, dem darf kein
Mensch ein Häärlein krümmen. Darauf sandte Saul Häscher aus, welche
Davids Haus umzingelten. Aber Michal, Sauls Tochter, hielt es mit
David und ließ denselben bei Nacht durch das Fenster hinab, legte ein
Bild mit einem Geflecht von Ziegenhaaren, also eine Art Puppe, in sein
Bett und täuschte so die Verfolger und verschaffte ihrem Mann Zeit zur
Flucht. Hiermit handelte Michal nur nach der Liebe. Das ist ein edles,
gutes Werk, wenn man frommer Knechte Gottes, welche um der Gerechtig=
keit willen verfolgt werden, sich annimmt und sie schützt und rettet. Und
es ist nicht Unrecht, wenn man wüthende, mordgierige Verfolger täuscht
und irreführt; denn solche Unmenschen sind nur Werkzeuge Satans, welcher
die frommen Kinder Gottes auf alle mögliche Weise zu verderben sucht.

Der fliehende David suchte und fand Aufnahme in Rama, in der Pro=
phetenschule, die dort von Samuel gegründet war. Als Saul das erfuhr,
schickte er ihm Boten nach, doch diese wurden vom Geist Gottes ergriffen
und weissagten. Dasselbe geschah Saul, als er selbst in die Nähe von
Rama gekommen war. Das war indeß ein ander Ding, als vordem, da
er nach seiner Salbung zum Königthum in die Schaar der Prophetenschüler
gerathen war und mit denselben weissagte. Sauls Herz war jetzt eine Be=
hausung des Bösen. Seine Gesinnung blieb unverändert, als er mit den
Lippen das Lob Gottes verkündigte. Es geschieht auch wohl jetzt noch hin
und wieder, daß Gottlose, sonderlich Abtrünnige, welche früher einmal
glaubten und beteten, von einer allgemeinen religiösen Begeisterung mit
fortgerissen werden. Doch das ist nur ein äußerliches Ding, kein Zeichen
der Buße. Auch die blinde, ungläubige Welt rühmt zu Zeiten mit hohen
Worten die großen Werke Gottes und die theuren Männer Gottes, rühmt
z. B. Luther und das Werk der Reformation. Aber sie weiß nicht, was
sie thut. Gott hat auch die Herzen seiner Feinde in seiner Gewalt, daß sie
wider ihren Willen die Wahrheit bekennen, ohne Wissen und Wollen Gott
dienen müssen.

252. Davids und Jonathans Freundschaft. 1 Sam. 20, 1—23.

Auf die Dauer war David in Rama vor den Nachstellungen seines
Todfeindes nicht sicher, und so suchte er seinen Freund Jonathan auf und
schüttete dem sein Herz aus. Beide erneuerten den Bund und schwuren
einander Treue zu. Jonathan versprach David, er wolle am nächsten Fest=
tag, am Neumond, die Gesinnung seines Vaters erkunden und dann seinem
Freund Nachricht geben, wie es stehe. David sollte auf dem Feld, hinter
dem Stein Asel sich verbergen. Jonathan wollte mit seinem Knaben in
die Nähe kommen und drei Pfeile abschießen, als schöße er nach dem Maal.

Wenn er zu seinem Knaben sagen würde: Siehe, die Pfeile liegen hierwärts, hinter dir, so sollte das ein Zeichen sein, daß sein Vater friedlich gesinnt sei. Würde er aber zu dem Knaben sprechen: Siehe, die Pfeile liegen dortwärts, vor dir, sollte das ein Anzeichen sein, daß Saul seine Feindschaft noch nicht abgelegt habe, und eine Aufforderung für David, weiter zu fliehen. Zugleich bat Jonathan den David, er möge, wenn Gott alle seine Feinde ausgerottet und ihn auf den Thron Israels gesetzt habe, an ihm und seinem Hause Barmherzigkeit thun. Das ist wahre Freundschaft und Barmherzigkeit, daß Einer an dem Wohl und Wehe des Andern Antheil nimmt, als träfe es ihn selbst, daß Einer seinem Freund, der in Noth und Gefahr schwebt, beisteht und auf alle Weise ihn schützt und schirmt, und daß man Liebe mit Liebe vergilt und auch den Kindern das lohnt, was man vom Vater Gutes empfangen hat.

253. Jonathan tritt für seinen Freund David ein. 1 Sam. 20, 24—42.

An dem gedachten Tage, am Neumondsfest, vermißte Saul den David bei der Mahlzeit. Jonathan entschuldigte David, er sei nach Bethlehem gegangen, um an einem Opfermahl seines Geschlechts theilzunehmen, und wollte so erkunden, wie sein Vater jetzt gegen David gesinnt sei. Und das wurde bald offenbar. Saul schalt seinen Sohn aufs heftigste, daß er es mit dem Sohn Isais hielt, und warf den Spieß nach ihm. Weil er David so lieb hatte, ließ Jonathan stillschweigend den Zorn seines Vaters über sich ergehen. Das ist echte Liebe und Freundschaft, daß man seinen Freund entschuldigt, vertritt, vertheidigt, auch mit Gefahr des eigenen Lebens, und daß man aus Liebe zu den Frommen auch Haß und Feindschaft der Bösen auf sich nimmt.

Am folgenden Morgen ging Jonathan hinaus auf das Feld, nahe an den Ort, wo David sich versteckt hielt, und setzte Letzteren durch das verabredete Zeichen in Kenntniß, wie es mit seinem Vater stand. Er sprach zu seinem Knaben: Der Pfeil liegt dortwärts, vor dir. Eile, stehe nicht still! Das bedeutete für David, er solle fliehen, und zwar eilends fliehen, um dem Zorn Sauls zu entrinnen. Jonathan begnügte sich aber nicht damit, mit seinem Freund sich nur so aus der Ferne zu verständigen, sondern schickte seinen Knaben heim, welcher von dieser Vereinbarung nichts wußte und nichts wissen sollte, und ging hin zu David und weinte mit ihm, tröstete, stärkte ihn angesichts der schweren Leiden, die jetzt seiner warteten, und hieß ihn in Frieden ziehen. Wahre Liebe und Freundschaft erweist sich auch darin, daß man seinen Freund vor Schaden und Gefahr warnt, daß man mit den Weinenden weint und die Betrübten tröstet und ihnen Muth zuspricht.

254. Davids Flucht nach Nobe und nach Gath. 1 Sam. 21.

Es war jetzt bei Saul beschlossene Sache, David zu töbten. Und so mußte nun David, der zum König Israels bestimmt war, im Land Israel wie ein Geächteter umherirren. Es begann für ihn eine schwere Zeit der Prüfung und Verfolgung. Er suchte zunächst Zuflucht bei dem Hohenpriester Ahimelech, welcher bei der Stiftshütte in Nobe, etwas nördlich von Jerusalem, Dienst that. Ahimelech entsetzte sich, als David zu ihm kam. Er mußte den Zorn und die Rache des Königs Saul fürchten, falls er seinen Todfeind aufnahm. David half sich mit einer List. Er gab vor, er habe einen Auftrag des Königs auszurichten, und begehrte Brod für sich und seine Gefährten. So gab ihm Ahimelech die Schaubrode der Stiftshütte, welche nach dem Gesetz Mosis sonst nur die Priester essen durften. Das war ein gutes Werk, ein Werk der Barmherzigkeit, welches auch im Neuen Testament gerühmt wird. Als die Pharisäer sich darüber ärgerten, daß die Jünger JEsu am Sabbath Aehren ausrauften und aßen, erinnerte sie der HErr daran, daß David und, die mit ihm waren, da sie hungerte, die Schaubrode gegessen haben, welche nur den Priestern zu essen geziemte. Matth. 12, 1. ff. Schon im Alten Testament war es so, daß solche Satzungen, wie die betreffs der Schaubrode und der Sabbathsruhe zurücktreten mußten, wenn es sich um das größere Gebot, das Gebot der Barmherzigkeit handelte. Dieses Gebot steht jetzt im Neuen Testament erst recht im Vordergrund. Die Liebe ist die Königin aller Gebote. Alle unsere Dinge sollen in der Liebe geschehen. Auch die äußerlichen Ordnungen, welche die Kirche trifft, sollen nur der Liebe und dem Frieden dienen.

Nachdem David von Ahimelech noch das Schwert Goliaths erhalten hatte, welches in Nobe aufbewahrt war, floh er ins Land der Philister. Dort wurde er gar bald als der erkannt, welcher Goliath erschlagen hatte. Da griff David wieder zu einer List und stellte sich wahnsinnig. Der Philisterkönig Achis ließ dann den Unsinnigen über die Grenze schaffen. So rettete Gott seinen Auserwählten aus der Gefahr des Todes. Gott kann die Seinen, auch wenn sie mitten unter Löwen und Wölfen wandeln und weilen, wohl schützen und behüten. Ohne seinen Willen fällt kein Haar von ihrem Haupte.

255. David in der Höhle Adullam. Sauls Priestermord. 1 Sam. 22.

Nachdem David aus dem Land der Philister zurückgekehrt war, flüchtete er sich in die Höhle Adullam im Stammgebiet Juda. Dort sammelte sich zu ihm eine Schaar armer Leute, die in Noth und Schulden waren, und er wurde deren Oberster. Aehnlich ist Christus, der Davidssohn, durch das Land Juda gezogen, als HErr und Meister einer kleinen Schaar armer

Jünger, und die betrübten Herzens waren, reumüthige Zöllner und Sünder hielten sich zu ihm. Das Volk Christi, des Davidssohnes, ist heute noch eine kleine, verachtete Heerde, ein Häuflein armer Sünder, die von Herzen Gnade begehren. Nachdem David seine Eltern bei dem Moabiterkönig in Sicherheit gebracht hatte, blieb er im Lande Juda, auf Geheiß des Propheten Gad. Da, wo er später herrschen sollte, sollte er erst leiden. Auch Christus, der Sohn Davids, ist durch Leiden zur Herrlichkeit eingegangen. Das ist Regel im Reich Gottes: So wir mit leiden, so werden wir einst mit herrschen.

Saul hielt jetzt in Gibea, seiner Residenz, mit den Großen und Würdenträgern seines Reichs eine Versammlung ab, in welcher er den David als einen Reichsfeind, als Einen, der ihm nachstellte, förmlich anklagte und schuldig sprach. Das erinnert an den bösen Rath der Juden, welche den unschuldigen Davidssohn als einen Gotteslästerer und Aufrührer zum Tode verurtheilten. So ist's je und je gewesen. Die Frommen, welche es mit Gott und Menschen redlich meinen, müssen die Schuld haben, die gelten der Welt als Unruhstifter und Rebellen. In jener Rathsversammlung zu Gibea trat schließlich ein Verräther auf, ein Vorgänger des Judas, welcher den Blutrath der Juden wider Christum fördern half. Der Edomiter Doeg, der Vorgesetzte der Knechte Sauls, hatte sich in Nobe versteckt und war Zeuge gewesen, wie Ahimelech dem David die Schaubrode und das Schwert Goliaths gab. Das zeigte er jetzt dem König Saul an. In Zeiten der Verfolgung haben sich allezeit solche giftige Verleumder und Verräther gefunden, welche dem Häuflein der Gläubigen den schwersten Schaden zugefügt haben.

Saul ließ den Hohenpriester Ahimelech vor sich kommen und machte ihm kurzen Proceß als einem Majestätsverbrecher, weil er den David unterstützt hatte. Ahimelech bekannte sich zu David und rühmte ihn als den getreusten der Knechte Sauls. Doeg tödtete im Auftrag des Königs den Hohenpriester nebst 85 Männern aus dem priesterlichen Geschlecht. Außerdem ließ Saul sämmtliche Bewohner der Priesterstadt Nobe niederhauen. So wurde Saul ein Mörder und Blutmensch. So reitet der Teufel die Menschen, die er in seine Gewalt gebracht hat, und stürzt sie in Verbrechen, Laster und Schande. Wie jene Priester um Davids willen starben, also müssen alle treuen Knechte Gottes um des Davidssohnes, Jesu Christi, willen viel leiden, und sollen auch im Leiden Stand halten und ein gutes Bekenntniß ablegen, ob sie es auch mit dem Leben büßen müßten. Nur Ein Priester entrann dem Blutbad, nämlich Abjathar, der Sohn Ahimelechs, und floh zu David. So hatte David den Priester Gottes und das hohepriesterliche Licht und Recht auf seiner Seite. Desgleichen hat das schwache, verfolgte Häuflein der Christen einen mächtigen Schutz und Trost, es hat Gottes Licht und Recht, Gottes Wort und Wahrheit in seiner Mitte.

256. David rettet die Stadt Kegila und wird in der Wüste Maon wunderbar aus der Hand Sauls errettet. 1 Sam. 23.

Es wird hier weiter von der Flucht und den Irrsalen Davids und seiner Getreuen berichtet. Es wird hervorgehoben, wie David, ehe er etwas that oder an einen andern Ort zog, durch den Hohenpriester Abjathar den Willen Gottes erkundete und sich in allen Dingen nach der Antwort Gottes richtete. So ist Gottes Wort jetzt unsers Fußes Leuchte in dieser bösen Zeit und Welt. In seinem Wort zeigt uns Gott den Weg, den wir wandeln sollen, sein guter Geist führet uns auf ebener Bahn.

Auf Gottes Geheiß ging David mit seinen Männern hin und befreite die Stadt Kegila im Süden Judas aus der Hand der Philister, die sie bedrängten. Die Bewohner Kegilas dankten ihm aber das übel, indem sie ihn in die Hände Sauls zu überantworten gedachten. David entkam noch zur rechten Zeit, indem Abjathar ihn von der Gefahr, in welcher er schwebte, in Kenntniß setzte. David ist Vorbild des Sohnes Davids. Der hat auch, da er auf Erden wandelte und litt, seinem Volk nur Gutes gethan und wurde zum Dank dafür von seinem Volk verrathen und in die Hände der Ungerechten überliefert. Und Alle, die es mit Christo halten, müssen es erfahren, daß Undank der Welt Lohn ist. Wie die von Kegila, so übten die Bewohner der Wüste Siph nahe am todten Meer an David Verrath und zeigten Saul den Versteck Davids an. Wo immer Christen verfolgt wurden, da hat es solche Judasse gegeben, welche den geheimen Zufluchtsort der Christen den Feinden verriethen oder die verborgenen Gottesdienste derselben den Verfolgern offenbarten.

Saul zog nun wider David aus und erreichte ihn in der Wüste Maon. Er befand sich schon mit seinen Kriegsleuten auf der einen Seite eines Berges, David mit seinen Männern auf der andern Seite. Plötzlich meldete ein Bote einen Einfall der Philister. So mußte Saul den Philistern entgegenziehen und von David ablassen. Gott, der HErr, regiert alle Dinge, auch die Geschicke der Völker zum Besten des kleinen Häufleins seiner Getreuen. Ihm fehlt es nicht an Mitteln und Wegen, die Seinen zu schützen und zu bewahren. Er zeigt und öffnet ihnen Thüren und Auswege, wo vor Menschenaugen alle Hülfe verloren scheint. Es wird wenige Christen geben, die nicht von wunderbaren Lebensrettungen zu sagen wissen. Der HErr führet die Elenden herrlich. Schließlich wird hier noch mitgetheilt, daß Jonathan, Sauls Sohn, seinen Freund David mitten in seinem Leiden aufsuchte und seine Hand in Gott stärkte. So tröstet und stärkt Gott die Seinen mitten in der Hitze der Anfechtung, durch gute Freunde, die er ihnen zusendet, und vor Allem durch den Zuspruch seines Heiligen Geistes.

257. David schont Sauls in der Höhle. 1 Sam. 24.

David hielt sich jetzt in dem höhlenreichen Gebirge der Wüste Engedi am Westrand des todten Meeres verborgen. Als Saul ihn auch dort mit dreitausend Kriegern aufsuchte, traf es sich, daß er in dieselbe Höhle eintrat, in deren Hintergrund David und seine Männer sich befanden. Da hatte David gute Gelegenheit, seinen Feind zu tödten, und seine Leute forderten ihn auch dazu auf. Er aber wies diese Versuchung zurück und schonte des Königs. Er wollte seine Hand nicht an den Gesalbten des HErrn legen. Saul war eben noch äußerlich in Amt und Würden. Er schnitt einen Zipfel vom Rock des Königs ab und zeigte denselben dann Saul von ferne, nachdem derselbe eine Strecke Weges weiter gegangen war, und bewies ihm damit, daß er in seiner Hand gewesen war, daß er aber des Königs geschont habe. Er betheuerte Saul seine Unschuld und hielt ihm sein Unrecht vor, daß er ohne Ursache ihn verfolge. Er sei ja ein todter Hund, ein einiger Floh, will sagen, ein unschädlicher, unbedeutender Mensch. Der HErr werde Richter sein zwischen ihnen beiden. Das ist ein herrliches Exempel der Großmuth und Feindesliebe. So soll ein Christ seiner Feinde schonen und Böses mit Gutem vergelten, daneben aber den Gottlosen ihr Unrecht vorstellen und sie auch vor dem künftigen Tag der Strafe und Vergeltung Gottes warnen.

Saul weinte, als er inne wurde, was geschehen war, bekannte, daß er gesündigt habe, daß David gerechter sei, als er, und stand zunächst von der Verfolgung ab. Er nahm David noch den Eid ab, daß derselbe, wenn er künftig König sei, seinen Samen nicht ausrotten wolle, erkannte also, daß er verworfen war. Es war dies aber bloß menschliche Rührung, die bald wieder verging, keine wirkliche Buße und Sinnesänderung. Saul war und blieb verstockt. Es geschieht wohl öfter, daß ein Gottloser, ein Abtrünniger, ein verstockter Mensch seine Sünde, gewisse grobe Fehltritte einsieht, bekennt, beweint und äußerlich davon abläßt, daß er etwas davon merkt, daß er verloren und verworfen ist. Es ist aber alles rein menschliches Denken, Fühlen und Empfinden, fleischliche Erregung, keinerlei geistliche Bewegung, es ist bei dem allen kein Fünklein wahrer Buße im Herzen. Ein solcher Mensch ist und bleibt ein Kind des Zorns, gleich viel, ob er gegen Gott wüthet und tobt oder ein anderes Mal ruhiger und gelassener ist.

258. David und Nabal. 1 Sam. 25, 1—17.

Hier wird zunächst der Tod und das Begräbniß Samuels, des Mannes Gottes, berichtet. Ganz Israel trug um ihn Leid. Seit dem Tod Josuas und Mosis hatte das Bundesvolk keinem Mann so viel zu verdanken, als Samuel. Derselbe ist mit Recht ein Reformator genannt worden. Wenn solche theure Gottesmänner, welche der Kirche große Dienste geleistet haben, gestorben sind und im Grabe ruhen, dann erkennen die Ueberlebenden etwa erst recht, was sie an ihnen gehabt, und was sie nun an ihnen verloren haben.

Nach dem Tode Samuels zog David hinab in die Wüste Paran, welche das Land Canaan von der Sinaihalbinsel trennte. Da litt er mit seinen Getreuen öfter Noth und Mangel. So schickte er einmal etliche seiner Jünglinge zu einem reichen Mann, Namens Nabal, welcher in Carmel auf dem Gebirge Juda wohnte, als derselbe Schafschur hatte und seinen Knechten ein Festessen gab, und bat ihn um eine Gabe für sich und seine Leute, indem er ihn an die guten Dienste erinnerte, die er ihm geleistet hatte. Die Männer Davids waren Mauern gewesen um Nabals Hirten und Heerden, hatten dieselben gegen die Angriffe feindlicher Wüstenstämme geschützt. Auch in der Verfolgungszeit ließ David nicht ab, seinem Volke Gutes zu erweisen. Die Gläubigen lassen sich durch Kreuz und Leiden nicht abhalten, Gutes zu wirken und ihren Brüdern zu dienen. Nabal wies die Boten Davids trotzig ab, ja spottete Davids als eines losen Buben, der sich von seinem Herrn losgerissen habe. Nabal ist das Bild eines Geizigen, dessen Herz gegen fremde Noth völlig abgestumpft ist, welcher von Andern ganz gern Dienste annimmt, sich aber nun und nimmer zu Dank und Gegendiensten verstehen mag.

Als David die Rede Nabals vernommen hatte, befahl er seinen Männern, das Schwert zu gürten, und machte sich auf, um über Nabal herzufallen. Einer der Jünglinge Nabals brachte Abigail, dem Weib Nabals, Kunde von dem Vorhaben Davids. Es war dies bei David fleischlicher Zorn. Er saß noch nicht im Regiment, ihm war zu der Zeit noch nicht die Bestrafung der Uebelthäter befohlen. Er suchte hier die eigene Rache. So werden auch fromme Kinder Gottes, welche in der Gottseligkeit geübt und in der Trübsal geläutert sind, welche sonst reich sind an Werken der Barmherzigkeit und auch Proben der Feindesliebe abgelegt haben, noch hin und wieder von fleischlichem Zorn und Eifer übermannt und sind versucht, sich selbst zu rächen, statt Gott die Rache zu überlassen.

259. David und Abigail. 1 Sam. 25, 18—44.

Der gottlose Nabal hatte ein kluges, frommes Weib, die Abigail. Die machte sich mit einem reichen Geschenk an Lebensmitteln auf den Weg und zog David entgegen und beschwor ihn, von seinem Vorhaben abzustehen und des Nabal zu schonen. Wenn er seine Hand von Blutthat zurückhalte, so werde Gott auch seine Seele im Bündlein der Lebendigen behalten, und es werde ihm, wenn er König sei, nicht zum Anstoß gereichen, daß er ohne

16

Urſache Blut vergoſſen habe. Und ſo beſänftigte ſie David. Das iſt ein edles Werk, wenn man ſeinem Nächſten zum Guten zuredet und ihn vom Böſen abhält, wenn man Zornige beſchwichtigt und Frieden ſtiftet.

David erkannte, daß das vom HErrn war, und pries Gott, daß er durch Abigail ihn verhindert hatte, ſeinen böſen Plan auszuführen und ſo Blutſchuld auf ſein Gewiſſen zu laden. So haben alle Gläubigen wohl Urſache, Gott zu danken, daß er ſie in Gnaden vor Aergerniß und ſchweren Sünden bewahrt, daß er ihnen Klötze und Hinderniſſe in den Weg gelegt hat, wenn ſie etwa Uebles im Sinn hatten.

Als Abigail nach Hauſe zurückgekehrt war, fand ſie ihren Mann beim Mahl guter Dinge und ſehr trunken, und als ſie ihm am andern Morgen erzählte, in welcher Gefahr er geſchwebt habe, da erſchrak er zum Tode, es rührte ihn der Schlag, und nach zehn Tagen war er todt. Und David pries Gott, daß er dem Nabal das Uebel auf ſeinen Kopf vergolten habe. Es kommt wahrlich Niemand zu kurz, wenn er ſich nicht ſelber hilft und rächt, ſondern die Rache Gott befiehlt.

Darauf nahm David Abigail zum Weib. So kam Abigail durch David zu Ehren, und es wurde ihr entgolten, was ſie dem Nabal, dem David und ſeinen Freunden zu Liebe gethan. Was die Gläubigen ihrem Nächſten, Freunden und Feinden, Gutes thun, das wird ihnen von Gott wohl belohnt in Zeit und Ewigkeit.

260. David verſchont abermals ſeinen Feind Saul. 1 Sam. 26.

Wir finden hier David wieder in der Wüſte Ziph, und die von Ziph ſpielten wieder die Verräther. Als Saul abermals mit ſeinen Kriegsleuten zu ihm hinabgezogen war, gab David einen neuen Beweis ſeiner Feindes= liebe. Er ging mit ſeinem Freund Abiſai bei Nacht, als Alles ſchlief, ins Lager Sauls, ſcheute ſich aber auch diesmal, die Hand an den Geſalbten des HErrn zu legen, und nahm nur Sauls Spieß und Waſſerbecher von ſeinen Häupten mit hinweg. Das iſt der Sinn der frommen Kinder Got= tes, ſie ſuchen nur das Beſte ihrer Feinde, die Rettung ihrer Seele. Vor Allem hat Gott ſeine unvergleichliche Liebe damit erwieſen, daß Chriſtus, der Sohn Davids, für ſeine Feinde, für die Gottloſen geſtorben iſt und ſterbend noch für die Uebelthäter gebeten hat.

Von der Spitze des nächſten Berges aus rief dann David laut in das Lager Iſraels hinab und weckte Saul und ſeinen Feldhauptmann Abner aus ihrem Schlafe, zeigte dem König von ferne Spieß und Waſſer= becher und bewies damit, daß er abermals ſeines Lebens geſchont habe. Den Abner ſtrafte er, daß er ſeinen Herrn ſo ſchlecht behütet habe. Die Ungläubigen ſollen es erkennen, daß die Gläubigen, die ſie für ihre Feinde halten, es besser und redlicher mit ihnen meinen, als ihre Freunde. David bezeugte auch jetzt wieder seine Unschuld. Wenn Gott in seinem Zorn den König Saul wider ihn aufgereizt habe, so möge man Gott durch ein Opfer versöhnen. Haben aber Menschenkinder den Saul wider David aufgebracht und den Unschuldigen damit aus dem Erbtheil des HErrn verstoßen und ihn in Versuchung geführt, andern Göttern zu dienen, so seien solche Menschen verflucht. Ja, das sind verfluchte Menschen, welche Unschuldige bedrücken und bedrängen und so in Gefahr bringen, daß sie von Gott abtreten und ihr Vertrauen wegwerfen. David sprach schließlich noch den Wunsch aus, daß seine Seele groß geachtet werde vor den Augen des HErrn, wie er Sauls Seele groß geachtet habe. Die Gläubigen sorgen vor Allem für ihre eigene Seele, daß die gerettet werde, achten dann aber auch die Seele ihrer Brüder, auch ihrer Feinde groß und werth.

Saul bekannte auch diesmal seine Sünde, segnete David und zog wieder heim. Doch das war wiederum nur fleischliche Rührung, keine Buße und Besserung. David traute nicht den Worten des Königs und kehrte nicht zu ihm zurück. Wehe, wenn es mit einem Menschen so weit gekommen ist, daß alle ernsten und alle freundlichen Worte auf ihn keinen Eindruck mehr machen!

261. David in der Philisterstadt Ziklag. 1 Sam. 27.

David hatte dem Saul vorgehalten, daß er ihn mit seiner grimmigen Verfolgung schließlich in das Land der Heiden treiben und etwa gar nöthigen werde, andern Göttern zu dienen. Das Erstere geschah jetzt. David dachte, er werde doch eines Tages in Sauls Hände fallen, und ging daher mit seinen 600 Mann und mit seinen zwei Weibern, Abigail und Ahinoam, ins Land der Philister, der Feinde Israels. Der König Achis von Gath schenkte ihm die Stadt Ziklag, dort wohnte er über ein Jahr lang. Das war allerdings Glaubensschwäche. Gott hatte durch seinen Propheten David geboten, im Lande Juda zu bleiben. Und Gott hatte ihn wiederholt auf wunderbare Weise aus der Hand Sauls errettet und damit bewiesen, daß er ihn wohl schützen könne. Das ließ David jetzt außer Acht. Auch bewährte Knechte Gottes werden mitunter, wenn Kreuz, Leiden und Verfolgung lange anhält, schwach und müde und vergessen, daß es Gottes Wille ist und sie dazu berufen sind, daß sie leiden, und vergessen, daß Gott bisher sie in allen Nöthen und Gefahren so gnädig behütet hat. Doch Gott hat Geduld mit der Schwachheit seiner Kinder.

Auch da er im Land der Philister wohnte, ließ David nicht ab, seinem Volk Gutes zu thun. Er hatte schon vorher, wo er nur Gelegenheit fand, Israel wider seine Feinde vertheidigt, war freilich dafür mit Undank abge-

lohnt worden. So zog er wiederum mit seinen Männern aus und be=
kämpfte die räuberischen Beduinenstämme im Süden des Landes, die Gessu=
riter, Girsiter und vor Allem die Amalekiter, die Reste jenes alten Erbfeindes
Israels, welche Saul hatte leben lassen. Den Philisterkönig täuschte er über
diese seine Kriegszüge, indem er vorgab, er sei in den Süden Judas ein=
gefallen. Die Feindesliebe, die wir an Davids Exempel lernen, besteht
nicht nur darin, daß man auf die eigene Rache verzichtet und nicht Böses
mit Bösem vergilt, sondern erweist sich vor Allem auch darin, daß man
denen Gutes thut und die segnet, von denen man Leid und Undank er=
fahren hat.

262. Saul bei der Todtenbeschwörerin zu Endor. 1 Sam. 28.

Es war nun die Zeit gekommen, daß der König Saul sein Geschick er=
füllen sollte. Die Philister zogen wieder in den Streit gegen Israel und
lagerten sich bei Sunem im Norden Canaans. Saul versammelte ganz Israel
und lagerte sich zu Gilboa. Beim Anblick des gewaltigen feindlichen Heeres
entfiel Saul aller Muth. Er fragte den HErrn, doch Gott antwortete nicht
mehr. Das ist das schreckliche Loos der Verstockten. Sie verzagen im Un=
glück, und ob sie in ihrer Angst zu Gott aufschreien, so höret sie Gott doch
nicht. Sie sind gänzlich von Gott verlassen.

Ja, Gott hat sie in die Gewalt Satans dahingegeben. So war es
bei Saul. Der wendete sich jetzt, da Gott ihm nicht antwortete, an eine
Todtenbeschwörerin, welche in Endor ihr Wesen trieb. In seiner besseren
Zeit hatte er selbst alle Zauberer und Wahrsager aus Israel ausgerottet.
Das Weib erkannte anfänglich den König nicht, weil er sich verkleidet hatte,
und stellte sich ihm zu Dienst. Er begehrte von ihr, sie solle Samuel von
den Todten heraufführen. Sie selbst entsetzte sich und schrie laut auf, als
sie Götter, das ist ein geisterhaftes Wesen aus der Tiefe heraufsteigen sah,
einen alten Mann in langem Gewand. Saul erkannte darin die Gestalt
Samuels, und Samuel weissagte ihm, daß der HErr Israel in der Philister
Hände geben werde, und daß er selbst mit seinen Söhnen am folgenden Tag
bei den Todten sein werde. Das war, wie die alten Lehrer einhellig be=
zeugen, ein teuflisch Gespenst, nicht der wirkliche Samuel. Der Teufel hat
keine Macht über die Frommen, welche im HErrn entschlafen sind. Der
Teufel mußte hier dem lebendigen Gott dienen und Saul sein nahes Ver=
derben ankündigen. Wie vordem in Israel, so findet sich jetzt innerhalb
der Christenheit noch viel Zauberei. Die vom lebendigen Gott abgetreten
sind, suchen in ihren Nöthen und Aengsten, wenn sonst nichts helfen will,
wohl schließlich Rath und Hülfe bei den Zauberern und Wahrsagern. Was
diese reden, thun und treiben, ist nicht alles Lug und Trug. Die Zauberer

stehen mit dem Teufel im Bunde und können, sofern Gott es zuläßt, in des Teufels Kraft auch Wunder thun und zukünftige Dinge offenbaren.

Es ist aber nur der Leute Verderben, wenn sie sich von Zauberern, das ist vom Teufel rathen und helfen lassen. Saul war durch jene geisterhafte Erscheinung in Furcht und Schrecken versetzt. Er spürte schon etwas von der Angst des Todes und der Hölle. Nachdem er durch das Mahl, welches das Zauberweib ihm bereitet, sich gestärkt hatte, ging er in der Nacht nach dem Lager Israels zurück. In dumpfer Verzweiflung lief er in sein Verderben hinein.

263. Davids Entfernung aus dem Heer der Philister. 1 Sam. 29.

Als die Philister wider Israel in den Streit zogen, kam David in eine peinliche Lage. Als Untergebener des Philisterkönigs Achis mußte er sich sammt seinen Männern dem Heer der Philister anschließen. Wie? Konnte er es über sich bringen, gegen sein eigenes Volk zu kämpfen? Ehe es so weit kam, erhoben die andern Fürsten der Philister bei Achis Einspruch gegen die Begleitung Davids. Sie stellten ihm vor, mitten im Streit könne sich etwa David auf die Seite Israels stellen und ihr Widersacher werden. Achis gab schließlich dem Drängen der Fürsten nach und hieß David nach Ziklag heimgehen, indem er sich mit vielen schmeichlerischen Worten entschuldigte und David versicherte, er halte ihn für redlich, ja für einen Engel Gottes. Das war für David eine Gnade und Wohlthat Gottes, daß er vom Kampf fern bleiben durfte und der Versuchung, wider seine Brüder das Schwert zu kehren, überhoben war. Ja, Gott hat Geduld mit der Schwachheit seiner Auserwählten. Gott ist und bleibt getreu, wenn wir auch öfter die Treue verleugnen. Er handelt nicht mit uns nach unsern Sünden. Er wendet die schlimmen Folgen unserer thörichten und verkehr-ten Schritte oft in Gnaden von uns ab. Er läßt uns nicht versuchen über unser Vermögen, und macht, daß die Versuchung solch ein Ende gewinne, daß wir es können ertragen. Er erspart uns allzu schwere Proben und Ver-suchungen, in denen unser Glaube etwa Schiffbruch leiden würde. Und wie hier die Philisterfürsten ohne ihr Wissen und Wollen Davids Bestes förderten, so müssen oft feindselige Menschen, so muß die gottlose Welt dazu helfen, daß Gottes guter Rath und Wille an den Kindern Gottes hin-ausgehe.

264. David verfolgt die Amalekiter. 1 Sam. 30.

Als David und seine Männer aus dem Heer der Philister entlassen waren und wieder heimkehrten, fanden sie ihre Stadt Ziklag geplündert und zerstört. Die Amalekiter, welche David während seiner Verfolgung bekämpft hatte, waren inzwischen eingefallen und hatten Rache genommen und Weiber, Kinder und Vieh mit fortgeführt. Die Männer Davids waren darüber so ungehalten, daß sie ihn steinigen wollten. Und das waren die frömmsten Leute aus Israel, die sich um David, den Gesalbten des HErrn, gesammelt hatten. So werden auch fromme Christen, die es mit Gott und Christo redlich meinen, oft unwillig und stellen sich ungeberdig, wenn sie von einem jähen Unglück überfallen werden.

David blieb aber standhaft, stärkte seine Hand in Gott, durch Gebet, und setzte, nachdem er durch den Hohenpriester den Willen Gottes erkundet hatte, den Feinden nach. So kann ein Christ getrost und muthig auch ein schweres Werk und einen schweren Kampf aufnehmen, wenn er zuvor seiner Sache in Gott gewiß geworden ist und mit Gebet und Gottes Wort seine Seele gestärkt hat.

Der HErr ließ es David und den Seinen gelingen. Sie fanden einen egyptischen Mann, welcher aus der feindlichen Schaar zurückgeblieben war, der zeigte ihnen den Ort, wo die Amalekiter sich gelagert hatten. Mit 400 Mann fiel David über dieselben her, gewann Alles, was sie ihm entwendet, wieder zurück und nahm ihnen sonst noch viel Raub ab, den hieß man Davids Raub. Zu alle dem, was man mit Gott begonnen hat, gibt Gott Segen und Gelingen und führt den Kampf zum Sieg hinaus.

David setzte es dann durch, daß auch die 200 Männer, welche nicht mit gekämpft, sondern unterdessen die Geräthe verwahrt hatten, an dem Raub Antheil erhielten, und schickte auch den Aeltesten Judas einen Theil der Beute zu. Er erinnerte die Seinen daran, daß der HErr ihnen das alles gegeben und daß der HErr ihre Feinde in ihre Hände gegeben habe. Was wir uns erarbeiten, erringen, erkämpfen, das ist doch alles unverdienter Segen Gottes, und davon sollen wir auch Andern mittheilen und wohlthun.

265. Sauls und seiner Söhne Tod und Begräbniß. 1 Sam. 31.

Hier hören wir von dem Kampf der Philister wider Israel. Israel wurde geschlagen. Saul und seine Söhne kamen ins Gedränge. Seine Söhne fielen im Streit. Saul stürzte sich, um nicht in die Hände der Philister zu gerathen, weil sein Waffenträger ihn nicht tödten wollte, selbst ins Schwert und stürzte sich damit ins Verderben, ins ewige Verderben. Er starb, wie wir 1 Chron. 10, 13. lesen, „in seiner Missethat". Das war das Ende eines Mannes, der auch einmal den Geist Gottes hatte und mit Gaben und Kräften des Geistes erfüllt war. Die Gott verlassen haben und von Gott verlassen sind, haben schließlich keinen Trost, keine Hülfe in Noth und Tod und nehmen ein Ende mit Schrecken. Das ist das furchtbare Loos aller Abtrünnigen und Verstockten, der Tod, der ewige Tod, Tod und Verdammniß.

Es wird uns aber in diesem Capitel noch etwas Gutes berichtet, ein edler Zug der Bewohner von Jabes in Gilead im Ostjordanland. Dieselben waren einst von Saul aus der Hand des Ammoniterkönigs Nahas errettet worden. Diese Wohlthat hatten sie nicht vergessen und erwiesen sich jetzt dafür dankbar und ehrten den König Saul noch im Tode. Die Philister hatten ihm das Haupt abgeschlagen, seine Waffenrüstung ihm abgenommen und im Triumph durch ihre Stadt umhergetragen und schließlich in ihrem Götzentempel niedergelegt, und hatten den Rumpf Sauls und die Leichname seiner Söhne an die Stadtmauer von Bethsan im Jordanthale angeschlagen. Da kamen die Bewohner von Jabes und nahmen die Leichname des Königs und seiner Söhne von der Mauer ab, verbrannten und bestatteten sie, und trugen sieben Tage Leid um Saul. Das ist recht und billig, daß man genossener Wohlthat stets eingedenk bleibt, ja auch gottlosen Menschen für empfangene Dienste und Hülfe sich dankbar bezeigt. Und man soll Jedem Ehre geben, welchem Ehre gebührt. Saul war, obwohl vom HErrn verworfen, thatsächlich noch König und Regent Israels geblieben bis an seinen Tod. So sollen wir Alle, die im Amt und Regiment sitzen, wenn es auch gottlose Buben sind, um des Amts willen, das sie von Gott haben, achten und ehren.

266. Davids Klagelied auf Saul und Jonathan. 2 Sam. 1.

Ein Amalekiter war aus der Schlacht am Berge Gilboa entronnen und überbrachte dem David nach Ziklag die Nachricht vom Tode Sauls und seiner Söhne und brachte ihm die Krone und das Armgeschmeide des Königs Saul. Die Kunde vom Tod seines Feindes nahm aber David nicht etwa mit Freuden auf, sondern zerriß seine Kleider und weinte und fastete und trauerte mit den Seinen. Die Frommen betrüben sich von Herzen über den Tod der Sünder, über das Geschick der verlorenen Kinder.

Jener Amalekiter stellte die Sache so dar, als habe er Saul den Todesstoß gegeben, und er hoffte dafür von David eine Belohnung. Und er bekam seinen Lohn. David ließ ihn tödten, weil er, wie er selbst gesagt, seine Hand an den Gesalbten des HErrn gelegt habe. Wenn Einer sich selbst ein Verbrechen andichtet und eine böse That, die er nicht begangen, rühmt und lobt, so ist er vor Gott und Menschen dieser Sünde schuldig, und es geschieht ihm recht, wenn er nach seinen eigenen Worten gerichtet wird.

David dichtete noch ein Klagelied auf Saul und Jonathan, welches die Bogenschützen Israels hinfort singen sollten. Das Gedächtniß Sauls und Jonathans sollte in Israel bewahrt werden. Dieses Lied enthält keine unwahre Schmeichelei, nach Art der Welt, welche ihre Todten auf die Weise verherrlicht, daß sie aus Lastern Tugenden macht. Was David hier sagt, war lauter Wahrheit. Er rühmt die Tapferkeit Sauls und Jonathans, preist die streitbaren Helden, welche dem Volk Israel so oft Hülfe wider seine Feinde geschafft und auch den Töchtern Israels reiche Beute zugewendet hatten. Auch gottlose Regenten sind bürgerlicher Tugenden fähig und kön= nen ihrem Volk manchen Nutzen schaffen. Und das Volk soll es erkennen und loben, wenn die Obrigkeit den Feinden des Landes wehrt und steuert und die allgemeine Wohlfahrt fördert, ob auch die obrigkeitlichen Personen vor Gott nichts taugen. Insonderheit gedenkt David seines Bruders Jonathan, dessen Freundschaft ihm mehr werth war, als Frauenliebe. Das ist echte Liebe und Freundschaft, daß ein Freund den Tod seines Freundes beweint und ihm stets ein gutes Andenken bewahrt.

267. David König über Juda. 2 Sam. 2, 1—17.

Nachdem David durch den Hohenpriester des Willens Gottes gewiß ge= worden war, zog er hinauf nach Hebron und wurde dort von den Männern Juda, seinen Stammesgenossen, zum König gesalbt, zunächst zum König über das Haus Juda. Leiden, Verfolgung, Angst und Schmach war jetzt in Freude und Ehre verkehrt. Auf Gott gefälligem Wege war David zum Throne gelangt. Er hatte sich in der Anfechtung bewährt, seine Schwach= heitssünden hatte Gott in Gnaden übersehen. Er hatte seine Hand nicht an Saul, den Gesalbten des HErrn, gelegt. Er war unschuldig an dessen Tode. Er lobte und segnete die Bewohner von Jabes, welche Saul noch im Tode geehrt hatten. In dem Lebensgang Davids spiegelt sich das Ge= schick Christi, des Sohnes Davids, und das Geschick der gläubigen Christen. Christus ist durch Leiden zu seiner Herrlichkeit eingegangen. Nachdem er Gott gehorsam gewesen war bis zum Tode am Kreuz, hat ihn Gott erhöht und zum HErrn und Christ gemacht. Die gläubigen Christen müssen um Christi willen viel leiden. Aber auf dunkle Tage folgen immer wieder Tage der Erquickung vom Angesicht des HErrn, und wenn der Glaube durch die An= fechtung genugsam erprobt ist, kommt schließlich die selige Stunde, da Leiden in Herrlichkeit übergeht, da Gott die Niedrigen erhebt und zu Ehren setzt.

Abner, der Feldhauptmann Sauls, rief Isboseth, den Sohn Sauls, zum König aus. Derselbe regierte mehrere Jahre über die nördlichen Stämme. Er war aber ein Rebell. Das Regiment gehörte jetzt von Rechts wegen David, dem Gesalbten des HErrn. Und so hatte Isboseth auch kein Glück und Gelingen. Es kam schließlich zum Kampf zwischen dem Heer Ab= ners und den Knechten Davids, welche Joab anführte. Nachdem ein Einzel= kampf zwischen je zwölf Jünglingen hüben und drüben unentschieden geblie=

ben war, griff Joab das Heer der Aufrührer an und behielt den Sieg. Das Regiment der Aufrührer hat selten Bestand gehabt. Und sonderlich die sich wider das Regiment Christi, des Sohnes Davids, auflehnen, werden zu Schanden. Dereinst werden alle Feinde Christi zum Schemel seiner Füße liegen.

268. Kampf Davids wider Isboseth. 2 Sam. 2, 18.—3, 1.

Hier wird von einem jungen, wackern Helden aus der Schaar Davids berichtet, Asahel, dem Bruder Joabs und Abisais. Diese drei Brüder, die Kinder Zerujas, waren schon Waffengefährten Davids während seiner Verfolgung gewesen und hielten jetzt treu zu dem König David, dem Erwählten Gottes. Asahel zeigte sich besonders eifrig im Kampf wider das Heer der Aufrührer, setzte hinter Abner her und ließ nicht von ihm ab, wurde aber von Abner, dem Stärkeren, überwunden und getödtet. Die Knechte Davids bestatteten und betrauerten den tapferen Helden. Derselbe ist ein Vorbild für Alle, welche dem größeren König, JEsu Christo, dem Sohn Davids, zugehören. So sollen die Christen Christi Schmach und Leiden theilen, für Christum und seine Ehre eifern und kämpfen, für die Sache Christi ihr ganzes Leben einsetzen, damit das Reich und Regiment des Gesalbten immer weiter ausgebreitet werde.

Joab, der Feldhauptmann Davids, hätte leicht das ganze Heer Israels, das vor ihm floh, aufreiben und vernichten können. Als aber Abner um Schonung bat, ließ er ab von der Verfolgung. Er hatte Erbarmen, nicht sowohl mit Abner, dem Rädelsführer, aber mit dem Volk. Viele aus Israel waren verführt, bethört, meinten, Sauls Sohn sei der rechtmäßige Thronerbe, hatten es noch nicht erkannt, daß David der von Gott erwählte König war. Daß Joab also des Volks schonte, das geschah im Sinn Davids. Und solche Großmuth brachte Gewinn. Davids Macht, Ansehen und Anhang wuchs, die Sache Isboseths nahm ab. So sollen wir den bewußten und erbitterten Feinden Christi und seines Worts ernstlich widerstehen und in keinem Stück nachgeben, aber mit den armen verführten Seelen, welche zwischen Wahrheit und Irrthum noch nicht recht unterscheiden können, sollen wir Geduld haben. Durch Geduld und Schonung können die etwa noch für die Wahrheit gewonnen werden.

269. Abners Uebertritt zu David. 2 Sam. 3, 2—21.

David regierte nun in Hebron über Juda, und Gott war mit ihm und segnete ihn in seinem Haus und gab ihm viele Kinder und förderte sein Regiment. Und so schützt und segnet Gott jetzt im Neuen Bunde das Reich und Regiment seines Gesalbten, des Sohnes Davids, und verschafft seinem Scepter Anerkennung.

Es entstand jetzt Zwist und Uneinigkeit zwischen den Widersachern Davids. Isboseth machte dem Abner Vorwürfe, daß er Sauls Kebsweib Rizpa sich zum Weibe genommen hatte. So mochte Abner schließlich auch auf den Thron Sauls Ansprüche erheben. Abner wurde deshalb dem Isboseth gram und feind. Diejenigen, welche in einer bösen Sache Gemeinschaft machen, insonderheit die sich wider Gott und seinen Gesalbten Christus verbündet haben, bleiben meist nicht lange einig, solcher widergöttlicher Bund hat keinen Bestand.

Abner erbot sich, dem David die nördlichen Stämme Israels zu unterwerfen, redete auch schon den Obersten Israels, sonderlich seinen Stammesgenossen, dem Stamm Benjamin, ernstlich zu, David als König anzuerkennen, der sei ja der König, den Gott erwählt habe, und ging dann nach Hebron und schloß dort mit David einen Bund, führte auch Michal, Sauls Tochter, zu David zurück. So müssen schließlich auch die Widersacher Gottes und Christi dazu helfen, den Rath Gottes hinauszuführen, und Christi Reich fördern und stärken. Und es ist schon Mancher, welcher erst wider den HErrn anlief, zur Besinnung gekommen und zuletzt noch für die gute Sache eingetreten.

270. Abner von Joab umgebracht. 2 Sam. 3, 22—39.

Joab, der Feldhauptmann Davids, war nicht zugegen, als Abner in Hebron mit David den Bund abschloß. Als er von einem Streifzug mit reicher Beute heimkehrte, hörte er davon, daß David den Abner in Frieden entlassen hatte. Darüber wurde er unwillig und verdächtigte Abner bei David als einen Spion und Verräther. Das war unbegründeter Verdacht. Abner hatte schon den Beweis geliefert, daß er es jetzt ernstlich mit David hielt, indem er die Obersten Israels aufgefordert hatte, sich dem Regiment Davids zu untergeben. Joab sandte dann sofort dem Abner Boten nach und ließ ihn als im Namen Davids, aber ohne dessen Wissen zurückrufen und stellte sich, als habe er etwas Heimliches mit ihm zu besprechen, und da Abner arglos sich ihm nahte, erstach er ihn. Joabs Bruder, Abisai, hatte auch seine Hand dabei mit im Spiel. Das war nichts Anderes, als Meuchelmord. Die beiden Söhne Zerujas wollten so den Tod ihres Bruders Asahel rächen. Aber es war selbstische Rache. Sie führten hier nicht die Sache Davids. ‧ Joab befürchtete wohl außerdem, Abner möchte nunmehr als Bundesgenosse Davids seinem Ansehen und Einfluß bei David Abbruch thun. Auch fromme und wackere Leute, die dem HErrn redlich gedient und um seinen Namen geeifert haben, müssen allezeit auf ihrer Hut sein und sich wohl vorsehen, daß sie nicht von fleischlichem Eifer, Zorn, Rachgier, Neid, Mißgunst übermannt werden.

David war unschuldig an dem Blut Abners. Er gerieth über Joabs That in gerechten Zorn und wünschte Joab und seinem Geschlecht Unheil an. Ja, er ließ die beiden Söhne Zerujas hart an und nannte sie böse Buben. So sollen die Gläubigen auch an ihren Freunden Sünde und Unrecht strafen. Das fordert die Gerechtigkeit, daß man das Böse straft und das Gute lobt und anerkennt, wo man es auch findet, und da zwischen Freund und Feind keinen Unterschied macht. David ehrte den gefallenen Abner, ließ ihn fürst= lich bestatten und beweinte ihn, und seine Knechte trauerten mit ihm. Es war ja auch wirklich ein Großer, ein Fürst in Israel gefallen. Abner hatte dem Volk Israel im Kampf wider die heidnischen Nachbarn treffliche Dienste geleistet und zuletzt auch noch die Sache Davids, des Gesalbten des HErrn, gefördert. Das ist recht und billig, daß wir unserm Nächsten allezeit das Gute gedenken, das wir und Andere von ihm empfangen haben, und darüber vergessen, was er uns zu Leide gethan hat.

271. Jsboseths Ermordung und Bestrafung der Mörder. 2 Sam. 4.

Nachdem Abner, dieser Fürst in Israel, gefallen war, verlor Jsboseth und sein Anhang allen Muth. Zwei Hauptleute aus Sauls Heer wollten jetzt David einen Gefallen erweisen, gingen hin und überfielen Jsboseth in seinem Hause, während er schlief, und tödteten ihn und schnitten ihm den Kopf ab. So hatte nun David keinen Nebenbuhler mehr. Denn Mephi= boseth, Jonathans Sohn, der lahme Füße hatte, war ungefährlich. Die zwei Meuchelmörder überbrachten dann dem David das Haupt Jsboseths nach Hebron, indem sie dafür von David eine große Belohnung erhofften; und sie bekamen den Lohn, den sie verdient hatten, wurden auf Geheiß Davids von dessen Jünglingen niedergemacht. Es ging ihnen ebenso, wie jenem Amalekiter, welcher sich vor David als Mörder Sauls ausgegeben hatte. Freilich war dem Jsboseth damit nur nach Recht und Gerechtigkeit vergolten. Wenn derselbe auch seinen zwei Knechten gegenüber gerecht war, an ihnen nichts verbrochen hatte, so war er doch ein Rebell und Aufrührer, hatte auch, nachdem Abner zu David übergegangen und gefallen war, seinen Widerstand nicht aufgegeben. Ein Aufrührer aber hat sein Leben verwirkt. Das ist die Weise, wie Gott mit den Gottlosen handelt. Er straft oft einen bösen Buben durch den andern. Doch wenn ein Gottloser nun auch an einem Gottlosen ohne Wissen und Willen die gerechte Strafe ausführt, so macht das seine böse That nicht gut, und seine böse That, die er eben nur böse meinte, wird ihm von Gott zugerechnet und vergolten. Wie David nunmehr alle seine Widersacher, welche ihm die Herrschaft über Israel streitig machten, überwunden hatte, so wird auch Christus, Davids Sohn, über alle seine Widerwärtigen den Sieg behalten.

272. David König über ganz Israel. 2 Sam. 5.

Wir sehen hier David an dem Ziel angelangt, das Gott ihm als dem Gesalbten des HErrn gesteckt hatte. Alle Aeltesten in Israel, auch die der nördlichen Stämme kamen nach Hebron und salbten ihn zum Könige über Gesammtisrael. Der Jubel des Volks war allgemein. Ueber 300,000 Mann waren zusammengeströmt. Drei Tage lang währten die Festlichkeiten. 1 Chron. 12, 38—40. So war David jetzt Hirte und Herzog über das ganze Volk. Er blieb nun auch nicht länger in Hebron wohnen. Er zog hin und kriegte mit den Jebusitern, einer canaanitischen Völkerschaft, welche noch die eine Hälfte der Stadt Jerusalem, die Burg Zion inne hatte. Die Jebusiter höhnten und spotteten, die Blinden und Lahmen unter ihnen seien stark genug, ihn abzutreiben. Aber David gewann die Burg Zion und befahl, jene Lahmen und Blinden in den Abgrund zu stürzen. Das ist der eigentliche Sinn der schwierigen Worte des 8. Verses. So war jetzt der Berg Zion Davids Stadt und Residenz. Hiram, der König von Tyrus, huldigte dem neuen König und sandte Zimmerleute und Steinmetzen, welche David auf Zion einen königlichen Palast bauten. David nahm noch mehr Weiber und hatte viele Kinder. Gott war mit ihm und bestätigte sein Regiment. Die Philister, die feindlichen Nachbarn, zogen wieder aus und machten dem neuen König Israels seine Herrschaft streitig. Ehe David ihnen entgegentrat, frug er den HErrn. Er hielt sich auf Schritt und Tritt nach Gottes Wort und Willen. Als er des Willens Gottes gewiß geworden war, zog er aus und brachte den Philistern zwei Niederlagen bei. Der HErr zog vor ihm her und gab ihm seine Feinde in seine Hände.

David ist Vorbild Christi, und Davids Regiment auf Zion Vorbild des Regiments Christi auf Erden. Christus, der Sohn Davids, herrscht jetzt in seinem neutestamentlichen Zion, in der christlichen Kirche. Und es kommen viele Heiden, viele Sünder und huldigen diesem Könige. Und die haben es gut. Die Könige und Völker dagegen, welche sich gegen das Regiment des Gesalbten des HErrn auflehnen, haben kein Gelingen. Gott segnet, stärkt und beschützt das Reich und Regiment Christi auf Erden.

273. Ueberführung der Bundeslade nach Jerusalem. 2 Sam. 6.

Als Davids Regiment über Israel befestigt war, war es sein erstes Anliegen, das Heiligthum wiederherzustellen. Die Stiftshütte befand sich noch in Nobe, nördlich von Jerusalem, die Bundeslade in Kiriath Jearim, wo sie im Haus Abinadabs niedergesetzt war, nachdem die Philister sie wiedergebracht hatten, der Hohepriester mit dem Licht und Recht war bei David. So versammelte David die Führer des Heeres und die Obersten des Volkes, 30,000 Mann (1 Chron. 13, 2.), und zog mit ihnen nach Kiriath

Jearim, um die Bundeslade, den Thron des HErrn Zebaoth, nach Zion
heraufzuholen. Dieselbe wurde auf einem neuen Wagen gefahren. Als
unterwegs die Rinder, die vor den Wagen gespannt waren, beiseits aus=
traten und die Lade wankte, griff Usa, der Sohn Abinadabs, zu, die Lade
zu halten, und wurde sofort von Gott getödtet. Er hatte mit roher Hand
und unheiligem Sinn das Heiligthum angefaßt. Dieser Unfall schreckte
David ab, sein Vornehmen hinauszuführen. Er ließ die Lade an der Un=
glücksstätte, in das Haus Obed Edoms unterbringen. Obed Edom war ein
frommer Israelit, und wurde um der Lade willen mit seinem ganzen Haus
vom HErrn gesegnet. Unser Heiligthum ist jetzt im Neuen Testament Gottes
Wort und Sacrament. Wo das Wort verkündigt, das Sacrament verwaltet
wird, da wohnt und thront Gott. Von diesem Heiligthum Gottes geht
Fluch und Segen aus. Den bußfertigen, gläubigen Christen ist Gottes Wort
ein Geruch des Lebens zum Leben, den losen Verächtern dagegen ein Geruch
des Todes zum Tode. Die mit Demuth und Ehrfurcht das Sacrament ge=
nießen, haben Segen davon. Die dagegen unwürdig essen und trinken,
empfangen das Sacrament zum Gericht.

Als David hörte, daß der HErr das Haus Obed Edoms segnete, um
der Lade Gottes willen, machte er sich wieder mit einem großen Volk auf,
um die Lade vollends nach dem Zion überzusiedeln. Es geschah dies in der
Furcht des HErrn. Die Lade wurde diesmal, dem Gesetz des HErrn ge=
mäß, von den Leviten getragen. 1 Chron. 15, 2. Schon während des
Zuges wurden zahlreiche Opfer dargebracht. David selbst tanzte, mit einem
weißen, priesterlichen Gewand bekleidet, unter dem Schall der Musik und
der Festgesänge vor der Lade her und ward gering mit den Knechten und
Mägden seines Volkes, ließ sich auch den Spott der Michal nicht anfechten.
Auf dem Zion wurde die Lade in das Zelt gestellt, welches David für sie
hatte errichten lassen. Ein großes Opferfest bildete den Schluß des großen
Freudentages. Was hier berichtet wird, ist ein Bild heiliger Freude im
HErrn und brüderlicher Gemeinschaft. Die wahren Kinder Gottes singen
und spielen dem HErrn in ihrem Herzen, freuen und rühmen sich des HErrn
und seines Worts, und sind dabei Ein Herz und Eine Seele, lassen sich auch
durch den Spott der Welt nicht beirren.

274. Die Verheißung vom Messias. 2 Sam. 7, 1—16.

Als David auf dem Gipfel seiner Macht stand, nachdem der HErr ihm
Ruhe gegeben hatte von allen seinen Feinden umher, faßte er den Plan, für
die Lade des HErrn einen Tempel zu bauen. Doch Gott wehrte ihm das
und ließ ihn durch den Propheten Nathan daran erinnern, daß er nie von
einem der Stämme Israels gefordert habe, ihm ein Cedernhaus zu bauen,

und wie er ihn von den Schafhürden weggenommen, zum Fürsten über sein Volk Israel gemacht und alle seine Feinde vor ihm ausgerottet habe, so daß Israel nun in Ruhe sein Erbtheil genießen konnte. So verdankte David Alles, was er war und hatte, der Gnade des HErrn, und darum sollte er nicht meinen, daß er dem HErrn einen besondern Dienst leisten müßte, nicht er sollte dem HErrn, sondern der HErr wollte ihm ein Haus bauen. Ja, so steht Gott zum Menschen und der Mensch zu Gott, das sehen wir aus der Verheißung Gottes, aus dem Evangelium: Gott schenkt dem Menschen Alles frei, umsonst und verlangt von ihm keinen Gegendienst, sondern will nur das Eine, daß der Mensch seine Wohlthaten, seine freie Gnade recht erkenne und preise.

Und nun gab Gott dem David eine große Offenbarung, eine herrliche Verheißung, die auf Christum abzielte. Wenn David längst mit seinen Vätern schlafen liegt, will Gott seinen Samen nach ihm erwecken, und dieser Same Davids wird sein Sohn, Gottes Sohn sein, und Er, Gott wird sein Vater sein. Christus ist Davids Sohn und Gottes Sohn, wahrer Mensch und wahrer Gott. Und dieser Sohn Davids wird die Missethat seines Volks tragen und wird von Gott mit den Ruthen und Schlägen, welche die Men= schen verdient haben, gestraft werden. So wird er sein Volk von Sünde und Strafe erlösen. Eben dieser Davids Sohn und Gottes Sohn wird dem Namen des HErrn ein Haus bauen, und Gott will den Stuhl seines Königreichs bestätigen ewiglich. Dieser Tempel, dieses Königreich ist die heilige christliche Kirche, die Gemeinschaft der Gläubigen. Die Kirche Christi ist eine Behausung Gottes im Geist. Gott selbst wohnt in den Herzen der Gläubigen. Die christliche Kirche ist das Reich JEsu Christi. Christus ist der HErr, und die Gläubigen hangen als Glieder an diesem ihrem HErrn und Haupt. Und es ist ein ewiges Reich. Christus lebt und regieret in Ewigkeit, und die Gläubigen dienen ihm in seinem Reich hier und dort, und schmecken hier seine Gnade und schauen dort seine Herrlichkeit.

275. Davids Dank für die hohe Offenbarung. 2 Sam. 7, 17—29.

Nachdem David durch Nathan die hohe Offenbarung empfangen hatte, blieb er vor dem HErrn und redete mit dem HErrn und dankte ihm für seine überschwängliche Gnade. David preist die Gnade, die bisher ihm und seinem Volk zu Theil geworden, daß Gott Israel unter großen, gewaltigen Zeichen aus Egypten erlöst und dann zu seinem Volk gemacht, daß er ihn, den König Israels, aus der Niedrigkeit emporgehoben und seinen Namen an ihm verherrlicht habe. Und vor Allem rühmt er die Gnade, die Gott ihm für die Zukunft in Aussicht gestellt, daß er seinem Hause von fernem Zukünftigen geredet habe, rühmt die wunderbare Weise eines Menschen, welcher Gott der HErr ist, rühmt Christum, wahren Mensch und Gott, durch welchen Davids Haus und Reich ewiglich bestätigt werden soll. Und er bittet Gott, daß er nun nach dieser Zusage mit ihm handeln möge.

David ist hier Vorbild im Glauben und Beten. Ein gläubiger Christ dankt Gott von Herzen für alle seine Wohlthaten und gedenkt auch immer wieder der Wohlthaten der vorigen Zeiten. Ein gläubiger Christ dankt Gott insonderheit für die größte Gnade, die Gott den armen Sündern in Christo, dem Gottmenschen, erwiesen hat. Und er fleht zu Gott, daß er seine Hand nicht von ihm abziehen und nicht ablassen wolle, ihn zu segnen, und beruft sich dabei auf Gottes Wort und Zusage. Das ist der rechte Glaube, daß Jeder Gottes Verheißung auf sich zieht und sich damit tröstet.

276. Davids Kriege und Siege. 2 Sam. 8.

Hier wird zunächst von allerlei Kämpfen und Siegen Davids berichtet. David schlug und unterwarf sich die Heidenvölker ringsum und machte sie tributpflichtig, wie die Philister, Moabiter, Edomiter, die Syrer von Zoba und Damaskus. Der Syrerkönig Thoi von Hemath untergab sich freiwillig dem Regiment Davids und sandte Huldigungsgeschenke. So breitete sich das Reich Davids aus von Wasser zu Wasser, vom Mittelmeer bis zum Euphrat. Was die Heiden ihm an Gold und Silber geschenkt und was er im Kampf erbeutet hatte, weihte David dem HErrn, das heißt, wies es dem Schatz des Heiligthums zu, welcher später zum Tempelbau verwendet wurde. Er schaffte allem Volk Recht und Gerechtigkeit. Und er wählte sich Beamte nach seinem Sinn. Unter denselben ragen hervor Joab, der Anführer des Heers, und die beiden Hohenpriester, Zadok aus der Linie Eleasars, und Ahimelech, der Sohn Abjathars, von der Linie Ithamars.

David ist Vorbild Christi. Jetzt im Neuen Testament breitet Christus, der Sohn Davids, sein Reich aus unter den Völkern der Erde. Aber nicht mit dem Schwert, sondern durch das Wort gewinnt Christus die Seelen der Menschen. Wer zu ihm kommt, auch von den Feinden und Abtrünnigen, den stößt er nicht hinaus. Die sich dagegen wider ihn setzen und ihm nicht dienen wollen, denen wird es nicht gelingen, die werden umkommen. Christi Reich erstreckt sich von einem Wasser bis ans andere, vom Aufgang der Sonne bis zum Niedergang. Christus regiert sein Volk durch Wort und Geist, und regiert es mit Recht und Gerechtigkeit. Er schenkt ihm voll= kommene Gerechtigkeit, die vor Gott gilt, und hilft ihm zum Recht wider alle seine Feinde. David ist Vorbild und Exempel aller Gläubigen. Die arbeiten, streiten und kämpfen ihr Leben lang für die Ehre des HErrn, für die Ausbreitung des Reichs Gottes, dienen dem HErrn mit Leib und Seele und opfern auch willig von dem Segen, den Gott ihnen zugewendet hat.

277. Davids Wohlthat an Mephiboseth. 2 Sam. 9.

Als David am Ziele aller seiner Wünsche war, gedachte er der vorigen Zeiten, auch seiner vorigen Leiden und erkundigte sich, ob noch Jemand aus dem Hause Sauls, seines Widersachers, übrig geblieben wäre, aber nicht um an diesem Rache zu nehmen, sondern Barmherzigkeit zu üben, und hörte da von Mephiboseth, dem unglücklichen, verkrüppelten Sohne Jonathans, welcher sich nach Lodabar im Ostjordanland zurückgezogen hatte. Denselben beschied er zu sich und that ihm Gutes, um seines Vaters Jonathan willen, redete freundlich mit ihm und gönnte ihm einen Platz an seiner Königstafel. Ziba, ein alter Knecht Sauls, sollte inzwischen das Erbtheil Mephiboseths für seinen Herrn bebauen und verwalten. Damit war auch diesem Knechte Sauls, der eine große Familie hatte, sein Lebensunterhalt gesichert. Wir ersehen hieraus die edle, königliche Gesinnung Davids. Er führte ein sanftes, gelindes Regiment. David ist Vorbild Christi. So herrscht Christus in seinem Reiche, mit Gnade und Barmherzigkeit. Er hat seine Lust daran, zu segnen und wohlzuthun, die Armen und Elenden, alle Leidenden im Reich zu trösten und zu erquicken. Und nach Davids und des Davidssohnes Exempel sollen auch wir in dieser königlichen Tugend uns üben und Gottes Barmherzigkeit und Lindigkeit allen Menschen kund werden lassen.

278. Der syrisch-ammonitische Krieg. 2 Sam. 10.

Der schwerste und blutigste aller Kämpfe, welche David zu bestehen hatte, war der sogenannte syrisch-ammonitische Krieg. Als der König der Ammoniter Nahas gestorben war, sandte David Boten an seinen Sohn und Nachfolger Hanon, um ihm sein Beileid zu bezeugen. Die ammonitischen Großen sahen in diesen Boten Davids Spione und stachelten Hanon auf, dieselben mit Schimpf und Schande heimzuschicken. Es wurden ihnen die Bärte abgeschoren und die Kleider abgeschnitten. So hatten die Ammoniter dem König David eine gerechte Ursache zum Kampf gegeben. Sie verbündeten sich mit benachbarten Königen der Syrer. Aber die zwei bewährten Feldherren Davids, Joab und sein Bruder Abisai, schlugen das Doppelheer der Syrer und Ammoniter. Als dann der Syrerkönig Hadadeser von Neuem ein ansehnliches Heer, viel Fußvolk, Reiter, Wagen, ins Feld stellte, zog David selber aus und erfocht einen neuen glänzenden Sieg. So gab der HErr seinem Gesalbten Sieg und Gelingen in Allem, was er that. So krönt der HErr das, was seine Gläubigen und Getreuen in seinem Namen beginnen, ihre Arbeit, ihren Kampf mit seinem Segen und läßt Alles wohl hinausgehen. Was die Ammoniter erfuhren, hat sich gar oft im Lauf der Geschichte wiederholt, nämlich daß die, welche ohne Ursache

Fehde und Krieg anfingen, sich selbst das Unglück auf den Hals geladen haben und elendiglich zu Grunde gegangen sind. Vor Allem aber ist hier das Geschick derjenigen vorgebildet, welche wider den Gesalbten des HErrn, wider den König Christus anlaufen, die kommen zu Fall, die stürzen sich selbst ins Verderben.

279. Davids Ehebruch. 2 Sam. 11, 1—13.

David hatte sich bisher in allen Stücken als ein Mann nach dem Herzen Gottes erwiesen. Aber es wurde anders mit ihm. Als sein Heer noch im Kriege war und die Hauptstadt der Ammoniter, Rabba Ammon, belagerte, blieb er daheim in Jerusalem und pflegte der Ruhe. Damit trat er schon aus dem rechten Geleise heraus. Er hätte seines Feldherrnamts warten sollen. Wenn Einer seiner Pflicht und Arbeit sich entschlägt, müßig steht und geht, öffnet er der Versuchung Thor und Thür. Von dem frommen, keuschen Joseph wird berichtet, daß er rührig und eifrig war und vom Morgen bis zum Abend seinen Geschäften nachging, und der bestand die Versuchung.

Jetzt trat die Versuchung an David heran. Er sahe vom Dache seines Hauses ein Weib sich waschen, und gab der Augenlust und Fleischeslust Raum, erkundigte sich näher nach dem Weib und erfuhr, daß es Bathseba war, das Eheweib des Urias. Er hatte seines Gottes gänzlich vergessen. Joseph dagegen hatte Gott vor Augen und im Herzen und sprach, da er versucht wurde: Wie sollte ich ein solch großes Uebel thun und wider Gott sündigen? Und dann flohe er eilends und entzog sich der Versuchung. Ja, in der Stunde der Versuchung gilt es wachen, beten, flehen, zu Gott seufzen, und die Sünde fliehen, dem Aergerniß aus dem Wege gehen.

David sandte hin und ließ das Weib holen und wurde zum Ehebrecher. Wenn die böse Lust empfangen hat, gebieret sie die Sünde. So kann auch Einer, welcher hoch steht, welcher im Glauben und bei Gott in Gnaden steht, gar tief fallen, in Schande und Laster. Wer da steht, soll wohl zusehen, daß er nicht falle. Und der Fall kann schnell geschehen. Der Teufel ist behende und zieht den Strick rasch zu. Wie schrecklich ist es aber, wenn ein Kind Gottes solchen Fall thut, aus den Armen, aus der Gnade Gottes entfällt und dem Satan in die Hände fällt, auf einmal aus dem Himmel in die Hölle stürzt.

Als David von Bathseba erfuhr, daß sie schwanger geworden war, wendete er alle Künste und Mittel an, um seine Schande zu verbergen. Er ließ den Uria, welcher sich im Heer Joabs befand, heimrufen und suchte ihn auf alle mögliche Weise zu bewegen, in sein Haus zu gehen. Er wünschte, daß Uria eine Nacht bei seinem Weibe zubringen möchte, damit er dann als

17

der Vater des im Ehebruch erzeugten Kindes angesehen werden könnte. Aber Uria wollte nicht in seinem Hause der Ruhe pflegen, während die Lade Gottes zu Felde lag, und legte sich mit den Knechten Davids vor der Thür des Königshauses schlafen. So sucht der Gefallene wohl seine Sünde und Schande vor Menschen zu verbergen. Gott hat er ganz aus den Augen gesetzt. Was der zu seiner That sagt, darnach fragt er nichts. Aber es gelingt ihm nicht, der Sünde sich so schnell wieder zu entschlagen, als er darein gewilligt hat, und sich ihren schlimmen Folgen zu entziehen.

280. David wird zum Mörder. 2 Sam. 11, 14—27.

David war zum Ehebrecher geworden, wollte aber vor den Menschen den Schein der Frömmigkeit wahren, und darum wendete er die Sache so, daß Bathseba sein Weib wurde und das Kind des Ehebruchs als ehelicher Sohn Davids und der Bathseba gelten konnte. Zu diesem Zweck schaffte er den Mann der Bathseba, den Uria aus dem Weg. Nachdem derselbe seinen ersten Plan vereitelt hatte, traf David Anstalten, daß er durch das Schwert der Kinder Ammon getödtet würde. So wurde David zum Mörder. Das ist in der Regel der Verlauf der Sünde, des Abfalles. Wer gefallen ist, will seine Schuld und Schande verbergen, vor Menschen den Schein und die Ehre wahren und bedient sich dann dazu unlauterer, verwerflicher Mittel. Eine Sünde gebieret die andere. Der Sünder will die erste Sünde durch eine zweite, etwa noch schlimmere, unschädlich machen. Ehebruch, Hurerei hat schon oft zu Mord und Todtschlag weitergeführt. Wer der Fleisches= lust dienstbar geworden, verleugnet alle Rücksicht und Schonung gegen An= dere, welche der Befriedigung seiner bösen Lüste im Wege stehen.

Eine andere Folge des Abfalles ist die Heuchelei. Daß David der Sache den Anschein gab, als wäre Uria zufallens im Kampf gefallen, indem das Schwert einmal Diesen, einmal Jenen frißt, daß Joab sich so anstellte, als würde die Kunde von Urias Tod etwa Davids Unwillen und Zorn er= regen, das war widerwärtige, schändliche Heuchelei. Die Abtrünnigen, welche den Glauben und das gute Gewissen verleugnet haben und in Sünde und Schande leben, zeigen vor Menschen oft eine unschuldige Miene und stecken etwa gar eine fromme Larve auf. Das ist dann satanische Lüge und Gleißnerei.

Eine letzte verhängnißvolle Folge des Abfalles ist die, daß, wer selbst von Gott abgetreten und in Sünde und Schande gefallen ist, auch Andere mit sich in die Sünde und ins Verderben hineinzieht. So verführte Da= vid die Bathseba zum Ehebruch und den Joab zum Mord. Indeß wenn der Verführer auch die größere Schuld hat, so sind gleichwohl auch die Ver= führten schuldig vor Gott. Bathseba war vor Gott eine Ehebrecherin, und

Joab war vor Gott ein Mörder. In solchem Fall soll man Menschen, auch dem König und der Obrigkeit nicht gehorchen.

Das Capitel, das den schweren Fall Davids berichtet, schließt mit dem Urtheil, daß dem HErrn diese That übel gefiel. Solche Sünde, wie Ehe= bruch und Mord, macht den, der erst ein Kind Gottes war, zu einem Kind des Zorns und des Verderbens.

281. Davids Buße. 2 Sam. 12, 1—14.

Ein Jahr lang ging David in seinem unbußfertigen, trotzigen Sinn dahin. Wie ihm da zu Muthe war, hat er selbst hinterdrein bekannt: „Da ich es wollte verschweigen, verschmachteten meine Gebeine, durch mein täg= lich Heulen. Denn deine Hand war Tag und Nacht schwer auf mir, daß mein Saft vertrocknete, wie es im Sommer dürre wird." Ps. 32, 3. 4. Gott aber, der da reich ist an Gnade und Erbarmen, ließ ihn nicht in seinen Sünden sterben und verderben, sondern sandte den Propheten Nathan zu ihm, daß er ihn zur Buße riefe. Nathan legte dem König zunächst das Gleichniß von dem reichen Manne vor, welcher das einzige Schäflein des armen Mannes nahm und schlachtete. Durch diese ergreifende Geschichte wollte er das harte Herz Davids rühren und erweichen. Was jener Mann im Gleichniß gethan, mußte alles menschliche Gefühl empören. Und Da= vid war nun selbst der Mann. Nathan sprach zu ihm: „Du bist der Mann." Er deckte seine Sünde auf, daß er Uria mit dem Schwert er= schlagen und sein Weib sich zum Weib genommen habe. Er kündigte ihm im Namen Gottes die Strafe seiner Sünde an. David soll mit dem ge= straft werden, womit er gesündigt hat. Das Schwert soll von seinem Hause nicht lassen. Und seine Weiber sollen seinem Nächsten gegeben werden. Zu= gleich aber erinnerte Nathan den König an die große Liebe und Treue seines Gottes, die er seit seiner Salbung zum Königthum erfahren habe. Wir er= sehen aus dem allen, daß Gott kein Gefallen hat an dem Tod des Gottlosen, sondern daß er sich bekehre und lebe. Auch Abtrünnige und tief Gefallene sucht Gott in Gnaden mit seinem Wort und Geiste heim und mahnt sie zur Buße. Nathan ist ein Exempel eines rechten Predigers und Seelsorgers. Es gehört zum Amt und Beruf eines Predigers, daß er die Sünde straft, ohne Ansehen der Person, Jedem seine Sünde aufs Haupt gibt und dem Uebelthäter Gottes Zorn und Gericht verkündigt. Aber mit seiner Strafe soll er es darauf absehen, daß das Herz und Gewissen des Sünders gerührt und bewegt und der Sünder gebessert werde. Darum soll er ihm zu Ge= müthe führen, wie schwer er Gott und Menschen betrübt und beleidigt habe, und ihm zugleich die große Liebe, Gnade und Barmherzigkeit Gottes vor= stellen, denn die ist es allein, welche das harte Herz erweicht und zerschmelzt.

David bekannte jetzt: Ich habe gesündigt wider den HErrn. Gottes
Wort hatte ihn getroffen. Mit diesem Bekenntniß ergab er sich zugleich dem
HErrn auf Gnade und Ungnade. David ist ein Exempel wahrer Buße.
Wer aufrichtig Buße thut, macht nicht viele Worte, beschönigt, bemäntelt
und verkleinert seine Schuld mit keiner Silbe, sucht keine Ausflüchte, sondern bekennt frank und frei, kurz und bündig: Ich habe gesündigt. Aber
Gott sei mir Sünder gnädig! Und so vergab Gott dem David seine Sünde.
Nathan absolvirte ihn im Namen des HErrn. Dem bußfertigen Sünder,
der seine Sünde bekennt, gehört die Absolution, auch wenn er noch so grob
gesündigt hat. Und das ist die rechte Absolution, daß man dem armen,
betrübten Sünder unverclausulirt die Vergebung zuspricht und ihm ver-
sichert: Dir sind deine Sünden vergeben. Der HErr hat deine Sünde
weggenommen. Und der begnadigte Sünder rühmt dann mit David:
„Wohl dem, dem die Uebertretungen vergeben sind, dem die Sünde be-
decket ist. Wohl dem Menschen, dem der HErr die Missethat nicht zurechnet." Pf. 32, 1. 2.

282. Geburt Salomos. 2 Sam. 12, 15—31.

Gott hatte dem David seine Sünde vergeben. Gleichwohl wurde David um seiner Sünde willen noch schwer gezüchtigt. Das Kind des Ehebruchs wurde todtkrank. Das that David bitter wehe. Darum flehte er
zu Gott um das Leben des Kindes, ergab sich aber in Gottes Willen, als er
hörte, daß das Kind gestorben sei. So wird durch die Vergebung Gottes
nicht jedwede Folge und Strafe der Sünde aufgehoben. Indeß nur zeitliche Strafe bleibt zurück. Und es ist kein Zorn mehr darin. Es geschieht
aus Liebe, daß Gott auch begnadigte Sünder noch züchtigt und ihrem Fleisch
wehe thut. Er will sie auf diese Weise vor Rückfall bewahren und sie in
der Buße und Furcht des HErrn erhalten.

Bathseba gebar dem David einen andern Sohn, den Salomo. Salomo
heißt Friede. Diesen Sohn that David unter die Hand des Propheten
Nathan, der gab ihm den Namen Jedidja, das ist, Geliebter des HErrn.
Dieser Sohn war dem David Unterpfand und Bürgschaft dafür, daß er
Gottes Gnade und Wohlgefallen wiedererlangt hatte. So ist also der große
König Salomo und durch ihn der rechte Salomo und Friedefürst, Christus,
einer Ehe entsprossen, die durch Sünde und Schande zu Stande gekommen
war. Das deutet auf den Zweck der Erscheinung Christi im Fleisch. Christus
ist dazu gekommen, unsere Blöße und Schande vor Gott zuzudecken, die blut-
rothe Schuld der Menschen in Schneeweiß, Zorn und Gericht in Gnade und
Wohlgefallen zu verkehren. Und wir erkennen hieraus überhaupt die wunderbare Weisheit Gottes, welche aus Bösem Gutes hervorzubringen versteht.

Nachdem Gott seinen Zorn und Mißfallen von David abgewendet hatte, wurde nun schließlich auch die Hauptstadt der Ammoniter, Rabba, von Joab erobert. Der König David feierte einen glänzenden Triumph, gewann reiche Beute, nahm Rache an seinen Feinden und vergalt den Kindern Ammon die vielen Grausamkeiten, die sie vordem an Israel verübt hatten. Dieser herrliche Sieg war dem David also ein neuer Beweis der Gunst und Huld seines Gottes. Ja, Gott ist gar gnädig und barmherzig, von großer Güte und Treue. Er vergibt Missethat, Uebertretung und Sünde. Er gedenkt nicht mehr der vorigen Sünden. Er handelt nicht mit uns nach unsern Sünden und vergilt uns nicht nach unserer Missethat.

283. Amnons Blutschande. 2 Sam. 13, 1—22.

David mußte, nachdem er Buße gethan und Vergebung erlangt hatte, doch noch mannigfach die bitteren Folgen seiner Sünde schmecken. So erlebte er Herzeleid in seiner Familie, mußte sehen, wie seine Sünde, Wollust, Fleischessünde, unter seinen Kindern weiter wucherte. Sein Sohn Amnon beging eine Thorheit in Israel. Er entbrannte in unheiliger Liebe zu seiner Halbschwester Thamar, stellte sich krank, ließ sich von ihr pflegen und that ihr, da er mit ihr allein im Hause war, Gewalt an. Es war ein flüchtiger Rausch und Taumel, welcher, nachdem er seine Lust gebüßt hatte, alsbald in Haß und Verdruß umschlug. Mit Schande bedeckt, mit tiefem Gram und Wehe erfüllt hielt sich Thamar im Hause ihres Bruders Absalom verborgen. So war Davids Haus in Israel stinkend geworden. Diese Geschichte ist in die heilige Schrift eingetragen, damit Alle, die sie lesen, sich vor der Sünde fürchten lernen. Aehnliche Geschichten von Hurerei, Ehebruch, Blutschande, die man in weltlichen Schriften findet, sind ein Stachel, welcher zur Sünde reizt und lockt. Die heilige Schrift gibt Arzenei und Gegengift gegen das Gift, welches durch die losen, sittenlosen Reden und Schriften der Menschen ausgestreut wird. Solche Exempel, wie das hier erzählte, flößen Abscheu und Ekel vor der Sünde ein. Sie zeigen, daß die Sünde und gerade auch die Fleischessünde ein Greuel ist vor Gott und ein schädliches Uebel, welches eitel Jammer und Herzeleid unter den Menschen anrichtet.

284. Absaloms Rache. 2 Sam. 13, 23—39.

Absalom war seinem Halbbruder Amnon gram, darum daß er seine Schwester geschändet hatte. Zorn und Rache wurde bei ihm dadurch genährt, daß David sich hier schwach zeigte und Amnons Frevel ungestraft hingehen ließ. Zwei Jahre lang hielt Absalom seinen Unmuth zurück.

Dann aber setzte er bei passender Gelegenheit seine Rachegedanken ins Werk. Als er das Fest der Schafschur feierte, lud er alle Kinder des Königs dazu ein, und da sie alle trunken und guter Dinge waren, fielen seine Knechte auf seinen Befehl über Amnon her und tödteten ihn. So bekam Amnon seinen verdienten Lohn. Freilich auch Absalom traf Schuld, weil er sich selbst rächte. Da sehen wir, daß die böse Lust, wenn sie empfangen und die böse That geboren hat, schließlich den Tod gebiert. Die auf das Fleisch säen, ernten vom Fleisch das Verderben.

Absalom floh darauf, um dem Zorn seines Vaters zu entgehen, zu dem König Talmai von Gesur im Lande Syrien. Als David von dem Vorfall hörte, trug er Leid und weinte bitterlich. Das war zugleich ein Zeichen seiner bußfertigen Gesinnung. Er erkannte sicher in dem allen die traurigen Folgen seiner Sünde. Das Wort des HErrn, daß von seinem Hause das Schwert nicht lassen sollte, hatte sich zu erfüllen begonnen. Das ist ein Kennzeichen wahrer Buße, daß ein Sünder, welcher tief gefallen ist, auch wenn er wieder begnadigt und der Vergebung Gottes gewiß ist, doch noch fort und fort über seine Sünde Leid trägt und, sonderlich wenn er die schlimmen Folgen seiner Sünde gewahrt, immer von Neuem sich vor Gott demüthigt und Gott um Gnade und Erbarmen anfleht.

285. Das kluge Weib von Thekoa. 2 Sam. 14, 1—20.

Absalom brachte drei Jahre in der Verbannung zu. Gegen seinen Sohn Amnon war David allzu gelinde gewesen, hatte seine Missethat nicht gestraft, gegen Absalom war er zu strenge, gestattete ihm nicht die Rückkehr ins Land Israel. Da legte sich Joab ins Mittel und ließ ein kluges Weib aus Thekoa kommen, um den König umzustimmen. Dieses Weib erzählte dem David eine erdichtete Geschichte, die in eine Bitte auslief. Sie sei eine Wittwe, ihre beiden Söhne hätten sich auf dem Felde gezankt, schließ= lich habe der eine den andern erschlagen. Nun sei das ganze Geschlecht auf= getreten und fordere die Auslieferung des noch lebenden Sohnes, um an ihm die Blutrache zu vollstrecken, wolle also den Erben vertilgen und den Funken auslöschen, der ihr noch übrig geblieben. So möge der König drein sehen und das Leben ihres Sohnes schützen. David sagte und schwur dem Weib die Erfüllung dieser Bitte zu. Nun aber verrieth das Weib die eigentliche Meinung ihrer Bitte und machte die Anwendung auf David und seine zwei Söhne. David möge sich doch damit zufrieden geben, daß sein Sohn Absalom noch lebe, während Amnon todt sei, und möge den Ver= stoßenen nicht gänzlich verstoßen. Auch Gott nehme ja Verstoßene wieder zu Gnaden an. Das war eine feine Klugheit und ein edles Werk. Es ist ein edles Werk, wenn man für Andere eintritt und Fürbitte einlegt, wenn man Frieden stiftet, Zürnende besänftigt und gelinde stimmt. Das ist eine feine Klugheit, wenn man es versteht, Andere von ihrem Unrecht zu über= zeugen, und sie dahin zu bringen, daß sie selbst erkennen und urtheilen müssen, was recht und billig und Gott gefällig ist.

286. Absaloms Aussöhnung mit David. 2 Sam. 14, 21—33.

Das kluge Weib von Thekoa, welches von Joab angestiftet war, hatte das Herz des Königs erweicht. Derselbe gestattete, daß Absalom aus der Verbannung zurückkehrte. Joab holte ihn heim, daß er wieder in Jerusa= lem wohnte. Aber er durfte das Angesicht des Königs noch nicht wieder sehen. Das war von David nicht recht gehandelt. Eine solche halbherzige Vergebung, bei welcher man Groll und Widerwillen gegen den Nächsten noch im Herzen zurückbehält, taugt nichts vor Gott. Das ist nur von Uebel, wenn Einer spricht: Ich will vergeben, aber nicht vergessen, oder: Ich will dir vergeben, aber komme mir nicht wieder unter die Augen, gehe mir aus dem Wege, wir sind und bleiben geschiedene Leute.

Absalom war wirklich reumüthig, und es bekümmerte ihn daher, daß er das Angesicht seines Vaters nicht sehen durfte, und es verlangte ihn nach völliger Aussöhnung mit seinem Vater. Er sandte darum zu Joab, daß der käme und sich wieder ins Mittel legte. Als Joab nicht kam, brachte er es mit List dahin, daß er ihm willfahren mußte. Er befahl seinen Knechten, ein mit Gerste besetztes Stück Feld, welches dem Joab gehörte, anzuzünden. So erschien jetzt Joab, um Klage zu führen, und Absalom benutzte die Ge= legenheit und wiederholte sein Begehr, er möge nochmals bei dem König für ihn ein gut Wort einlegen. Das that Joab und bewegte den König, sei= nen Sohn wieder vor sich zu lassen. Absalom betete an, that Abbitte, und David küßte seinen Sohn, nahm ihn wieder zu Gnaden an. So bedarf es auch bei den Gläubigen oft noch viel Bittens, Mahnens, Zuredens, damit sie sich bereit finden lassen, ihren Brüdern ihre Fehler von Herzen zu ver= geben. Es geht eben ganz und gar wider die Natur, zu vergeben und zu vergessen, Gnade für Recht ergehen zu lassen, den zu lieben, der Einem wehe gethan hat. Die aber aufrichtig Gott fürchten, überwinden schließlich das Böse mit Gutem, bezwingen Haß, Groll, Rache und söhnen sich mit ihrem Widersacher aus und vergeben ihrem Beleidiger, wie Gott ihnen vergeben hat.

287. Absaloms Aufruhr. 2 Sam. 15, 1—18.

Es beginnt hier die Geschichte der zweiten Verfolgung, welche David, dem Gesalbten des HErrn, beschieden war. Die war noch viel schwerer, als die erste. Denn sie ging von Davids eigenem Sohne, Absalom, aus. Derselbe war von seinem Vater begnadigt, aber dankte es ihm übel. Er war von schöner Gestalt, eine stattliche, königliche Erscheinung. Er richtete sich in Jerusalem fürstlich ein, hielt sich Wagen, Rosse und Trabanten. Er schmeichelte dem Volk, stahl unter der Hand das Herz der Männer Israels, verleumdete den König, als fände Niemand Recht bei ihm, und versprach Israel bessere Tage, wenn er im Regiment säße. Schließlich ließ er sich in Hebron zum König ausrufen. Das ist das Bild eines Empörers. Das sind schändliche, verworfene Leute, welche den Eltern ungehorsam sind und dann der Obrigkeit widerstreben, welche die Herzen der Unterthanen den rechtmäßigen Obern abspenstisch machen, mit eitel Verleumdung, Lüge und Tücke umgehen und zuletzt das Schwert ergreifen und Mord und Blutvergießen anstiften. Noch viel schlimmer aber, als Empörung im bürgerlichen Reich, ist Rebellion in der Kirche. Das sind die ärgsten und giftigsten Menschen, welche sich wider Christum, den Gesalbten Gottes, auflehnen, mit Lüge, falscher Lehre und gleißenden, frommen Worten die Herzen und Gewissen von Gott und Christo abwenden und der Hölle dienstbar machen.

Wir müssen uns wundern, daß, wie hier berichtet wird, fast ganz Israel Absalom nachfolgete und so schnell dem König David, der doch ein gerechtes Scepter führte, untreu wurde. Aber so ist es allewege. Die Bosheit und Lüge findet viel leichter Anklang und Anhang, als Recht und Wahrheit. Es gingen mit Absalom auch zweihundert Mann aus Jerusalem in ihrer Einfalt, indem sie nichts um die Sache wußten. Auch einfältige Seelen können leicht berückt und betrogen werden. Darum trifft die Verführer, die Urheber von Empörung und Sectirerei so schwere Schuld und Verantwortung.

David erkannte bald, daß er und seine Sache verloren wäre, wenn er dem ersten Sturm und Andrang der Empörer sich widersetzen würde, und floh darum aus Jerusalem. Es begleiteten ihn seine Knechte, das ist seine Hofbeamten und Diener, ferner die Crethi und Plethi, das ist seine Leibwache, und 600 Mann, die aus der Philisterstadt Gath zu ihm gekommen waren, wahrscheinlich ehemalige Waffengefährten Davids. Es ist ganz recht gethan, wenn die Frommen der Gewalt und Verfolgung ausweichen. Christus selbst hat seinen Jüngern den Weg gewiesen, daß sie, wenn sie verfolgt würden, aus einer Stadt in die andere fliehen möchten.

288. Davids Flucht vor Absalom. 2 Sam. 15, 19—37.

David floh vor seinem Sohn Absalom. Aber er hatte in seinem Leiden noch treue Freunde und Anhänger. Zu denen gehörte Ithai, einer seiner Heerführer, welcher erst unlängst aus Gath nach Jerusalem gekommen und in Davids Dienste übergetreten war. Dieser Fremdling folgte jetzt David in die Verbannung, während die Großen in Israel von dem König

Israels abgefallen waren. Als David ihn aufforderte, zu seinem Volke
zurückzukehren, erklärte er, wo David sei und bleibe, wolle er auch bleiben,
es sei zum Leben oder zum Tode. So hat Christus, der König, auch zu allen
Zeiten treue Jünger und Bekenner. Ja, es ist in Zeiten der Leiden und der
Verfolgung schon oft so gewesen, wie es hier war. Alte, erfahrene Christen,
denen man es nicht zugetraut hätte, sind schwach geworden und haben verleugnet. Dagegen schwache Christen, die etwa erst jüngst bekehrt waren,
von denen man es nicht gedacht, haben Stand gehalten und wacker bekannt.

Zu Davids Getreuen gehörten auch die beiden Hohenpriester Zadok
und Abjathar. Die stellten sich auch ein und wollten mit der Lade des
HErrn David begleiten. David aber, der in Gottes Rath und Willen ergeben war, schickte sie heim, sie sollten mit der Lade in Jerusalem bleiben
und dort seine Sache führen und ihre Söhne, Jonathan und Ahimaaz, bereit halten, damit die ihm von dem Gang der Ereignisse Botschaft brächten.
Es ist viel gewonnen, wenn in Zeiten der Verfolgung und des Abfalls
wenigstens die Diener am Heiligthum, die Diener des Worts Treue halten.

Es wird nun recht lebendig geschildert, wie David weinend, klagend,
barfuß und mit verhülltem Haupt über den Kidron ging, zur Stadt hinaus,
den Oelberg hinan, und wie viel Volks hinter ihm her weinte. Das
erinnert an den ähnlichen Gang des Davidssohnes, da Christus über den
Kidron ging, nach Gethsemane an den Oelberg, wo er dann trauerte, zitterte,
zagte und Geschrei mit Thränen opferte. Daß David der Gewalt wich und
sich ins Leiden schickte, diente zu seiner Rettung und zur Rettung des Volks.
In noch ganz anderer Weise hat Christus durch seinen schweren Leidensgang
seinem Volke Hülfe und Heil geschafft.

Noch eine andere Aehnlichkeit zwischen Davids Leiden und Christi Lei-
den springt in die Augen. Ein guter Freund und Rathgeber Davids,
Ahitophel, wurde abtrünnig, ward zum Verräther. Und einer von den
Zwölfen hat Christum verrathen.

David flehte zu Gott, daß er den Rath Ahitophels zu Schanden machen
möge. Zugleich aber bestellte er seinen treuen Rathgeber Husai, daß er bei
dem neuen König dahin wirken sollte, daß Ahitophels Rath zu nichte würde.
So sollen wir gegen den bösen Rath und Willen der Feinde Christi beten,
zugleich aber, soviel wir vermögen, dem Vornehmen der Feinde entgegen-
wirken, damit sie Gottes Volk nicht gar verstören.

289. Zibas Treulosigkeit. Simeis Lästerung. 2 Sam. 16, 1—14.

Als David ein wenig über die Höhe des Oelbergs hinübergekommen
war, nahte sich ihm Ziba, der Knecht Mephiboseths, und brachte ihm ein
reiches Geschenk. Er gab vor, sein Herr Mephiboseth trachte auch nach dem

Königthum, und bestimmte so den David, ihm die Güter seines Herrn zu=
zusprechen. Das war aber böswillige Verleumdung. Mephiboseth war
ein unschuldiger Mann und kein Aufrührer. So wurde David in dieser
schweren Zeit noch hintergangen und betrogen. Dann kam Simei aus dem
Geschlecht Sauls und fluchte dem David und warf nach ihm mit Steinen
und Erdklößen. Er nannte ihn einen Bluthund und losen Mann. Jetzt
habe der HErr ihm vergolten, was er dem Hause Sauls zu Leide gethan.
David wehrte seinen Gefährten, ihn an Simei zu rächen, und sprach: Der
HErr hat's ihn geheißen. Er erkannte in dem allen die Hand des HErrn,
und zwar auch die züchtigende Hand des HErrn. Er war unschuldig am
Hause Sauls, Simei hatte keinen Grund, ihn zu schelten. Aber er hatte
doch sonst unschuldig Blut vergossen, hatte Uria, den Mann Bathsebas, mit
dem Schwert getödtet. Und so demüthigte er sich unter die gewaltige Hand
Gottes.

David ist Vorbild des Davidssohnes. Der wurde auch in seinem
schweren Leiden noch verhöhnt, verspottet, verlästert und verflucht. Und
er schalt nicht wieder, da er gescholten ward, und drohte nicht, da er litt.
Er nahm willig den bitteren Kelch, den sein Vater ihm zu trinken gab, und
wehrte seinen Jüngern, seinen Feinden ein Leids anzuthun und mit dem
Schwert dreinzuschlagen. Christus hat auch um der Sünde willen gelitten,
aber er hat fremde Sünden, die Missethaten und Blutschulden der Menschen
getragen und hat uns erlöst vom Fluch des Gesetzes, da er ward ein Fluch
für uns. David ist Vorbild aller Gläubigen. Die müssen hier auch viel
leiden und gerade Hohn, Spott und Lästerung der Welt erdulden. Aber
sie sollen willig leiden und dulden, sich selber nicht rächen und in dem
allen die Hand des HErrn erkennen. Und ob die Welt sie auch ohne Ursache
haßt, verurtheilt und verflucht, so sollen sie doch wohl zusehen und sich prü=
fen, ob sie nicht Gott Ursache gegeben haben, sie zu züchtigen, ob Gott nicht
alte Sünden an ihnen heimsucht, freilich zu ihrem Heil und Besten.

290. Ahitophels und Husais Rath. 2 Sam. 16, 15.—17, 14.

Während David flüchtete, hielt Absalom mit seinem Anhang seinen
Einzug in Jerusalem. Dem teuflischen Rath Ahitophels gemäß eignete er
sich die Kebsweiber seines Vaters zu und trieb mit ihnen Schande vor den
Augen des ganzen Israels. Er wollte auf diese Weise den Bruch mit David
unheilbar machen und sich im Regiment befestigen. Solche freche Aufrührer,
wie Absalom, welche Staat und Kirche in Verwirrung bringen, sind in der
Regel auch wahre Scheusale, in Laster und Schande ersoffen. Zugleich er=
füllte sich hiermit durch Gottes Fügung, was Gott durch Nathan dem David
angedroht hatte. Auch dieser Vorgang mußte David an seine schwere Ver=

sündigung erinnern, an die Schande, die er mit Bathseba begangen, und nöthigte ihn, sich immer tiefer vor Gott zu demüthigen.

Ahitophel erbot sich jetzt dem Absalom, mit 12,000 Mann sofort hinter David herzusetzen. Wäre dieses Vornehmen hinausgegangen, so wäre es nach aller menschlichen Berechnung um David geschehen gewesen. Denn derselbe hatte nur wenige Getreue um sich. Da aber legte sich Davids Freund Husai ins Mittel. Er stellte sich, als hielte er es mit Absalom, und gab einen andern Rath, welcher Absalom besser gefiel, als der Rath Ahi=tophels, nämlich Absalom solle noch zuwarten und erst ganz Israel von Dan bis Berseba versammeln und dann diese überwältigende Heeresmacht wider David aufbieten, dann werde der Sieg ihm gewiß zufallen. Dieser Rath=schlag war nur auf das Beste Davids berechnet. So gewann David Zeit, sich mit seinem Gefolge vom ersten Schrecken zu erholen und seinen Anhang zu stärken. Das ist wohl gethan, wenn man solchen Erzbösewichtern und Helfershelfern Satans, welche alle menschliche und göttliche Ordnung um=stoßen, nach Kräften entgegenwirkt und ihren bösen Rath und Willen hindert. Es heißt ausdrücklich, daß es der HErr also schickte, daß der gute Rath Ahitophels verhindert wurde. Gott wollte über Absalom Unheil bringen. So verblendet Gott die, welche er verderben will. Er läßt die Empörer, und sonderlich auch, die sich wider Christum und sein Regiment auflehnen, oft von einer Thorheit in die andere fallen, daß sie wie mit verbundenen Augen in ihr Unglück hineinlaufen.

291. David im Ostjordanland. 2 Sam. 17, 15—29.

Absalom hatte den Rath Husais, welcher dem David günstig war, an=genommen. Und nun entsandten die Priester Zadok und Abjathar, wie verabredet war, ihre Söhne, Ahimaaz und Jonathan, um David hiervon Kunde zu bringen. Das erfuhr Absalom und sandte Häscher aus, welche den beiden Boten nachsetzten. Letztere fanden Zuflucht im Haus eines from=men Israeliten, welcher sie in seinem Brunnen verbarg. Dessen Weib täuschte die Verfolger, welche dort nachspürten, indem sie angab, die beiden Knaben seien über das Wasser, über den nächsten Fluß gegangen. Das ist ein gutes, Gott gefälliges Werk, wenn man sich unschuldig Verfolger an=nimmt und drohende Gefahr von ihnen abwendet.

Nachdem die beiden Boten der Priester den Händen der Knechte Ab=saloms entronnen waren, setzten sie ihren Weg fort und kamen zu David, welcher sich noch in der Jordanaue aufhielt, meldeten, was in Jerusalem geschehen war, und mahnten ihn, ohne Verzug weiter zu fliehen, über den Jordan hinüber, an die Grenze des Landes, ehe Absalom sein großes Heer zusammenbrächte. So überschritt David mit seinem Gefolge den

Jordan. Gott weiß die Seinen in Zeiten der Trübsal und Verfolgung zu erhalten. Er hat Mittel und Wege genug, sie zu schützen. Sowohl die Frommen, als auch die Gottlosen, welche er verblendet, müssen ihm hierzu Dienste leisten.

Ahitophel sah jetzt den übeln Ausgang der Sache Absaloms voraus und gab auch seine Sache verloren, ging hin und erhenkte sich, gleichwie auch der Verräther des Davidssohnes hinging und sich erhenkte und an seinen Ort fuhr. Die Verräther nehmen ein Ende mit Schrecken.

David kam mit seinen Getreuen nach Mahanaim im Ostjordanland. Dort fanden sich etliche Männer bei ihm ein, unter ihnen der greise Barsillai, welche David und seine Helden, die da hungrig und durstig und müde waren, erquickten und reichlich mit Lebensmitteln versahen. Das war ein edles Werk. Solche Liebesdienste, die man denen erweist, welche um der Gerechtigkeit willen verfolgt werden, und ob man sie auch nur mit einem Becher Wasser erquickte, werden im Himmel wohl belohnt.

292. Absaloms schreckliches Ende. 2 Sam. 18, 1—18.

Es wird uns hier berichtet, wie das Volk, das David treu geblieben und bald zu einem großen Haufen herangewachsen war, unter Führung der bewährten Freunde Davids in den Kampf zog. Der Kampf war im Augenblick entschieden, das aufrührerische Heer im Nu zerstreut. Tausende fielen durch das Schwert, noch mehr kamen im Waldgebirge Ephraim um, wo sie in Schluchten und Abgründe stürzten. So ist's je und je gewesen. Aufruhr hat selten Bestand gehabt. Die da widerstrebten, haben ein Urtheil über sich empfangen. Das schwerste Urtheil aber wird die treffen, welche wider Christum, den Gesalbten des HErrn, anlaufen.

Vor Allem empfing der Hauptrebell, welcher ganz Israel verwirrt hatte, Absalom, seinen verdienten Lohn. Joab übertrat zwar, da er ihn tödtete, den Befehl des Königs. Aber daß Absalom mit den Haaren in den Zweigen der Eiche hängen blieb und da von Joab durchbohrt und schließlich von den Knechten Joabs niedergetreten und vollends todt geschlagen wurde, das war ein Verhängniß und sichtbares Strafgericht Gottes. An diesem Exempel sehen wir, wie streng Gott über dem vierten Gebot hält, wie schwer er Ungehorsam gegen Eltern und Herren ahndet, und wie schrecklich es denen ergeht, welche Andere irreführen und von Gott abwenden.

Nach Absaloms Tod stellte Joab die Verfolgung der Gegner ein. Er wollte und konnte nun des Volks schonen. Denn Davids Regiment war jetzt gerettet und gesichert. Absaloms Leichnam wurde im Wald in eine Grube geworfen, wie ein todtes Stück Vieh verscharrt, und über der Grube ein großer Steinhaufe errichtet. Dieses Denkmal der Schande war so recht das Widerspiel von der Denksäule, die Absalom bei Lebzeiten sich selbst im Königsthal nahe bei Jerusalem gesetzt hatte. Die ihre eigene Ehre suchen und sich über Gott und Menschen erheben, die werden schließlich vor Gott und Menschen zu Schanden.

293. David erhält Nachricht von dem Ende des Aufrührers. 2 Sam. 18, 19—33.

Nachdem Joab die Sache Davids glücklich hinausgeführt hatte, ent=sandte er einen seiner Knechte, den Chusi, zu David, daß der ihm den großen Sieg meldete. Joab wußte, daß David sich über den Tod Absaloms sehr betrüben würde, und so legte er selbst dem Boten die Worte in den Mund, die er sagen sollte, und wählte solche Worte, die David mit dem, was ge=schehen war, versöhnen konnten. Zugleich machte sich Ahimaaz, der Sohn des Priesters Zadok, auf den Weg und lief mit Chusi um die Wette, um wo möglich zuerst die gute Botschaft dem König zu überbringen. David saß vor den Thoren der Stadt Mahanaim und wartete auf Nachricht. Als der Wächter droben auf dem Dach des Thores ihm ansagte, daß zwei Män=ner in schnellem Lauf auf die Stadt zukämen, ahnte er schon, daß es gute Boten seien. Und nun verkündigten die Beiden, erst Ahimaaz, dann Chusi, den glücklichen Ausgang des Kampfes, daß der HErr dem König seine Feinde in seine Hand gegeben, daß der HErr David Recht verschafft habe wider die Leute, die sich gegen ihn aufgelehnt hatten. Als David den Chusi frug, wie es um Absalom stehe, antwortete derselbe: „Es müsse allen Feinden meines Herrn Königs gehen, wie es dem Knaben gehet, und Allen, die sich wider dich auflehnen übel zu thun." Diese Worte deuteten klar genug auf den Tod Absaloms und enthielten zugleich das Urtheil, daß Absalom seinen verdienten Lohn empfangen habe. Auch dies Letztere war eine gute Bot=schaft. Es war eine Wohlthat für Israel, Gottes Volk, daß dieser heil=lose Rädelsführer aus dem Weg geräumt war. Es ist nur Wohlthat und Segen, wenn solche schädliche Menschen, die das Volk Gottes verführen und verderben, umkommen, wenn Gott an seinen Feinden Gericht übt. Und die Frommen sollen Gott auch um die Gerichte seiner Gerechtigkeit loben und preisen.

294. Wiedereinsetzung Davids in sein Reich. 2 Sam. 19, 1—23.

Wir hören hier, wie David seinen Sohn Absalom, welcher nicht nur gestorben, sondern verloren, ewig verloren war, beweinte und beklagte. Das ist das schwerste Herzeleid für die Gläubigen auf Erden, wenn sie einen ihrer Angehörigen, ihrer nächsten Blutsverwandten als verloren, ewig verloren betrauern müssen.

David war so tief in sein Leid, seinen Gram versunken, daß er des Volks, das so treulich ihm zur Seite gestanden und für ihn gekämpft hatte, ganz vergaß. Er zog sich zurück, und das Volk stahl sich von ihm weg, als wäre es im Streit zu Schanden geworden. Mit Mühe und Noth brachte es Joab, der hier als treuer Rathgeber erscheint, dahin, daß sich der König vor dem Volk wieder zeigte. Hier hatte David unrecht gehandelt. Gott hatte ihm einen herrlichen Sieg gegeben, hatte seine Königsherrschaft befestigt, und so war es seine Pflicht, sich mit seinem Volk des Sieges zu freuen. Auch war es Unrecht, daß er dem Amasa, der es mit Absalom gehalten hatte, das Versprechen gab, ihn an Joabs Statt zum Feldhauptmann zu machen. Wenn Joab auch ein rauher, leidenschaftlicher und eigenwilliger Kriegsoberster war, so hatte er doch Davids Sache zum Sieg hinausgeführt. Das ist nicht recht, wenn Einer, der ein Amt hat im Reich Gottes, und überhaupt ein Gläubiger auf Vater, Mutter, Bruder, Schwester, Sohn, Tochter zu viel Rücksicht nimmt und darüber sein Amt und die Angelegenheiten des Reichs Gottes hintansetzt, oder wenn er sich in seinen Handlungen durch persönliche Vorurtheile bestimmen läßt.

Ganz Israel erkannte David jetzt wieder als König an. Die nördlichen Stämme und die von Juda wetteiferten mit einander, David wieder heimzuholen und in sein Regiment einzusetzen. So nimmt sich Gott in Gnaden seiner Kinder an. Wenn dieselben auch zeitweilig durch Betrüger bethört und verleitet werden, so bringt er sie wieder zurecht, daß sie dann, wenn sie ihren Irrthum erkannt haben, um so eifriger ihrem Gott und Heiland dienen.

Als David wieder über den Jordan ging, kam ihm auch Simei entgegen, der ihm erst geflucht hatte, und bat um Gnade. David widerstand der Versuchung, sich an seinem Feind zu rächen. Er war dessen eingedenk, wie groß Heil ihm widerfahren war, und vergab dem Simei. Große Hülfe und Gnade Gottes stimmt die Herzen der Gläubigen mild und weich, daß sie gern bereit sind, ihrem Widersacher zu vergeben.

295. Verhalten Davids gegen Mephiboseth und Barsillai.
2 Sam. 19, 24—43.

Als David über den Jordan zurückkam, nahte sich ihm auch Mephiboseth, welcher von seinem Knecht Ziba so schändlich verleumdet worden war. Er betheuerte David seine Unschuld, daß er nichts Böses wider den König gedacht oder unternommen habe. Er hatte David auf seiner Flucht begleiten wollen, hatte aber nicht so rasch mit fortkommen können, weil er lahm war. So hatte er die ganze Zeit, seit David weggegangen war, seine Füße und seine Kleider nicht gewaschen, seinen Bart nicht geordnet, hatte das Unglück

Davids tief betrauert. David hätte jetzt das frühere Urtheil, da er dem
Ziba alle Güter Sauls zugesprochen hatte, zurücknehmen und dem Mephi=
boseth das Erbe seiner Väter unverkürzt wiedergeben sollen. Es war sündige
Schwäche, daß er dem Ziba doch die Hälfte der Güter Mephiboseths ließ,
während derselbe wegen seiner schnöden Verleumdung herbe Strafe verdient
hatte. Wenn Einer seinem Nächsten auch unwissentlich Unrecht gethan hat,
so ist er doch verpflichtet, so bald er es erkannt hat, das Unrecht, so viel er
nur vermag, wieder gut zu machen. Wir finden, daß David in seinen
königlichen Entscheidungen jetzt oft unsicher war und das Rechte verfehlte.
Das war noch eine üble Folge seines schweren Sündenfalls. Die Sünde
trübt das Urtheil und schwächt den Willen, und diese schlimme Wirkung
der Sünde wird auch durch nachfolgende Buße und Vergebung nicht immer
ganz aufgehoben.

Dem Barsillai, welcher sich gleichfalls einstellte, um dem David bei
seinem Uebergang über den Jordan das Ehrengeleite zu geben, wollte es
David vergelten, daß er ihn in seinem Leiden so erquickt hatte. Er forderte
ihn auf, mit ihm nach Jerusalem zu ziehen und von des Königs Tisch sich
zu nähren. Der alte Barsillai wollte aber lieber in der Stille, im Hause
seiner Väter seine Tage beschließen und erbat sich von David nur die Gunst,
daß er seinen Sohn Chimeham mit sich an seinen Hof nehmen möge. Das
that David. So bringt die Frömmigkeit der Eltern den Kindern Segen
und Gewinn.

Zuletzt hören wir hier noch, daß die Männer von Israel, das ist die
Vertreter der nördlichen Stämme denen von Juda schwere Vorwürfe mach=
ten, daß sie ihnen bei Einholung des Königs zuvorgekommen waren. So
erhob sich ein Zwist zwischen Israel und Juda. Jeder der beiden Theile
wollte näheres Anrecht an den König haben, als der andere. Juda war
David verwandt, Israel war der stärkere Theil. Obwohl ganz Israel dem
König David von Neuem huldigte, so trat doch der alte Gegensatz zwischen
den nördlichen und südlichen Stämmen, zwischen Juda und Ephraim wieder
hervor, und diese Wahrnehmung diente auch an ihrem Theil zur Demü=
thigung Davids. Gott weiß und hat Mittel genug, um die tief gefallenen
und wieder begnadigten Sünder in der Demuth zu erhalten.

296. Aufruhr des Seba. 2 Sam. 20.

Kaum saß David wieder in seinem Regiment, so erhob sich ein neuer
Aufruhr. Die Erbitterung, welche zwischen Juda und Israel eingetreten
war, machte sich Seba, ein heilloser Mann aus dem Stamm Benjamin,
zu Nutze, warf sich zum Gegenkönig auf und sammelte einen großen Anhang
aus den nördlichen Stämmen. So folgte jetzt in Davids Leben eine Züch=

tigung auf die andere. Gott züchtigt auch noch die begnadigten Sünder, damit sie in der Buße und Demuth verharren.

Dieser Seba war ein echter Rebell und empfing auch den Lohn eines Rebellen. Seine eigenen Leute ergriffen ihn schließlich, tödteten ihn und überlieferten sein Haupt dem Feldherrn Davids. Das hat sich im Lauf der Geschichte oft wiederholt, daß solche heillose Menschen und freche Empörer von ihrem eigenen Anhang umgebracht, also von eben denen gestraft wurden, welche sie zu Sünde und Abfall verleitet hatten.

Wir hören hier von Joab, daß er in diesem Kampf wieder an die Spitze des Heeres Davids trat. David hatte zwar dem Amasa den Ober= befehl gegeben und den Auftrag ertheilt, die Männer Judas unter die Waffen zu rufen. Als aber Amasa mit Ausführung dieses Auftrags verzog, wohl deshalb, weil die von Juda zu diesem neuen Führer kein rechtes Vertrauen fassen konnten, hatte David die alten, bewährten Heerführer, Joab und Abisai, wieder in ihr Recht und Amt eingesetzt. Das ist ein Rechtssatz, der in der Welt, wie in der Kirche gilt, daß Diejenigen, welche zu einem Amt fähig und tüchtig sind, die sich auch darin bewährt haben und treu erfunden sind, auch im Amt bleiben und nicht von Andern, die weniger tüchtig sind, verdrängt werden sollen.

Es war aber ein schweres Unrecht, daß Joab aus Eifersucht und Rach= sucht den Amasa heimtückisch ermordete. Joab war ein treuer Knecht Davids, dem David und Israel viel zu danken hatte. Aber die rohe, fleischliche Art, sein Zorn und Ehrgeiz schlug immer wieder durch und befleckte seine Ver= dienste. Wer in öffentlichem Amte sitzt, soll sich selbst beherrschen und in Schranken halten, auch Undank und Kränkung verschmerzen können und ja nicht der fleischlichen Erregung und Leidenschaft Raum geben.

Schließlich wird uns hier noch von einer weisen Frau berichtet, einer Bewohnerin der Stadt Abel im Norden Palästinas, in welche Seba sich ge= flüchtet hatte und die von Joab belagert wurde. Die überredete ihre Volks= genossen, Seba auszuliefern, und redete Joab zum Guten zu, daß er dem Blutvergießen ein Ende machte. Das ist ein edles Werk, welches oft in der Schrift gerühmt wird, wenn man geflissen ist, Frieden zu stiften und dem Zwist und Hader ein Ende zu machen.

297. Hungersnoth und Sühne. 2 Sam. 21.

Es werden nun noch etliche Züge aus der letzten Zeit des Regiments Davids erzählt. Mitten unter Israel lebten die Gibeoniten, die Ueberreste jenes alten canaanitischen Volksstammes. Denen hatte Josua Sicherheit zugeschworen und sie zu Holz= und Wasserträgern im Heiligthum gemacht. Eine Anzahl dieser Gibeoniten hatte der König Saul ohne alle Ursache ge=

tödtet. Diese Blutschuld war noch ungesühnt. Daran erinnerte Gott Israel,
indem er eine große Dürre über das Land verhängte. So gab David den
Gibeoniten auf ihr Verlangen sieben Männer aus dem Geschlecht Sauls
preis, ruchlose Buben, an denen jetzt ihre Sünde und die Sünde des Vaters
heimgesucht wurde. Die Gibeoniten übten jetzt Blutrache, damit daß sie
dieselben in Gibea, der Heimath Sauls, aufhängten. Als dies geschehen
war, gab Gott wieder Regen vom Himmel, zum Zeichen, daß er dem Land
versöhnt war. Wir ersehen hieraus, wie treulich Gott sich derer annimmt,
welche Unrecht leiden. Er straft wohl ein ganzes Volk, wenn aus dessen
Mitte Seufzer armer, bedrängter Seelen zu ihm aufsteigen. Und es ist
sein ernster Wille, daß auch wir, so viel an uns ist, den Elenden und
Unterdrückten zu ihrem Recht verhelfen.

Die Gebeine jener Gehängten hatte Rizpa, ein Kebsweib Sauls, bei
Tag und Nacht bewahrt, daß sie nicht von wilden Thieren versehrt wurden.
Das war rührende Liebe zu dem todten Saul und seinem Geschlecht, die auch
auf David Eindruck machte. Der König David ließ die Todtengebeine
sammt den Gebeinen Sauls und Jonathans im Erbbegräbniß der Familie
des Kis, des Vaters Sauls, beisetzen. Das ist gut und löblich, daß man
auch der Todten noch gedenkt und auch mit den Gebeinen der Todten säuberlich fährt.

Bis in sein hohes Alter führte David noch des HErrn Kriege wider die
Feinde Israels, sonderlich die Philister. Zuletzt mußten seine Freunde ihn
zurückhalten, daß er nicht selbst mit in den Streit auszöge. Die Leuchte
in Israel sollte nicht vor der Zeit verlöschen. Hier erscheint David wieder
als leuchtendes Exempel für die Frommen. Die sollen wirken, so lange es
Tag ist, und auch im Kampf und Streit nicht nachlassen, bis der Feier-
abend kommt.

298. Davids Danklied für die Errettung von seinen Feinden.
2 Sam. 22, 1—20.

Wir finden hier der Geschichtserzählung einen Psalm Davids eingefügt, den David gebetet hat, als der HErr ihn nicht nur aus der Hand
Sauls, sondern aus der Hand aller seiner Feinde errettet hatte. Es ist
der 18. Psalm. Dies Lied paßt für alle Gläubigen, und ist gerade dann
am Platz, wenn der HErr uns aus großer Gefahr gerettet hat.

Der Psalm beginnt mit einer Anrede an Gott. David bekennt, was
er an Gott hat, und das ist das Bekenntniß aller frommen Kinder Gottes:
HErr, mein Heiland und Erretter, mein Schild, der mich wider alle An-
läufe und feurigen Pfeile des bösen Feindes deckt, mein Fels, meine Burg,

18

mein Hort, bei dem ich in aller Noth Schutz und Zuflucht finde, mein Horn, das mir Kraft gibt im Streit und Kampf.

Was David von Gott bekennt, das hat er erfahren, als seine Feinde ihn verfolgten und bedrängten. Er war oft dem Tode nahe, hörte schon von ferne die Bäche Belials, des Todesfürsten, rauschen, Stricke und Bande des Todes hatten ihn schon umfangen. Und in solcher Todesnoth schrie er zu Gott auf. Gerade den gläubigen, frommen Kindern Gottes setzt der böse Feind zu und bedroht sie mit Schrecken des Todes. Die Gläubigen laufen, auch ohne daß sie es wissen, durch viele Gefahren des Todes hindurch, sehen aber auch oft dem Tod ins Angesicht. Aber in allen ihren Nöthen und Aengsten rufen sie den HErrn an.

Und nun beschreibt David die Hülfe in der Noth unter dem Bild eines furchtbaren Wetters, in welchem Gott, der auf dem Cherubim thront, seine Macht offenbart. Gott ist wie ein Wetter mit seiner Allgewalt und Maje= stät über seine Feinde gekommen, hat dieselben zerstreut und zu Boden ge= schlagen und den Elenden, der schier dem Ertrinken nahe war, aus den tiefen Wassern herausgezogen. Und Aehnliches muß jeder Gläubige seinem Gott nachrühmen, daß er ihn oft aus Gefahr, Angst, Noth und Tod, da er selbst keinen Rath und Ausweg wußte, mit seinem kräftigen Arm herausgerissen und seine Füße auf freien Raum gestellt hat.

299. Davids Danklied für die Errettung von seinen Feinden. (Fortsetzung.) 2 Sam. 22, 21—51.

In diesem Lied, in welchem er die mächtige Hülfe Gottes preist, be= zeugt David ferner, daß er unsträflich und ohne Wandel sei, daß er Gottes Rechte und Gebote halte und sich vor Sünden hüte, bekennt aber zugleich, daß er das von Gott habe, daß Gottes Rede ihn geläutert, daß der HErr ihn seine Wege gelehrt habe, und rühmt, daß Gott ihm nach seiner Gerech= tigkeit vergelte, seine Hände streiten lehre und seine Feinde vor ihm in die Flucht gebe. So darf sich ein Gläubiger auch auf seine Unschuld und Ge= rechtigkeit berufen, auf das gute Gewissen, das er vor Gott hat, Gott weiß, daß es redlich meint und daß seine Feinde, Hasser und Verleumder kein Recht wider ihn haben. Ein Gläubiger ist sich dabei wohl bewußt, daß er Alles, was er ist und hat, Gott und seiner Gnade, seinem Wort und Geist verdankt. Und Gott hat aus Gnaden seinen gläubigen Kindern die Ver= heißung gegeben, daß er ihnen nach ihrer Gerechtigkeit vergelten und wider alle ihre Feinde ihnen Recht schaffen werde, während er bei den Verkehrten verkehrt ist, die Verkehrten und Gottlosen in ihren verkehrten Sinn, in Ver= derben und Verdammniß dahingibt.

Der letzte Theil des Psalms wird zur Weissagung. Da redet David
in der Person eines Andern, des Helden aus dem Stamme Juda, des zwei=
ten, größeren David. Christus, der Gesalbte, der Sohn Davids, wird die
Sache Davids und aller Gläubigen schließlich erst recht zum Sieg hinaus=
führen und an den Feinden des Volks Gottes Rache nehmen, sie zu Staub
zerstoßen und wie Koth auf der Gasse zerstreuen. Aber nicht nur durch Ge=
richt und Gerechtigkeit, vor Allem durch Gnade und Barmherzigkeit wird
sich Christus an den fremden Kindern verherrlichen. Er wird, ehe er zur
Rache über das zänkische Volk erscheint, noch viele Sünder und Heiden zu
sich bekehren, daß sie ihm gehorchen. Ein großes Volk, das ihn erst nicht
kannte, wird ihm dienen. So wird er Haupt und König sein über die Hei=
den, über das wahre Israel, welches aus Abrahams Samen und aus allen
Völkern der Erde gesammelt wird.

300. Die letzten Worte Davids. 2 Sam. 23, 1—7.

Dies sind die letzten Worte Davids, sein letztes Lied. David, der
König und Gesalbte Gottes, der so hoch gestellt war, ist in Israel auch durch
seine lieblichen Psalmen berühmt geworden. Diese Psalmen kamen aber
nicht aus seinem eigenen Herzen, sondern der Geist Gottes hat durch ihn ge=
redet. Der Heilige Geist hat ihm auch dieses letzte Lied eingegeben. Das
ist eine Weissagung auf Christum.

David singt und sagt hier von einem Herrscher unter den Menschen.
Christus, der zweite David, ist nicht nur König Israels, sondern der HErr
und Heiland aller Menschen. Ein gerechter Herrscher ist er, der in der
Furcht Gottes regiert. Vor Allem aber preist David das Heil, die Gnade
des Königs Messias. Er vergleicht Christum und sein Heil, welches aus
der Höhe in diese finstere Welt hereinleuchten wird, mit einem lichten Mor=
gen, mit der Morgensonne, die am wolkenfreien Himmel aufgeht, und die
Wirkungen dieses Heils unter den Menschen mit frischem Grün, welches
nach dem Regen auf Erden aufsproßt. Diese Verheißung ist gewiß, ein
ewiger Bund. David selbst tröstete sich derselben für seine Person, er nennt
das Heil Christi sein Heil. So ging er dem Tode entgegen, indem er seine
Augen unverwandt auf den Tag Christi richtete. Die Weissagung ist jetzt
erfüllt. Die heilsame Gnade Gottes ist in Christo JEsu erschienen, wie
der helle Tag aufgegangen. Und wo dieses ewige Licht hereinleuchtet, da
grünt's und sproßt's auf Erden. Alle Gläubigen freuen und trösten sich
des lieblichen Glanzes der Gnade JEsu Christi, im Leben und im Sterben,
und bringen, so lange sie hienieden leben, kraft der Gnade Früchte der Ge=
rechtigkeit, Gott zu Lob und Ehren.

Zum Schluß weist dieses Lied aber auch noch auf die Kinder Belials hin, die Kinder des Verderbens, welche Christum und seine Gnade verachten. Die gleichen den Dornen und Disteln, welche mit Eisenwerkzeugen aus dem Boden ausgerottet und dann mit Feuer verbrannt werden. Wer das Heil des Königs Messias von sich stößt, der wird ausgerottet aus Gottes Volk, der verfällt dem höllischen Feuer.

301. Die Helden Davids. 2 Sam. 23, 8—39.

Es ist der heiligen Geschichte noch ein Verzeichniß der Helden Davids eingereiht, welche in der Saul'schen Verfolgungszeit ihm besondere Dienste leisteten und hernachmals in den Kriegen des HErrn, die David wider die Feinde Israels führte, sich hervorthaten. Es waren ihrer dreißig. Die bildeten die nächste Umgebung Davids, waren gleichsam seine Adjutanten. Unter diesen dreißig waren wiederum drei, Jasobeam, Eleasar und Samma, Helden ersten Ranges. Die zeichneten sich vor Andern im Kampf wider die Philister aus. Drei andere wagten einmal, während David auf der Flucht vor Saul in der Höhle Abullam sich verborgen hielt, ihr Leben für David, brachen durch ein Lager der Philister hindurch und holten dem schmachtenden David Wasser aus dem Brunnen bei Bethlehem, welches dieser aber nicht trinken wollte, weil es mit dem Blut der Leute erkauft war. Dann wird noch Benaja, der Sohn Jojadas besonders hervorgehoben, welcher etliche Löwen, das ist starke Helden der Moabiter und einen Riesen aus dem Volk der Egypter erschlug, desgleichen Asahel und Abisai, die Kinder Zeruja, die in der bisherigen Erzählung oft erwähnt sind. Es war unnöthig, den obersten, tüchtigsten und erfahrensten Feldherrn Davids, den Joab, nochmals mit Namen zu nennen.

Wie hier die Namen der Helden Davids und ihre Heldenthaten in die Schrift des Alten Bundes eingetragen sind, so sind die Namen der Gefährten Christi, des Davidssohnes, die Christo zur Seite standen und gingen und bei ihm in seinen Anfechtungen beharrten, in die Schrift des Neuen Bundes eingezeichnet. Desgleichen ist in der Schrift aufbewahrt, was die Apostel später gethan, wie sie mit dem Zeugniß von Christo die Welt überwunden, Christi Reich und Regiment auf Erden ausgebreitet haben. Und dann hat uns die Kirchengeschichte noch die Namen und Thaten vieler anderer Zeugen und Knechte Christi, die Christo und seinem Reiche große Dienste geleistet haben, überliefert. Aber eben diese Namen der treuen Knechte Gottes und Christi sind auch im Himmel angeschrieben, und was sie hier auf Erden ausgerichtet, um Christi willen gethan und gelitten haben, das ist auch in Gottes Buch eingezeichnet und wird ihnen in jener Welt wohl belohnt.

302. Ordnung des Gottesdienstes. 1 Chron. 23, 1—5. 24, 1—6.

Der König David diente Gott von ganzem Herzen, auch zuletzt noch, als er von seinem schweren Fall wieder aufgestanden war. Nicht der Welt Reichthum und Ehre, sondern Gottes Wort und Zeugniß war seines Her= zens Freude und Trost. Er hatte seine Lust an den schönen Gottesdiensten des HErrn. So wurde auch zu seiner Zeit des Gottesdienstes in rechter Weise gepflegt, sowohl bei der Stiftshütte, die sich in Gibeon befand, als bei dem Zelt, welches David für die Bundeslade auf dem Zion hatte er= richten lassen. David hätte gern selbst dem HErrn einen Tempel gebaut. Das war aber nach Gottes Willen seinem Sohn Salomo vorbehalten. Indeß traf David schon Vorbereitungen für den künftigen Tempeldienst. Er ordnete aufs genauste die Dienste der Priester und Leviten. Und nach dieser Regel und Ordnung warteten Priester und Leviten schon zu Davids Zeiten ihres Amtes. Das erste Buch der Chronika gibt uns hierüber nähere Auskunft.

David zählte und musterte zunächst die Leviten und traf die Bestimmung, daß sie nach vollendetem 20. Lebensjahr zum heiligen Dienst verpflichtet sein sollten. Die Summe derer, welche zwanzig Jahre und darüber alt waren, belief sich auf 38,000 Mann. Diese wurden in vier Klassen getheilt. Die erste Klasse, welche 24,000 Mann zählte, hatte die Priester bei ihren Ver= richtungen im Heiligthum, besonders beim Opferdienst, zu unterstützen. Die 6000 Mann, welche die zweite Klasse bildeten, waren zu Richtern und Amt= leuten in den Städten des Landes bestimmt. Die dritte Klasse, 4000 Mann stark, die sogenannten Thürhüter, hatte das Heiligthum zu bewachen. Die 4000 Mann, welche die vierte Klasse ausmachten, waren Sänger und Musiker. Die Einen trugen im Vorhof des Heiligthums heilige Lieder vor, sonderlich die Psalmen Davids, die Andern begleiteten den Gesang mit Harfen= und Cithernspiel. Drei Gesangmeister, Assaph, Heman und Ethan oder Jedu= thun, leiteten die Aufführungen der Tempelmusiker mit ehernen Cymbeln. 1 Chron. 25, 1—6. Die Priester, die Nachkommen der Söhne Aarons, Eleasar und Jthamar, theilte David in vierundzwanzig Klassen, von denen zeitweilig immer eine den Dienst im Heiligthum versah.

Aus diesen Bestimmungen kann und soll auch die neutestamentliche Ge= meinde etwas lernen. Die christliche Kirche hat Recht und Pflicht, den öffentlichen Gottesdienst, den Dienst am Wort und Sacrament zu bestellen, und soll die einzelnen Dienste und Verrichtungen unter die Personen, die hierzu geschickt und verordnet sind, recht vertheilen und darauf sehen, daß Alles ehrlich und ordentlich zugehe. Und wie schon das alttestamentliche Gottesvolk an Lied und Gesang seine Lust und Freude hatte, so gilt der neutestamentlichen Gemeinde das Wort des Apostels: „Lasset das Wort

Chrifti unter euch reichlich wohnen in aller Weisheit. Lehret und vermahnet euch felbft mit Pfalmen und Lobgefängen und geiftlichen lieblichen Liedern, und finget dem HErrn in eurem Herzen." Col. 3, 16.

303. Vorbereitung des Tempelbaus. 1 Chron. 22, 2—5. 28, 11—21.

David ordnete nicht nur den künftigen Tempeldienft, fondern traf felbft auch fchon Vorbereitungen für den Tempelbau, den fein Sohn Salomo aus= führen follte. Er fchaffte für diefen Zweck viel Vorrath vor feinem Tode. Gold, Silber, Edelfteine hatte er in großer Menge in feinen vielen Kriegen als Siegesbeute und auch als Tribut der unterworfenen Völker gewonnen. Cedernholz befchaffte er fich durch die Phönizier und durch deren Vermitt= lung auch wohl das nöthige Erz und Eifen. Er beftellte Steinhauer und Zimmerleute aus den Reften der Canaaniter, welche er zu Frohnknechten ge= macht hatte. Er übergab feinem Sohn auch ausführliche Baupläne, die er aber nicht felbft erfonnen, fondern nach göttlicher Eingebung entworfen hatte. Wiederholt, auch vor den Ohren der Oberften Ifraels, erinnerte David feinen Sohn Salomo daran, daß es Gottes Wille fei, daß er dem Namen des HErrn ein Haus baue. Vgl. 1 Chron. 22, 6. ff. 1 Chron. 28, 1. ff.

Wenn wir hören, wie David feine unermeßlichen Schätze zum guten Theil für den Bau des Haufes Gottes beftimmte, fo muß uns das billig reizen und anfpornen, Gold und Silber und was wir haben, alle unfere Kräfte in den Dienft Gottes zu ftellen und zum Aufbau des Reichs Gottes zu verwenden. Das ift die vornehmfte Lebensaufgabe der Chriften, daß fie den neuteftamentlichen Tempel, die Kirche Chrifti bauen helfen und das Wort Gottes und feines Namens Ehre auf Erden ausbreiten.

304. Volkszählung und Peft. 2 Sam. 24.

Es wird fchließlich noch von einer letzten fchweren Verfündigung Davids berichtet. Es heißt, daß der HErr David reizte, das Volk zählen zu laffen. Das erfte Buch der Chronika bemerkt, daß der Satan David dazu anftachelte. Der Satan ift's, welcher die Menfchen, auch die Gläubigen zur Sünde reizt und lockt. Er ift ein Verfucher zum Böfen. Gott ift nicht ein Verfucher zum Böfen. Aber er gibt feine Kinder öfter in die Verfuchung Satans dahin, um fie zu prüfen.

Das war alfo die Sünde Davids, daß er Joab den Auftrag gab, das ganze Land zu durchziehen und alle Männer, welche Waffen tragen konnten, aufzuzeichnen und zu zählen. Diefer Befehl kam aus Hoffart und Selbft= überhebung. David fühlte fich als Herrfcher eines großen, mächtigen Volks. Die Gläubigen müffen fich vor einem doppelten Abweg hüten, vor fleifch=

licher Lust, Schande und Laster — auch dieser Versuchung war David erlegen — und vor Stolz und Hoffart. Die letzte Gefahr ist ebenso groß,
wie die erstere. Und Hoffart ist ebenso ein Greuel vor Gott, wie Mord und
Ehebruch. Selbst Joab, der sonst kein so zartes Gewissen hatte, fühlte die
Gottwidrigkeit dieses Anschlags Davids und führte den Befehl des Königs
nur mit Widerstreben aus.

Sobald die Zählung beendet war, schlug David das Herz. Sein Gewissen regte sich, er erkannte seinen schweren Fall und that durch Gottes
Gnade sofort Buße. Gleichwohl kündigte ihm der Prophet Gad die Strafe
Gottes an und ließ ihm die Wahl zwischen drei Plagen. David wollte
lieber in die Hand Gottes fallen, als in die der Menschen, und erwählte sich
drei Tage Pestilenz. So zog der Engel Gottes aus und schlug 70,000 Mann
in Israel. Das ganze Volk hatte solches Strafgericht wohl verdient; denn
es hatte sich durch die doppelte Empörung unter Absalom und Seba gegen
seinen Gott und gegen seinen König schwer versündigt. Wir erkennen aus
diesem Vorfall wiederum, wie ernstlich Gott die Sünde haßt und heimsucht,
und wie er auch bußfertige Sünder noch schwer züchtigt, damit sie nicht
wieder sicher und übermüthig werden.

Auf Gottes Geheiß baute David auf der Tenne Arafnas einen Altar
und brachte Opfer dar, und Gott bekannte sich zu diesem Opfer und Gebet
Davids, indem er Feuer vom Himmel auf das Opfer fallen ließ, und so
ward er dem Lande wieder versöhnt und ließ von der Plage ab. David
kaufte diese geheiligte Stätte und bestimmte, daß dort der Tempel gebaut
werden sollte. Vgl. 1 Chron. 21, 27.—22, 1. Damit schließen die Bücher
Samuelis. Wir haben im Neuen Testament ein besseres Sühnopfer für
unsere Sünden. Das Blut JEsu Christi, des Sohnes Gottes, macht uns
rein von aller Sünde und stillt den Zorn Gottes und wehrt der Plage
und Strafe.

305. Adonia trachtet nach dem Königthum. 1 Kön. 1, 1—27.

In den Büchern der Könige wird die Geschichte des Volks und Reichs
Israel und der Könige Israels weitergeführt. Die Königsbücher knüpfen
da an, wo die Bücher Samuelis geschlossen haben. Von dem Regiment
des Königs Davids war in den Büchern Samuelis zuletzt die Rede. Im
Anfang des ersten Buchs der Könige wird noch etwas von David gesagt.
Aber was von David berichtet wird, dient nur zur Ueberleitung auf die
Geschichte Salomos. Das ist das Neue, worauf unsere Augen jetzt gerichtet
werden, das Regiment Salomos.

Als der König David hoch betagt war, that sein Sohn Adonia, den er
von der Hagith hatte, etwas Aehnliches, wie früher Absalom. Er ver-

anstaltete ein großes Opfermahl, beim Brunnen Rogel im Süden Jeru=
salems, und lud dazu viele Männer aus Juda, auch des Königs Knechte,
und ließ sich zum König ausrufen. Das war Aufruhr und Empörung.
Denn Salomo, der Sohn der Bathseba, war der Mann, den Gott erwählt
hatte, welcher nach Davids Tod auf Davids Stuhl sitzen sollte. Selbst
solche alte treue Diener, wie Joab, der Feldhauptmann, und Abjathar, der
Hohepriester, welche David während seines ganzen Lebens, auch in seinen
großen Trübsalen, z. B. in der Saul'schen und Absalom'schen Verfolgungs=
zeit, zur Seite gestanden hatten, wankten jetzt und hielten es mit Adonia.
Der König David war alt und stumpf und kümmerte sich nicht um das,
was gleichsam unter seinen Augen geschah. Da ging zunächst Bathseba
zu ihm hinein und erinnerte ihn, daß er ihr zugeschworen habe, ihr Sohn
Salomo solle König werden. Dann kam der Prophet Nathan und mahnte
den König, dem Unrecht zu steuern.

Aehnlich, wie es damals im Reich und Regiment Davids herging, geht
es noch heute im Reich des Davidssohnes, in der Christenheit. Das ist eine
traurige Erscheinung, die man allewege beobachten kann, daß in der Christen=
heit Feinde Christi auftreten, welche Christo den Rang streitig machen, und
daß so Viele, die sich Christen nennen, auch Solche, welche die Gnade und
Wohlthat Christi wirklich geschmeckt haben, ja erfahrene und bewährte Diener
des HErrn zuletzt noch wankend werden und wohl gar abfallen. Darum
müssen alle Christen fort und fort beten und flehen, daß Gott sie vor Un=
treue und Abfall bewahren möge.

306. Salomos Salbung und Thronbesteigung. 1 Kön. 1, 28—53.

Der König David gab den Bitten und Vorstellungen Nathans und
Bathsebas Gehör. Auf seinen Befehl führten seine treuen Diener, Zadok,
der Hohepriester, Nathan, der Prophet, und Benaja, der Oberste der Leib=
wache, den Salomo hinab an den Teich Gihon, im Westen der Stadt, und
dort salbte Zadok denselben mit dem heiligen Oel zum König Israels.
Alles Volk jauchzte dem neuen König zu. Nachdem Salomo auf den Zion
zurückgekehrt war, setzte er sich auf den Thron und empfing die Huldigung
der obersten Würdenträger des Reichs. Als Adonia hörte, was geschehen
war, erschrak er und verzagte an seiner bösen Sache. Sein Anhang zerstob
im Augenblick. Er selbst suchte Zuflucht bei dem Altar des HErrn. Salomo
vergab ihm und wollte seiner schonen, für den Fall, daß es reblich meinte.

Die Salbung Salomos ist, wie die Salbung Davids, Vorbild eines
höheren Vorgangs im Reich Gottes, der Salbung des Davidssohnes, der
Einsetzung Christi in sein königliches Regiment. Davon hat schon David
im zweiten Psalm geweissagt: „Aber ich habe meinen König eingesetzt auf

meinem heiligen Berg Zion." Diesem König Christus hat Gott die Heiden
zum Erbe und der Welt Enden zum Eigenthum gegeben. Den preisen alle
Zungen, vor dem beugen sich die Kniee aller derer, die im Himmel und auf
Erden und unter der Erde sind. Die sich aber wider diesen König auflehnen, die werden zerstreuet und zu Schanden werden. Indeß wer von
den Abtrünnigen noch umkehrt, so lange es Zeit ist, und bei dem König
Christus Zuflucht sucht, den wird er nicht hinausstoßen. Denn bei ihm ist
viel Gnade und Vergebung.

307. Davids letzte Verfügungen und sein Tod. Salomos Regierungs-antritt. 1 Kön. 2, 1—25.

Vor seinem Tode vermahnte David seinen Sohn Salomo nochmals
recht ernstlich, in den Wegen des HErrn zu wandeln und die Gebote, Sitten,
Rechte und Zeugnisse des HErrn zu halten. Wenn er und seine Kinder
von Herzen dem Willen des HErrn nachwandeln, dann werde es dem Geschlechte Salomos an keinem Erben fehlen, der auf dem Stuhl Israels sitzen
werde. Die von Herzen den HErrn fürchten und in seinen Wegen wandeln, die will der HErr auch im Irdischen segnen. Und wenn die Eltern
die Gebote des HErrn halten, so reizen sie auch die Kinder zum Gehorsam
gegen Gott.

Ferner gab David dem Salomo noch etliche Weisungen betreffs mehrerer
bekannter Personen. Die Kinder des Barsillai, welcher ihn in seinem Leiden, da er vor Absalom floh, erquickt hatte, empfahl er der Barmherzigkeit
seines Sohnes. Dagegen soll Salomo dem Joab seine frühere Missethat
entgelten, daß er im Frieden Blut vergossen, zwei Helden Israels, Abner
und Amasa, heimtückisch ermordet hatte. Dieser Blutschuld, welche wohl
vergeben war, soll jetzt wieder gedacht werden, weil Joab den Adonia unterstützt, an David und seinem Sohn Salomo treulos gehandelt hatte. Desgleichen soll Salomo an Simei, der David einst geflucht hatte, aber von
David begnadigt war, das Urtheil vollstrecken. Allem Anschein nach hatte
Simei in letzter Zeit es wieder merken lassen, daß er es mit Davids Haus
nicht treu meinte.

Hierauf entschlief David, nachdem er vierzig Jahre über Israel regiert
hatte, mit seinen Vätern, wurde zu seinen Vätern versammelt. So kommen
die Frommen, die richtig vor sich gewandelt haben, wenn sie sterben, zu
ihrer Ruhe und werden zu ihrem Volk versammelt, zu dem Volk der vollendeten Gerechten.

Salomo war jetzt König an seines Vaters Statt. Das Erste, was er
als König that, war, daß er durch Benaja, den Obersten der Leibwache,

den Adonia hinrichten ließ. Er hatte demselben zwar vergeben, aber Adonia meinte es nicht redlich. Daß er Abisag von Sunem, die Pflegerin des greisen Königs David, zum Weib begehrte, zeigte, daß seine Gedanken immer noch auf den Thron Israels gerichtet waren. So ist es Rechtens bei Gott und Menschen, daß denen, welche gesündigt und Buße gethan und Vergebung erlangt haben, ihre alten Sünden wieder aufgerückt, behalten und vergolten werden, wenn sie die Buße wieder verleugnen und in das alte böse Wesen zurückfallen.

308. Salomo befestigt sein Königthum. 1 Kön. 2, 26—46.

Wir hören hier, wie Salomo fernerhin den Willen seines Vaters aus= richtete und an den untreuen Knechten das Gericht vollstreckte. Der Hohe= priester Abjathar, welcher dem Wort und Willen Gottes zuwider den Adonia zum König gesalbt hatte, wurde seines Amtes entsetzt. So ging das Hohe= priesterthum vom Geschlecht Elis wieder auf Eleasars Linie über, auf das Geschlecht Zadoks. Wenn ein Diener im Heiligthum, ein Diener am Wort dem klaren Wort und Gebot Gottes zuwiderhandelt, so macht er sich damit des Amtes unwürdig.

Auch Joab erntete den verdienten Lohn. Er hatte wohl dem David viele gute Dienste geleistet, war aber zuletzt auch abtrünnig und mit den Feinden des Königs eins geworden. Darum sollte und mußte er sterben, und so wurde ihm zugleich seine vorige Bluthat entgolten. Daß er die Hörner des Altars umfaßte, das half ihm nichts. Das ist ein ernstes Warnerempel. Wenn Einer auch lange richtig gewandelt und viel Gutes gethan hat, aber zuletzt noch den rechten Weg verläßt und seinem Gott und Heiland untreu wird, so wird seiner vorigen Gerechtigkeit nicht gedacht, son= dern er muß um seiner Sünde willen sterben und verderben, und auch frühere Schuld und Missethat wird ihm zugerechnet. Und ob er auch in Angst und Verzweiflung um Hülfe schreit, was auch bei Unbußfertigen möglich ist, das rettet ihn nicht. Nur wer bis ans Ende im Glauben beharrt, der wird selig.

Desgleichen wurde Simei vom Schwert des Königs getroffen. Salomo versuchte es zunächst mit ihm noch einmal im Guten. Er schenkte ihm das Leben, nur sollte er sein Haus und seinen Acker in Jerusalem nicht verlassen, damit er keinen der Knechte des Königs berücken könnte. Aber er hielt sich nicht nach dem Wort des Königs und bewies damit, daß er die Bosheit sei= nes Herzens noch nicht abgelegt hatte. So wurde er auch von Benaja hin= gerichtet. Wer es mit seiner Buße nicht aufrichtig meint, wer sich nur äußer= lich fromm stellt und dabei Falsch und Tücke im Herzen birgt, dem wird es nicht gelingen, der empfängt seinen Lohn mit den Uebelthätern.

Auf diese Weise übte Salomo Gericht und Gerechtigkeit. Und so wurde sein Königthum bestätigt. Durch Recht und Gerechtigkeit wird der Thron der Könige, das Regiment der Obrigkeit befestigt.

309. Salomos Vermählung und Opfer zu Gibeon. 1 Kön. 3, 1—15.

Als Salomo auf dem Stuhl seines Vaters David saß, nahm er die Tochter des Königs Pharao zum Weibe. Letztere entsagte damit nicht nur ihres Vaters Hause, sondern auch den Sitten und der Religion ihres Volks und bekannte sich, wie die Moabitin Ruth, zu dem Volk und Gott Salomos. Denn die Tochter Pharaos wird ausdrücklich von den fremden Weibern, die Salomo später nahm, unterschieden. Und so ist die Ehe Salomos mit der egyptischen Königstochter im Hohenlied ein Abbild der innigen, seligen Gemeinschaft zwischen Christo und seiner Kirche.

Bald nach seinem Regierungsantritt veranstaltete Salomo in Gibeon nahe bei Jerusalem ein großes Opferfest, um Gottes Segen für seine Herr= schaft zu erflehen, und lud dazu die Großen und Fürsten seines Reichs. 2 Chron. 1, 2. 3. In der folgenden Nacht erschien ihm der HErr im Traume und forderte ihn auf, sich etwas von ihm zu erbitten. Salomo bekannte sich vor Gott als einen kleinen Knaben, der nicht wisse aus= und einzugehen, das heißt sich als König zu benehmen, und erbat sich von Gott ein gehorsames Herz und Weisheit und Verstand, damit er Israel, Gottes Volk, recht richten möchte. Vgl. 2 Chron. 1, 10. Das ist ein Gott wohl= gefälliges Gebet, wenn wir uns vor Gott demüthigen, uns als unwissende, unerfahrene Kinder vor Gott darstellen, die Alles von ihrem himmlischen Vater nehmen müssen, und unsere Bitte vor allen Dingen auf geistliche Güter richten, Gehorsam, Weisheit, Verstand, damit wir recht erkennen, was gut und böse ist, und in allen Stücken nach Gottes Wohlgefallen thun.

Gott sagte dem Salomo sofort die Erhörung seines Gebets zu, daß er ihm ein weises, verständiges Herz gegeben habe. Dazu will er ihm aber auch die irdischen Güter, um die er nicht gebeten, in großer Fülle verleihen, Reichthum und Ehre, wie keinem Könige der Erde vor ihm, und, wenn er treu an Gottes Geboten hält, auch langes Leben. Für diese gnädige Ver= heißung dankte Salomo dem HErrn nach seiner Rückkehr nach Jerusalem, indem er vor der Bundeslade neue Opfer darbrachte. Alle Bitten seiner gläubigen Kinder, vor Allem aber die sich auf geistliche Güter und Gaben beziehen, wie Gehorsam, Weisheit und Verstand, sind dem HErrn angenehm und erhört. Und aus freien Stücken will Gott die, welche ihn von Herzen fürchten und lieben, auch im Irdischen segnen. Denen, die am ersten nach dem Reich Gottes trachten und seiner Gerechtigkeit, soll auch alles Andere zufallen. Matth. 6, 33.

310. Salomos weiſer Richterſpruch. 1 Kön. 3, 16—28.

Salomo bewies gleich bei ſeinen erſten richterlichen Entſcheidungen, daß der HErr ihm ein weiſes und verſtändiges Herz gegeben hatte. Zwei in einem Haus beiſammen wohnende Huren hatten jede ein Kind geboren und die eine das ihrige im Schlaf erdrückt, darauf ihr todtes Kind der andern in den Schooß gelegt und deren lebendes zu ſich genommen. Am folgenden Morgen merkte die andere gar bald, daß das in ihrem Schooß liegende todte Kind nicht das ihrige war. Als die beiden nun hierüber in Streit gerathen waren und die Sache vor den König brachten und jede das lebende Kind für das ihrige ausgab, befahl Salomo, ein Schwert zu bringen, das lebende Kind zu zertheilen und jeder die Hälfte zu geben. Da rief die Mutter des lebenden Kindes, weil ihr Herz über ihren Sohn entbrannte, man ſolle der andern das lebende Kind geben und es nicht tödten. Daran erkannte Salomo die rechte Mutter und befahl, derſelben ihren Sohn lebendig zu übergeben. So brachte Salomo in dieſem ſchwierigen Fall, wo Zeugniß wider Zeugniß ſtand, die Wahrheit an den Tag und half der betrogenen Mutter zu ihrem Rechte.

Das iſt Weisheit, Lob und Tugend eines Richters und Regenten, daß er der Sache, in welcher er entſcheiden ſoll, auf den Grund ſieht, der Wahrheit nachforſcht, der Ungerechtigkeit wehrt und ſteuert und den Unterdrückten zum Recht verhilft. Die Weisheit Salomos iſt ein ſchwaches Abbild der ewigen Weisheit, die in Chriſto Menſch geworden iſt. So richtet und ſchaltet und waltet Chriſtus, der rechte Salomo, in ſeinem Reich auf Erden. Er mußte, er weiß gar wohl, was im Menſchen iſt, er kann zwiſchen Trug und Wahrheit unterſcheiden, er weiß, wer es redlich meint, er kennt die Falſchen und Stolzen von ferne und übt Gerechtigkeit mit ſeinem Arm, macht die Anſchläge der Boshaftigen zu Schanden, nimmt ſich dagegen der Geringen an, die Unrecht leiden, und hilft den Elenden zum Recht.

311. Salomos Reichsbeamte, ſeine königliche Pracht und Weisheit. 1 Kön. 4.

Im vierten Capitel des erſten Buchs der Könige ſind die Namen der Beamten Salomos verzeichnet. Zwölf Amtleute oder Rentmeiſter verſorgten das königliche Haus. Es wird dann weiter die große Pracht des Regiments Salomos beſchrieben. Juda und Iſrael war ſo zahlreich, wie der Sand am Meer. Es erfüllte ſich, was den Patriarchen verheißen war. Das Reich Salomos erſtreckte ſich bis an den Euphrat im Oſten und an den Bach Egyptens im Süden. Viele Könige der Heiden dienten ihm. Er hielt einen großen Hof. Es wird aufgezählt, wie viel Speiſe ſein Hofſtaat täglich brauchte. Aber nicht nur der König hatte die Hülle und Fülle, ganz Israel hatte es gut unter seinem Regiment. Sie aßen und tranken und waren fröhlich. Ein Jeglicher wohnte unter seinem Weinstock und Feigenbaum. Salomo war ein mächtiger Fürst, er hatte ein großes, schlagfertiges Heer, viele Wagen und Reiter. Israel hatte Frieden und wohnte sicher unter seinem Herrscherstab. Es wird wiederum die Weisheit Salomos gerühmt. Er hatte Kenntniß und konnte reden von allen Creaturen Gottes, Pflanzen und Thieren. Er kannte der Menschen Herzen und Gedanken, wie jenes Urtheil, das er den zwei Weibern sprach, bewies. Er mußte aber auch von dem Gesetz des HErrn zu reden, von der Weisheit, die in der Furcht des HErrn besteht, und zeugte auch, wie seine Psalmen darthun, von dem zukünftigen Heil, das Gott seinem Volke zugedacht hatte, von dem Heil des Königs Messias.

Salomo ist Vorbild Christi. Christus vergleicht sich selbst mit Salomo, wenn er sagt: „Hier ist mehr, denn Salomo." Christi Reich ist noch größer, als Salomos Reich, es geht über die ganze Erde, über alle Völker und mehrt sich von Tage zu Tage. Christus ist der rechte Friedefürst. Die Güter und Gaben, mit denen er seine Unterthanen bedenkt, sind noch viel köstlicher, als die Friedensgaben Salomos, es ist eitel geistlicher Segen in himmlischen Gütern. Wir haben jetzt unter Christi Herrscherstab groß Fried ohn Unterlaß. Christi Reich ist mächtiger, als Salomos Reich. Denn die Kirche Christi überwindet auch die Pforten der Hölle und des Todes. Und Christi Weisheit ist höher, als Salomos Weisheit. Was er selbst im Schooß des Vaters gesehen und gehört, das hat er uns verkündigt.

312. Salomo schickt sich an, dem Namen des HErrn ein Haus zu bauen. 1 Kön. 5.

Wir hören hier zunächst von Hiram, dem König von Tyrus. Der war ein Freund Davids gewesen sein Lebenlang und wurde jetzt ein Freund Salomos. Er pries Gott, daß er dem David einen weisen Sohn zum Nachfolger gegeben hatte. So war er also auch ein Freund Israels, des Volks Gottes, und betete den Gott Israels an. Er war ein gläubiger Heide. Er diente auch dem Gott Israels, indem er dem Salomo auf sein Begehr Cedernholz vom Libanon zum Tempelbau darreichte und ihm eine Anzahl seiner Knechte überließ, die beim Tempelbau helfen sollten. Die Phönizier waren geschickt in allerlei Künsten. Zur Zeit Davids und Salomos haben viele Heiden und Fürsten der Heiden von dem Gott Israels, dem wahren, lebendigen Gott, gehört, und haben gar manche Heiden sich von ihren stummen Götzen zu dem wahren Gott bekehrt. Das war ein Anzeichen dafür, daß einst der Heiden Fülle in das Reich Gottes eingehen sollte, ein Unterpfand für die Erfüllung der Verheißung, welche die Propheten Israels verkündigten, daß der Messias Israels auch über die Heiden herrschen werde, ein Vorspiel der neutestamentlichen Zeit, da das Evangelium vom Reich allen Völkern der Erde gepredigt wird.

Von Salomo wird uns also hier berichtet, daß er, nachdem er ins Regiment gekommen, bald darauf dachte, dem Namen des HErrn ein Haus zu bauen. Dazu war er von Gott ersehen. Nicht David, welcher viel Blut vergossen, sondern Salomo, welcher jetzt Ruhe hatte vor allen Feinden ringsum, sollte dem Namen des HErrn ein Haus bauen. Dazu schickte er sich jetzt an. Er hob aus Israel 30,000 Frohnarbeiter aus, welche auf dem Libanon Holz fällten und dasselbe bearbeiteten. Dies Cedernholz wurde an das Meer herabgebracht, in den Hafen von Japho geflößt und dann landeinwärts nach Jerusalem geführt. Ferner stellte Salomo 70,000 Lastträger und 80,000 Steinhauer an. Und zwar bestimmte er für diesen Dienst die Ueberreste der Canaaniter im Lande, die er zu Frohnsklaven machte. 1 Kön. 9, 20. ff. 2 Chron. 2, 16. 17. 8, 7—9. Ueber sämmtliche Arbeiter setzte er 3600 Aufseher. Vgl. 2 Chron. 2, 17. So arbeiteten die Bauleute Salomos in Gemeinschaft mit den phönizischen Werkleuten und unter deren Anleitung und bereiteten Holz und Steine für den Tempelbau zu. Salomo versorgte die Knechte Hirams reichlich mit Speise. Salomo ist Vorbild Christi. Von Christo war schon dem David geweissagt, daß er dem Namen des HErrn ein Haus bauen sollte, und zwar nicht aus Holz und Stein, sondern einen geistlichen Tempel, ein ewiges Haus und Königreich. Das ist die Kirche JEsu Christi. Und alle Diener Christi, alle Gläubigen sind dazu berufen, das Reich Christi bauen zu helfen, die Kirche Christi auszubreiten.

313. Der Tempelbau. 1 Kön. 6, 1—13.

Im 480. Jahr nach dem Auszug der Kinder Israel aus Egypten wurde der Tempelbau begonnen. Es war dies das wichtigste Ereigniß nach der Erlösung des Volks aus dem Diensthaus Egypten. Das war der Höhepunkt der Geschichte Israels, daß Gottes Volk seinem Gott einen großen herrlichen Tempel baute. Die Stätte des Tempels war der Berg Moria, wo Abraham den Isaak geopfert, wo David während der Pest dem HErrn einen Altar errichtet hatte. 2 Chron. 3, 1. Der Tempel war 60 Ellen lang, 20 Ellen breit, 30 Ellen hoch. Die Maaße waren alle größer, als in der Stiftshütte. Der Bau wurde aus Steinquadern aufgeführt und das Steingebäude mit Cedernbalken überdeckt. An der Vorderseite, im Osten, wurde eine Halle angebaut, an den drei andern Seiten ein Umgang oder Seitenbau. Letzterer war durch Cedernbalken mit dem Hauptgebäude verbunden,

und diese Balken ruhten auf Thramen oder Absätzen, welche in der Tempel=
mauer angebracht waren. Der Seitenbau hatte drei Gänge oder Stockwerke,
von denen jedes eine lange Reihe von Gemächern enthielt. Eine Wendel=
treppe führte von einem Stockwerk zum andern. Stein und Holzwerk waren
vorher zubereitet, so daß man während des Baus keinen Hammer und kein
Beil hörte. Während des Baus erschien der HErr dem Salomo und gab
ihm eine herrliche Verheißung, er wollte an diesem Ort mitten unter den
Kindern Israel wohnen, doch nur für den Fall, daß König und Volk in
den Rechten und Geboten Gottes wandeln würden. Die Ungehorsamen,
die Heuchler sollten sich nicht darauf berufen, daß hier des HErrn Tempel
sei, darum habe es keine Noth.

Der salomonische Tempel ist Abbild, Vorbild des neutestamentlichen
Tempels, der Kirche Christi. Wie man bei dem Tempelbau keinen Hammer=
schlag vernahm, so wird Christi Reich in aller Stille, ohne Geräusch und
Tumult gebaut, es kommt nicht mit äußerlichen Geberden. Und von der
Kirche Christi gilt erst recht, daß Gott daselbst wohnen will. Hier wohnt
Gott mitten unter seinem Volk, durch Wort und Geist. Doch die Kirche ist
kein Asyl für Ungehorsame, Abtrünnige, Heuchler, denen hilft es nichts,
daß sie äußerlich zur Kirche gehören. Nur die von Herzen glauben und nach
Gottes Wort wandeln, die sind Bürger mit allen Heiligen und Gottes
Hausgenossen, nur die können und sollen sich der Gnadengegenwart Gottes
trösten.

314. Der innere Ausbau des Tempels. 1 Kön. 6, 14—38.

Es wird nun ferner die innere Ausstattung und Einrichtung des
Tempels beschrieben. Der Steinbau war inwendig mit Cedernholz belegt,
der Fußboden bestand aus Cypressenholz. In die Cedernwände waren
Cherubsfiguren, Palmen und aufbrechende Blumen eingeschnitten, und das
Holzwerk sammt der Schnitzarbeit mit Goldblech überzogen. Das Aller=
heiligste, der „Chor“, bildete von Innen einen Würfel von 20 Ellen Länge,
Breite und Höhe. In seiner Mitte waren zwei aus Oelbaumholz geschnitzte
und mit Gold überzogene stehende Cherube von 10 Fuß Höhe angebracht,
welche die Bundeslade überschatteten. Aus dem Allerheiligsten führte eine
Thüre in das Heilige. Die Thürflügel waren aus Oelbaumholz gearbeitet,
mit Gold bekleidet und bewegten sich in goldenen Angeln. Hinter der
Thüre, und zwar nach Innen, im Allerheiligsten, war ein buntgewirkter,
mit Cherubsgestalten verzierter Vorhang angebracht. 2 Chron. 3, 14. Im
Heiligen stand der mit Cedernholz bekleidete und mit Gold überzogene
Räucheraltar. In der westlichen Hälfte befanden sich zehn siebenarmige gol=
dene Leuchter, in der östlichen Hälfte zehn mit Gold überzogene Schaubrod=

tische. 1 Kön. 7, 49. 2 Chron. 4, 8. Aus dem Heiligen gelangte man durch
eine Thüre von Cypressenholz, welche gleichfalls mit Schnitzwerk verziert
und mit Gold bekleidet war, in die Vorhalle. Um das ganze Tempelhaus
zog sich ein doppelter Vorhof, der innere oder der Priestervorhof, und durch
eine Mauer davon geschieden der für das anbetende Volk bestimmte äußere
Vorhof. 2 Chron. 4, 9. Ezech. 40, 17. 44. Sieben Jahre lang wurde
an dem Tempel gebaut. Die Bedeutung dieses Heiligthums und der hei=
ligen Geräthe war dieselbe, wie bei der Stiftshütte. Nur daß der Gott
Israels jetzt nicht mehr in einem Wanderzelt, sondern in einem festen Hause
wohnte und also in Israel eine bleibende Stätte hatte.

Der ganze Prachtbau ist ein Schattenbild des Reichs Gottes auf Erden,
insonderheit des neutestamentlichen Reiches. Der Tempel bestand aus festen
Stoffen, aus Steinen und dauerhaftem Holz. So ist Gottes Reich ein un=
bewegliches Reich, von ewiger Dauer. Das Gold des Tempels deutete auf
die Herrlichkeit des himmlischen Königs, der hier wohnte. So offenbart
Gott in seinem Reich auf Erden seine himmlische Herrlichkeit, vor Allem die
Herrlichkeit seiner Gnade. Die Cherube zeigten an, daß Gott mit seinen
Engeln in diesem Hause wohnen wollte. Das Reich Gottes, die Kirche
Christi ist eine Behausung Gottes und seiner heiligen Engel. Die Palmen
und der Blumenschmuck erinnern an das Paradies. Die Kirche Christi ist
ein Paradies auf Erden, eine Stätte des Friedens und unversieglichen
Lebens. Der Tempel Salomos war bei aller seiner Herrlichkeit noch nicht
das Vollkommene. Gott wohnte noch im Allerheiligsten, welches den Augen
des Volks, auch der Priester verschlossen war. Der Zugang ins Aller=
heiligste war noch nicht geöffnet. Jetzt aber im Neuen Testament ist der
Vorhang zerrissen, jetzt haben wir durch Christum einen freien Zugang zu
Gott im Geist und Glauben.

315. Bau des königlichen Palastes. Die ehernen Säulen. 1 Kön. 7, 1—22.

Nachdem Salomo den Tempel gebaut hatte, sieben Jahre lang, baute
er seine eigene Residenz, dreizehn Jahre lang, und zwar südlich vom Tempel=
berg, auf dem Berge Zion. Dieselbe bestand aus mehreren Palästen, die
aus köstlichen Steinen aufgeführt und inwendig mit Cedernholz betäfelt
waren. Innerhalb zweier Vorhöfe stand zunächst das Haus vom Walde
Libanon, welches auf Säulen ruhte und drei Stockwerke umfaßte, in jedem
Stockwerk 15, also im Ganzen 45 „Gezimmer" oder Gemächer. Dies Haus
war ein Zeughaus, diente zur Aufbewahrung von Waffen, wohl auch von
Schätzen. Vor demselben befand sich eine Eingangshalle. Von dieser Halle,
der sogenannten Säulenhalle, ist eine andere Halle zu unterscheiden, die

Thron- und Gerichtshalle, wo der Thron und Richterstuhl des Königs
stand, wo Salomo seine königlichen Befehle erließ und seine richterlichen
Entscheidungen abgab. Hinter der Thronhalle folgte dann das Wohnhaus Pharaos und das seiner Gemahlin, der Tochter Pharaos. Dieser
ganze Complex von Gebäuden ruhte auf einem gewaltigen Unterbau, der
aus großen Quadersteinen aufgeführt war. So wohnte und thronte Salomo auf festem Sitz, zur Seite des Tempels, der Wohnung des Gottes
Israels, und regierte Israel, Gottes Volk, im Namen und in der Kraft des
HErrn Zebaoth, als der Gesalbte des HErrn, als Vorbild des zweiten,
größeren Salomo, des Messias Gottes, welcher ein ewiges Königreich aufgerichtet hat.

Es wird nun weiter der Bericht vom Bau des Tempels und der Residenz
Salomos vervollständigt und werden zunächst etliche Geräthe des Heiligthums näher beschrieben. Durch einen Künstler, Hiram aus Tyrus, ließ
Salomo zwei große eherne Säulen anfertigen, mit prachtvollen Capitälen
versehen, welche unten und oben mit Blumenwerk, Lilien, Granatäpfeln,
kleinen Knäufen verziert wären. Diese Säulen wurden vor der Halle des
Tempels aufgerichtet. Ihre Namen waren Jachin und Boas, das heißt
Stärke und Festigkeit. Sie deuteten darauf, daß Gottes Reich fest gegründet ist und durch keine Macht der Erde und der Hölle erschüttert
werden kann.

316. Die übrigen Geräthe des Tempels. 1 Kön. 7, 23—51.

Hiram aus Tyrus machte ferner das eherne Meer, ein großes Becken
aus Erz, welches die Gestalt einer aufbrechenden Lilie hatte und 30 Ellen
im Umfang maß. Es war gleichfalls mit Blumenverzierungen versehen.
Zwölf eherne Rinder trugen dasselbe. Sein Standort war der Raum
zwischen der Tempelvorhalle und dem Brandopferaltar, und zwar auf der
rechten, das ist südlichen Seite des Vorhofs. Zwischen der Halle und dem
Brandopferaltar waren ferner zehn eherne Gestühle aufgestellt, das ist zehn
Gestelle oder Behälter für kleinere Becken. Deren Seitenwände waren mit
Bildern von Löwen, Rindern, Cheruben, Palmen und Blumen verziert.
Unterhalb derselben waren Achsen und je vier Räder angebracht, so daß man
sie leicht über den Vorhof hin fahren konnte. Das eherne Meer, welches
an die Stelle des Wasserbeckens in der Stiftshütte trat, diente zum Waschen
der Priester, 2 Chron. 4, 6., das heißt dazu, Wasser in Bereitschaft zu
halten, damit die Priester Hände und Füße waschen konnten, wenn sie dem
Altar nahten oder in das Heilige eingehen wollten. Die zehn kleineren
Becken enthielten Wasser zur Waschung des Opferfleisches. Die Verwendung
dieser Geräthe machte die Waschungen im Heiligthum recht augenfällig. Diese

19

Waschungen dienten zur leiblichen Reinigkeit, waren auch nur Schattenwerk und weissagten auf die Zeit des Neuen Testaments, da Gott einen offenen Born gegeben hat wider alle Sünde und Unreinigkeit, weissagten auf Christum, welcher die Reinigung unserer Sünden gemacht hat durch sich selbst, welcher uns mit seinem Blut gewaschen und uns also vor Gott zu Königen und Priestern gemacht hat. Die zwölf Rinder waren Bild des zwölfstämmigen Israel. Rinder waren die vornehmsten Opferthiere. Die Rinder versinnbildeten die priesterliche, die Löwen die königliche Würde des Volks Gottes. Pflanzen- und Blumenschmuck ist auch hier Bild des Friedens und des Lebens, welches aus dem Heiligthum Gottes quillt.

Außerdem ließ Salomo die Geräthe für den Opferdienst herstellen, wie Töpfe, Schaufeln, Schalen, und zwar aus Erz, sowie diejenigen für den Dienst im Heiligen, wie Zangen, Näpfe, Messer, Schalen, Schüsseln, Kohlenpfannen, und zwar aus feinem Golde.

317. Die Einweihung des Tempels. 1 Kön. 8, 1—29.

Nach Vollendung aller Bauten wurde der neue Tempel feierlich eingeweiht, und zwar im siebenten Monat, vor Beginn des Laubhüttenfestes. Salomo versammelte dazu alle Aeltesten Israels, die Häupter der Stämme und aller einzelnen Geschlechter, als Vertreter der ganzen Gemeinde. Die Priester brachten die alte Stiftshütte sammt ihren Geräthen in den Tempel, damit sie dort aufbewahrt würde, und trugen dann, während Opferduft den Vorhof füllte, unter dem Schall der heiligen Trompeten und den Lobgesängen der levitischen Sänger (2 Chron. 5, 11. 12.) die Lade des HErrn hinauf in das neue Heiligthum und setzten sie im Allerheiligsten unter die Flügel der Cherubim nieder. Als sie die heilige Stätte wieder verlassen hatten, erfüllte die Wolke sammt der Herrlichkeit des HErrn das ganze Haus. Salomo danksagte Gott, daß er seine Wort bestätigt und ihm Gnade gegeben habe, daß er dem Namen des HErrn habe ein Haus bauen dürfen. Freilich wohnte Gott auch jetzt noch im Dunkel. In neuer Weise machte Gott bei seinem Volke Wohnung, als das ewige Wort Fleisch wurde und unter den Menschen wohnte und denselben seine Herrlichkeit, seine Gnade und Wahrheit offenbarte. Jetzt im Neuen Bunde wohnt Gott, wohnt Christus durch Wort und Geist in den Herzen der Gläubigen. Doch auch die jetzige Gnadengegenwart Gottes in der Gemeinde Christi ist noch nicht das Letzte und Vollkommene. Die Gemeinschaft der Gläubigen mit Gott ist jetzt noch verborgen und unsichtbar und wird dereinst erst offenbar werden. Wenn Christus dereinst sichtbar erscheint und das neue Jerusalem auf die neue Erde herniederkommt, dann wird das Wort: „Siehe da eine Hütte Gottes bei den Menschen" vollkommen erfüllt sein.

Nachdem der HErr im neuen Tempel Wohnung gemacht hatte, trat Salomo vor den Altar des Vorhofs und sprach das eigentliche Weihegebet. Zunächst bezeugte er, daß Gott nicht in Häusern wohne, von Menschen= händen gemacht, daß vielmehr aller Himmel Himmel ihn nicht fassen mögen, daß aber dennoch dieser große Gott seinem Volk zugesagt habe, daß sein Name an dieser Stätte wohnen solle. Ja, der große Gott, der HErr Him= mels und der Erde, der in einem unnahbaren Lichte wohnt, hat sich eine Stätte auf Erden erwählt, wo er sich von den Menschen finden läßt. Wir sagen jetzt: Wo Gottes Wort verkündigt und das Sacrament verwaltet wird, da ist Gott gegenwärtig, da offenbart er den Menschen seine Gnade und Wahrheit.

318. Das Weihegebet Salomos. 1 Kön. 8, 29—66.

In seinem Weihegebet erfleht Salomo von Gott sonderlich eine Gnade, daß der HErr alle die Gebete erhöre, welche in diesem Hause vor Gott ge= bracht werden. Auch die Eidschwüre, die hier bei dem lebendigen Gott abgelegt werden, möge er hören und dem, der recht schwört, Recht ver= schaffen. Wenn Israel hier seine Sünden bekennt und um Vergebung der Sünden bittet und um Abwendung aller der Plagen, mit denen es um seiner Sünde willen heimgesucht wird, so wolle Gott hören und gnädig sein, alle Sünde vergeben und Israel aus allen seinen Nöthen erretten. Auch das Flehen und Seufzen der Fremdlinge wolle er hören. Und solch Gebet hat dann Gott auch erhört. Und wir im Neuen Testament wissen nun erst recht, daß, wenn wir zu dem Gott flehen und beten, der sich uns in Christo, im Evangelium offenbart hat, wenn wir ihn um Gnade, Ver= gebung, Hülfe in der Noth anrufen, Gott dann hört und erhört. Wer zu ihm naht, den will er nicht hinausstoßen. Wenn Einer ihm erst auch fern und fremd war, aber nun den Namen JEsu Christi anruft, der wird errettet, der wird selig werden.

Schließlich segnete Salomo die versammelte Gemeinde und vermahnte sie noch, in den Wegen des HErrn zu wandeln, ihr Herz solle rechtschaffen sein vor Gott. Freilich hört und erhört Gott nur das Beten und Flehen derer, welche es aufrichtig mit ihm meinen, welche ihn von Herzen fürchten und nach seinen Geboten handeln und wandeln.

Durch eine große Menge Opfer wurde dann noch der Tempel für den künftigen Opferdienst geweiht. Dann entließ Salomo das Volk, und ein Jeglicher ging fröhlich und guten Muths in sein Haus. Wer von Herzen betet, lobt, dankt und opfert, der zieht dann fröhlich seine Straße und hat großen Frieden.

319. Gottes Antwort auf Salomos Gebet. Die Mittel zu seinen Bauten. 1 Kön. 9.

Nachdem der Tempel eingeweiht war, erschien der HErr dem Salomo zum andern Male und gab ihm die Zusicherung, daß er seine Augen und sein Herz allewege über diesem Hause offen halten, und daß er den Stuhl des Königreichs Salomos bestätigen wolle immerdar, falls er und seine Nachkommen alle Gebote und Rechte des HErrn halten werden. Wenn aber Israel sich von Gott und seinen Geboten abwendet, dann soll es aus seinem Lande ausgerottet, und auch dieses Haus, das dem Namen des HErrn geweiht ist, soll zerstört werden. So vermahnte der HErr König und Volk zum Gehorsam und warnte es vor Abfall gerade zu der Zeit, da es mit Israel gut stand, da es mit Freuden dem HErrn diente. Ja, auch Diejenigen, welche voll Glaubens sind und Gott mit Freuden dienen, bedürfen fort und fort der Mahnung, im Glauben und Gehorsam zu beharren, und der Warnung vor Untreue. Die Gläubigen sollen sich zu keiner Zeit sicher dünken, sondern allewege wohl zusehen, daß sie nicht fallen.

Es wird nun noch Weiteres von dem Regiment Salomos berichtet, wie er Magazinstädte baute, in denen Vorräthe von Lebensmitteln für Zeiten der Noth aufbewahrt wurden, ferner feste Städte, in denen Rosse und Reuter lagen, zum Schutz des Landes, wie er den Handel begründete, Handelsschiffe über das Meer sandte, z. B. auch nach Ophir, von wo sie die reichen Schätze Indiens, z. B. Gold, Silber, Edelsteine, Sandelholz, Ebenholz, Elfenbein, Affen und Pfauen (1 Kön. 10, 11. 22.), heimbrachten. So sorgte Salomo für die irdische Wohlfahrt und Sicherheit seines Volks. Salomos Friedens=regiment ist durchweg Vorbild und Abbild des Reiches Christi mit seinen geistlichen, himmlischen, ewigen Gütern und Segnungen.

320. Die Königin aus Reicharabien. 1 Kön. 10.

Salomos Weisheit und Reichthum wurde bald in aller Welt bekannt und zog viele Heiden und viele Könige der Heiden an. So erschien auch die Königin von Saba oder Reicharabien mit einem großen Gefolge in Jerusalem und bewunderte Salomos Weisheit und den Glanz und die Pracht seines Königthums. Was sie selbst sah und hörte, übertraf Alles, was sie durch Andere davon gehört hatte. Aus Erkenntlichkeit für das Glück, das ihr zu Theil geworden, überreichte sie dem Salomo köstliche Ge=schenke von Gold, Edelsteinen und Specereien, wie sie auch von ihm Alles empfing, was sie begehrte. Diese Königin der Heiden hörte aus Salomos Mund auch das Gesetz des HErrn und gab dem Gott Israels die Ehre, pries den HErrn Jehova, der seinem Volk Israel einen solchen König ge=

geben habe. Als bekehrte Heidin, als Israelitin nach dem Geist und Glauben zog sie wieder heim in ihr Land und hat sicher auch unter ihrem Volk die Erkenntniß des wahren, lebendigen Gottes verbreitet. Das Exempel der Königin von Saba hielt Christus dem ungläubigen Geschlecht seiner Zeit vor Augen, da er sprach: „Die Königin von Mittag wird auftreten am jüngsten Gericht mit diesem Geschlecht, und wird es verdammen; denn sie kam vom Ende der Erden, Salomos Weisheit zu hören. Und siehe, hier ist mehr denn Salomo." Matth. 12, 42. Wehe Allen, welche von Christo, der ewigen Weisheit, etwas gehört und gelernt haben, und haben es verachtet! Die Worte der Königin: „Selig sind deine Leute und deine Knechte, die allezeit vor dir stehen und deine Weisheit hören!" erinnern an die Worte, die Christus zu seinen Jüngern redete: „Selig sind die Augen, die da sehen, das ihr sehet!" Luc. 12, 23. Wir fügen hinzu: Ja, selig sind Alle, welche das Geheimniß von Christo im Geist und Glauben erkannt haben.

Es wird noch weiter der Reichthum Salomos gerühmt. In seinem Hofhalt strotzte Alles von Gold, und des Silbers wurde nicht geachtet. Sonderlich der elfenbeinene Thron Salomos mit allen seinen Zierrathen war ein Zeichen seiner königlichen Herrlichkeit. Das alles ist aber eitel Nichts gegen die überschwängliche, himmlische, ewige Herrlichkeit, welche der zweite Salomo, Christus, seinen treuen Knechten zu sehen und zu schmecken gibt.

321. Salomos Weiberliebe und Abgötterei. 1 Kön. 11, 1—25.

Bisher war von Salomo eitel Gutes berichtet. Dem guten Anfang entsprach aber nicht der Fortgang. In seinem reiferen Lebensalter nahm Salomo viele fremde Weiber, auch von den Canaanitern, die noch übrig waren, was ausdrücklich im Gesetz verboten war. 2 Mos. 34, 16. Und diese heidnischen Weiber neigten das Herz des Königs den Götzen der Heiden zu, daß er denselben räucherte und opferte. Das war ein schwerer Fall und Abfall. Salomo war von Gott so hoch begnadigt, war von ihm mit eitel Segen überschüttet. Er hatte auch Gott recht erkannt, der HErr war ihm zweimal erschienen, er hatte seine Lust am HErrn, hatte in heiligem Eifer das Haus des HErrn gebaut und die schönen Gottesdienste des HErrn eingerichtet. Nun vergaß und verachtete er den Reichthum der Güte Gottes und verleugnete die eigene bessere Erkenntniß und wurde ärger, als ein Heide. Das ist ein ernstes Warnerempel für alle Gläubigen. Es sind schon Viele, welche den HErrn erkannt und ein reiches Maaß seiner Gnade erfahren haben, später dann abtrünnig geworden und haben sich an die Welt und die Götzen dieser Welt gehängt. Darum soll ein Jeder, der da steht, auch wer von Gott hoch gestellt ist, wohl zusehen, daß er nicht falle.

Alsbald entbrannte auch der Zorn Gottes über Salomo. Er kündigte ihm an, daß er das Königreich von ihm reißen und einem seiner Knechte geben werde, nur Ein Stamm soll dem Haus Davids treu bleiben. Der HErr erweckte auch von Stund an dem Salomo Widersacher, wie Hadad, den Edomiter, welcher vor Joab, Davids Feldhauptmann, nach Egypten geflohen war und jetzt in sein Land zurückkehrte, und Reson, den König von Syrien. Wer die Gnade Gottes verachtet, verfällt dem Zorn Gottes. Und es bringt eitel Jammer und Herzeleid, den HErrn, seinen Gott, verlassen und ihn nicht fürchten. Darum sollte das unser tägliches Gebet sein: Erhalte mein Herz bei dem Einigen, daß ich deinen Namen fürchte!

322. Salomos Widersacher und Tod. 1 Kön. 11, 26—43.

Der vornehmste Widersacher Salomos war Jerobeam, ein Mann aus dem Stamme Ephraim. Denselben hatte Salomo als Aufseher über den Bau der festen Burg Millo in Jerusalem bestellt. Als er einmal aus Jerusalem ausgegangen war, traf ihn unterwegs der Prophet Ahia von Silo und verkündigte ihm das Wort des HErrn, indem er seinen Mantel nahm, denselben in zwölf Stücke zerriß und zehn davon ihm zutheilte. Das bedeutete, daß der HErr zehn Stämme dem Hause Davids entwenden und Jerobeam geben wollte, darum, weil Salomo den HErrn verlassen hatte, nur Juda sammt dem kleinen Benjamin sollte um Davids willen bei Davids Hause bleiben. Zugleich vermahnte Ahia den Jerobeam, welcher also zum Fürsten über Israel erwählt war, zur Furcht des HErrn und zum Gehorsam. Darauf floh Jerobeam, dieweil Salomo ihm nach dem Leben trachtete, nach Egypten und erwartete dort die Zeit, da er öffentlich hervortreten sollte. So macht es Gott in seinem Reich. Wenn er den Einen als sein Werkzeug nicht mehr brauchen kann, wenn Einer untüchtig geworden und vom Wort und Gehorsam abgetreten ist, dann erwählt er einen Andern, der besser taugt. Die Gott als seine Mithelfer in seinem Reich brauchen will, die sollen ihm auch dienen und sich treulich nach seinen Geboten halten.

Was schließlich noch vom Ende Salomos erzählt wird, das klingt friedlich und versöhnend. Er entschlief mit seinen Vätern, er wird den frommen Vätern zugezählt, er wurde in der Stadt Davids begraben. Das deutet darauf, daß er noch ein gutes Ende hatte. Darauf weist auch sein letztes Buch hin, der Prediger Salomo. Da predigt Salomo von der Vergänglichkeit alles Irdischen, sonderlich davon, daß die Lust und Herrlichkeit dieser Welt ganz eitel sei. Das hatte er selbst erfahren und hat sich zuletzt noch wieder dem lebendigen Gott zugewendet. Im Neuen Testament lesen wir, daß Christus, der HErr, des Königs Salomo ehrend gedachte. Das hätte er nicht gethan, wäre Salomo ein Verworfener, wie Saul. So gehört also

Salomo in die Zahl derer, welche zuletzt noch wie ein Brand aus dem Feuer gerissen werden, ist einer der Auserwählten, welche von Gott begnadigt sind, dann später aus der Gnade fallen, aber durch Gottes Gnade schließlich doch noch wieder zurechtkommen und im Glauben sterben.

323. Abfall der zehn Stämme vom Hause Davids. 1 Kön. 12, 1—19.

Rehabeam war jetzt König an Statt seines Vaters Salomo und regierte zunächst über Juda. Alsbald versammelte sich aber auch die ganze Gemeinde Israel, das ist die nördlichen zehn Stämme, nach Sichem in der Mitte des Landes, um ihn auch zu ihrem König zu machen, das heißt ihn zu salben und ihm zu huldigen. Die Versammelten begehrten von Rehabeam nur, daß er das Joch leichter machen möchte. Das Volk hatte zuletzt unter Salomo ein schweres Joch getragen. Salomos Haushalt war durch die vielen fremden Weiber, die er an seinem Hofe hielt, nur um so kostspieliger geworden, und das Volk mußte die Kosten aufbringen. Das Verlangen nach Erleichterung der Steuerlast war also kein unbilliges Begehren. Die alten, erfahrenen Rathgeber, die Salomo gedient hatten, riethen daher auch dem Rehabeam, dem Wunsch des Volks zu willfahren. Das war ein guter Rath. Das ist nur weise, gut und recht, wenn ein Fürst, eine Obrigkeit gelinde regiert und dem Volk nicht mehr Lasten auflegt, als zur Erhaltung der bürgerlichen Ordnung nöthig sind.

Rehabeam hörte aber nicht auf den Rath der Alten, sondern auf das, was die Jungen, seine Altersgenossen ihm anriethen, und gab dem Volk die Antwort: „Mein Vater hat euch mit Peitschen gezüchtigt, ich will euch mit Scorpionen züchtigen." Das war die Sprache und das Gebahren eines Tyrannen, der nur das Seine sucht, der kein Herz hat für das Wohl des Volks. Es wird bemerkt, daß das vom HErrn so gewendet war, es sollte das Wort des Propheten Ahia, welches dem Jerobeam zehn Stämme zuerkannt hatte, bestätigt werden. Was im Rath der Fürsten, in der Geschichte der Völker geschieht, das geschieht nach Gottes Versehung, und es muß Alles, auch was die Menschen übel thun, dazu dienen, Gottes Rath und Willen hinauszuführen.

Die Folge des harten Bescheids Rehabeams war, daß die Gemeinde Israel sich vom Hause Davids lossagte. Es wurde die Loosung ausgegeben: „Israel, hebe dich zu deinen Hütten!" Die zehn nördlichen Stämme richteten ein eigenes Königreich auf. Des Königs Frohnvogt Adoram, der mit den Abtrünnigen unterhandeln sollte, wurde getödtet, und Rehabeam konnte sich nur durch schleunige Flucht gleichem Schicksal entziehen. Das alles war für Letzteren gerechte Strafe. Gestrenge Herren regieren nicht lange. Der Tyrannei folgt gewöhnlich Zerrüttung auf dem Fuß. Zugleich zeigte sich auch hier wieder, daß Gott die Missethat der Väter auch an den Kindern heimsucht. Der Abfall Israels war schon dem Salomo angedroht, zur Strafe dafür, daß er vom HErrn abgefallen war.

324. Die Gründung des Reichs Israel. 1 Kön. 12, 20—33.

Nachdem Israel sich vom Haus Davids getrennt hatte, rief es Jerobeam zum König aus, den Gott selbst durch seinen Propheten zum König berufen hatte. Nur Juda und der kleine Stamm Benjamin blieb Rehabeam, dem Sohn Salomos, treu. So war also eine Reichsspaltung eingetreten. Das war freilich an sich ein böses Ding, ein Zeichen des Verfalls, eine Strafe Gottes. Die Frömmigkeit und Furcht des HErrn, welche Israel zur Zeit Davids und in der bessern Zeit Salomos beseelte, hatte abgenommen. Salomo hatte auch das Volk sündigen gemacht. So ist es je und je im Reich Gottes, in der Kirche gewesen. Wo Glaube, Zucht, Sitte dahinfiel, da folgte Uneinigkeit und Zwiespalt.

Das Erste, was Rehabeam jetzt that, war, daß er alle streitbaren Män= ner in Juda sammelte, um wider Israel und Jerobeam zu streiten und, was er verloren, mit Waffengewalt wiederzugewinnen. Das war ein böser An= schlag. Denn Gott hatte dem Jerobeam das Regiment über die nördlichen Stämme gegeben. So wehrte auch Semaja, der Prophet Gottes, dem sün= digen Unternehmen und sprach zu Rehabeam im Namen des HErrn: „Ihr sollt nicht hinaufziehen und streiten wider eure Brüder, die Kinder Israel." Und König und Volk gehorchten dem Wort des HErrn, sie kehrten um und legten die Waffen nieder. Das ist dem HErrn gar wohlgefällig, wenn Einer von seinem bösen Beginnen absteht und sich durch Gottes Wort warnen, weisen und zurechtbringen läßt.

Dagegen übertrat Jerobeam Wort und Willen des HErrn. Das war die Sünde Jerobeams, daß er Israel auch von dem Gottesdienst in Jeru= salem abwendete, zwei Stierbilder aufrichtete, eins in Dan, im Norden des Landes, das andere im Süden, zu Bethel, und für diese beiden Bilder Priester bestellte und Opferdienst einrichtete. Das war wohl kein offen= barer Götzendienst, die beiden Kälber oder Stiere sollten Jehova, den Gott Israels, abbilden, aber es war ein falscher Gottesdienst welcher dem Gesetz des HErrn zuwiderlief. Nur in Jerusalem, an dem Ort, wo er seines Namens Gedächtniß gestiftet hatte und wo die Priester aus dem Stamm Levi den heiligen Dienst versahen, wollte Gott angebetet sein und in der Weise, die er selbst vorgeschrieben hatte. Aller Gottesdienst, den der Mensch aus eigenem Vornehmen aufrichtet, alle selbsterfonnene Lehre und Weisheit, die der Mensch als Gottes Wort ausgibt, alle selbsterwählten Opfer und Werke, mit denen der Mensch Gott dienen will, das alles ist Uebertretung des ersten Gebots und Gott ein Greuel.

325. Gottes Zeugniß wider Jerobeams Bilderdienst. 1 Kön. 13, 1—10.

Der Gottesdienst, den Jerobeam aus eigenem Vornehmen aufgerichtet hatte, war Gott ein Greuel, und er bezeigte auch bald dem König und dessen Volk seinen Unwillen. Er sandte einen Propheten aus Juda, der kam nach Bethel, als Jerobeam an dem Altar daselbst opferte, und weissagte wider den Altar, daß in künftigen Tagen ein König aus dem Hause Davids, Josia, diese Stätte entweihen, die Priester des Höhenaltars schlachten und ihre Gebeine darauf verbrennen werde. Das hat sich mehrere Jahrhunderte später buchstäblich erfüllt. So wird dereinst Gottes Zorn und Gericht offenbart werden nicht nur über alle grobe Abgötterei, sondern auch über den falschen Gottesdienst, den die Menschen dem Wort Gottes zuwider sich selbst ersonnen haben, und alle Priester und Propheten, welche falschen Gottesdienst, falsche Lehre fördern und ausbreiten, werden umkommen mit Schrecken.

Der Mann Gottes erbot sich, durch ein Wunder seine Weissagung zu bekräftigen. Alsbald streckte Jerobeam seine Hand aus und gab den Befehl, den Propheten zu greifen. Im Augenblick verdorrte seine Hand. So hat Gott schon oft Tyrannen, welche an Knechte Gottes Hand anlegen wollten, mitten in ihrem bösen Werk überrascht und sie mit seinem gewaltigen Arm niedergeschlagen. Wehe Allen, welche den Propheten Gottes, welche in Gottes Namen die Wahrheit bezeugen, ein Leid anthun!

In demselben Augenblick geschah das von dem Propheten angekündigte Wunderzeichen. Der Altar zerriß, und die Opferasche wurde verschüttet. Das machte Eindruck auf den König Jerobeam. Er bat den Mann Gottes, den HErrn um Heilung seiner Hand anzuflehen. Auf das Gebet des Propheten wurde seine Hand wieder zurechtgebracht. Gott hat jetzt noch Geduld mit den Ungehorsamen und sucht sie durch ernste Zeichen, harte Schläge, aber auch durch Güte und Wohlthat zur Buße und Besinnung zu führen, ehe der letzte Zorn anbrennt.

Der König lud hierauf den Propheten Gottes in sein Haus, er wollte ihn durch Speise und Trank erquicken und ihm ein königliches Geschenk machen. Jener aber schlug es ab, denn er hatte Befehl von Gott, in Israel, da, wo man auf den Höhen opferte, kein Brod zu essen und kein Wasser zu trinken. Das ist Gottes ernster Wille und Befehl, daß seine Knechte, welche die Wahrheit erkannt haben, mit denen, welche falscher Lehre anhangen, keine Gemeinschaft haben.

326. Das Geschick des Mannes Gottes aus Juda. 1 Kön. 13, 11—34.

Wir hören hier von dem weiteren Geschick des Mannes Gottes aus Juda. Es ist dies eine gar ernste und ergreifende Geschichte. In Bethel wohnte ein alter Prophet, das ist ein falscher Prophet, welcher den falschen

Gottesdienst Jerobeams vertheidigte. Derselbe hörte von dem, was der Mann Gottes aus Juda wider den Altar zu Bethel geredet hatte, und zog ihm nach und lud ihn ein, bei ihm zu essen, indem er angab, ein Engel habe ihm das geheißen. Das war eitel Lug und Trug. Das ist ein Kennzeichen der falschen Propheten, daß sie Diejenigen, welche den geraden Weg Gottes gehen, abwendig zu machen suchen und daß sie sich gern auf allerlei himmlische Offenbarungen und wunderbare Gesichte berufen. Das ist alles Betrug. Und ob sie ja etwas Wunderbares gesehen haben, so ist es ein Gespenst des Teufels gewesen.

Der Mann Gottes aus Juda hätte wohl erkennen können, daß der Prophet aus Bethel ihn anlog. Denn er hatte von Gott ausdrücklich den Befehl empfangen, mit den falschen Priestern und Propheten in Israel nicht zu essen und zu trinken. Er übertrat aber das klare Gebot Gottes und folgte der Stimme des falschen Propheten, kehrte mit ihm um und aß und trank in seinem Hause. Das ist eine traurige Erscheinung, wenn Einer, welcher Gottes Wort und Willen recht erkannt hat, gar ein Diener des Worts, welcher die reine Lehre verkündigt hat, den rechten Weg verläßt, dem ausdrücklichen Befehl Gottes zuwiderhandelt, der Lüge und den Lügengeistern folgt und mit ihnen Gemeinschaft macht.

Während die Beiden zu Tische saßen, kam das Wort des HErrn zu dem alten Propheten, daß er den Mann Gottes um seinen Ungehorsam strafte und ihm Tod und Verderben ankündigte. Gott benutzt auch hin und wieder seine Feinde, auch Lügengeister, daß sie wider ihren Willen die Wahrheit sagen müssen. Jene Drohung traf ein. Als der Prophet aus Juda den Rückweg angetreten hatte, begegnete ihm ein Löwe und tödtete ihn, rührte aber seinen Leichnam nicht an. So wurde es recht kund und offenbar, daß dies eine Schickung von Oben, ein Strafgericht Gottes war. Wehe Allen, welche die Wahrheit erkannt und verkündigt haben, und dann abtreten und mit den Lügnern Gemeinschaft machen! Die werden doppelte Streiche leiden müssen.

Der Prophet aus Bethel beklagte den Mann Gottes, begrub ihn und bekannte öffentlich, daß sein Wort, welches er gegen den Altar in Bethel und wider den Höhendienst geredet, sich erfüllen werde. Wir hören aber nichts davon, daß er sein böses Gewerbe aufgegeben und sich rechtschaffen bekehrt hätte. Es kann Jemand wohl bis zu einem gewissen Grad die Wahrheit erkennen und dieselbe auch bekennen und dabei dennoch im Bann der Lüge und unter dem Fluch Gottes bleiben.

Von Jerobeam wird schließlich noch mitgetheilt, daß er trotz alle dem, was geschehen war, nicht von seinem bösen Wege umkehrte, vielmehr für den Höhendienst immer mehr Priester bestellte. Wehe den Ungehorsamen, welche allen Warnungen und Züchtigungen Gottes zum Trotz bei ihrem bösen Vornehmen verharren!

327. Ahias Weissagung wider Jerobeam. 1 Kön. 14, 1—20.

Es wird hier noch ein letztes Ereigniß aus dem Leben Jerobeams be=
richtet. Dessen Sohn Abia wurde todtkrank. In seiner Noth wendete sich
Jerobeam an den Propheten Ahia von Silo, welcher ihm das Wort des
HErrn betreffs des Königthums überbracht hatte, sandte sein Weib zu ihm
und ließ ihn fragen, wie es mit seinem Sohn gehen werde. Das geschieht
wohl öfter, daß Ungläubige, Gottlose, sonderlich die früher einmal besser
standen, in ihrer Noth und Angst sich nach Gottes Wort umthun und bei
einem Diener des Worts Rath und Hülfe suchen. Doch das ist nicht immer
ein Zeichen der Buße, sondern öfter nur eine That der Verzweiflung.

Der Prophet Ahia gab dem Weib Jerobeams und damit dem König
selbst keinen guten Bescheid. Er war ein harter Bote. Er verkündigte
ihm, daß sein Kind sterben werde. Er strafte Jerobeam, welcher von Gott
zum Fürsten über Israel gesetzt war, dann aber Gott hinter seinen Rücken
geworfen und mit den gegossenen Kälbern den HErrn zum Zorn gereizt
hatte, um seinen Ungehorsam und weissagte ihm, daß der HErr sein Haus
ausrotten und das Volk Israel, welches mit dem König gesündigt hatte,
schlagen, aus seinem guten Lande ausreißen und unter die Heiden zerstreuen
werde. Das ist es, was Gottes Wort den Abtrünnigen verkündigt, was
die Diener Gottes den Abgefallenen predigen sollen, daß sie nichts Anderes
zu erwarten haben, als Zorn und Gericht, darum daß sie die Gnade Gottes
verachtet haben und seinem Wort und Willen ungehorsam gewesen sind.

Die Drohung des Propheten begann alsbald sich zu erfüllen. Das Kind
Jerobeams starb. Das war eine Gnade und Wohlthat für das Kind. Denn
Gott hatte an ihm noch etwas Gutes erfunden. So läßt Gott viele Kinder, in
denen noch etwas Gutes ist, die noch im Glauben und in der Taufgnade stehen,
frühzeitig sterben, damit sie nicht später etwa ihre gute Beilage verlieren.
Und er nimmt oft gerade gottlosen Eltern ihre Kinder, welche besser sind, als
sie, damit sie nicht später von ihren Eltern verführt und verdorben werden.

Es wird nun noch des Todes und Begräbnisses des Königs Jerobeam
gedacht und nichts davon erwähnt, daß er die ernsten Warnungen Gottes zu
Herzen genommen hätte. Er ist in seinen Sünden gestorben. Das ist ein
schrecklich Ding, wenn Einer, welcher einmal den HErrn erkannt und reiche
Gnade vom HErrn empfangen hat, wie ein Gottloser stirbt und verdirbt.

328. Regierung Rehabeams und Abiams in Juda.
1 Kön. 14, 21.—15, 8.

Im Reich Juda regierte zunächst Rehabeam. Derselbe hatte im Ver=
gleich mit seinem Vater Salomo ein gar kleines Herrschaftsgebiet, den Stamm
Juda nebst dem kleinen Benjamin. Aber er hatte ein köstliches Gut in sei=

nem Land, das alle irdische Macht und Herrlichkeit aufwog, nämlich den rechten Gottesdienst im Tempel zu Jerusalem. Auch die Israeliten aus den nördlichen Stämmen, welche von Herzen nach dem Gott Israels fragten, kamen nach Jerusalem und opferten dort dem Gott der Väter. 2 Chron. 11, 16. Bald aber verließ Rehabeam und sein Volk mit ihm das Gesetz des HErrn (2 Chron. 12, 1.) und that, was dem HErrn übel gefiel, und errichtete, wie die von Israel, auf den Höhen Altäre und Säulen. Es waren auch Hurer im Lande, die das Volk zu allen Greueln der Heiden verführten. Dieser schmähliche Abfall blieb nicht ungestraft. Sisak, der König Egyptens, zog herauf und eroberte Jerusalem und nahm alle Schätze aus dem Haus des HErrn mit weg, welche Salomo angesammelt hatte. Es war auch Krieg zwischen Rehabeam und Jerobeam, so lange diese beiden Könige lebten.

Unter dem Sohn und Thronfolger Rehabeams, Abiam, wurde es nicht besser. Dessen Herz war auch nicht rechtschaffen vor Gott, wie das Herz seines Vaters David. Nur um seines treuen Knechts David willen erhielt Gott eine Leuchte in Jerusalem, blieben die Nachkommen Davids im Regiment. So hielt auch Krieg und Blutvergießen an. Auch Abiam lebte in beständiger Fehde mit Jerobeam von Israel. Nur zeitweilig demüthigte er sich unter das Wort des HErrn und erhielt dann auch einen Sieg über seine Feinde. 2 Chron. 13, 3. ff.

Diese traurige Geschichte hat sich in der neutestamentlichen Kirche oft wiederholt. Der alten christlichen Kirche hatte Gott sein Wort lauter und rein gegeben. Es kam aber dann der große Abfall unter dem Pabstthum. Luther hat die rechte Lehre und den rechten Gottesdienst wiederhergestellt. Die folgenden Geschlechter aber verließen dann das Gesetz des HErrn. Die sogenannte protestantische und auch die sogenannte lutherische Christenheit ist heutzutage mit falscher Lehre, Abgötterei und allen Lastern und Greueln der Heiden erfüllt. Der Abfall hat auch je und je Fehde, Zwist, Zerrüttung und sonst viel Unheil im Gefolge gehabt. Das alles ist uns, die wir durch Gottes Gnade noch nach der alten Weise dem Gott der Väter dienen, zur Warnung geschehen und geschrieben.

329. Assas Eifer um den HErrn. 1 Kön. 15, 9—15. 2 Chron. 14, 7.—15, 15.

An Stelle Abiams wurde sein Sohn Assa König in Juda. Der hat das Zeugniß, daß sein Herz rechtschaffen war vor dem HErrn und daß er that, was dem HErrn wohlgefiel. Er hatte einen gottlosen Vater und eine gottlose Mutter. Ihm selbst aber hatte der HErr ein frommes, gottesfürchtiges Herz gegeben. So geschieht es wohl öfter, daß fromme Eltern gottlose Kinder, aber auch umgekehrt, daß gottlose Eltern fromme Kinder haben. Der HErr theilt seine Gaben aus, wie er will, und kann auch aus einer ruchlosen, gottlosen Familie sich Kinder erwecken.

Daß er es mit dem HErrn aufrichtig meinte, bewies Assa damit, daß er alle Hurer, auch alle Götzenbilder, die seine Väter gemacht, insonderheit das Scheusal (Miplezeth), welches seine Mutter Maecha aufgestellt hatte, aus dem Lande entfernte. Das ist ein Kennzeichen wahrer Frömmigkeit, wenn man alle dem, was dem HErrn mißfällt, von Herzen entsagt. Und die ein Amt im Volk Gottes haben, erweisen sich dann als rechtschaffene Diener Gottes, wenn sie aller Lüge und Abgötterei und allem gottlosen Wesen ernstlich wehren und steuern. Nur Eins konnte Assa bei seinem Volk nicht durchsetzen, nämlich daß auch die Höhen, das ist die auf den Höhen des Landes errichteten ungesetzlichen Jehovaaltäre abgethan wurden.

Es zeigte sich auch bald, daß der HErr mit Assa war. Als der Mohren-könig oder Aethiopenkönig Serah mit einem zahllosen Heer in Juda ein-gefallen war, rief Assa den HErrn an, er möge doch seine Kraft an den Schwachen erweisen, und der HErr erhörte sein Gebet und schlug die Mohren in die Flucht. Durch den Propheten Asarja, den Sohn Obeds, ermuntert, ging Assa dann mit neuem Eifer an die Ausrottung der noch übrigen Spuren des Götzendienstes, erneuerte den Brandopferaltar vor der Tempelhalle und feierte im 15. Jahr seiner Regierung mit dem ganzen Volk in Jerusalem ein großes Dank= und Freudenfest. Das Volk schwur von ganzem Herzen seinem Gott Treue zu. Ja, die von ganzem Herzen, mit ganzem Willen den HErrn suchen, von denen läßt sich der HErr finden, denen ist er nahe mit seinem Segen, Schutz und Beistand, die errettet er aus allen ihren Nöthen.

330. Assas Versündigungen. 1 Kön. 15, 16—22. 2 Chron. 16, 7—14.

In den letzten Jahren seiner Regierung versündigte sich Assa auf mannigfache Weise an dem HErrn, seinem Gott. Der König Baesa von Israel befestigte die Stadt Rama, die an der Grenze Benjamins gelegen war. Das war eine feindselige Maßregel wider Juda. Baesa wollte auf diese Weise den Verkehr zwischen Juda und Israel abschneiden. Denn über Rama führte von Jerusalem aus die Haupthandelsstraße nach dem Norden. Da nahm Assa seine Zuflucht zu dem König von Syrien Benhadad, über-sandte demselben reiche Geschenke, wobei er auch des Tempelschatzes nicht schonte, und bestimmte ihn so, den Bund, den er mit Baesa geschlossen hatte, fahren zu lassen. Benhadad ließ seine Feldherren in Israel einrücken, welche mehrere Städte im Norden des Landes einnahmen. Statt also dem leben-digen Gott zu vertrauen, der ihm über das mächtige Heer der Mohren den Sieg gegeben hatte, suchte Assa jetzt Hülfe bei Menschen. Das ist eine Ver=

suchung, welcher schon viele Gläubige erlegen sind, daß sie in der Stunde der Noth, Angst und Gefahr ihren Blick von Gott, dem HErrn, abwendeten und sich auf schwache, sterbliche Menschen verließen.

Eine schwerere Versündigung war es noch, daß Assa, als der Prophet Hanani ihn um seiner Thorheit willen strafte und ihm ankündigte, daß er von nun an Krieg haben werde, an den Propheten Gottes seine Hand anlegte und ihn ins Gefängniß warf. Er unterdrückte auch Etliche im Volk, das heißt fromme Leute, die es mit dem Propheten hielten. So weit kann es auch bei Gerechten kommen, wenn sie einmal den geraden Weg verlassen haben, daß sie dann auch die Strafe des göttlichen Worts nicht leiden mögen und, wie die Gottlosen, denen zürnen, die ihnen die Wahrheit sagen.

In einer schweren Krankheit verleugnete Assa abermals den HErrn, seinen Gott. Er setzte da sein ganzes Vertrauen auf die Aerzte. Wie Mancher, der in guten Tagen den HErrn suchte, hat sich in Tagen der Krankheit vom HErrn abgekehrt und allein von den Aerzten Heil und Rettung erwartet!

Assa erhielt nach seinem Tod ein ehrenvolles, fürstliches Begräbniß. Eine Menge köstlicher Spezereien wurde dabei verbrannt. Sein Name hatte in Israel einen guten Klang. Wir müssen annehmen, daß er von seinen mannigfachen Verirrungen immer wieder zu dem HErrn zurückkehrte. Denn es wird von ihm bezeugt, daß sein Herz rechtschaffen war an dem HErrn „sein Lebenlang“. 1 Kön. 15, 14. Gott hat Geduld mit der Schwachheit seiner Auserwählten und bringt sie von ihren Fehltritten wieder zurecht.

331. Die Könige Nadab, Baesa, Ela in Israel. 1 Kön. 15, 25.—16, 14.

Im Reich Israel gelangte nach dem Tod Jerobeams dessen Sohn Nadab auf den Thron. Derselbe wandelte in den bösen Wegen seines Vaters. So blieb Gottes Strafe nicht länger aus. Ein Mann aus dem Stamm Isaschar, Baesa, verschwor sich gegen Nadab, tödtete ihn und rottete, nachdem er König geworden, das ganze Haus Jerobeams aus, ohne eine Seele übrig zu lassen. Gleichwohl, obschon durch seine Hand Gottes Gericht an dem sündigen Haus Jerobeams vollstreckt war, verharrte auch Baesa in der Sünde Jerobeams, beförderte auch an seinem Theil den Höhendienst oder Kälberdienst und machte Israel sündigen. So verkündigte ihm der Prophet Jehu, Sohn des Hanani, daß seinem Hause ein gleiches Geschick widerfahren werde, wie dem Hause Jerobeams. Daß er Jerobeam erschlagen, sollte ihm hinfort als Sünde angerechnet werden. Dieses Wort des HErrn erfüllte sich an dem Sohn Baesas, Ela. Gott suchte auch hier wieder die Sünde der Väter an den Kindern heim. Ela wurde von Simri, einem seiner Kriegsobersten, als er in seiner Hauptstadt Thirza beim Mahle lag und trunken war, überfallen und erschlagen und sein ganzes Haus vertilgt.

Diese Geschichten zeigen recht deutlich, wie hart Gott über seinem Wort hält. Alles, was Gott in seinem Wort geredet, was er den Gottlosen angedroht, und was er seinen frommen Kindern verheißen hat, muß und wird pünktlich und genau erfüllt werden. Ferner ersehen wir aus den angeführten Exempeln, daß es Gott durchaus nicht leiden kann und mag, wenn die Menschen ihm nach ihrer eigenen Weise dienen wollen und ihre eigene Weisheit mit Gottes Namen schmücken. Die, welche zu Führern und Hirten der Kirche berufen sind und dann Israel sündigen machen, das Christenvolk zu falschem Gottesdienst und falscher Lehre verführen, werden ein schweres Urtheil empfangen.

332. Die Könige Simri, Amri, Ahab in Israel. 1 Kön. 16, 15—34.

Als Simri König geworden war, that er dasselbe, was Baesa gethan und weshalb Baesa dem Gericht Gottes verfallen war. Er wandelte auch in den Sünden Jerobeams und machte Israel sündigen, hielt Israel von dem rechten Gottesdienst in Jerusalem zurück und nöthigte es, auf den Höhen zu opfern, wo die Stierbilder aufgerichtet waren. Und so geschah auch dem Simri, was dem Baesa und dem Jerobeam geschehen war. Sein Feldhauptmann Amri erhob sich wider ihn und belagerte ihn in seiner Hauptstadt Thirza. Simri gerieth in Verzweiflung und steckte selber seinen Palast an und kam mit seiner Familie in den Flammen um. Die Könige Israels waren in unglaublicher Verblendung befangen. Jeder sah, wie sein Vorgänger um der Sünde Jerobeams willen vom Zorn Gottes dahingerafft war, und verharrte gleichwohl in derselben Sünde und wurde schließlich von demselben Geschick getroffen. So verblendet sind die Sünder, die Abtrünnigen. Sie haben Warnexempel genug vor Augen, die da beweisen, was es für Jammer und Herzeleid bringt, wenn man dem Wort und Willen Gottes zuwiderhandelt, und wandeln doch dieselbe Bahn des Verderbens.

Es folgte jetzt die Dynastie Amris im Regiment, erst Amri, welcher nach Besiegung seines Nebenbuhlers Thibni die königliche Residenz von Thirza nach Samaria verlegte, dann dessen Sohn Ahab. Da stieg das Verderben aufs Aeußerste. Zu dem Höhendienst, welcher dem Namen nach noch dem HErrn Jehova galt, gesellte sich offenbarer Götzendienst. Seinem Weibe Isebel, einer phönizischen Königstochter, zu Liebe erbaute Ahab in Samaria dem Baal, dem Götzen der Phönizier, einen Tempel und Altar, und verfertigte auch einen „Hain", das ist ein Idol der Astarte, einer canaanitischen Naturgottheit, wohl eine Säule von Holz. So geht es allewege. Falscher Gottesdienst, falsche Lehre hält nie Maaß und Ziel, sondern artet bald, wenn man sie duldet, in die gröbste Abgötterei aus. Auf falsche Lehre, bei welcher man noch Gottes Namen, Christi Namen im Munde führt und

manche Stücke des göttlichen Worts äußerlich festhält, folgt bald der nack=
teste Unglaube, welcher Gott und Christum und Christi Wort ganz über den
Haufen wirft.

Wie weit die Gottlosigkeit zu Ahabs Zeit vorgeschritten war, wird
noch an einem Beispiele erwiesen. Ein gewisser Hiel von Bethel begann
Jericho als Festung wieder aufzubauen. Das kostete ihn aber seinen ältesten
und seinen jüngsten Sohn. Und damit erfüllte sich das Wort des HErrn,
das er durch Josua geredet hatte. Ja, es fällt keines der Worte Gottes
dahin. Es trifft schließlich Alles ein, was Gott in seinem Wort vorher=
verkündigt, was er den Uebelthätern gedroht und den Frommen verheißen
hat, wenn auch Jahrhunderte darüber hingehen.

333. Das erste Auftreten des Propheten Elias. 1 Kön. 17.

Als der Götzendienst und damit alle Greuel der Heiden in Israel über=
hand genommen hatten, trat plötzlich ein Mann Gottes auf, Elias, der This=
biter, und verkündigte dem Ahab, es solle die nächsten Jahre weder Thau
noch Regen kommen, er sage es denn. Und so geschah es denn auch. Elias
hatte einen besonderen Auftrag von Gott. Und es war ein besonderes Wun=
der, daß Gott nach dem Wort dieses Mannes weder thauen noch regnen ließ
in Israel. Doch haben alle Diener am Wort einen ähnlichen Befehl von
Gott. Sie sollen den Sündern, den Abtrünnigen, der abgöttischen, gott=
losen Welt Strafe und Verderben androhen. Und was sie im Namen Gottes
der Welt verkündigen, das geschieht auch zu seiner Zeit. Und gleiche Macht
und Wirkung, wie das Wort und Gebet des Elias, hat das Gebet aller
Gläubigen. St. Jakobus schreibt, 5, 17.: „Elias war ein Mensch, gleich=
wie wir, und er betete ein Gebet, daß es nicht regnen sollte, und es regnete
nicht auf Erden drei Jahre und sechs Monate." Daraus zieht Jakobus den
Schluß: „Des Gerechten Gebet vermag viel, wenn es ernstlich ist." Jak.
5, 16. Ja, vom Gebet der gläubigen Kinder Gottes hängt das Wohl und
Wehe der Welt ab. Es trat also alsbald das von Elias verkündigte Straf=
gericht ein. Drei und ein halb Jahre fiel weder Thau noch Regen vom
Himmel, und so kam eine große Theurung ins Land. Mit ähnlichen Plagen,
allgemeinen Landplagen, wie Mißwachs, Dürre, Theurung, straft Gott auch
heute noch oft den Unglauben, die Abgötterei und Gottlosigkeit der Menschen.

In der bösen Zeit gedachte aber Gott in Gnaden seiner Getreuen.
Seinen Knecht Elias versorgte er auf wunderbare Weise am Bach Crith.
Die Raben brachten ihm Brod und Fleisch, und er trank des Baches. Und
als auch dieser Bach vertrocknet war, sandte ihn Gott zu einer Wittwe nach
Zarpath im Land Phönizien. Die nahm den Mann Gottes mit Ehrfurcht
auf, und auf Elias Wort wurde das Mehl in ihrem Kad nicht verzehrt,

und das Oel in ihrem Krug versiegte nicht, so lange die theure Zeit anhielt. Als der Sohn der Wittwe gestorben war, rief Elias über ihm den HErrn an, und das Kind wurde wieder lebendig. Dieses neue Wunder stärkte die gottesfürchtige Heidin gar mächtig in ihrem Glauben an den Gott Jsraels. So weiß Gott die Seinen in der Theurung zu erhalten und aus allen ihren Trübsalen zu erretten. An diese Geschichte von der Wittwe zu Zarpath erinnerte der HErr in der Predigt, die er in seiner Geburtsstadt Nazareth hielt, mit folgenden Worten: „Es waren viel Wittwen in Israel zu Elias Zeiten, da der Himmel verschlossen war drei Jahr und sechs Monden, da eine große Theurung war im ganzen Lande; und zu deren keiner ward Elias gesandt, denn allein gen Sarepta der Sidonier, zu einer Wittwe." Luc. 4, 25. 26. Hiermit gab Christus dem Geschlecht seiner Zeit zu bedenken, daß sich an ihm ein ähnliches Geschick erfüllen werde, wie an Israel zu Elias Zeit, daß, wenn die Juden seine Predigt verschmähen, das Reich Gottes von ihnen genommen und den Heiden gegeben werden solle. Und so ist es allewege. Die Einen wollen Gottes Wort nicht mehr bei sich leiden, und so entzieht ihnen der HErr sein Wort und läßt es Andern predigen, die es mit Freuden aufnehmen. Das Beispiel der Wittwe von Zarpath zeigt auch, daß Gott selbst in einem verkommenen, verruchten Geschlecht noch seine Auserwählten hat.

334. Des Elias Begegnung mit Ahab. 1 Kön. 18, 1—20.

Nach langer Zeit, nach mehr, als drei Jahren erhielt Elias von Gott den Befehl, dem König Ahab anzuzeigen, daß der HErr wieder regnen lassen werde auf Erden. Ahab hatte gerade seinen obersten Beamten Obadja ausgesandt, um Gras für die Pferde und Maulthiere des Königs zu suchen. Obadja war ein frommer Mann, welcher den HErrn fürchtete. Er hatte in der Zeit der Verfolgung, da Ahab und sonderlich sein Weib Jsebel den Propheten des HErrn nach dem Leben trachtete, hundert Propheten heimlich versteckt und so gerettet. Es gab also in Israel auch zur Zeit des tiefsten Verfalls und der greulichsten Abgötterei noch treue Knechte des HErrn, eine ziemliche Anzahl wahrer Propheten, und deren Zeugniß war auch nicht ganz ohne Frucht geblieben, und selbst am Hof des Königs befand sich ein rechtschaffener Israelit. Gott hat auch in einer abgefallenen Kirche, auch in den schlimmsten Zeiten noch seine Auserwählten, welche ihn von Herzen fürchten und ihm treulich dienen. Und es fehlt auch nie ganz an treuen Zeugen, welche den Abtrünnigen das Wort der Wahrheit vorhalten.

Auf seinem Streifzug durch das Land begegnete dem Obadja der Prophet Elias und forderte ihn auf, ihn bei seinem Herrn Ahab anzumelden. Das war ein gefährlich Ding. Ahab haßte den Elias, hatte ihn im ganzen

20

Land und in den benachbarten Königreichen suchen lassen, um ihn zu tödten. Nun meinte Obadja, wenn er Elias bei dem König gemeldet hätte, möchte der Geist des HErrn ihn hinwegnehmen, und wenn Ahab Elias dann nicht fände, würde er ihn, den Obadja erwürgen. Als Elias eidlich versicherte, er werde heute vor Ahab erscheinen, ging Obadja hin und richtete den Auftrag des Propheten aus. Er fürchtete des HErrn Wort mehr, als den Zorn des Königs. So halten es alle frommen Kinder Gottes, die fürchten Gott mehr, denn die Menschen.

Ahab zog jetzt aus, dem Elias entgegen und, da er ihn traf, sprach er zu ihm: Bist du, der Israel verwirrt? Er meinte, Elias habe, weil er durch sein Gebet die Theurung über Israel herbeigeführt, Israel ins Unglück gestürzt. Elias gab ihm den Vorwurf zurück und bezeugte ihm, daß er, Ahab, vielmehr Israel verwirre, nämlich durch seine Abgötterei. So haben allezeit die rechten Propheten und Prediger, welche den Gottlosen Zorn und Gericht verkündigten, der Welt als Unheilspropheten und Friedestörer gegolten. Aber nein, sie sind es nicht, sondern die Andere zu Lüge und Abgötterei verführen, die sind es, welche die Kirche verwirren und verstören und ihr Land und Volk ins Unglück bringen.

Elias befahl dem Ahab, die Propheten Baals und der Astarte auf den Berg Carmel zu versammeln. Und Ahab gehorchte. So werden auch Gottlose hin und wieder von Furcht und Schrecken ergriffen, daß sie sich äußerlich unter Gottes Wort beugen.

335. Elias und die Baalspfaffen. 1 Kön. 18, 21—46.

Eine große Menge Volks war um Elias und die Propheten Baals auf dem Berg Carmel versammelt. Zuvörderst strafte sie Elias, daß sie auf beiden Seiten hinkten, es halb mit Baal, halb mit dem HErrn hielten. Ein solch halbes Wesen ist Gott ein Greuel. Der Gemeinde zu Laodicea bezeugt der HErr: „Ach, daß du kalt oder warm wärest! Weil du aber lau bist, und weder kalt noch warm, will ich dich ausspeien aus meinem Munde." Offenb. 3, 15. 16.

Hierauf fordert Elias das Volk auf, die Probe zu machen, wer der rechte Gott sei, der HErr Jehova oder Baal. Ein Opfer soll entscheiden. Welcher Gott mit Feuer antworten wird, der soll Gott sein. So bereiteten zunächst die Baalspropheten einen Farren zum Opfer zu und riefen ihren Gott Baal an, aber der hörte nicht, sie mochten sich anstellen, wie sie wollten, sich ritzen und verwunden, Baal blieb stumm. Es ist fürwahr Thorheit sonder Gleichen, wenn sich der Mensch auf Götzen verläßt, wenn er auf Geld und Gut oder irgend eine Creatur sein Vertrauen setzt. Solch ein Götze kann nicht retten und helfen. Elias verspottete die Anstrengungen der Baalspfaffen, verhöhnte ihren Gott, der sei vielleicht übers Feld gegangen oder schlafe. Es ist ganz dem Wort Gottes gemäß, wenn man die Thorheit des Götzendienstes, der falschen Religion, die Thorheit des Unglaubens und Irrglaubens verspottet. Es gibt einen heiligen Spott, eine heilige Ironie.

Jetzt richtete Elias einen andern Farren zum Opfer zu. Er nahm zwölf Steine und baute davon einen Altar, legte Holz darauf, zerstückte den Farren und legte ihn auf das Holz. Um das Wunder, das er im Sinn hatte, desto augenfälliger zu machen, ließ er Wasser auf das Brandopfer gießen, so reich= lich, daß das Wasser auch den um den Altar gezogenen Graben füllte. Darauf rief er den HErrn, seinen Gott, an, und siehe, da fiel das Feuer des HErrn herab und verzehrte Brandopfer, Holz, Steine und Erde, sogar das Wasser im Graben. Als das Volk das sahe, fielen sie auf ihr Angesicht und sprachen: Der HErr ist Gott, der HErr ist Gott! Sie vollzogen auch willig den Befehl des Elias, ergriffen die Baalspfaffen und führten sie hinab an den Bach Kison, wo Elias dieselben schlachtete. Auch jetzt beweist Gott noch auf mancherlei Weise, etwa durch große, außergewöhnliche Ereignisse, welche plötzlich ins alltägliche Leben eingreifen, durch Strafgerichte, welche die Abgöttischen treffen, daß er der wahre Gott ist, der lebendige Gott, und außer ihm kein anderer Gott.

Schließlich forderte Elias den König Ahab auf, wieder auf den Berg Carmel hinaufzusteigen und dort durch Speise und Trank sich zu stärken. Er selbst ging auf die Spitze des Berges und betete daselbst und hielt an im Gebet, bis am fernen Horizont ein kleines Wölkchen sich zeigte. Alsbald mahnte er den Ahab, anzuspannen und heimzufahren, damit dann später der Regen ihn nicht aufhalte. Während Ahab noch auf dem Wege nach seiner Residenz in Jesreel begriffen war und Elias als sein getreuer Diener vor ihm herlief, ward der Himmel schwarz von Sturmwolken, und es kam ein starker Regen und erquickte das durstige Land. Das Hauptärgerniß, welches den Zorn Gottes hervorgerufen hatte, der Baalsdienst, war jetzt ausgerottet. Es gab keine Baalspfaffen mehr im Land. Ja, Wohl und Wehe eines Volks, Fluch und Segen, auch wohl fruchtbare Zeit und Theu= rung hängt davon ab, ob ein Volk dem lebendigen Gott dient oder den Götzen.

336. Elias am Berge Horeb. Berufung Elisas zum Propheten. 1 Kön. 19.

Die lange Dürre, das gewaltige Gottesgericht, das den Baalsdienst und die Baalspfaffen zu Schanden gemacht, andrerseits die gnädige Heim= suchung des HErrn, die Spendung des befruchtenden Regens hatten bei dem Königshaus Israel, wie auch bei dem Volk, keine nachhaltige Besserung bewirkt, wie denn ein abgefallenes Geschlecht nach und nach gegen allen

Ernst und alle Güte Gottes ganz stumpf und unempfänglich wird. Isebel, Ahabs Weib, zürnte dem Elias nur um so mehr, weil er ihre Propheten geschlachtet hatte. So mußte der Prophet Gottes fliehen, und als er sich an der Grenze Judas unter einen Wachholder oder Ginsterstrauch nieder= gesetzt hatte, bat er Gott, er möchte seine Seele von ihm nehmen. Er war seines Prophetenamts müde. Doch der HErr stärkte ihn, indem er ihm Speise darreichte, und ein Engel führte ihn an den Berg Horeb. So werden die treuen Prediger, die es mit ihrem Amt ernst nehmen, wohl oft müde und matt und verzagt, wenn sie sehen, daß sie für ihre Mühe und Arbeit Undank, Widerspruch und Feindschaft ernten. Aber der HErr richtet die Bekümmerten und Kleinmüthigen immer wieder auf, durch sein Wort und seinen Geist.

Auf dem Berg Gottes Horeb wurde dem Elia eine hohe Offenbarung zu Theil. Ein starker Wind, der Berge und Felsen zerriß, ein gewaltiges Erdbeben, ein verzehrendes Feuer zog an ihm vorüber, aber der HErr war nicht darin. Zuletzt erschien der HErr in einem stillen, sanften Sausen. Als Elias das hörte, verhüllte er sein Angesicht. Elias hatte allerdings um den Namen des HErrn mit Verleugnung seiner selbst geeifert, aber diese Erscheinung sollte ihm bedeuten, und das ist eine wichtige Lehre für alle Diener am Wort, daß durch Eifer, Gesetz, Strafe allein die Sünder nicht gebessert werden, sondern daß der HErr gar gnädig, barmherzig und ge= duldig ist und von großer Güte und Treue und durch die freundliche, ge= linde Stimme des Evangeliums die Sünder bekehren und gewinnen will. Freilich Sturm, Erdbeben, Feuer, Gesetz, Zorn, Strafe muß dem Evan= gelium vorangehen. Dasselbe haftet nur in einem zerschlagenen Herzen und Gewissen.

Hierauf gab Gott dem Elias noch den Auftrag, Hasael zum König über Syrien, Jehu zum König über Israel, Elisa zum Propheten zu salben. Dieselben sollten an dem götzendienerischen Königshaus und Volk Gottes Gericht vollziehen. Zugleich eröffnete der HErr seinem treuen Diener, daß er sich in Israel noch sieben Tausend übrig behalten habe, die ihre Kniee nicht vor Baal gebeugt. Also war Eliä Wort und Zeugniß, sowie die stille Arbeit seiner Schüler und Gehülfen, der Propheten des HErrn, doch nicht ganz vergeblich gewesen, wenn ihm auch der Erfolg verborgen war. Gottes Wort kommt nie ganz leer zurück, sondern schafft immer etliche Frucht, wenn der Mensch auch nichts davon sieht. Gott hat sich auch noch in einem abgöttischen Geschlecht nach der Wahl der Gnade einen Rest behalten, der da glaubt und selig wird. Röm. 11, 5.

Als Elias von dannen ging, nach Damaskus zu, begegnete ihm Elisa. Dem warf er seinen Mantel um und berief ihn damit zu seinem Schüler und Nachfolger. Elisa verließ seine Rinder, auch Vater und Mutter, wie Solches einem Diener des HErrn ziemt, und folgte Elia nach.

337. Der erste Sieg Ahabs über Benhadad von Syrien.
1 Kön. 20, 1—21.

Es wird uns hier von einem Krieg zwischen den Syrern und Israel berichtet. Die Syrer waren von Alters her, wie die Philister, ein Erbfeind Israels. Der mächtige Syrerkönig Benhadad II. zog mit 32 Vasallen= königen herauf und belagerte Samaria, forderte von Ahab das Beste seiner Habe, dann wollte er abziehen, und als Ahab das bewilligt hatte, wurde er noch dreister und übermüthiger und verlangte, Ahab solle seine Knechte einlassen, daß sie aus den Häusern der Stadt aussuchten und wegnähmen, was ihnen beliebte. Diese schmähliche Forderung wies Ahab auf den Rath seiner Großen und mit Zustimmung seines Volks zurück. Als hierauf der König von Syrien die Stadt Samaria einzuäschern drohte, ließ Ahab ihm antworten, er solle nicht vor dem Sieg frohlocken, nicht der den Harnisch anlegt, sondern der ihn ablegt, solle sich rühmen. Während dann Ben= hadad mit den verbündeten Königen in seinem Zelt trank und trunken war, schickte der König Israels auf Geheiß eines Propheten die Knaben oder Knappen der Landvögte aus, und hinter ihnen drein 7000 bewaffnete Männer. Die schwachen Knaben überwältigten das mächtige Heer der Syrer, und die Kriegsleute, die ihnen folgten, schlugen nieder, was ihnen unter die Hand kam, und so erlitt Benhadad eine schmähliche Niederlage. So weiß Gott den Stolz und Uebermuth gottloser Tyrannen zu beugen und schlägt Alle nieder, welche Fleisch zu ihrem Arm machen und auf ihre Kraft und Gewalt trotzen und pochen. Auf der andern Seite sehen wir hier, wie lange Gott noch mit den Abtrünnigen Geduld hat, wie er nicht nur durch Strafe und Gericht, sondern auch durch wunderbare Hülfe, durch Güte und Wohlthat die Abgefallenen zur Buße leitet. So war der Sieg, den er Ahab und seinem Volk verlieh, für diese eine kräftige Mahnung zu recht= schaffener Buße und Umkehr.

338. Der zweite Sieg, Benhadads Freilassung und Gottes Urtheil.
1 Kön. 20, 22—43.

Der König Ahab hatte das gewaltige Heer der Syrer besiegt. Ben= hadad war mit genauer Noth entflohen. Nun wollten die Syrer Rache nehmen und sammelten wiederum ein großes Heer wider Israel, und spotteten dazu des Gottes Israels, indem sie sagten, Israels Götter seien Berggötter und könnten in der Ebene nichts ausrichten. Da bewies aber der Gott Israels, daß er Höhen und Tiefen der Erde und Alles in seiner Hand habe. Auf Gottes Befehl zog Ahab mit zwei kleinen Häuflein dem mächtigen Heer der Syrer entgegen. Bei Aphek in der Ebene Jesreel kam es zum Kampfe. Die Israeliten schlugen die Syrer, 100,000 Mann an einem Tage. So zahlt Gott den Spöttern ihr Gespötte oft schon in der Zeit heim. Wenn Einer meint, des HErrn Arm sei zu kurz, in diesem Fall könne er nicht helfen, hier werde er nicht strafen, da kann es ihm Gott wohl beweisen, daß er der lebendige, allmächtige Gott ist.

Ahab übertrat aber nun des HErrn Befehl, indem er den Syrerkönig Benhadad, welchen Gott ihm in seine Hand gegeben und der doch so viel Unheil über Israel gebracht hatte, aus schwachem, fleischlichem Mitleid leben ließ und ihm die Freiheit schenkte. Ein Prophetenschüler kündigte ihm sofort für solchen Ungehorsam Gottes Strafe und Vergeltung an. Er bezeugte ihm Gottes Wort durch eine sinnbildliche Handlung. Er befahl seinem Freund im Namen des HErrn, ihn zu schlagen. Der Freund that das nicht, und alsbald folgte die Strafe. Ein Löwe traf ihn und tödtete ihn. Ein Anderer dagegen, welcher dem Verlangen des Propheten nachkam und ihn schlug und verwundete, blieb unversehrt. Was das zu bedeuten hatte, war leicht zu errathen. Wenn Gott gebietet, einen Andern zu schlagen, ja zu tödten, so soll man es thun. Wehe dem, der es nicht thut! Darauf erzählte der Prophetenschüler dem Ahab, indem er ihm also verwundet und entstellt in den Weg trat, eine Geschichte, wie ein Mann ihm einen Kriegsgefangenen anvertraut habe, den solle er wohl verwahren, wenn er ihn losließe, solle er mit seiner Seele für die Seele des Freigelassenen büßen. Das wendete er dann auf den König Ahab an. Weil Ahab den Benhadad losgelassen, den Gott ihm übergeben, daß er ihn tödten sollte, so solle er das mit seiner Seele, mit seinem Leben büßen. Ja wohl, Gottes Gebot geht über Alles, auch über alles menschliche Gefühl und Wohlmeinen. Wenn Gottes Wort gebietet, man solle Jemand schlagen, strafen, mit Gottes Zorn belegen, so muß man es thun. Wer einen Sünder, den Gottes Wort verflucht und dem Bann übergibt, segnet und absolvirt, der zieht den Fluch auf seine eigene Seele.

339. Ahabs Mord und Raub an Naboth begangen. 1 Kön. 21, 1—16.

Gott hatte dem gottlosen König Ahab noch viel Gutes gethan, ihm den Sieg gegeben über seine Feinde. Aber es war alles vergeblich. Ahab verstockte sein Herz gegen die Wohlthaten Gottes. Er hatte eine Sommerresidenz in Jesreel, einer Stadt in der fruchtbaren Ebene Jesreel, nicht weit vom Berg Carmel. Neben seinem Besitz hatte ein schlichter Israelit Naboth einen Weinberg. Den begehrte Ahab für sich und wollte ihn Naboth abkaufen. Naboth weigerte sich dessen und bestand damit nicht nur auf seinem guten Recht, sondern auch auf Gottes Wort und Gesetz. Im Gesetz des HErrn war es den Israeliten verboten, das Erbe der Väter zu veräußern.

3 Mof. 25, 23. ff. 4 Mof. 36, 8. ff. Da brachte Ahab, durch sein gott=
loses Weib Isebel dazu angestachelt, das Eigenthum Raboths mit Unrecht
und Gewalt an sich. Er wurde zum Dieb, ja zum Mörder. Das Scheuß=
lichste aber war, daß er dieses Verbrechen mit einem Schein des Rechts, ja
der Frömmigkeit umhüllte und beschönigte. Auf Anstiften Isebels wurde
von den Aeltesten der Stadt Jesreel ein Fasten ausgerufen, als hätte Raboth
durch eine schwere Sünde über die ganze Stadt eine Schuld gebracht, die
gesühnt werden müßte, und dann wurde Gericht gehalten und Raboth als
Einer, welcher dem König und damit Gott den Abschied gegeben, den Ge=
horsam aufgekündigt, verklagt und als Majestätsverbrecher und Gottes=
lästerer zum Tode verurtheilt und gesteinigt. Wenn man seinem Nächsten
mit einem Schein des Rechts, gar der Frömmigkeit nach seinem Erbe oder
Hause steht, so ist das eben so schlimm, ja noch schlimmer, als offenbarer
Raub und Diebstahl. Solche Heuchelei, welche ein Verbrechen, wie Mord
und Diebstahl, noch als ein gutes Werk hinstellt, ist vor Gott der größte
Greuel. Und die Andern zum Bösen behülflich sind, wie die Aeltesten von
Jesreel, die den gottlosen Befehl einer gottlosen Obrigkeit ausführen helfen,
sind vor Gott ebenso schuldig, wie die Urheber des Verbrechens. Ahab
erscheint hier aber nicht nur als Dieb und Mörder, sondern auch als Ver=
folger der Gerechten. Er war einer von jenen ärgsten Tyrannen, welche
die Gerechten verfolgt und das Blut der Gerechten vergossen haben. Und
Raboth war einer aus der großen Zahl der heiligen Märtyrer, welche um
des Worts Gottes willen ihr Leben gelassen haben.

340. Die Strafdrohung Gottes. 1 Kön. 21, 17—29.

Kaum hatte Ahab sein frevlerisches Bubenstück an Raboth hinaus=
geführt, so bekam er auch das Urtheil Gottes zu hören. Elias überbrachte
ihm das Wort des HErrn und gab ihm seine Schuld auf das Haupt: Du
hast todtgeschlagen, dazu auch eingenommen, das ist fremdes Gut an dich
genommen. Im Namen des HErrn dictirte er ihm die Strafe zu: An der
Stätte, da Hunde das Blut Raboths geleckt haben, sollen auch Hunde dein
Blut lecken. Isebel aber, die alles Böse angestiftet hatte, sollte an der
Mauer Jesreels von den Hunden gefressen werden. Weil Ahab den Götzen
der Heiden, welche Israel ausgerottet, nachgewandelt hatte, darum sollte
sein ganzes Haus ausgerottet werden, ähnlich wie das Haus Jerobeams
und das Baesas. So wird allen Gottlosen, Dieben, Mördern, Götzen=
dienern in Gottes Wort Strafe und Verderben angedroht. Insonderheit
aber wird der Zorn des HErrn Diejenigen treffen, welche Andere zu Lüge
und Götzendienst verführt haben, und die Tyrannen, welche die Gerechten
verfolgt haben. Ja, die erfahren oft schon in der Zeit Gottes Rache.

Es gibt Exempel genug, daß solche Fürsten, Könige, Kaiser, welche die Christen verfolgt haben, noch bei Lebzeiten von der gewaltigen Hand Gottes niedergeschlagen und zuletzt etwa eines jämmerlichen Todes gestorben sind.

Zweimal wird von Ahab hier bemerkt, daß er dazu verkauft war, Uebels zu thun. Ahab war von Gott zum Fürsten über Israel erhoben, Elias hatte ihm Gottes Wort bezeugt, der Gott Israels hatte ihm durch ein gewaltiges Wunder bewiesen, daß er der lebendige Gott sei und nicht Baal, Gott hatte lange Geduld mit ihm gehabt und ihm Sieg auf Sieg über seine Feinde gegeben. Ahab aber verachtete das alles und fuhr fort in seinem bösen, götzendienerischen Treiben. Und so gab ihn Gott zuletzt in seinen bösen Sinn dahin und verkaufte ihn unter die Sünde, so daß er immer ärger wurde und bis zu seinem Ende nur Uebels that. Das ist der schreckliche Zustand der Verstockung, daß Gott einen Sünder, der nicht hören will und Gottes Ernst und Güte hartnäckig verachtet, in seine Sünde dahingibt, unter die Sünde verkauft, so daß er nun ein Sclave der Sünde ist und bis zuletzt sündigt und frevelt und in seinen Sünden stirbt und verdirbt.

Als Ahab das Urtheil Gottes aus Elias Mund vernommen hatte, zerriß er seine Kleider, legte einen Sack um, fastete und ging jämmerlich einher. In Folge deß ging das ihm angedrohte göttliche Gericht nur so weit in Erfüllung, daß die Hunde bei Abwaschung des Wagens, auf dem er gestorben war, sein Blut in Samaria leckten, 1 Kön. 22, 38., vollständig dann aber an seinem Sohn Joram, dessen Leichnam auf das Grundstück Naboths geworfen wurde. 2 Kön. 9, 25. ff. Indeß war jenes Bücken und Jammern Ahabs keine ernste Buße und Bekehrung. Das geschieht auch wohl sonst, daß Abtrünnige, unbußfertige, verstockte Sünder heulen, schreien und gar jämmerlich thun, aber aus lauter Angst und Verzweiflung, ohne ihr Herz vor Gott zu demüthigen, und so fahren sie doch dahin in die Verdammniß.

341. Der fromme König Josaphat von Juda. 2 Chron. 17.

Wie stand es zu der Zeit, da das gottlose Ehepaar Ahab und Isebel über Israel regierten, im Reiche Juda? Das erfahren wir aus den Büchern der Chronika. Auf dem Stuhl Davids in Jerusalem saß dazumal Josaphat, der Sohn Assas. Das war ein trefflicher Regent. Der sorgte aufs beste für die Wohlfahrt und Sicherheit seines Landes. Er legte Besatzungen in alle festen Städte Judas und auch in die Städte Israels, die sein Vater Assa dem König von Samarien abgewonnen hatte. Josaphat war aber vor allen Dingen ein frommer Fürst. Er wandelte treulich in allen Geboten und Wegen des HErrn. Er hatte den Muth und rottete auch alle

Ueberreste des Götzendienstes aus Juda aus. Es lag ihm daran, daß das Land Juda wieder mit der Erkenntniß und Furcht des HErrn erfüllt würde. Darum sandte er fünf Fürsten mit sieben Leviten und zwei Priestern in die Städte Judas mit dem Gesetzbuch des HErrn, um überall das Volk im Gesetz zu unterrichten. Das war eine Art Kirchenvisitation. Das Volk im Gesetz zu unterweisen und zum Gehorsam und zur Frömmigkeit anzuleiten, war Sache der Priester und Leviten. Weil aber das Gesetz auch Vorschriften für das bürgerliche Leben, betreffs äußerer Zucht und Ordnung enthielt, waren den Abgesandten aus dem Lehrstand auch weltliche Beamte beigegeben. Das ist ein Gott wohlgefälliger Stand der Dinge, wenn die Regenten und Richter im Lande Recht und Gerechtigkeit ausüben, Zucht und Ordnung aufrecht halten, und wenn die Diener der Kirche dem Irrthum und der Gottlosigkeit steuern und das Volk mit allem Fleiß in Gottes Wort unterweisen, wenn die Kirche auch über Lehre und Leben ihrer Diener und Glieder in rechter Weise Aufsicht übt.

Das ernste Bestreben und muthige Vorgehen Josaphats brachte ihm und seinem Volk viel Heil und Segen ein. Der HErr war mit Josaphat und bestätigte sein Königreich und gab ihm Reichthum und Ehre die Menge. Seine Unterthanen zeigten sich dankbar für die Wohlthaten seines Regiments und brachten ihm freiwillige Gaben. Auch die Nachbarvölker, Philister und Araber brachten ihm Geschenke. Die Furcht des HErrn kam über alle Königreiche ringsum, daß keins Juda anzugreifen wagte. Juda sah noch einmal wieder etwas von dem Glück der vorigen bessern Zeiten, der Tage Davids und Salomos. Wenn im bürgerlichen und im kirchlichen Regiment Alles wohl bestellt ist, wenn, die im Amte sitzen, redlichen, ernsten Willen haben und auf das Beste des Volks bedacht sind, dann bleibt Glück, Heil und Segen nimmer aus. Gewissenhafte Regenten, treue Lehrer gewinnen das Herz der Leute, alle Aufrichtigen fallen ihnen zu. Wenn in der Kirche Gottes Wort recht im Schwange geht, dann gewinnt auch wohl die Welt Achtung vor der Kirche. Die Geschichte Josaphats lehrt auch, daß man mit Gottes Wort jederzeit dem hereinbrechenden Verderben, dem Verfall der Religion und Sitten Einhalt thun kann. Wenn man nur zur rechten Quelle, zum Gesetz des HErrn, zurückkehrt und mit Gottes Wort rechten Ernst macht, dann folgt auf trübe Zeiten auch wieder Besserung der Zustände.

342. Ahabs und Josaphats Kriegszug gegen die Syrer.
1 Kön. 22, 1—28.

Wir hören hier von einem Bündniß, welches der König Ahab von Israel mit dem König Josaphat von Juda abschloß. Die Beiden wollten die Syrer bekriegen und die Stadt Ramoth im Ostjordanland zurückerobern.

Vierhundert Propheten weissagten dem Ahab Sieg über die Feinde. Einer von ihnen, Zedekia, machte sich eiserne Hörner und sagte, hiermit werde Ahab die Syrer niederstoßen bis zur Vernichtung. Das waren aber falsche Propheten. Das ist allewege die Rede der Lügengeister: Es hat keine Noth. Die verkündigen den Gottlosen eitel Gutes und trösten sie so in die Hölle hinein. Auf Verlangen Josaphats wurde aber auch noch Micha, ein Prophet des HErrn, herbeigeholt, der sagte den beiden Königen die Wahrheit. Er sah schon im Geist Israel zerstreut, wie Schafe, die keinen Hirten haben. Das ist die Rede der wahren Propheten, die verkündigen den Gottlosen Gottes Zorn und Gericht und mahnen sie, vom Wege des Verderbens umzukehren, ehe es zu spät ist.

Micha meldete noch von einem wunderbaren Gesicht, das ihm zu Theil geworden war. Er sah den HErrn sitzen auf seinem Stuhl inmitten seines himmlischen Heers. Da stellte sich auch ein böser Geist ein, der erbot sich, Ahab zu überreden, gegen Ramoth zu ziehen. Der HErr gestattete ihm das, und so fuhr der Geist in jene Lügenpropheten, welche Ahab zum Kampf ermunterten. So sind es böse Geister, die in den falschen Propheten wirken und durch sie reden. Und zugleich ersehen wir hieraus, daß Gott auch die bösen Geister sich dienstbar macht, um seine Rathschlüsse, vor Allem seine Gerichte an den Gottlosen zu vollstrecken. Die, wie Ahab, unter die Sünde verkauft sind, die gibt Gott auch in die Gewalt des Satans und seiner bösen Engel und damit ins Verderben dahin.

Micha wurde, weil er die Wahrheit gesagt hatte, von jenem Zedekia auf den Backen geschlagen und von Ahab in den Kerker geworfen, dort sollte er bleiben, bis der König in Frieden heimkehren würde. So ist die gottlose Welt den Predigern gram und feind, welche ihr die Wahrheit sagen.

343. Ahabs Tod. Josaphat von dem Propheten Jehu zurechtgewiesen. 1 Kön. 22, 29—38. 2 Chron. 19.

Das Wort des Propheten Micha ging in Erfüllung. Ahab wurde von seinem Geschick ereilt. Im Kampf mit den Syrern wurde er von Ohngefähr von einem Speer getroffen und durchbohrt und starb auf seinem Kriegswagen. Als Leiche wurde er nach Samaria heimgebracht. Und da sein Wagen gewaschen wurde, leckten die Hunde sein Blut, wie Elias es geweissagt hatte. Das war das schreckliche und schmähliche Ende dieses stolzen Königs. So nehmen die Feinde Gottes und seines Worts ein Ende mit Schrecken. Schmach, ewige Schmach und Schande ist das schließliche Loos derer, welche sich wider den HErrn erheben.

Als der König Josaphat von dem unglücklichen Kriegszug nach Jerusalem heimgekehrt war, verkündigte ihm der Prophet Jehu, Sohn des

Hanani, daß der Zorn des HErrn über ihn entbrannt sei. Warum? Er liebte die, welche den HErrn hassen, und hatte dem Gottlosen geholfen, zum Bösen geholfen. Er hatte sich mit dem gottlosen König Ahab befreundet und verbündet, hatte auch seinem Sohn Joram dessen Tochter Athalja zum Weibe gegeben (2 Chron. 18, 1.), und war dann dem Wort des HErrn zuwider mit Ahab in den Krieg gezogen. Es widerstreitet dem Wort und Willen des HErrn, wenn die Kinder Gottes sich mit den Kindern der Welt befreunden und verbünden. Das ist ein gar gefährlicher und verderblicher Weg. Wer mit der Welt läuft, der ist dann auch genöthigt, mit der Welt zu sündigen und zu übertreten und kommt bald ganz von Gott ab. So Jemand die Welt lieb hat, in dem ist nicht die Liebe des Vaters. 1 Joh. 2, 15. Der Welt Freundschaft ist Gottes Feindschaft. Jak. 4, 4. Wer mit der Welt läuft, der wird schließlich auch mit der Welt verdammt werden.

Gott hatte aber noch etwas Gutes an Josaphat gefunden. Und derselbe demüthigte sich jetzt auch unter das Wort des Propheten und that rechtschaffene Buße und zeigte dann neuen Eifer in dem Werke des HErrn, das er begonnen hatte. Er führte Viele aus Juda zu dem HErrn, ihrem Gott, zurück. Er bestellte Richter im ganzen Lande, aus den Priestern und Leviten, und schärfte ihnen ein, in der Furcht des HErrn, genau nach dem Gesetz des HErrn dem Volke Recht zu sprechen. Wenn ein Christ einmal den rechten Weg verlassen und die Liebe zum HErrn verleugnet hat, so soll er schleunig umkehren und im Dienst des HErrn dann neuen Fleiß und Eifer beweisen. So wird dann auch des Bösen, das er gethan hat, nicht mehr gedacht werden.

344. Josaphats wunderbarer Sieg über die heidnischen Nachbarvölker. 2 Chron. 20, 1—30.

Es wird hier noch ein großes, wunderbares Ereigniß aus der Regierungszeit Josaphats berichtet. Die benachbarten Heidenvölker, Moabiter, Ammoniter, Edomiter verbündeten sich und zogen wider Juda herauf und lagerten sich bei Engedi am Westrand des todten Meeres. Als Josaphat von dem Anrücken der Feinde Kunde erhielt, ließ er ein allgemeines Fasten ausrufen, demüthigte sich sammt seinem Volk vor dem HErrn und versammelte ganz Juda im Tempel Jerusalems. Hier flehte er zu dem Gott Israels, dem Herrscher Himmels und der Erde. Das war ein Gebet des Glaubens. Er stützte sich fest auf Gottes Verheißung. Gott hatte seinem Volk zugesagt, daß, wenn Israel in schweren Nöthen in diesem Hause, darin der Name des HErrn war, zu ihm schreien werde, er dann hören und helfen wolle. Mitten in der Versammlung kam der Geist des HErrn über den Leviten Jehaziel und verhieß dem Könige und Volk wunderbare Hülfe. Am

andern Morgen zog der König mit seinem Volk dem feindlichen Heer ent=
gegen, voran die levitischen Sänger, die lobten und dankten dem HErrn,
schon vor dem Siege. Und während so Juda Jubel und Lobpreis erschallen
ließ, richtete der HErr im Lager der Feinde eine große Verwirrung an, daß
sie wider einander das Schwert kehrten und sich gegenseitig aufrieben. Als
Juda an die Stätte kam, lagen die todten Leichname auf der Erde, und es
blieb Josaphat nur das Eine zu thun übrig, daß er den großen Raub aus=
theilte. Darauf hoben die versammelten Judäer von Neuem an, den HErrn
zu loben, in dem sogenannten Lobethal, und zogen mit Loben, Psaltern und
Trompeten wieder nach Jerusalem ins Haus des HErrn. Der Schrecken
Gottes aber fiel auf die Kunde von diesem wunderbaren Sieg Judas
über alle Königreiche ringsum, so daß Josaphat Friede hatte, so lange er
noch lebte.

Das war eine der herrlichsten Großthaten des Gottes Israels, des wah=
ren, lebendigen Gottes. Nun wir wissen: Der HErr ist noch und nimmer
nicht von seinem Volk geschieden. Der HErr ist auch noch unsere Zuversicht
und Stärke, eine Hülfe in den großen Nöthen, die uns getroffen haben.
Ja, er hilft uns frühe. Ehe wir es uns versehen, ist die drohende Gefahr
oft schon beseitigt. Er hilft den Elenden herrlich. Der HErr streitet für
sein Volk. Er hat seiner Kirche auch oft schon in der Weise Rettung ge=
schafft, daß er ihre Feinde unter sich uneins machte. Wir sollen nur glau=
ben, beten, flehen, loben, danken, ja auch mitten in Angst und Gefahr schon
loben und danken. So überwinden wir die feindliche Welt und werden
auch endlich gewinnen und den Sieg behalten.

345. Ahasja von Israel, seine Krankheit und sein Tod. 2 Kön. 1.

Dem Ahab folgte dessen Sohn Ahasja auf dem Thron Israels. Der=
selbe fuhr fort, den HErrn durch Baalsdienst zu erzürnen. Das schreckliche
Ende, das sein Vater genommen, brachte ihn nicht zur Besinnung. So traf
ihn auch Unglück über Unglück. Erst fielen die Moabiter von Israel ab.
Dann fiel Ahasja von seinem Söller herab und wurde todtkrank. In sei=
ner Noth und Angst sandte er Boten ab, die den Baal Sebub, den Götzen
Ekrons, fragen sollten, ob er genesen werde. Diesen Boten begegnete Elias
und schickte sie heim und ließ dem Ahasja sagen, er werde des Todes sterben.
Solch jähes Unglück, das etwa auch den Tod im Gefolge hat, ist für die
Gottlosen Rache und Strafe Gottes, kein bloßer Zufall.

Ahasja war in seinem Unglück so verhärtet und verstockt, daß er einen
Hauptmann mit fünfzig Kriegsknechten hinsandte, um Elias zu fangen und
dann ihn zu tödten, und als die umgekommen waren, immer neue Häscher

ausschickte. Das ist schrecklich, wenn ein Gottloser, der von Gottes Hand
niedergeschlagen ist, in den letzten Augenblicken seines Lebens noch wider
Gott streitet und wüthet und dem starken, lebendigen Gott Trotz bietet.

Elias, der Mann Gottes, gab hier ein Zeichen vom Himmel, ließ Feuer
vom Himmel fallen, welches die zwei Schaaren von Kriegsleuten verzehrte.
Dieselben wollten die mörderischen Befehle ihres Herrn ausführen und ver=
spotteten dazu den Mann Gottes und waren also in gleicher Schuld, wie der
König Ahasja. Wer einem Gottlosen zu Willen und zum Bösen behülflich
ist, zieht damit auch die Strafe der Gottlosen auf sein Haupt herab. Als
der dritte Hauptmann mit seiner Schaar herankam und um Gnade flehte,
schonte seiner Elias und ging mit ihm zu Ahasja und bekräftigte sein Wort,
daß er sterben werde, und Ahasja starb nach dem Wort des HErrn. Diese
Geschichte wird im Neuen Testament erwähnt, Luc. 9, 54. ff. Die zwei
Jünger JEsu, Johannes und Jakobus, wollten gern, daß der HErr ihnen
gestattete, über einen Marktflecken der Samariter, welcher JEsu Herberge
verweigert hatte, Feuer vom Himmel herabzurufen, und beriefen sich hierbei
auf das Exempel des Elias. JEsus aber bedrohte sie und sprach: „Wisset
ihr nicht, welches Geistes Kinder ihr seid?" Damit verurtheilte der HErr
nicht, was Elias in der Kraft des Geistes Gottes gethan hatte, sondern
strafte nur den Feuereifer seiner Jünger, welche jene Samariter, die sich
nicht gleich bei der ersten Anfrage willig zeigten, JEsum aufzunehmen, so=
fort verderben wollten. Denen gab er zu bedenken, daß des Menschen
Sohn nicht gekommen sei, der Menschen Seelen zu verderben, sondern zu
erhalten. Weil der HErr der Menschen Seelen retten möchte, darum hat
er Geduld mit den Sündern und schiebt die Strafe hinaus. Aber Gott
hat auch schon im Alten Testament und so auch mit den gottlosen Königen
Israels Geduld gehabt. Desgleichen hat sein treuer Knecht Elias in aller Ge=
duld sich abgemüht, den König Ahab von seinen bösen Wegen abzubringen.
Erst als die götzendienerischen Könige und ihre Helfershelfer die Geduld
Gottes, den Ernst und die Güte Gottes verachtet hatten, ließ Elias Feuer
vom Himmel fallen. Und Christus selbst wird, wenn die Zeit der Geduld
und Langmuth vorüber ist, über die Gottlosen Rache geben mit Feuer=
flammen und die Widerwärtigen verzehren.

346. Eliä Himmelfahrt. 2 Kön. 2, 1—14.

Es war jetzt die Zeit gekommen, daß Gott seinen treuen Knecht Elias
von seinem beschwerlichen Dienst ausspannen und ihm den Lohn eines Pro=
pheten geben wollte. Dem Elias selbst und auch seinem Diener Elisa und
den andern Prophetenschülern hatte er offenbart, was er vorhatte. Elisa ließ

es sich nicht nehmen und begleitete seinen Meister auf seinem letzten Gange.
Fünfzig Prophetenschüler aus Jericho gingen mit bis an den Jordan. Elias
theilte mit seinem Mantel den Jordan und ging mit Elisa trocken hindurch,
nach dem Gebirge zu, in die Gegend, wo Mose sein Ende gefunden. Elisa
erbat sich noch Eins von seinem Vater Elias, nämlich, daß sein Geist zwie=
fältig auf ihm ruhen möge. Es gab noch andere Schüler des Elias in
Israel, Elisa aber stand ihm am nächsten, war von ihm zu seinem eigent=
lichen Nachfolger berufen, war gleichsam der erstgeborene Sohn des Elias.
Und so erbat er sich das Theil des Erstgeborenen, einen doppelten Antheil
an dem prophetischen Geist Eliä. Elias stellte die Erfüllung Gott anheim,
und Gott hat sie gewährt. In Elisa wirkte der Geist Gottes kräftiger, als
in irgend einem andern Prophetenschüler.

Nach dieser letzten Unterredung zwischen Meister und Jünger kam ein
feuriger Wagen mit feurigen Rossen vom Himmel, das waren Engelmächte,
und so fuhr Elias sichtbar im Wetter gen Himmel. Elias war der größte
Prophet nach Mose. Kein anderer Prophet hatte so, wie Elias, für den
Namen des HErrn geeifert und seine Kräfte im Dienste Gottes verzehrt.
So hatte Gott auch durch ihn mehr und größere Zeichen und Wunder ge=
than, als durch einen andern Propheten. Und nun ehrte Gott diesen seinen
treuen Knecht auch im Tode. Er nahm ihn, ohne daß er den Tod sah,
ähnlich wie den Henoch, zu sich in den Himmel. Während der Himmelfahrt
wurde sein Leib verwandelt, verklärt. Elias erschien mit Mose in verklärter
Gestalt neben dem HErrn auf dem Berg der Verklärung. Seine Himmel=
fahrt war ein Triumphzug, auf einem himmlischen Siegeswagen zog er in
den Himmel ein. Aus dem heißen Kampf dieser Zeit ging er triumphirend
hinüber in den Triumph der Ewigkeit. Nur das Ende, die Himmelfahrt
Christi war noch glorreicher, als Eliä Himmelfahrt. Alle frommen Knechte
Gottes aber erwarten, auf Grund der Himmelfahrt Christi, wenn nicht ein
gleiches, so doch ein ähnliches seliges Ende. Wenn sie sterben, so wird ihre
Seele auch von den Engeln hinaufgetragen in die himmlischen Wohnungen
und ihr Leib wird dereinst verklärt aus dem Grabe hervorgehen.

Indem Elisa seinem Meister nachblickte, rief er aus: Mein Vater, mein
Vater, Wagen Israels und seine Reuter! Elias war mit seinem Wort,
Zeugniß und Gebet die Schutzmacht Israels gewesen. Ja, die Männer,
welche die Welt für ihre Feinde hält, weil sie der Welt Buße predigen und
die Wahrheit Gottes verkündigen, sind die größten Wohlthäter der Men=
schen, die schützen die Welt und retten noch Viele aus dem Verderben.
Elisa überkam noch den Mantel des Elias und schlug dann bei seiner Rück=
kehr mit demselben ins Wasser des Jordan, unter Anrufung Gottes, und
das Wasser theilte sich. So wurde er von Gott als Nachfolger Elias im
Prophetenamt beglaubigt.

347. Elisas erste Wunderthaten. 2 Kön. 2, 15—25.

Elisa kehrte zunächst nach Jericho zurück. Die dortigen Propheten=
jünger erkannten, daß auf ihm der Geist des Elias ruhe, und indem sie ihn
als ihren nunmehrigen Meister anerkannten, baten sie ihn um Erlaubniß,
fünfzig starke Männer auszusenden, um den Elias zu suchen. Sie meinten,
der HErr möchte ihn an irgend einen unbekannten Ort des Ostjordanlandes
entrückt haben. Sie drangen in Elisa, bis er es ihnen gestattete. Vergeblich
suchten die ausgeschickten Männer nach Elias drei Tage lang. So ist die
wunderbare Versetzung des Elias von der Erde in den Himmel durch viele
Zeugen beglaubigt worden.

Elisa, welcher nun Amt und Werk seines Vaters Elias fortsetzte, be=
zeugte Israel beides, die Güte und den Ernst Gottes, und der HErr be=
kräftigte auch sein Wort durch mancherlei Zeichen und Wunder. Zunächst
baten ihn die Bewohner Jerichos, das böse Wasser ihrer Stadt gesund zu
machen. Das that Elisa. Er schüttete Salz in den Brunnen, mit den
Worten: „So spricht der HErr: Ich habe dies Wasser gesund gemacht.“
Und so ward das Wasser gesund. Das Salz war nur ein Sinnbild der
reinigenden und heilenden Kraft des Worts Gottes. Noch heute findet sich
in der Nähe der Trümmer Jerichos eine schöne große Quelle, welche Wasser
von angenehmem und süßem Geschmack liefert. Diese gnädige Hülfe Gottes
war für alle Israeliten, die hiervon hörten, eine kräftige Mahnung, zu dem
wahren, lebendigen Gott zurückzukehren, der es mit seinem Volk nur gut
meinte. Alle rechtschaffenen Diener des Worts versuchen es, wie Elisa,
mit den Sündern, die noch nicht ganz verhärtet sind, immer auch noch in
Güte und Liebe und bezeugen ihnen, daß Gott nicht den Tod der Sünder will.

Andrerseits aber konnte Elisa auch, wie Elias, auf die Gottlosen die
Strafe und Rache Gottes herabrufen. Von Jericho ging er hinauf nach
Bethel, dem Hauptsitz des abgöttischen Kälberdienstes, wo sich gleichfalls
eine Prophetenschule befand. Dort verspotteten ihn kleine Knaben auf der
Straße, indem sie riefen: „Kahlkopf, komm herauf.“ Elisa wandte sich um
und fluchte denselben im Namen des HErrn. Da kamen zwei Bären aus
dem Walde und zerrissen 42 Kinder. Das ist ein Zeichen des äußersten
Verfalls, wenn nicht nur die Alten freveln, sondern schon die Kinder auf der
Gasse fluchen und spotten. Und da beweist Gott auch heute auf mancherlei
Weise, daß er seiner und seines Worts und seiner Diener nicht spotten läßt.
Und es ist nicht unrecht, sondern es geschieht im Gehorsam Gottes, wenn
Diener Gottes über verruchte Bösewichter, über Frevler und Lästerer den
Fluch aussprechen.

Von Bethel begab sich Elisa auf den Berg Carmel und von dort nach
Samaria, der Hauptstadt Israels, wo er seinen Wohnsitz aufschlug.

348. Joram von Israel. Jorams und Josaphats Feldzug gegen Moab. 2 Kön. 3.

Nach Ahasjas Tod regierte in Israel dessen Bruder Joram, welcher auch übel that, doch nicht in dem Maaß, wie sein Vater und seine Mutter, so z. B. die Baalssäulen aus dem Lande entfernte. Er verbündete sich mit Josaphat von Juda und dem König Edoms, um die von Israel abgefallenen Moabiter wieder zu unterwerfen. Während das Heer der drei Könige durch das Gebiet Edoms hindurchzog und gegen Moab anrückte, kam es in die äußerste Gefahr, aus Mangel an Wasser umzukommen. Josaphat setzte es durch, daß man am rechten Ort Rath und Hülfe suchte, nämlich bei Elisa, dem Propheten des HErrn, durch welchen Gott damals seinen Willen in Israel kundgab. Wohl dem, der in aller Noth und Bedrängniß zu Gottes Wort seine Zuflucht nimmt! Elisa stellte die Hülfe Gottes in Aussicht, doch nur um Josaphats willen. Um der Frommen willen schützt, erhält und segnet Gott auch die Ungerechten. Ehe Elisa seinen Prophetenspruch anhob, ließ er einen Spielmann kommen. Die Musika, sofern sie im Dienst Gottes steht, ist eine edle Gabe Gottes und dient dazu, die Gedanken von der Außenwelt abzuziehen und in die göttlichen Dinge zu versenken. Während der Spielmann auf den Saiten spielte, kam die Hand des HErrn, der Geist des HErrn über Elisa, und er weissagte, daß ohne Wind und Regen der ausgetrocknete Bach, an dem die drei Könige lagerten, mit Wasser gefüllt werden solle. Auch wollte Gott die Moabiter und deren feste Städte in ihre Hände geben. Und so geschah es. Des Morgens kam Gewässer vom Gebirge Edom und füllte das Land ringsum mit Wasser, so daß Menschen und Thiere ihren Durst stillen konnten. Dieses Wasser wurde aber zugleich für die Moabiter verhängnißvoll. Deren Augen wurden geblendet, daß sie das in der Morgensonne röthlich gefärbte Gewässer für Blut ansahen und meinten, die drei Könige seien unter sich uneins geworden und hätten unter einander ein Blutbad angerichtet. So kamen sie herzu und überfielen das Heer der drei Könige. Diese waren aber kampfbereit und schlugen die Moabiter zurück und nahmen ihr Land ein. Das war ein neuer Beweis dafür, daß Gott die Feinde seines Volks in seiner Hand und Gewalt hat. Wenn er will, verblendet er dieselben, daß sie sich selbst in das Verderben stürzen. Als schließlich der Moabiterkönig Mesa in der äußersten Bedräng= niß seinen eigenen Sohn dem Moabitergötzen Kamos zum Opfer brachte, wurde Israel mit Grausen und Entsetzen erfüllt, daß es abzog und heim= kehrte. So sollten alle Gläubigen vor den Greueln der heidnischen, götzen= dienerischen Welt sich entsetzen und diese Greuel fliehen und weit aus den Augen thun.

349. Mehrere Wunderwerke Elisas. 2 Kön. 4, 1—17.

Es werden uns jetzt verschiedene Wunderthaten des Mannes Gottes Elisa berichtet. Die waren ähnlicher Art, wie die, welche sein Meister Elias gethan. So klagte ein Prophetenweib ihm ihre Noth, daß sie von ihrem Schuldherrn gedrückt wurde, derselbe wollte ihr sogar ihre Söhne nehmen und zu seinen Knechten machen. Und auf wunderbare Weise mehrte nun Elisa das Oel in ihrem Kruge, daß sie von dem Erlös desselben ihre Schulden bezahlen und sich und ihre Kinder ernähren konnte. Aehnliche Wunder geschehen noch täglich, nur jetzt nicht mehr so augenfällig. Es haben schon viele Frommen, gerade auch arme Wittwen in ihrer Noth und Bedrängniß den HErrn angerufen, und der HErr hat auf wunderbare Weise, aller Erwartung und Berechnung zuwider, die drückende Last, etwa auch Schuldenlast von ihnen genommen und den Armen des Leibes Nahrung und Nothdurft dargereicht.

Elisa zog im Lande Israel umher und verkündigte überall Gottes Wort. Auf diesen Wanderungen kam er auch öfter in die Stadt Sunem im Norden Galiläas. Dort fand er Aufnahme bei einer reichen Frau, die durch sein Wort gewonnen war. Es finden sich auch in Zeiten geistlicher Dürre, in Zeiten des Abfalls und Unglaubens noch in allen Ständen, bei Reich und Arm treue Seelen, die Gottes Wort von Herzen lieb haben.

Diese Sunamitin machte dann mit Bewilligung ihres Mannes in ihrem Hause dem Mann Gottes ein Zimmer zurecht, wo er immer herbergen sollte, so oft er durch jene Stadt kam. Und das lohnte ihr Gott. Elisa verhieß ihr einen Sohn, und ein Jahr später hatte sich sein Wort erfüllt. Wenn man dem Wort Gottes in seinem Haus und Herzen Raum gibt, Gottes Wort reichlich bei sich wohnen läßt, das bringt Segen ins Haus. Und was man einem Diener am Wort, einem Propheten um Gottes willen zu Liebe thut, das lohnt der HErr reichlich, oft schon in dieser Zeit.

350. Elisa erweckt den Sohn der Sunamitin von den Todten. 2 Kön. 4, 18—37.

Der Sunamitin wurde ihr Sohn, in welchem sie ein besonderes Gnadengeschenk Gottes erblickte, bald wieder durch den Tod entrissen. Als er zur Zeit der Ernte draußen bei seinem Vater auf dem Feld war, wurde er vom Sonnenstich getroffen. Das war eine harte Probe für das Weib. Wo Gottes Wort im Hause wohnt, da fehlt es auch nicht an Hauskreuz. Das ist eine Probe für die Gläubigen und soll dazu dienen, ihren Glauben zu läutern und zu stärken. Die Sunamitin bestand die Probe. Sie legte ihren todten Knaben auf das Bett des Mannes Gottes und machte sich alsbald auf, um Elisa aufzusuchen, in der bestimmten Erwartung, daß er auch in dieser Noth rathen und helfen könne. Sie war eine echte Tochter

21

Abrahams, sie glaubte, daß Gott wohl auch von den Todten auferwecken kann. So werfen die Gläubigen ihr Vertrauen nicht weg, auch wenn das Aeußerste kommt, wenn der Tod in ihr Haus hereinfällt. Sie sind gewiß, daß der HErr auch über den Tod Macht hat und am jüngsten Tag auch ihre Todten ins Leben zurückrufen und ihnen wiedergeben wird. Der Mann der Sunamitin konnte sich nicht erklären, was seine Frau bei dem Propheten wollte, da ja kein Sabbath und kein Festtag war. Sie sagte es ihm auch nicht, er hätte es doch nicht verstanden. Die Ungläubigen haben kein Verständniß, keine Ahnung von dem, was die Gläubigen bewegt, was die mit ihrem Gott zu handeln haben. So ist auch ein gläubiges Weib ihrem ungläubigen Gemahl ein Räthsel und Geheimniß.

Die Sunamitin trug nun dem Elisa, als sie ihn am Berg Carmel getroffen hatte, ihre Noth vor, und Elisa schickte sich alsbald an, ihr zu helfen. Er sandte zunächst seinen Diener und Schüler Gehasi ab, der sollte den Stab des Propheten auf den todten Knaben legen und ihn so vom Tode erwecken. Er gebot ihm noch, Niemanden auf dem Weg zu grüßen. Wer in des HErrn Auftrag ein wichtiges Werk thut, der soll stracks durchgehen, sich nicht nach Rechts und Links umsehen, sich durch nichts irre machen lassen. Gehasi legte den Stab auf den Knaben, aber der Todte wachte nicht auf. Dem Gehasi fehlte der Glaube. Elisa war im Glauben geübt und mit Gott vertraut, und nachdem er das Haus der Sunamitin betreten und die Thür seines Zimmers zugeschlossen hatte, betete er brünstig zum HErrn. Aber es kostete auch ihm Kampf, in diesem Fall den allmächtigen Arm Gottes im Glauben zu fassen und festzuhalten. Das ersieht man daraus, daß er sich mehrere Male über den Knaben hinlegte, um ihm Lebenswärme einzuflößen, und dann wieder aufstand und hin- und herging, um weiter mit Gott zu handeln. Endlich that der Knabe seine Augen auf, und Elisa gab ihn seiner Mutter wieder. Ein ganz anderes Ding war es, als JEsus von Nazareth, der größte Prophet Israels, Todte lebendig machte. Der hatte das Leben in sich selber und sprach nur ein Wort, so entwich der Tod. Alle Todtenerweckungen aber, die schon auf Erden geschehen sind, sind Bürgschaft und Unterpfand der allgemeinen Auferstehung der Todten am Ende der Tage.

351. Elisa hilft den Prophetenschülern und heilt den Syrer Naeman. 2 Kön. 4, 38.—5, 14.

Elisa wandte Gottes Hülfe insonderheit seinen Berufsgenossen, den Prophetenschülern zu. Die hatten zu der Zeit einen schweren Stand in Israel und bedurften der Stärkung. Die Prophetenkinder in Gilgal hatten ein Gemüse von wilden Ranken zugerichtet, das gar bitter schmeckte und von ihnen für giftig gehalten wurde. Elisa schüttete Mehl in den Topf und machte das Gericht genießbar und unschädlich. Die Kraft des HErrn hatte diese Wandlung herbeigeführt. Das Mehl war nur Sinnbild gesunder Speise. Als dann ein Mann aus Baal Salisa ihm zwanzig Gerstenbrode und ein wenig geröstete Körner als Geschenk überbracht hatte, ließ Elisa diese Speise unter dem ganzen Volk, das ist den anwesenden hundert Prophetenschülern vertheilen. Und sie aßen alle und wurden satt und blieb noch übrig. Wer denkt da nicht an die größeren Wunder, welche JEsus, der große Helfer Israels, vollbrachte, da er Tausende mit wenig Broden sättigte? Aus diesen Geschichten ersehen wir, wie wunderbar und gnädig Gott für seine Diener sorgt, welche der bösen, undankbaren Welt sein Wort verkündigen. Der HErr will die, welche in seinem Dienste ihre Kraft verzehren, nicht darben lassen und kann ihnen gar wohl ersetzen, was ihnen die Menschen entziehen.

Es wird uns weiter von einem Heiden erzählt, Naeman, dem Feldhauptmann des Königs von Syrien. Der wurde aussätzig und hörte durch eine kleine israelitische Dirne, die im Krieg gefangen und als Magd in sein Haus gekommen war, von dem Propheten des HErrn in Samaria. Die gefangene Dirne machte also den Namen des Gottes Israels in Syrien bekannt. So muß Alles, auch was im weltlichen Reich geschieht, auch Krieg und Kriegsgeschick den Zwecken Gottes, der Ausbreitung des Reiches Gottes dienen. Schon öfter ist durch christliche Sclaven oder Gefangene der Name des lebendigen Gottes, der Name Christi da bekannt geworden, wo man noch nichts davon wußte. Der Syrer Naeman kam mit einem großen Gefolge und mit einem Empfehlungsbrief seines Königs nach Israel, zunächst zum König Israels in Samarien, in der Meinung, der sei der Mann, der ihm helfen könne. Der König Israels erschrak über diese Zumuthung und meinte, der König von Syrien suche nur Anlaß zum Kriege. Elisa half ihm aus dieser Verlegenheit und beschied Naeman zu sich und befahl demselben durch einen Boten, er solle siebenmal im Jordan untertauchen. Nach längerem Widerstreben that das Naeman, auf Zureden seiner Knechte, im Gehorsam gegen das Wort des Propheten, und wurde gesund. Diese Geschichte beweist zum Ersten, daß der Name des lebendigen Gottes und der Glaube an seinen Namen in allen Nöthen hilft und rettet, und zum Andern, daß sich Gott auch der armen Heiden erbarmt.

352. Weitere Verhandlungen Elisas mit Naeman. Gehasi wird aussätzig. Das schwimmende Eisen. 2 Kön. 5, 15.—6, 7.

Als Naeman geheilt war, kehrte er um, dankte Elisa und bekannte sich jetzt frei zu dem Gott Israels. Daß er wahrhaftig zu dem lebendigen Gott bekehrt war, bewies er damit, daß er allem Götzendienst entsagte. Er nahm eine Last Erde aus dem Land Israel mit heim, um darauf hinfort dem HErrn Jehova zu opfern. Das war kein Aberglaube, sondern ein thatsächliches Bekenntniß zu dem Volk Gottes und dem Gott Israels. Das ist ein Zeichen rechtschaffener Buße und Bekehrung, daß man dem alten sündigen Wandel gänzlich entsagt und ein Neues anfängt.

Naeman legte dem Elisa noch eine Gewissensfrage vor. Er war Adjutant des Königs von Syrien, begleitete den König, führte, stützte ihn und leistete ihm sonst persönliche Dienste. Das war ein ehrlicher Beruf. War es nun recht, wenn er fernerhin seinem Herrn und König in dieser Weise diente, auch wenn derselbe ins Haus seines Götzen Rimon ging, und wenn er mit ihm dort vor dem Götzenbild niederfiel? Elisa bejahte diese Frage mit den Worten: „Ziehe hin mit Frieden!" Wenn Naeman mit dem König niederfiel, so geschah es ja eben nur, um seinen Herrn und König zu stützen, nicht, um dessen Götzen zu huldigen. So ist es keine Sünde, keine Verleugnung der Wahrheit, wenn ein Gläubiger seinem ehrlichen irdischen Berufe nachgeht, auch wenn derselbe ihn mit Götzendienst oder falschem Gottesdienst oder dem gottlosen Wesen der Welt irgendwie äußerlich in Berührung bringt. Nur daß er in keiner Weise an der Sünde Anderer sich betheiligen oder ihnen zum Bösen behülflich sein darf.

Wir hören hier noch von Gehasi, dem Diener Elisas, wie der dem Naeman nacheilte und mit Lug und Trug sich einen Lohn von ihm erschlich, welchen doch Elisa zurückgewiesen hatte, wie er dann auch seinen Meister zu belügen suchte, aber von ihm entlarvt und mit dem Aussatz Naemans belegt wurde. So gibt es auch unter den Dienern am Wort Schalksknechte, Judasse, welche den Glauben und das gute Gewissen verleugnet und das Geld oder die Welt liebgewonnen haben, welche, während sie äußerlich Gottes Wort bekennen und rühmen, heimlich der Sünde und dem Satan dienen und Gott und Menschen belügen und betrügen. Nun, die werden auch einen Judaslohn empfangen.

Schließlich wird uns noch berichtet, wie Elisa einem armen Prophetenschüler, dem beim Holzfällen seine Art, die dazu noch entlehnt war, ins Wasser gefallen war, sich hülfreich erwies. Er warf mit einem Stabe nach jener Stelle des Flusses hin, und siehe, da schwamm das Eisen, und der Prophetenschüler konnte es mit der Hand wieder aus dem Wasser herausnehmen. Hieraus ersehen wir, daß Gott auch alle kleinen Dinge lenkt und regiert und den Seinen, gerade auch seinen Dienern am Wort auch in allen kleinen Nöthen und Verlegenheiten gerne hilft.

353. Die Syrer mit Blindheit geschlagen. Hungersnoth in Samaria. 2 Kön. 6, 8—31.

Elisa, der Mann Gottes, war ein Wohlthäter für die Frommen im Land, für die Kinder der Propheten, aber auch für das ganze Volk Israel. In einem neuen Krieg zwischen den Syrern und Israel zeigte er dem König

Israels alle Pläne der Feinde an, so daß dieser gerade den Ort verwahren konnte, den die Syrer angreifen wollten. Darum suchte der König von Syrien vor allen Dingen den Elisa in seine Gewalt zu bekommen. Er sandte eine Heeresmacht aus, um ihn zu fangen. Als dieselbe die Stadt Dothan, in welcher der Prophet sich befand, umzingelt hatte, öffnete Gott dem Diener Elisas auf dessen Gebet die Augen, daß er sah, wie feurige Wagen und Rosse um Elisa her lagerten. Ja, der Engel des HErrn lagert sich um die her, die ihn fürchten, und hilft ihnen aus. Die Engelheere schützen und bewahren die Kirche wider die feindliche Welt.

Elisa führte dann die syrischen Kriegsleute, nachdem sie Gott mit Blindheit geschlagen, in die Hauptstadt Samaria. Der König Israels schonte ihrer, nach dem Geheiß des Propheten Elisa, bewirthete sie und ließ sie wieder heimgehen. Diese Großmuth rührte die Syrer, daß sie vom Kampf abstanden. So hatte der Mann Gottes seinem Volk Frieden verschafft. Schon oft hat Gott die Feinde seiner Kirche mit Blindheit geschlagen, daß, was sie der Kirche Böses zugedacht, zu ihrem eigenen Schaden ausschlug. Gott, der HErr, hat die feindliche Welt in seiner Hand, daß sie ohne seinen Willen seinen Auserwählten kein Häärlein krümmen darf. Und was Gott seiner Kirche zu Liebe thut, kommt ihrer ganzen Umgebung zu gute. Die frommen Kinder Gottes sind es, welche Unheil und Verderben von ihrem Volk abwenden.

Nach einiger Zeit begann aber der Syrerkönig Benhadad die Feindseligkeiten von Neuem und zog herauf und belagerte Samaria. Der König Israels und sein Volk kam in die äußerste Bedrängniß. Es entstand in Samaria eine furchtbare Hungersnoth, so daß schon Mütter daran gingen, ihre Kinder zu schlachten und zu verzehren. Da meinte der König Israels, Elisa sei schuld an diesem Unglück, und trachtete dem Mann Gottes nach dem Leben. Das war auch später die Ursache mancher Christenverfolgungen, daß man wähnte, die Christen seien ein Schaden, eine Pest für die Menschheit. Wenn große, schwere Nöthe hereinbrachen, schob man die Schuld auf die Christen. Und in Wahrheit sind doch die Christen ein Segen, Schutz und Schirm, Wagen und Reuter für ihr Land und Volk.

354. Wunderbare Befreiung Samarias. 2 Kön. 6, 32.—7, 20.

Elisa war vom HErrn über die schlimmen Absichten des Königs Joram unterrichtet worden und hieß daher, als der Bote des Königs, der ihn tödten sollte, sich nahte, die in seinem Hause versammelten Aeltesten der Stadt die Thüre verschließen. Als dann der König selbst seinem Boten auf dem Fuß nachfolgte, weissagte Elisa, daß am andern Tag um dieselbe Zeit Speise in Fülle vorhanden und um einen Spottpreis zu kaufen sein

würde. Und was er gesagt, das geschah. Der HErr ließ die Syrer ein
Getöse großer Heeresmassen hören, und so meinten dieselben, die Könige
der Hethiter und Egypter seien Israel zu Hülfe gekommen, und flohen von
dannen und ließen ihr Lager mit Allem, was darinnen war, im Stiche.
Vier aussätzige Männer, welche vor den Thoren Samariens sich aufhielten,
fanden dann das feindliche Lager verlassen und meldeten dem König Joram
die Flucht der Syrer. Nachdem Letzterer von der Wahrheit dieser Botschaft
sich überzeugt hatte, ging ganz Israel aus der Stadt hinaus und erbeutete
die reichen Vorräthe und Schätze des syrischen Lagers. Die Hungersnoth
war auf einmal in Ueberfluß verkehrt. Das war eine Großthat des Gottes
Israels, durch die er den Heiden bewies, daß er der lebendige Gott sei, und
durch welche er das abtrünnige Israel zur Umkehr bewegen wollte. Der
HErr beweist noch heute, daß er der lebendige Gott ist. Er hat schon oft
die Feinde seines Volks, seiner Kirche verzagt gemacht, daß sie von ihrem
bösen Vorhaben abstanden. Und wenn von einem Volk, von einer Stadt
eine drohende Gefahr plötzlich abgewendet wird, so ist das eine gnädige
Heimsuchung Gottes, durch welche er die harten Herzen zu rühren und zu
erweichen sucht.

Wie seine große Güte, so ließ der HErr Israel aber auch seinen Ernst
schauen. Ein Ritter aus Israel, der Adjutant des Königs, hatte jener
Weissagung des Propheten gespottet und geäußert, was Elisa gesagt, könne
unmöglich geschehen, und wenn der HErr Fenster am Himmel machte und
Brod vom Himmel regnen ließe. Elisa hatte ihm erwidert, daß er selbst
mit seinen Augen den Ueberfluß sehen und nichts davon essen werde. Und
dieser Fluch des Propheten erfüllte sich am folgenden Tage. Der Ritter
wurde im Thor von dem Volk zertreten. Ja wohl, der lebendige Gott läßt
seiner nicht spotten und hat schon durch viele Exempel bewiesen, daß die
Spötter ein Ende nehmen mit Schrecken.

355. Elisa hilft der Sunamitin zu ihrem Eigenthum und verkündigt dem Hasael von Syrien das Königthum. 2 Kön. 8, 1—15.

Es wird hier zunächst ein Ereigniß nachgetragen, welches etwa in die
Mitte der Regierungszeit Jorams von Israel einfiel. Da prophezeite Elisa
eine siebenjährige Theurung, die dann auch eintrat. Das Weib, dessen Sohn
er lebendig gemacht hatte, zog auf seinen Rath mit ihrer Familie ins Land der
Philister und brachte dort die sieben Jahre zu. Als sie wieder heimkehrte,
fand sie aus, daß inzwischen ein Anderer ihr Haus und ihren Acker in Besitz
genommen hatte. So machte sie sich auf, um den König Israels zu bitten,
ihr wieder zu ihrem rechtmäßigen Eigenthum zu verhelfen. Im Haus des
Königs befand sich gerade zu der Zeit der Diener Elisas Gehasi, welcher

also damals noch nicht mit dem Aussatz behaftet war, und erzählte dem König von den großen Thaten Elisas, auch davon, wie derselbe einen Todten lebendig gemacht hatte. Als die Sunamitin eintrat, bemerkte Gehasi, daß sei eben das Weib, dessen Sohn Elisa vom Tode auferweckt habe. Joram gab darauf einem seiner Kämmerer den Befehl, das Weib wieder in den Besitz ihres Ackers zu setzen. Was er von den Werken des Mannes Gottes Elisa vernommen, hatte also doch auf Joram einigermaßen Eindruck gemacht. Aber er bekehrte sich nicht ernstlich zu dem Gott Israels. Auch alte, harte Sünder werden wohl noch hin und wieder einmal gerührt, wenn sie Gottes Wort hören, wenn die großen Thaten Gottes ihnen recht lebendig vor Augen gestellt werden, und thun auch etliche äußerliche Werke, die an sich recht und gut sind. Wer aber Jahrelang sein Herz an Sünde und Ungehorsam gewöhnt hat, der findet gar schwer mehr die Kraft zu aufrichtiger Buße und Bekehrung.

Wir finden späterhin Elisa in Damaskus, der Hauptstadt Syriens. Dort lag der Syrerkönig Benhadad II. schwerkrank darnieder. In seiner Noth und Angst schickte er einen seiner Hofbeamten, Hasael, mit großem Gepränge und einem ansehnlichen Geschenk zu dem Propheten des HErrn und ließ ihn fragen, ob er genesen werde. Elisa gab den Bescheid, er werde des Todes sterben. Zugleich that er dem Hasael den Willen Gottes kund, der schon dem Elias offenbart war, daß er König von Syrien werden sollte. Und er empfand schon im Voraus gar schmerzlich das schwere Unheil, das Hasael über sein Volk Israel bringen sollte. Hasael wartete nicht ab, bis Gott ihm zum Regiment verhalf, sondern half sich selbst und erstickte den kranken König Benhadad. Wir ersehen aus dieser Geschichte, daß Gott auch bei allen Dingen und Händeln, die ins weltliche Reich und Regiment gehören, seine Hand im Spiele hat, und ferner, daß die Strafgerichte, welche die unbußfertigen Sünder treffen, von Gott zuvor versehen sind, und was Gott in seinem Rath beschlossen hat, das wird zur rechten Zeit auch pünktlich erfüllt.

356. Regierung Jorams in Juda. 2 Chron. 21.

An Josaphats Statt wurde sein Sohn Joram König über Juda. Dessen Regiment wird in den Büchern der Könige nur kurz, in den Büchern der Chronika ausführlicher beschrieben. Jorams Gemahlin war Athalja, die Tochter Ahabs und Jsebels, und die verführte auch ihren Mann zum Götzendienst. Es ist ein gefährlich Ding, wenn ein Sohn frommer Eltern ein gottloses Weib zur Ehe nimmt. So nahm jetzt auch in Juda und Jerusalem der Baalsdienst überhand. Joram wurde auch zum Mörder, erwürgte alle seine Brüder und etliche Stammesfürsten seines Reichs. Seine Brüder waren beſſer, als er, hatten ſich vermuthlich dem götzendieneriſchen Treiben Jorams widerſetzt. Das geſegnete Reformationswerk des frommen Königs Joſaphat war demnach bald wieder vernichtet, und zwar durch Joſaphats eigenen Sohn. So können gottloſe Hirten und Lehrer die Frucht der lang= jährigen Arbeit treuer Prediger ſchnell wieder verderben. Abgötterei, Un= glaube, falſche Lehre findet bei der Menge viel leichter Eingang, als die rechte Lehre und der rechte Gottesdienſt.

Mitten in ſeinem Sündenleben kam Joram eine Schrift des Propheten Elias zu Händen. Elias lebte damals nicht mehr auf Erden. Gott aber hatte ihm vor ſeiner Entrückung in den Himmel noch den künftigen Frevel des Königs von Juda offenbart und ihm die Ankündigung der Strafe auf= getragen, und Elias hatte dieſe Drohweiſſagung für künftigen Gebrauch niedergeſchrieben. So wirkte das Zeugniß dieſes großen Propheten auch noch nach ſeinen Lebzeiten fort, durch ſeine Schrift. Wir haben jetzt Gottes Wort und Offenbarung nur noch in den Schriften der Propheten, wie der Apoſtel. Aber dieſe prophetiſchen Schriften haben für uns dieſelbe Kraft, wie die Predigt der Propheten und Apoſtel für ihre Zeitgenoſſen.

Joram verachtete die göttliche Warnung und Strafdrohung. Und als= bald erfüllte ſich auch die Weiſſagung des Elias. Es waren ſchon die Edo= miter von Juda abgefallen, desgleichen die Stadt Libna. So rächte es ſich, daß Joram den HErrn, ſeiner Väter Gott, verlaſſen hatte. Dann fielen die Philiſter und Araber in Juda ein und nahmen die Weiber und Kinder und alle Habe des Königs weg. Schließlich wurde Joram von einer böſen Krankheit in ſeinen Eingeweiden befallen, die ihm den Tod brachte. Der Leichnam dieſes gottloſen Regenten wurde nicht in die Gruft der Könige aus dem Geſchlecht Davids beigeſetzt. Auch dieſe Geſchichte be= weiſt, wie Sünde, Abfall und Strafe eng an einander hängen. Wenn die Abtrünnigen, die Abgöttiſchen ſich gegen alle Mahnungen und Warnungen des göttlichen Worts verhärtet haben, dann eilen ſie mit Rieſenſchritten ihrem Verderben entgegen. Gott ſchlägt und ſtraft ſie oft ſchon in der Zeit in ihrem Beruf und Amt, in ihrem Hausſtand, an Hab und Gut, an Leib und Leben. Sicher aber müſſen ſie es in der Ewigkeit ſchwer büßen, daß ſie den HErrn, ihrer Väter Gott, verlaſſen haben.

357. Haſaels Sieg über Iſrael. Jehu König von Iſrael. 2 Kön. 8, 25.—9, 15.

Nach Joram regierte deſſen Sohn Ahasja über Juda. Derſelbe trat in die Fußſtapfen ſeines Vaters und wandelte nach dem Rath ſeiner Mutter Athalja, in den Wegen des Hauſes Ahabs. Er verbündete ſich mit Joram von Iſrael zum Kampf gegen die Syrer. Das war, wie 2 Chron. 22, 7.

bemerkt wird, ein Unglück, das Gott über ihn verhängt hatte. Der Syrerkönig Hasael richtete jetzt Gottes Rath und Willen an Israel aus. Er schlug
Israel, Joram wurde schwer verwundet in seine Residenz nach Jesreel gebracht. Auch Ahasja begleitete ihn dorthin. Erst hatte Gott Israel im Krieg
wider die Syrer Sieg auf Sieg verliehen. Israel aber hatte alle diese Großthaten und Wohlthaten Gottes verachtet. So schlug der Sieg in Niederlage um. Wenn die Sünder alle Gnadenerweisungen Gottes verachten und
mißbrauchen, dann zeigt ihnen Gott, daß er auch schlagen und strafen kann,
und wo die Sache hinausläuft, wenn das Recht seinen Lauf nimmt.

Während Joram in Jesreel krank darniederlag, befehligte sein Feldhauptmann Jehu das Heer Israels zu Ramoth in Gilead, jenseits des
Jordans. Auch an Jehu richtete jetzt Elisa, wie früher an Hasael, den
Auftrag Gottes aus, den schon Elias empfangen hatte. Er schickte einen
Prophetenschüler ab und ließ Jehu zum König über Israel salben, und befahl ihm, an dem Haus Ahabs Gottes Gericht zu vollstrecken, vor Allem
das Blut der Propheten und der Knechte Gottes zu rächen, welche Jsebel
hingemordet hatte. Jehu theilte das den Hauptleuten Israels mit, und
alsbald rief das Heer Israels ihn zum König aus. Gott setzt Fürsten ein
und setzt Fürsten ab, wie es ihm gefällt. Er übt Gewalt mit seinem Arm
und stößt die Tyrannen vom Stuhl, welche die Kirche Gottes verfolgt haben.
Es kommt ein Tag der Rache unsers Gottes, da wird Gott die gottlose Welt
um ihre bösen Werke richten und ihr sonderlich das entgelten, was sie den
frommen Kindern Gottes zu Leide gethan. Da wird Gott das Blut seiner
Knechte rächen und wird seinen Knechten ersetzen und belohnen, was sie in
dieser bösen Welt um seinetwillen Uebels erlitten haben.

358. Jehu vollzieht Gottes Gericht am Hause Ahabs.
2 Kön. 9, 16—37.

Wir hören nun weiter, wie Jehu den Rath Gottes an dem Hause Ahabs
hinausführte. Ja, Gott rächt sich furchtbar an seinen Feinden, er rächt das
Blut seiner Knechte. Jehu kam mit seinen Bewaffneten nach Jesreel, und
kam wahrlich nicht im Frieden. Er tödtete Joram, der auf seinem Wagen
ihm entgegengezogen war, auf dem Acker Raboths, nach dem Wort des
HErrn. So sucht Gott die Missethat der Väter an den Kindern heim.
Auch Ahasja, der König Judas, kam um. Der hatte auch nach der Weise
des Hauses Ahabs gewandelt und empfing den Lohn der Sünde Ahabs.
Wer mit der Welt sündigt, an dem götzendienerischen Treiben der Welt theil-
nimmt, der wird mit der Welt gerichtet und verdammt. Das schrecklichste
Loos aber fiel der Jsebel zu, welche all das Unheil angestiftet und Israel zu
Abgötterei, Zauberei und Hurerei verführt hatte. Dieselbe wurde auf Be-

fehl Jehus aus dem oberen Zimmer ihres Palastes auf die Straße hinab=
gestürzt und von den Rossen Jehus zertreten, dann kamen die Hunde und
fraßen ihr Fleisch. Die losen Verführer, welche Andere von Gott abwenden
und in das Verderben stürzen, werden im jüngsten Gericht den schwersten
Stand und in der Hölle das bitterste Loos bekommen. Denen wird vor
Andern Qual und Pein, Schmach und Schande eingeschenkt.

359. Völlige Vertilgung des Geschlechts Ahabs. 2 Kön. 10, 1—17.

Jehu ruhte nicht eher, als bis er das ganze Geschlecht Ahabs aus=
gerottet hatte. In Samaria lebten noch 70 Söhne und Enkel Ahabs.
Jehu forderte die Aeltesten von Samaria auf, einen von diesen als König
einzusetzen. Das war nicht ernst gemeint. Als dann die Aeltesten von
Samaria ihm ihre Unterwerfung anzeigten, befahl er ihnen, ihm die Häupter
der 70 Söhne Ahabs zuzusenden. Das geschah, und Jehu ließ die Köpfe
der Hingerichteten in zwei Haufen aufschichten und dem Volk zur Schau aus=
stellen. Er tödtete auch alle Beamten und Rathgeber Ahabs, die demselben
bei seinen bösen Plänen und Werken Helfersdienste geleistet hatten. Darauf
machte er sich auf und zog nach Samaria. Unterwegs begegneten ihm die
Brüder, das heißt Vettern und Neffen des Königs Ahasja von Juda, welche
ihre königlichen Verwandten in Samaria besuchen wollten. Dieselben hatten
auch nach der Weise Ahabs gesündigt. Jehu gebot seinen Knechten, sie lebendig
zu ergreifen und zu schlachten. Auf dem Weg nach Samaria traf er noch Jona=
dab, den Sohn Rechabs, aus dem Volk der Keniter, den Stammvater der
Rechabiten, eines frommen, gottseligen Geschlechts, welches der Prophet Jere=
mias seinen Zeitgenossen als Exempel des Gehorsams gegen das Gesetz des
HErrn und der Treue gegen Gott aufstellte. Jer. 35, 6. Diesen frommen
Mann hieß Jehu neben sich auf dem Wagen sitzen und erhob ihn zu Ehren. In
Samaria schlug und vertilgte er zunächst alle noch übrigen Verwandten Ahabs.

So hat Jehu freilich viel Blut vergossen, aber damit nur Gottes Ge=
richt vollstreckt. Er eiferte um den Namen des Gottes Israels. Keines
der Worte, welche der HErr durch seinen Knecht Elias wider das Haus
Ahabs geredet hatte, war auf die Erde gefallen. So wird Alles, was der
HErr durch seine Knechte, Propheten und Apostel, wider die Gottlosen ge=
redet hat, zu seiner Zeit erfüllt werden. Oft schon hält der gerechte Gott
in dieser Zeit Gericht über Diejenigen, welche ihm die Ehre verweigern
und seinen Ruhm den Götzen geben. Alle Strafgerichte dieser Zeit aber
sind nur Anzeichen und Vorboten des letzten Gerichts, welches über die gott=
lose, abgöttische Welt ergehen wird. An jenem Tag der Rache und des ge=
rechten Gerichts Gottes gibt es kein Erbarmen mehr, keine Schonung, da
wird kein Sünder entrinnen. Auch alle Diejenigen, welche erst besser ge=

sinnt waren, aber dann mit diesem verworfenen Geschlecht sich gemein ge=
macht haben, ferner Alle, welche zum Bösen, zur Abgötterei mitgeholfen
haben, werden der Plagen und Schläge der Gottlosen theilhaftig werden.
Die dagegen in diesem unschlachtigen Geschlecht eine unbefleckte Seele und
ein unverletztes Gewissen behalten haben, die werden im Gericht gerettet
werden und zu Ehren kommen.

360. Ausrottung des Baalsdienstes. 2 Kön. 10, 18—36.

Nachdem Jehu das Haus Ahabs bis auf den letzten Mann ausgerottet
hatte, gab er auch allen Baalsdienern den verdienten Lohn. Er versammelte
alle Priester und Propheten Baals nach Samaria, unter dem Vorgeben, er
wolle dem Baal ein großes Opferfest bereiten, und nachdem er durch den
frommen Jonadab alle treuen Diener des HErrn hatte absondern und in
Sicherheit bringen lassen, gebot er seinen Trabanten, alle Baalsdiener mit
dem Schwert niederzuhauen. Alle Säulen des Baal wurden mit Feuer ver=
brannt und der Baalstempel zerstört. So vertilgte Jehu den Baal aus
Israel. Das ist das Ende aller Abgötterei. Die Abgöttischen werden
sammt ihren Abgöttern vertilgt werden, es wird keiner von ihnen dem Zorn
entrinnen. Die dagegen in dieser abgöttischen Welt dem HErrn Treue ge=
halten haben, die werden erhalten und gerettet werden.

Jehu war ein auserwähltes Rüstzeug in Gottes Hand gewesen. Er
hatte Gottes Rath an Ahabs Haus hinausgeführt. Deshalb wurde er auch
von dem HErrn gelobt, und wurde ihm verheißen, daß seine Kinder bis ins
vierte Glied auf dem Thron Israels sitzen sollten. Das ist dem HErrn gar
wohlgefällig, wenn die berufenen Führer und Lehrer der Kirche alles ab=
göttische Wesen und Treiben schonungslos geißeln und verdammen, wenn
seine Gemeinde die Abtrünnigen und Widerspenstischen von sich ausscheidet.

Obgleich aber Jehu den gewaltigen Ernst Gottes mit Augen geschaut,
obgleich Gott durch seine Hand die Missethat des Hauses Ahabs heimgesucht
hatte, wandelte er doch nicht von ganzem Herzen in dem Gesetz des HErrn,
des Gottes Israels. Er ließ nicht von der Sünde Jerobeams, er ließ die
zwei goldenen Kälber bestehen, die Jerobeam in Dan und Bethel errichtet
hatte. Und der Sünde folgte die Strafe. Der HErr wurde Israels über=
drüssig und erweckte Hasael von Syrien und ließ es dem gelingen. Derselbe
schlug und verwüstete das ganze Land Gilead, das Land östlich vom Jordan.
Ja, bei Gott gilt kein Ansehen der Person. Ob Einer auch dem Reich Gottes
große Dienste geleistet hat, so wird es ihm doch nicht übersehen, wenn er
dann später in irgend einem Stück dem Wort und Willen Gottes zuwider=
handelt. Daß er die eigene bessere Erkenntniß und Erfahrung verleugnet,
macht ihn nur um so strafwürdiger.

361. Tyrannei und Sturz der Athalja in Juda. 2 Kön. 11.

In Israel war das Haus Ahabs und der Baalsdienst ausgerottet. Zu der Zeit stand es gar übel im Reich Juda. Ein Glied des Geschlechts Ahabs war noch übrig geblieben. Das war Athalja, die Tochter Isebels, welche während der Regierung ihres Mannes Joram und ihres Sohnes Ahasja schon den Ton angab. Nachdem Ahasja von Jehu getödtet war, befestigte sie sich erst recht im Regiment und übte eine Schreckensherrschaft in Juda aus. Sie brachte allen königlichen Samen um. Nur ein Sprößling aus Davids Haus, das jüngste Kind Ahasjas, Namens Joas, wurde von seiner Schwester Joseba gerettet und dann von dem frommen Hohenpriester Jojada im Tempel verborgen gehalten. Es war ja auch unmöglich, daß das Geschlecht Davids, aus welchem nach der Verheißung der Messias Israels hervorgehen sollte, gänzlich unterging. So gibt Gott zu Zeiten, nach seinem unerforschlichen, aber weisen und gnädigen Rath, sein Volk in die Hand und unter das Schwert der Tyrannen dahin und läßt der Verfolgung ihren Lauf. Die Trübsal dient aber nur zur Läuterung seines Volks, und auf die Tage der Trübsal folgen wieder Zeiten der Erquickung. So war es in Juda.

Nachdem Athalja sieben Jahre lang ihre Tyrannei aufrecht erhalten hatte, schaffte der Hohepriester Jojada mit des HErrn Hülfe dem Volk Errettung. Er machte einen Bund mit den Obersten der königlichen Leibwache, gab denselben die Waffen, welche David als Weihgeschenk im Tempel niedergelegt hatte, und übertrug ihnen das Commando über die Priester und Leviten, welche sein Vorhaben hinausführen sollten. Die Priester und Leviten, welche am Sabbath den Dienst im Heiligthum antraten, sollten in drei Abtheilungen die äußeren Zugänge zum Tempel beschützen, die dagegen vom Dienst abtraten, das Königskind in dem innern Vorhof des Tempels bewachen. Nach diesen Vorbereitungen führte Jojada den Knaben Joas aus seiner Wohnung im Tempel heraus, setzte ihm die Krone auf, gab ihm das Zeugniß, das Gesetzbuch, nach dem er sich richten sollte, in die Hand, und alles Volk jauchzte dem neuen König zu. Als Athalja sich in das Gedränge im Tempelvorhof mengte, führten die Hauptleute auf Geheiß Jojadas sie zum Tempel hinaus und tödteten sie, und geleiteten dann den König Joas in den königlichen Palast. Alles Volk des Landes Juda war fröhlich und erneuerte den Bund mit Gott und zerstörte den Tempel, die Bilder und Altäre des Baal. Der Priester Baals, Mathan, wurde erwürgt. So macht Gott zur rechten Zeit der Versuchung und Verfolgung ein Ende. Und gewöhnlich ist die Kirche gereinigt und geläutert aus der Verfolgung hervorgegangen. Neuer Eifer um Gott und Gottes Wort, neue Treue und Gehorsam war die Frucht der Trübsal.

362. Joas König von Juda. 2 Kön. 12.

Es wird nun weiter von der Regierung des Königs Joas berichtet, welcher auf so wunderbare Weise auf den Thron seines Vaters David gelangt war. So lange der Hohepriester Jojada lebte, ihn unterwies und berieth, stand es gut mit Joas. Ein einziger Mann, welcher, wie Jojada, am Wort und Willen des HErrn unentwegt festhält, kann für eine ganze Kirche Halt und Stütze sein. Joas that, was dem HErrn wohlgefiel, nur daß Juda auch noch auf den Höhen dem HErrn Jehova räucherte und opferte. Wie aufrichtig er es mit Gott meinte, geht daraus hervor, daß er darauf bedacht war, das Haus des HErrn, welches baufällig geworden, auch von Athalja mit Gewalt verdorben war (2 Chron. 24, 7.), wieder auszubessern. Er beauftragte die Priester, von den Israeliten, jeder von seinen Bekannten, Geld für diesen Zweck einzusammeln, theils bestimmte Abgaben, die je nach Vermögen den Einzelnen aufgelegt waren, theils freiwillige Gaben. Als die Priester dies Werk nicht recht vorwärts brachten, nahm er selbst die Sache in die Hand, stellte eine Kiste im Heiligthum auf, in welche die Tempelbesucher ihre Opfer einlegten, und händigte diese Collecten den Werkmeistern ein, welche davon die Zimmerleute und Steinmetzen, die am Heiligthum arbeiteten, bezahlten. Es ist ein Gott wohlgefälliges Werk, wenn die Gläubigen mit ihren Gaben und Opfern, mit ihrem Geld und Gut das Haus des HErrn bauen, das heißt jetzt, Gottes Reich fördern und ausbreiten. Und die Lehrer und Regenten der Kirche sollen Gottes Volk hierzu anspornen und dafür sorgen und eintreten, daß dieses heilige Werk nicht ins Stocken gerathe.

Zu der Zeit weissagte auch der Prophet Joel in Juda. Auf sein Wort demüthigte sich das ganze Volk vor dem HErrn, nachdem das Land mit einer großen Heuschreckenplage heimgesucht war. Darauf gab der HErr wieder reiche Ernten und Joel prophezeite von dem besseren, größeren Segen der messianischen Zeit, von der Ausgießung des Geistes über alles Fleisch.

Als der Hohepriester Jojada gestorben war, nahm es mit Joas eine schlimme Wendung. Der Syrerkönig Hasael bedrohte auf einem Kriegszug ins Philisterland auch die Stadt Jerusalem. Das hatte seinen Grund. Das war eine Züchtigung vom HErrn. Joas hatte, wie wir aus 2 Chron. 24, 15—22. wissen, den Wünschen und Bitten der Obersten des Volks, welche sich nach den fleischlichen Genüssen des vorigen Götzendienstes zurücksehnten, nachgegeben und den Baalsdienst und Hainedienst in Juda wieder gestattet. Ja, er hatte sich auch an dem Leben des Propheten Sacharja, des Sohnes Jojadas, vergriffen, welcher ihn um seine Sünde gestraft hatte. So wurde Hasael eine Zuchtruthe auch für das abtrünnige Juda. Joas hatte allen Glauben verloren. Statt des HErrn Hülfe zu erflehen, sandte er dem

Hasael alle Schätze des Tempels und königlichen Palastes und erkaufte sich so den Abzug der Syrer. Er fand ein trauriges Ende. Zwei seiner Knechte schlugen ihn todt. Das ist eine traurige Geschichte, ein gar ernstes Warnexempel, wenn Solche, die erst im Dienst des HErrn eifrig waren und Gottes wunderbare Gnade und Hülfe erfahren haben, dann später den HErrn, ihren Gott, verlassen und im Dienst der Sünde leben, sterben und verderben.

363. Regierung der Könige Joahas und Joas von Israel. 2 Kön. 13.

Im Reich Israel regierten nach Jehu dessen Sohn Joahas und sein Enkel Joas. Dieselben folgten dem Exempel ihres Vaters und Großvaters und wandelten in den Wegen Jerobeams. Der Baalsdienst war zwar aus dem Lande verbannt, wenn auch eine Säule der Astarte in Samaria stehen geblieben war. Aber der Kälberdienst bestand noch fort. So wurde Israel auch unter dem Regiment dieser beiden Könige von seinem Erzfeind, den Syrern, bedrängt. Hasael züchtigte die Ungehorsamen. Indeß schaffte der HErr auf das Flehen des Joahas dem Volk wieder Erleichterung. Joas gab hin und wieder der Stimme des Propheten Elisa Gehör. Als Hasael ihm hart zusetzte, kam er an das Krankenbett des Propheten. Auf dessen Geheiß schoß er dreimal einen Pfeil durch das offene Fenster. Das bedeutete Heil vom HErrn wider die Syrer. Darauf schoß er dreimal zur Erde nieder. Das bedeutete die Niederlage der Syrer. Elisa ward zornig, daß er nicht fortfuhr, zu schießen. Hätte er alle seine Pfeile abgeschossen, so würde er die Syrer noch öfter geschlagen und gänzlich aufgerieben haben. Aber es war dem Joas Muth und Glaube ausgegangen. Er erfocht dann auch mehrere Siege über die Syrer, nahm ihnen auch die von ihnen eroberten Städte diesseits des Jordans wieder ab, nachdem Benhadad III., der Sohn Hasaels, zum Regiment gekommen war. Doch das waren nur vorübergehende Erfolge. Die Kraft der Syrer war noch nicht gebrochen. Ja, so viel Einer glaubt, so viel nimmt und empfängt er von dem HErrn. In Zeiten der Noth und Drangsal gilt, was Luther sagt: Wer am meisten glaubt, der schützt und hilft am meisten.

Es wird uns hier noch der Tod Elisas berichtet. Dem sterbenden Propheten rief Joas zu: „Mein Vater, mein Vater, Wagen Israels und seine Reuter." Dieser Mann Gottes war, wie Elias, Israels Schutz und Schirm gewesen. Und dieser Schutz war nun dahin, nachdem Elisa gestorben war. Gott ehrte diesen seinen treuen Diener noch im Tode, durch ein Wunder, das in seinem Grabe geschah. Als moabitische Streifschaaren in das Land eingedrungen waren, setzte man einen gefallenen Israeliten in der Eile in der Grabkammer des Elisa bei, und als derselbe die Gebeine des Propheten berührte, wurde er alsbald wieder lebendig. Wenn treue Zeu-

gen der Wahrheit, große Männer Gottes sterben, so ist das ein schwerer
Verlust für die Kirche. Denn die sind eine Schutzmacht für ihr Volk. In=
deß ihr Gedächtniß, ihr Werk, Wort und Zeugniß wirkt noch fort nach ihrem
Tod und bringt auch späteren Geschlechtern noch Segen und Gewinn.

364. Amazia König von Juda. 2 Kön. 14, 1—22.

Die Regierung Amazias, Königs von Juda, verlief ähnlich, wie die
seines Vaters Joas. Auf einen guten Anfang folgte ein schlimmes Ende.
Amazia that zunächst, was dem HErrn wohlgefiel. Er übte Recht und
Gerechtigkeit. Er strafte die Mörder seines Vaters, verschonte aber deren
Kinder. Dann unternahm er es, die Edomiter, welche unter Joram ab=
gefallen waren, wieder der Herrschaft Judas zu unterwerfen. Er nahm
hierzu 100,000 israelitische Miethstruppen in seinen Sold, entließ dieselben
aber wieder auf das Geheiß eines Mannes Gottes, worüber diese freilich so
in Zorn geriethen, daß sie auf dem Rückweg mehrere Städte Judas plünder=
ten und viele Menschen tödteten. 2 Chron. 25, 6—10. 13. Im Vertrauen
auf die Kraft des HErrn griff Amazia Edom an, und der HErr gab ihm Sieg
und Gelingen. Er schlug Edom und eroberte die Felsenstadt Sela. Wo man
den HErrn fürchtet und seinem Wort glaubt, folgt und gehorcht, darf man des
Beistandes Gottes gewiß sein, da gibt der HErr Sieg, Segen und Gelingen.

In seinem Glück erhob aber Amazia sein Herz wider den HErrn. Er
betete die edomitischen Götzen an, die er als Siegesbeute mit heimgenommen
hatte, und ließ sich auch durch einen Propheten, der ihn deshalb strafte,
nicht zurechtweisen. 2 Chron. 25, 14—16. Ferner suchte er in seinem
Uebermuth, ohne alle Ursache, Händel mit dem König Joas von Israel,
wollte sich mit dem messen und ließ sich durch dessen Warnung nicht ab=
schrecken. Das gerieth ihm übel. Joas von Israel besiegte ihn, nahm
Jerusalem ein, zerstörte die Mauern der Stadt und nahm die Schätze des
Tempels und des königlichen Palastes mit weg. So haben sich schon viele
Fürsten und Könige ins Unglück gestürzt, indem sie ohne Noth Krieg an=
fingen. Auch im geistlichen Reich ist selbsterwählter Kampf vom Uebel und
geräth übel. Wer im Vertrauen auf die eigene Kraft den Feinden des Glau=
bens begegnen will, der wird zu Schanden.

Amazia fand ein ähnliches Ende, wie sein Vater Joas. Es bildete
sich ein Bund wider ihn, die Verschwörer eilten ihm nach, als er aus Jeru=
salem entflohen war, und fingen ihn in der Stadt Lachis und tödteten ihn.
So wurde das Haus Davids schwer heimgesucht. Die Fürsten aus dem
Hause Davids waren aber auch nicht mehr, wie David, Männer nach dem
Herzen Gottes. Aufruhr, Verschwörung ist eine Ruthe, mit welcher Gott
schon viele hoffärtige Tyrannen geschlagen und gezüchtigt hat.

365. Jerobeam II. König von Israel. 2 Kön. 14, 23—29.

Unter dem Regiment Jerobeams II. aus dem Hause Jehus gelangte das Reich Israel oder Ephraim zu Macht und Ansehen, wie nie zuvor. Jerobeam dehnte die Grenzen Israels wieder bis an den Euphrat aus und brachte auch die mächtigen Syrerreiche Hamath und Damaskus wieder an Israel. Diese Erstarkung Israels hatte ihren Grund in dem göttlichen Erbarmen. Der HErr sahe den Jammer seines Volks, das von den Syrer=königen so viel gelitten hatte. Die Zeit, da der Name Israels vertilgt werden sollte, war noch nicht gekommen. Ja, Gott hat Geduld mit den Sündern, und will, daß sich Jedermann zur Buße kehre. Er wartet lange, bis er das Urtheil der Verwerfung und Verdammniß ausspricht.

Zur Zeit Jerobeams weissagten in Israel die drei Propheten Jona, Hosea und Amos. Jona verkündigte dem König Israels die weite Aus=breitung seiner Herrschaft. Außerdem hatte er den Auftrag, der Stadt Ninive, der Hauptstadt Assyriens, Buße zu predigen. Hosea strafte den Abfall, die geistliche Hurerei, die Abgötterei Israels. Er vermahnte Israel dringlich und kräftig zur Buße: „Bekehre dich, Israel, zu dem HErrn, dei=nem Gott!" Hos. 14, 2. Den Unbußfertigen prophezeite er das Ende des Reichs, die Verwüstung Samarias. Die Bußfertigen, welche über den Jammer ihres Volks trauerten, verwies er auf die bessere Zukunft, da die Zahl der Kinder Israel werden solle wie der Sand am Meer, da der HErr aus Israel, Juda und allen Völkern der Heiden sich ein Volk sammeln werde. Hos. 2, 1—3. Amos weissagte insonderheit wider den Altar und falschen Gottesdienst zu Bethel, den auch Jerobeam begünstigte. Er sprach: „Jerobeam wird durchs Schwert sterben, und Israel wird aus seinem Lande gefangen weggeführt werden." Amos 7, 11. Jerobeam vertrieb den Pro=pheten des HErrn aus seinem Lande. Den gläubigen Rest, der in Israel noch übrig geblieben war, tröstete Amos damit, daß der HErr zu seiner Zeit die zerfallene Hütte Davids wieder aufbauen, das heißt, das Reich des Davidssohnes auf Erden aufrichten werde. Amos 9, 11. 12.

366. Regierung des Usia in Juda. 2 Chron. 26.

Gleichzeitig mit Jerobeam von Israel regierte in Juda Asarja oder Usia. Von den Thaten und Erlebnissen des Königs Usia gibt das zweite Buch der Chronika genauen Bericht. Usia that anfänglich, wie sein Vater Amazia, was dem HErrn wohlgefiel. So lange der Prophet Sacharja lebte, suchte er Gott, und so lange er den HErrn suchte, ließ es ihm Gott gelingen. Usia hob das Reich Juda zu Macht und Ehren empor. Er führte glückliche Kriege gegen die Philister und Araber, nahm den Edomitern die Hafenstadt

Elath am rothen Meer wieder ab, machte die Ammoniter tributpflichtig. Er befestigte Jerusalem und unterhielt ein stehendes Heer von mehr als 300,000 Mann. Er erbaute Thürme zum Schutz der Heerden, beförderte Landbau und Weinbau, Handel und Gewerbe. Um diese Zeit, unter Jerobeam II. und Usia, hatte das Doppelreich Israel=Juda noch einmal wieder die Ausdehnung, wie zur Zeit Davids und Salomos, es reichte vom Euphrat bis zum Mittelmeer, vom Libanon bis zum Bach Egyptens. Noch einmal kehrte das Glück und der Glanz der alten Zeiten zurück. Noch ein= mal ließ Gott seinem Volk das Licht seiner Gnade und Barmherzigkeit recht hell leuchten, ob es nicht bedenken möchte, was zu seinem Frieden diente. So pflegt es Gott auch sonst zu halten. Ehe seine Gerichte beginnen, sucht er die Abtrünnigen nochmals mit viel Wohlthat, Segen und Güte zur Buße und Umkehr zu bewegen, damit sie wo möglich das drohende Verderben abwenden.

Als Usia mächtig geworden war, erhob sich sein Herz zu seinem Ver= derben. Er vergriff sich an dem HErrn, seinem Gott, indem er in den Tempel ging, um auf dem Räucheraltar zu räuchern, was doch ein Vorrecht der aaronitischen Priester war. Der Hohepriester Asarja und 80 Priester, tapfere Männer, widersetzten sich dem Vornehmen des Königs und wiesen ihn aus dem Heiligthum hinaus. Als der König hierüber in Zorn gerieth, brach plötzlich der Aussatz an seiner Stirn aus, und er blieb aussätzig bis an seinen Tod und war damit vom Haus des HErrn abgeschnitten. Asarja und seine Priester sind ein treffliches Vorbild auch für die neutestamentlichen Diener am Heiligthum, für die Diener am Wort. Die sollen auch die Rechte des Heiligthums wahren und unter Umständen auch ohne Scheu Königen, Fürsten, der weltlichen Obrigkeit entgegentreten. Sie sollen es nicht leiden, daß die weltliche Macht Rechte und Befugnisse der Kirche an sich reiße. Das kann Gott nicht leiden. Gott hat schon oft Könige, Fürsten, Obrigkeiten um deswillen gezüchtigt und mit allerlei Unglück heimgesucht, weil sie sich in das, was Gottes ist, in die Angelegenheiten der Kirche eingemischt haben.

367. Verfall des Reiches Israel. 2 Kön. 15, 8—26.

Nach dem Tode Jerobeams II. regierte dessen Sohn Sacharja nur sechs Monate in Samaria. Derselbe wurde von einem Verschwörer, Namens Sallum, getödtet. An dem Sohn Jerobeams erfüllte sich das dem Vater durch Amos angedrohte Geschick, daß er durch das Schwert sterben solle. Hiermit war das Haus Jehu vom Thron gestürzt. Es geschah, wie der HErr durch seinen Propheten Jehu geredet hatte, daß seine Kinder bis ins vierte Glied auf dem Thron Israels sitzen sollten. Was dem HErrn an den Königen aus Jehus Geschlecht so übel gefiel, war, daß sie alle an der

22

Sünde Jerobeams, des ersten Königs Israel, an dem Kälberdienst, fest=
hielten. Nicht nur grober Götzendienst, sondern auch aller falscher Gottes=
dienst, alle falsche Lehre ärgert den HErrn und reizt ihn zu Zorn und Strafe.

Von jetzt ab eilte das Reich Israel mit Riesenschritten seiner Auflösung
entgegen. Es war reif zum Untergang. Die falsche Religion war nicht
auszurotten. Und noch andere schwere Sünden und Schäden hatten sich
schon von den Tagen Jerobeams II. her, wie wir aus den Reden Hoseas
und Amos' ersehen, fest eingebürgert. Wüste Schlemmerei und schamlose
Unzucht waren an der Tagesordnung. Die Großen im Lande, auch Richter
und Priester beuteten die Armen aus und betrogen sie um ihr Recht.
Israel hatte sich durch die unter Joas und Jerobeam erfahrenen Gnaden=
beweise des HErrn eben so wenig, als durch die früheren schweren Gerichte
und die ernsten Mahnungen der Propheten Hosea und Amos zur Buße
führen lassen. So mußte endlich das Gericht der Verwerfung herein=
brechen. Im Innern des Reichs nahm Mord und Todtschlag überhand.
Ein Aufrührer stieß den andern vom Thron und setzte sich an seine Stelle.
Sallum wurde von Menahem, und Menahems Sohn Pekahja von Pekah
entthront und ermordet. Dazu drängte ein Feind von außen. Ein neuer,
furchtbarer Feind Israels trat jetzt auf den Schauplatz. Das war Assur.
Nachdem Ninive auf Jonas Predigt Buße gethan, nahm das Reich Assur
unter kräftigen Herrschern einen neuen Aufschwung und wurde zu einer
Weltmacht und Großmacht. Wahrscheinlich war es der Feldzug, den
Menahem nach dem Osten unternahm, zur Eroberung der Stadt Tiphsah
am Euphrat, welcher Israel mit dem aufstrebenden Reich Assur in Ver=
wicklung brachte. Phul, der Großkönig von Assyrien, fiel in das Land
Israel ein, und nur durch einen Tribut von 1000 Talent Silber, die er von
seinen Unterthanen erpreßte, bestimmte ihn Menahem, wieder abzuziehen.
Ja, wenn die Abtrünnigen alle Güte und allen Ernst Gottes, auch das
gütige Wort Gottes hartnäckig verachten, und auch die letzten Mahnungen
des göttlichen Wortes, die letzten Gnadenbezeigungen Gottes in den Wind
schlagen, dann zieht Gott seine Hand von ihnen ab und gibt sie in ihren
verkehrten Willen dahin. Sie mögen nun die Frucht ihrer bösen Werke
essen und es ausfinden, daß die Sünde der Leute Verderben ist.

368. Die Könige Jotham und Ahas in Juda. 2 Chron. 27, 1.—28, 5.

Gleichzeitig mit Pekah von Israel regierten in Juda Jotham, der Sohn
Usias, welcher nach dem Wohlgefallen des HErrn that und die Macht und
Herrschaft Judas befestigte, z. B. auch die Ammoniter im Gewahrsam hielt,
und dann Ahas, der Sohn Jothams. Mit Ahas trat ein jäher Fall und
Abfall ein. Ahas trieb es ärger, als die Könige Israels. Er wandelte in

allen Greueln der Heiden, machte dem Baal gegoſſene Bilder, opferte ſeine Kinder dem Moabitergötzen Moloch im Thale Benhinnom bei Jeruſalem. Das war ſchändlicher Undank. Unter Uſia und Jotham hatte ja der HErr ſo Großes an Juda gethan. So folgte auch die Strafe auf dem Fuße nach. Der HErr gab den Ahas in die Hand des Königs von Syrien und des Königs von Iſrael. Nichts kann den HErrn ſo ſehr erbittern, als wenn die Menſchen ſeine großen Wohlthaten und Gnadenbezeigungen mit ſchnö= dem Undank entgelten und ſeine reiche Güte zum Sündigen und Uebelthun mißbrauchen. Der Undank der Menſchen verkehrt Gottes Segen in Fluch und Strafe.

Die zwei Könige Rezin von Syrien und Pekah von Iſrael hatten ſich wider Juda verbündet und verabredet, das Haus Davids abzuſetzen und Juda unter ſich zu theilen. Die Stadt Jeruſalem kam in die äußerſte Be= drängniß. Da ſandte Gott, wie uns im 7. Capitel der Weiſſagung Jeſaiä berichtet wird, den Propheten Jeſaias zu Ahas mit der Botſchaft, er ſolle ſich nicht fürchten, der Rath der beiden Könige werde nicht hinausgehen. Jeſaias erbot ſich auch, ſeine Zuſage durch ein Zeichen zu bekräftigen. Ahas wies Wort und Zeichen zurück. Er verhärtete ſich im Unglauben. Das Volk Juda theilte die Geſinnung des Königs. Da ſprach der Prophet: „Darum ſo wird euch der HErr ſelbſt ein Zeichen geben: Siehe, eine Jung= frau iſt ſchwanger und wird einen Sohn gebären, den wird ſie heißen Immanuel.“ In ernſter, trüber Zeit erging die Weiſſagung von dem kommenden Erlöſer, dem Jungfrauenſohn Immanuel, das iſt Gott in unſerem Fleiſch und Blut. Die Gläubigen in Iſrael tröſteten ſich dieſer großen, theuern Verheißung. Dagegen der König und das Volk, die große Maſſe des Volks verſtockten ſich auch gegen das Wort der Gnade. Und ſo predigte Jeſaias dieſem Volk nach Gottes Beſtimmung Verſtockung, Ge= richt und Verdammniß. Chriſtus Immanuel ſoll den zwei Häuſern Iſraels ein Stein des Anſtoßes und ein Fels der Aergerniß ſein, ſoll den Bürgern Jeruſalems zum Strick und Fall werden. Jeſ. 8, 14. Und ſo iſt Chriſtus, der menſchgewordene Gottesſohn, allewege den Einen ein Fels des Heils, den Andern aber, denen, die nicht glauben und ſeine Gnade von ſich weiſen, ein Stein des Anſtoßes, an dem ſie zu Falle kommen und zu Schanden werden.

369. Einfall der Könige Pekah von Iſrael und Rezin von Syrien in Juda. 2 Chron. 28, 6—27.

Es wird hier der weitere Verlauf des Krieges der verbündeten Könige von Syrien und Iſrael gegen Ahas von Juda berichtet. Während Rezin von Syrien die Juden aus der Haſenſtadt Elath am rothen Meer vertrieb,

2 Kön. 16, 6., brachte Pekah von Israel den Judäern eine schwere Nieder=
lage bei, tödtete 120,000 Mann und nahm 200,000 Frauen und Kinder
gefangen. Dem mit den Gefangenen und reicher Beute heimkehrenden
Kriegsheer ging der Prophet Obed entgegen und strafte die Israeliten, daß
sie ihre Brüder aus Juda allzu hart und grausam behandelt hätten, und
forderte sie auf, die Gefangenen zu entlassen. Die Israeliten gehorchten
dem Wort des HErrn, bekleideten die Entblößten, speisten, tränkten und
salbten sie, setzten alle Ermatteten auf Esel und geleiteten sie in ihr Land
zurück. Das ist ein schönes Exempel der Großmuth und brüderlichen Ge=
sinnung, und es thut Einem wohl, wenn man in Zeiten des Abfalls und
allgemeiner sittlicher Verwilderung noch hie und da solche feine, liebliche
Tugenden gewahrt.

In seiner schweren Noth, welche noch durch Einfälle der Edomiter und
Philister in das Land Juda gesteigert wurde, nahm Ahas seine Zuflucht zu
dem Großkönig Tiglath Pileser von Assyrien, schickte demselben reiche Ge=
schenke und bat ihn um Hülfe. Darauf tödtete Tiglath Pileser den König
Rezin, eroberte Syrien und drang auch in das Reich Israel ein und führte
die Bewohner des nördlichen Galiläa und des Landes Gilead in die Ge=
fangenschaft nach Assyrien. 2 Kön. 15, 29. 30. 16, 7—9. Das war der
Anfang des Gerichts Gottes, des Gerichts der Verbannung, welches jetzt
über das abgefallene Israel hereinbrach. Bald hernach weissagte Jesaias,
daß gerade in jenen schwer heimgesuchten Gegenden, im Land Zebulon und
Naphtali, an dem Küstenstrich des galiläischen Meeres das Licht, das Heil
des Königs Messias, aufgehen sollte, Jes. 8, 23. 9, 1., wie denn hernach=
mals Christus in jenen Städten am See Genezareth seine meisten und
größten Thaten vollbracht hat. Durch der Menschen Untreue wird Gottes
Treue und Verheißung nicht aufgehoben.

Der König von Assyrien wendete sich nunmehr aber auch gegen seinen
Bundesgenossen, den König Ahas, bedrängte ihn hart und machte Juda
tributpflichtig. Das sind arme, betrogene Leute, welche Fleisch zu ihrem
Arm machen und sich in ihrer Noth auf Menschen verlassen. Trotz der
schweren Erfahrungen, trotzdem, daß Gott das äußerste Verderben diesmal
noch von Juda=Jerusalem abgewendet hatte, versündigte sich Ahas nur
noch weiter an dem HErrn und trieb es mit seiner Abgötterei je länger je
ärger. Er opferte auch den syrischen Göttern. Er ließ den Brandopfer=
altar vom Tempelvorhof entfernen und einen andern Altar an seine Stelle
setzen, der nach dem Muster eines heidnischen Altars angefertigt war, welchen
Ahas bei einem Besuch des Königs von Assur in Damaskus gesehen hatte.
2 Kön. 16, 10—16. Er sammelte alle Tempelgeräthe an und zerstückte sie.
2 Kön. 16, 17. 18. Dieser gottlose König wurde nach seinem Tod nicht
in die Gruft der Könige aus dem Hause Davids beigesetzt. Wehe, wenn

es mit einem Menschen so weit gekommen ist, daß er sich durch nichts mehr in seiner Gottlosigkeit aufhalten läßt, daß weder der Ernst noch die Güte Gottes irgend welchen Eindruck auf ihn mehr macht! Wehe, wenn Gott einen Menschen so gänzlich in seinen bösen, verstockten Sinn dahingibt!

370. Wegführung des Volks Israel in die assyrische Gefangenschaft.
2 Kön. 17, 1—23.

Während in Juda der fromme König Hiskias regierte, kam Gottes Gericht über das nördliche Königreich, das Reich Israel. Der letzte König Israels war Hosea. Der that auch nicht, was dem HErrn wohlgefiel, war aber nicht so schlimm, wie seine Vorgänger. Es ist schon öfter so gewesen, daß die Sünden der Gottlosen an deren Kindern heimgesucht wurden, die zwar auch in den Fußstapfen der Väter wandelten, aber es nicht so arg trieben, wie die Väter.

Der König Salmanassar von Assyrien, der auch aus der Weltgeschichte bekannt ist, war in Gottes Hand das Werkzeug, welches das Strafgericht an dem abgefallenen Israel hinausführte. Salmanassar vollendete das Werk, das seine Vorgänger schon begonnen hatten. Der König Phul von Assur war schon in Israel eingefallen. Tiglath Pileser hatte den nordöstlichen Theil des Reichs entvölkert und den König Israels tributpflichtig gemacht. Schließlich kam Salmanassar, nachdem Hosea von ihm abgefallen war und sich mit dem König von Egypten verbündet hatte, und eroberte Samaria nach dreijähriger Belagerung und führte das Volk Israel in die assyrische Gefangenschaft, wies ihm im nördlichen Mesopotamien und in Medien Wohnsitze an. Das war das Ende des Reichs Israel, im Jahr 722 v. Chr. Wenn Gott seinen Zorn auch lange hinausschiebt, so wird doch schließlich Alles erfüllt, was er den Ungehorsamen und Abtrünnigen in seinem Worte angedroht hat.

Es wird nun nochmals der Abfall Israels, welcher die Zerstörung Samarias und die assyrische Gefangenschaft zur Folge hatte, in kurzen Zügen beschrieben. Die Kinder Israel hatten sich von ihrem Gott abgewendet, der sie aus Egypten erlöst, hatten die Gebote Gottes übertreten, den Bund Gottes gebrochen, hatten erst den falschen Gottesdienst, den Kälberdienst, eingeführt und waren dann in groben Götzendienst verfallen und wandelten in allen Greueln der Heiden. Gott sandte seine Propheten, einen nach dem andern, und mahnte Israel zur Buße. Aber Israel machte seinen Nacken hart und verstockte sich gegen das Wort der Propheten. Und so ward der HErr sehr zornig und that sie schließlich von seinem Angesicht und vertrieb sie aus ihrem Lande. Diese traurige, schreckliche Geschichte des

Abfalls, welche in Zorn und Gericht ausläuft, hat sich seitdem oft wiederholt. Die heutige Christenheit gleicht, wenn wir auf die Menge derer sehen, die von Gottes Wort etwas gehört haben und sich Christen nennen, dem abgefallenen Israel. Sie sind von Gott abgewichen, haben der Wohlthaten Gottes, ihrer Erlösung, vergessen, treten Gottes Bund und Gebote mit Füßen, dienen den Götzen dieser Welt, gehen dem Eiteln nach, wandeln in den Lüsten des Fleisches und verachten alle Mahnungen und Warnungen des göttlichen Worts. Und so werden schließlich, wenn der letzte Zorn hereinbricht, die Heuchler und Abtrünnigen ihren Theil erhalten mit den Gottlosen und auf ewig von dem Angesicht Gottes verstoßen werden.

371. Verpflanzung heidnischer Colonisten nach Samaria.
2 Kön. 17, 24—41.

Nach der Wegführung der Israeliten verpflanzte ein späterer König Assyriens, und zwar nach Esra 4, 2. Assarhaddon, aus verschiedenen Provinzen seines Reichs, z. B. Babel, Syrien, Ansiedler in die Städte Samariens. Samarien ist von jetzt ab der Name des Landes, welches erst von den zehn Stämmen Israels bewohnt war. Diese neuen Bewohner des Landes fürchteten nicht den HErrn, den Gott Israels, sondern lebten nach der Heiden Weise. Darum wurden sie von Löwen heimgesucht, die sich während der Veröbung des Landes stark vermehrt hatten. Die Zeit des Alten Bundes war noch nicht erfüllt. So galt dies Land immer noch als das Land der Verheißung, als das heilige Land. Und Gott wollte es nicht leiden, daß dasselbe durch heidnische Greuel entweiht würde. Und so entbrennt heute noch Gottes Zorn über Alle, welche sein Heiligthum schänden, sich an seinem Eigenthum, seinem Wort, seiner Kirche vergreifen.

Um den Gott Israels zu besänftigen, schickte der König von Assyrien einen der weggeführten israelitischen Priester in das Land zurück, welcher die neuen Ansiedler lehrte, wie sie den HErrn fürchten sollten. Es war dies aber keine rechte Gottesfurcht. Denn sie dienten zugleich ihren alten Göttern, ein jegliches Volk seinem Gott. Und das ist dem HErrn ein Greuel, wenn man seinen Namen anruft und zugleich andern Göttern, dem Mammon, der Welt und Weltlust dient. Er will, daß man ihn allein fürchte und ihn allein anbete. Er will seine Ehre nicht mit den Götzen theilen.

So, wie hier beschrieben, blieb es in Samarien auch in der Folgezeit. Es waren auch noch Israeliten, und zwar von den Armen und Geringen im Volk, im Land zurückgeblieben, und diese israelitischen Ueberreste vermengten sich mit den heidnischen Ansiedlern. So entstand ein Mischvolk, das Volk der Samaritaner, und dieses Mischvolk hatte eine Mischreligion, welche aus Götzendienst und Jehovadienst zusammengeschweißt war. Später, nach dem babylonischen Exil, verlor sich der eigentliche Götzendienst, und die Samaritaner verehrten, wie die späteren Juden, wenigstens äußerlich, nur den HErrn Jehova. Sie nahmen auch das Gesetz Mosis an, nicht aber die Schriften der Propheten. So war ihre Religion immerhin keine reine Religion.

372. Hiskias, König von Juda, stellt den rechten Gottesdienst wieder her. 2 Kön. 18, 1—8. 2 Chron. 29, 3—28.

In Juda folgte dem gottlosen Ahas sein Sohn Hiskias auf dem Stuhl Davids. Das war ein frommer König. Fromme Eltern klagen oft über den Abfall und die Gottlosigkeit ihrer Kinder. Aber auch das Umgekehrte kommt vor, daß gottlose Eltern fromme Kinder haben. Hiskias hat das Zeugniß, daß er dem HErrn, dem Gott Israels, vertraute, daß nach ihm seines Gleichen nicht war unter allen Königen Juda, noch vor ihm gewesen. Was gerade Glaubenszuversicht und Gottvertrauen anlangt, kam kein anderer König Judas ihm gleich. Er hing dem HErrn treulich an und wich nicht von ihm ab und hielt seine Gebote. Das ist eine große Gnade, wenn Jemand sein Leben lang unverrückt am HErrn festhält und von seinen Wegen und Geboten nicht abtritt.

Wie treu und aufrichtig Hiskias es mit dem HErrn meinte, bewies er damit, daß er alle Spuren des Götzendienstes ausrottete. So zerstieß er auch die von Mose angefertigte eherne Schlange, welche im Lauf der Zeiten ein Gegenstand abgöttischer Verehrung geworden war. Im 2. Buch der Chronika wird noch berichtet, daß Hiskias Priester und Leviten versammelte, sie daran erinnerte, daß der Zorn des HErrn darum über Juda und Jerusalem gekommen sei, weil die Väter sich von der Wohnung des HErrn abgewendet hätten, und daß Hiskias das Haus des HErrn wieder heiligte, die schönen Gottesdienste im Tempel wiederherstellte und dem HErrn reichliche Brandopfer und Sündopfer darbrachte. Das ist allewege ein Haupterweis wahrer Frömmigkeit, daß man aller Abgötterei entsagt, an dem Heiligthum des HErrn, an Gottes Wort, den schönen Gottesdiensten des HErrn seine Lust und Freude hat und Gott auch so anbetet, wie er es in seinem Wort verordnet hat.

So war denn der HErr mit Hiskias und gab ihm Segen und Gelingen, wo er auszog. Er trieb die Philister wieder über die Grenzen Judas zurück. Wer Gott rechtschaffen dient, dem läßt es Gott gelingen, der bekommt Segen und Wohlgefallen von dem HErrn.

373. Passahfeier in Juda. 2 Chron. 30.

Nachdem das Haus des HErrn wieder geweiht und der Tempeldienst wiederhergestellt war, veranstaltete Hiskias ein großes Passahfest. Aus der Erzählung ergibt sich, daß diese Feier erst in die Zeit nach Auflösung des Zehnstämmereichs einfiel. Die Hand des HErrn, der Geist des HErrn kam über Juda, daß es einhellig nach dem Gebot des Königs that, welches ja dem Wort des HErrn gemäß war. Hiskias schickte aber auch Läufer durch das ganze Land Samarien und lud die von Israel, das heißt die Entronnenen, welche von der Hand der Könige von Assyrien übrig geblieben waren, zu dem Feste ein, indem er sie zugleich aufforderte, sich zu dem HErrn Jehova zu bekehren. Die meisten der Geladenen verlachten und verspotteten die Boten des Königs. Doch zog immerhin eine beträchtliche Anzahl aus den Stämmen Ephraim, Manasse, Asser, Sebulon ꝛc. hinauf nach Jerusalem. Und so feierte jetzt einmal wieder, was seit den Tagen Salomos nicht vorgekommen war, das ganze zwölfstämmige Israel das Passah des HErrn. Für die Unreinen, die noch irgend eine Versündigung zu büßen hatten, legte Hiskias Fürbitte ein, und der HErr heilte sie, das heißt vergab ihnen. Außer den Passahlämmern wurden während der Passahwoche noch Tausende von Festopfern geschlachtet und die sieben Tage über fröhliche Opfermahlzeiten gehalten. Die Freude der versammelten Gemeinde war so groß, daß sie zu der ersten noch eine zweite Festwoche hinzufügte. Wir sehen hieraus, daß auch in trüben Zeiten, da die Gerichte Gottes schon angehoben haben, die Hand des HErrn noch unverkürzt ist und der Geist des HErrn sich an den Herzen der Menschen kräftig erweist und rechtschaffene Buße und neues Leben wirken kann. Auch in Zeiten allgemeiner Verachtung des göttlichen Worts, da die Spötterei überhand nimmt, findet sich noch eine Gemeinde Gottes, hier ein kleines Häuflein, dort ein größerer Haufe, eine Gemeinde, welche von Herzen dem HErrn dient und mit Wort und Werk seinen Ruhm verkündigt.

374. Sanheribs Einfall in Juda. 2 Kön. 18, 13—37.

Aus der Regierungszeit des Hiskias wird ein großes, denkwürdiges Ereigniß berichtet, welches die Macht und Gnade des Gottes Israels und andrerseits den unerschütterlichen Glauben des Königs Hiskias in helles Licht stellt. Im Vertrauen auf den HErrn war Hiskias von Assyrien abgefallen. Da kam Sanherib, der König Assurs, mit einer gewaltigen Heeresmacht ins Land Juda und nahm alle festen Städte ein. Durch eine reiche Geldsendung suchte sich Hiskias mit ihm abzufinden, und als das nichts half, traf er Anstalten zur Vertheidigung Jerusalems. 2 Chron. 32, 2—8. Von Lachis aus, das in der Niederung Judas gelegen war, sandte Sanherib drei hohe Beamte nach Jerusalem, die stellten sich unter die Mauern Jerusalems und verhandelten von dort aus mit den Abgesandten des Hiskias, forderten die Uebergabe der Stadt, und als die Knechte des Hiskias sich auf nichts einließen, wendeten sie sich an die Männer von Juda, die auf der Mauer saßen, und wollten sie bereden, von Hiskias abzufallen.

Die Rede Rabsakes, des Obermundschenken des Königs Sanherib, die hier wörtlich mitgetheilt wird, ist so recht ein Ausdruck der Hoffart und Prahlerei der gottvergessenen und gottfeindlichen Welt. Wir sehen hieraus, wie die Welt sich zu Gott stellt. Rabsake oder vielmehr Sanherib, in dessen Namen er redete, berief sich wohl auch auf den Namen des HErrn Jehova. Der habe ihn gesandt und ihm befohlen, Jerusalem einzunehmen. Salmanassar hatte den Auftrag Gottes ausgeführt, da er das Reich Israel zerstörte. Sanherib dagegen überschritt Gottes Wort und Gebot, da er Juda bekriegte. Weil er bisher Sieg auf Sieg erfochten hatte, meinte Sanherib, Gott sei mit ihm. So führen wohl auch die Gottlosen den Namen Gottes im Mund. Wenn ihnen ihr böses Vornehmen gelingt, meinen sie wohl gar Gott auf ihrer Seite zu haben, während Gott sie etwa schon, zu ihrem Verderben, in ihren verkehrten Sinn dahingegeben hat.

Sanherib wußte in Wahrheit nichts Rechtes von dem HErrn Jehova, kannte nicht den Unterschied zwischen dem Gott Israels und den Götzen der Heiden, er wähnte, Hiskias habe den HErrn erzürnt, weil er die Höhenaltäre niedergerissen hatte. Die Welt kennt nicht den lebendigen Gott, hält ihre Götzen für Gott.

Sanherib erhob sich wider Gott, den HErrn, prahlte, der Gott Judas könne ebenso wenig sein Volk aus seiner Hand erretten, als die Götter der Heidenvölker diese wider Assur hätten beschützen können. Die stolze Welt trotzt dem lebendigen Gott, lästert Gott, macht sich selbst zu Gott, geberdet sich, als wenn Niemand etwas gegen sie vermöchte.

Aus den Lästerreden Rabsakes ersehen wir, wie die Welt sich gegen die stellt, welche den HErrn fürchten und ihm vertrauen. Sanherib suchte auf alle mögliche Weise die Bürger Jerusalems zu bewegen, von Hiskias abzufallen und ihr Gottvertrauen wegzuwerfen. Das würde ihnen nichts helfen, daß sie sich auf ihren Gott verließen, sie sollten zu ihm herausgehen, er wolle ihnen ein gut Leben verschaffen, ihnen ein Land geben, das ebenso reich und fruchtbar sei, wie Canaan. So bieten die Kinder dieser Welt alle Mittel und Künste auf, um die Frommen von Gott abzuwenden, reden ihnen ein, das Gottvertrauen helfe nichts, rette nicht aus der Noth, sie sollten sich nur mit der Welt vertragen und gut stellen, dann würden sie es gut haben. Das ist eitel Lüge und Trügerei. Die von Herzen den HErrn fürchten, bleiben fest und lassen sich nicht irre machen, wie auch die Bürger Jerusalems den Verlockungen des Assyrerkönigs widerstanden.

375. Hiskias nimmt seine Zuflucht zu Gott. 2 Kön. 19, 1—19.

Die Boten des Hiskias meldeten diesem, was die Abgesandten des Königs Sanherib ihnen gesagt, wie der König von Assyrien den HErrn geläftert und Jerusalem Unheil angedroht habe. Da gerieth Hiskias wohl in Angst und Traurigkeit, zerriß seine Kleider und legte einen Sack an, aber er warf sein Vertrauen nicht weg und sandte hin zum Propheten Jesaias, daß der für die Uebrigen in Jerusalem beten sollte. So hat die kleine Heerde der Uebrigen, der Auserwählten wohl viel Angst in dieser Welt, denn sie hat den großen, frechen Haufen der Gottlosen wider sich. Aber sie verzagt nicht, sondern nimmt in der Noth ihre Zuflucht zu dem festen, prophetischen Wort. Das ist ihr Halt und Trost mitten in der Angst der Welt.

Der Prophet Jesaias ließ dem König Hiskias Muth zusprechen und weissagte den Untergang Sanheribs, der den HErrn so greulich geläftert habe. Gottes Wort ist voll Trost und Verheißung für die kleine Heerde, gegen welche die Welt tobt und wüthet.

Die verheißene Hülfe kam freilich nicht sofort. Vielmehr steigerte sich zunächst die Bedrängniß. Der König von Assyrien belagerte Libna im Süden Judas, und dort hörte er, daß der mächtige König Tirhaka von Egypten wider ihn ausgezogen sei. So wollte er in Juda möglichst schnell reine Bahn machen und forderte nochmals und noch bringlicher Hiskias auf, sich ihm zu ergeben. Der HErr läßt die Seinen wohl oft länger auf seine Hülfe warten. Es hat da nicht den Anschein, als wollten die Verheißungen des Wortes Gottes sich erfüllen. Noth und Angst nimmt zu. Damit will der HErr den Glauben seiner Kinder prüfen.

Hiskias bestand auch diese letzte Probe. Er gab auch diesmal den Worten Sanheribs kein Gehör, sondern klammerte sich in seiner Bedrängniß nur um so enger an seinen Gott an, ging in das Haus des HErrn und fiel vor dem HErrn nieder und bat ihn mit bringlichen Worten, er möge doch dreinsehen und mit der That beweisen, daß er allein Gott sei in allen Königreichen auf Erden. Gottes Wort und Gebet sind die rechten Mittel, Noth und Angst zu zerstreuen. Viel Rufen und viel Schreien sind die besten Arzneien. Die Armen und Elenden, welche ihre Angst und Sorge Gott befehlen und Gott mit ganzem Ernst anrufen, werden nicht zu Schanden.

376. Vernichtung des assyrischen Heeres. 2 Kön. 19, 20—37.

Nachdem Hiskias seine Noth in heißem Gebet Gott vorgetragen hatte, sandte der Prophet Jesaias zu ihm und sagte ihm im Namen Gottes die Erhörung seines Gebets zu. Die Tochter Zion werde über ihren Feind, den stolzen Assyrerkönig, das Haupt schütteln und seiner spotten. Gott habe seine Lästerungen gehört, wie er den Heiligen in Israel gehöhnt und sich

wider ihn erhoben habe, wie er alle seine Siege und Erfolge seiner eigenen
Kraft zugeschrieben, während doch Gott die Königreiche und festen Städte
der Heiden ringsum, zur Strafe für ihre Sünde, in seine Hand gegeben
habe, daß sie wie Gras vergehen mußten. Und der HErr werde nun seinen
Uebermuth dämpfen und diesem schnaubenden, tobenden Thier einen Ring
in seine Nase legen und ihn in sein Land zurückführen. Im nächsten Jahr
werde Juda schon wieder das verwüstete Land bestellen und im dritten Jahr
die Ernte einsammeln können. Der HErr werde Jerusalem und die Uebrigen in Zion erretten und segnen, die Tochter Juda werde wurzeln und Frucht
tragen. Der König von Assur solle nicht in die Stadt kommen und keinen
Pfeil hineinschießen. Diese Rede des Propheten zeigt, wie sich Gott überhaupt zu den mächtigen und stolzen Herren dieser Welt, zu den trotzigen
Spöttern stellt. Er läßt sie eine Weile gewähren, läßt auch wohl ihr Vornehmen gelingen. Aber er weiß ihren Eingang und Ausgang und hat bei
all ihrem Thun selbst seine Hand im Spiel. Wenn ein Mächtiger sich ausbreitet und Alles an sich reißt, wenn ein Volk und Königreich einem andern
Volk als Raub in die Hände fällt, so geschieht das nicht ohne Gott. Und
dereinst wird Gott die hoffärtigen Tyrannen niederwerfen und zu Schanden
machen, wird der gottlosen Welt ihre Spöttereien und Lästerungen und,
was sie dem Volk Gottes zu Leide gethan, entgelten. Zion, die Kirche Gottes, bleibt unversehrt. Die Auserwählten werden erhalten und gerettet
werden, werden sehen, wie Gott an ihren Feinden Rache übt, werden zuletzt
den Sieg behalten und ewig frohlocken und triumphiren.

In der folgenden Nacht schlug der Engel des HErrn das stolze Heer
der Assyrer nieder, tödtete 185,000 Mann mit Einem Schlag. Das war
eine der Großthaten des Gottes Israels, die oft in der Schrift gerühmt
wird. Die beweist, wie alle Reiche dieser Welt mit ihrer Macht, Pracht,
Herrlichkeit vor Gott nichts sind und, sobald Gott will, im Nu zu nichte
werden.

Sanherib entfloh mit dem Ueberrest seines Heeres in seine Stadt Ninive
und wurde dann dort später von seinen Söhnen ermordet. So werden alle
Feinde Gottes und seines Volks schmählich umkommen und zu Grunde gehen.

377. Hiskias Krankheit und Genesung. 2 Kön. 20.

Zu der Zeit, da Sanherib in Juda eingefallen war und Jerusalem bedrängte, wurde der König Hiskias noch von einem andern Unglück heimgesucht. Er fiel in eine schwere Krankheit. Jesaias kündigte ihm an, er
müsse sterben und solle sein Haus bestellen. Da weinte Hiskias und betete
zu dem HErrn. Und der HErr erhörte sein Gebet. Jesaias kehrte zurück
und verkündigte ihm, Gott habe zu seinem Leben noch 15 Jahre hinzugelegt,

er werde auch Jerusalem aus der Hand des Königs von Assyrien erretten. Beides hat sich dann auch erfüllt. So errettet Gott die Kirche aus den großen Nöthen, die sie getroffen haben, rettet aber auch die Einzelnen aus ihren persönlichen Nöthen und Aengsten, kann auch wohl von tödtlicher Krankheit erretten. Einem jeden Menschen sind seine Lebenstage zugezählt. Es gibt aber auch einen Termin der Gnade und einen Termin des Zorns. Manchmal verlängert Gott, wenn die Seinen ihn bitten und es also sein Wohlgefallen ist, die Lebenszeit und gibt so seinen treuen Knechten Gelegenheit, noch mehr Frucht zu schaffen. Ein anderes Mal kürzt er das Leben ab, und das ist dann für die Gottlosen eine besondere Strafe Gottes. Er ist der HErr über Leben und Tod und kann damit schalten und walten, wie er will.

Auf sein Verlangen bestätigte Jesaias dem Hiskias die göttliche Verheißung durch ein Wunder. Der Schatten an der Sonnenuhr wich zehn Stufen zurück. Das setzt voraus, daß die Sonne am Himmel rückwärts ging und jener Tag also zehn Stunden länger währte, als sonst ein gewöhnlicher Tag. Der HErr hat alle seine Creaturen in seiner Hand und kann auch wohl ohne natürliche Mittel, dem Lauf und den Gesetzen der Natur zuwider die Welt erhalten. Und was Gott thut im Himmel und auf Erden, das muß seinen frommen Kindern auf Erden zum Besten dienen.

Gegen Ende seines Lebens wich Hiskias einmal von der rechten Bahn ab. Er konnte, wie die meisten Menschen, die bösen Tage besser vertragen, als die guten Tage. Den Abgesandten des Königs von Babel zeigte er alle seine Schätze. Das war Eitelkeit und Hoffart. Alsbald erging auch das Wort des HErrn durch Jesaias, alle diese Schätze sollten nach Babel kommen. Auch gläubige Kinder Gottes werden noch öfter durch die Güter und Schätze dieser Erde geblendet und machen dann an ihrem Theil schmerzliche Erfahrung von dem Betrug des Reichthums. Hiskias that aber sofort Buße und demüthigte sich vor dem HErrn. Er ist im Glauben gestorben und hat das Zeugniß behalten, daß er ein König war nach Gottes Herzen. Wohl dem, welcher, wenn er ja einmal den geraden Weg Gottes verlassen hat, sich strafen und zurechtweisen läßt und alsbald in das rechte Geleise zurückkehrt!

Gegen das Ende der Regierungszeit des Königs Hiskias weissagte auch der Prophet Jesaias mit vielen tröstlichen Worten von der Erlösung Israels aus Babel, von der neutestamentlichen Erlösung und der Herrlichkeit der neutestamentlichen Kirche.

378. Regierung der Könige Manasse und Amon. 2 Kön. 21.

Manasse, der Sohn des frommen Königs Hiskias, der ihm im Regiment folgte, wandelte nicht in den Wegen seines Vaters. Er richtete überall im Lande die Götzenaltäre wieder auf, welche sein Vater niedergerissen hatte,

setzte sogar in den Tempel Gottes ein Götzenbild. Er beförderte Wahr=
sagerei und Zauberei und lebte in allen Greueln und Lastern der Heiden.
Dazu vergoß er auch viel unschuldiges Blut, das Blut der Gerechten. Und
er verführte das Volk Juda zu gleichem Sündendienst. Unter Hiskias
hatte Juda Buße gethan und war zu dem frommen Sinn der Väter zurück=
gekehrt. Während der Regierungszeit des Hiskias sind noch viele Seelen
aus Juda von dem Verderben errettet worden. Jetzt, unter Manasse, ver=
leugnete Juda wieder den Glauben und Gott der Väter. Ja, die Kinder
Juda thaten jetzt ärger, als die Heiden, die der HErr vor den Kindern Israel
vertilgt hatte. Und so ist's heute noch. Wenn Christen, welche Gott er=
kannt haben, abfallen, die bessere Erkenntniß verleugnen und wieder den
Götzen der Welt dienen und in den Sünden und Lüsten der Welt wandeln,
so treiben sie es wohl noch schlimmer, als die Kinder dieser Welt. Es gibt
keine größeren Bösewichter, als abtrünnige Christen.

Der Sünde sollte nun auch die Strafe entsprechen. Propheten Gottes
kündigten dem König Manasse das künftige Urtheil an. Ueber Juda=
Jerusalem will der HErr ein Unglück bringen, daß dem, welcher davon hört,
beide Ohren gellen sollen. Gott will Jerusalem ausschütten, wie man
Schüsseln ausschüttet. Solche Drohung gilt auch den abtrünnigen Kindern
des Neuen Bundes. Denen ist größere Pein, Qual und Verdammniß vor=
behalten, als andern Sündern. Der Knecht, der seines Herrn Willen ge=
wußt und nicht gethan hat, wird mehr Streiche leiden, als der ihn nicht
gewußt und nicht gethan hat. Luther sagt einmal: „Es ist besser, ein
verdammter Heide sein, als ein verdammter Christ."

Es wird hier noch auf den Bericht der Chronika über den König Manasse
hingewiesen. Da wird mitgetheilt, daß der König von Assyrien, nämlich
Assarhaddon, in Juda einfiel, Jerusalem einnahm und Manasse nach Baby=
lon gefangen führte, daß aber Manasse in der Gefangenschaft sich vor Gott
demüthigte, mit allem Ernst den HErrn um Erbarmen anflehte und von
Gott wieder zu Gnaden angenommen und in sein Land zurückgeführt wurde,
und daß er dann die Götzengreuel abthat und noch ein gutes Ende hatte.
2 Chron. 33, 11—17. Es finden sich nicht viele Beispiele der Art, daß
Abgefallene, nachdem sie lange der Sünde gedient, abermals sich bekehren
und Vergebung erlangen und schließlich noch selig werden. Es ist wahr,
Christus spricht: „Wer zu mir kommt, den will ich nicht hinausstoßen."
Christus stößt auch die Rückfälligen nicht zurück, wenn sie nur wiederkehren.
Es soll aber ja Niemand muthwillens Buße und Glaube verleugnen und
sich damit trösten, daß eine zweite Buße möglich sei.

Der Sohn Manasses, Amon, ahmte seinem Vater im Bösen nach,
nicht aber in der Buße. Böse Exempel wirken allewege kräftiger, als gute
Exempel.

379. Unter Josia wird das Gesetzbuch wieder aufgefunden. 2 Kön. 22.

Der gottlose König Amon hatte einen frommen Sohn und Nachfolger, den Josia. Derselbe begann im achten Jahre seiner Regierung den HErrn zu suchen und wandelte nun treulich in den Wegen des HErrn. 2 Chron. 34, 3. Im achtzehnten Jahre seines Regiments ging er daran, den Tempel und Tempeldienst wieder herzustellen. Er ließ durch die Leviten im ganzen Lande Beisteuern sammeln und davon das Haus des HErrn, wo es bau=fällig geworden war, wieder ausbessern. Bei dieser Reparatur des Tempels wurde das verloren gegangene Gesetzbuch wieder aufgefunden. So erweckt Gott auch in Zeiten tiefen kirchlichen Verfalls hin und wieder noch seinem Volk Helfer, fromme Männer, welche die Abtrünnigen zu Gott und zum rechten Gottesdienst zurückrufen. Man hat von Alters her das Reforma=tionswerk Luthers mit dem verglichen, was Josia gethan und was unter Josia geschehen. Unter dem Pabstthum war das Gesetz des HErrn, Gottes Wort, schier vergessen und verschollen. Die heilige Schrift war der Christen=heit ein unbekanntes Buch. Luther hat dann Gottes Wort wieder aus dem Schutt hervorgezogen und auf den Leuchter gestellt. Es ist eine große Gnade, daß in dieser letzten Zeit vor dem jüngsten Gericht Gottes Wort, das Wort der reinen Lehre, wieder auf den Plan gekommen ist und den Irrenden den Weg der Wahrheit zeigt.

Josia ließ sich aus dem Gesetzbuch vorlesen und vernahm gerade solche Stellen des Gesetzes, in welchen dem ungehorsamen, abgefallenen Israel Fluch und Verderben gedroht ist. Ueber diesen Worten wurde sein Herz er=weicht, er zerriß seine Kleider und demüthigte sich vor dem HErrn. So erhielt er von der Prophetin Hulda die Zusicherung, daß seine Augen das Unglück, welches der HErr über Jerusalem bringen werde, nicht sehen soll=ten, er werde im Frieden zu seinen Vätern versammelt werden. Die sich von Herzen unter Gottes Wort beugen und demüthigen, entgehen dem Ge=richt, welches die Ungehorsamen und losen Verächter treffen wird.

380. Josia reinigt den Gottesdienst. 2 Kön. 23, 1—24.

Nachdem Josia sich selbst unter das Wort des HErrn gedemüthigt hatte, versammelte er alle Einwohner Jerusalems und alle Männer von Juda sammt Priestern und Propheten im Haus des HErrn und ließ ihnen das Gesetzbuch vorlesen. Er beschwor sie, alle Gebote, Zeugnisse und Rechte des HErrn von ganzem Herzen zu halten, und alles Volk trat von Neuem in den Bund Gottes ein. Darauf veranstaltete Josia eine große Passahfeier, an welcher auch die Uebrigen aus dem nördlichen Reich theilnahmen. Seit den Tagen der Richter war kein solches Passah gehalten worden, indem

diesmal alle Vorschriften des Gesetzes betreffs des Passah genau und pünkt=
lich beobachtet wurden, während man bei früheren Passahfeiern in diesem
oder jenem Stück von den gesetzlichen Bestimmungen abgewichen war. So
ging der alte Gottesdienst jetzt wieder im Schwang, und es wurde Alles so
gehalten, wie der HErr es im Gesetzbuch verordnet hatte. Das war eine
letzte Gnadenheimsuchung für Juda. Ja, es wird oft vor dem Abend noch
einmal Licht. So hat Gott eben in dieser letzten Zeit der Welt noch einmal
das alte Gotteswort in seiner alten Reinheit und in seinem vollen Glanz
aufleuchten lassen.

Ferner bewies Josia seinen Eifer um den HErrn damit, daß er alle
Ueberreste und Denkmale des Götzendienstes vertilgte. Alle Geräthe des
Götzendienstes, die Götzenhäuser sammt den damit verbundenen Huren=
häusern, alle Götzenaltäre, Götzenbilder und =Denksäulen, wie z. B. auch
die dem Sonnengott geheiligten Pferde und Wagen, ließ er zerstücken und
mit Feuer verbrennen. Die früheren Opferstätten, alle die Höhen, das Thal
Benhinnom, das durch den Molochsdienst entweiht war, verunreinigte er,
indem er Todtengebeine darüber hinstreuen ließ. Alle Zauberer wurden
verbannt, alle Höhenaltäre mit den ungesetzlichen Jehovaaltären und alle
Höhenpriester abgethan. Auch im Gebiet des ehemaligen Zehnstämmereichs
zerstörte er alle Höhentempel und Altäre und alle Götzenbilder und tödtete
die noch übrigen Götzenpriester und verbrannte ihre Gebeine auf den zer=
störten Höhen. Eben dies Schicksal traf auch den von Jerobeam errichteten
Altar zu Bethel, und so erfüllte sich, was der Prophet aus Juda wider
diesen Altar geweissagt hatte. Das ist ein gutes, gottgefälliges Werk, ein
Erweis des Gehorsams und der Treue gegen Gott, daß man alle Götzen=
greuel ausrottet, das heißt jetzt im Neuen Testament, daß man allen Aerger=
nissen wehrt und steuert, alles ungöttliche Wesen, alles Weltwesen für un=
rein achtet und abthut, auch allen falschen Gottesdienst, alle selbsterwählte
Frömmigkeit abweist. Das ist Pflicht jeder Christengemeinde, und sonder=
lich sollen alle die, welche ein Amt in der Kirche haben, hierzu mithelfen.
Wir denken auch hier wieder an die Reformation Luthers. Der hat die
Kirche von aller päbstischen Abgötterei gesäubert und alle Lügen des Anti=
christ mit Gottes Wort zu Schanden gemacht.

381. Pharao Necho unterwirft sich Juda. 2 Kön. 23, 25—37.

Der König Josia hat das Zeugniß in der Schrift, daß vor ihm kein
König in Israel seines Gleichen gewesen und auch nach ihm kein König auf=
gekommen sei, welcher sich so von ganzem Herzen, von ganzer Seele, von
allen Kräften zum HErrn bekehrte, nach allem Gesetz des HErrn. Von
früheren frommen Königen, wie von David, Josaphat, Hiskias berichtet

die Schrift doch mancherlei gröbere und geringere Verirrungen. Josia war
beflissen, allen Geboten des HErrn nachzukommen, und er hat auch in sei=
nem Eifer um den HErrn nicht nachgelassen bis zuletzt. Es gibt Unter=
schiede unter denen, die von Herzen den HErrn fürchten und lieben. Die
Einen sind sorgfältiger, gewissenhafter, eifriger und brünstiger, als die An=
bern, und ihre Liebe zum HErrn erkaltet auch nimmer. An denen hat Gott
besonderes Wohlgefallen, die werden auch in der Ewigkeit obenan sitzen.

Gleichwohl wandte sich der HErr nicht von dem Grimm seines Zorns,
welcher über Juda entbrannt war. Die Masse des Volks war verderbt und
verstockt. Wenn auch Juda zur Zeit des Josia dem HErrn Jehova diente,
so war dieser Gottesdienst bei den Meisten doch nur ein äußerliches Werk.
So schickte sich der HErr jetzt an, Jerusalem, welches er erwählt hatte,
zu verderben. Indeß hat Gottes Wort, welches unter Josia reichlich im
Schwang ging, gewiß noch manche Frucht geschafft und sind ohne Zweifel
durch Josias Dienst und Bemühungen noch viele Seelen wahrhaftig zum
HErrn bekehrt und aus der verderbten Masse herausgerissen und gerettet
worden. So lange die Gnadenzeit währt, bis der letzte Zorn anbricht, sam=
melt Gott immer noch durch Wort und Predigt seine Auserwählten und
zieht sie aus der Welt heraus, damit sie nicht mit der Welt verdammt
werden.

Zu der Zeit war in Egypten ein kräftiger Herrscher, Pharao Necho,
zum Regiment gekommen. Dieser zog mit einer großen Heeresmacht her=
auf, um wider den König von Assyrien zu kriegen. Josia stellte sich ihm
entgegen, bei Megiddo in der Ebene Jesreel kam es zur Entscheidungs=
schlacht. Josia wurde von einem egyptischen Pfeil getroffen und sterbend
auf seinem Kriegswagen aus dem Kampfgewühl weggeführt. 2 Chron. 35,
23—25. Das ganze Volk trauerte um diesen guten, frommen König. Daß
Josia in seinen besten Jahren starb, war für ihn selbst eine Gnade und
Wohlthat Gottes. Gott nahm ihn aus diesem bösen Leben hinweg, ehe
sein Zorn über Juda=Jerusalem hereinbrach. So werden die Gerechten
weggerafft vor dem Unglück und kommen zu ihrem Frieden und ruhen in
ihren Kammern.

Pharao Necho nahm Joahas, den Sohn des Josia, nach dreimonat=
licher Regierung gefangen und führte ihn später mit sich nach Egypten, setzte
dagegen den ältesten Sohn des Josia, Eljakim oder Jojakim, auf den
Thron Davids. Der war dem König Egyptens nun unterthänig und tribut=
pflichtig. So bahnte sich das Zorngericht Gottes an, welches die Propheten
Gottes schon längst dem abtrünnigen Juda angekündigt hatten. Die Ge=
richte Gottes haben ihren Anfang, ihren Fortgang und ihren Abschluß. So
wird auch das jüngste Gericht durch schreckliche Zeichen und große, schwere
Plagen im Voraus angezeigt und vorbereitet.

382. Nebucadnezar, König von Babel, bedrängt Juda. 2 Kön. 24.

Es wird jetzt der Mann in die heilige Geschichte eingeführt, welchen Gott zum Vollstrecker seines Gerichts an dem abtrünnigen Juda bestimmt hatte, Nebucadnezar, König von Babel. Derselbe zerstörte im Verein mit dem Mederkönig Cyazares oder Darius im Jahr 606 das assyrische Reich, eroberte Ninive, wie dies von den Propheten Nahum und Zephanja geweissagt war, unterwarf die Völker Vorderasiens, drängte Pharao Necho nach Egypten zurück und zog auch wider Jojakim von Juda herauf, machte denselben sich unterthan und führte eine Anzahl Judäer mit sich nach Babel. Das war der Anfang der siebzigjährigen babylonischen Gefangenschaft, im Jahr 606 v. Chr. Nachdem Jojakim von ihm abgefallen, sandte Nebucadnezar Kriegsschaaren der Chaldäer, Syrer, Moabiter, Ammoniter gegen ihn aus. Das geschah nach dem Wort des HErrn, das er durch seine Knechte, die Propheten, besonders Jesaias, Micha, Habakuk, Jeremias, geredet hatte. Dieselben hatten Juda seine Missethaten vorgehalten. Die Hauptsünde Judas war die Abgötterei. Mit dem Götzendienst war Fleischesdienst, Wollust, Unzucht verbunden. Ein Jeder ging dem Gewinn nach, auch die Priester und Richter im Lande. Die Großen und Reichen praßten und schwelgten, und unterdrückten die Wittwen und Waisen, Armen und Elenden. Dazu wurde, z. B. unter Manasse, viel unschuldig Blut vergossen. Von diesen Sünden hatte Juda trotz der Mahnungen und Drohungen der Propheten nicht abgelassen. Die falschen Propheten hatten das Volk vielmehr in Sicherheit eingewiegt, indem sie riefen: Friede, Friede, und war doch kein Friede. Auch die Söhne des Josia, Joahas und Jojakim, hatten nur übel gethan. So war die Zeit gekommen, daß Gott Juda-Jerusalem von seinem Angesicht thäte. Die Christenheit dieser letzten Tage zeigt dasselbe Bild des Verderbens. Und so ist das Gericht gewiß nicht mehr ferne.

Nach dem Tode Jojakims regierte Jojachin, sein Sohn, drei Monate lang. Nebucadnezar kam jetzt selbst nach Jerusalem, eroberte die Stadt, nahm das Gold der Tempelgeräthe und führte Jojachin, die Kriegshauptleute und Obersten im Volk, dazu die Maurer, Schmiede, Zimmerleute gefangen mit sich nach Babel, ließ nur das geringe Volk im Lande zurück. Wenn in einem Volk die Sitten verwildern, so ist das Verderben gewöhnlich von den Fürsten, Großen und Vornehmen ausgegangen. Wenn in der Kirche Unglaube und Ungehorsam um sich greift, so haben die Leiter und Führer, die Hirten und Lehrer in der Regel die Hauptschuld. Und so werden die Regenten und Leiter vor Andern gestraft und gezüchtigt. Gott ist gerecht in seinen Gerichten und vergilt einem Jeden nach seinen Werken, nach dem Maaß seiner Schuld.

23

Noch eine Weile fristete das Reich Juda einen kümmerlichen Bestand. Zedekia, der jüngste Sohn des Josia, war der letzte König, und auch der that übel, wie seine Brüder, und nahm die schwere Strafe, welche Jerusalem bereits getroffen hatte, nicht zu Herzen. Das ist erschrecklich, wenn Gott wie mit Fäusten dreinschlägt und die Gottlosen, die Abtrünnigen dennoch in ihren Sünden fortfahren. Der HErr gibt zuletzt die Unbußfertigen in ihren verkehrten Sinn, in das Uebelthun dahin. Das ist das Gericht der Verstockung. So sündigte Juda bis zuletzt, König und Volk, wie es heißt, „nach dem Zorn des HErrn", nach Gottes gerechtem Verhängniß.

383. Zerstörung Jerusalems und babylonische Gefangenschaft. 2 Kön. 25.

Zedekia war wie mit Blindheit geschlagen, daß er von dem König von Babel abfiel und so das Verderben über sich und sein Volk heraufbeschwor. Nebucadnezar zog zum dritten Mal, und zwar mit aller seiner Macht, wider Jerusalem heran und belagerte die Stadt zwei Jahre lang. In dieser Zeit weissagte Jeremias, daß Juda in die Hand des Königs von Babel werde gegeben werden, und ermahnte König und Volk, sich in den Rath und Willen Gottes zu ergeben. Diese Rede erbitterte die Fürsten des Volks, und sie setzten es durch, daß Jeremias in eine Grube geworfen wurde. Als die babylonischen Kriegsleute schon in die Stadt eingebrochen waren, floh Zedekia mit einem Theil seiner Mannschaft nach dem Jordanthal zu, wurde aber auf der Flucht von den Chaldäern ergriffen und zum König von Babel gebracht, der zu der Zeit in Riblath in Syrien sein Standquartier hatte. Nebucadnezar ließ die Söhne Zedekias, die obersten Hauptleute und die obersten Priester, sowie sechzig Mann aus der jüdischen Landbevölkerung hinrichten. Zedekia selbst wurde geblendet, in Fesseln gelegt und nach Babel geführt, und dort starb er im Gefängniß. Der Feldhauptmann Nebucadnezars, Nebusaradan, nahm darauf die Stadt Jerusalem in Besitz, verbrannte den Tempel, den königlichen Palast und alle größeren Häuser der Stadt. Die Geräthe des Hauses Gottes ließ er theils zermalmen, theils als Beute nach Babel schaffen. Die Mauern Jerusalems wurden niedergerissen, die Judäer, die noch übrig waren, in die Gefangenschaft geführt. Nur die Geringsten aus dem Volk wurden als Winzer und Ackerbauer im Land zurückgelassen. Es war das zwar noch nicht der „endliche" Zorn. Der kam erst im Jahr 70 n. Chr. über Juda-Jerusalem. Ein Theil der Gefangenen kehrte ja später zurück und baute die Stadt und den Tempel wieder auf. Indeß das selbstständige Königthum Israels war für immer dahin. Und die Verbannung und Zerstreuung der Kinder Juda hat damals begonnen. Und so ist auch die erste Zerstörung Jerusalems ein Vorbild des letzten Gerichts, welchem die ganze gottlose Welt und die abtrünnige Christenheit verfallen wird.

Dem übrigen Volk in Juda setzte Nebucadnezar einen seiner Großen, Gedalja, zum Regenten. Derselbe wurde von einem gewissen Ismael getötet. Die Judäer fürchteten die Rache des Königs von Babel, und ein Theil von ihnen floh, der Warnung des Propheten Jeremias zuwider, nach Egypten, nahm auch den Propheten Gottes mit sich hinweg. In Egypten wartete ihrer nur größeres Unheil. Die Sünder fahren gar übel, wenn sie der gewaltigen Hand Gottes, welche sie niedergeschlagen hat, widerstreben.

Die Bücher der Könige berichten schließlich noch, daß ein späterer König von Babel, Evil Merodach, den vorletzten König Judas, Jojachin, aus dem Kerker hervorholte und zu königlichen Ehren emporhob. Das war ein Hoffnungsschimmer in der finstern Nacht des Gefängnisses Juda. Das deutete darauf hin, daß Gott seinem Volk nicht das Garaus machen wollte, bis die Verheißung erfüllt wäre und aus Zion der Erlöser käme.

VI. Die Zeit während und nach der babylonischen Gefangenschaft.

384. Daniel und seine Freunde am Hof Nebucadnezars. Dan. 1.

Die Königsbücher, wie die Bücher der Chronika haben die Geschichte Israels bis zur babylonischen Gefangenschaft fortgeführt. Während des siebzigjährigen babylonischen Exils war die Stimme der Weissagung nicht verstummt. Jeremias verkündigte den im Land Canaan zurückgebliebenen Judäern, Ezechiel den Exulanten das Wort des HErrn. Beide Propheten straften die Sünde des Volks, welche eben so schwer heimgesucht worden war, und vertrösteten die kleine Schaar der Gläubigen auf die bessere Zukunft, auf die Tage des Königs Messias. Auch der Mann Gottes Daniel empfing zu jener Zeit hohe Offenbarungen von dem Gott Israels. Die sechs ersten Capitel des Buches Daniel geben uns insonderheit einen Einblick in die Zeit des babylonischen Exils.

Als Nebucadnezar zum ersten Mal Jerusalem eingenommen hatte und die ersten Judäer gefangen führte, im Jahr 606, nahm er auch eine Anzahl vornehmer jüdischer Jünglinge mit sich nach Babel. Von diesen erwählte er etliche, die sich durch Schönheit und Verstand auszeichneten, und übergab sie der Aufsicht seines obersten Kämmerers, der sollte sie für den Hofdienst erziehen und zu dem Zweck mit köstlichen Speisen und Getränken von des Königs Tisch versorgen. Daniel aber und seine drei Freunde, die unter den chaldäischen Namen Sadrach, Mesach und Abed=Nego bekannt sind, mochten sich nicht durch die üppigen Genüsse der heidnischen Königstafel verunreinigen, sie fürchteten Gott mehr, als die Menschen, und aßen nur Zugemüse und tranken nur Wasser. Gott aber gab Gnade, daß ihre Gestalt schöner wurde, als die der andern israelitischen Knaben. Sie erlernten auch Schrift und Sprache, die Künste und Wissenschaften der Chaldäer oder Babylonier. Und Gott gab ihnen auch in diesen Dingen guten Verstand. So fand der König Nebucadnezar an ihnen Wohlgefallen und nahm sie in seinen Dienst.

Aus dieser Geschichte ersehen wir, daß Gottesfurcht und Gottseligkeit zu allen Dingen nütze ist und die Verheißung auch dieses zeitlichen Lebens hat, daß, wer Gott über Alles fürchtet, auch im Irdischen Segen, Glück und Gelingen hat. Es zeigt sich hier ferner, daß das irdische Leben und die Erhaltung des Lebens, auch das leibliche Wohlbefinden ganz und gar in Gottes Hand steht. Gott kann auf mancherlei Weise, mit viel oder wenig, das Leben fristen. Auch Verstand, Weisheit und Geschick in irdischen Dingen ist eine Gabe Gottes. Und die soll Niemand verachten. Wenn die Frommen sich auch in irdischen Sachen und Künsten, in weltlichen Händeln verständig und geschickt erweisen, so können sie dadurch bei der Welt Geltung und Einfluß gewinnen und auch auf diese Weise dem Reich Gottes nützen und dienen.

385. Der Traum Nebucadnezars. Dan. 2, 1—23.

Der König Nebucadnezar hatte im zweiten Jahre seiner Regierung einen wunderbaren Traum. Dieser Traum war von Gott. Darum war der König, als er erwacht war, sehr bekümmert und erschrocken. Gott hat zur Zeit des Alten Bundes den Menschenkindern sehr oft seinen Willen und künftige Geschicke durch Träume geoffenbart. Alle Offenbarung Gottes ist für uns jetzt in den Schriften der Propheten und Apostel niedergelegt. Da wird uns klar und deutlich gesagt, wer Gott ist, was Gott will, wie Gott gegen uns gesinnt ist, welches die Wege Gottes sind, auch was er am Ende an Welt und Kirche thun wird.

Dem König Nebucadnezar war beim Erwachen der Traum entfallen. Darum ließ er alle Weisen, Zeichendeuter und Chaldäer — so nannte man insonderheit die Priester der Chaldäer oder Babylonier — zu sich rufen und verlangte von ihnen das Doppelte, daß sie ihm den Traum anzeigen und dann denselben deuten sollten. Die Weisen Babyloniens erklärten, daß das kein Mensch auf Erden dem König sagen könne, das vermöchten allein die Götter, die nicht bei den Sterblichen wohnen. Wo Gott redet und sein

Werk hat, da wird alle Kunst und Weisheit der Menschen zu Schanden. Alle Menschen, auch die Weisen dieser Welt, sind von Natur ganz blind, unwissend und unverständig in geistlichen, göttlichen Dingen.

Da ward der König sehr zornig und befahl, alle Weisen in Babel umzubringen. Das hörte Daniel und war darüber bekümmert und dachte darauf, das schwere Urtheil von den Weisen Babels abzuwenden. Daniel hatte ein Herz für das Volk, unter welchem er lebte. Die Gläubigen, welche von Herzen Gott fürchten, haben auch ein Herz für die Menschen, unter denen sie leben, und sind auf deren leibliches und geistliches Wohlergehen bedacht.

Mit seinen Freunden rief jetzt Daniel den wahren Gott im Himmel an und bat ihn, er möge ihm doch dies verborgene Ding kundthun. Und Gott erhörte sein Gebet, und Daniel pries den Gott vom Himmel für diese gnädige Offenbarung. Alle geistliche Erkenntniß, alles geistliche Urtheil will von Gott erbeten sein, und wenn Gott uns das rechte Verständniß seines Willens und seiner Wege eröffnet hat, dann sollen wir ihm auch von Herzen dafür danken.

386. Daniel zeigt dem König von Babel seinen Traum an und deutet denselben. Dan. 2, 24—49.

Daniel ließ dem König Nebucadnezar melden, daß er bereit sei, ihm seinen Traum anzuzeigen und zu deuten, und wurde nun zu dem König geführt. Da bezeugte er zuerst, daß Gott vom Himmel ihm das verborgene Ding kundgethan habe, daß Gott allein verborgene Dinge offenbaren könne. Der Traum war dieser. Nebucadnezar sah ein großes Gebilde, das Haupt von Gold, Brust und Arme von Silber, die Lenden von Erz, die Schenkel von Eisen und die Füße theils von Eisen, theils von Thon. Da fiel ein Stein vom Himmel und zerschlug das Bild und ward zu einem großen Berg, der die ganze Welt erfüllte. Die Deutung war diese. Das große Bild ist ein Abbild der Weltmacht, der vier großen Weltmonarchieen. Daß die Metalle nach unten zu immer geringer wurden, bedeutet, daß der sittliche Werth und Gehalt der Weltreiche von Stufe zu Stufe immer mehr abnimmt, daß die Welt im Lauf der Zeiten immer ärger wird. Das goldene Haupt ist Nebucadnezar oder das assyrisch-babylonische Weltreich, die silberne Brust das medo-persische Weltreich, die ehernen Lenden das griechisch-macedonische Weltreich, die eisernen Schenkel und Füße das römische Weltreich. Das ist das schrecklichste von allen, und wird alle Völker der Erde unter seine Füße treten. Daß die Füße aus Eisen und zerbrechlichem Thon gemengt waren und in zehn Zehen ausgingen, deutet darauf, daß das römische Weltreich zuletzt geschwächt und zertheilt werden und in eine Vielzahl von Königreichen sich auflösen wird. Die Weltgeschichte zeigt die Erfüllung dieses Gesichts. Der Stein, der vom Himmel fällt und zu einem großen Berge wird, ist das Reich, welches Gott vom Himmel auf Erden aufrichtet, das Reich des Königs Messias, das wird sich über die ganze Erde ausbreiten und die Reiche der Welt überwinden und überdauern. Die Geschichte der Kirche bestätigt die Wahrheit dieser Offenbarung.

Als Nebucadnezar die Deutung des Traumes vernommen hatte, fiel er auf sein Angesicht und betete den Gott Daniels an und bekannte ihn als den Herrn aller Herren, als den Gott über alle Götter. Er bekehrte sich aufrichtig zu dem Gott Israels. Nebucadnezar, der mächtige König von Babel, gehörte also in die Zahl der auserwählten Kinder Gottes. Ja, Gott kann auch die Herzen stolzer Heiden erweichen und bekehren. Gott hat auch Mächtige und Gewaltige zum Raube.

Daniel, der Mann Gottes, wurde jetzt zu königlichen Ehren erhoben, wurde der oberste Statthalter des Reichs, ein Fürst über das ganze Land von Babel. Das war ein Segen für das Volk der Babylonier. So wurde die Erkenntniß des wahren, lebendigen Gottes unter diesem Heidenvolk verbreitet. Das war auch ein Segen für die gefangenen Judäer. Die hatten an Daniel, ihrem Volksgenossen, einen mächtigen Schutz und Rückhalt. Das ist ein Segen für ein Volk, auch für die Kirche eines Landes, wenn fromme Männer im Regimente sitzen. Auch die drei Freunde Daniels bekamen hohe Aemter im babylonischen Reich.

387. Die Gottesfurcht und Standhaftigkeit der Freunde Daniels. Dan. 3, 1—18.

Der König Nebucadnezar hatte die hohe Offenbarung, welche ihm zu Theil geworden war, bald wieder vergessen. Er ließ ein großes goldenes Bild anfertigen und versammelte alle Oberbeamten des Reichs und viel Volks aus den unterworfenen Ländern zur Einweihung des Bildes nach Babel. Ein Herold verkündigte, daß beim Klange der Musik alle Anwesenden niederfallen und das Bild anbeten sollten. Wer das nicht thäte, sollte in einen brennenden Feuerofen geworfen werden. Und es thaten auch Alle nach dem Befehl des Königs. Jener Koloß war ein Reichsgötze, ein Sinnbild der Weltmacht. Ja, die stolze Welt erhebt sich wider Gott und Alles, was Gottes ist. Was in der Welt groß ist, was in der Welt einen Schein und Namen hat, das soll gelten. Darunter sollen sich Alle beugen. Wehe dem, der es anders hält!

Die drei Freunde Daniels aber, die ja auch hohe Reichsbeamte waren, verachteten das Gebot des Königs und weigerten sich, das Götzenbild anzubeten, denn damit hätten sie den Gott Israels, den wahren, lebendigen Gott, und sein heiliges Gebot verleugnet. Die gläubigen Kinder Gottes

geben Gott die Ehre und fürchten Gott mehr, als die Menschen, und wei=
gern sich, den Abgöttern dieser Welt zu huldigen.

Als etliche chaldäische Männer, welche ohnehin diesen Juden gram und
feind waren, gewahr wurden, daß die drei Männer vor dem Bild nicht
niederfielen, zeigten sie die Sache dem Könige an. Die Kinder dieser Welt
können es nicht leiden, daß die Frommen das verachten, was ihnen das
Höchste und Liebste ist, worauf sie stolz sind, und darum hassen und ver=
folgen sie alle Diejenigen, welche Gott Treue halten.

Der König Nebucadnezar ließ die drei jüdischen Männer vor sich for=
dern und schärfte ihnen nochmals bei Todesstrafe ein, das Bild anzubeten.
Diese aber erklärten muthig, daß sie die Götter des Königs nicht ehren und
sein Bild nicht anbeten, sondern allein ihren Gott ehren wollten, der sie
gar wohl auch aus dem glühenden Ofen erretten könne. So haben auch die
alten Christen in den Zeiten der Verfolgung vor der Welt und den Mäch=
tigen der Welt ein gutes Bekenntniß von Christo, ihrem HErrn und Gott,
abgelegt und freimüthig bezeugt, daß sie Gott mehr gehorchen müßten, als
den Menschen. Das ist eine Probe des Glaubens und ein Beweis wahrer
Gottesfurcht, daß man auch in Zeiten der Gefahr und Verfolgung der Welt
widersteht, Gott und Christum bekennt und von seinem Wort und Gebot
nicht abweicht.

388. Die drei Männer im feurigen Ofen. Dan. 3, 19—30.

Als die drei Männer, Sadrach, Mesach und Abed=Nego, beharrlich
sich weigerten, dem Befehl des Königs Nebucadnezar zu gehorchen und das
goldene Bild anzubeten, gebot der König in großem Zorn, den glühenden
Ofen noch siebenmal heißer zu machen und die drei Männer hineinzuwerfen.
Und so wurden die drei Bekenner mit ihren Kleidern, Hüten, Schuhen in
den Ofen geworfen, dessen Hitze so groß war, daß die Knechte des Königs,
welche dessen Gebot vollstreckten, verbrannten. So böse meint es die Welt
mit denen, welche ihren Götzen nicht dienen wollen und Gott über Alles
fürchten. Wenn Gott mit seiner gewaltigen Hand die Bosheit der Welt
nicht fort und fort in Schranken hielte, so wären längst alle Christen ver=
brannt oder ersäuft oder hingeschlachtet worden.

Als der König Nebucadnezar durch die Thür des Ofens in die Feuer=
gluth hineinsah, um sich an den Qualen der Verurtheilten zu weiden, wurde
er plötzlich von Schrecken und Entsetzen ergriffen und äußerte gegen seine
Räthe, er habe doch drei Männer in den Ofen werfen lassen, jetzt sehe er
einen vierten, der einem Sohn der Götter gleiche. Dieser Vierte war ein
Engel Gottes, der von Gott zum Schutz seiner drei frommen Knechte ent=
sandt war, daß die Flammen sie nicht versehren durften. Der Engel des

HErrn lagert sich um die her, die ihn fürchten, und hilft ihnen aus. Gott behütet seine getreuen Knechte auch mitten in des Todes Rachen, daß, ob sie durch das Wasser gehen, die Ströme sie nicht ersäufen sollen, ob sie durch das Feuer gehen, die Flamme sie nicht anrühren darf. Ohne den Willen unseres himmlischen Vaters fällt kein Haar von unserem Haupte. Und ob Gott auch nach seinem weisen Rath Tausende von Frommen in den Märtyrertod dahingegeben hat, so hat er doch auch da seine Hand nicht von ihnen abgezogen, sondern in der Qual und Pein des Todes sie mächtig gestärkt und durch den Tod in die himmlische Freude und Herrlichkeit eingeführt.

Nebucadnezar war durch dies Wunder Gottes wieder zur Besinnung gekommen. Er ließ die drei Männer sofort aus dem feurigen Ofen herausführen, und alle seine Räthe und die Großen des Reichs waren Zeugen, daß die Flamme ihnen nichts angethan, nicht einmal ihr Haupthaar versengt hatte. Darauf pries der König den Gott Sadrachs, Mesachs und Abed=Negos, der seinen Engel gesandt und seine Knechte errettet habe, und ließ einen Befehl ausgehen, daß keiner seiner Unterthanen sich unterwinden solle, den Gott der Juden zu lästern. So kommen die Wunder, die Gott in und an seiner Kirche thut, auch den Kindern dieser Welt zu gute, daß manche von ihnen noch die Hand Gottes erkennen und sich zu Gott bekehren.

389. Daniel legt dem König wiederum einen Traum aus. Dan. 3, 31.—4, 24.

Hier bekennt der König Nebucadnezar vor allen Völkern seines weiten Reiches, was er erlebt, sagt von einem großen Zeichen und Wunder, durch welches sich Gott an ihm verherrlicht habe. Er, Nebucadnezar, hatte einst wiederum einen bedeutsamen Traum, sahe im Traum einen großen, mächtigen Baum mit schönen Aesten und vielen Früchten, seine Spitze reichte bis an den Himmel, und er breitete sich aus bis an das Ende der Erde. Er sahe dann, wie einer der heiligen Wächter, ein Engel vom Himmel herabfuhr und den Befehl gab, man solle den Baum umhauen und nur einen Wurzelstock in der Erde zurücklassen. Daß ein Mensch hiermit gemeint war, zeigt der Schluß der Engelverkündigung, welche Nebucadnezar im Traum vernahm. Da geht die Rede von dem Bild auf die abgebildete Person über. Dieser Mensch soll mit eisernen Ketten gebunden unter den Thieren auf dem Felde weiden und Gras fressen, das menschliche Herz soll ihm genommen und dafür ein viehisch Herz gegeben werden. Das war im Rath der Wächter, im himmlischen Rath beschlossen, und dieser Rath sollte dazu dienen, daß alle Lebendigen die Gewalt des Höchsten erkennen möchten. Alle Weisen in Babel konnten den Traum nicht deuten. Daniel aber sagte dem König

wiederum die Deutung an. Der große, prächtige Baum sei Niemand an=
ders, als er selbst, der König Nebucadnezar, dessen Reich und Gewalt bis
an das Ende der damals bekannten Welt reichte. Und Nebucadnezar solle
aus dem Bereich der Menschen verstoßen werden, von Sinnen kommen, zum
Thier erniedrigt werden und sieben Zeiten bei den Thieren auf dem Felde
weilen, damit er zu der Erkenntniß komme, daß der Höchste Gewalt hat über
alle Königreiche der Menschen. Daniel ermahnte schließlich den König, von
seinen Sünden abzulassen und seine Buße durch Gerechtigkeit und Wohlthat
an den Armen zu erweisen, dann werde Gott mit ihm Geduld haben und das
schwere Geschick, von dem er geträumt, ihm in Gnaden ersparen. Durch
aufrichtige, rechtschaffene Buße kann ein Mensch schweres Unheil, welches er
verdient hat, das ihm angedroht und zugedacht ist, noch von sich abwenden.

390. Nebucadnezars Wahnsinn. Dan. 4, 25—34.

Zu der bestimmten Zeit ging der Traum Nebucadnezars in Erfüllung,
just so, wie Daniel ihn gedeutet hatte. Als Nebucadnezar gerade ein Jahr
später auf seinem königlichen Palast in Babel umherwandelte und die große,
prächtige Stadt zu seinen Füßen liegen sah, rief er aus: Das ist die große
Babel, die ich erbaut habe, durch meine große Macht, zu Ehren meiner Herr=
lichkeit. Alsbald fiel eine Stimme vom Himmel, sein Königreich solle von
ihm genommen, er solle von den Menschen verstoßen und zu den Thieren
des Feldes hinausgestoßen werden. Und von Stund an wurde auch dieses
Urtheil Gottes vollstreckt. Nebucadnezar fiel in Wahnsinn, und er wurde
von den Menschen verstoßen und hielt sich draußen bei den Thieren im Freien
auf, fraß Gras wie Ochsen, sein Leib wurde vom Thau des Himmels durch=
näßt, seine Haare wurden wie Adlersfedern, seine Nägel wie Vogelklauen.
Das war ein furchtbares, ergreifendes Gottesgericht, welches auf Alle, die
es sahen und die davon hörten, tiefen Eindruck machen mußte. Ja, Hoch=
muth kommt vor dem Fall. Das kann Gott nicht leiden, wenn der schwache,
sterbliche Mensch das, was er von Gott empfangen, seiner eigenen Kraft und
Tugend zuschreibt und sich selber allen Ruhm und alle Ehre gibt, wenn der
Mensch sich geberdet, als sei er Gott, der HErr, und habe Alles in seiner
Macht. Gott widersteht den Hoffärtigen und stößt die Gewaltigen vom
Stuhl. Wenn der Mensch die Schranken überspringt, die Gott dem Men=
schen gezogen hat, so rächt sich das damit, daß der Mensch seine menschliche
Ehre und Würde verliert und zum Thier erniedrigt wird.

Nach Ablauf der bestimmten Frist hob Nebucadnezar seine Augen auf
gen Himmel und kam damit wieder zur Vernunft und lobte und pries nun
Gott den Höchsten, dessen Herrschaft ewig währt, gegen den alle Erden=
bewohner wie nichts zu rechnen sind, welcher im Himmel und auf Erden

schaltet und waltet, wie er will, und sich von Niemand dareinreden läßt,
den Gott, welcher den Stolzen wohl demüthigen kann. Und so kam Nebu=
cadnezar wieder zu Gnaden an und gewann wieder menschliche Gestalt und
überkam wieder seine königliche Ehre und Herrlichkeit, ja größere Herrlich=
keit, als zuvor. Das ist das Letzte, was uns von Nebucadnezar berichtet
wird. Er hat also in der Erkenntniß des lebendigen Gottes, im Glauben
seinen Lauf beschlossen. Gott demüthigt die Stolzen, aber den Demüthigen
gibt er Gnade. Er erhebt die Niedrigen. Wer aufrichtig Buße thut, den
nimmt Gott wieder zu Gnaden an, ob er auch noch so arg gesündigt und
gefrevelt hat, ob er auch wiederholt zu Falle gekommen ist.

391. Belsazers Gastmahl und die Schrift an der Wand. Dan. 5.

Nach dem Tode Nebucadnezars kam sein Sohn Belsazer ins Regiment.
Derselbe verachtete Alles, was Gott an seinem Vater Großes und Gutes
gethan hatte. Einst veranstaltete er ein großes Gelage und aß und trank
mit seinen Gewaltigen und Weibern und Kebsweibern und war guter Dinge,
und sie tranken den Wein aus den goldenen und silbernen Gefäßen, welche
Nebucadnezar aus dem Tempel zu Jerusalem weggenommen hatte, und lob=
ten dabei ihre goldenen, silbernen, ehernen, eisernen, hölzernen und steinernen
Götzen. Plötzlich wurde der Freudenrausch unterbrochen. Es erschienen
Finger als einer Menschenhand und schrieben bedeutsame Worte an die ge=
tünchte Wand des königlichen Saales. Dieses Gesicht versetzte den König
in tödtlichen Schrecken, daß er sich entfärbte und an allen Gliedern zitterte.
Da die Weisen Babels auch hier nicht rathen konnten, so wurde auf Zureden
der Königin=Mutter, der Gemahlin Nebucadnezars, Daniel wieder hervor=
gezogen. Derselbe strafte den Belsazer, daß er sich nicht vor Gott gedemü=
thigt, wie sein Vater Nebucadnezar, vielmehr wider den HErrn des Himmels
sich erhoben und die Gefäße des Heiligthums Gottes entweiht habe, und
deutete dann die Schrift an der Wand. Mene, mene, tekel, upharsin, das
bedeutete, die Tage des Königreichs Belsazers seien gezählt und vollendet,
er sei gewogen und zu leicht erfunden, sein Königreich sei den Medern und
Persern gegeben. Noch in derselben Nacht begann diese Drohung sich zu
erfüllen, der Chaldäer König Belsazer wurde getödtet. Es ist uns hier ein
Bild der Welt und des Weltlebens gezeichnet. So lebt die Welt in Saus
und Braus, in Fressen und Saufen und allen Lüsten und rühmt dabei ihre
Abgötter und spottet aller heiligen, göttlichen Dinge. Da hat aber Gottes
Hand schon oft, erst warnend, dann strafend, richtend dazwischengegriffen
und dem Lachen und der Lust auf ein Mal ein Ende gemacht. Und diese
Strafgerichte Gottes in der Zeit weisen auf das letzte Gericht, den Tag des
Gerichts und der Verdammniß der gottlosen Menschen.

392. Daniel in der Löwengrube. Dan. 6.

Das babylonische Weltreich wurde durch die Meder und Perser ge=
stürzt. Der Mederkönig Darius oder, wie er in der Weltgeschichte heißt,
Cyaxeres II. eroberte Babylon durch seinen Oberfeldherrn, den Perser Cyrus,
und trat damit die Herrschaft über alle die Völker Asiens an, welche bisher
dem König von Babel gehorcht hatten. Daniel behauptete auch unter dem
neuen Regiment seine fürstliche Stellung. Er hatte jetzt aber eine ähnliche
Probe zu bestehen, wie seine drei Freunde unter Nebucadnezar. Die Land=
vögte oder Satrapen des medo=persischen Reichs, welche Daniel neideten
und haßten, erwirkten einen Befehl von dem König, es solle dreißig Tage
lang Niemand ein Gebet an irgend einen Gott oder Menschen richten, außer
an den König Darius, und zwar bei Strafe der Löwengrube. Daniel
achtete nichts auf diesen königlichen Befehl und betete nach wie vor dreimal
des Tags in seinem Hause zu seinem Gott, fürchtete also Gott mehr, als die
Menschen. Zur Strafe dafür wurde er in die Löwengrube geworfen, aber
von dem Engel Gottes bewahrt, daß ihm kein Leids geschah. Das gab
dem König Darius, welcher nur ungern in den bösen Rath seiner Großen
gewilligt hatte, willkommenen Anlaß, Daniel zu befreien und wieder in
sein Amt einzusetzen. Die Feinde und Verkläger Daniels wurden jetzt den
Löwen vorgeworfen und von denselben zerrissen. Darius aber ließ einen
Befehl ausgehen, alle Völker seines Reichs sollten von nun an allein den
Gott Daniels anbeten. Daniel erscheint auch hier als ein Exempel wahrer
Gottesfurcht. Wir sollen den Zorn der Welt nicht fürchten und durch kein
Gebot, keine Drohung der Menschen uns vom rechten Gottesdienst abschrecken
lassen. Gott stellt den Seinen seine Engel, seiner Helden Schaar zur Seite,
und diese führen sie durch viele Gefahren des Todes unversehrt hindurch.
Dagegen die Feinde der Frommen trifft das Unheil, das sie diesen zugedacht.
Die Wunder aber, die Gott an seinen Gläubigen thut, sollen dazu helfen,
daß auch die Kinder der Welt es erkennen, daß der Gott Israels, der Gott
der Christen der wahre, lebendige Gott ist, der einige Erlöser und Nothhelfer.

Auch während des Regiments der Meder und Perser wurden dem
Daniel noch manche hohe Offenbarungen zu Theil, welche die künftigen Ge=
schicke der Welt und der Kirche, insonderheit die großen Trübsale, welche
der neutestamentlichen Kirche, wie auch der alttestamentlichen zuvor versehen
waren, aber auch die schließliche Errettung des Volks Gottes anzeigten.

393. Kores entläßt die Juden aus der Gefangenschaft. Esra 1.

Nach Darius, dem Meder, überkam der Perser Cyrus die Herrschaft
über das vereinigte Königreich der Meder und Perser, dem das große baby=
lonische Reich eingefügt war, und behielt zunächst Babylon als seine Resi=

benz bei. Dieser berühmte König der Heiden, Kores oder Cyrus, diente, wie Darius und Nebucadnezar, dem lebendigen Gott. Er bekannte, daß der Gott Israels, der HErr Jehova ihm alle seine Königreiche gegeben habe, und war bereit, an dem Volk Gottes den Willen Gottes zu er= füllen. Schon in der Weissagung des Jesaias wird Cyrus der Knecht Gottes, der Gesalbte Gottes, der Auserwählte Gottes genannt. Auch unter den Gewaltigen und Machthabern dieser Erde hat Gott seine Aus= erwählten.

Der HErr erweckte den Geist des Cyrus, daß er Juda die Erlaubniß gab, in das Land der Väter, das Land der Verheißung zurückzukehren und das Haus Gottes wieder aufzubauen, und alle seine Unterthanen aufforderte, den Kindern Juda mit Gold, Silber und sonstigem Gut zur Heimkehr und zur Wiederaufrichtung ihres Gottesdienstes behülflich zu sein. So erweckt Gott, wenn er will, auch die Mächtigen der Erde, daß sie dem Volk Gottes ihre Dienste leisten.

Damit war die siebzigjährige babylonische Gefangenschaft Judas zu Ende gekommen, im Jahr 536 v. Chr. Das Wort des Propheten Jere= mias (25, 11. ff.), daß Gott nach siebenzig Jahren das Gefängniß seines Volks wenden wolle, ging in Erfüllung. Das Leiden der Kinder Gottes hat seine bestimmte Zeit. Die Trübsal hat Maaß und Ziel. Nach den Tagen der Noth und Angst kommen wieder Zeiten der Erquickung vom An= gesicht des HErrn.

Und nun wird berichtet, wie die obersten Väter, das heißt die Fami= lienhäupter der beiden Stämme Juda und Benjamin, sowie die Priester und Leviten mit einem Haufen Volks sich zur Rückkehr nach Jerusalem anschickten. Cyrus gab ihnen alle die Gefäße des Heiligthums zurück, welche Nebucadnezar nach Babel gebracht hatte. Es heißt, daß Diejenigen hinaufzogen, deren Geist Gott erweckte. Es waren also rechtschaffene Israe= liten, die in der Fremde über ihre und ihres Volkes Sünde und Untreue Buße gethan hatten, welche die Erlaubniß des Perserkönigs sich zu nutze machten. Es war eine Glaubensthat, zu welcher Gott sie willig gemacht hatte, daß sie die schöne Stadt und das schöne Land Babel, wo Viele von ihnen zu Glück und Ansehen gelangt waren, verließen und das Land der Verheißung, welches verwüstet war, und die Stadt Gottes, die in Trüm= mern lag, wieder aufsuchten. Viele aus Juda, welche das Land der Hei= den lieb gewonnen hatten, blieben zurück. Der Auszug der Juden aus Babel ist in der Schrift Bild und Vorbild eines andern Auszugs, den Gott den Kindern des Neuen Bundes anbefohlen hat, nämlich daß die Christen von der Welt und von der verderbten Kirche, die zu Babel geworden, aus= gehen und sich von den Ungläubigen und Falschgläubigen absondern sollen. Jes. 52, 11. ff. 2 Cor. 6, 17. ff. Offenb. 18, 4. ff.

394. Verzeichniß der heimkehrenden Juden. Esra 2.

Wir finden hier die Familien und Geschlechter verzeichnet, die aus Babel heimkehrten. Die bildeten jetzt zusammen die Gemeinde Israel. Es waren im Ganzen, Knechte und Mägde eingeschlossen, gegen 50,000 Seelen. Die meisten zählten zu den Stämmen Juda und Benjamin. Doch da in diesem Geschlechtsregister nicht angegeben ist, welchen Stämmen die einzelnen Familien und Geschlechter angehörten, so dürfen wir annehmen, daß sich auch Angehörige der andern Stämme Israels unter den Heim-kehrenden befanden. Denn es werden in der späteren Geschichte Israels auch die andern Stämme hin und wieder erwähnt. Jeder bezog wieder seine Stadt, seine alte Heimath. Die Gemeinde stand unter der Leitung Serubabels, welcher auch Sesbazar heißt, eines Fürsten aus dem Geschlecht Davids, und des Hohenpriesters Josua. Unter den Heimkehrenden fanden sich auch mehrere Familien, welche ihre Abstammung von Abraham nicht nachweisen konnten, auch Priester, welche nicht beweisen konnten, daß sie zum Stamm Levi gehörten. Diese durften auch mitziehen. Nur daß jene Priester sich der priesterlichen Verrichtungen enthalten und vom Hochheiligen nicht essen sollten, bis ein Priester erstehen würde mit dem Licht und Recht des HErrn. Das hohepriesterliche Licht und Recht war sammt der Bundes-lade bei der Zerstörung Jerusalems zu Grunde gegangen. Aus dem Um-stand, daß auch Familien, deren Zugehörigkeit zum Samen Abrahams zweifelhaft war, der Gemeinde beigefügt waren, ersieht man, daß den Heim-kehrenden Alles daran lag, daß Einer von Herzen dem Gott Israels zu-gethan war. Und so sagen wir jetzt: Nicht, wer den Namen hat, daß er ein Christ sei, sondern wer den rechten Glauben hat und bekennt, der ist ein wahres Glied der Kirche Gottes.

Das Erste, was die Heimgekehrten in ihrem Lande thaten, war, daß sie sich anschickten, das Haus Gottes wieder aus dem Staube aufzurichten. Und da steuerten denn Alle willig bei, sonderlich die Familienhäupter, die Führer der Gemeinde opferten große Summen für den Tempelbau. Darin erweist sich bei uns jetzt vor Allem die wahre Frömmigkeit, die Liebe zu Gott, daß wir Gottes Wort, das ist unser Heiligthum, von Herzen lieb haben und das Wort ausbreiten und damit das geistliche Haus Gottes auf-bauen. Und willige Opfer, willige Dienste sind Gott angenehm.

395. Errichtung des Brandopferaltars, Laubhüttenfeier, Grundlegung des neuen Tempels. Esra 3.

Die heimgekehrten Judäer errichteten in Jerusalem zunächst wieder den Brandopferaltar und stellten das tägliche Opfer und die gesetzliche Festfeier wieder her. Die Priester thaten wieder, was ihres Amtes war. Als der

Gottesdienst im Gang war, legten sie dann auch den Grund zum neuen Tempel. Der Hohepriester Josua trieb die Arbeiter an, das Werk zu beschleunigen. Das ist das dringlichste Bedürfniß des Volks Gottes, auch der neutestamentlichen Gemeinde, daß sie sich versammelt, um Gott zu dienen, Gott Gebet, Lob und Dank zu opfern, Gottes Wort zu hören und zu lernen. Die von Herzen Gott anhangen, ordnen alle irdischen Rücksichten und Interessen dem öffentlichen Gottesdienst unter.

Als der Grund zum neuen Tempel gelegt wurde, bliesen die Priester mit Posaunen, und das Volk lobte Gott mit lauter Stimme. Die Aelteren aber, welche das alte Haus, die Herrlichkeit des salomonischen Tempels noch mit Augen gesehen hatten und nun die geringen Anfänge des neuen Hauses erblickten, brachen in lautes Weinen und Geschrei aus, so daß das Klagegeschrei den Lobgesang übertönte. Den Alten that es von Herzen wehe, daß die alte Zeit, die alte Herrlichkeit dahin war, da alle Stämme Israels zu Haufen gen Zion pilgerten, oder, wie es in der Zeit vor der babylonischen Gefangenschaft gewesen war, da doch ganz Juda des HErrn Feste feierte. Jetzt war die Gemeinde Israel auf einen kleinen Rest zusammengeschmolzen. Die meisten Volksgenossen lebten unter den Heiden zerstreut. Das ist freilich den Kindern Gottes ein Leidwesen, wenn sie sehen, wie es auch in dieser Zeit der Fall ist, daß der größte Theil der sogenannten Christenheit sich von dem rechten Gottesdienst, von der rechten Lehre abgewendet hat, daß nur noch ein kleines Häuflein Gottes Wort und Wahrheit rein und lauter bewahrt, daß es verhältnißmäßig Wenige sind, die Gott rechtschaffen dienen, nach der Weise der Väter, so wie Gott es haben will. Indeß auch dieses kleine Häuflein hat doch Grund genug, Gott zu loben und zu preisen, daß er ihnen das Wort der reinen Lehre bis zu dieser Stunde in Gnaden erhalten hat.

396. Die Feinde der Juden hindern den Tempelbau. Esra 4.

Die heimgekehrten Juden hatten jetzt den Tempelbau in Angriff genommen. Das war ein Gott gefälliges Werk. Wo aber Gott sein Werk hat, da regt sich auch ein böser Rath und Wille, der Gottes Willen nicht geschehen und sein Reich nicht kommen lassen will, das ist der Welt und des Teufels Wille. Das zeigte sich auch hier. Die Samaritaner, dieses Mischvolk, welches aus den Ueberresten der zehn Stämme und den dort angesiedelten Heidenvölkern entstanden war, begehrten Antheil am Tempelbau und an den Gottesdiensten Israels. Sie meinten, daß sie ja demselben Gott dienten. Josua und Serubabel und die Obersten Israels wiesen aber ihr Begehr zurück. Und das war recht. Denn die Samaritaner hatten eine andere Religion, eine Mischreligion, die aus Judenthum und Heidenthum zusammengeschmolzen war. Sie bekannten sich zwar auch zu dem HErrn

Jehova, aber dienten ihm nicht so, wie er es in seinem Worte vorgeschrieben hatte. Sie verwarfen den größten Theil der göttlichen Offenbarung, alle Schriften der Propheten. Und so wurden die Samariter die Widersacher der Juden, dingten sich Rathgeber, welche die Juden bei dem Perser= könig verdächtigten, und hinderten so die Fortsetzung des Tempelbaus bis zum zweiten Jahr der Regierung des Darius. Das ist ganz recht, wenn die Rechtgläubigen, welche Gott nach seinem Worte dienen, den Falsch= gläubigen, welche auch noch wohl Gott und Christum anrufen, aber in vielen Stücken dem Wort Gottes widersprechen, die Bruderhand und die Kirchen= gemeinschaft verweigern. Alle Unionisterei ist Gott ein Greuel.

Es wird hier, im zweiten Theil des Capitels, gleich noch ein anderer Beweis der Feindschaft der Samaritaner erwähnt, welcher in viel spätere Zeit fiel, in die Regierungszeit des Ahasverus oder Xerxes und Arthasastha oder Artaxerxes I., der Nachfolger des Darius. Da schickten die obersten Beamten Samariens dem Perserkönig einen Brief zu, in welchem sie Jeru= salem als eine böse und aufrührerische Stadt verklagten, deren Aufbau für das Reich der Perser gefährlich sei. Mit Genehmigung des Perserkönigs hinderten sie dann mit Waffengewalt die Juden, die Stadt Jerusalem und ihre Mauern wiederherzustellen. Die falsche Kirche ist der rechten Kirche, die Gottes Wort rein und lauter bewahrt, gram und feind, schilt dieselbe eine Friedestörerin und hat schon oft die weltliche Obrigkeit aufgereizt und bestimmt, der Kirche des reinen Worts und Sacraments ihre Rechte und ihre Freiheit zu verkürzen und der Ausbreitung der reinen Lehre alle mög= lichen Hindernisse in den Weg zu legen.

397. Fortsetzung des Tempelbaus. Esra 5.

Das Werk am Hause Gottes zu Jerusalem war zum Stillstand ge= kommen. Auch nachdem die Feindschaft der Samariter sich gelegt hatte, ließen die Kinder des Gefängnisses, die heimgekehrten Judäer den Bau liegen. Sie waren im Werk des HErrn lässig geworden. Das wissen wir aus dem Buch des Propheten Haggai. Sie bauten lieber ihre eigenen Häuser, als Gottes Haus. Da verhängte Gott zur Strafe über das jüdische Land mehrere Jahre Mißwachs und Theurung. Und dann erweckte er die zwei Propheten Haggai und Sacharja, die straften das Volk und ermun= terten es zur Fortsetzung des Tempelbaus. Das Volk gehorchte dem pro= phetischen Wort und legte unter der Führung von Josua und Serubabel wieder rüstig und muthig Hand ans Werk. So werden auch jetzt die Christen mitunter lässig und träge in göttlichen Sachen, im Gebet und Gottesdienst, in der Arbeit für Gottes Reich, im Geben und Opfern. Sie sind geneigt und versucht, lieber das eigene Haus zu bauen und zu versorgen, als Gottes

Haus. Aber rechte Christen lassen sich auch strafen und mahnen und kommen durch Gottes Gnade wieder zurecht, und Gott wirkt in ihnen Wollen und Vollbringen des Guten nach seinem Wohlgefallen.

Zu der Zeit kam Thathnai, der persische Statthalter diesseits des Euphrat, nach Jerusalem und frug die Juden, wer ihnen gestattet habe, dies Haus zu bauen. Das Auge Gottes aber kam auf die Aeltesten der Juden, Gottes Auge bewachte und schützte sein Volk, daß der Landpfleger den Weiterbau des Tempels nicht verhinderte. Vielmehr berichtete er an den Perserkönig Darius und meldete ihm, was die Juden ihm entgegnet hatten, daß sie als Knechte Gottes, des Höchsten, nur das Haus, welches ein großer König Israels, Salomo, aufgerichtet und Nebucadnezar dann zerbrochen habe, wiederherstellen wollten, und daß der große Perserkönig Cyrus ihnen erlaubt habe, aus Babel heimzukehren, und befohlen, das Haus Gottes zu bauen. So sind Gottes Augen stetig auf das Volk gerichtet, welches er auf Erden hat. Gott schützt das Volk seiner Rechten. Ohne seinen Willen darf ihm Niemand Leids anthun noch sein Werk hindern. Der Gott Himmels und der Erden hat auch die Mächtigen der Erde in seiner Hand und lenkt ihre Herzen wie Wasserbäche, daß sie die Kirche Gottes nicht immerdar drücken und niederhalten dürfen, sondern ihr wiederum auch Duldung und Freiheit gewähren müssen, damit sie ihr heilsames Werk auf Erden ausrichte und vollende.

398. Vollendung und Einweihung des Tempels. Esra 6.

Der König Darius ließ auf den Bericht seines Statthalters hin in den alten Urkunden nachforschen und fand aus, daß der König Cyrus den Juden wirklich befohlen habe, das Haus ihres Gottes zu bauen, daß er ihnen auch die von Nebucadnezar weggenommenen Tempelgefäße zurückgegeben. So erneuerte er diesen Befehl und gebot seinem Statthalter, in keiner Weise den Bau des Tempels in Jerusalem zu hindern, vielmehr denselben zu fördern, von den Einkünften des Königs eine Beisteuer zu geben, auch Opferthiere und andere Dinge, deren die Juden zu ihrem Gottesdienst bedurften, darzu- reichen. Wer dieses Gebot übertreten würde, dem kündigte er die Todes- strafe an, dem wünschte er die Rache Gottes an. So hat also auch dieser bekannte König der Heiden, Darius, der Perser, sich zu dem wahren, leben- digen Gott bekannt. Wenn es Gott gefällt, gestattet er es der Welt, seine Kirche zu drücken und zu verfolgen. Hinwiederum wendet er der Kirche, wenn es ihm also gefällt, die Gunst, den Schutz und Beistand der Großen und Mächtigen auf Erden zu. Gott hat auch unter den Königen und Mächtigen auf Erden seine Diener und Werkzeuge, welche ihm von Herzen gehorchen und sein Reich fördern und mehren.

Durch solche Begünstigungen wollte Darius die Juden zugleich bewegen, für das Leben des Königs und seiner Kinder zu bitten. Das ist ja nur recht und billig, daß die Gläubigen für die Könige und für alle Obrigkeit bei Gott Fürbitte einlegen, und hierzu sind sie um so williger, wenn sie unter dem Schutz der Obrigkeit ein geruhiges und stilles Leben führen dürfen in aller Gottseligkeit und Ehrbarkeit.

Nunmehr wurde das Werk des HErrn, der Tempelbau glücklich zu Ende geführt. Die Propheten Haggai und Sacharja sprachen dem Volk fort und fort Muth zu, indem sie zugleich die Verheißungen der früheren Propheten von der Zukunft des Königs Messias, von der neutestamentlichen Kirche erneuerten und bekräftigten. Im sechsten Jahr des Königreichs des Darius, im Jahr 515, also etwa zwanzig Jahre nach der Grundlegung wurde der neue Tempel eingeweiht. Das war ein Freudenfest für die Kinder Israel. Eine große Menge Opfer wurde dargebracht. Bald darauf feierten die Kinder des Gefängnisses, die heimgekehrten Juden auch nach alter Weise das Passah des HErrn, und an dieser Feier betheiligten sich auch die in Palästina übriggebliebenen Israeliten, welche sich von ihrer heidnischen Umgebung abgesondert hatten. Das ist die Freude der Kinder Gottes, daß sie Gott Lob und Dank opfern, und insonderheit werden sie zur Freude und zum Dank gegen Gott erweckt, wenn sie sehen, daß Gott das Werk ihrer Hände fördert, daß es mit Gottes Wort und Reich vorwärts geht.

399. Esras Rückkehr. Esra 7.

Es wird uns weiter berichtet, was unter dem König Arthasastha oder Artaxerxes I. von Persien, im siebenten Jahre seiner Regierung geschah. Da zog Esra, ein Schriftgelehrter aus priesterlichem Geschlecht, aus Babel hinauf gen Jerusalem, um sein Volk das Gesetz, die Rechte und Sitten des HErrn zu lehren. Mit ihm kehrten andere Israeliten, sonderlich Priester und Leviten in das Land der Väter zurück. Das war ein zweiter Auszug aus Babel, welcher siebzig Jahre später stattfand, als der erste unter Josua und Serubabel. Daß die ersten heimgekehrten Exulanten den Tempel gebaut und vollendet hatten und im Land der Verheißung wieder Gott dienten nach der Weise der Väter, hatte auf die Kinder des Gefängnisses, die in Babel zurückgeblieben waren, Eindruck gemacht. So wurden andere erweckt und gewonnen, daß sie das Land der Heiden verließen und der Gemeinde des Heimathlandes sich anschlossen. Wo man Gott recht dient, wie er es in seinem Wort verordnet hat, wo man mit Gottes Wort und dem Gottesdienst ganzen Ernst macht, da werden auch Andere angezogen, da werden auch Abtrünnige bekehrt und gewonnen. Eine Kirche, welche sich streng nach Gottes Wort hält und nicht etwa der Welt zu Liebe die Grenzen weiter zieht, treibt auch am kräftigsten Mission.

24

Auch der mächtige Perserkönig Arthasastha war, wie seine Vorgänger Cyrus und Darius, von Herzen dem Gott Israels und dessen treuen Dienern zugethan. Das war die Hand Gottes, das hatte Gott ihm eingegeben. Arthasastha bestimmte eine große Summe Geldes für den Unterhalt des rechten Gottesdienstes in Jerusalem, befreite Priester und Leviten von allen Steuern und Zinsen, schärfte dem Esra ein, über dem Gesetz seines Gottes zu halten und alle Uebertretung desselben zu bestrafen, verordnete den Kindern Israel Richter aus ihrer eigenen Mitte und erkannte, daß er auf diese Weise Zorn und Unheil von seinem Königreich fernhalte. Ja wohl, wenn ein Volk und dessen Obrigkeit dem rechten Gottesdienst, dem lautern Gotteswort, der wahren Kirche Freiheit, Schutz, Herberge gewährt, da wehrt es dem Zorn, da zieht es Gottes Segen auf sich herab. Gott segnet ein Land um der gläubigen Christen willen, die darin wohnen. Und eine besondere Gnade Gottes ist es, wenn auch Gewaltige und Regenten sich unter Gottes Hand beugen und dem Wort Gottes gehorsam werden.

400. Der Reisebericht. Esra 8.

Es werden hier noch weitere Mittheilungen über den zweiten Auszug aus Babel gemacht. Esra versammelte die Kinder des Gefängnisses, welche Willens waren, mit ihm in das Land der Väter heimzukehren, an das Wasser Aheva, einen Nebenfluß des Euphrat, bestimmte auch noch eine Anzahl Leviten, sich ihnen anzuschließen. Vor dem Aufbruch hielten sie noch ein Fasten und demüthigten sich vor Gott, thaten Buße über die vorigen Uebertretungen und erbaten Gottes Schutz für die Reise. Auch dies ist uns zum Vorbild geschehen. Das ist ein Gott wohlgefälliger Weg, wenn man die heidnische, gottlose Welt verläßt und sich Gott und dem Wort Gottes und dem Volk Gottes zuwendet.

Es werden auch hier wieder die Geschlechter und Familien der Heim=kehrenden mit Namen aufgeführt. Diese Geschlechter bildeten jetzt, sammt denen, die schon früher zurückgekehrt waren, das auserwählte Volk und galten als das zwölfstämmige Israel. Ja, das kleine Häuflein, welches in wahrer Buße lebt und in lebendigem Glauben steht, welches die Welt ver=leugnet und Gott aufrichtig dient, ein geringer Rest von der großen sicht=baren Kirche, ist die wahre Kirche Gottes.

Esra hatte für die Reise durch die Wüste ausdrücklich den Schutz des Perserkönigs, Roß und Reiter, abgelehnt. Er vertraute darauf, daß die gute Hand Gottes mit ihnen sein und sie auf dem Wege behüten werde. Und so geschah es. Kein Feind wagte die Heimkehrenden anzugreifen. Wer Gottes Wege geht, braucht nichts zu fürchten, wird von der guten Hand Gottes geleitet und geschützt.

Nach ihrer Ankunft in Jerusalem brachten die Kinder des Gefäng=
nisses zunächst dem Gott Israels reichliche Opfer dar. Alle, welche den
Banden und Stricken der argen, bösen Welt glücklich entronnen sind und
Gott und sein Wort und die rechte Kirche gefunden haben, die haben wohl
Grund und Ursache, ihren Gott zu loben und zu preisen.

Alles Gold und Silber und alle Gefäße, welche Esra von Israeliten
und von dem Könige und den Großen Persiens empfangen, hatte er zwölf
Priesterfürsten übergeben, welche den Schatz während der Reise wohl ver=
wahrten und dann den obersten Priestern und Volkshäuptern in Jerusalem
überlieferten. Auch die Kinder des Neuen Bundes können und sollen noch
mit ihrem irdischen Gut, Gold und Silber, Gott dienen und Gottes Reich
fördern. Und es ist eine heilige Pflicht der christlichen Kirche und ihrer
Leiter, das ihnen anvertraute Gut wohl zu verwahren und recht zu ver=
wenden.

401. Esras Beicht= und Bußgebet. Esra 9.

Als Esra, der Schriftgelehrte, in Jerusalem seinen Wohnsitz auf=
geschlagen hatte, traten die Obersten des Volks zu ihm und klagten, daß
Männer aus Israel, sogar Priester und Leviten Töchter der benachbarten
Heidenvölker, sogar Töchter der noch übrigen Canaaniter zu Weibern ge=
nommen hätten. Das Geschlecht, welches mit Josua und Serubabel aus
der Gefangenschaft heimgekehrt war, war ein frommes, gottesfürchtiges
Geschlecht. Zu der Zeit stand es gut in Israel, wie zur Zeit des ersten
Josua. Das folgende Geschlecht war aber schon wieder von der rechten
Bahn abgewichen. Zwar finden wir nirgends erwähnt, daß die Juden nach
der babylonischen Gefangenschaft wieder den Götzen der Heiden gedient
hätten. Aber sie hatten sich jetzt wieder mit den Heiden vermengt und mit
heidnischem Unwesen befleckt. Die Erfahrung der Kirche lehrt, daß Lehre
und Leben selten über ein Menschenalter ganz rein bleibt. Wenn auch eine
Kirche die rechte Lehre, den rechten Gottesdienst hat, so kann es doch leicht
geschehen, daß Leben und Sitten ausarten, daß heidnisches, weltliches
Wesen eindringt.

Der fromme Esra war über diesen Mißstand von Herzen bekümmert.
In der Betrübniß seiner Seele fiel er auf seine Kniee und betete und beichtete
vor Gott im Namen seines Volks. Er bekannte seines Volkes Sünde und
Missethat, gedachte daran, daß die Väter um ihrer Sünden willen in die
Hand der Heidenkönige dahingegeben waren, gedachte aber auch der Gnade
Gottes, daß Gott in der Gefangenschaft einen Rest übrig behalten und diese
Uebrigen in das Land der Verheißung zurückgeführt habe. Ja, Gott ist
gerecht, so muß er bekennen, Gott hat es seinem Volk an nichts fehlen lassen,
weder an Züchtigung, noch an Liebe und Wohlthat. Aber wir sind die

Schuldigen und sind es wohl werth, daß es Gott mit uns gar aus mache. Das ist ein Muster eines rechten Beicht= und Bußgebets, welches in den Mund der Abtrünnigen paßt, die da wiederkehren, aber auch in den Mund der Gläubigen, die sich fort und fort in der Buße üben sollen. So sollen wir vor Gott treten, als arme Sünder, als Schuldige, die kein Verdienst, kein Recht vor Gott haben, sollen des Ernstes Gottes gedenken, daß Gott die Sünde heimsucht, aber auch der Güte Gottes, daß Gott sich der Un= würdigen erbarmt. Ja, Gott ist gerecht, läßt es an Zucht, Strafe, Liebe, Wohlthat nicht fehlen. Aber wir versehen es immer wieder und bedenken nicht genugsam den Ernst und die Güte unsers Gottes. Solches Bekenntniß schließt zugleich die Bitte um Vergebung in sich, und solche Bitte wird erhört.

402. Die Aussonderung der fremden Weiber aus der Gemeinde. Esra 10.

Während Esra vor Gott betete und beichtete, sammelte sich ein Haufe Volks um ihn und weinte laut. Einer aus der Menge, Sachanja, trat auf und bekannte im Namen der Versammelten, daß sie sich an Gott vergriffen hätten, indem sie heidnische Weiber genommen, und forderte seine Volks= genossen auf, den Bund mit Gott zu erneuern. Und Alle, die zugegen waren, schwuren dem HErrn Treue zu. Drei Tage später erschienen, einem Aufruf Esras und der Obersten und Aeltesten zufolge, alle Männer von Juda und Benjamin in Jerusalem. Esra erinnerte dieselben nochmals an ihre Vergehung und ermahnte sie, sich von den fremden Weibern zu scheiden. Die ganze Gemeinde stimmte zu. Es hatten zwar nur Etliche aus Israel, sonderlich von den Großen und Vornehmen, durch Verehelichung mit Hei= dinnen sich verunreinigt. Doch die ganze Gemeinde war mit schuldig, weil sie dieser Uebelthat nicht gewehrt hatte. Nach dem Wunsch und Beschluß der Gemeinde nahmen Esra und eine Anzahl Familienhäupter die Sache in die Hand und untersuchten alle einzelnen Fälle und schieden die fremden Weiber aus. Am Schluß des Capitels sind die Namen aller derjenigen Israe= liten verzeichnet, welche auf die Gemeinde Gottes Schande gebracht hatten.

Was hier von der alttestamentlichen Gemeinde berichtet ist, das ist eine Lehre und ein Vorbild für die neutestamentliche Gemeinde. Es ist eine heilige Pflicht jeder christlichen Gemeinde, den alten Sauerteig der Bosheit, Schalkheit und Unreinigkeit auszufegen, und darüber zu wachen, daß nicht weltliches, gottloses Wesen sich in ihrer Mitte festsetze. Und es ist Pflicht der Lehrer und Leiter der Kirche, hier aufzusehen, zu mahnen und zu strafen und gegen öffentliche Schäden und Mißstände mit Gottes Wort einzu= schreiten. Alle, die öffentlich gesündigt und Aergerniß gegeben haben, sollen auch öffentlich gestraft werden und öffentlich Buße thun und das Aergerniß abstellen. Wenn aber eine Gemeinde in der Zucht lässig gewesen ist und längere Zeit böse Dinge geduldet und dazu geschwiegen hat, so soll sie diese ihre Versündigung anerkennen und das Versäumte nachholen und dann um so eifriger dem nachtrachten, was Gottes Ehre und das Heil der Seelen erfordert.

403. Nehemias Gebet für Jerusalem. Neh. 1.

In dem Buch des Nehemia erzählt Nehemia, eins der Kinder des Gefängnisses, Mundschenk des Königs von Persien im Schlosse zu Susan, seine Geschichte, welche mit der Geschichte seines Volks eng verflochten ist. Dieses Buch enthält also die Fortsetzung der Geschichte Israels nach der babylonischen Gefangenschaft, wie sie im Buche Esra erzählt ist. Nehemia hörte von etlichen seiner Brüder, die aus Juda gekommen waren, wie es zu der Zeit in Jerusalem stand. Die Mauern der Stadt lagen noch darnieder, und dieselbe entbehrte also alles Schutzes gegen feindliche Angriffe. Und das that ihm von Herzen wehe. Das ist ein Leidwesen aller frommen Kinder Gottes, wenn es mit der Kirche kümmerlich steht und nicht recht vorwärts will.

Nehemia schüttet nun aber sein Herz vor Gott aus. Er bekennt Gott seine und seiner Brüder Missethat, die Sünde der Väter, um deren willen Jerusalem zerstört und in die Gefangenschaft geführt war. Aber dann beruft er sich auf die vorige Gnade Gottes, dass er dies sein Volk mit mächtiger Hand erlöst habe, und auf die Verheißung Gottes, dass Gott seinem Volk zugesagt habe, wenn es sich bekehre, wolle er es von der Welt Enden wieder sammeln. So möge Gott jetzt dies sein Wort erfüllen und Israel wiederbringen und Jerusalem aufhelfen, auch seine Bemühungen um das Wohl seines Volks gelingen lassen. Sie, die Knechte des HErrn, begehrten ja jetzt von Herzen, den Namen des HErrn zu fürchten. Das ist ein Muster des Gebets. Mit solchen und ähnlichen Worten legen alle rechten Diener und Glieder der Kirche für die Kirche Fürbitte ein und befehlen Gott die Noth der Kirche. Sie bekennen ihre Verschuldung und wenden sich dann an Gottes Gnade und Barmherzigkeit, geben Gott auch die Versicherung, dass sie es mit ihm aufrichtig meinen. Sie flehen zu Gott, dass er seiner Gemeinde, die er mit seinem eigenen Blut erlöst und erworben habe, sich annehme und nach seiner Verheißung dieselbe stärken und mehren, die Mauern Zions bauen wolle.

404. Nehemias Reise nach Jerusalem. Besichtigung der Mauern. Neh. 2.

Der König Arthasastha merkte seinem Mundschenk die Betrübniß seiner Seele an und frug ihn nach der Ursache derselben. Nehemia entgegnete, ob er nicht übel sehen solle, da die Stadt seiner Väter wüste liege und ihre

Thore mit Feuer verbrannt seien. Die gute Hand Gottes wendete dem frommen Nehemia die Gunst seines Königs zu. Derselbe gestattete ihm, nach Jerusalem zu ziehen, um dem dortigen Nothstand abzuhelfen, und gab ihm Briefe mit an die persischen Statthalter westlich vom Euphrat, daß diese ihn ungehindert durch ihr Gebiet reisen ließen, sowie an den Aufseher des königlichen Forstes, daß der ihm Holz liefern sollte für den Bau der Thore der Stadt, der Burg und Statthalterei. Auch sandte der König Kriegs=oberste und Reiter mit ihm zum Schutz auf der Reise. Alle, die von Herzen um die Noth der Kirche bekümmert und auf das Wohl der Kirche bedacht sind, erlangen auch, was sie begehren. Gott selbst eifert für sein Volk, das er auf Erden hat, und läßt demselben alle Seufzer und Gebete seiner treuen Knechte zu gute kommen.

Als Nehemia in Jerusalem angelangt war und dort drei Tage geruht hatte, machte er sich des Nachts mit wenigen Begleitern auf und ritt um die Stadt herum und gewahrte mit Herzeleid, wie überall die Mauern zerrissen waren. Im Süden der Stadt war der Schutt noch so hoch aufgeschichtet, daß er mit seinem Thier nicht durchkommen konnte. Darauf versammelte er die Obersten des Volks, that ihnen den Bescheid des Perserkönigs kund und forderte sie auf, mit ihm frisch Hand an das Werk zu legen und die Mauern Jerusalems zu bauen. Es waren Alle hierzu willig. Das ist jetzt im Neuen Testament ein gutes, löbliches Werk, das edelste aller Werke, die Mauern des geistlichen Zion bauen, das Reich Christi aufbauen und er=weitern, das Wort Christi verkündigen und ausbreiten und so die Zahl der Gläubigen vermehren.

Wie achtzig Jahre früher der Tempelbau auf Widerstand stieß, so jetzt der Aufbau der Mauern Jerusalems. Die Häupter der feindlichen Nachbar=völker, der Samaritaner und der Ammoniter, Saneballat und Tobia ver=droß es, daß Jerusalem wieder aufgebaut werden sollte, und sie verspotteten das Beginnen der Juden. So verdrießt es jetzt die ungläubige Welt, und sie hat es ihren Spott, wenn die Kirche sich rührig zeigt und auf Selbst=erhaltung und Zunahme bedacht ist.

405. Bau der Mauern Jerusalems. Neh. 3, 1—19.

Es wird jetzt ausführlich der Wiederaufbau der Mauern Jerusalems beschrieben, welcher unter Leitung Nehemias vor sich ging. Auf der Ost=seite, am Tempel, beim Schafthor wurde hiermit begonnen, dann wird das Fischthor im Norden der Stadt, dann das Thalthor im Westen, schließlich das Brunnenthor und die Mauer am Teich Siloah im Süden der Stadt erwähnt. Jerusalem gewann also wieder den alten Umfang. Nachdem der Bau der Mauern vollendet war, wurden die Thore sammt Riegeln und

Schlössern eingesetzt. Jerusalem war also wieder, wie vordem, eine feste
Stadt. Es wird auch der Thürme Erwähnung gethan. Freilich die alte
Herrlichkeit, Macht und Selbstständigkeit kehrte nie wieder zurück. Juda=
Jerusalem stand auch fortan unter der Oberhoheit der Heidenkönige. Es
wird des Palastes gedacht, in welchem der persische Statthalter seinen Stuhl,
seine Gerichtsstätte hatte. Der Bau der Mauern Jerusalems ist ein Bild
des Aufbaus des neutestamentlichen Jerusalem. Wo die Propheten die
Sammlung der neutestamentlichen Kirche weissagen, gebrauchen sie oft solche
bildliche Redeweisen, wie daß Jerusalem wieder gebaut werden solle. Das
neutestamentliche Jerusalem, die Kirche Christi ist auch eine feste Stadt, wird
von den Pforten der Hölle nicht überwältigt werden. Und diese Stadt wird
gebaut, die Sammlung und Ausbreitung der Kirche hält an und schreitet
fort, bis sie den von Gott ihr zugedachten Umfang, ihren vollen Umfang
gewonnen hat, bis die Vollzahl der Auserwählten erfüllt ist.

Es werden ferner die Personen alle namhaft gemacht, welche die
Mauern Jerusalems bauten. Obenan standen Hoherpriester, Priester und
Leviten, dann folgten die andern Bürger Jerusalems. Auch die Bewohner
der Nachbarstädte, wie Jericho, Thekoa, Mizpa, Gibeon, Kegila, halfen
bauen. Oberste und Fürsten des Volks legten mit Hand an, sogar deren
Töchter griffen mit zu und thaten Handreichung. So sollen auch im Neuen
Testament Alle zum Aufbau des Reichs Gottes mithelfen. Die Diener am
Wort obenan, aber auch alle Gläubigen, Vornehme und Geringe, Männer
und Frauen, Junge und Alte, Nahe und Ferne, sie alle sollen, ein Jeder in
seiner Weise, nach seinem Vermögen, mit seinen Gaben und Kräften, sich zu
solchem heiligen Dienst bereit stellen und dazu beitragen, daß Gottes Reich
gemehrt und gebessert werde.

Es wird schließlich noch bemerkt, daß die Gewaltigen, die Fürsten von
Thekoa ihren Hals nicht brachten zum Dienst des HErrn, sich also dieser
Arbeit weigerten. So gibt es leider auch in der Christenheit lässige, träge
Glieder, welche an der Arbeit der Kirche nicht recht theilnehmen wollen.
Die thun sich selbst nur Schaden.

406. Befestigung Zions und des Tempelbergs. Die Widersacher der Juden. Neh. 3, 20.—4, 6.

Es werden hier und im Folgenden noch etliche Züge aus der Geschichte
des Wiederaufbaus der Mauern Jerusalems nachgetragen. Besondere Sorg=
falt und Mühe verwendeten die Kinder Israel auf die Befestigung des
Tempelbergs und des Berges Zion, auf welchem die Davidsburg mit ihrem
hohen Thurme stand. Die Davidsburg und der Tempel auf Morija mach=

ten Jerusalem zur Stadt Gottes. Freilich war jetzt die alte Herrlichkeit
verschwunden. Auf der Davidsburg wohnte und thronte nicht mehr der
Gesalbte Gottes, ein König aus dem Geschlecht Davids. Dem Tempel
fehlte das allerheiligste Geräthe, die Bundeslade mit dem Gnadenstuhl und
den Cherubim der Herrlichkeit. Doch war Jerusalem noch immerhin der
Ort, wo Gott seines Namens Gedächtniß gestiftet hatte. Auch in dem neuen
Tempel wurden Gott die Opfer dargebracht, die er selbst in seinem Gesetz
vorgeschrieben hatte, zur Sühne der Sünden des Volks. Die Lippen der
Priester verkündigten hier die rechte Lehre. Der Gott Israels wohnte hier
über den Lobgesängen der Gemeinde. So fehlt der heutigen Christenheit
manche Zierde und Herrlichkeit der ersten christlichen Kirche. Die mannig=
faltigen Gaben und Wunderkräfte der apostolischen Zeit sind verschwunden.
Indeß wenn eine Kirche nur noch Gottes Wort hat, die rechte Lehre, dann
hat sie genug. Wo Gottes Wort lauter und rein verkündigt wird, da will
Gott wohnen und thronen.

Als die Widersacher Judas, Saneballat, das Haupt der Samaritaner,
und der Ammoniter Tobia hörten, daß die Juden ihren Anschlag ausführ=
ten und die Mauern Jerusalems wiederherstellten, wurden sie zornig und
sehr entrüstet. Zunächst spotteten sie dieses heiligen Werks. Der Eine
fragte, ob die ohnmächtigen Juden auch die Steine, welche mit Feuer ver=
brannt und zu Staubhaufen geworden seien, wieder lebendig machen könnten.
Der Andere erwiderte: Laß sie nur bauen; Füchse würden ihre steinernen
Mauern bald wieder zerreißen. So spottet auch jetzt noch die ungläubige
Welt der Kirche Gottes. Die rechte Kirche, welche den rechten Gottesdienst
und die rechte Lehre hat, ist ja vor Menschenaugen ein kleines, verachtetes
Häuflein, und was sie thut und ausrichtet, ist ein unscheinbares, veräcit=
liches Werk. Bisweilen aber ahnen und merken auch die Kinder dieser Welt
etwas davon, daß in jenen geringen Leuten eine höhere Kraft wirksam ist.
Darum gerathen sie in Zorn und Eifer, wenn die Kirche ihre Mauern aus=
baut, wenn die Kirche erstarkt und sich ausbreitet.

Nehemia, der Führer Israels und Leiter des Baus, flehte zu Gott, er
möge jenen Spöttern ihre Sünde behalten und ihre Schmach auf sie zurück=
wenden. Das ist auch ein rechtes Gebet, ein Gebet, welches aus dem Geiste
kommt, wenn die Christen auf die losen Spötter und Lästerer, auf die bos=
haften, heimtückischen Widersacher des Reiches Gottes und Christi Gottes
Rache herabflehen.

Die Juden setzten trotz der Lästerungen der Feinde ihre Arbeit unver=
drossen fort. Die wahrhaft glauben und im Glauben des HErrn Werk in
Angriff genommen haben, lassen sich durch das Gespötte der Welt in ihrem
Thun nicht irre und wankend machen.

407. Der Mauerbau wird unter Hindernissen fortgeführt.
Neh. 4, 7—23.

Die Widersacher der Juden, Saneballat und Tobia, zu denen sich noch die Araber und die Philister aus Asdod gesellten, ließen es nicht bei Spott und Lästerung bewenden. Sie bereiteten jetzt in aller Stille einen An= griff vor. Juda=Jerusalem war von allen vier Seiten von Feinden umringt. Vom Norden her drohten die Samariter einzufallen, vom Osten die Ammo= niter, vom Süden die Araber, vom Westen die Philister. Bewohner des oberen Landes brachten die Kunde von dem Anschlag der Feinde nach Jeru= salem. Da entfiel den Männern Judas, welche die Mauer bauten, der Muth. Aber Nehemia hielt Stand und stellte das Volk nach seinen Ge= schlechtern, mit ihren Schwertern, Spießen und Bogen, an freie Stellen hinter die Mauern und stärkte die Verzagten und erinnerte sie daran, daß der HErr, der mächtige Gott Israels, für sie streiten werde. Die Feinde erfuhren, daß die Männer Jerusalems auf einen Kampf vorbereitet waren, und standen für diesmal von ihrem Vornehmen ab. So hatte Gott ihren Rath zu nichte gemacht. Wie damals Jerusalem, so ist auch jetzt die Stadt Gottes, die Kirche Christi, welche auf Erden ihr Werk ausrichtet, von Fein= den umringt. Ja, die feindliche Welt ist der größere Haufe. Und der meint es gar böse. Und so muß die Kirche allezeit auf feindliche Angriffe gefaßt und zum Kampf und Widerstand bereit sein. Da will auch den Gläubigen mitunter der Muth sinken und die Kraft versagen. Aber die Führer und Lehrer der Kirche sollen dann die Verzagten aufrichten und er= muntern und auf den HErrn verweisen, der für sein Volk streitet. Und wie oft hat Gott schon den Rath der Feinde der Kirche vereitelt?

Als die nächste Gefahr vorüber war, kehrten die Juden zu ihrer Arbeit zurück, waren aber nach wie vor auf ihrer Hut. Von den Jünglingen, den Knappen Nehemias, die sein Gefolge bildeten, schaffte die eine Hälfte mit am Werk, die andere Hälfte führte die Waffen. Die Lastträger verrichteten mit der einen Hand ihre Arbeit, mit der andern hielten sie den Speer. Und ein Jeder, der an der Mauer baute, war mit einem Schwert umgürtet. Nehemia stand als Aufseher neben den Arbeitern, ihm zur Seite ein Trom= peter, welcher das Signal zur Kampfbereitschaft geben sollte, sobald sich ein Feind von ferne zeigte. Nehemia gebot dem Volk, auch des Nachts zu= sammen zu bleiben, er selbst und seine Knappen legten auch des Nachts ihre Kleider nicht ab. Es wird auch noch ausdrücklich erwähnt, daß die Juden in dieser Zeit der Gefahr zu ihrem Gott beteten. Es ist hier das dreifache Werk der Gläubigen auf Erden vorgebildet: Bauen, Beten, Kämpfen. Die Christen sollen hienieden das Werk des HErrn ausrichten, das Wort ver= kündigen und ausbreiten, und dabei beten, daß ihr Werk gelinge und un=

gehindert fortgehe, und aus dem Gebet kommt Muth und Kraft zu dem Kampf, der ihnen verordnet ist. Der Beruf der Regenten und Lehrer der Kirche aber ist, auf der Warte Zions zu stehen, zu wachen und aufzusehen, daß kein Feind sich nahe und dem Volk Gottes Schaden thue.

408. Nehemia stellt die Beschwerden des Volks ab. Neh. 5.

Obwohl es zu Nehemias Zeit in Israel gut stand und das Volk zum Werk des HErrn willig war, so liefen doch auch damals Verstöße gegen das Gesetz des HErrn mit unter. Die Armen im Volke hatten Ursache zur Beschwerde über die Reichen und Vornehmen. Sie waren, zumal zu der Zeit eine Hungersnoth im Lande herrschte, zum größten Theil in schwere Noth gekommen. Sie hatten sich, um die königlichen Steuern zahlen zu können, von den Reichen gegen hohe Zinsen Geld borgen müssen. Viele hatten ihre Häuser, Weinberge und Oelgärten verpfändet, Etliche sogar ihre Söhne und Töchter in die Knechtschaft verkauft. Als die Klagen der Armen und Bedrückten zu Nehemias Ohren gekommen waren, wurde derselbe sehr zornig und berief eine Volksversammlung und strafte die Reichen um ihre Härte und Lieblosigkeit. Er schüttelte seinen Busen aus, das bedeutete, Gott werde Jedermann, der seine Brüder unterdrücke, aus der Gemeinde Gottes ausschütteln, ausscheiden. Die Angeklagten schwiegen, bekannten sich schuldig und thaten nach dem Wort des HErrn, erließen den Armen alle Zinsen und gaben ihnen ihr verpfändetes Eigenthum zurück. Aehnliche Schäden und Mißstände finden sich heute noch hin und wieder in der Gemeinde Gottes, auch in solchen Gemeinden, die sonst eifrig sind im Dienst des HErrn. Die Reichen verleugnen oft die Liebe und Barmherzigkeit gegen ihre armen Brüder. Die sich aber offenbarer Ungerechtigkeit schuldig machen und insonderheit die Wucherer soll man vor die Gemeinde fordern und mit Gottes Wort ihnen zusetzen, bis sie von ihrem Unrecht abstehen und den Schaden, den sie ihren Brüdern zugefügt, wieder gut machen.

Es wird nun weiter das entgegengesetzte Verhalten, die Uneigennützigkeit des Nehemia gerühmt. Derselbe hatte mit seinem Vermögen Juden aus der Sklaverei der Heiden losgekauft, hatte seinen armen Volksgenossen Geld geliehen und forderte es nicht zurück, er verzichtete als persischer Landpfleger auf die Einkünfte dieses Amts, legte sammt seinen Knappen selbst mit Hand an das Werk, den Bau der Mauern Jerusalems, und speiste täglich 150 Personen an seinem Tisch. Das ist ein gutes Exempel für alle reichen und wohlhabenden Glieder der Gemeinde. Die sollen auch mit ihrem irdischen Gut recht wuchern und haushalten, gerne wohlthun und mittheilen und sich aller Dinge ihrer geringen Brüder annehmen. Das wird Gott ihnen, wie dem Nehemia, zum Guten gedenken.

409. Nachstellungen gegen Nehemia. Vollendung des Mauerbaus. Neh. 6.

Als Saneballat, Tobia, Gosem, der Araber, und die andern Feinde erfuhren, daß der Mauerbau nahezu vollendet sei, suchten sie, da sie Jerusalem nicht offen anzugreifen wagten, Nehemia mit List zu fangen, und forderten ihn auf, im flachen Land mit ihnen zu unterhandeln. Als derselbe sich nicht darauf einließ, wendeten sie vor, es sei das Gerede aufgekommen, Nehemia wolle sich zum König ausrufen lassen, das werde auch dem Perserkönig hinterbracht werden, so möge er zu ihnen herausgehen und durch eine Unterredung sich von diesem Verdacht reinigen. Nehemia durchschaute die Arglist seiner Widersacher, daß sie den Juden nur Furcht und Schrecken einflößen und so bestimmen wollten, von ihrem Werk abzulassen. Er ließ sich nicht irre machen und blieb auf seinem Posten. Auf ähnliche Weise stellt heute noch die Welt der Kirche nach, und insonderheit den Dienern der Kirche. Sie sucht die Gläubigen, wenn sie mit Gewalt nichts ausrichten kann, durch List und Ränke von ihrem Weg und Werk abzuwenden. Sie versucht sie einzuschüchtern oder heuchelt Freundschaft.

Es fanden sich zu der Zeit in Jerusalem falsche Propheten, die von Saneballat und Tobia bestochen waren. Die gaben vor, Nehemia sei in der Stadt nicht sicher, sei von Heuchlern umgeben, und redeten ihm zu, mit ihnen in den Tempel zu gehen und sich dort zu verschließen. Sie wollten ihn auf diese Weise zu einer Gesetzesübertretung veranlassen, um Ursache der Klage wider ihn zu erlangen. Kein Laie durfte ja das Innere des Tempels betreten. Nehemia ging nicht auf ihre Pläne ein. So gibt es auch in der Christenheit falsche Propheten, welche durch Lüge und verführerische Worte das Werk des HErrn zu hindern und Diejenigen, welche Gott rechtschaffen dienen, zum Ungehorsam zu verleiten suchen. Wer die Salbung des Geistes hat, erkennt diesen Betrug des bösen Feindes.

Auch etliche der Obersten in Jerusalem standen im Einvernehmen mit den Widersachern Judas, wagten nur nicht offen gegen Nehemia aufzutreten. So gibt es Heuchler in der Kirche, die es heimlich mit den Feinden der Kirche halten.

Trotz aller Hindernisse, die ihnen äußere und innere Feinde in den Weg legten, vollendeten die Bürger von Juda-Jerusalem den Bau der Mauern der Stadt. Denn das Werk war von Gott. Als das Werk fertig war, entfiel vollends den Heiden ringsum aller Muth. Die gläubigen Kinder Gottes auf Erden richten unverdrossen das Werk aus, das Gott ihnen befohlen hat, lassen sich durch keine Drohung und Vorspiegelung der Feinde davon abbringen, und Gott ist mit ihnen und fördert das Werk ihrer Hände, daß sie es bis zu Ende glücklich hinausführen.

410. Bewachung der Stadt. Sorge für Vermehrung ihrer Einwohner. Vorlesung des Gesetzes. Laubhüttenfeier. Neh. 7. 8.

Nach 52tägiger Arbeit waren die Mauern Jerusalems vollendet. Und nachdem die Thüren eingesetzt waren, wurden aus den Leviten Thorwärter erwählt, welche die Thore des Morgens aufschließen und Abends verriegeln sollten. Aus den Bürgern Jerusalems wurden Hüter bestellt, welche des Nachts Wache hielten. Die Vertheidigung der jetzt wieder zur Festung ge= wordenen Stadt vertraute Nehemia seinem Bruder Hanani und dem Com= mandanten der Stadt Hananja an, zwei zuverlässigen, gottesfürchtigen Männern. Die Kirche Christi ist die Gottesstadt und das Gotteshaus des Neuen Bundes. Und die Diener der Kirche sind auch zu Wächtern und Vertheidigern Zions verordnet, die sollen aufsehen, daß die Kirche keinen Schaden nehme, und den Feinden der Kirche wehren und steuern.

Die Stadt war jetzt groß und geräumig, aber es war noch zu wenig Volks darin. Es waren auch noch nicht alle Häuser wieder gebaut. So sann Nehemia auf Vermehrung der Bewohnerschaft Jerusalems und durch= suchte zu diesem Zweck die Geschlechtsregister, welche die Namen derer ent= hielten, die unter Josua und Serubabel aus der Gefangenschaft heimgekehrt waren. Welche Maßregeln er dann weiter ergriff, wird später berichtet. Zunächst war er, da der siebente Monat herannahte, auf eine würdige Feier dieses eigentlichen Festmonats des Jahres bedacht. Aus allen Städten und Dörfern Judas kam das Volk nach Jerusalem und versammelte sich am ersten und zweiten Tage des siebenten Monats auf dem freien Platz vor dem Wasserthor, im Südosten des Tempelplatzes. Esra, der Priester, stand auf und las das Gesetz vor, vom frühen Morgen bis zum Mittag. Mit dem Vorlesen des Gesetzes wechselten Vorträge der Leviten über das Gesetz. Das Volk richtete seine Ohren auf das Gesetzbuch und sprach zu Allem, was ihm gesagt wurde, Amen! Amen! und neigte sich anbetend vor dem HErrn. Das ist ein rechter Gottesdienst, wenn Gottes Wort ver= kündigt und recht ausgelegt wird, und wenn Alle, die es hören, fleißig darauf Acht haben, Ja und Amen dazu sagen und Gott darüber danken und loben.

Alles Volk weinte, als es die Worte des Gesetzes hörte. Es wurde an seine Uebertretungen gemahnt. Esra aber und Nehemia, Priester und Leviten sprachen dem Volk Muth zu und forderten es auf, sich zu freuen, da dieser Tag dem HErrn heilig sei. Auf den ersten Tag des siebenten Monats fiel das Posaunenfest ein. Und so ging das Volk hin, aß und trank und war fröhlich, und sandte auch den Armen, die nichts bereitet hatten, ihren Theil Speise. Das ist die rechte Wirkung der Predigt des göttlichen Worts, daß das Gesetz die Herzen trifft, rührt, betrübt, daß aber dann die Betrübten auch der Stimme des Evangeliums Gehör geben und sich der Gnade ihres Gottes freuen. Die Freude am HErrn ist auch unsere Stärke, gibt uns Muth und Kraft zu allem guten Werk.

Um die Mitte des siebenten Monats feierte das Volk der Vorschrift des Gesetzes gemäß das Laubhüttenfest. So, wie jetzt, war dieses Fest seit den Tagen Josuas nicht gefeiert worden. Die ganze Gemeinde derer, welche aus dem Gefängniß wiedergekommen waren, machten sich Laubhütten und wohnten darinnen. Vorher war bei diesem Fest zumeist der Hüttenbau unterblieben. Am Laubhüttenfest freute sich Israel der hohen Gnade, daß Gott in seiner Mitte wohnte und daß es um das Haus Gottes herum wohnen durfte. Und so freuet sich jetzt die Christenheit, daß Gott durch das Wort in ihrer Mitte wohnt.

411. Allgemeiner Buß= und Bettag. Neh. 9.

Am 24sten Tag des siebenten Monats, der Schlußfeier des Laub= hüttenfestes, hielten die Kinder Israel einen großen Buß= und Bettag. Sie sonderten sich von Neuem von allen fremden Kindern ab und entsagten allem heidnischen Wesen. Das Gebet, welches sie dann vor Gott brachten, ist ein Vorbild eines rechten Gebets, sonderlich eines Bußgebets.

Israel gedachte da zunächst der großen Thaten Gottes, durch die Gott sich an seinem Volk verherrlicht hatte, pries Gott, den Schöpfer Himmels und der Erden, und vor Allem Gott, den Erlöser, der schon mit Abraham seinen Bund aufgerichtet, dann sein Volk aus Egypten erlöst, ihm das Gesetz gegeben, dasselbe durch die Wüste geleitet und in das Land der Verheißung eingeführt hatte. So ist auch die neutestamentliche Gemeinde, so oft sie vor Gott tritt und betet, der Wohlthaten Gottes eingedenk, der Wohlthaten des ersten und zweiten Artikels, und dankt Gott, daß er sie durch Christum er= löst, ihr sein Evangelium gegeben und das ewige Erbe verheißen hat.

Zum Andern gedachte das gesammte Volk seiner Sünden und auch der Sünden der Väter. Diese hatten schon das Gesetz Gottes übertreten und die Propheten, die sie zur Buße riefen, verfolgt, hatten sich nicht durch den guten Geist Gottes leiten lassen und waren zur Strafe in die Hand der Heiden dahingegeben. So bekennen auch die Christen, und gerade auch in ihren öffentlichen Versammlungen, ihre und der ganzen Kirche Sünde und Missethat, daß sie oft den Geboten Gottes zuwider gehandelt, dem Geist und Wort Gottes widerstrebt und wohl eitel Strafe verdient haben. Solche Beichte schließt zugleich die Bitte um Vergebung in sich.

Schließlich flehte das Volk zu seinem Gott, daß er doch dem kleinen Rest, den er übrig behalten, und der noch unter der Gewalt der Heiden stand, gnädig sein und seine Verheißung an ihm erfüllen möge. Und so

rufen wir Gott an, daß er sich seines armen Volks, des kleinen Häufleins
erbarmen und dasselbe zuletzt von allem Druck und Uebel erlösen und in
sein himmlisches Reich und in die ewige Freiheit einführen wolle.

412. Bundesschließung. Neh. 10.

An jenem Buß= und Bettag schlossen die Kinder Israel noch einen förm=
lichen Bund und Vertrag mit Gott, daß sie in seinem Gesetz wandeln wollten.
Dieser Vertrag wurde durch einen Eidschwur und eine schriftliche Urkunde
versiegelt, und diese Urkunde von 83 Familienhäuptern unterzeichnet. Etwas
Aehnliches ist es, wenn jetzt eine christliche Gemeinde durch eine förmliche,
schriftliche Constitution sich verbindlich macht, alle ihre Dinge nach Gottes
Wort zu handeln, und wenn alle Familienväter solchen schriftlichen Vertrag
unterschreiben.

Es werden nun ferner die Hauptbedingungen dieses Vertrags, gleich=
sam die Hauptparagraphen jener Constitution namhaft gemacht. Die Ge=
meinde verpflichtete sich, alle Gebote, Rechte und Zeugnisse des HErrn zu
halten, insonderheit keine Ehen mit Heiden einzugehen, am Sabbath keine
Geschäfte abzumachen, das Sabbathjahr zu beobachten, die schuldigen Erst=
linge und Zehnten pünktlich an das Heiligthum zu entrichten. Ein jeglicher
Hausvater legte ferner sich selber das Gebot auf, jährlich ein Drittheil eines
Sekels für den Tempeldienst zu geben und ein bestimmtes Maaß Holz für
das Opferfeuer auf dem Altar zu liefern. So erklären sich jetzt alle rechten
Christen, die Glieder einer Christengemeinde bereit, in allen Stücken sich
dem Wort Gottes zu untergeben, von der Welt und allem weltlichen Wesen
sich abzusondern, den Sabbath zu halten, das heißt, die Predigt und Gottes
Wort zu hören und zu lernen, sowie für den Unterhalt des Gottesdienstes
und Predigtamts Sorge zu tragen. Es legt sich wohl auch ein Jeder selbst
ein Gesetz auf, wie viel er etwa jährlich für die kirchlichen Bedürfnisse bei=
steuern will.

413. Vermehrung der Bevölkerung Jerusalems. Neh. 11.

Nehemia hatte, nachdem der Bau der Mauern Jerusalems vollendet
war, die ganze Gemeinde Israel aus allen Theilen des Landes zusammen=
gerufen, um darüber zu berathen, wie die Bewohnerschaft Jerusalems, die
noch gar schwach war, vermehrt werden könne. Da war der siebente Monat
dazwischen gekommen. In diesem Monat feierte die ganze Gemeinde erst
den Neumondstag, dann das Laubhüttenfest, schließlich jenen großen Buß=
und Bettag, an welchem sie den Bund mit Gott erneuerte. Darauf traf
Nehemia Vorkehrungen, der Stadt Jerusalem, die hier zum ersten Mal die
heilige Stadt genannt wird, aufzuhelfen. Der zehnte Theil der Bewohner

Judas, der durch das Loos hierzu bestimmt wurde, sollte nach Jerusalem ziehen. Das geschah denn auch. Die Bewohner des Landes, welche vom Loos getroffen waren, gingen willig nach Jerusalem und bauten sich dort an. Es werden nun die Geschlechter Judas und Benjamins aufgezählt, welche Stadt und Land bewohnten, wie auch die Städte Judas und Benjamins, welche jetzt wieder bewohnt waren. Es wird insonderheit der Priester und Leviten gedacht, welche zum Theil in Jerusalem, zum größeren Theil in den andern Städten Judas ihren Wohnsitz hatten. Die Nethinim oder Tempeldiener wohnten am Ophel, dem südlichen Abhang des Tempelberges. Ein Mann Namens Pethaja aus dem Stamm Juda führte die Sache seines Volks bei dem Perserkönig, während Nehemia im Namen des Königs das Land Juda regierte. So waren alle Angelegenheiten wohl geregelt. Stadt und Land waren wieder bevölkert. Das staatliche Gemeinwesen, und vor Allem das gottesdienstliche Leben war geordnet. Die Kinder Israel konnten, obwohl sie unter der Herrschaft der Perser standen, doch frei ihres Glaubens leben und nach ihrem Gesetz dem Gott ihrer Väter dienen. In dem allen waltete Gottes Hand. Das war Gottes Rath, Israel in seiner Besonderheit zu erhalten, bis die Verheißung erfüllt und Christus aus Israel erstanden wäre. Christus ist das Ziel aller Wege Gottes. Seit Christus erschienen ist, sind alle Führungen Gottes, die Führungen der Völker und der Einzelnen darauf berechnet, daß Christi Name allenthalben auf Erden bekannt und die Sünderwelt des Heils in Christo theilhaftig werde.

414. Priester- und Levitenverzeichnisse. Einweihung der Mauern. Neh. 12.

Wir finden hier zunächst ein Verzeichniß der Häupter der Priester und Leviten, welche abwechselnd im Heiligthum den Dienst versahen. Von den Priestern und Leviten wurde der Nachweis verlangt, daß sie wirklich dem Stamm Levi zugehörten, denn dem war allein von Gott der heilige Dienst befohlen. So müssen auch jetzt Alle, die in der Gemeinde ein Amt haben und den öffentlichen Dienst versehen, beweisen können, daß ihnen dies von Gott befohlen ist. Der ordentliche Beruf von Seiten einer christlichen Gemeinde ist der Beweis dafür.

Nachdem für die Vermehrung der Einwohnerschaft Jerusalems gesorgt war, wurde die wiederhergestellte Ringmauer Jerusalems feierlich eingeweiht. Nehemia versammelte zu diesem Zweck die ganze Gemeinde nach Jerusalem. Das Erste war, daß die Priester durch Sündopfer das Volk, sowie die Mauern und Thore reinigten. Auch die Gläubigen und die guten Werke der Gläubigen sind noch mit Sünden befleckt. Dann folgte ein feierlicher Umzug. Es wurden zwei Dankchöre gebildet, an deren Spitze die levitischen

Sänger traten, welche dem HErrn zu Ehren sangen und spielten. An die levitischen Sänger schlossen sich die Priester und andere Leviten an, dann die Fürsten der Gemeinde, dann die andern Glieder der Gemeinde. Der eine Chor wurde von Esra, der andere von Nehemia angeführt. Der eine zog nach Süden, der andere nach Norden zu über die Mauer hin. Auf dem Tempelplatz trafen beide Chöre zusammen und stimmten gemeinsame Psalmen und Loblieder an. Die Darbringung einer großen Menge Opfer und ein allgemeines Freudenfest bildeten den Schluß der Feier. Man hörte die Freude Jerusalems von fern. Das ist die Freude Jerusalems, die Lust der Kirche, die Lust der Gläubigen, dem HErrn zu singen und zu spielen und Dank zu opfern. Alle Gottesdienste der Christen sind Ausdruck der Freude und des Dankes. Und sonderlich wenn es der Stadt Gottes gut geht, wenn die Kirche wächst und zunimmt, wenn Gott zu ihrer Arbeit Segen und Gelingen gegeben hat, vernimmt man weit und breit die Freude Jerusalems.

Es wird hier schließlich noch berichtet, daß besondere Schatzmeister bestellt wurden, welche die Erstlinge, die Zehnten und die andern Abgaben für das Heiligthum von dem Volk einsammelten und den Priestern und Leviten übermittelten. Das Volk hatte seine Freude an den Priestern und Leviten und entrichtete willig die für dieselben bestimmten Antheile. Dann steht es gut in der Kirche, wenn alle Glieder derselben an den Dienern der Kirche und ihrem Dienst ihre Freude haben und denselben willig ihre Gebühr geben. Dann ist das Opfer der Lippen Gott erst recht wohlgefällig, wenn die Opfer der Werke hinzukommen.

415. Nehemia stellt mehrere Mißstände ab. Neh. 13.

Nach zwölfjährigem Aufenthalt in Jerusalem kehrte Nehemia zu dem Perserkönig zurück, blieb eine Weile am Hof und erbat sich dann Urlaub zu einer zweiten Reise nach Jerusalem. Während seiner Abwesenheit waren wieder verschiedene Schäden und Mißstände in die Gemeinde eingerissen.

Ammoniter und Moabiter hatten sich inmitten der Gemeinde Gottes niedergelassen. Der Hohepriester Eliasib hatte sogar dem Widersacher Judas, dem Ammoniter Tobia eine Zelle des Tempels eingeräumt. Das verdroß Nehemia gar sehr, und er warf alles Geräthe Tobias aus der Zelle heraus und ließ das Geräthe des Hauses Gottes, Speisopfer und Weihrauch wieder hineinbringen. Alles fremde Volk wurde ausgeschieden. Das ist Gottes Wille auch für die neutestamentliche Gemeinde, daß sie Heiden und Zöllnern, ungläubigem, gottlosem Volk in ihrer Mitte keinen Raum gönne.

Nehemia erfuhr, daß Juda den Leviten nicht mehr ihren Theil gab. Da schalt er die Obersten des Volks, und das Volk nahm die Zurecht-

weisung an. So muß es auch an einer christlichen Gemeinde ernstlich ge=
rügt und gestraft werden, wenn sie ihre Prediger und Lehrer zu karg und
knapp hält.

Nehemia bemerkte, daß Männer aus Juda am Sabbath die Kelter traten,
Getreide einernteten, Feldfrüchte nach Jerusalem brachten, daß tyrische, das
ist phönizische Kaufleute am Sabbath den Kindern Juda ihre Waaren
verkauften. Auch gegen diese Gesetzesübertretung schritt er mit Wort und
That ein. Er ließ die Thore der Stadt am Sabbath verschließen, daß die
Krämer mit ihren Waaren draußen bleiben mußten. So sollen auch die
Hirten und Vorsteher einer Christengemeinde ernstlich eingreifen, wenn sie
sehen, wie Etliche den Sabbath entheiligen, das ist, die Versammlungen
verlassen, die Predigt versäumen, Gottes Wort geringschätzen.

Manche Juden hatten wiederum Töchter der Heiden, sonderlich aus der
phönizischen Stadt Asdod zu Weibern genommen. Und die Folge war,
daß ihre Kinder Asdodisch redeten und die jüdische Sprache verlernten. Die
ließ Nehemia gar hart an. Er fluchte ihnen und raufte sie. Ein christlicher
Prediger thut nur, was seines Amtes ist, wenn er denjenigen Haus= und
Familienvätern hart und scharf zusetzt, welche es ruhig mit ansehen, wie
ihre Kinder die Weise und die Religion der Väter verlernen, sich an der
Welt Weise gewöhnen und schließlich der Welt anheimfallen.

Ein Sohn des Hohenpriesters Jojada war der Schwiegersohn des
Samariters Saneballat geworden, dieses grimmigen Feindes der Juden.
Den jagte Nehemia von dannen. Diener des Heiligthums, Prediger, welche
ärgerliche Dinge sich zu Schulden kommen lassen, sollen ihres Amtes entsetzt
werden.

Es wird hier öfter erwähnt, daß Nehemia zu Gott flehte, er möge ihm
das, was er für die Gemeinde Israel that, zum Besten gedenken. Ja, Gott
lohnt es seinen treuen Dienern, wenn sie für seine Ehre und Wahrheit und.
für die Reinerhaltung der Gemeinde Gottes eifern und allem gottlosen,
weltlichen Wesen ernstlich wehren und steuern.

416. Gastmahl des Königs Ahasverus und Verstoßung der Königin Vasthi. Esther 1.

Im Buch Esther wird von den späteren Geschicken der Juden, welche
noch in den Ländern der Heiden zerstreut lebten, berichtet, und zwar aus der
Zeit des Perserkönigs Ahasverus oder Xerxes. Im dritten Jahre seines
Regiments versammelte der mächtige König Ahasverus, dessen Herrschaft
von Indien bis an das Mittelmeer und bis nach Aethiopien hinreichte, alle
Fürsten seines Reichs und alle seine Knechte, das ist alle seine Beamten in
seine Residenz nach Susan, um sich mit ihnen über wichtige Reichsangelegen=

25

heiten zu bereden. Der heidnische Schriftsteller Herodot erzählt, daß Xerxes nach Wiederunterwerfung Egyptens alle Großen seines Reichs zu sich berufen und mit denselben den Krieg gegen Griechenland berathen habe. Auf dieses Ereigniß deutet ohne Zweifel auch unser Text. Ein halbes Jahr lang weilten die Würdenträger des Reichs in der persischen Hauptstadt. Ahasverus zeigte ihnen die Pracht seiner Majestät, alle seine Schätze und Reichthümer. Am Ende dieser Zeit gab der König seinen Großen im Garten seines Palastes ein siebentägiges Gastmahl, bei welchem es hoch herging. Die Gäste lagerten auf Polstern, welche aus den kostbarsten Stoffen verfertigt waren, und der Wein wurde in goldenen Gefäßen aufgetragen. Gleichzeitig bewirthete die Königin Vasthi die vornehmen Frauen des Reichs. Am siebenten Tag befahl Ahasverus der Königin, mit der königlichen Krone vor seinen Gästen zu erscheinen, um ihre Schönheit bewundern zu lassen. Sie aber wollte nicht kommen und widersetzte sich dem Gebot des Königs. Auf Rath der Großen und Weisen wurde sie deshalb von dem König verstoßen und dieses Urtheil im ganzen Reich bekannt gemacht, damit die Frauen im Land sich nicht durch ihr Exempel verleiten ließen, ihre Männer zu verachten, vielmehr ihre Männer in Ehren halten möchten. Zugleich ließ der König das Gebot ausgehen, daß der Mann der Oberherr im Hause sein und die ganze Familie die Muttersprache des Hausvaters reden sollte.

Es ist uns hier ein Bild der Welt und des Weltlebens vor Augen gemalt. Große Macht, Ehre, Ansehen, große Schätze und Reichthümer, üppige Genüsse und Lustbarkeiten, das ist es, was bei der Welt etwas gilt, was die Welt glücklich macht, worauf die Welt stolz ist. Aber es findet sich auch bei der Welt noch einige Kenntniß des Gesetzes Gottes. Allen Menschen ist von Natur Gottes Gesetz in das Herz und Gewissen eingeschrieben. So hat sich auch bei der heidnischen, gottvergessenen Welt noch die göttliche Ordnung des sechsten Gebots erhalten, nach welcher dem Mann die Herrschaft im Hause zukommt und die Weiber ihren Männern unterthan sein sollen. Was aber selbst bei der Welt Lob und Tugend ist, dem sollen die Christen um so mehr nachtrachten.

417. Erhebung der Esther zur Königin. Esther 2.

Nach einiger Zeit ließ der König Ahasverus die schönsten Jungfrauen seines Reichs in sein Schloß Susan zusammenbringen, um sich aus ihnen an Stelle der verstoßenen Vasthi eine Gemahlin zu erwählen. In der königlichen Residenz lebte zu der Zeit Mardachai, ein frommer Jude, der Vormund und Pflegevater der Hadessa oder Esther, der Tochter seines Oheims. Weil Esther eine feine, schöne Dirne war, wurde sie auch mit ins königliche Haus geführt, und nachdem sie eine Weile im Frauenhaus des

Königs verwahrt worden war, gewann sie die Gunst und das Wohlgefallen des Königs. Derselbe setzte die königliche Krone auf ihr Haupt und machte sie zur Königin an Vasthi Statt. Er gab ihr zu Ehren allen seinen Fürsten und Knechten ein großes Mahl, bei welchem reichlich Geschenke ausgetheilt wurden. Das war eine wunderbare, gütige Fügung Gottes, daß Esther, eine Israelitin, Königin von Persien wurde. Gott hatte dabei das Wohl seines Volks im Auge. Gott lenkt alle Dinge, auch die Entschlüsse und Handlungen der Mächtigen auf Erden, und lenkt sie zum Besten seiner Kirche.

Esther verschwieg zunächst, auf Weisung Mardachais, daß sie eine Jüdin war. Hätte Ahasverus das von vornherein gewußt, so hätte er sie wohl nicht zur Gemahlin genommen. Dieses Schweigen war keine Verleugnung. Esther willigte deshalb keineswegs in den heidnischen Götzendienst. So wird auch von uns Christen nicht gefordert, daß wir unter allen Umständen, zu jeder Zeit Jedermann sofort sagen, welches Glaubens wir sind. Auch Schweigen ist mitunter wohl angebracht. Nur daß wir nimmer im Gebet und Gottesdienst nachlassen und in keiner Weise in die Abgötterei der Weltkinder willigen. Es kommt schon frühe genug Zeit, Anlaß und Gelegenheit, da man reden und bekennen muß.

Es wird hier schließlich noch berichtet, daß Mardachai die Verschwörung zweier Palastwächter, von welcher er Kunde erhalten hatte, dem König durch Esther anzeigen ließ und demselben so das Leben rettete. Die Gläubigen suchen allewege das Beste ihrer Mitmenschen, das Beste des Landes, in dem sie wohnen, auch der Landesobrigkeit. Diese Begebenheit, welche in die persische Reichschronik eingetragen wurde, gewann hernachmals große Bedeutung für Mardachai selbst und für dessen Volk. Scheinbar geringfügige Umstände und Zufälligkeiten, die aber eben alle von Gott gefügt und geordnet sind, haben oft entscheidenden Einfluß auf das Geschick der Frommen, auf die Geschicke der ganzen Kirche.

418. Hamans böser Anschlag wider die Juden. Esther 3.

Es wird jetzt ein Günstling des Königs, Namens Haman, in die Geschichte eingeführt. Ahasverus erhob denselben zum obersten Beamten und Fürsten des Reichs. Alle Unterthanen des Perserkönigs mußten vor ihm die Kniee beugen und ihn anbeten. Der Perserkönig nahm göttliche Verehrung für sich in Anspruch, und Ahasverus übertrug nun diese Ehre auch auf Haman, seinen Stellvertreter. Mardachai, der Jude, welcher in des Königs Haus viel aus- und einging, kam diesem königlichen Gebot nicht nach. Jetzt war für ihn die Zeit gekommen, zu bekennen. Und er bekannte mit Gefahr seines Lebens und verweigerte Haman die Ehre, die Gott allein gebührt. Wenn Anlaß dazu gegeben ist, dann gilt es zu bekennen. Wenn man von uns etwas fordert, was dem Wort Gottes widerspricht, dann sollen wir uns dessen weigern. Und die Christen sollen ihren Glauben gerade auch damit bekennen, daß sie alle Abgötterei und insonderheit auch Menschenvergötterung abweisen und der Welt nicht beistimmen, wenn diese ihre Helden in den Himmel erhebt.

Haman ergrimmte über Mardachai, daß derselbe ihn nicht anbeten wollte, und sann auf Rache und dachte dem ganzen Volk der Juden Böses zu. Er erwählte sich durch das Loos einen Tag, an welchem die Juden vertilgt werden sollten, das war der 13. Tag des 12. Monats im 12. Jahr der Regierung des Ahasverus. Darauf verklagte er die Juden bei dem König als ein Volk, das sein eigenes Gesetz habe und befolge, das dürfe der König nicht leiden. Zugleich versprach er demselben eine große Summe Silbers, das Vermögen aller der Juden, die getödtet werden sollten. Die Juden waren also insgemein den Heiden verhaßt, und man ersieht hieraus, daß auch von den Juden, die noch in der Zerstreuung lebten, viele sich zu dem Gott ihrer Väter bekehrt hatten und sein Gesetz treulich hielten. So leben jetzt die Christen unter den Ungläubigen zerstreut und sind der abgöttischen Welt verhaßt, ein Dorn im Auge, weil sie ihre eigene Weise, ihr eigenes Gesetz haben und nicht in die Weise der Welt willigen.

Der König ging auf den bösen Rath und Plan Hamans ein und gab ihm die Vollmacht, denselben auszuführen, überließ ihm auch das Geld, das den Juden genommen werden sollte. Haman sandte Boten durch alle Provinzen des Reichs, welche allen Persern und allen unterworfenen Völkern den Befehl des Königs überbrachten, an dem bestimmten Tag alle Juden umzubringen und ihr Gut zu rauben. Die Welt hat schon mehr als einmal der Kirche Gottes den Tod zugeschworen und böse Pläne und Ränke geschmiedet, aber freilich immer die Rechnung ohne Gott gemacht.

419. Mardachai fordert Esther auf, sich für ihr Volk zu verwenden. Esther 4.

Der Mordbefehl des Königs Ahasverus versetzte alle Juden des persischen Reichs in große Bestürzung. Sie zogen Trauerkleider an, fasteten und beteten. Schon öfter hat Gottes Volk vor dem Drohen und Toben der feindlichen Welt gezittert und gebebt, aber in seiner Bedrängniß auch zu Gott geseufzt. Und Gott hat allewege solch Seufzen erhört.

Die Königin Esther erfuhr schließlich auch die Ursache der Trauer ihres Volks, und Mardachai ließ ihr sagen, sie solle zum König gehen und sich bei ihm für ihr Volk verwenden. Esther erwiderte, das könne ihr das Leben kosten, wer ungerufen zu dem König komme, der müsse sterben, es sei denn, daß er das goldene Scepter ihm entgegenstrecke. Mardachai entgegnete, wenn sie jetzt schweige, werde Gott wo anders her seinem Volk Rettung senden, sie selbst aber werde umkommen. Wenn Gott dazu Anlaß gibt, wenn die Umstände nöthigen, dann ist Bekennen Pflicht, und Schweigen ist Sünde. Insonderheit in Zeiten der Verfolgung und Bedrängniß gilt es bekennen. Wer dann schweigt und durch Schweigen und Verleugnen sein Leben erhalten will, der wird es verlieren. Wer aber sein Leben um Gottes und Christi willen darangibt, der wird es erhalten zum ewigen Leben.

Mardachai gab Esther noch zu bedenken, daß sie gerade um deß willen, daß sie ihrem Volk Rettung erbitte, um diese Zeit Königin geworden sei. So muß Alles, auch die Beziehung der Gläubigen zu den Kindern dieser Welt, zum Heil der Kirche dienen. Die Gunst, in der dieses oder jenes Glied der Kirche bei den Mächtigen dieser Welt steht, kann und soll dazu helfen, den Zorn der Welt, der wider die Kirche entbrannt ist, zu beschwichtigen.

Auf Esthers Verlangen vereinigten sich jetzt alle Juden von Neuem zum Fasten und Beten, zur Fürbitte für Esther, daß Gott den schweren Gang, zu welchem sie sich anschickte, gelingen lasse. Jedes wichtige Vorhaben der Gläubigen ist von Gebet begleitet und getragen. Und gerade auch gemeinsames Gebet vermag viel bei Gott.

420. Esthers Gang zum Könige. Esther 5.

Esther that jetzt den entscheidenden Schritt und trat in den innern Vorhof des Königshauses, gegenüber dem Wohnhaus des Königs, wo derselbe auf seinem Thron vor der Thüre saß. Sie hatte sich königlich geschmückt, um des Königs Gunst und Wohlgefallen zu finden. Ihr Herz war auf das Eine gerichtet, daß sie ihrem Volk, dem Volke Gottes, Rettung schaffte. So ist nicht aller Schmuck Eitelkeit. Auch Christen können sich wohl standesgemäß kleiden und schmücken und standesgemäß leben und dabei geistlich und himmlisch gesinnt sein.

Als der König die Königin Esther im Vorhof stehen sah, fand sie Gnade vor seinen Augen. Er streckte das goldene Scepter in seiner Hand gegen sie aus, und Esther berührte die Spitze des Scepters. Das war von Gott. Das hatte Gott dem Könige ins Herz gegeben. Gott hatte die Gebete der vielen Israeliten, die im ganzen weiten Perserreich Tag und Nacht zu ihm flehten, erhört. Gott lenkt die Herzen der Menschen, und auch die Herzen der Fürsten wie Wasserbäche, und lenkt Alles zum Frommen seiner Kirche. Gott erhört Gebet, erhört seine Auserwählten, welche Tag und Nacht zu ihm schreien. Ja, die gläubigen Kinder Gottes sind es, die mit ihren Gebeten die Welt regieren und die Entschlüsse und Entscheidungen der Mächtigen auf Erden bestimmen.

Der König Ahasverus merkte sofort, daß Esther ein besonderes An=
liegen auf dem Herzen habe, frug nach ihrem Begehr und versprach ihr
Alles zu geben, bis zur Hälfte seines Königreichs. Esther lud zunächst den
König nebst Haman zu einem Mahle ein, und als derselbe dann bei dem
Mahle guter Dinge war, wiederholte sie ihre Einladung für den folgenden
Tag. Sie wollte erst das Herz des Königs ganz fest machen, ehe sie ihr Be=
kenntniß und ihre Bitte vortrug. Muthiges Bekennen schließt die Klug=
heit nicht aus. Wir sollen uns immer den rechten Zeitpunkt ersehen und
wohl Acht haben, in welcher Lage und in welcher Stimmung der Nächste
sich befindet, vor welchem wir bekennen sollen und wollen, damit unser
Wort und Zeugniß auch die rechte Wirkung habe.

Haman hatte die hohe Ehre, die ihm widerfahren, daß er allein mit
dem König bei Esther zu Gaste geladen war, ganz trunken gemacht. Er ver=
sammelte seine Freunde und rühmte denen alle seine Herrlichkeit. Um so
mehr verdroß es ihn, daß Mardachai ihm die Ehre verweigerte. Daher
war ihm der Rath seines Weibes und seiner Freunde willkommen, für
Mardachai einen Galgen zu errichten. Diese Rathgeber zweifelten nicht,
daß Ahasverus das Begehr Hamans, seinen Todfeind hängen zu lassen, ge=
währen werde. So macht das Glück die Gottlosen sicher und wohlgemuth
und verblendet und verstockt ihr Herz und wird ihnen ein Strick des Ver=
derbens.

421. Erhöhung Mardachais und Demüthigung Hamans. Esther 6.

Ehe noch Esther bei dem zweiten Mahl dem König ihre Bitte vorlegte,
trat eine unerwartete Wendung der Dinge ein. Der König Ahasverus
konnte in jener Nacht zwischen dem ersten und zweiten Mahl nicht schlafen
und ließ sich aus der Reichschronik vorlesen. Er ersah daraus, daß der Jude
Mardachai ihm einst eine Verschwörung wider sein Leben angezeigt habe,
und erfuhr, daß demselben noch nichts dafür geschehen sei. So beschloß er
jetzt, ihm diesen Dienst zu vergelten. Das war vom HErrn. Der HErr
wollte auf diese Weise den König dem Mardachai und dem Volk Mardachais
günstig stimmen. Der HErr lenkt der Menschen Herzen, lenkt alle Dinge und
Umstände, regiert Großes und Kleines, und Alles zum Besten seiner Kirche.

Zur selben Stunde begehrte Haman Einlaß bei dem König. Er wollte
ihn ersuchen, Mardachai hängen zu lassen. Der König legte ihm die Frage
vor, was man dem Mann thun solle, den der König ehren wolle. Haman
dachte nicht anders, als daß er gemeint sei, und antwortete, man solle diesen
Mann in königlichem Gewande und auf einem königlichen Rosse in der
Stadt umherführen. Nun befahl der König dem Haman, eben diese Ehre
dem Juden Mardachai zu erweisen. So war Haman diesmal mit seinen

stolzen Gedanken zu Schanden geworden. Der HErr weiß die Gottlosen in ihrer List und Hoffart zu fangen.

Was Haman dem Mardachai zugedacht hatte, war jetzt in das Wider= spiel verkehrt. Er mußte selbst diesen seinen Todfeind als im Triumph durch die Stadt führen. So sind schon oft die bösen Anschläge der Gott= losen wider die Frommen in das Gegentheil umgeschlagen. Mardachai empfing auf diese Weise seinen Lohn für den Dienst, den er dem Könige er= wiesen hatte. Was die Frommen Gutes thun, auch der Welt Gutes thun, wird ihnen zu seiner Zeit entgolten.

Voll Unmuths kam Haman heim und klagte seine Noth seinem Weib und seinen Freunden. Diese wußten jetzt keinen Rath und gaben schlechten Trost. Er habe angehoben, vor Mardachai zu fallen, und so werde er vollends fallen. Das ist der Lohn und das Geschick der Gottlosen, insonder= heit der Verfolger der Kirche: die müssen fallen und immer tiefer fallen und sinken schließlich ins äußerste Verderben.

422. Hamans Sturz und Untergang. Esther 7.

Als der König am zweiten Tag mit Haman bei Esther zum Mahle war, trat dieselbe mit ihrer Bitte hervor. Diese Bitte war jetzt wohl vorbereitet. Esther hatte von Neuem das Herz des Königs gewonnen. Mardachai stand bei ihm in Gunst und Ehren. Esther klagte dem König die Noth ihres Volks, daß dasselbe dazu verkauft wäre, daß es vertilgt, erwürgt und umgebracht würde, verklagte den bösen Haman als den Feind und Widersacher der Juden und bat um das Leben ihres Volks. Das war ein gutes Bekenntniß. Esther setzte ihre Stellung als Königin, setzte ihr Leben daran, ihr Volk zu retten. So ist es Pflicht der Gläubigen, die in Macht und Ehren stehen, sich zu dem armen, verachteten Häuflein der Frommen zu bekennen, sich ihrer geringen Brüder nicht zu schämen und ihren ganzen Einfluß zum Besten der Kirche zu verwenden. Das haben z. B. die lutherischen Fürsten zur Zeit der Reformation gethan.

Die Bitte Esthers verfehlte nicht ihren Zweck. Ahasverus hatte längst vergessen, daß er sich von Haman jenen Mordbefehl wider die Juden hatte abbringen lassen. Er war ein schwacher, wunderlicher Fürst, welcher die Reichsangelegenheiten Andern überließ. Und so entbrannte jetzt sein Zorn wider Haman. Es war bei ihm sofort beschlossene Sache, dem Haman seine Bosheit zu vergelten. Ja, die Hand des HErrn kann Alles ändern und hat schon oft drohendes Unheil, Tod und Verderben von dem Volk Gottes abgewendet.

Während der König in seinem Garten auf= und abging, bis die Er= regung seines Gemüths sich gelegt hätte, stand Haman auf und fiel vor

Esther nieder und bat um sein Leben. Sie aber legte keine Fürbitte für ihn bei dem König ein, sondern überließ ihn seinem Geschick. Er hatte das Maaß seiner Sünden voll gemacht. Er war ein verstockter Bösewicht, ein Kind und Werkzeug des Teufels. Denn das ist der Sinn und Wille Satans, die Kirche Gottes vom Erdboden zu vertilgen. Wir Christen beten wohl auch noch für unsere Feinde und Verfolger, daß Gott sie bekehren möge, denn es gibt unter ihnen manche, die nicht wissen, was sie thun. Zugleich aber machen wir auch solche Bitten und Gebete der Psalmen, in denen Gottes Rache über die verstockten Bösewichter und Tyrannen herabgefleht wird, zu den unsrigen.

Haman wurde auf Befehl des Königs gehängt, an denselben Galgen, den er für Mardachai errichtet hatte. Das ist das schließliche Ende der Feinde und Verfolger der Kirche, sie kommen um mit Schrecken, mit Schimpf und Schande. Und schon oft sind die Gottlosen in die Grube gestürzt, die sie Andern gegraben hatten.

423. Die Juden erhalten Erlaubniß, sich an ihren Feinden zu rächen. Esther 8.

Der König Ahasverus gab der Esther das ganze Haus Hamans, all dessen Hab und Gut zum Geschenk. Es bringt keinen Schaden, sondern nur Gewinn, in Zeit und Ewigkeit, wenn man ohne Furcht seinen Glauben bekennt. Mardachai wurde an Hamans Statt zum obersten Beamten des Reichs ernannt. Wie früher Daniel, so stand jetzt wieder ein Jude, ein frommer Israelit an der Spitze des Weltreichs. Gott stößt die Gewaltigen vom Stuhl und erhebt die Niedrigen und bringt Diejenigen schließlich zu Ehren, welche um seines Namens willen Schmach und Verachtung trugen.

Auf erneutes Bitten Esthers schonte Ahasverus des Volks der Juden. Er gab Esther und Mardachai Vollmacht, in des Königs Namen einen neuen Befehl auszufertigen. Nur durfte nach dem Recht der Meder und Perser der erste Befehl nicht förmlich und direct widerrufen werden. Und so wurde den Juden im weiten persischen Reich, von Indien an bis zum Mohrenland, Erlaubniß ertheilt, an jenem bestimmten Tag sich zu versammeln, gegen ihre Feinde sich zur Wehre zu setzen und sich an ihren Feinden zu rächen und deren Gut zu rauben. Dieser Befehl wurde aller Orten bekannt gemacht. Da war den Juden Licht und Freude und Wonne und Ehre gekommen. So hat Gott schon oft das Leid und Wehe der Kirche in Freude verkehrt. Und dereinst wird alles Wehklagen, Seufzen und Weinen der Kinder Gottes in Licht, Freude, Wonne und Ehre verwandelt.

Diese wunderbare Wandlung der Dinge brachte viele Heiden zur Erkenntniß des wahren, lebendigen Gottes, daß sie Juden, das ist jüdische

Proselyten wurden und den Gott Israels anbeteten. Auch in der Zeit des Neuen Bundes gibt es besondere Gnadenstunden, da Gott an seiner Kirche große Dinge thut und Viele, die draußen sind, Einlaß begehren und sich zu Gott bekehren.

424. Rache der Juden an ihren Feinden. Esther 9, 1—19.

Es wird uns hier berichtet, wie der Befehl des Königs, welcher von Esther und Mardachai ausgefertigt und im ganzen Perserreich bekannt gegeben war, ausgeführt wurde. Am 13. Tag des 12. Monats, des Monats Adar, an dem von Haman festgesetzten Tag, an welchem die Feinde der Juden diese zu überwältigen gedachten, wandte sich das Ding, daß die Juden ihre Feinde überwältigten. In allen Städten versammelten sich die Juden und ergriffen die Waffen wider ihre Feinde und Bedränger und brachten sie um. An ihre Güter aber legten sie nicht Hand an, obgleich ihnen dies gestattet war. Es lag ihnen nur daran, ihr Leben zu retten. In der Hauptstadt Susan tödteten sie allein 500 Mann und setzten mit Genehmigung des Königs am folgenden Tag dort das Würgen fort und tödteten noch weitere 300 Feinde. Unter den Getödteten befanden sich die zehn Söhne Hamans, welche obendrein an den Schandpfahl gehängt wurden. Im ganzen Reich der Perser kamen 75,000 Mann um. Gott hielt hier Gericht über die Feinde seines Volks. Das war vom HErrn, daß die Heiden von Furcht überwältigt waren, daß sie den Juden nicht widerstehen konnten. Vom HErrn war es auch, daß der König der Perser seine Landsleute und Unterthanen dem fremden Volk der Juden überlieferte und Alles ruhig geschehen ließ. Am folgenden Tag, am 14. Adar und in der Hauptstadt Susan am 15. Adar hielten die Juden einen Ruhetag, einen Tag der Freude und des Wohllebens. Sie freuten sich der Hülfe Gottes und beglückwünschten sich gegenseitig, indem sie einander Geschenke zuschickten. Gott ist Rächer und Richter seines Volks. Er hat schon öfter seiner Kirche, die dem Untergang nahe war, den Sieg gegeben über ihre Feinde. Und dereinst wird er an der ganzen feindlichen Welt Rache üben und gründlich vergelten. Und die Gläubigen werden mit Christo die Welt richten. Dann wird Gottes Volk für immer Ruhe haben und ewig frohlocken und triumphiren.

425. Einsetzung des Purimfestes. Mardachais Macht und Größe. Esther 9, 20.—10, 3.

Die Königin Esther und Mardachai ließen noch einen letzten Befehl ausgehen, daß alle Juden der großen Dinge, die eben geschehen waren, nimmer vergessen, sondern allezeit derselben gedenken möchten. Und so

setzten die Juden für sich und alle ihre Nachkommen eine jährliche Gedenk=
feier fest. Die drei Tage, der 13., 14. und 15. Adar, sollten alle Jahre
festlich begangen werden. Am 13. Adar sollten die Juden fasten, trauern
und wehklagen und des Leids gedenken, welches der böse Haman dem Volk
der Juden zugedacht hatte. Am 14. und 15. Adar sollten sie jubeln und
frohlocken, Gastmähler halten und sich einander Geschenke zuschicken, zum
Andenken an die Freude und das Wohlleben jener Tage, da ihre Schmerzen
in Freude und ihr Leid in gute Tage verkehrt waren. Dieses Fest erhielt
den Namen Purim. Pur bedeutet Loos. Dieses Fest galt dem Andenken
des Looses, welches Haman über die Juden geworfen und das Gott dann
zum Besten gekehrt hatte. Noch heute wird bei den Juden um die genannte
Zeit, Mitte Februar, das Purimfest gehalten. So gedenken auch die
Christen, nicht nur an ihren christlichen Festen, sondern allezeit, der großen
Heilsthaten Gottes, vor Allem der Errettung, die er durch Christum seinem
Volk gesendet, dann aber auch all der großen Dinge, die Gott weiter im
Lauf der Zeiten an seiner Kirche gethan, z. B., daß er durch Luther den
Erzfeind der Kirche, den Antichrist, gerichtet hat.

Am Schluß des Buches Esther wird nochmals der großen Macht und
Gewalt des Königs Ahasverus gedacht. Derselbe beherrschte 127 Land=
schaften, die ihm alle Zins und Steuern entrichteten. Alle diese Macht
hatte Mardachai, der Jude, in Händen. Und derselbe suchte mit Allem,
was er that, das Beste seines Volks, des Volks Gottes. Das ist Pflicht
aller Gläubigen, daß sie das Beste ihres Volks, des Volks Gottes suchen
und auch in und mit ihrem irdischen Beruf Gottes Reich mehren und fördern.

Anhang.

Die Kämpfe der Maccabäer.

426. Das erste Auftreten Antiochus des Edlen.
1 Macc. 1, 1—29.

Die apokryphischen Bücher des Alten Testaments gehören zwar nicht zu der Schrift, von Gott eingegeben, sind aber doch gut und nütze zu lesen. Die wichtigsten derselben sind die beiden Bücher der Maccabäer. Diese enthalten Mittheilungen aus der Geschichte des Volks Israel aus der Zeit, die zwischen den Tagen Esras und Nehemias und den Tagen des Priesters Zacharias mitteninnen lag. Die wichtigsten Ereignisse dieser Jahrhunderte, die Kämpfe und Siege der Maccabäer werden hier ausführlich beschrieben.

Das erste Capitel des ersten Buchs gibt uns zunächst einen Einblick in die Weltgeschichte. Alexander, der Große, durchzog wie im Flug als Kriegsheld und Sieger die damals bekannte Welt, zerstörte das Reich der Meder und Perser und begründete das griechisch=macedonische Weltreich. Nach seinem Tod zerfiel dieses kolossale Reich in verschiedene Theile, an deren Spitze griechische Fürsten standen, die Feldherren Alexanders und deren Dynastieen. Das Volk der Juden blieb auch jetzt der Weltmacht unterthan, erst den Ptolemäern in Egypten, dann der Dynastie der Seleuciden in Syrien. Der berühmteste König dieses Hauses war Antiochus Epiphanes. Zu seiner Zeit fielen Viele in Israel ab, verließen die Beschneidung und den Bund Gottes und nahmen der Heiden Weise an, wandelten in allen Lüsten der Heiden. Die Strafe ließ nicht lange auf sich warten. Nach einem sieg= reichen Feldzug wider Egypten zog Antiochus durch Palästina zurück, richtete in Jerusalem ein Blutvergießen an, plünderte den Tempel und nahm die heiligen Geräthe und Gefäße mit sich in sein Land. Da war das ganze Haus Jakobs voll Jammers. Aehnliches ist auch der Kirche des Neuen

Bundes widerfahren. Nachdem die Christenheit sich über die bekannten Lande der Heiden ausgebreitet hatte, kam der von Christo und den Aposteln geweissagte große Abfall. Und die Strafe des Abfalls war das tyrannische Regiment des Antichrist. Antiochus Epiphanes erscheint auch in der Weissagung Daniels als Vorbild des Antichrist.

427. Die Tyrannei des Antiochus. 1 Macc. 1, 30—68.

Nach zwei Jahren sandte Antiochus Epiphanes einen Hauptmann mit großem Kriegsvolk nach Jerusalem. Derselbe verschaffte sich durch List und Betrug den Eingang, plünderte und verwüstete die Stadt, setzte sich in der Davidsstadt fest und begründete eine Schreckensherrschaft, hinderte insonderheit die Juden am Besuch des Tempels und am Gottesdienst. Ein Jahr später, 167 v. Christo, begann die eigentliche Religionsverfolgung. Auf Befehl des Antiochus wurde Opfer, Gottesdienst, Sabbath, Beschneidung, das ganze Gesetz abgethan. Die heiligen Schriften wurden verbrannt und die Israeliten, bei denen man solche vorfand, getödtet, desgleichen die Weiber, die ihre Kinder beschnitten. Es wurde überhaupt viel unschuldig Blut vergossen. Man zwang die Juden, wider das Gesetz zu thun, z. B. Schweinefleisch zu essen. An heiliger Stätte, im Tempelvorhof wurde der Greuel der Verwüstung aufgerichtet, ein Götzenaltar und dort den Götzen geopfert. Viele aus Israel fielen ab, verleugneten ihren Gott und den Bund Gottes und dienten den Götzen der Heiden. Etliche aber ermannten sich und blieben treu und ließen lieber ihr Leben, als daß sie vom heiligen Gesetz Gottes abtraten. Das ist ein Vorbild des Greuels der Verwüstung, welcher in der neutestamentlichen Kirche aufgerichtet ist. Auf ähnliche Weise hat der Antichrist, der römische Pabst, die christliche Kirche verstört und verwüstet. Er hat den rechten Gottesdienst, Christum und das Evangelium abgethan, hat gerade auch die heilige Schrift verboten und unterdrückt. Er hat Tausende und aber Tausende treuer Bekenner des Evangeliums grausam hingemordet. Er hat eine neue Abgötterei, Meßopfer, Heiligendienst, Werkerei, Möncherei eingeführt und die Kirche mit allen Greueln und Lastern der Heiden angefüllt. Da sind Viele abtrünnig geworden. Die Völker der Erde haben das Malzeichen des Thiers angenommen. Doch ein kleines Häuflein hat auch in dieser letzten Trübsal Stand gehalten.

428. Matathias und seine Söhne. 1 Macc. 2, 1—30.

Als die Tyrannei des Antiochus aufs Höchste gestiegen war, trat ein Priester auf, Namens Matathias, mit seinen fünf Söhnen, in der Stadt Modin, westlich von Jerusalem. Derselbe beklagte vor Gott die Verstörung des Heiligthums. Als dann königliche Beamte nach Modin kamen, um dort eine heidnische Opferfeier zu veranstalten, und Matathias und seine Söhne zum Abfall aufforderten, widerstanden diese muthig und fielen nicht ab vom Wort und Gesetz Gottes und opferten nicht den Götzen der Heiden. Ja, als Matathias gewahrte, wie ein Jude hinging und vor Aller Augen den Götzen auf dem Altar opferte, entbrannte er in heiligem Eifer und tödtete den Abtrünnigen. Viele fromme Leute aus ganz Israel hielten sich zu Matathias und seinen Söhnen und flohen mit ihnen auf das Gebirge, in die Wüste Juda. So ist auch zu der Zeit, da der Antichrist den Greuel der Verwüstung aufgerichtet hatte, ein Mann aufgestanden, Luther, und hat sich der Tyrannei des Pabstes widersetzt und das Häuflein der frommen Kinder Gottes um sich gesammelt. In Zeiten des Abfalls und Verfolgung hat sich immer ein Rest gefunden, welcher Treue hielt und nicht in die Weise der Abgöttischen einwilligte. Und wenn zunächst nur Etliche standhaft bleiben, so gewinnen auch Andere Muth und bekennen ihren Glauben und trotzen dem Zorn der Tyrannen.

429. Der Eifer des Matathias. 1 Macc. 2, 31—70.

Die kleine Schaar der Getreuen, die sich in das Gebirge geflüchtet hatte, wurde von den Heiden angegriffen. Ein Theil derselben kam um, weil er am Sabbath nicht die Waffen ergreifen und sich nicht vertheidigen mochte. Matathias dagegen und die bei ihm waren, setzten sich auch am Sabbath zur Wehre und blieben erhalten. Das war ganz recht. Denn der Sabbath war um des Menschen willen gemacht, und nicht der Mensch um des Sabbaths willen. Und nun eiferte Matathias mit den Seinen um das Gesetz und den Namen des HErrn, zog im Lande umher, tödtete viele Heiden und viele abtrünnige Israeliten, zerstörte die Götzenaltäre, beschnitt die unbeschnittenen Kinder. Es war eben noch die Zeit des Alten Bundes, der äußerlichen Satzungen. Da hatte Gott sich ein Volk, Abrahams Samen, zu seinem Volk erwählt und hatte das ganze Leben dieses Volks, auch das bürgerliche Leben unter das Gesetz verfaßt. Da galt es den Bestand dieses Volks mit allen seinen Besonderheiten zu retten und zu schützen. Da wurden die Kriege des HErrn wider die Gottlosen und Tyrannen noch mit dem Schwert geführt. Die Kirche des Neuen Testaments ist ein geistliches Reich. Die Waffen unserer Ritterschaft sind geistlich. Doch ziemt sich auch für Christen noch derselbe Eifer, welcher jene alttestamentlichen Glaubenshelden beseelte, und gerade in Zeiten des Abfalls und der Verfolgung gilt es um den Namen des HErrn eifern. So hat Luther in heiligem Eifer der päbstischen Tyrannei widerstanden, hat den Antichrist mit dem Wort Gottes angegriffen und überwunden und geistlich gerichtet. Vor seinem Tode vermahnte Matathias noch seine fünf Söhne zur Ausdauer und Standhaftigkeit und erinnerte sie an das Exempel der heiligen Gottesmänner der Vorzeit, welche auch Treue hielten, in der Noth Gott vertrauten und erhalten blieben. Solche Exempel sollen auch wir wohl bedenken und denselben nachfolgen.

430. Judas Maccabäus. 1 Macc. 3, 1—26.

Nach Matathias' Tod trat dessen Sohn Judas, gewöhnlich Judas Maccabäus genannt, an die Spitze der Getreuen. Dem gab Gott Sieg und Gelingen und machte ihn berühmt in allen Ländern. Er zog durch die Städte Juda und brachte die Gottlosen um, die Heiden und die Abtrünnigen aus Israel. Ja, die vom Glauben abtreten, die bekommen schließlich ihr Theil mit den Gottlosen. Die der Verführung der Welt Raum geben und es mit der Welt halten, die werden schließlich mit der Welt verdammt.

Voll heiligen Glaubensmuthes überfiel Judas einen Haufen Syrer unter Apollonius und dann eine größere Streitmacht der Syrer unter Seron. Derer von Juda waren wenige, die Syrer waren ihnen weit überlegen. Aber Judas erinnerte die Seinen, daß der Sieg vom Himmel komme, und daß der HErr durch Wenige retten könne. Und so erhielt er den Sieg vom HErrn. Das gilt auch von dem geistlichen Kampf, der den Christen verordnet ist. Die Christen sind das kleine Häuflein, die Welt ist der große Haufe. Aber die Wenigen sind stärker, als die Vielen. Denn der HErr ist mit ihnen. Das kleine Häuflein behält den Sieg.

431. Maßregeln des Antiochus zur Vertilgung der Juden. 1 Macc. 3, 27—60.

Daß Judas Maccabäus zwei Haufen der Syrer geschlagen hatte, reizte nur um so mehr den Zorn des Antiochus, und er beschloß, die Juden ganz auszurotten. Weil er zu seinen Kriegen Geld nöthig hatte, zog er über den Euphrat nach Persien, um diese reiche Provinz zu brandschatzen. Er übergab unterdeß das Regiment seinem Hauptmann Lysias, und derselbe schickte ein gewaltiges Kriegsheer an die Grenzen Judas. So ist es allewege. Wenn die Frommen nicht in die Weise der Welt willigen und der Welt widerstehen, so wird die Welt erbittert, und ihr Zorn wird um so größer, wenn sie sieht, daß Gott mit den Gläubigen ist und seinem Volk Sieg, Segen und Gelingen gibt. So ist des Pabstes Zorn und Tyrannei durch die Schläge, die Luther dem Pabstthum versetzte, nur verschärft und gesteigert worden.

Judas versammelte sein Kriegsvolk in Mizpa, an dem Ort, da Israel einst unter Samuel den Bund Gottes erneuert hatte. Dort fasteten sie und demüthigten sich vor dem HErrn, klagten ihm ihre Noth, die Entweihung des Heiligthums, und flehten um Hülfe. Buße, wahre Buße macht stark. Den Demüthigen gibt Gott Gnade. Die in ihren Aengsten und Nöthen den HErrn anrufen, deren Antlitz wird nicht zu Schanden.

432. Siege des Judas über Gorgias und Lysias. 1 Macc. 4, 1—35.

Hier werden zwei große Siege des Judas Maccabäus berichtet. Den ersten erfocht er über Gorgias, den syrischen Hauptmann, welcher mit 40,000 Mann seiner kleinen Schaar entgegenzog, den zweiten über Lysias, den Statthalter des Antiochus, welcher mit 60,000 Mann heranrückte und die erste Niederlage rächen wollte. Das Lager der Syrer mit seinen reichen Schätzen fiel in die Hände der Juden. Judas begann beide Male den Kampf mit Gebet und Anrufung Gottes, indem er sein Volk zugleich an die Großthaten Gottes aus der Vorzeit erinnerte. Und nach dem Sieg dankte Judas dem HErrn für seine große Güte und Freundlichkeit. So sollen wir alle unsere Werke, auch jeden Kampf, der uns verordnet ist, mit Gebet anfangen. Dann gibt Gott Sieg und Gelingen. Und mit Loben und Danken sollen wir den Schluß machen.

433. Wiederherstellung des Tempeldienstes. 1 Macc. 4, 36—61.

Nachdem die Heiden vertrieben waren, zogen Judas und seine Brüder nach Jerusalem und beschlossen, das Heiligthum von den Greueln der Heiden zu reinigen, und bestellten zu dem Zweck Priester, welche dem Gesetz des HErrn treu geblieben waren. Diese entfernten den alten Brandopferaltar, welcher durch Götzenopfer entweiht war, und richteten aus unbehauenen Steinen einen neuen Altar auf, fertigten auch neue Gefäße und Geräthe für das Heiligthum an und besserten das Tempelgebäude aus, welches an vielen Stellen schadhaft geworden war. Den Tempelberg befestigte Judas durch starke Mauern und Thürme, um das Heiligthum gegen neue Entweihung von Seiten der Heiden zu schützen. Der neue Altar wurde acht Tage lang durch Darbringung vieler Opfer, sowie durch Psalmengesang, Harfen- und Zitherspiel eingeweiht. Zum Andenken an dieses freudige Ereigniß feierten die Juden alljährlich im December das Fest der Tempelweihe. Der gesetzmäßige Opferdienst und Gottesdienst bestand seitdem ununterbrochen fort, bis der kam, auf welchen das ganze Schattenwerk des Alten Bundes weissagte, bis Christus kam und den Neuen Bund aufrichtete. Was hier berichtet ist, erinnert an die Reformation der neutestamentlichen Kirche, welche durch Luther geschehen ist. Luther hat den Tempel Gottes, die Christenheit von den Greueln des Antichrists gereinigt, hat die päbstische

Abgötterei, Meßopfer, Heiligendienst, Möncherei, abgethan und den rechten
Gottesdienst wiederhergestellt, das Evangelium wieder auf den Leuchter ge=
stellt. Und dieser Gottesdienst, Gottes Wort und Luthers Lehre wird
bleiben, bis Christus zum andern Male kommt und der bösen Welt und der
falschen Kirche ein Ende macht und seine wahre Kirche in die ewigen Hütten
einführt.

434. Judas zieht aus zur Rettung seiner Brüder in den Heidenländern. 1 Macc. 5, 1—36.

Als die Heiden, die um Canaan her wohnten, hörten, daß das Heilig=
thum in Jerusalem gereinigt und der Altar des HErrn wieder aufgerichtet
war, ergrimmten sie sehr und beschlossen, das ganze Geschlecht der Juden
zu vertilgen. Zunächst legten sie die Hand an die Israeliten, die in ihren
Grenzen wohnten. Da machte sich Judas auf zur Rettung seiner Brüder
und besiegte zuerst die feindlichen Edomiter, dann die Ammoniter, welche
ein Hauptmann Namens Timotheus anführte. Darauf wurde er von den
bedrängten Juden in Galiläa und in Gilead zu Hülfe gerufen. Er bildete
aus seiner Mannschaft zwei Heere, das eine zog unter Anführung seines
Bruders Simon nach Galiläa, das andere führte er selbst an und ging nach
Gilead in das Ostjordanland. Beide Heere waren siegreich. Als Luther
die Kirche gereinigt und den rechten Gottesdienst wiederhergestellt hatte, er=
wachte erst recht der Zorn des Pabstes, und derselbe bot alle Kräfte auf, um
das Evangelium auszurotten. Wenn in der Kirche Gottes Wort, die reine
Lehre auf den Plan kommt und mächtig wird, so bringt das die Feinde, die
Welt und die falsche Kirche, in Harnisch. Doch der HErr weiß die Gott=
seligen zu erretten und auch die Auserwählten, welche unter den Ungläubi=
gen und Falschgläubigen zerstreut wohnen, zu erhalten.

435. Sieg des Judas über Timotheus. Niederlage seiner Hauptleute. 1 Macc. 5, 37—68.

Der Widersacher der Juden Timotheus sammelte im Ostjordanland
von Neuem ein mächtiges Heer. Judas Maccabäus ließ das Lager der
Feinde auskundschaften und rückte mit seinen tapfern Streitern wider sie
heran. Timotheus bezeugte seinen Hauptleuten, daß, wenn Judas über den
Bach herüberkomme, sie ihm nicht widerstehen könnten, wenn er aber furcht=
sam sei und jenseits des Baches zurückbleibe, dann würden sie ihn schlagen.
Judas fürchtete sich nicht, sondern ging muthig über das Wasser, griff die
befestigte Stellung der Feinde an und schlug sie in die Flucht. Eine große
Anzahl derselben kam in den Flammen eines brennenden Götzentempels um.
Aehnliches gilt von dem geistlichen Kampf der Christen. Wer verzagt ist

und zaudert, der wird erliegen. Wer dagegen beherzt und entschlossen vor=
geht, der behält den Sieg.

Judas führte viele gerettete Israeliten mit sich heim. Auf dem Heim=
weg bat er die Bürger der Stadt·Ephron, seinen Leuten friedlichen Durch=
zug zu gestatten. Als die von Ephron dies verweigerten, nahm Judas die
Stadt im Sturm, zerstörte sie und tödtete alle männlichen Bewohner. Alle
Diejenigen, welche der Kirche Gottes in ihren schweren Kämpfen und Trüb=
salen Barmherzigkeit versagen, werden den Lohn der Feinde der Kirche em=
pfangen. Nach der Rückkehr zog das siegreiche Heer zum Tempel hinauf
und brachte Brandopfer und Dankopfer dar. Für alle Siege und Errungen=
schaften gibt die Kirche Gottes Gott allein die Ehre.

Während Judas in Gilead Krieg führte, ließen sich auch die zwei
Hauptleute, die er in Juda zurückgelassen, Joseph und Azaria, in einen
Kampf ein, und zwar aus eigenem Vornehmen, gegen den ausdrücklichen
Befehl des Judas. Sie wollten Ehre einlegen und zogen hin und griffen
die Philisterstadt Jamnia an, wo der syrische Hauptmann Gorgias sich ver=
schanzt hielt, wurden aber geschlagen. Sie waren nicht die Leute, durch
welche Gott Israel helfen wollte. Wer ohne Noth und Befehl, aus eigener
Vermessenheit sich in Kampf und Gefahr begibt, wer in dem Kampf der
Christen, in dem Kampf der Kirche die eigene Kraft und Tüchtigkeit an den
Tag legen will und den eigenen Ruhm sucht, der wird zu Schanden. Ehr=
geizige, hoffährtige Führer und Hirten fügen der Kirche des HErrn nur
Schaden zu.

436. Tod des Königs Antiochus des Edlen. 1 Macc. 6, 1—32.

Während Judas seinem Volke Rettung schaffte, befand sich der König
Antiochus Epiphanes in Persien. Er hatte aber auch dort kein Glück und
belagerte vergeblich eine Stadt in der Provinz Elymäis, deren Tempel reiche
Schätze in sich barg. Während der Rückkehr nach Babylon erhielt er Kunde
von dem, was inzwischen in Judäa geschehen war, von den Siegen der
Juden und den Niederlagen seiner Feldherren. Da ward er voll Unmuths
und zum Tode schwach und krank. Das war Gottes Hand. Er mußte
selbst erkennen und bekennen, daß all dies Unglück über ihn gekommen sei,
weil er das Heiligthum in Jerusalem verstört und viele unschuldige Leute
umgebracht hatte. So sind schon viele stolze Tyrannen von der gewaltigen
Hand Gottes niedergeschlagen worden. Und dereinst wird Gott an allen
Feinden der Kirche und sonderlich an dem Erzfeind, dem Antichrist, das un=
schuldig vergossene Blut seiner Heiligen rächen.

Der sterbende Antiochus bestellte seinen vertrauten Freund Philippus
zum Reichsverweser und Vormund seines Sohnes, des jungen Antiochus.

26

Lysias, der Stellvertreter des Königs in Syrien, widersetzte sich dieser An=
ordnung und erhob den jungen Antiochus sofort auf den Thron und legte
ihm den Beinamen Eupator bei. Judas Maccabäus schickte sich jetzt an, die
syrische Besatzung, die sich bis dahin noch auf der Davidsburg in Jerusalem
gehalten hatte, von dort zu vertreiben und sie in ihrer Feste zu belagern. Das
meldeten etliche Heiden, die aus Jerusalem entflohen waren, und Abtrünnige
aus Israel dem neuen König Antiochus Eupator und reizten ihn wider das
Häuflein der Getreuen auf. Derselbe brachte ein gewaltiges Kriegsheer zu=
sammen, 100,000 Mann Fußvolk, 20,000 Reiter und 32 Elephanten, und
zog zunächst nach Idumäa. Dorthin rückte Judas ihm entgegen. Wie da=
mals die abtrünnigen Juden dem Volk Gottes alles Unheil erweckten, so
sind jetzt im Neuen Testament die abgefallenen Christen die schlimmsten
Gegner der Kirche, die spielen die Verräther, die hetzen die Welt und die
weltliche Obrigkeit wider die Kirche auf. Die Christen haben allewege Ur=
sache, Gott zu bitten, daß er sie nicht nur vor ihren Feinden, sondern auch
vor falschen Brüdern bewahre.

437. Kampf um die Burg zu Jerusalem. 1 Macc. 6, 33—63.

Bei Bethzachara in Idumäa kam es zwischen dem Heer der Syrer und
der tapferen Schaar des Judas zum Treffen. Das feindliche Heer mit sei=
nen Reisigen und seinen Elephanten, welche Thürme und in den Thürmen
Krieger auf dem Rücken trugen, machte einen überwältigenden Eindruck.
Ein Jude, Namens Eleasar, vollbrachte ein Heldenstück. Er brach sich Bahn
durch die feindlichen Reihen und machte sich unter einen Elephanten, auf
welchem er den König vermuthete, und erstach das Thier, daß es auf ihn
fiel und ihn todt drückte. Judas wich schließlich vor der Uebermacht zurück.
Das war das erste Mal, daß er nicht als Sieger aus einer Schlacht hervor=
ging. Er zog sich nach Jerusalem, auf den Tempelberg zurück. Die Feinde
folgten ihm und belagerten die Tempelfeste. Die Belagerten litten große
Noth, viele starben Hungers. So folgt auch jetzt im Kampf der Kirche nicht
immer Sieg auf Sieg. Der HErr gibt seine Getreuen mitunter wieder in
Noth und Bedrängniß dahin, damit sie sich nicht überheben, sondern in der
Demuth bleiben. Als die Noth aufs Höchste gestiegen war, kam die Hülfe.
Philippus, welchem Antiochus Epiphanes die Regentschaft übertragen hatte,
war in Syrien eingefallen, um sein Recht zu behaupten. Darum mußte
der junge König Antiochus Eupator Judäa verlassen und in sein Königreich
eilen. Auf Rath des Lysias machte er zuvor Frieden mit Judas und ge=
stattete den Juden, nach ihrem Gesetz zu wandeln. Indeß ließ er die Mauern
des Tempelbergs einreißen. Gott hat mancherlei Weise, seinem Volk zu
helfen. Das eine Mal schlägt er die Widersacher mit seinem starken Arm

zu Boden. Ein anderes Mal macht er die Feinde mit sich selbst uneins, so
daß sie einander bekämpfen und von dem Häuflein der Frommen ablassen.
Auch politischer Zwist und Hader ist ein Schutz für die Kirche. Ueber ihren
eigenen Händeln verliert die Welt die Kirche aus den Augen und läßt sie
gewähren und ihre eigenen Wege wandeln.

438. Neue Feindseligkeiten der Syrer unter Demetrius gegen die Juden. 1 Macc. 7, 1—24.

Es werden hier zunächst neue Umwälzungen im Syrerreich berichtet.
Demetrius, der Sohn des berühmten Seleucus Nikator, der bis dahin in
Rom als Geisel geweilt hatte, kehrte jetzt in seine Heimath zurück, ließ Antiochus und Lysias hinrichten und nahm das Königreich ein. Die Gottlosen
und Abtrünnigen aus Israel erschienen alsbald, unter Anführung eines gewissen Alcimus, vor dem neuen König und verklagten Judas und seine
Brüder. Demetrius sandte seinen Hauptmann Bacchides mit einem großen
Heer nach Judäa. Bacchides und Alcimus versuchten zunächst mit List und
Betrug die Frommen zu verderben. Sie versprachen ihnen Frieden, und
viele von ihnen ließen sich bethören und gaben sich in ihre Hand, mußten das
aber mit ihrem Leben büßen. Darauf zog Bacchides von Jerusalem weg und
übergab Alcimus die Herrschaft über Judäa. Als Judas Maccabäus sahe,
daß Alcimus und die Abtrünnigen viel größeren Schaden in Israel thaten,
als die Heiden, zog er wiederum durch das ganze Land Juda und brachte die
Abtrünnigen um. Wie damals, so geht auch heute noch die Welt gegen die
Kirche an. Das eine Mal versucht sie es mit Macht und Gewalt, ein anderes Mal mit List und Betrug. Und es haben schon viele Einfältige durch
die frommen, schönen Worte der Weltkinder sich bethören lassen und es
dann zu spät erkannt, daß sie betrogen waren. Die boshaftesten und schäd-
lichsten Feinde der Christen aber sind die falschen Brüder, die Abtrünnigen.
Darum soll jede Christengemeinde wohl aufsehen und die Gottlosen und
Abtrünnigen aus ihrer Mitte ausscheiden.

439. Sieg des Judas über Nikanor. 1 Macc. 7, 25—50.

Von dem treulosen Alcimus aufgereizt, schickte Demetrius, der König
von Syrien, wiederum ein gewaltiges Kriegsheer unter dem Oberbefehl des
Nikanor nach Juda. Nikanor suchte zunächst mit List Judas zu fangen, indem er ihn aufforderte, mit ihm über den Frieden zu verhandeln. Dem
Judas wurde rechtzeitig der Betrug aufgedeckt. Darauf hielt Nikanor seinen Einzug in Jerusalem und verspottete dort und lästerte die Priester und
den Gottesdienst der Juden. Da erwachte von Neuem des Judas Eifer,

er sammelte seine tapferen Streiter, fiel über die Heiden her und schlug sie, tödtete den Nikanor und schlug ihm, zur Strafe für seine Lästerung, das Haupt und die rechte Hand ab. Vorher hatte er von Herzen den HErrn angerufen und ihn daran erinnert, wie er einst Sanheribs Heer nieder= geschlagen, auch die Priester hatten im Heiligthum zu Gott geschrieen und gefleht, daß er die greulichen Lästerungen des Feindes vergelten möge. Und so hatte der HErr das Gebet seiner Getreuen erhört und sein Häuflein aber= mals errettet. Auch hier wird uns wieder das Bild der stolzen Welt ab= gezeichnet. Die Welt ist Gott feind, haßt Gott und lästert Gott und den rechten Gottesdienst, und haßt die Kinder Gottes und sucht sie mit List, Betrug und Gewalt zu verderben. Das Toben, Drohen und Lästern der Welt macht die Frommen oft bange und verzagt. Aber in ihrer Noth und Angst schreien sie zum HErrn, und der HErr erhört ihr Schreien und steht ihnen bei in ihrer Schwachheit, bewahrt sie, daß sie nicht straucheln und fallen, belebt immer von Neuem ihren Muth und Eifer, daß sie im Kampf anhalten und nicht nachlassen und doch schließlich gewinnen und den Sieg behalten. Und die Spötter und Lästerer bekommen zuletzt den verdienten Lohn.

440. Bündniß der Juden mit den Römern. 1 Macc. 8.

Zu der Zeit hörte Judas Maccabäus von den Römern, daß dieselben ein mächtiges Volk seien, daß sie viel Völker und Königreiche bezwungen, auch die Griechen besiegt hatten, daß sie aber auch ihren Freunden und Bundesgenossen Treue und Glauben hielten. Darum schickte er Abgesandte nach Rom und schloß mit dem römischen Senat ein Bündniß ab. Die Römer sagten den Juden zu, daß sie ihnen helfen wollten, daß das Königreich Israel und also auch das Gesetz und der Gottesdienst Israels von den Griechen, den Syrern nicht unterdrückt würde. Hiermit handelte Judas nur klug und weise, und that auch kein Unrecht damit, verleugnete keineswegs die heiligen Vorrechte seines Volks. Juda war ein kleines Königreich, welches mit den mächtigen Reichen der Heiden nicht wetteifern konnte und sollte. Sein Vor= zug war, daß ihm Gottes Wort und Gesetz vertraut war, und so mußte es freilich um das Gesetz des HErrn eifern, und konnte ohne Bedenken sich dem Schutz eines mächtigeren Volks untergeben, welches ihm freie Religions= übung gewährte. Die Kirche des Neuen Testaments ist erst recht ein Reich des Worts und des Glaubens. Dies Reich Christi ist nicht von dieser Welt. Und so kann und soll sich die christliche Kirche in alle Verhältnisse fügen und schicken und mit jeder politischen Lage zufrieden sein, wenn das Volk, unter welchem sie lebt, und die bürgerliche Obrigkeit sie nur in Frie= den läßt, daß sie ungehindert ihres Glaubens leben und des Worts Gottes warten kann.

441. Heldentod des Judas. 1 Macc. 9, 1—31.

Es wird uns hier die letzte Heldenthat des Judas Maccabäus erzählt. Die Römer konnten den Juden nicht so schnell zu Hülfe kommen. So hatte der König von Syrien Demetrius zunächst noch die Oberhand in Vorderasien. Derselbe wollte die Niederlage seines Hauptmanns Nikanor rächen und schickte sein bestes Kriegsvolk aus, unter Anführung des Bacchides und des treulosen Alcimus. Beim Anblick der großen Zahl der Feinde erschraken die Krieger des Judas, und viele entfernten sich heimlich aus dem Lager. Nur 800 Mann blieben zurück. Diesen kleinen Ueberrest spornte Judas zum Kampf an und stürzte sich mit Ungestüm auf den rechten Flügel des syrischen Heeres, der von Bacchides befehligt wurde, schlug den in die Flucht, wurde dann aber von dem linken Flügel der feindlichen Armee hart bedrängt und kam selbst im Kampf um, starb als Held und Sieger. Judas Maccabäus ist ein Vorgänger aller derer, welche für die Sache Gottes, für das Reich Gottes ihre Seele darangegeben haben, welche ihr Leben lang kämpfen und streiten, wider sichtbare und unsichtbare Feinde, damit die Wahrheit des Evangelii bestehe.

Nach Judas' Tod kamen schlimme Zeiten. Die Abtrünnigen nahmen wieder überhand. So ist schon oft nach dem Tod großer Männer Gottes großer Jammer in der Kirche gefolgt. Doch die Saat, die Jene gesäet, geht nicht so bald unter. Ihr Muth und Eifer wirkt nach, auch noch auf die folgenden Geschlechter. So rafften sich die Treuen in Israel wieder auf und machten Jonathas, den Bruder des Judas, zu ihrem Fürsten, daß der die Kriege des HErrn führen sollte.

442. Kurzer Ueberblick über die Heldenthaten des Judas und seiner Brüder. 2 Macc. 2, 20.—3, 6.

Der glorreichen, denkwürdigen Zeit des Judas Maccabäus, welche uns in den ersten neun Capiteln des ersten Buchs der Maccabäer beschrieben ist, wird auch im zweiten Buch der Maccabäer gedacht. Es werden hier noch mehrere wichtige Begebenheiten nachgetragen. Im Eingang dieses Buches finden sich zwei Briefe der Juden Palästinas an die Juden Egyptens, welche eine Einladung zum Fest der Tempelweihe enthalten. In diesem Abschnitt lesen wir auch eine apokryphische Erzählung von der wunderbaren Bewahrung des Altarfeuers, der Bundeslade und anderer heiliger Geräthe während der Zeit des Exils und der Auffindung dieser Heiligthümer durch Nehemia. Das ist ein Mährlein. Von Cap. 2, 20. folgt aber glaubwürdige Geschichte.

Der Verfasser des zweiten Buchs der Maccabäer gibt einen Auszug aus einer längeren Geschichte, welche ein gewisser Jason von Cyrene aufgeschrieben hat. Diese kurze Summa soll dazu dienen, das Gedächtniß jener

großen Zeit, der Reinigung des Tempels und Wiederherstellung des Gottes=
dienstes und der siegreichen Kämpfe des Judas Maccabäus späteren Ge=
schlechtern zu bewahren. Ja, Judas und seine Getreuen waren Helden im
Reich Gottes und sind für alle Zeiten Vorbilder des Glaubens, der sich im
Kampf bewährt.

Im Anfang des 3. Capitels wird ein kurzer Ueberblick über die Zeit
von Nehemia an bis auf Judas Maccabäus gegeben. Da ging es den
Juden gut. Die Könige der Perser und dann die griechischen Fürsten, die
Seleuciden, ehrten die Stadt Jerusalem und schickten herrliche Geschenke
in den Tempel, so daß ein großer Schatz im Heiligthum angesammelt wurde.
Ein loser Mensch, Simon aus Benjamin, erregte dann aber den Neid und
die Feindschaft der Heiden. Das ist auch in der neutestamentlichen Kirche
oft der Lauf der Dinge, daß auf friedliche, gesegnete Zeiten schwere Prü=
fungen folgen. Gott will dann die Seinen erproben, ob sie Gottes Wort,
aus welchem sie in guten Tagen reichen Segen empfangen haben, auch in
der Trübsal festhalten.

443. Der von Heliodor versuchte Tempelraub. 2 Macc. 3, 7—40.

Der König Seleucus entsandte, auf Anstiften des verrätherischen
Simon, seinen Kämmerer Heliodor nach Jerusalem und forderte von dem
Hohenpriester Onias die Auslieferung des Tempelschatzes. Onias war ein
treuer Priester und weigerte sich dessen, indem er darauf hinwies, daß dieser
Schatz zum Theil aus den Geldern der Wittwen und Waisen bestehe, welche
dieselben im Vertrauen auf die Heiligkeit des Tempels dort niedergelegt
hatten. Heliodor bestand auf dem Befehl des Königs. Da klagte Onias
Gott seine Noth, die Priester fielen vor dem Altar nieder, die Bewohner
Jerusalems, Männer, Frauen, Jungfrauen, versammelten sich und weinten
und flehten vor dem HErrn. Und siehe, da that der allmächtige Gott ein
großes Zeichen. Als Heliodor mit seinen Trabanten in den Tempel ge=
kommen war, um seinen Willen durchzusetzen, erschien ein Reiter vom Him=
mel in goldener Rüstung und zwei Jünglinge in glänzender Gestalt. Die
Engel, die starken Helden, welche um die Gottesfürchtigen her lagern, wur=
den hier einmal sichtbar. Dieses Gesicht erschreckte den Heliodor, daß er
zu Boden fiel und als todt weggetragen wurde. Doch Onias bat für sein
Leben, daß er genas, und Gott that ihm kund, daß er seine Rettung der
Fürbitte des Onias verdanke. So zog Heliodor heim und bekannte vor
dem König Syriens und vor seinem Volk den Namen des lebendigen Gottes.
Uns sind jetzt im Neuen Testament geistliche Güter und Schätze anvertraut,
und davon sollen wir der Welt zu Liebe nichts preisgeben. Die treuen Be=
kenner stehen unter der besonderen Obhut Gottes und seiner heiligen Engel.

Gerade dann, wenn die Gläubigen den Anforderungen der Welt widerstehen und der Wahrheit keinen Tüttel vergeben, ist am ehesten Hoffnung,
daß auch von den Widersachern noch etliche gewonnen werden, wie jener
Feind Israels, Heliodor. Nicht durch feiges Nachgeben, sondern durch
unerschrockenes Bekennen wird die Kirche erhalten und gemehrt.

444. Das heidnische Wesen in Israel. 2 Macc. 4, 1—26.

Hier wird uns berichtet, wie das Verderben in Israel einriß. Jener
Simon, welcher den König Seleucus wider die Juden aufgereizt hatte,
sammelte sich einen Anhang, lose Leute, und trat dem treuen Priester Onias,
welcher am Gesetz des HErrn festhielt, feindlich entgegen. Als Seleucus
gestorben und Antiochus der Edle ins Regiment gekommen war, bestach
Jason, der Bruder des Onias, den neuen König von Syrien mit einer
großen Summe Geldes, die er aus dem Tempelschatz nahm, daß er ihm das
Hohepriesterthum übergab, und verdrängte so seinen Bruder aus dem Amt.
Darauf richtete er in Jerusalem, unterhalb der Davidsburg, heidnische
Schauspiele ein, und das jüdische Volk lief in Haufen dahin, auch viele
Priester mit, und die väterlichen Sitten, Gesetz und Opfer, wurden nichts
mehr geachtet. Jason schickte sogar Abgeordnete nach Tyrus zu den dor-
tigen Spielen und gab ihnen Geld mit, daß sie dem Hercules Opfer brächten.
Aber es zeigte sich schließlich, daß mit Gottes Wort nicht zu scherzen ist. Als
Antiochus einmal nach Jerusalem kam und dort feierlich empfangen wurde
und von dort nach Phönizien weiter reiste, schmeichelte sich ein gewisser
Menelaus, ein Freund Jasons, bei ihm ein und erkaufte sich von ihm die
hohepriesterliche Würde und stieß also den Jason aus dem Amt. Auf ähnliche Weise ist auch später in die christliche Kirche, erst in die alte Kirche,
dann in die protestantische Kirche, das Verderben eingedrungen. Erst wurden Viele der heilsamen Zucht und des Regiments des Wortes Gottes überdrüssig. Dann fanden die Christen an der Welt und ihrem eiteln Wesen
Wohlgefallen. Heidnische Sitten und Lustbarkeiten, Spiel, Tanz, Theater,
setzten sich fest in der Christenheit. Das Schlimmste ist, wenn auch Prediger in Weltwesen und Abgötterei sich verflechten lassen und mit Wort und
Exempel das Volk im Abfall bestärken. Solche lose Verführer werden zuletzt auch ausfinden, daß mit Gottes Wort nicht zu scherzen ist. Ihr eigener
Anhang wird dereinst wider sie auftreten und sie vor Gott verklagen.

445. Tyrannei des Priesters Menelaus. 2 Macc. 4, 27—50.

Hier wird weiter die Tyrannei des gottlosen Priesters Menelaus geschildert. Menelaus wurde zwar von Antiochus seines Amtes entsetzt, mußte
dasselbe aber bald wieder an sich zu reißen. Während der König in aus-

wärtige Händel verwickelt war, bestach er seinen Statthalter Andronicus, indem er goldene Geräthe aus dem Tempel entwendete, beredete denselben auch, den frommen Priester Onias zu tödten. Das mußte Andronicus freilich mit dem Leben büßen. Und so erhielt sich Menelaus weiter durch List, Betrug, Bestechung in Amt und Würden. Viele fromme Leute wurden zu seiner Zeit umgebracht. Das ist der größte Jammer in der Kirche, wenn gottlose Menschen im Regimente sitzen, wenn Lüge und Betrug die Herrschaft erlangt haben, wenn man durch Geld Alles erreichen kann. So war es, so ist es in der päbstischen Kirche. Aber auch eine rechtgläubige Kirche und Gemeinde soll wohl aufsehen, daß nicht gottloses Wesen bei ihr eindringe und sich festsetze.

446. Gewaltthaten des Antiochus in Jerusalem. 2 Macc. 5.

In diesem Capitel wird ähnlich, wie im ersten Buch der Maccabäer, die greuliche Tyrannei des Antiochus Epiphanes beschrieben, wie derselbe nach einem unglücklichen Feldzug nach Egypten Jerusalem einnahm, Tausende von Juden umbrachte oder in die Gefangenschaft verkaufte und das Heiligthum plünderte. Diese schreckliche Heimsuchung war durch ein wunderbares Gesicht, ein Schlachtgetümmel, das man am Himmel gewahrte, im Voraus angedeutet worden. Es sind öfter im Lauf der Weltgeschichte schwere, blutige Ereignisse durch wunderbare Zeichen am Himmel vorausverkündigt worden. Was Antiochus der Stadt Jerusalem anthat, war nur Folge und Strafe des vorhergegangenen Abfalls. Es wird hier wieder des gottlosen Priesters Jason gedacht, welcher in Jerusalem heidnische Spiele und Sitten eingeführt hatte und schließlich seinen verdienten Lohn fand, in der Fremde jämmerlich umkam. So ist dann auch später der Verstörung der neutestamentlichen Kirche durch den Antichrist der Abfall der Christenheit vorangegangen. Auf Untreue und Abfall folgen greuliche Zeiten in der Kirche.

447. Entweihung des Heiligthums. 2 Macc. 6, 1—17.

Der Greuel der Verwüstung, welchen Antiochus Epiphanes an heiliger Stätte aufrichten ließ, wird jetzt nochmals recht deutlich vor Augen gestellt. Das Gesetz des HErrn und das Opfer wurde abgethan, der Tempel des HErrn dem Jupiter geweiht, heidnischer Götzendienst, z. B. auch der schändliche Bacchusdienst eingeführt. Die Heiden schwelgten, praßten und trieben Unzucht im Tempel. Die Juden wurden zum Götzendienst, zu heidnischen Opfern gezwungen, diejenigen aber, welche an Gesetz, Beschneidung, Sabbath festhielten, grausam mißhandelt und getödtet. Aehnlich stand es in

der neutestamentlichen Kirche, als das Pabstthum zu Macht und Ehren ge=
kommen war. Da war der rechte Gottesdienst, das Evangelium ausgerottet,
statt dessen ein falscher Gottesdienst, echt heidnischer Götzendienst, der nur
mit christlichen, heiligen Namen und Titeln ausstaffirt wurde, zum Gesetz
geworden. Heidnische Unsitten und Laster hatten sich in der Christenheit
festgesetzt. Die wahren Christen, welche Gottes Wort treu bewahrten, wur=
den verfolgt. Es ist wohl zu beachten, was der Verfasser dieses Buches
hier noch anmerkt, daß solche Strafe Israel nicht zum Verderben, sondern
zur Warnung widerfahren sei, daß es eine große Gnade ist, wenn Gott
durch solch Unglück den Sündern steuert, während es ein Erweis des Zornes
Gottes ist, wenn Gott die Gottlosen dahingehen läßt, bis sie das Maaß
ihrer Sünden erfüllt haben. Auch jetzt im Neuen Testament hat Gott es
mit Kreuz, Leiden, Züchtigung, Verfolgung auf das Heil der Kirche, auf
die Besserung der Sünder abgesehen.

448. Märtyrertod des Schriftgelehrten Eleasar. 2 Macc. 6, 18—31.

Es werden jetzt etliche Märtyrer aus jener schweren Verfolgungszeit
vorgeführt. Zunächst der greise, ehrwürdige Schriftgelehrte Eleasar. Den
wollten die Heiden auch zwingen, dem Gesetz zuwider Schweinefleisch zu essen.
Er aber wollte nicht das Geringste dem Gesetz zuwiderthun. Etliche alte
Bekannte, die mit dem alten Mann Mitleid hatten, suchten ihn zu überreden,
er solle sich selbst Fleisch zubereiten, das die Juden essen durften, und sich
stellen, als äße er Schweinefleisch. Er wies aber diesen Antrag mit Ent=
rüstung zurück, indem er entgegnete, daß solche Heuchelei seinem Alter übel
anstehen würde, und daß er, wenn er auch der Strafe der Menschen entrinne,
doch den Händen Gottes nicht entrinnen könne. Da ergrimmten auch seine
Freunde über ihn und meinten, das sei bloßer Trotz. Und so starb er
freudig um Gottes willen und hat mit seinem Tode der Nachwelt, sonder=
lich auch der Jugend ein tröstliches Exempel hinterlassen. Und so haben
auch die ersten Christen vor den heidnischen Tyrannen standhaft ihren Glau=
ben bekannt und sich geweigert, die Götzen der Heiden anzubeten, ja auch
nur ein Körnlein Weihrauch vor die Büste des Kaisers hinzuwerfen. Das
galt den Heiden als unerträglicher Stolz und Eigensinn. Jene aber haben
lieber ihr Leben gelassen, als ihr Gewissen befleckt. Die Exempel der alten
Märtyrer sind auch für uns noch sehr tröstlich und erbaulich. Sie ermun=
tern uns, daß wir ja dem Worte Gottes Treue halten und auch keines der
kleinen Gebote auflösen, auch wenn wir die Menschen uns damit zu Fein=
den machen. Das Beispiel jenes jüdischen Schriftgelehrten beschämt viele
Christen unserer Tage, welche sich so leicht dazu verstehen, der Welt zu Liebe,

wenn es einen irdischen Vortheil gilt, dies oder jenes Gebot Gottes zu über=
treten, und dann allerlei Künste ersinnen, um das verbotene Ding als eine
unschuldige Sache darzustellen, auch dabei die künftige Rechenschaft und das
Gericht Gottes ganz aus den Augen setzen.

449. Märtyrertod von sechs Brüdern. 2 Macc. 7, 1—19.

Das ist eine andere Märtyrergeschichte aus der Zeit der Maccabäer.
Eleasar hatte gerade auch der Jugend ein tröstliches Exempel hinterlassen.
Es wurden sieben Söhne mit ihrer Mutter eingefangen. Zunächst wurden
die sechs ältesten Söhne vorgenommen und, da sie sich weigerten, Schweine=
fleisch zu essen und dem väterlichen Gesetz zuwiderzuhandeln, gegeißelt, ge=
stäupt, grausam verstümmelt und schließlich in einer von Feuer erhitzten
Pfanne gebraten. Unter den furchtbarsten Martern und Qualen bekannten
sie noch freudig ihren Glauben und ihre Hoffnung, daß Gott sie zum ewigen
Leben auferwecken und ihnen alle ihre Gliedmaßen wiedergeben werde, ver=
kündigten auch dem Wütherich Antiochus die Rache Gottes. Aehnliches
wird uns von den christlichen Märtyrern berichtet. Dieselben haben um
Christi willen Geißel, Folter, Schwert, Feuer geduldig über sich ergehen
lassen und sterbend sich selbst noch mit der Hoffnung der Auferstehung und
des ewigen Lebens getröstet und ihren Verfolgern von dem künftigen Ge=
richt gepredigt. Solche Exempel sind eine Mahnung und ein Trost für die
Christen aller Zeiten. Wir sollen ja im Glauben standhaft bleiben, auch
wenn wir um des Glaubens willen leiden müssen, und bedenken, daß wir
Alles, was wir um Christi willen darangegeben haben, in der Auferstehung
der Todten wiedererlangen werden. Alle Gläubigen, auch die eines natür=
lichen Todes sterben, sind dessen gewiß, daß der Leib, welcher jetzt dem Tode
und dem Grabe verfällt und Staub und Asche wird, ihnen von Gott er=
halten und bewahrt wird zur Auferstehung des Lebens.

450. Tod des jüngsten Bruders und Glaubensheldenmuth der Mutter. 2 Macc. 7, 20—42.

Nachdem die ältesten sechs Söhne jener israelitischen Mutter den Mär=
tyrertod erlitten hatten, wurde auch der jüngste Sohn gemartert und ge=
tödtet. Und er pries auch Gott mit seinem Tode. Er legte auch zuvor ein
gutes Bekenntniß seines Glaubens und seiner Hoffnung ab. Er bekannte,
wie seine Brüder, daß dieses Leiden ihn um seiner Sünde willen treffe, daß
Gott aber seinen Knechten gnädig sein und sie vom Tode wieder erwecken
werde, und betheuerte dem Antiochus, daß er der Strafe Gottes nicht ent=
laufen werde. Das ist das Bekenntniß aller Gläubigen. Auch Diejenigen,
welche Gottes Wort treu bewahren, bekennen, daß sie noch täglich viel sün=

digen und wohl eitel Strafe verdienen, hoffen aber auf die Gnade Gottes und das ewige Leben, verkündigen dagegen der gottlosen Welt Gottes Rache und Gericht. Die Mutter der sieben Brüder ist auch ein leuchtendes Exempel standhaften Glaubens. Sie redete ihrem jüngsten Sohne zu, lieber zu sterben, als vom väterlichen Gesetz abzutreten, und tröstete ihn damit, daß der Gott, der ihm das Leben gegeben und alle Menschen geschaffen und Himmel und Erde aus nichts gemacht, ihn sammt seinen Brüdern wieder lebendig machen und ihr wiedergeben werde. In solcher Hoffnung erlitt sie selbst auch zuletzt willig den Tod. Unsere Hoffnung auf die Auferstehung des Fleisches hat einen festen, gewissen Grund. Der Gott, der uns geschaffen, uns Leben und Odem gegeben und die Welt aus nichts gemacht hat, kann und wird seine Kinder gewiß nicht im Tode lassen, sondern zu neuem Leben auferwecken. Und in der Auferstehung werden sich alle die wieder zusammenfinden, welche in diesem Leben einander eng verbunden waren und gemeinsam Gott gedient haben.

451. Die Kämpfe der Maccabäer. 2 Macc. 8.

Die Kämpfe der Maccabäer werden hier, im zweiten Buch der Maccabäer, kürzer berichtet. Aber es wird ausführlich erzählt, wie Judas Maccabäus seine kleine Schaar auf den Kampf vorbereitete. Er erinnerte sie an die Allmacht Gottes und an die alten Historien, wie Gott oft durch wenig Leute große Heere der Feinde niedergeschlagen habe, und betete mit den Seinen, und der Priester Eleasar las aus der Schrift vor. Nur die guten Muth hatten und unverzagt waren, zogen mit in den Krieg. Und diese Tapferen behielten den Sieg, rächten das Blut ihrer Brüder, erlösten die Juden, die von den Syrern verkauft werden sollten, und hielten dann wieder Sabbath nach der alten Weise. Was hier von den alttestamentlichen Kämpfen gesagt ist, leidet auch Anwendung auf den neutestamentlichen Kampf, welcher den Christen verordnet ist. Nur wer muthig und unverzagt ist, besteht im Kampf. Solcher Muth kommt aber von Gott. Wer den allmächtigen Gott anruft, fleißig betet, im Wort Gottes sich übt, der wird angethan mit Kraft aus der Höhe, der vermag Alles durch den, der ihn mächtig macht, Christus.

452. Das schreckliche Ende des Tyrannen Antiochus. 2 Macc. 9.

In diesem Capitel wird der schmähliche Tod des Menschenmörders und Gotteslästerers Antiochus ausführlich beschrieben. Als Antiochus in Persien Krieg führte, hörte er von den Niederlagen seiner Feldherren und den Siegen des Judas Maccabäus. Da ergrimmte er um so mehr wider die Juden und beschloß, Jerusalem dem Erdboden gleich zu machen, die heilige

Stadt zu einer Todtengrube zu machen. Daß seine Unternehmungen in
Persien unglücklich ausliefen, vermehrte nur seine Wuth. So kam jetzt der
Zorn Gottes über ihn. Gott schlug ihn mit einer qualvollen Krankheit.
Dazu kam, daß er aus dem Wagen fiel, alle Theile seines Leibes verrenkte
und nun in einer Sänfte getragen werden mußte. Zuletzt kamen Würmer
aus seinem Leib, und er verfaulte und verweste bei lebendigem Leibe. In
der äußersten Noth und Angst schrie er zu Gott und versprach, das Unrecht,
das er den Juden angethan, wieder gut zu machen, schrieb auch den Juden
einen freundlichen Brief. Aber es war doch nur Heuchelbuße, eine Buße
der Verzweiflung, eine Reue des Todes zum Tode. Gott wollte sich seiner
nicht mehr erbarmen, hatte ihn in seinem Zorn dahingegeben. Er starb in
der Fremde, auf dem Gebirge eines jämmerlichen Todes. Auf ähnliche
Weise hat Gott auch an andern Tyrannen, welche seine frommen Kinder
übel geplagt haben, schon in der Zeit Rache geübt. Es ist schrecklich, wenn
Gott einen gottlosen Menschen aus Zorn schließlich in seinen verkehrten,
verstockten Sinn dahingibt. Wenn solche Gottlose unter der gewaltigen
Hand Gottes auch schreien, jammern und Besserung geloben, so hilft ihnen
das doch alles nichts. Solch Schreien ist nur Ausbruch der Verzweiflung,
kein Beweis aufrichtiger Buße. Gott hat seine Gnade von ihnen abgewandt.
Solche Exempel enthalten eine ernste Warnung und Mahnung für Alle,
denen sie vor Augen treten oder zu Ohren kommen. Es soll ja Niemand
die Zeit versäumen, da Gottes Ernst und Güte ihn zur Buße lockt.

453. Die Siege des Jonathas über die Syrer. 1 Macc. 9, 31. 32. 43—73.

Im zweiten Buch der Maccabäer werden in den letzten Capiteln noch
die ferneren Siege des Judas Maccabäus beschrieben. Im ersten Buch
wird von 9, 31. an die Geschichte Israels nach dem Heldentod des Judas
fortgeführt. Jonathas kam zunächst an die Stelle seines Bruders. Derselbe behauptete sich gegen den syrischen Hauptmann Bacchides, welcher ihn
am Jordan hart bedrängte. Gott bekannte sich weiter zu der kleinen tapfern
Schaar der Getreuen, indem er den Tyrann Alcimus, welcher die Mauer
zwischen dem Vorhof der Priester und dem Vorhof des Volks niederreißen
ließ, plötzlich schlug, daß er starb. Und nachdem Bacchides abermals von
den abtrünnigen Juden ins Land gerufen war, wurde er von Jonathas und
seinem Bruder Simon geschlagen und schloß Frieden mit ihnen, worauf
dann Jonathas die Abtrünnigen in Israel vertilgte. So steht Gott allezeit
seinem kleinen Häuflein bei, daß weder die Welt noch die falsche Kirche es
unterdrücken kann, daß weder die offenbaren Feinde noch die Abtrünnigen
für immer den Sieg behalten, und er gibt seiner Kirche auch zu allen Zeiten
Lehrer und Führer, welche im Kampf vorangehen.

454. Simon Fürst der Juden. 1 Macc. 13, 1—30.

Jonathas regierte jetzt lange über Israel in gutem Frieden, als Fürst und Hoherpriester. Im syrischen Reich hatte zu der Zeit Aufruhr und Bürgerkrieg um sich gegriffen. Ein König erhob sich wider den andern. Von diesen Kämpfen, welche die Heiden wider einander führten und die für die Geschichte des Reichs Gottes minder wichtig waren, wird im 10., 11. und 12. Capitel des ersten Buchs der Maccabäer erzählt. Jonathas mußte aus den Zerwürfnissen im syrischen Reich für sein Volk Gewinn zu ziehen, so daß Israel damals Ruhe und Sicherheit hatte und unangefochten seines Gottesdienstes warten konnte. Verwirrung und Kampf im weltlichen Reich, der Streit der Parteien ist schon oft der Kirche Gottes zu gute gekommen. Endlich erhob sich ein Machthaber, Namens Tryphon, und suchte Asien in seine Gewalt zu bringen. Derselbe nahm Jonathas gefangen. So trat jetzt Simon an die Spitze der Juden und wehrte dem Tryphon, dem Land Juda Schaden zu thun. Aus Rache dafür tödtete Tryphon den Jonathas, obgleich er ein hohes Lösegeld für ihn empfangen hatte. Simon errichtete seinem Vater und seinen gefallenen Brüdern in ihrer Heimath Modin ein großes Grabdenkmal. Das ist recht und billig, daß die Frommen das Gedächtniß der Männer, welche im Reich Gottes viel ausgerichtet und für Gottes Sache und Ehre gestritten haben, in Ehren halten.

455. Simon vertreibt die letzten Ueberreste der Heiden aus dem Lande. 1 Macc. 13, 31—54.

Tryphon, der Feind der Juden, welcher den Jonathas und seine Söhne umgebracht hatte, setzte sich jetzt die Krone auf und machte sich zum König über Asien. Doch der Gegenkönig Demetrius behauptete sich wider ihn, und dieser wollte sich die Juden zu Freunden machen und ließ sie nicht nur ungestört ihres Gottesdienstes pflegen, sondern erließ ihnen auch alle Renten und Abgaben. So war Juda jetzt nach langen, schweren Kämpfen von den Heiden ganz frei. So müssen alle Dinge, auch die Kriegshändel der Fürsten, zum Besten der Kirche dienen. Und es ist eine große Wohlthat, welche der Kirche nur selten zu Theil wird, wenn sie Frieden und volle Freiheit genießt. Simon fegte jetzt die letzten Ueberreste der Heiden aus dem Lande aus. Er eroberte die Stadt Gazara, säuberte sie von Götzengreueln und setzte seinen Sohn Jonathas als Statthalter in diese feste Stadt. Die Burg in Jerusalem, auf dem Berge Zion hatte bisher noch immer eine heidnische Besatzung gehabt, während die Juden den Tempel inne hatten. Diese Besatzung kam jetzt ins Gedränge. Simon gestattete ihr freien Abzug. Und so war das ganze Land von den Heiden, auch von allen Abtrünnigen gereinigt. Das soll auch jetzt im Neuen Testament das Anliegen der Frommen sein, sonderlich derer, die ein Amt im Reiche Gottes haben, daß die Kirche von Bösewichtern, offenbaren Uebelthätern gesäubert werde, daß, die da Böses thun, nicht getödtet, aber aus der Kirche hinausgethan werden. Diese Sache, die Reinigung und Reinerhaltung der Kirche, ist der Mühe, des Eifers und des Kampfes werth.

456. Simons glückliche Regierung. 1 Macc. 14, 1—26.

Während die Fürsten der Heiden in Asien mit einander kriegten, hatte Juda Ruhe und eitel Freude. Ein jeder Israelit besaß seinen Garten und Weinberg und baute sein Feld in gutem Frieden. Das Land war fruchtbar. Die Aeltesten saßen im Regiment und hielten gute Ordnung. Simon hielt auf das Recht, strafte alles Unrecht, schützte die Armen und Geringen. Der Gottesdienst stand in Ehren. Das Heiligthum wurde reich ausgestattet. So folgen in der Kirche auf Zeiten des Kampfes und der Verfolgung auch wieder Zeiten der Ruhe, der Erquickung und des Segens. Das ist die Frucht der Verfolgung, treuen Bekenntnisses und der Ausdauer im Kampf: Ehre, Friede, gute christliche Zucht und Ordnung, neuer Eifer um das Heiligthum, Ausbreitung der Kirche. Es wird ferner hier berichtet, daß die Spartaner mit den Juden einen Bund schlossen und die Römer ihr Bündniß erneuerten. Die ritterlichen Thaten, Kämpfe und Siege der Maccabäer hatten auch auf diese Heidenvölker Eindruck gemacht. Treues, standhaftes Bekenntniß nöthigt wohl auch der Welt Achtung ab, während eine schwächliche, halbherzige Frömmigkeit mit Recht von der Welt verachtet wird.

457. Die Verdienste Simons um sein Volk. 1 Macc. 14, 27—49.

Hier wird von einer Versammlung des Volkes Juda, der Obersten und Aeltesten des Volks und der Priester berichtet. In dieser Versammlung wurde eine Schrift aufgesetzt, in eherne Tafeln eingegraben und zum bleibenden Gedächtniß im Heiligthum aufgehängt. In dieser Schrift rühmte das Volk alle Wohlthaten, die ihm durch Simon und seine Brüder zu Theil geworden, daß Simon ihm alle Frömmigkeit und Treue erzeigt, die Befreiung des Landes von den Heiden vollendet und dann Juda wohl regiert habe. Und die Herrschaft Simons als des Fürsten und Hohenpriesters Israels wurde von Neuem bestätigt. Das Volk gelobte ihm Gehorsam, wer sich wider ihn auflehne, solle in den Bann gethan werden. Dann steht es gut in der Kirche, wenn alle Glieder derselben recht erkennen, was sie ihren Hirten und Lehrern verdanken, und den von Gott gesetzten Lehrern und Führern auch willig und freudig gehorchen. Die Gott zu Lehrern und Führern verordnet hat, sollen aber auch aus allen Kräften dem Volk Gottes dienen und alle Frömmigkeit und Treue erzeigen.

458. Das jüdische Volk unter dem Schutz der Römer. 1 Macc. 15, 1—24.

Unter Simon stand es gut in Israel. Simon war ein Mann voll Eifers und Frömmigkeit, und das Volk gehorchte ihm willig. Das lohnte Gott seinem Volk und erhielt ihm lange Zeit die Freiheit, daß es un= gestört seinem Gott dienen konnte. Im syrischen Reich war zu der Zeit Antiochus VII., ein Sohn des Königs Demetrius I., emporgekommen, nach= dem sein älterer Bruder Demetrius II. in die Gefangenschaft der Parther gerathen war. Derselbe zeigte sich, wie sein Vater, den Juden gewogen, und verordnete, daß Jerusalem und das Heiligthum von allen Abgaben frei sein sollte. Freilich that er das aus selbstsüchtigen Absichten. Er wollte freie Hand haben, um seinen Gegner, den Usurpator Tryphon, zu bekämpfen, und behielt auch den Sieg wider ihn. Die Römer legten sich auch wieder ins Mittel. Die waren schon damals das mächtigste Volk der Erde. Sie geboten allen Völkern und Fürsten Asiens, die Juden in Frieden zu lassen, und sicherten dem Simon ihren Schutz zu. In dem allen regierte Gottes Hand. Gott wollte sein auserwähltes Volk unversehrt erhalten bis auf den Tag, da die Weissagung erfüllt würde und der rechte Prophet erschiene. 1 Macc. 14, 41. Des HErrn Arm ist heute noch unverkürzt. Mitten unter den Kämpfen der Völker, in den Stürmen der Weltgeschichte bewahrt Gott seine Kirche als seinen Augapfel und führt sie sicher dem Ziel der Vollendung entgegen.

459. Simons letzter Widerstand wider die Feinde der Juden. 1 Macc. 15, 25—41.

Hier wird von einer neuen Prüfung berichtet, welche über die Juden kam. Kreuz und Leiden ist und bleibt einmal das Angebinde und Wahr= zeichen der Kirche Gottes auf Erden. Nachdem Simon lange in Frieden regiert hatte, änderte plötzlich Antiochus seine Gesinnung gegen die Juden. Auf Menschen, auf Fürsten ist eben kein Verlaß. Er sandte Athenobius, einen seiner Freunde, nach Jerusalem und ließ Simon auffordern, die Städte, die er erobert, herauszugeben oder eine schwere Menge Goldes dafür zu zahlen. Simon weigerte sich dessen, und mit Recht. Er entgegnete, daß das Land, das er wieder eingenommen habe, zu dem väterlichen Erbe Israels gehöre, das Gott seinem Volk gegeben. Darauf schickte Antiochus seinen Feldherrn Cendebäus mit einem Kriegsheer ab, der machte mehrere Einfälle in Juda und verwüstete große Strecken Landes. So sollen auch jetzt die Christen das, was Gott ihnen vertraut, festhalten, von ihrem Theil und Erbe, von den Gütern und Rechten der Kirche nicht das Geringste preisgeben, sollen der Welt und der weltlichen Obrigkeit, die ihnen das Ihre nehmen will, nicht zu Willen sein und eher Verfolgung leiden, als in diesen Stücken etwas nachgeben.

460. Johannes Fürst der Juden. 1 Macc. 16.

Als Simon alt und schwach war, rief er seine zwei älteren Söhne, Johannes und Judas, zu sich, befahl ihnen das Regiment über Juda und den Kampf wider die Heiden und tröstete sie mit der Hülfe Gottes, der bisher seinem Volk so gnädig beigestanden habe. Es zeigte sich auch bald, daß in Johannes der Geist der Väter lebte. Mit einer kleinen Schaar griff er muthig das Heer der Syrer an und schlug es in die Flucht. So gibt Gott seiner Kirche, die es mit seinem Worte treu meint, allezeit treue Hirten und Lehrer, und wenn die älteren sterben, so treten die jüngeren in ihre Stelle. Auch Simon sollte, wie seine Brüder, eines gewaltsamen Todes sterben. Sein eigener Schwiegersohn, Ptolemäus, welcher nach der Herrschaft trachtete, überfiel ihn meuchlings bei einem Gastmahle und tödtete ihn sammt seinen jüngeren Söhnen, konnte aber dem Johannes nichts anhaben. So lange die Kirche Gottes auf Erden ihre Stätte hat, muß sie nicht nur von der ungläubigen Welt, sondern auch von falschen Brüdern viel leiden. Es wird schließlich noch auf die weiteren großen Thaten des Johannes hingewiesen, die nicht in den Maccabäerbüchern beschrieben sind. Wir wissen sonst aus der Geschichte, daß dieser Johannes, der älteste Sohn Simons, auch Johannes Hyrcanus genannt, das Volk der Juden zu Macht und Ehren emporhob und die Grenzen des Reichs erweiterte. Und so blieb der jüdische Staat in seinem Bestand, auch Gesetz und Gottesdienst blieb unversehrt, auch später unter dem römischen Regiment, bis Christus aus Israel erstand.